Reflexões sobre Teoria e História do Direito

Reflexões sobre Teoria e História do Direito

ESTUDOS EM HOMENAGEM A
JOSÉ REINALDO DE LIMA LOPES

2023

Rafael Mafei Rabelo Queiroz
Ariel Engel Pesso
Luiz Felipe Roque
Coordenadores

ALMEDINA

REFLEXÕES SOBRE TEORIA E HISTÓRIA DO DIREITO
ESTUDOS EM HOMENAGEM A JOSÉ REINALDO DE LIMA LOPES

COORDENADORES: Ariel Engel Pesso, Luiz Felipe Roque, Rafael Mafei Rabelo Queiroz.

DIRETOR ALMEDINA BRASIL: Rodrigo Mentz
EDITORA JURÍDICA: Manuella Santos de Castro
EDITOR DE DESENVOLVIMENTO: Aurélio Cesar Nogueira
ASSISTENTES EDITORIAIS: Letícia Gabriella Batista e Tacila da Silva Souza
ESTAGIÁRIA DE PRODUÇÃO: Natasha Oliveira

DIAGRAMAÇÃO: Almedina
DESIGN DE CAPA: FBA

ISBN: 9786556278704
Novembro, 2023

Dados Internacionais de Catalogação na Publicação (CIP)
(Câmara Brasileira do Livro, SP, Brasil)

Reflexões sobre teoria e história do direito :
estudos em homenagem a José Reinaldo de Lima
Lopes / coordenação Rafael Mafei Rabelo
Queiroz, Ariel Engel Pesso, Luiz Felipe
Roque. -- 1. ed. -- São Paulo : Almedina, 2023.

Vários autores. Bibliografia. ISBN 978-65-5627-870-4

1. Direito - História 2. Direito - Teoria
3. Homenagem 4. Lopes, José Reinaldo de Lima
I. Queiroz, Rafael Mafei Rabelo. II. Pesso, Ariel
Engel. III. Roque, Luiz Felipe.

23-163674 CDU-34(81)

Índices para catálogo sistemático:
1. Brasil : Direito : Estudos em homenagem 34(81)
Aline Graziele Benitez – Bibliotecária – CRB-1/3129

Este livro segue as regras do novo Acordo Ortográfico da Língua Portuguesa (1990).

EDITORA: Almedina Brasil
Rua José Maria Lisboa, 860, Conj.131 e 132, Jardim Paulista | 01423-001 São Paulo | Brasil
www.almedina.com.br

SOBRE O HOMENAGEADO

Nascido em 1952 em São Paulo, após realizar os primeiros estudos no Instituto Estadual de Educação Conde José Vicente de Azevedo ingressou na Faculdade de Direito da Universidade de São Paulo (FD-USP) em 1971, formando-se em 1975. Concomitantemente, iniciou o curso de Letras na Faculdade de Filosofia, Letras e Ciências Humanas da Universidade de São Paulo (FFLCH-USP) em 1973, formando-se em Português, Inglês e Alemão em 1978. No ano seguinte, ingressou no Mestrado na FD-USP, sob orientação de Fábio Konder Comparato, desenvolvendo dissertação em Direito Comercial sobre responsabilidade civil do fabricante por fato do produto, defendida em 1985. Tratava-se de trabalho pioneiro sobre direito do consumidor, ramo do direito ainda incipiente no Brasil. No curso do mestrado, José Reinaldo acabou por aproximar-se dos estudos históricos sobre o direito, ramo também praticamente inexistente no país. Isto o fez mudar de área, optando por desenvolver seus estudos de doutorado em Teoria do Direito, ingressando em 1987 sob supervisão de José Eduardo Campos de Oliveria Faria. Sua tese tratou da interação entre Direito e mudanças sociais, para o que ele recorreu às ideias de Karl Renner e Eugen Ehrlich. A tese foi defendida e aprovada em 1991. Antes, ele já havia sido auxiliar de ensino (1984-1985) e professor assistente mestre (1985-1991) na instituição, admitido na respectiva carreira docente por concurso público em 1987.

Posteriormente, desenvolveu estágio de pós-doutorado na Universidade da Califórnia em San Diego (UCSD) em 1995, o que lhe proporcionou o material necessário para a redação de um estudo comparativo entre Estados Unidos e Brasil na defesa de direitos sociais. Seu trabalho de livre-docência, **As Palavras e a Lei**: direito, ordem e justiça no pensamento jurídico moderno, defendido em 2003 e que lhe garantiu a posição de Professor Associado, foi desenvolvido durante sua permanência na Universidade Ludwig Maximilian em Munique, quando ocupava a Cátedra Rio Branco. Posteriormente, e ainda seguindo a linha de História do Direito e do pensamento jurídico, José Reinaldo prestou concurso de titularidade para o Departamento de Filosofia e Teoria Geral do Direito da USP em 2013, sendo aprovado com tese sobre o naturalismo jurídico no pensamento brasileiro.

Na FD-USP ocupou diversas funções, sendo membro da Comissão de Graduação (1993-1995), Comissão de Pós-Graduação (2001-2005 e 2016-2020), Comissão de Pesquisa (2001-2005), Congregação (2000-2004 e 2014-atual) e exerceu a chefia do Departamento de Filosofia e Teoria Geral do Direito (2015-2019). Também integrou o Conselho Diretor do Instituto de Estudos Brasileiros da USP (2002-2008). Em toda sua carreira, concluiu a supervisão de sete iniciações científicas, trinta e oito trabalhos de conclusão de curso de graduação, vinte e sete dissertações de mestrado, dezessete teses de doutorado e um estágio de pós-doutorado.

Além de sua carreira na FD-USP, José Reinaldo também foi professor fundador da Escola de Direito de São Paulo da Fundação Getúlio Vargas, onde lecionou entre 2002 e 2014. Junto à "Direito GV", como é conhecida, José Reinaldo teve a oportunidade de organizar o **Curso de História do Direito**, um material didático sobre História do Direito, publicado em coautoria com Thiago dos Santos Acca e Rafael Mafei Rabelo Queiroz e que em 2007 rendeu-lhes o Prêmio Jabuti de melhor livro jurídico (1º lugar).

Sua carreira docente também se espraiou para outras instituições brasileiras, vez que ele foi professor visitante na Escola Superior do Ministério Público de São Paulo (2000-2002), na Escola Paulista da Magistratura (2002) e na Escola Superior do Ministério Público da União da Quarta Região (2006-2007). Ele exerceu a mesma função em outros países, sendo professor visitante na Universidade Nacional da Colômbia (2001-2003), na Universidade de Munique na Alemanha (Cátedra Rio Branco) (2002), na Universidade de Toulouse na França (2016), na Universidade Montesquieu em Bordéus na França (2018) e na Universidade Eduardo Mondlane em Moçambique (2019). No mais, também foi pesquisador visitante na Universidade de Roma I (La Sapienza) na Itália (2009) e na Universidade de Indiana nos Estados Unidos da América (2011).

Ele também foi servidor público concursado no Banco Central do Brasil, exercendo a função de procurador federal junto à Procuradoria Regional de São Paulo entre 1976 e 2009. Em relação ao direito do consumidor, ele exerceu diversas funções: foi diretor de pesquisa do Instituto Brasileiro de Política e Direito do Consumidor (BRASILCON) (1994-2000), conselheiro da Fundação Procon (1998-2000) e diretor do Departamento de Proteção e Defesa do Consumidor (2000), vinculado à Secretaria de Direito Econômico do Ministério da Justiça. Em 2010 ele foi contemplado com a Medalha da Ordem Nacional do Mérito Científico, do Ministério da Ciência e Tecnologia.

Exerceu ainda a advocacia popular como voluntário (*pro bono*) no Centro Oscar Romero de Direitos Humanos entre 1980 e 1994. Atuava como advogado de pessoas carentes e assessorava juridicamente movimentos populares dos bairros periféricos da zona sul de São Paulo, especialmente em temas de regularização fundiária e movimentos de saúde. Entre 1987 e 1988 colaborou, portanto, com esses movimentos na organização de base dos Plenários de participação popular na Constituinte.

José Reinaldo, ou Zé Reinaldo, como é conhecido na intimidade, conheceu Rui Sérgio Sereni Murrieta em 1995, seu companheiro de muitos anos, Professor Doutor do Departamento de Genética e Biologia Evolutiva do Instituto de Biociências da USP. Em função de sua orientação sexual, sofreu pessoalmente sua dose de discriminação e preconceito. A despeito disso, fez da pauta LGBTQI+ uma bandeira de luta. Tanto é assim que publicou diversos textos e artigos sobre o tema, iniciando no direito brasileiro a discussão do direito ao reconhecimento como direito fundamental em um ensaio de 2003, e na FD-USP orientou entre 2010 e 2016 o Grupo de Estudos Direito e Sexualidade (GEDS), cuja proposta, de iniciativa de um grupo de alunos gays, era lutar pela defesa dos direitos da população LGBTQI+.

RAFAEL MAFEI RABELO QUEIROZ
ARIEL ENGEL PESSO
LUIZ FELIPE ROQUE

SOBRE OS COORDENADORES

Ariel Engel Pesso

Bacharel, Mestre e Doutor em Direito pela Faculdade de Direito da Universidade de São Paulo (FD-USP). Foi *Visiting Researcher* na Harvard University e no Max Planck Institute for Legal History and Legal Theory. Bacharel em Letras, com Habilitação em Português e Alemão e Licenciado em Letras, com Habilitação em Português pela Faculdade de Filosofia, Letras e Ciências Humanas da Universidade de São Paulo (FFLCH-USP).

Luiz Felipe Roque

Bacharel e Mestre em Direito pela Universidade de São Paulo. Graduado em Direito ("*licence en droit*") pela Université Jean Moulin Lyon III por meio do Programa PITES (*Partenariat International Triangulaire d'Enseignement Supérieur*). Advogado e Presidente da Comissão de Diversidade Sexual e de Gênero da 38ª Subseção da OAB/SP no triênio 2022-2024.

Rafael Mafei Rabelo Queiroz

Bacharel, mestre, doutor e livre-docente em Direito, é Professor Associado da Faculdade de Direito da Universidade de São Paulo (Departamento de Filosofia e Teoria Geral do Direito) e da Faculdade de Direito da ESPM (São Paulo). Foi pesquisador bolsista no Instituto Max Planck para Direito Penal Estrangeiro e Internacional (Alemanha), no Center for Latin American Studies da American University, em Washington-DC (EUA) e no Centre for Socio-Legal Studies da Universidade de Oxford (Reino Unido).

SOBRE OS AUTORES

Ana Maria de Oliveira Nusdeo

Bacharel, doutora e livre-docente pela Faculdade de Direito da USP. Foi *visiting scholar* na Universidade de Wisconsin, nos anos de 1996/97, com bolsa da Fundação Fullbright.

Tornou-se professora da FDUSP em 1997, sendo desde então responsável pela subárea de Direito Ambiental, disciplina que ministra na Faculdade de Direito, na Escola Politécnica e no Instituito de Química.

Foi presidente da Comissão de Cultura e Extensão (2013/2017) e é, desde 2018, vice-presidente da Comissão de Pesquisa da FDUSP.

É, atualmente (desde 2017), representante da América Latina no Comitê Diretor da *International Union for the conservancy of Nature Academy of Environmental Law* (IUCNAEL). Foi presidente do Instituto o Direito por um Planeta Verde (2017/2019), sendo sua Diretora de Biodiversidade.

Vencedora do Prêmio Jabuti (1º Lugar na categoria Direito) em 2013, pelo livro Pagamento por Serviços Ambientais. Sustentabilidade e Disciplina Jurídica (Atlas, 2012).

André Luiz Faisting

Bacharel em Ciências Sociais pela Universidade Federal de São Carlos (UFSCar) e Bacharel em Direito pela Universidade Estadual de Mato Grosso do Sul (UEMS), Mestre e Doutor em Ciências Sociais pela UFSCar. Realizou estágio de pós-doutorado no International Institute for the Sociology of Law (Espanha) e no Programa de Pós- Graduação em Ciências Sociais da UNIOESTE. Atualmente é Professor Titular na Universidade Federal da Grande Dourados (UFGD), atuando nos cursos de Graduação em Ciências Sociais e no Programa de Pós-Graduação em Sociologia. Desenvolve atividades de ensino nas áreas de Fundamentos da Sociologia, Teoria Sociológica e Educação em Direitos Humanos, e de pesquisa e extensão nas áreas de Sociologia do Direito, Sociologia da Violência e Direitos Humanos, com ênfase nos estudos sobre o sistema de justiça criminal, violência em regiões de fronteiras e políticas de direitos humanos. É coordenador do Laboratório Interdisciplinar de Estudos sobre Direitos, Diversidades e Diferenças na Fronteira (LADIF/UFGD).

Andréa Slemian
Graduada em História pela Universidade de São Paulo (USP), com mestrado (2000) e doutorado (2006) na mesma instituição. Desde 2011, é Professora Associada da Universidade Federal de São Paulo (UNIFESP), onde leciona em cursos de graduação e pós-graduação. É especialista em história do Brasil entre os séculos 18 e 19, com foco no processo de Independência e formação do Estado nacional. Dedica-se particularmente às questões relacionadas com justiça e petições, à interface entre a história e o direito, com um interesse crescente em uma história integrada da América Ibérica. Foi professora visitante na Universitat Jaume I (Espanha, 2010), no Instituto Tecnológico Autónomo (ITAM, México, 2010), na Universidade de Toulouse (2017), na Universidade do Texas (Austin, EUA, 2018) e na Universidad del País Vasco (UPV, Bilbao, 2023), além de Fellowship na John Carter Brown Library (Providence, Estados Unidos, 2023). É Bolsista de Produtividade em Pesquisa do CNPq (Nível 2).

Ariel Engel Pesso
Bacharel, Mestre e Doutor em Direito pela Faculdade de Direito da Universidade de São Paulo (FD-USP). Foi *Visiting Researcher* na Harvard University e no Max Planck Institute for Legal History and Legal Theory. Bacharel em Letras, com Habilitação em Português e Alemão e Licenciado em Letras, com Habilitação em Português pela Faculdade de Filosofia, Letras e Ciências Humanas da Universidade de São Paulo (FFLCH-USP).

Carla Henriete Bevilacqua Piccolo
Doutora e Mestra em Filosofia do Direito pela Universidade de São Paulo.

Carlos Alberto de Salles
É professor associado do Departamento de Direito Processual da Faculdade de Direito da Universidade de São Paulo (FDUSP). Obteve os títulos

de bacharel, mestre, doutor e livre-docente em Direito pela Universidade de São Paulo, em 1986, 1992, 1998 e 2011, respectivamente. É, também, Desembargador do Tribunal de Justiça do Estado de São Paulo, desde 2013, tendo ingressado pelo quinto constitucional do Ministério Público. Foi *visiting scholar* na Universidade de Wisconsin, em Madison, nos Estados Unidos, em dois períodos: no ano letivo de 1996/1997 e nos meses de janeiro e fevereiro de 2008.

Carlos Frederico Ramos de Jesus
Doutor e Mestre em Direito (FD-USP). Coordenador do Grupo de Estudos de Ética e Direitos Animais (GEDA), da Faculdade de Direito da USP, onde foi professor contratado de 2019 a 2022. Membro do *Oxford Centre for Animal Ethics* e do Diversitas (FFLCH-USP). Autor dos livros "Direitos Animais" (2022) e "John Rawls" (2011). Advogado.

Carlos Magno de Abreu Neiva
Graduado em Ciências Sociais e em Direito pela Universidade de São Paulo, é Mestre e Doutor pela mesma Universidade. Atua profissionalmente como advogado nas áreas consultiva e contenciosa. Professor nas áreas de Teoria Geral do Direito, Filosofia do Direito e Lógica. Trabalhos acadêmicos voltados para compreensão do processo de aplicação do Direito, com ênfase no processo decisório judicial.

Carolina Martins Marinho
Professora visitante do bacharelado em Políticas Públicas e da pós-graduação em Políticas Públicas da Universidade Federal do ABC. Doutora em Direito do Estado, mestre em Teoria Geral e Filosofia do Direito e bacharel em Direito pela Faculdade de Direito da Universidade de São Paulo.

Celso Fernandes Campilongo
Graduado em Direito pela Universidade de São Paulo (1980), também concluiu Mestrado (1987) e Doutorado (1991) pela mesma instituição. É Livre-docente (1999) pela Faculdade de Direito da Pontifícia Universidade Católica de São Paulo (PUC-SP) e Titularidade (2011) pela FDUSP. Atualmente é Professor Titular da Faculdade de Direito da Universidade de São Paulo, professor associado pela PUC-SP, Vice-Diretor eleito da Faculdade de Direito da USP (mandato de março de 2018 a fevereiro de 2022),

coordenador reeleito do Núcleo de Teoria e Filosofia do Direito do Programa de Pós-Graduação da PUC-SP (2021 – 2023) e coordenador acadêmico dos grupos de extensão universitária Serviço de Assessoria Jurídica Universitária (SAJU-USP: SAJU-Frente Cidade), Núcleo de Estudos em Concorrência e Sociedade (NECSO – https://necsousp.com) e Núcleo de Direito à Cidade (Departamento Jurídico XI de Agosto).
Coordenador-Geral da Enciclopédia Jurídica da PUC-SP, juntamente com os Professores André Luiz Freire e Álvaro de Azevedo Gonzaga https://enciclopediajuridica.pucsp.br/ .
Atua com ensino e pesquisa nas áreas de Teoria do Direito, Filosofia do Direito e Sociologia Jurídica. Orienta trabalhos acadêmicos principalmente nas seguintes áreas: Teoria do Direito, Filosofia do Direito, Sociologia Jurídica, Teorias Sociais do Direito, Teoria dos Sistemas, Teoria do Direito Econômico, Direito Antitruste, Direito Notarial e Registral, Arbitragem, Direito Sanitário. É Diretor e membro fundador do Centro de Estudos e Pesquisas de Direito Sanitário da USP (CEPEDISA-USP).
É membro das Academias Brasileiras de Direito Notarial e Registral. É "Associado Honorário" do Conselho Nacional de Pesquisa e Pós-Graduação em Direito (CONPEDI). É conselheiro do Conselho Superior de Assuntos Jurídicos e Legislativos (CONJUR) da Federação das Indústrias do Estado de São Paulo (FIESP). É Membro do Colégio de docentes do Programa de Doutorado "Direito e Sustentabilidade" da Università del Salento (Itália). Foi Conselheiro do Conselho Administrativo de Defesa Econômica (CADE – 2000-2002) e Secretário-Executivo do Ministério da Justiça (2002).

Claudia Lima Marques
Professora Titular e Diretora da Faculdade de Direito da UFRGS. Professora Permanente do PPGD UFRGS e da UNINOVE. Doutora em Direito (Universidade de Heidelberg), LL.M. (Tübingen) e Diploma de Estudos Europeus (Sarre, Alemanha). Diretora do CDEA-Centro de Estudos Europeus e Alemães (UFRGS-PUCRS-DAAD). Líder do Grupo de Pesquisa CNPq "Mercosul, Direito do Consumidor e Globalização". Pesquisadora 1 A do CNPq. E-mail: dirinter@ufrgs.br.

Cláudia Perrone Moisés
Professora da Faculdade de Direito da USP desde 1998. Bacharel em Direito pela FDUSP (1984); Mestre em Direito Internacional pela FDUSP (1991),

com a Dissertação: *O Código de conduta da ONU para as empresas multinacionais*; Doutora em Direito Internacional pela FDUSP (1997), Tese: *Direito ao desenvolvimento e investimentos estrangeiros*. Pós-Doutora no Collège de France (2008). Professora associada do DIN desde 2009: Tese de Livre docência: *Imunidade de chefes de Estado e crimes internacionais*.
Professora convidada nas Universidades de Paris V (2010-2013) e Lyon III (2014-2015).

Daniela Ribeiro Ikawa
Trabalha como advogada senior na Open Society Justice Initiative (OSF, Nova Iorque) e como professora adjunta em programa de mestrado em direitos humanos na Columbia University (Nova Iorque). Nos últimos anos, tem litigado casos transnacionais, internacionais e nacionais sobre justica climática, liberdade de expressão, e igualdade na Corte Europeia de Direitos Humanos, na Hungria, na Franca, nos EUA e no Brasil. Publicou mais de 30 livros e artigos em direitos humanos e filosofia no Brasil e nos Estados Unidos. Concluiu mestrado na faculdade de direito de Columbia University e doutorado em filosofia do direito, sob supervisão do Professor José Reinaldo de Lima Lopes, na Universidade de São Paulo. Sua dissertação foi amplamente citada pelo STF em sua decisão sobre ações afirmativas em universidades em 2012.

Elisa P. Reis
Ph.D em Ciência Política pelo Massachusetts Institute of Technology, é Professora Titular do Instituto de Filosofia e Ciências Sociais da UFRJ, onde coordena o Núcleo Interdisciplinar de Estudos sobre Desigualdade (NIED). É membro da Academia Brasileira de Ciências e da World Academy of Science (TWAS), autora de longa lista de artigos e livros publicados no Brasil e no exterior, coautora do livro publicado em várias línguas, inclusive em português, Manifesto pelo Progresso Social, Ideias para uma sociedade melhor (Ed.Vozes, 2022).

Felipe Augusto Gato Dutra
Mestre em Filosofia e Teoria Geral do Direito pela Faculdade de Direito da Universidade de São Paulo (FDUSP). Foi Assistente de docente pelo Programa de Aperfeiçoamento em Ensino (PAE) da USP. Bacharel em Direito pela FDUSP. Foi bolsista de Iniciação Científica da Fundação de

Amparo à Pesquisa do Estado de São Paulo (FAPESP) e do Programa de Estímulo ao Ensino de Graduação (PEEG).

Gabriel Andrade de Salles Maia
Graduação em Comunicação (2009) e em Direito (2014), ambos pela Universidade Federal da Bahia; Mestrado em Filosofia e Teoria Geral do Direito pela Faculdade de Direito da Universidade de São Paulo (2020); Especialização em andamento em Direitos Humanos e Contemporaneidade pela Universidade Federal da Bahia (conclusão em 2024). Exerce cargo de Coordenador na Assessoria Jurídica do Hospital Geral Clériston Andrade (Bahia) e é professor universitário com atuação nas áreas da Introdução ao Estudo do Direito, Filosofia do Direito, Ética Geral e Profissional e Direitos Humanos. Contato: asmgabriel@alumni.usp.br

Guilherme Mucelin
Pós-doutorando em Direito pela Universidade Federal Fluminense – UFF; doutor e mestre em Direito pela Universidade Federal do Rio Grande do Sul – UFRGS; especialista em Direitos Fundamentais e Direito do Consumidor pela UFRGS; especialista em *Droit comparé et européen des contrats et de la consommation* pela Université de Savoie Mont Blanc/UFRGS. Pesquisador do Grupo de Pesquisa CNPq "Mercosul, Direito do Consumidor e Globalização". Diretor de e-commerce e plataformização das relações humanas do BRASILCON. Contato: mucelin27@gmail.com.

Gustavo Angelelli
Bacharel em Direito pela Universidade Presbiteriana Mackenzie (UPM). Mestre e Doutor em Direito pela Faculdade de Direito da Universidade de São Paulo (FD-USP). Professor da Universidade Presbiteriana Mackenzie. Autor do livro "Cândido Mendes de Almeida: um jurista-historiador no Brasil oitocentista" (Almedina, 2022), fruto da orientação do Professor José Reinaldo de Lima Lopes.

Italo Birocchi
Italo Birocchi foi professor de História do Direito Medieval e Moderno nas Universidades de Cagliari (1985-1993) e Roma La Sapienza (1993-2019). Diretor e membro do Comitê Científico de várias coletâneas e revistas jurídicas, palestrante em inúmeras conferências internacionais, autor de

ensaios e livros monográficos, dedicou-se sobretudo ao estudo da cultura jurídica entre os séculos XVI e XX, à história da Universidade e do ensino do direito e de várias instituições jurídicas (propriedade e contrato).

João Henrique Garcia Dias
Bacharel em Direito (USP); Licenciado em Direito (Universidade de Lyon III); Mestre em Filosofia e Teoria Geral do Direito (USP); Doutorando em Filosofia (Unifesp).

José Eduardo Campos de Oliveira Faria
Graduado pela Faculdade de Direito da USP em 1972; concluiu o mestrado na USP, em 1977, com a tese "Poder e legitimidade" (Perspectiva, SP, 1978) e o doutorado pela mesma instituição, em 1981, com a tese "Direito, modernização e autoritarismo".
Obteve o título de livre-docência na USP em 1982, com a tese "Retórica política e ideologia democrática" (Graal, RJ, 1983).
Fez o pós-doutorado na Wisconsin University (1983-84), onde escreveu "Eficácia jurídica e violência simbólica" (USP, 1988).
Obteve a titularidade na área de Sociologia do Direito da USP em 1998, com a tese "O direito na economia globalizada" (Malheiros, SP, 1998).
Publicou cerca de 30 livros e ensaios acadêmicos no Brasil e no exterior.
Recebeu o prêmio de melhor orientador da USP em ciências humanas, em 1985.Foi um dos ganhadores do Prêmio Jabuti de Literatura, em 2012 e ganhador do Prêmio Spencer Vampré, de melhor professor da FDUSP em 2021.
Integrou por três mandatos o comitê da área de direito e economia do CNPq (décadas de 1980 e 1990) e a coordenadoria de ciências humanas da Fapesp (1985-91). Foi membro do conselho editorial do International Institute for Sociology of Law (1990-04).
Foi professor visitante da Universidade de Brasília, da Universidad Internacional de Andaluzia e da Universidad Pablo Olavide (Espanha) e na Universitat del Salento (Itália).
Chefe do Departamento de Filosofia do Direito entre 2011 e 2015 e entre 2019-2023.

Juliana Krueger Pela
Professora Doutora da Faculdade de Direito da USP (FDUSP) desde 2008, atua também como advogada em São Paulo.

Foi aluna do curso de Graduação da FDUSP, na turma 170 (formatura em 2001) e também aluna do curso de Pós-Graduação, tendo defendido sua tese de Doutorado (As *golden shares* no Direito Brasileiro) em 2007, sob orientação da Professora Associada Rachel Sztajn.

Luiz Felipe Roque

Bacharel e Mestre em Direito pela Universidade de São Paulo. Graduado em Direito (“*licence en droit*”) pela Université Jean Moulin Lyon III por meio do Programa PITES (*Partenariat International Triangulaire d'Enseignement Supérieur*). Advogado e Presidente da Comissão de Diversidade Sexual e de Gênero da 38ª Subseção da OAB/SP no triênio 2022-2024.

Maike Wile dos Santos

Graduado e mestre pela Faculdade de Direito da Universidade de São Paulo. Atualmente é head de operações na Kovi.

Maria Fernanda de Toledo Rodovalho

Maria Fernanda de Toledo Rodovalho, Juíza Substituta em Segundo Grau, mestre em Sociologia e Teoria Geral do Direito pela Faculdade de Direito da Universidade de São Paulo, Doutora em Administração Pública pela Escola de Administração de Empresas de São Paulo, da Fundação Getúlio Vargas – EAESP. Ex-assessora da 4ª Vice-Presidência do TJSP; ex-assessora da Corregedoria Geral da Justiça do TJSP, ex-assessora da Presidência do TJSP; ex-assessora da Presidência de Direito Público do TJSP. Autora de livros e artigos.

Maria Paula Dallari Bucci

Professora Associada do Departamento de Direito do Estado. Livre Docente (2012), com Doutorado (2000) e Mestrado (1994) pela Faculdade de Direito da USP. Coordenadora da Escola Superior Nacional de Advocacia Pública (ESNAP), curso de especialização em Direito Público em convênio entre FDUSP, e a Associação Nacional de Procuradores dos Estados e Distrito Federal (ANAPE), desde 2021.
Coordenadora do Grupo de Pesquisa Estado, Direito e Políticas Públicas. Foi *Visiting Scholar* na Universidade de Wisconsin (2022). É membro do Conselho da Revista da Advocacia Geral da União (AGU). Integra o Instituto Articule, em seu Conselho de Governança. Foi

Presidente da Comissão de Graduação da FDUSP (2018-2021), tendo presidido a Subcomissão para o novo Projeto Pedagógico da Faculdade (2014-16). Foi Secretária de Educação Superior do Ministério da Educação (2008-2010), Consultora Jurídica do MEC (2005-2008) e Procuradora-Geral do Conselho Administrativo de Defesa Econômica (CADE), de 2003 a 2005.
Foi Superintendente Jurídica da USP (2014-2017), Procuradora da USP (1992-2018), tendo atuado como Procuradora-Geral (2014-2015) e como Assessoria Jurídica da Agência USP de Inovação (2011-2013).

Martin Magnus Petiz
Mestrando em Filosofia e Teoria Geral do Direito (USP), com Bolsa CAPES/PROEX. Bacharel em Ciências Jurídicas e Sociais – Direito (UFRGS).

Natan Carbone Ghosn de Carvalho
Mestre e Bacharel em Direito pela Faculdade de Direito da Universidade de São Paulo. LL.M. em Teoria do Direito pela Goethe-Universität Frankfurt. Desde abril de 2023, é doutorando em Direito pela Hamburg Universität. Advogado tributarista.

Osny da Silva Filho
Professor da graduação e do mestrado profissional da FGV Direito SP. Doutor, mestre e bacharel em Direito pela Universidade de São Paulo. Pesquisador visitante na Faculdade de Direito de Harvard e no Instituto Max Planck de Direito Privado Internacional e Comparado. Consultor.

Paulo Macedo Garcia Neto
Doutor, Mestre e Bacharel em Direito pela Universidade de São Paulo (USP). L.L.M. pela Universidade de Columbia. Advogado. Ex-assessor de ministros do Superior Tribunal de Justiça (STJ) e do Supremo Tribunal Federal (STF).

Rafael Issa Obeid
Procurador do Estado. Doutorando e mestre em Filosofia e Teoria do Direito pela USP. Bacharel em História pela Universidade de São Paulo. Bacharel em Direito pela Universidade Presbiteriana Mackenzie.

Rafael Mafei Rabelo Queiroz
Bacharel, mestre, doutor e livre-docente em Direito, é Professor Associado da Faculdade de Direito da Universidade de São Paulo (Departamento de Filosofia e Teoria Geral do Direito). Foi pesquisador bolsista no Instituto Max Planck para Direito Penal Estrangeiro e Internacional (Alemanha), no Center for Latin American Studies da American University, em Washington-DC (EUA) e no Centre for Socio-Legal Studies da Universidade de Oxford (Reino Unido). Leciona e pesquisa nos seguintes temas: metodologia da pesquisa jurídica, sociologia e história das instituições políticas brasileiras, teoria do direito e direito e tecnologia.

Rafael Parisi Abdouch
Advogado. Bacharel em Direito pela Escola de Direito de São Paulo da Fundação Getulio Vargas (FGV Direito SP), mestre em direito pelo departamento de Filosofia e Teoria Geral do Direito da Faculdade de Direito da Universidade de São Paulo (Largo de São Francisco) e pós-graduado em Direito Processual Civil pela Escola Paulista de Direito.

Rafael Suguimoto Herculano
Pesquisador associado do Instituto Max Planck de História e Teoria do Direito em Frankfurt am Main. Concluiu seu doutorado em Direito, em dupla titulação, pela Universidade de Bordeaux na França e pela Universidade de São Paulo (2020), e possui Mestrado (Master) pela Universidade de Bordeaux (2015). Seu trabalho se enfoca em história, filosofia e teoria do Direito, concentrando-se sobretudo na história da doutrina jurídica, analisando como essa doutrina constitui um campo específico do Direito, incorporando métodos ditos científicos na constituição de seu campo.

Roberto Freitas Filho
Graduado pela Universidade Católica de Santos, possui mestrado e doutorado pela FDUSP, orientado pelo Professor José Reinaldo de Lima Lopes. Pós-doutorado pela Universidade de Wisconsin – Madison, USA, e Università La Sapienza – Roma. Professor dos Programas de Mestrado e Doutorado do Instituto Brasileiro de Ensino, Desenvolvimento e Pesquisa – IDP, Brasília. Desembargador no TJDFT.

Roger Raupp Rios
Mestre e Doutor em Direito (UFRGS); Professor do PPPGD Unisinos e Mestrado Profissional ENFAM/STJ; Desembargador Federal – TRF4 (roger.raupp.rios@gmail.com).

Ronaldo Porto Macedo Júnior
Doutor em Direito (1997), mestre em Filosofia (1993), graduado em Direito (1985) e em Ciências Sociais (1987), todos pela Universidade de São Paulo, na qual é professor titular e livre-docente.
Atualmente é Procurador de Justiça aposentado do Ministério Público do Estado de São Paulo, Professor Titular do Departamento de Filosofia e Teoria Geral do Direito da Faculdade de Direito da USP e Professor do LL.M Legal Theory Program na Goethe University em Frankfurt-am-Main. Foi professor da FGV Direito SP. Foi Visiting Scholar junto à Harvard Law School (1994-1996) e Visiting Researcher na Yale Law School (2002). Fez pós-doutoramento no King's College of London (2008-2009).
Nesse período, foi também Visiting Professor do Center for Transnational Legal Studies London (2008-2009), Visiting Professor na National University of Singapore (NUS) (2013) e University of Miami (2015). Ex-conselheiro do CADE (2002-2003). Atua também com Contratos Relacionais, Direito do Consumidor e Direito Ambiental.

Rubens Glezer
Doutor em Filosofia e Teoria Geral do Direito pela Faculdade de Direito da USP. Mestre em Direito e Desenvolvimento pela FGV Direito SP. Professor da graduação FGV Direito SP. Pesquisador visitante na New York University. Coordenador do Supremo em Pauta e do Núcleo de Justiça e Constituição da FGV Direito SP. Professor da FGV Direito SP e da SBDP (Sociedade Brasileira de Direito Público).

Vinicius Astolpho Vieira
Advogado. Graduado em Direito (2013) e especialista em Direito Processual Civil (2016), ambos pela Faculdade de Direito de São Bernardo do Campo. Mestre em Teoria e Filosofia do Direito pela Faculdade de Direito da Universidade de São Paulo (2019), sob a orientação do Professor Titular José Reinaldo de Lima Lopes

Wilma Peres Costa
Historiadora, com formação na UNESP, UNICAMP e USP. Fez estudos pós graduados na University of London e na École des Hautes Études es Sciences Sociales (EHESS). Atualmente ensina e pesquisa na Universidade Federal de São Paulo, em temas relacionados à formação do estado nacional brasileiro no "longo século XIX, em suas dimensões fiscais, militares e jurídicas, travejadas pela reiteração do escravismo. Seus estudos atuais giram em torno do pensamento social das últimas décadas da monarquia e início da república, na convergência entre a memória, a biografia e a escrita da história.

Wilson Souto Maior Barroso
Advogado. Mestrando em Filosofia e Teoria Geral do Direito (USP). Graduando em Filosofia (USP). Bacharel em Ciências Jurídicas e Sociais – Direito (USP).

APRESENTAÇÃO

Em 2021, ano em que este projeto foi iniciado, o professor José Reinaldo de Lima Lopes completou vigorosos 30 anos de docência e, em 2022, seus 70 anos de idade. Como esses números não são pouca coisa, nós, três pesquisadores orientados pelo professor, decidimos organizar uma obra que pudesse servir não apenas como celebração e homenagem, mas também como testemunho de seu legado e sua excelência em todos esses anos de docência. E esperamos que ela sirva a isso, ao menos em três aspectos.

Em primeiro lugar, trata-se de um testemunho porque optamos por convidar todos aqueles que foram por ele orientados nas últimas três décadas, bem como alguns dos tantos amigos e colegas do professor que, seja atualmente, seja anos atrás, tiveram um importante diálogo intelectual e/ou pessoal com ele. Para nossa alegria, muitos aceitaram, com gosto, participar desta homenagem.

Em segundo, esta obra também registra a trajetória de docência do professor porque seus organizadores representam, simbolicamente, três gerações de orientandos seus: Rafael Mafei Rabelo Queiroz, professor associado da Universidade de São Paulo; Ariel Engel Pesso, doutor; Luiz Felipe Roque, mestre (à época do projeto, doutor, doutorando e mestrando, respectivamente).

Em terceiro e último lugar, a intenção desta obra não é a de discorrer longamente sobre a carreira do homenageado e todos os seus méritos – que não são poucos e bem o mereceriam –, mas sobretudo a de fazer aquilo que José Reinaldo sempre nos ensinou: dialogar com a produção acadêmica de um autor, refletir a partir de suas ideias e pressupostos, tomando-o por interlocutor e, para usar uma expressão bastante usada por ele em suas aulas, "entrar na conversa" iniciada pelo autor.

Para tanto, dividimos esta homenagem em três Seções, cada uma delas dedicada a uma das principais áreas de concentração do professor: história do direito, teoria e filosofia do direito, e direito e justiça, respectivamente. Se, por um lado, as duas primeiras são consolidadas como disciplinas autônomas em qualquer curso jurídico, por outro, talvez a proposta de nossa terceira Seção careça de um esclarecimento. Embora toda ideia de "Direito e algo", de certa forma, indique a junção de dois elementos inconfundíveis, não queremos aqui separar, mas sim reforçar o vínculo necessário entre direito e justiça, tal como nosso homenageado, que ensina ser a justiça o sentido do direito. Na terceira Seção desta obra, portanto, reunimos textos que não tratam propriamente da teoria, história ou filosofia do direito, mas sim da teoria da justiça e de questões práticas que envolvem noções de justiça (notadamente geral e particular distributiva, para usarmos a terminologia aristotélica comumente adotada por José Reinaldo).

A **Seção "História do Direito"** pode ser dividida em ao menos três blocos, compreendendo textos que tratam: (i) diretamente da obra do professor ou do trabalho do historiador do direito; (ii) de temas relacionados ao direito e pensamento jurídico brasileiros, e (iii) de temas relacionados à história do direito em sentido amplo, tendo por objeto autores estrangeiros e fatos históricos de dimensões internacionais.

No **primeiro bloco temático**, "Relações entre direito e história: um breve exame da obra de José Reinaldo de Lima Lopes", de Ariel Engel Pesso e Gustavo Angelelli, analisa a obra do homenageado dedicada ao estudo da história do direito, em especial as relações entre direito e história, o elemento linguístico presente nas histórias do direito, com ênfase em ideias, conceitos e sentidos, a reflexão sobre institutos e instituições e, por fim, o ensino da história do direito.

"O direito nacional como problema na formação do Brasil", de Andréa Slemian, destaca a contribuição de José Reinaldo de Lima Lopes ao entendimento do processo de construção do Brasil (notadamente sobre o período compreendido entre a Proclamação da Independência e a formação do Império), refletindo sobre os esforços de criação do direito nacional no século XIX (direito esse que veio a integrar tradições e inovações em instituições "paradoxais").

Já "O papel da assimilação antropofágica de ideias na História do Direito Brasileiro: o caso do Realismo Jurídico Americano", de Paulo Macedo Garcia Neto, tomando como exemplo o Realismo Jurídico estadunidense, defende a importância da compreensão, pelos historiadores do direito, do fenômeno das assimilações "antropofágicas" de ideias para a melhor reconstrução de debates jurídicos e identificação de diálogos entre autores e escolas de pensamento jurídico – antropofágicas, aqui, representando, metaforicamente, a absorção, por juristas, de teorias jurídicas de variadas origens e vertentes, que resultam em soluções "ecléticas".

No **segundo bloco**, "O antagonismo jurídico sob o antagonismo do progresso", de Rafael Suguimoto Herculano, analisando especialmente as obras de Clóvis Beviláqua (1859-1944) e Pedro Lessa (1859-1921), aponta a ambivalência entre progressismo e conservadorismo no naturalismo jurídico brasileiro e demonstra a influência de ideias estrangeiras na teoria jurídica de ambos os autores. "Uma abordagem do processo de secularização brasileiro a partir do pensamento de Charles Taylor", de Rafael Issa Obeid, por sua vez, analisa o processo de secularização do Estado brasileiro entre o final do Império e o início da República, utilizando-se de elementos teóricos do comunitarismo do filósofo Charles Taylor.

Avançando ao século XX, "'À calada da noite': evidências de tortura em interrogatórios extraídas dos arquivos privados do Ministro Aliomar Baleeiro e de julgamentos do STF (1970-1975)", de Rafael Mafei Rabelo Queiroz, utilizando-se notadamente de arquivos privados do Ministro do Supremo Tribunal Federal Aliomar Baleeiro, relaciona referências a casos de tortura identificadas em tais documentos aos votos do Ministro em casos em que a temática da tortura praticada durante a Ditadura Militar (1964-1985) estiveram presentes, apontando certa influência dos relatos que chegaram até o Ministro em suas decisões judiciais.

No **terceiro bloco**, "Lorenzo Mossa entre o direito vivo e as teorias do direito livre (repensando a relação entre economia e direito comercial)", de Italo Birocchi, homenageia o professor José Reinaldo ao abordar um tema de seu interesse ao longo de toda sua trajetória: a história do direito comercial. Para tanto, o texto trata da obra do comercialista italiano Lorenzo Mossa (1886-1957), cuja doutrina propunha certa abertura dogmática de seu campo, tendo em vista a demanda por flexibilidade que marca as relações econômicas.

Partindo da constatação de **As palavras e a lei**: direito, ordem e justiça na história do pensamento jurídico moderno de que a constituição do direito não é descoberta, consistindo em uma realidade social resultante da ação humana, "As palavras e a lei em Nuremberg", de Cláudia

Perrone-Moisés, argumenta, a partir de debates jurídicos da época, que o Estatuto de Londres – o direito positivo representativo daquele aplicado no Tribunal de Nuremberg (1945-1946) – levou a uma nova forma de se conceber o Direito Internacional, gerando o que atualmente se conhece como Direito Internacional Penal.

Na **Seção "Teoria e Filosofia do Direito"**, por sua vez, encontram-se textos que tratam também de três temas: (i) razão prática, (ii) interpretação e aplicação e (iii) autonomia do saber jurídico-filosófico.

O **primeiro bloco temático** é composto por textos que discutem o uso da razão prática pelos juristas, ou seja, o papel da capacidade de deliberar bem na prática jurídica e os parâmetros objetivos e públicos de seu exercício.

"A determinação da medida: a prudência e a prática jurídica", de João Henrique Dias, esclarece o papel da prudência (como virtude que possibilita o bom uso da razão prática) na prática jurídica, destacando a importância de que o desenvolvimento de tal virtude seja visado na formação de juristas. "Razão pública e direito como prática", de Luiz Felipe Roque, por sua vez, propõe-se a analisar em que medida uma noção compartilhada de razão é pressuposta pela forma a partir da qual se compreende o direito mesmo, concluindo que uma concepção privada da razão encaminha o jurista a uma noção individualizada, subjetiva, enquanto uma concepção pública encaminha-o a uma noção institucional e objetiva – notadamente àquela do direito como prática, adotada por José Reinaldo de Lima Lopes.

Em sentido semelhante, "Direito, razão e objetividade: ação e justificação na prática jurídica", de Felipe Augusto Gato Dutra, defende uma concepção de objetividade a orientar a prática jurídica e, particularmente, as decisões jurídicas, a despeito do possível argumento relativista ou subjetivista de que tal objetividade seria impossibilitada pelo fato de o direito ser uma criação humana e as decisões jurídicas serem realizadas por sujeitos individuais. Já "'O Patrão é quem manda?': Vinte Mil Léguas Submarinas e razão prática", de Gabriel Andrade de Salles Maia Siqueira, aproxima o estudo da filosofia do direito ao da literatura, discutindo, a partir da obra de Jules Verne, o tema da razão prática.

O **segundo bloco** trata propriamente da hermenêutica e da fundamentação jurídica de ações e decisões. "Fazendo justiça: julgamentos idênticos para casos semelhantes", de Carlos Magno de Abreu Neiva, propõe responder como se pode reconhecer a igualdade entre ações para que aquelas que se assemelham obtenham os mesmos resultados jurídicos. "Consequencialismo malandro: um modelo alternativo ao debate sobre consequencialismo no Brasil", de Maike Wile dos Santos, defende haver uma forma de consequencialismo (a fundamentação de decisões e ações com base em suas consequências práticas) adequada à razão jurídica: segundo o autor, juízes devem ter em vista, ao proferirem uma decisão, que esta deve ter por consequência aplicar a mesma regra aplicada em casos semelhantes. Já "Razões de Estado na jurisdição constitucional", de Rubens Eduardo Glezer, visa desenvolver uma noção de estadismo judicial comprometida com a lógica jurídica e os valores da justiça, explorando, para tanto, a possibilidade de um consequencialismo legítimo na fundamentação de decisões em matéria constitucional, pelo Supremo Tribunal Federal.

Por fim, "Interpretação e justiça na teoria do direito como prática", de Vinicius Astolpho Vieira, trata da distinção entre o ato de interpretar e o de compreender o direito, tal como desenvolvido por José Reinaldo de Lima Lopes, dialogando com a teoria da interpretação e os critérios metodológicos para solução de conflitos de compreensão de Dennis Patterson.

Quanto ao **terceiro bloco**, este dialoga diretamente com as preocupações do professor homenageado com a metodologia jurídica, o rigor intelectual e o ensino jurídico. Assim, os textos compreendidos nesse bloco tratam da autonomia do saber jurídico, bem como da teoria e da filosofia do direito em relação a outros campos do conhecimento e outras disciplinas. "Análise econômica do Direito e pragmatismo jurídico: entre teoria da norma e teoria da ação", de Rafael Parisi Abdouch, discute teorias que subordinam o direito às ciências sociais, notadamente a análise econômica do direito de Richard Posner (*Law and Economics*), defendendo que esta desconsidera as regras constitutivas da prática jurídica, limitando-se a pensá-la sob a perspectiva de uma "teoria da norma", no sentido desenvolvido por José Reinaldo.

Mais especificamente voltado à filosofia do direito e ao seu estudo no Brasil, "Apontamentos sobre a Filosofia do Direito no Brasil no século XX", de Ronaldo Porto Macedo Júnior e Carla Henriete Bevilacqua Piccolo, expõe o desenvolvimento desse campo no país em quatro estágios (quando da fundação dos cursos jurídicos, da emergência de um pensamento humanista e retórico, do surgimento de uma filosofia acadêmica profissional, bem como da redução da agenda de discussões e trabalhos teóricos). Em complemento, "Filosofia do Direito: um caso de diluição acadêmica?", de Natan Carbone Ghosn de Carvalho, defende a pertinência de tal disciplina nos cursos jurídicos ao evidenciar sua relação direta com a prática jurídica.

"Interdisciplinaridade na pesquisa em direito", de Osny da Silva Filho, por sua vez, diagnosticando certa tendência à valorização de estudos interdisciplinares no campo jurídico, esclarece que a interdisciplinaridade deve desempenhar papéis distintos em cada uma das modalidades de pesquisa em direito (doutrina, teoria, e empiria). Já "Desafios e oportunidades do ensino jurídico no pós-pandemia: por um reforço a uma formação humanista em Direito", de Cláudia Lima Marques e Guilherme Mucelin, discute possíveis impactos da pandemia da Covid-19 aos cursos de graduação e, sobretudo, à pós-graduação em Direito.

A **Seção "Direito e Justiça"** também apresenta uma tripartição de temas desenvolvidos. No primeiro bloco são discutidas questões de justiça distributiva em matéria de efetivação de direitos sociais, tema sobre o qual o professor há décadas vem se dedicando; no segundo, questões voltadas diretamente à justiça geral, ou política (ou seja, aquela que concerne às relações entre o todo de uma comunidade política e seus cidadãos), mais especificamente relativas ao constitucionalismo e ao Estado Democrático de Direito brasileiros; no terceiro, trata-se do direito ao reconhecimento de minorias identitárias.

Quanto ao **primeiro bloco temático**, "Direitos sociais: algumas reflexões", de Carolina Martins Marinho, analisa casos práticos da judicialização de direitos sociais, discorrendo sobre os limites, possibilidades e desafios enfrentados pelo Judiciário brasileiro ao deparar-se com os conflitos distributivos a ela vinculados. Em complemento, "A judicialização da saúde: entre bens coletivos e sociais", de Wilson Souto Maior Barroso e Martin Magnus Petiz, discute as distintas implicações da concepção da saúde (como bem coletivo ou individual) adotada pelo Poder Judiciário quando da efetivação do direito a este bem. Também "A justiça distributiva nas ações multitudinárias", de Maria Fernanda de Toledo Rodovalho, trata da possibilidade de realização de justiça distributiva no âmbito de ações judiciais dessa natureza, para além da justiça comutativa (ou corretiva).

"Litigância climática: efeitos distributivos", de Ana Maria de Oliveira Nusdeo e Carlos Alberto de Salles, por sua vez, trata dos potenciais desafios, em termos de justiça corretiva, distributiva, procedimental, intra e intergeracional e interespécies, ocasionados pela ascensão da "litigância climática" (ações judiciais tendo por objeto a mitigação ou adaptação das alterações climáticas, bem como a reparação de danos a ela relacionados).

O último texto deste bloco, "Ciência social a uma hora dessas?", de Elisa Pereira Reis, reflete sobre mudanças culturais da história recente, apontando que estas foram resultado de ações humanas sem o conhecimento de todas suas implicações a longo prazo. O texto defende que o trabalho das ciências sociais, ao identificar tendências que contribuem para o fomento de padrões sociais mais justos, permite destacar-nos como atores históricos, não devendo ceder acriticamente a fatalismos, desesperança com o futuro ou teorias cíclicas da história, mas sim manter como parâmetros a liberdade e responsabilidade que marcam a condição humana.

No **segundo bloco**, "Direito, política e justiça: um exercício especulativo em homenagem ao professor José Reinaldo de Lima Lopes", de Maria Paula Dallari Bucci, contrasta duas "racionalidades" no constitucionalismo brasileiro – uma formal e outra material – para tratar dos desafios de efetivação da Constituição de 1988. Esses desafios, conforme indica a autora, podem levar a uma postura de formalismo jurídico (autocontenção do Judiciário brasileiro em relação a outros poderes) ou ativismo (cuja legitimidade merece reflexão, quando praticado para fundamentar decisões de viés menos igualitário).

"Donald, a Rainha e a fragilidade da democracia", de Roberto Freitas Filho, debruça-se sobre o potencial risco à democracia de falas, por autoridades, que configuram "assédio institucional", concluindo pela ilegalidade de tais manifestações, independentemente de lei específica que assim as defina. Tendo por objeto preocupações semelhantes, "O constitucionalismo de exceção e a perversão do direito de crítica", de José Eduardo Campos de Oliveira Faria, trata justamente das tensões políticas e institucionais provocadas no país pela gestão do então Presidente Jair Messias Bolsonaro (2018-2021), notadamente durante a pandemia da Covid-19, refletindo seus impactos negativos para o Estado Democrático de Direito brasileiro.

Quanto ao **terceiro bloco**, "O direito antidiscriminação como prática de justiça", de Roger Raupp Rios, apresenta o direito antidiscriminação como campo do direito positivo que consubstancia normas de justiça geral, possibilitando a justiça particular em casos concretos. O texto ainda destaca que a correta interpretação e aplicação das normas desse campo deve ser amparada pelo conhecimento disponível acerca da história e do fenômeno social da discriminação.

"Construindo o pluralismo através da ação afirmativa: o caso da educação", de Daniela Ribeiro Ikawa, distinguindo duas narrativas acerca do conceito de nação em termos de "raça" do século XX (a de uma democracia racial e a de uma sociedade racializada e desigual), realiza uma defesa dos programas de ação afirmativa fundamentados nessa segunda narrativa, indicando como eles promoveram uma transformação da discussão do tema no Brasil, aprofundando seu aspecto pluralista.

Já "O reconhecimento e o direito", de Carlos Frederico Ramos de Jesus, na esteira da obra de José Reinaldo de Lima Lopes, expõe o "direito ao reconhecimento" como fruto de um bem comum socialmente construído, o respeito recíproco e universal, destacando dificuldades na implementação de tal direito e seus aspectos distributivos. Em complemento, "A criminalização da homotransfobia e o princípio da dignidade da pessoa humana", de André Luiz Faisting, reflete as bases jurídicas e políticas dos fundamentos apresentados pelo Supremo Tribunal Federal na Ação Direta de Inconstitucionalidade por Omissão e no Mandado de Injunção no âmbito dos quais se entendeu pela "criminalização" da homotransfobia. O texto conclui que esta resultou, única e exclusivamente, do legítimo exercício de jurisdição constitucional em defesa de direitos fundamentais.

Evidentemente, como em toda Apresentação, a classificação e leitura dos textos acima poderia render longas discussões, mas procuramos um esforço de síntese e análise dos trabalhos a seguir semelhante àquele com que o professor José Reinaldo sempre nos brindou – esforço esse comumente resumido pelo homenageado, com seu bom humor característico, pelo brocardo latino "*esto brevis, et placebis*" ("sê breve e agradarás").

Em suma, cada um dos textos aqui indicados, como já sugerido, dialoga ou desenvolve um tema estudado pelo homenageado ao longo de sua carreira, ou assume pressupostos teóricos por ele já elucidados. Para além de uma homenagem ou testemunho, esta coletânea, que conta com professores convidados de peso cuja participação muito agradecemos, retoma discussões fundamentais ao campo jurídico que só reiteram a indispensabilidade da obra do professor para a formação de todo jurista e operador do direito no país.

Rafael Mafei Rabelo Queiroz
Ariel Engel Pesso
Luiz Felipe Roque

PREFÁCIO

A obra de José Reinaldo de Lima Lopes sempre foi – e continua sendo – primorosa. Sua análise crítica e desbravadora acerca do pensamento jurídico, permeada por temas abrangentes e que preenchem lacunas no ensino jurídico nacional, é, também, calcada em elegante e didática investigação das fontes, o que torna seus trabalhos refinados, instigantes, interdisciplinares e, acima de tudo, capazes de aprofundar aspectos históricos e teóricos do Direito pouco explorados na doutrina pátria, tudo com muita originalidade. Basta dizer isso para que se possa dimensionar os limites desta breve apresentação do conhecido homenageado. A obra de José Reinaldo é vasta e qualificada. Por isso, difícil rotular e impossível aprisionar seus trabalhos numa corrente delimitada de pensamento jurídico.

Sua trajetória acadêmica é brilhante. Justíssima a iniciativa de homenageá-la. Iniciou a carreira na Academia abrindo caminhos no Direito do Consumidor, que, à época de obtenção de seu mestrado (1985), ainda era pouco explorado em nosso país. A dissertação lhe rendeu a publicação de um de seus primeiros livros, em 1992, sobre a responsabilidade civil do fabricante e a defesa do consumidor.

O doutorado teve como cerne outro prisma da Ciência Jurídica. Com enfoque na Teoria Geral do Direito, Filosofia e Sociologia Jurídicas, discorreu sobre o tema da mudança social e a transformação do Direito. A tese deu origem à obra **Direito e Transformação Social**. Nela, o Autor descortina o Direito como reflexo e causa das mudanças sociais, isto é, as ideias, de um lado, da origem do Direito e, de outro, da concepção dos seus efeitos. Em outras palavras, sua contribuição versa sobre a necessidade de se compreender o Direito a partir da ação humana, que é sempre uma ação social, mas sem hierarquizá-la. A interdisciplinaridade da obra permite ao leitor vislumbrar importantes correntes teóricas, tais como monismo e pluralismo jurídicos, o funcionalismo e marxismo, o que perpassa pelas temáticas próprias da Teoria Direito e da Sociologia Jurídica. Invariavelmente, a profundidade da obra permite a construção de novas percepções acerca das transformações sociais e de seus impactos sobre as inovações jurídicas. Seu estilo provocativo e inquieto lhe rendeu inúmeras obras, artigos e apresentações sobre o tema dos câmbios sociais e seus efeitos sobre as transformações no Poder Judiciário, no conceito de Justiça e nas concepções da Teoria Geral do Direito.

A transformação gera consequências. As consequências exigem reflexão. É para aclarar essas relações que José Reinaldo de Lima Lopes debruçou-se sobre os problemas do pensamento jurídico contemporâneo. Em **As palavras e a lei**, escrito inicialmente submetido ao crivo dos pares como tese de Livre-Docência, o Autor procura combater as naturalizações e falácias acerca da evolução da história do pensamento jurídico. Com o alicerce adquirido em sua graduação também em Letras, pela mesma Universidade de São Paulo, explora a intrínseca relação da linguagem e do discurso como constituidores da história do pensamento jurídico.

Assim como o Direito, a concepção de Justiça também passou por transformações significativas. Antes considerada o elemento fundamental da ordem jurídica, isto é, o critério de racionalização do Direito, a Justiça passou a ser estudada como mera garantia das posições naturais, distribuídas nas esferas da promessa e da fidelidade. Hoje, porém, a partir de intensa análise dos conceitos de interesse público e interesse privado, o Autor apresenta a tese de que a ideia dessa distribuição – interesse público, bem comum, direitos fundamentais etc. –, transformada em objeto da linguagem do Direito, é questão de Justiça.

A obra de José Reinaldo de Lima Lopes é fundamental para a problematização e a reflexão sobre o que se entende por Direito e os complexos desdobramentos dessa temática. Não discorre sobre detalhes inúteis. Seu rigor metodológico e analítico lhe permite análise profunda dos pontos centrais que permeiam o sistema jurídico e sua história.

História essa tão bem explorada pelo conjunto de suas extraordinárias obras de História do Direito. A inestimável contribuição de José Reinaldo de Lima Lopes se dá, dentre outras virtudes, por conta dos propósitos de seus escritos. Um dos principais é suprir as lacunas das fontes. Seus livros trazem extensa e importante bibliografia – considerada por ele pouco acessada pelos alunos e professores –, possibilitando o contato dos discentes e docentes com a matéria "bruta" do passado, permitindo a reflexão crítica do material de estudo. Direito Antigo, Direito Medieval, Direito Canônico, Direito Moderno e as inovações jurídicas do Século XX são alguns dos temas que recheiam as obras do Autor, possibilitando aos acadêmicos visão ampla do passado do Direito e do ensino jurídico. Dessa maneira, a análise da história permite o amadurecimento dos estudos acerca dos conceitos fundamentais da ciência jurídica, fato que possibilita ao operador do Direito análise aprofundada das inovações contemporâneas do Direito.

Sua didática abre espaços para que professores possam inovar na maneira como concebem o conteúdo programático de suas disciplinas, de modo que sejam capazes de dar aos alunos o suporte teórico e doutrinário para que possam ser efetivos operadores do Direito. Essa formação se dá pela "liberdade de uso" que o Autor oferece aos que utilizam a sua obra como base para construção das disciplinas universitárias, perspectiva poucas vezes possível de ser visualizada nos manuais mais simplistas de Direito.

Além da sólida fundamentação teórica, as obras de José Reinaldo de Lima Lopes devem ser lembradas pela sua contribuição à formação dos alunos da Graduação e Pós-Graduação. Seu mais recente livro é resultado dessa vocação docente. **Curso de Filosofia do Direito** é produto de anos como professor e pesquisador da Universidade de São Paulo, da Escola de Direito da FGV-SP e tantas outras universidades estrangeiras que visitou como pesquisador ou professor.

A abrangência da obra do homenageado e a amplitude deste livro em sua homenagem ilustram os campos percorridos pelo Professor José Reinaldo. Em verdade, o rigor do homenageado na pesquisa dos temas fundamentais da Filosofia do Direito confere segurança ao leitor de que se está diante de Autor que é referência essencial para a formação do jurista moderno.

A presente "obra-homenagem" está dividida em três seções. A primeira delas cuida da "História do Direito". Sem favor algum, José Reinaldo é um dos maiores historiadores do Direito que temos no Brasil. Nada mais justo que parte importante do livro se dedique ao tema. A segunda seção cuida da "Teoria do Direito". Os ensaios que integram o capítulo enfrentam, ilustrativamente, temas que vão da Análise Econômica do Direito à prudência;

da razão prática à virtude; do consequencialismo à interpretação jurídica. Sobrevoo atual e sofisticado sobre alguns dos mais candentes e atuais debates da teoria jurídica. Por fim, a parte conclusiva recebe o título "Direito e Justiça". Aqui, política, litigância, discriminação, reconhecimento e ação afirmativa ditam o tom do conjunto de outras finas contribuições.

Temas como justiça, hermenêutica e racionalidade são magistralmente abordados nas obras de José Reinaldo, de tal forma que até mesmo aqueles que cultivam curiosidades sobre Filosofia e Direito, mas são de fora do meio especializado, podem compreender as ideias, conceitos e as construções teóricas do Autor. Os artigos desta ampla coletânea, ao contrário, são escritos por "experts" e grandes juristas. Mas mostram o quanto os trabalhos de José Reinaldo de Lima Lopes podem iluminar as mais interessantes e contemporâneas abordagens jurídicas.

Sei da dedicação de José Reinaldo à docência, à orientação, à pesquisa e à Faculdade de Direito da USP. Acompanho os brilhantes trabalhos de seus alunos de graduação e pós-graduação. Vejo e compartilho do respeito e da admiração que a comunidade acadêmica – dentro e fora da USP; no Brasil e no Exterior – dedica ao homenageado. São todos fortes indicativos das inquestionáveis qualidades do homenageado. A convivência por quatro décadas com o Professor José Reinaldo de Lima Lopes no Departamento de Filosofia do Direito da USP me permite afirmar que ele é um dos maiores responsáveis pela renovação do estudo e do ensino das matérias que cultiva.

Em suma, este livro em homenagem a José Reinaldo de Lima Lopes é mais do que bem-vindo. É um agradecimento de colegas, discípulos, admiradores e alunos, antigos e atuais, pelas importantíssimas contribuições que o grande mestre dá à Ciência Jurídica brasileira e ao ensino do Direito nas universidades do País.

CELSO FERNANDES CAMPILONGO
Professor Titular e Diretor da Faculdade de Direito da USP.
Professor Associado e Coordenador do Núcleo de Teoria e Filosofia do Direito da Pós-Graduação da PUC-SP.

SUMÁRIO

PARTE I
HISTÓRIA DO DIREITO

1
RELAÇÕES ENTRE DIREITO E HISTÓRIA: UM BREVE EXAME DA OBRA DE JOSÉ REINALDO DE LIMA LOPES

Ariel Engel Pesso
Gustavo Angelelli

Introdução

José Reinaldo de Lima Lopes dedicou-se a inúmeras áreas do conhecimento jurídico. Sem desprezar a elaboração doutrinária dos ramos do direito, desenvolveu obra original, em diálogo com os clássicos e com as teorias mais recentes, sobretudo no campo das assim chamadas disciplinas propedêuticas.

Dentre os campos de pesquisa que mereceram maior atenção do autor, ganha destaque a história do direito, tanto em perspectiva teórico-filosófica quanto na vertente empírica, isto é, propriamente historiográfica. Autor de vasta obra nesse âmbito, Lopes refletiu acerca das relações entre história e direito e do significado da história do direito. Além disso, percebeu formas de abordagem e objetos de estudo que, quando não restavam absolutamente ignorados, haviam até então recebido pouca atenção dos estudiosos. Como resultado, desenvolveu textos que, combinando a reflexão filosófica com descobertas e interpretações historiográficas, alimentaram e animaram um campo que jazia nas penumbras, desprezado por juristas e historiadores. Em consonância com um movimento mundial na disciplina, mal percebido no Brasil, José Reinaldo de Lima Lopes desenvolveu uma historiografia jurídica brasileira à altura do que autores como António Manuel Hespanha, Pio Caroni, Italo Birocchi, Donald Kelley, Michael Stolleis, Paolo Grossi, dentre outros, vinham fazendo alhures.

O objetivo deste pequeno texto não é, nem poderia ser, abordar todos os tópicos e esgotar todas as discussões relativas à história do direito presentes na obra de LOPES. O que buscamos é traçar as linhas gerais do percurso intelectual do autor em função desse assunto, em uma ordem mais temática do que cronológica. Nessa exposição, de certo modo panorâmica, o leitor não encontrará uma resenha de cada obra, mas uma visão de conjunto, a fim de revelar o diálogo interno entre os textos mais relevantes e, a partir disso, explicitar alguns elementos básicos que constituem pontos de partida imprescindíveis para o diálogo dos leitores com a obra do autor.

O tema será desenvolvido em quatro partes centrais. Primeiramente, apresentaremos algumas reflexões sobre as relações entre direito e história, o que implica uma abordagem de cunho filosófico, à qual o autor nunca se furta. Em seguida, trataremos do elemento linguístico presente nas histórias do direito, tendo em vista a preocupação com ideias, conceitos e sentidos, sem os quais não há que se falar seja em história, seja em direito. Com base no sentido por meio do qual o direito é concebido, constroem-se institutos e instituições, que formam uma base conceitual e material para a realização da prática do direito. Por isso, uma história do direito não poderia deixar de abordar esses objetos em sua especificidade, o que é percebido e realizado por LOPES, conforme exposto no terceiro tópico. Por fim, o último objeto de análise será o ensino da história do direito, que também foi alvo de atenção por parte de LOPES, seja por meio de sua tematização em textos de reflexão e crítica sobre o estado da arte, seja por meio da produção de obras voltadas à difusão de uma história do direito coerente e consequente, em atitude de combate tanto ao esquecimento da disciplina quanto às formas simplistas, mal fundamentadas metodologicamente e, por vezes, encomiásticas, que a disciplina costuma assumir no Brasil.

1. A Relação entre Direito e História

A relação entre direito e história não pode ser ignorada. Por isso, qualquer pessoa que se disponha a entender e praticar o direito afirmará, com convicção, que o direito é histórico. Poucos, no entanto, refletem acerca do significado dessa afirmação. Desde o início de sua trajetória intelectual, essa pergunta incomodou José Reinaldo de Lima LOPES, que a encarou de duas formas fundamentais e conjugadas: por um lado, pela perspectiva filosófica, dada a natureza da própria questão; por outro, pela perspectiva historiográfica, sobretudo em busca de uma compreensão concreta da quase desconhecida história do direito brasileiro. Essa linha de investigação, a um só tempo filosófica e historiográfica, foi o caminho que possibilitou superar a história do direito tradicionalmente feita no país, até então limitada a repetições de formulações gerais e informações rasas, presas anacronicamente à moderna centralidade da lei como fonte do direito, com a consequência de converter a história em uma simples descrição da evolução legislativa.

Com efeito, a preocupação de LOPES com as transformações do direito e da sociedade, que leva às indagações históricas, já está presente em uma obra como **Direito e transformação social**: ensaio interdisciplinar das mudanças no direito, publicada em 1997, fruto de sua tese de doutorado. Nesse texto, em que os pensamentos de autores como Karl RENNER e Eugen EHRLICH recebem especial atenção, percebem-se temas e noções que perdurariam ao longo da trajetória intelectual de LOPES, como a comparação do direito com a língua, a ideia de uma "gramática" própria ao campo jurídico e, é claro, a preocupação com a dimensão histórica do direito. Além disso, autores como Herbert L. A. HART e Paul RICOEUR – para mencionar apenas dois –, decisivos para a formação do pensamento jusfilosófico de José Reinaldo, já se mostram presentes.

A partir da leitura dos autores atuais, que representavam a vanguarda dos estudos históricos a cada momento – como Harold BERMAN, Morton HORWITZ, Reinhart KOSELLECK, Helmut COING e tantos outros –, e sem abandonar os escritores canônicos da tradição filosófica – ARISTÓTELES, SÃO TOMÁS DE AQUINO, PUFENDORF, KANT, SAUSSURE, WITTGENSTEIN –, LOPES deu-se conta de que não apenas os juristas não avançavam em estudos históricos sobre a sua própria disciplina, como também os historiadores profissionais não olhavam para o direito como um objeto peculiar, digno de estudo específico[1]. Nesse sentido, procurou desenvolver uma historiografia jurídica brasileira, consciente teórica e metodologicamente e voltada para a realidade do país, em sua relação com o restante do mundo.

[1] Exemplo patente disso é a importante coleção **História geral da civilização brasileira**, organizada por Sérgio Buarque de Holanda, na qual, em mais de dez volumes, é dedicado apenas um curto capítulo de doze páginas à cultura jurídica, entre um capítulo dedicado à música e outro, à literatura (LOPES, 2018a, p. 305).

Diante disso, é importante perceber que a obra jus-histórica de LOPES, mesmo aqueles textos de caráter mais empírico, fruto de pesquisa em arquivos, é tributária de sua compreensão filosófica acerca do direito, da história e da relação entre ambos.

Com o correr dos anos, a concepção filosófica do autor acerca do direito foi se tornando cada vez mais clara e sistematizada, a qual pode ser sintetizada na ideia do direito como prática. Essa noção, inspirada em uma confluência de abordagens filosóficas (hermenêutica, filosofia da linguagem, filosofias da ação, dentre outras tradições), ganhou a sua forma definitiva no **Curso de filosofia do direito**: o direito como prática (2021a), embora os diversos temas que a compõem já tivessem sido apresentados ao público anteriormente[2].

Em resumo, concebido como uma prática, o direito não pode ser compreendido de maneira adequada e suficiente por meio de análises meramente normativas, empíricas ou lógicas. Afinal, se as regras são importantes, o são na medida em que dão sentido à ação, mas não por si mesmas. Além disso, a compreensão da ação humana não pode confundir-se com a descrição de um fato bruto, uma vez que as regras são constitutivas da realidade social, por meio da linguagem. Em decorrência disso, o estudo do direito enquanto prática composta por um campo abrangente de ações regradas e dotadas de sentido demanda reflexões no âmbito da razão prática, para além do âmbito da racionalidade estritamente lógica.

Nesse sentido, compreende-se por que, em recente artigo dedicado à história do direito ("Direito e história: questões para uma estranha disciplina", 2020a), LOPES comece justamente por destacar o caráter prático do direito. Como o próprio autor assinala em seu **Curso de filosofia do direito** (2021a, p. 40), a maneira como concebemos o direito o define. Isso significa que, sendo estipulativa (LOPES, 2021b, p. 31-33), a definição de direito não tem a função de descrevê-lo ("o direito não dá em árvores", como LOPES insiste), mas de constituí-lo, determinando o que o direito é, qual é o seu sentido, como se forma em sociedade, como nos inserimos nessa prática e como ela muda no tempo.

Assim sendo, uma vez assumida a concepção de direito como prática, a história do direito não poderia ser apenas uma evolução das fontes legislativas, como também não poderia ser explicada por leis históricas gerais,

[2] Por exemplo, em LOPES, 2003a, 2009 e 2018b.

à maneira das modernas filosofias da história ou do evolucionismo positivista. Para compreender a história do direito, é preciso observar e interpretar como os agentes históricos conceberam o direito e como agiram em seus respectivos contextos históricos, sociais e linguísticos.

2. Palavras, Ideias e Sentidos em História do Direito

Os textos, principais veículos das fontes jus-históricas, precisam ser compreendidos em seus respectivos contextos. Para além do aspecto mais evidente dessa afirmação, que implica a necessidade de o historiador preocupar-se com o ambiente social e o tempo histórico, a ênfase na análise contextual ganha um significado mais específico na obra de LOPES. Na esteira do contextualismo da Escola de Cambridge ou Collingwoodiana (*Ideas in Context*) – de autores como Quentin SKINNER, Anthony PAGDEN, Richard TUCK e, sobretudo, John POCOCK –, o autor ressalta a importância de compreender as ideias no seu contexto linguístico.

Como sustenta POCOCK (2013, p. 64), "para cada coisa a ser dita, escrita ou impressa deve haver uma linguagem na qual ela possa ser expressa. A linguagem determina o que nela pode ser dito, mas ela pode ser modificada pelo que nela é dito". Assim, embora outros aspectos contextuais sejam importantes, como os econômicos e os políticos, é imprescindível que o historiador leve em conta o aspecto linguístico em sua especificidade, a fim de compreender os textos naquilo que têm de mais vivo, isto é, enquanto discursos (RICOEUR, 1987), os quais somente têm sentido quando em relação com a linguagem possível em cada momento histórico.

Essa percepção teórica está na base de um livro como **As palavras e a lei**: direito, ordem e justiça na história do pensamento jurídico moderno, publicado originalmente em 2004[3]. A partir dos fundamentos jus-filosóficos acima expostos, o autor traça as mudanças do direito ocidental, tendo como cerne a investigação sobre as transformações de significado dos termos *ius*, *lex* e *directum* (semântica), acompanhada das mudanças na estrutura do pensamento jurídico (sintaxe) e na noção de justiça (sentido), com o deslocamento, na modernidade, do tema da distribuição e das coisas indivisíveis para fora do campo jurídico. Com essa pesquisa, LOPES mostra historicamente aquilo que postula filosoficamente: o direito muda conforme

[3] Em 2021, essa obra, que para muitos é sua *magnum opus*, ganhou uma segunda edição, revista e ampliada (LOPES, 2021b).

mudam as concepções que os agentes históricos têm dele, o que revela não apenas a significação do caráter histórico do direito, mas também que a sua história é necessariamente uma história da linguagem jurídica.

Outra obra em que os discursos ganham destaque é **Naturalismo jurídico no pensamento brasileiro** (2014), na qual o autor faz o que designa de uma história intelectual. O objetivo do autor nesse estudo é fazer "uma história dos argumentos, de como surgiram e como se desenvolveram", ou ainda: "um estudo de como os sentidos que hoje conhecemos surgiram em um ambiente no qual não eram ainda hegemônicos, em que precisavam ser feitos. A perspectiva é, portanto, a de tomar os textos como documentos de um processo de disputa" (Lopes, 2014, p. 24).

O objeto dessa história é o pensamento jurídico formado na passagem do século XIX para o XX, que pode ser denominado "naturalismo jurídico", sob a inspiração de autores como Herbert Spencer, Rudolf von Jhering, Albert Hermann Post e Icilio Vanni. Com a pretensão de afastar a influência de correntes como o jusnaturalismo e a Escola Histórica, juristas como Pedro Lessa, Sílvio Romero e João Arruda esforçaram-se para inserir o direito no campo das ciências que gozavam de maior prestígio, como a biologia (história natural) e a sociologia (recém-estabelecida e ainda dominada pela pretensão de consolidar-se como ciência natural).

A partir da análise dos discursos produzidos pelos juristas ligados a essa concepção de direito, a pesquisa mostra a complexidade do pensamento jurídico, que não pode ser reduzido ao senso comum de uma sucessão evolutiva de escolas – do jusnaturalismo ao juspositivismo (normativo), passando pela Escola Histórica. Sempre situando o pensamento brasileiro em face ao contexto mundial, levando em conta as leituras e reelaborações de ideias estrangeiras em voga, Lopes mostra a importância histórica dessa tendência sociologizante, que esteve no centro do pensamento jurídico no início do século passado, bem como os seus limites e implicações[4].

Além dos livros referidos, Lopes desenvolveu estudos em história intelectual, da linguagem ou dos discursos jurídicos em inúmeros artigos, geralmente voltados para a compreensão do pensamento jurídico especi-

[4] Essa tendência do pensamento jurídico é retomada no artigo "Código Civil e ciência do direito entre sociologismo e conceitualismo", publicado na **Revista do Instituto Histórico e Geográfico Brasileiro** (2017b), no qual Lopes destaca que, paralelamente, houve um processo de elaboração de conceitos propriamente jurídicos, os quais não eram diretamente tributários das leituras sociológicas.

ficamente brasileiro, mas sempre levando em conta as tradições e o contexto internacional. São exemplos disso o texto sobre o iluminismo e o jusnaturalismo no ideário dos juristas da primeira metade do século XIX (LOPES, 2003b) e o recente artigo sobre a independência na história do direito de José Isidoro MARTINS JÚNIOR (LOPES, 2022a).

É fundamental ressaltar, no entanto, que as ideias nunca são vistas pelo autor como algo que vale por si mesmo, nem os debates são percebidos e analisados sem levar em conta condições econômicas, lutas políticas e estruturas sociais em geral. Assim, se as ideias não são reduzidas a mero reflexo de uma realidade profunda não-linguística, elas também não bastam para explicar o direito, haja vista que apenas têm sentido quando observadas em conjunto com os outros aspectos da realidade social.

Diante disso, a historiografia geral e jurídica não poderia restringir-se ao campo das ideias, devendo avançar para o âmbito complementar dos institutos e das instituições.

3. Histórias de Institutos e Instituições

Fazer história do direito é também fazer a história dos institutos e das instituições.

Os institutos jurídicos possuem sua própria historicidade. Analisá-los do ponto de vista sincrônico e diacrônico permite-nos por um lado superar uma análise histórica de cunho evolucionista e por outro localizá-los em um certo momento histórico e/ou acompanhar seu desenvolvimento por determinado período sem cair em anacronismos.

Um primeiro estudo voltado aos institutos jurídicos encontra-se já em **O direito na história** (2000), em que LOPES analisa contratos, propriedade e pessoa jurídica, estudando sua trajetória desde o direito romano até a concepção atual que temos de tais institutos. Esses mesmos temas retornam à sua agenda de pesquisa após duas décadas, no **Dicionário histórico de conceitos jurídico-econômicos (Brasil, séculos XVIII-XIX)** (2020b) que LOPES organizou em conjunto com Bruno AIDAR e Andréa SLEMIAN. A proposta, contudo, difere da primeira obra, cujo objetivo era fornecer uma introdução à disciplina de história do direito aos(às) graduandos(as) (como veremos abaixo). O **Dicionário** possui um objetivo mais amplo, vez que por um lado estimula o diálogo entre pesquisadores(as) das áreas de História (em diferentes subáreas, como História Econômica, História Social e História Cultural) e do Direito (com ênfase em Teoria do Direito e

História do Direito), e por outro procura apresentar uma análise mais pormenorizada de determinados temas na forma de verbetes, com enfoque na história jurídico-econômica brasileira. Nesta esteira, José Reinaldo desenvolveu estudos sobre os temas já citados de contrato (em coautoria com Osny da Silva Filho)[5], propriedade (em coautoria com Gustavo Angelelli)[6] e personalidade e pessoa jurídica[7]. Além destes, também escreveu um verbete dedicado aos tribunais[8], em consonância com outro tema de pesquisa que lhe é caro: a história institucional.

As instituições representam a materialização do direito enquanto prática social, na medida em que podemos depreender os sentidos e conceitos utilizados pelos agentes históricos que a elas se integravam, fossem eles membros ou não da instituição.

Neste sentido, Lopes propõe-se a estudar determinadas instituições do Brasil Império (1822-1889) que, se não totalmente esquecidas, demandavam um estudo mais aprofundado. Isso porque foram elas que moldaram o debate jurídico da época, estabelecendo limites e enquadramentos teórico-doutrinários aos já mencionados institutos. O resgate dessas organizações também trouxe a lume aspectos importantes sobre o pensamento jurídico dos agentes históricos que faziam o Direito no dia a dia, superando-se uma história voltada apenas aos "grandes vultos", como Teixeira de Freitas e outros. Deste modo, não seria de todo errado afirmarmos que a história institucional está intrinsecamente atrelada à história intelectual[9], na linha do que António Manuel Hespanha também propõe em sua obra[10].

[5] Cf. Lopes; Silva Filho, 2020.

[6] Cf. Lopes; Angelelli, 2020.

[7] Cf. Lopes, 2020c.

[8] Cf. Lopes, 2020d.

[9] Como Lopes afirma, "fazer história das instituições é também fazer história das ideias. Estudar história das ideias jurídicas implica estudar as instituições do direito: as escolas, os tribunais, o governo, os mercados, as associações civis. História institucional e história intelectual integram-se nessa esfera, reconhecendo-se a implicação recíproca entre a base material das instituições (quem as procura, quem as compõem, quantos funcionários se aplicam a suas tarefas, quantos casos lhes vêm, como decidem?) e as ideias, conceitos, pensamento, vida intelectual. Ao saber como funcionam essas organizações, sabemos como pensavam os intelectuais encarregados de criá-las e pô-las a funcionar. A história institucional é um lugar próprio para a busca dos sentidos pensados e efetivamente usados pelos agentes históricos. Por lidar com os recursos materiais, a instituição revela de forma concreta e feita de vestígios sólidos a forma social" (Lopes, 2015, p. 205).

[10] Sobre este tema, cf. Lopes, 2015.

Uma primeira abordagem sobre uma instituição do Brasil oitocentista se deu com **O Supremo Tribunal de Justiça do Império**: 1828-1889, organizado junto com Andréa SLEMIAN, Paulo Macedo GARCIA NETO e André Javier PAYAR (SLEMIAN *et al.*, 2010). Esse órgão ocupava a cúpula do Poder Judiciário no Brasil Império, mas foi, em certa medida, eclipsado pelo seu sucessor, o Supremo Tribunal Federal, instituído em 1890 (já na República, portanto). Nesta esteira, e tratando de superar uma lacuna – justamente a falta de uma história do Supremo Tribunal de Justiça (STJ) –, o resgate empreendido por LOPES e pelos outros organizadores permite-nos visualizar a estrutura e função do STJ ao longo de todo o período em que esteve ativo, em especial nas três grandes fases do Brasil Império: primórdios (1828-1841), apogeu (1840-1871) e crepúsculo (1871-1889), com capítulos de autoria de SLEMIAN, LOPES e GARCIA NETO, respectivamente.

No mesmo ano de publicação do livro, veio a lume outra obra que também analisava um órgão no mesmo período: **O oráculo de Delfos**: o Conselho de Estado no Brasil-Império (LOPES, 2010a)[11]. Tomando como mote a afirmação de Joaquim Nabuco em **Um Estadista do Império** de que "o Conselho de Estado era, com efeito, uma espécie de oráculo de Delfos, ao qual se traziam todas as perguntas imagináveis"[12] – mote este que serviu a LOPES de inspiração para o título do livro – José Reinaldo nos apresenta uma pesquisa de fôlego sobre a Seção de Justiça do Conselho, utilizando-se de fontes primárias até então pouco exploradas (e de difícil acesso). O objetivo do autor era, por um lado, recuperar a "história abandonada" da instituição (LOPES, 2010a, p. XIV), utilizando-se de fontes primárias jurídicas para resgatar a função jurisdicional do órgão e, por outro, afastar-se de uma história política já há muito repetida. Seu intuito era, pois, mesclar história institucional e história do pensamento jurídico. Para tanto, LOPES inicia a obra com uma análise sobre o problema da interpretação jurídica na tradição ocidental, para em seguida traçar a história institucional do Conselho, em especial o funcionamento da Seção de Justiça. Em seguida, trata de unir os dois temas no estudo da função consultiva e contenciosa da Seção, utilizando-se de suas decisões. Por fim, há a retomada do pro-

[11] Antes do livro o autor publicou alguns resultados de sua pesquisa, em LOPES, 2007a. A obra ganhou uma edição em espanhol, cf. LOPES, 2012a.

[12] Cf. NABUCO, 1899, p. 467.

blema da interpretação, agora à luz do papel desempenhado pelo Conselho no Segundo Reinado.

Ainda no tocante ao tema da jurisdição dos tribunais, não podíamos deixar de mencionar também a obra **História das Justiças (1750-1850)**: Do reformismo ilustrado ao liberalismo constitucional (Slemian; Lopes, 2018), organizado por Lopes e Andréa Slemian. O livro reúne ensaios de historiadores especializados em história institucional do Direito que foram apresentados em colóquio de mesmo nome, organizado em agosto de 2014[13].

E o que dizer das instituições sem sua burocracia? O tema é abordado pelo autor na análise da evolução da burocracia brasileira (Lopes, 2012b).

Por fim, o processo, enquanto instituto e instituição, também é analisado por Lopes. Sua obra **História da justiça e do processo no Brasil do século XIX** (2017a) contempla três assuntos distintos, mas complementares: a introdução do júri e a criação do Supremo Tribunal de Justiça no começo do Brasil Império[14], a análise dos Tribunais de Comércio[15], e a administração da Justiça e o processo civil no Brasil oitocentista.

4. O Ensino da História do Direito no Brasil

Por fim, ainda devemos mencionar um último tema – mas não menos importante – sobre o qual Lopes se debruça: a constituição da história do direito enquanto disciplina autônoma no campo do Direito, em especial no âmbito do Direito brasileiro. Apenas tardiamente disciplinas de cunho histórico foram incluídas nos currículos das Faculdades de Direito, em 1891: Filosofia e História do Direito (1º ano) e História do Direito Nacional (3º ano). Isso quer dizer que, durante todo o período imperial, não havia uma cadeira dedicada ao ensino da disciplina, e isso, como era de se esperar, teve repercussões no próprio "fazer" história do direito no Brasil. Iniciativas como a de Cândido Mendes de Almeida (as histórias que introduzem as obras por ele editadas, como a conhecida apresentação do **Código Philipino**, em 1870) e de José Isidoro Martins Júnior (sua **História do direito nacional** foi publicada em 1895, seguida do **Compêndio de história geral do direito**, em 1898) foram produzidas neste contexto.

[13] Na apresentação à obra, os organizadores apontam a importância do estudo dos tribunais, cf. Slemian; Lopes, 2018, p. 9-10.

[14] Havia sido publicado antes na forma de artigo, cf. Lopes, 2010b. Esse capítulo complementa seu estudo sobre o STJ no apogeu do Império, cf. Lopes, 2010c.

[15] Havia sido publicado antes na forma de artigo, cf. Lopes, 2007b.

Contudo, já em 1901 a disciplina foi retirada do currículo e apenas foi reintroduzida na década de 1990.

Um breve excurso histórico sobre a disciplina de história de direito pode ser encontrado em "História do direito: sua (re)introdução e função nos cursos jurídicos" (LOPES, 2018c). Neste texto, José Reinaldo nos brinda com um precioso relato, demonstrando que foi por sua iniciativa que o professor José Eduardo FARIA propôs a inclusão da história do direito como disciplina[16] quando da discussão da reforma curricular da Faculdade de Direito da Universidade de São Paulo (FDUSP) no final da década de 1980[17]. Além disso, LOPES demonstra duas influências decisivas em seu percurso acadêmico: o contato com a obra do jurista italiano Tullio ASCARELLI (1903-1959), exilado no Brasil em função da perseguição nazista na Europa, e sua formação em Letras na Faculdade de Filosofia, Letras e Ciências Humanas da USP. Em relação ao primeiro, pode-se dizer que LOPES sofreu de dois tipos de influência: a primeira, direta, ao ler os livros e artigos de Ascarelli e absorver sua visão histórico-comparatista sobre o Direito[18]; a segunda, indireta, ao ter acesso a fontes históricas primárias importantes, vez que a biblioteca Tullio Ascarelli, composta de obras jurídicas do jurista italiano que foram doadas à FDUSP após sua morte, possui, por exemplo, obras de autores medievais como BÁRTOLO DE SASSOFERRATO e BALDO DE UBALDO, a cujos escritos LOPES dificilmente conseguiria ter acesso sem ter que ir ao exterior (e em uma época em que não havia internet).

Foram justamente a dificuldade de acesso às fontes primárias e a falta de materiais didáticos que levaram LOPES a empreender duas iniciativas complementares: as publicações de **O direito na história**: lições introdutórias (LOPES, 2000)[19] e do **Curso de história do direito** (LOPES; QUEIROZ; ACCA, 2006)[20].

[16] O ensino de História do Direito nas Faculdades de Direito do Brasil só se tornou obrigatório com a Resolução CNE/CES nº 09, de 24 de setembro de 2004.

[17] Cf. LOPES, 2018c, p. 21, nota 2.

[18] Não seria exagero dizer que LOPES se considera um ascarelliano. Sua admiração pelo jurista italiano fê-lo organizar a obra **Nas Trilhas de Ascarelli** junto com Erasmo Valladão Azevedo e Novaes FRANÇA, Ruy Pereira CAMILO JÚNIOR e Ariel Engel PESSO, por ocasião do aniversário de 60 anos da morte de Tullio Ascarelli.

[19] Cf. LOPES, 2000. Obteve reedições em 2002, 2011, 2012, 2014 e 2019 (esta última apenas em ebook).

[20] Cf. LOPES; QUEIROZ; ACCA, 2006. Obteve reedições em 2009, 2013 e 2021 (esta última apenas em ebook).

O direito na história foi fruto de notas de aula que o professor desenvolvia conforme lecionava a disciplina "História do Direito e do Pensamento Jurídico" no curso noturno da graduação da FDUSP. A estadia em centros de excelência no exterior e o contato com acadêmicos permitiram-lhe a redação desta obra, que pretende ser o contato inicial de alunos e alunas de Direito com esta disciplina – que, à primeira vista, parecia deslocada no currículo dos cursos jurídicos. Apesar da possível estranheza dos discentes, a obra possui um estilo claro e evita utilizar notas de rodapé, justamente para tornar a leitura fácil e agradável. O livro se inicia com uma necessária explicação sobre a história do direito, seus métodos e tarefas, enfatizando a sua relação com a pesquisa histórica em geral. No mais, como manual introdutório que pretende ser, o livro aborda temas e momentos da história do direito europeu (da qual somos herdeiros, partindo do mundo antigo e chegando à modernidade) e também brasileiro (do período colonial à Era Vargas). Ao final, ele também apresenta um capítulo dedicado aos institutos do contrato, da propriedade e pessoa jurídica. As reedições da obra acrescentaram à bibliografia original o que de mais avançado há em pesquisa em história do direito na atualidade.

O **Curso de história do direito** foi organizado em conjunto com Rafael MAFEI e Thiago ACCA, à época seus orientandos de pós-graduação. A proposta da obra era tornar acessíveis as fontes históricas aos estudantes, tanto estrangeiras (por meio de traduções) quanto nacionais (por meio de sua reprodução, já que muitas eram de difícil acesso e apenas indiretamente estudadas). Além disso, visava permitir a organização de cursos de história do direito mais dinâmicos e interativos. Nessa linha, a obra possui dez capítulos, divididos entre direito europeu (do *ius commune* medieval até o debate sobre a ciência do direito no século XIX, com ênfase em textos doutrinários ou teóricos) e direito brasileiro (da formação do Estado Nacional até o Estado de Segurança Nacional, com ênfase nas fontes históricas). Todos os referidos capítulos possuem a mesma estrutura: (i) introdução ao período histórico, (ii) os textos selecionados, (iii) para saber mais, (iv) filmografia selecionada e (v) exercícios sugeridos. A recepção do livro foi muito positiva no meio jurídico brasileiro, tanto que os autores foram agraciados com o prêmio Jabuti na categoria Direito em 2007.

Considerações Finais

A contribuição de José Reinaldo ao campo da história do direito no Brasil foi decisiva. Seja no estímulo à reintrodução da disciplina nos currículos, seja na realização e orientação de pesquisas de ponta, é certo que sua influência se fez sentir em todo o país. Vale mencionar também que ele ajudou a fundar e presidiu entre 2002 e 2005 o Instituto Brasileiro de História do Direito (IBHD), associação que busca congregar pesquisadores e pesquisadoras nacionais e internacionais que lidam com a temática.

Os quatro tópicos em que este texto foi dividido buscaram lançar luz a assuntos e abordagens caras ao autor. Não obstante, de modo algum devem ser vistos como temas isolados, mas sim complementares, uma vez que partem das mesmas premissas filosóficas: o direito como prática social, cujos conceitos existem apenas na e pela linguagem (em seus diversos contextos), é composto de ações regradas e dotadas de sentido. Tanto é assim que em sua recente **Cultura giuridica e istituzioni in Brasile tra Otto e Novecento**: saggi sulla storia del pensiero giuridico, delle codificazioni e del processo, tais temas aparecem nas três seções em que a obra se divide: "Teoria, storia e metodo", "Cultura giuridica, codici, interpretazione" e "Storia del processo e dela giustizia".

Assim, a relação entre direito e história é mais do que apenas a evolução legislativa de tal ou qual instituto, é a análise dos conceitos – palavras, ideias e sentidos – em seus contextos linguísticos, sociais, econômicos e políticos. Tais conceitos, que no mais das vezes assumem a forma de diferentes institutos jurídicos, materializam-se na prática efetiva das diferentes instituições que lidam com o Direito. É assim, portanto, considerando os aspectos relevantes do direito como prática, que a história do direito deve ser escrita e que o seu ensino nas faculdades deve ser desenvolvido.

Referências

LOPES, José Reinaldo de Lima. **Direito e transformação social**: ensaio interdisciplinar das mudanças no direito. Belo Horizonte: Nova Alvorada, 1997.

LOPES, José Reinaldo de Lima. **O direito na história**: lições introdutórias. São Paulo: Max Limonad, 2000.

LOPES, José Reinaldo de Lima. Juízo jurídico e a falsa solução dos princípios e das regras. **Revista de Informação Legislativa**. Brasília, a. 40, n. 160, p. 49-64, out./dez. 2003a.

LOPES, José Reinaldo de Lima. Iluminismo e jusnaturalismo no ideário dos juristas da primeira metade do século XIX. *In:* JANCSÓ, István (org.) **Brasil: formação do Estado e da Nação**. São Paulo: Hucitec/ FAPESP/ Unijuí, 2003b, p. 195-218.

LOPES, José Reinaldo de Lima. Consultas da Seção de Justiça do Conselho de Estado (1842-1889): A formação da cultura jurídica brasileira. **Almanack Braziliense**, 5, p. 4-36, 2007a.

LOPES, José Reinaldo de Lima. A formação do direito comercial brasileiro: a criação dos tribunais de comércio do Império. **Cadernos Direito GV**, 20, v. 4, n. 6, p. 5-70, 2007b.

LOPES, José Reinaldo de Lima. Entre a teoria da norma e a teoria da ação. *In:* STORCK, Alfredo Carlos; LISBOA, Wladimir Barreto (orgs.). **Norma, moralidade e interpretação**: temas de filosofia política e do direito. Porto Alegre: Linus, 2009, p. 43-80.

LOPES, José Reinaldo de Lima. **O oráculo de Delfos**: o Conselho de Estado no Brasil-Império. São Paulo: Editora Saraiva/Fundação Getúlio Vargas, Direito GV, Escola de Direito de São Paulo, 2010a. (Série produção científica. Direito, desenvolvimento e justiça).

LOPES, José Reinaldo de Lima. Governo misto e abolição de privilégios: criando um Judiciário no Império. *In:* OLIVEIRA, Cecília Helena L. de Salles; BITTENCOURT, Vera Lúcia Nagib; COSTA, Peres Wilma (Org.). **Soberania e conflito**: configurações do Estado nacional no Brasil do século XIX. São Paulo: FAPESP/Editora Hucitec, 2010b, p. 149-184.

LOPES, José Reinaldo de Lima. O Supremo Tribunal de Justiça no apogeu do Império (1840-1871). *In:* SLEMIAN, Andréa; GARCIA NETO, Paulo Macedo; PAYAR, André Javier; LOPES, José Reinaldo de Lima (Org). **O Supremo Tribunal de Justiça do Império**: 1828-1889. São Paulo: Saraiva/Fundação Getúlio Vargas, Direito GV, Escola de Direito de São Paulo, 2010c, p. 63-103.

LOPES, José Reinaldo de Lima. **El oráculo de Delfos**: Consejo de Estado y derecho en el Brasil imperial. México: Editorial Fontamara, 2012a.

LOPES, José Reinaldo de Lima. Do ofício ao cargo público: a difícil transformação da burocracia prebendária em burocracia constitucional. **Almanack Braziliense**, v. 3, p. 30-35, 2012b.

LOPES, José Reinaldo de Lima. **Naturalismo jurídico no pensamento brasileiro**. São Paulo: Saraiva, 2014.

LOPES, José Reinaldo de Lima. História das ideias, das instituições e teoria do direito. *In:* SILVA, Cristina Nogueira da; XAVIER, Angela Barreto; CARDIM, Pedro (Org.). **António Manuel Hespanha**: entre a história e o direito. Coimbra: Almedina, 2015, p. 199-207.

LOPES, José Reinaldo de Lima. **História da justiça e do processo no Brasil do século XIX**. Curitiba: Juruá, 2017a.

LOPES, José Reinaldo de Lima. Código Civil e ciência do direito entre sociologismo e conceitualismo. **Revista do Instituto Histórico e Geográfico Brasileiro**, Rio de Janeiro, a. 178 (473), p. 77-96, jan./mar. 2017b.

LOPES, José Reinaldo de Lima. Brazilian law and legal culture in the XIXth century. **Zeitschrift der Savigny-Stiftung für Rechtsgeschichte: Germanistische Abteilung**, 135, p. 295-326, 2018a.

LOPES, José Reinaldo de Lima. Da Interpretatio à interpretação: um percurso histórico e teórico. Revista da Faculdade de Direito da UFRGS, Porto Alegre, n. 39, p. 3-25, dez. 2018b.

LOPES, José Reinaldo de Lima. História do direito: sua (re)introdução e função nos cursos jurídicos. **Revista da Faculdade de Direito (USP)**, v. 113, p. 21-44, jan./dez. 2018c.

LOPES, José Reinaldo de Lima. Direito e história: questões para uma estranha disciplina. **Revista História do Direito**: Revista do Instituto Brasileiro de História do Direito (RHD), Curitiba, v. 1, n. 1, p. 331-350, 2020a.

LOPES, José Reinaldo de Lima; AIDAR, Bruno; SLEMIAN, Andréa (orgs.). **Dicionário histórico de conceitos jurídico-econômicos (Brasil, séculos XVIII-XIX)**. 2 vols. São Paulo: Alameda, 2020b.

LOPES, José Reinaldo de Lima. Personalidade, pessoa jurídica. *In:* LOPES, José Reinaldo de Lima; AIDAR, Bruno; SLEMIAN, Andréa (orgs.). **Dicionário histórico de conceitos jurídico-econômicos (Brasil, séculos XVIII-XIX)**: volume II. São Paulo: Alameda, 2020c, p. 167-188.

LOPES, José Reinaldo de Lima. Tribunal. *In:* LOPES, José Reinaldo de Lima; AIDAR, Bruno; SLEMIAN, Andréa (orgs.). **Dicionário histórico de conceitos jurídico-econômicos (Brasil, séculos XVIII-XIX)**: volume II. São Paulo: Alameda, 2020d, p. 471-498.

LOPES, José Reinaldo de Lima. **Curso de filosofia do direito**: o direito como prática. São Paulo: Atlas, 2021a.

LOPES, José Reinaldo de Lima. **As palavras e a lei**. 2. Ed. São Paulo: Madamu, 2021b.

LOPES, José Reinaldo de Lima. José Izidoro Martins Junior. *In:* Seelaender, Airton Cerqueira-Leite; Wehling, Arno (Org.). **Entender a Independência**. Rio de Janeiro: Editora Processo, 2022a, p. 203-216.

LOPES, José Reinaldo de Lima. **Cultura giuridica e istituzioni in Brasile tra Otto e Novecento**: saggi sulla storia del pensiero giuridico, delle codificazioni e del processo. Pisa: Edizioni ETS, 2022b.

LOPES, José Reinaldo de Lima; ANGELELLI, Gustavo. Propriedade. *In:* Lopes, José Reinaldo de Lima Lopes; Aidar, Bruno; Slemian, Andrea (Org.). **Dicionário histórico de conceitos jurídico-econômicos**. São Paulo: Alameda, 2020, v. II, p. 245-287.

LOPES, José Reinaldo de Lima; FRANÇA, Erasmo Valladão Azevedo e Novaes; CAMILO JUNIOR, Ruy Pereira; PESSO, Ariel Engel. **Nas Trilhas de Ascarelli**. São Paulo: Quartier Latin, 2022.

LOPES, José Reinaldo de Lima; QUEIROZ, Rafael Mafei Rabelo; ACCA, Thiago dos Santos. **Curso de história do direito**. São Paulo: FGV/ Editora Método, 2006.

LOPES, José Reinaldo de Lima; SILVA FILHO, Osny da. Contrato. *In:* LOPES, José Reinaldo de Lima; AIDAR, Bruno; SLEMIAN, Andréa (orgs.). **Dicionário histórico de conceitos jurídico-econômicos (Brasil, séculos XVIII-XIX)**. Volume I. São Paulo: Alameda, 2020, p. 215-244.

NABUCO, Joaquim. **Um Estadista do Imperio**: Nabuco de Araujo – sua vida, suas opiniões, sua época. T. 3. Rio de Janeiro: H. Garnier, 1899.

POCOCK, John. MICELI, Sérgio (Org.). **Linguagens do ideário político**. Tradução de Fábio Fernandez. São Paulo: Editora da Universidade de São Paulo, 2013.

RICOEUR, Paul. **Teoria da interpretação**: o discurso e o excesso de significação. Tradução de Artur Morão. Lisboa: Edições 70, 1987.

SLEMIAN, Andréa; GARCIA NETO, Paulo Macedo; PAYAR, André Javier; LOPES, José Reinaldo de Lima (Org). **O Supremo Tribunal de Justiça do Império**: 1828-1889. São Paulo: Saraiva/Fundação Getúlio Vargas, Direito GV, Escola de Direito de São Paulo, 2010.

SLEMIAN, Andréa; LOPES, José Reinaldo de Lima. **História das Justiças (1750-1850)**: Do reformismo ilustrado ao liberalismo constitucional. São Paulo: Alameda Casa Editorial, 2018.

2
O DIREITO NACIONAL COMO PROBLEMA NA FORMAÇÃO DO BRASIL

Andréa Slemian

José Reinaldo de Lima Lopes não apenas contribuiu, e contribui, sobremaneira para desbravar o campo da história do direito no Brasil, como na colocação precisa de questões/problemas para aqueles e aquelas que o fazem. O que ele não apenas escreveu, mas também ensinou. Em meio a historiadores e historiadoras sem formação jurídica, como eu, ele gosta sempre de afirmar que, como jurista, suas perguntas sobre o passado sempre se fazem a partir desse recorte. No entanto, ele sempre esteve muito longe de um tipo de história que, ainda muito comum nas teses e livros de direito, preocupa-se sobretudo em explicar o passado tendo em vista o "ponto de chegada" do tema estudado. Como se o presente pudesse ser considerado a consagração do mesmo, reduzindo à história a um caminho meramente evolutivo. Nada pior aos olhos de um historiador que reconhece ser a graça da História exatamente entender seus caminhos não lógicos, os andares inusitados, as soluções e desfechos que apostaram em alternativas com menos ou nenhum rastro no presente.

Ao contrário, suas perguntas sempre se preocupam em perscrutar as ações humanas no seu contexto. Questionamentos acerca de como os coevos interpretavam o direito, como funcionavam as instituições, com que instrumentos, entre outros, podem parecer falsamente simples; no entanto, trazem em si mesmos uma potente reflexão acerca dos significados do próprio campo jurídico. Tomando em conta as premissas de John Searle, bem como da filosofia analítica, José Reinaldo sempre defendeu que o direito deve ser entendido como uma "convenção", em que os agentes sociais "compartilham" coletivamente as regras que têm validade em cada situação, momento, espaços sociais (LOPES, 2003). É essa intencionalidade que dá sentido e função às *instituições*, entendidas como criação coletiva dos indivíduos a partir da aceitação de regras constitutivas, e não em um sentido empobrecedor como histórias oficiosas e tradicionais tenderam a caracterizá-las. Descrever o direito e as instituições de uma época por meio de regulamentos e das leis é, portanto, muito pouco. Mas se perguntar *como* funciona(va)m abre um mundo de possibilidade de pensarmos como os regulamentos são lidos, quais são os acordos tácitos com que operam, quais as regras não escritas, as condutas que nem precisam estar declaradas, já que partilhadas são.

Se esses problemas seguem sendo fundamentais para a formação dos juristas, eles possuem igualmente enorme transcendência para os historiadores não versados no campo do direito, os quais tendem a sobrevalorizar o papel dos ordenamentos para afrontar o que chamamos *jurídico*. Nesse sentido, gostaria de apresentar nas páginas que se seguem a inestimável contribuição de José Reinaldo para o entendimento do processo de construção do Brasil, em especial da passagem da Independência à formação do Império. Tema ao qual ele dedicou várias publicações, além de meses e anos de pesquisa e imersão, parte dos quais eu tive o privilégio de acompanhar de perto. Sem pretender fazer uma exegese de suas teses, partirei da colocação de um dos seus problemas centrais: o de como pensar a criação de um direito nacional no século XIX, o qual se daria, segundo suas próprias palavras, "integrando o novo e o velho numa cultura e em instituições frequentemente paradoxais" (LOPES, 2003, p. 195). Seguir a forma como buscou resolvê-lo servirá de fio condutor para iluminar os caminhos para entender o período; o que faço, muitas vezes, com minhas próprias expressões e a partir de reflexões pessoais que são também devedoras de nossa convivência.

Sem desvalorizar outros escritos, tomo como tríade fundamental de suas teses sobre a temática, um texto publicado no livro *Brasil: formação do Estado e da nação* (2003), em que sintetiza de forma pioneira alguns problemas centrais; seu livro sobre o Conselho de Estado (2010) e um outro que organizou e assina um capítulo sobre o Supremo Tribunal da Justiça (igualmente de 2010), onde se consolida sua interpretação sobre o direito no Império do Brasil. Consolidação essa que se faz após anos de trabalhos com as fontes, as quais vão além de leis/regulamentos e doutrina jurídica, e desvendam uma minuciosa leitura das decisões dos órgãos em questão – e se consistiu igualmente em uma das suas marcas como historiador.

José Reinaldo sustenta que no momento da Independência já conviviam no direito elementos bem "delineados" e "modernos" que foram chaves para a definição do mesmo no Império do Brasil. Para tanto, por mais que o direito herdado do Antigo Regime (vinculado à tradição tardo-medieval do *ius commune*) tenha presença nesse processo, eu diria que ele deixa entrever ter sido difícil, senão impossível, construir Estados a partir do mesmo. Foi fundamental existir alguma tarefa de ruptura que, mesmo que sem ser radical, impusesse mudanças na forma como operá-lo. Essas advinham sobretudo da concepção da *lei* como "comando" pensada a partir de um sistema hierarquizado de regras advindos de uma concepção universalizante de princípios, o qual deveria estar acima de costumes antigos e locais. Em Portugal, essa mudança fez-se sentir desde o momento do reformismo ilustrado quando se deu um reforço no papel do soberano como legislador, e a tentativa de hierarquização entre as diversas fontes de direito (cuja medida emblemática ficou conhecida como lei da "Boa Razão", de 1769). Por mais que os resultados dessas medidas tenham sido controversos, foram elas uma tentativa de organizar o direito vigente no Reino – marcado por um pluralismo típico das monarquias ocidentais e seus domínios -, bem como de criar um sistema que fornecesse ao legislador centralidade no seu papel de intérprete das leis.

José Reinaldo parte desse universo conhecido por muitos de nós para propor uma chave de entendimento de como o problema se deu na América portuguesa no momento da Independência. Muito longe de um fenômeno isolado, que ele sempre ironiza que não poderia ser visto como a história da "jabuticaba" (como um fruto existente apenas por essas terras), a formação do Brasil deve ser interpretada à luz das experiências constitucionais modernas, inclusive a latino-americana – como a historiografia vem cada vez mais demonstrando. Fugindo de explicações genéricas e imprecisas que evocam uma ambiguidade entre continuidades e mudanças para tratar do período, ele defende a existência de um amplo processo de reformas das instituições jurídicas, movido desde a Independência a partir de uma "clara consciência" de que era necessário reorganizar o governo sob novas bases. Por se tratarem de territórios coloniais, os quais não possuíam uma articulação entre si, ele defende que os artífices do direito teriam um papel central na criação de um Estado aos moldes "liberais".

O contexto em que esse processo se desenvolveu possuía duas faces, como uma realidade bifronte: por um lado, a da sobrevivência da "boa tradição" do Antigo Regime (LOPES: 2003, p. 201); por outro, a da construção, e mesmo imposição, de um regime constitucional a partir da criação de um ordenamento liberal. Tanto isso era verdade que a Independência não rompe com a imensa massa normativa vigente no mundo português. Em uma das apenas seis leis aprovadas pela Assembleia Constituinte instalada no ano de de 1823, declarava-se "em vigor a legislação pela qual se regia o Brasil até 25 de abril de 1821 e bem assim as leis promulgadas pelo Senhor D. Pedro, como Regente e Imperador daquela data em diante, e os decretos das Cortes portuguesas que são especificados", segundo ela mesma, "enquanto se não organizar um novo Código, ou não forem especialmente alteradas" (BRASIL, 1887). Não se trata de dizer que a continuidade jurídica se daria por causa de semelhantes declarações, que teriam determinado o alcance jurídico das mudanças políticas, mas que elas vieram a *estatizar* elementos da ordem jurídica existente, com toda sua carga de incertezas que o pluralismo vigente trazia consigo.

Nesse ambiente se daria a criação liberal que, tal como buscou entender José Reinaldo, foi uma ação para "refazer um sistema jurídico", a qual teria, com todos os percalços, sua efetividade. Talvez seja esse um de seus principais argumentos, em que o direito, mais bem os juristas, teve/tiveram um papel central na sua realização. É assim que desde a transformação na própria etimologia do vocábulo constituição, pode-se ver a tarefa que os coevos chamaram a si mesmos: a palavra, cujo sentido antigo vinculava-se anteriormente à descrição de ordenamento de um território, viria, claramente desde a segunda metade do XVIII, a estar associado com um programa de criação normativa, de projeção de um ordenamento futuro sobre princípios constitucionais. Ou seja, *constituição* passaria a ser sinônimo do dever ser político, apontando para o futuro. No Brasil, e na América ibérica, esse teria um sentido especialmente forte pois se tratava de conceber um sistema jurídico que se impusesse sobre territórios que nem sequer estavam debaixo da jurisdição do Império, além de ocupadas por populações que tampouco o reconheciam, a princípio, como um governo legítimo.

Era assim que os juristas tinham consciência da urgência acerca da tarefa de reforma da administração e da justiça, com valorização de elementos de Direito Público. Nesse sentido, o regime de monarquia constitucional vai encampar um importante programa de reforma jurídica, mesmo que sem um rompimento total com a herança portuguesa. Para além da Constituição outorgada poucos meses depois do fechamento da Casa legislativa, à rápida instalação de um Parlamento seguiriam a extinção dos antigos tribunais (Desembargo do Paço e Casa da Suplicação), a reforma das Câmaras municipais que, por lei de 1828, passariam a ser concebidas como "corporações meramente administrativas" sem o exercício de "jurisdição alguma contenciosa" (artigo 24 da lei de 20 de outubro de 1828). Medida esta última que não teve igual correspondente em nenhum outro lugar da América Latina no período. Nessa linha, a emblemática aprovação dos juízes de paz, e posteriormente dos jurados, mereceu um olhar atento de José Reinaldo (Lopes, 2017, p. 17 et seq.). Fruto da expansão das soluções revolucionárias francesas para a justiça baseadas em juízes leigos e eletivos, ou seja, em uma justiça de caráter *popular*, ele destacaria como seu projeto, desde o momento inicial, configurava-se em uma crítica aos tribunais e juízes, bem como à defesa dos direitos dos cidadãos, desde as primeiras aproximações e discussões sobre o tema.

O ponto nevrálgico da sua contribuição na leitura do processo no Brasil está na relação intrínseca que estabelece entre a ação de interpretação do direito e as instituições criadas para fazê-lo. Dessa forma, o primeiro problema a perseguir é precisamente o da determinação do direito válido. Para tanto, não basta seguir os ordenamentos, nem mesmo um recorte geral do que seria vigente, mas sobretudo o que os juristas irão valorar e utilizar diante da larga tradição herdada e da ainda insípida produção normativa das primeiras décadas do século XIX. A despeito da Carta Constitucional de 1824 possuir um forte papel político, bem como de projeção de uma agenda jurídica a ser seguida, seu papel normativo dependia da vontade de criação de novos ordenamentos e códigos, como dito acima. Nesse sentido, José Reinaldo destaca a inexistência de uma cultura jurídica "especificamente nacional" para esse período. Seria apenas na segunda metade do século XIX que a utilização de textos normativos propriamente brasileiros fazer-se-ia sentir no Império. Com acuidade, ele trata da preocupação de Teixeira de Freitas em que, ao editar *A Doutrina das Ações* do português Correia Teles em 1880, falava do problema que havia em considerá-la como doutrina nacional. Destaca o problema da "adaptação" que haveria feito Freitas para que não se "misturasse" a doutrina portuguesa com a do Império, e se mantivesse a primeira em um campo do direito comparado.

Ao tratar do tema, José Reinaldo não apenas organiza uma forma de olhar para o problema, tendo em vista o papel central dos juristas na construção do regime liberal, como abre possibilidades da sua relação com a história política. A tensão no ato de refazer um sistema jurídico se daria, por um lado, na impossibilidade de uma separação taxativa em relação ao português (como apontamos acima), mas também, por outro, pela sobrevivência de um caráter patrimonialista por meio da manutenção de privilégios e do próprio *status quo* promovido pelas elites imperiais. Assim, a formação de um regime constitucional não foi tributário de um "processo revolucionário popular", o que caracterizaria a ruptura conservadora e legitimista da Independência. Uma de suas marcas seria o tímido, ainda que crescente, espaço estatal ao longo do século XIX: tardou-se em construir seu controle sobre o território, uma estrutura burocrática, um sistema de registro civil, uma polícia em moldes modernos, e o que não dizer de um exército, entre muitos outros aspectos. O poder da "Casa", dos privados, seguia forte e mimetizado pela manutenção da escravidão, e quantas vezes não conversamos sobre o fato do Estado ser relativamente fraco na sua estrutura e extensão, mesmo que uma realidade, sobretudo discursiva, muito potente.

Esse era o complexo, talvez paradoxal, cenário a partir do qual José Reinaldo forneceu a devida importância ao estudo das novas instituições. Ao contrário do que se poderia pensar, elas seriam ainda mais centrais tanto na reprodução, como igualmente na projeção e imposição de consensos, de normas sociais, chamando a si a tarefa demiúrgica da formação da nação. Constituíam-se como legítimas para falar em nome do Império, mesmo que não tivessem materialidade em todos seus espaços, e convivessem com formas patriarcais que nem sempre combatiam. Tal análise é possível a partir de uma sofisticada compreensão do papel hermenêutico do próprio direito que, mais do que expressar, eu diria que cria igualmente realidades que também pautam cotidianamente as ações sociais. Nesse sentido, ele desvenda a particular simbiose que estaria presente na criação e atuação do Supremo Tribunal de Justiça e do Conselho de Estado no que toca especialmente à criação de um direito nacional.

A Carta Constitucional de 1824 estabeleceu dois princípios fundamentais para entendermos ambos os órgãos. Em primeiro lugar, e de acordo com as experiências constitucionais coevas, que caberia ao poder legislativo, como expressão máxima da "vontade da nação", a interpretação *autêntica* das leis. O que ocorreu em função do rechaço aos tribunais e aos juízes como *intérpretes* da lei, rotundamente amplificado pelos ventos revolucionários, que os reduziria à condição de aplicadores das normas que deveriam ser estabelecidas pelo legislador. Além disso, a Carta estabeleceu, da mesma forma que na Constituição Portuguesa de 1822, que apenas caberiam duas instâncias judiciais, sem mais possibilidades de recursos ordinários. Solução que parece ter estado vinculado à mesma crítica ilustrada acerca do funcionamento da justiça e da demora na finalização dos pleitos; o que se atribuía ao fato da existência de muitas formas de recursos, bem como às chicanas e abusos dos advogados em utilizá-las. De todo modo, o problema das instâncias remete a toda uma discussão sobre a reforma da justiça no período, o que, no caso brasileiro, ainda carece de um estudo específico.

A concepção do Supremo Tribunal de Justiça foi especialmente marcada pelo previsto na Carta de 1824. Estabelecia ela que o Tribunal seria composto por juízes tirados dos Tribunais das Relações por "suas antiguidades", condecorados com o título de conselheiros (artigo 163), sendo suas funções:

> I. Conceder ou denegar Revistas nas causas, e pela maneira que a Lei determinar;
>
> II. Conhecer os delitos, os erros de Ofício que cometerem os seus ministros, os das Relações, os empregados no corpo diplomático e os presidentes das províncias;
>
> III. Conhecer, e decidir sobre os conflitos de jurisdição e competência das Relações Provinciais (artigo 164).

Aí já estariam algumas das principais marcas do órgão, que pautariam sua definição desde o arranque do Império: primeiramente, a nomeação dos desembargadores de carreira para a Casa por meio do critério de antiguidade, em uma clara valorização daqueles formados na tradição portuguesa. Além disso, a concentração de seu papel no que dizia respeito ao poder judicial, fosse pela possibilidade de revisão das sentenças, fosse pelo conhecimento dos delitos, conflitos de jurisdição e erros de ofício preferencialmente dos agentes dos Tribunais das Relações. Diferentemente dos tribunais de perfis antigo, que possuíam atribuições muito mais amplas, e que participavam de decisões de governo que não apenas as judiciais, o Supremo era apresentado na Carta constitucional com uma primeira ossatura mais voltada aos novos tempos.

A evolução da pesquisa sobre o órgão e faz com que José Reinaldo compusesse um quadro de interpretação das instituições que teriam um papel decisivo na tarefa de construção de um direito nacional. Aqui há que se destacar o desenho bem particular que se fez do órgão quando da criação em lei de 1828 (de 18 de setembro) e que observamos na leitura da documentação produzida pelo mesmo. Nela, o Tribunal se constituiria propriamente como um órgão *revisor*, ou seja, decidiria, a partir dos casos encaminhados a ele após apelação, se caberia à sentença ser revisada. É em função disso que se chamou de "revistas" o despacho de suas decisões, as quais poderiam ser dadas por dois principais motivos: por "nulidade manifesta" ou por "injustiça notória", critérios estabelecidos como válidos a partir de alvará português de 1768 (Lopes, 2010). A herança e ressignificação da tradição portuguesa não poderia ser mais evidente. No entanto, o mais eloquente nesse caso era que, diante da marcação de apenas duas instâncias judiciais tal qual se fez na Carta de 1824, às sentenças que o Supremo concedia o direito de revisão, deveriam retornar ao Tribunal da Relação de origem para uma decisão final da mesma. Solução semelhante havia ocorrido em Portugal, após a Independência do Brasil. Não se condicionava às Relações "revisoras" – assim chamadas quando os casos "baixavam" do Supremo – que se seguissem os termos indicados pelo tribunal. O que definitivamente fixava o órgão como revisor, sem que a **revista** fosse vinculante.

Na discussão da lei de 1828 para criação do Tribunal, debateu-se igualmente as suas atribuições, especialmente no Senado, tal qual analisado por José Reinaldo (e também por mim, no livro organizado por ele). Ao final, decidiu-se que não caberia ao órgão julgar conflitos de jurisdição e de atribuição, prevalecendo o entendimento de que caberia a ele arbitrar questões apenas dos órgãos do judiciário. É isso que faz com que ele o chame, tal qual outros juristas do século XIX, de uma espécie de *corte de cassação* imperial, em que se tratava especificamente dos conflitos que envolviam particulares. A designação não deixa de ser controversa, já que o Tribunal termina não possuindo o poder direito de revogar a sentença, por mais que pudesse apontar os caminhos para que isso ocorresse. Igualmente porquê, nos moldes como se deu o projeto de cassação na França, a mesma partia do princípio de que deveria existir uma legislação moderna (o que significava a existência de códigos) a partir da qual o juiz seria seu principal aplicador.

No entanto, a razão para que José Reinaldo evoque a cassação nos parece que deve ser pensada à luz do que ele considera o esforço dos juristas do século XIX na construção de um edifício jurídico para o Império. Nesse sentido, está todo seu trabalho em compreender os espaços de determinação do direito válido do Supremo Tribunal vis-à-vis o Conselho de Estado. Segundo ele, seria o Conselho o "grande órgão" de exame constitucional:

> seja porque era o tribunal administrativo mais alto de que se dispunha, seja porque era ouvido previamente nos projetos de lei preparados pelo executivo, seja porque dispunha do poder de rever toda a legislação provincial confrontando-a com a Constituição imperial, seja porque era o tribunal de conflitos disponível para arbitrar os casos em que o Judiciário e a Administração se confrontavam, seja, finalmente, porque era o órgão de consulta específico do Poder Moderador (Lopes, 2010, p. 13).

Ele chega a essas conclusões após analisar décadas de consultas produzidas pelo órgão, com foco em especial às chaves interpretativas do direito que seus membros colocaram em prática ao longo do tempo. Mesmo como órgão consultivo do Poder Moderador, ao qual não cabia a interpretação autêntica, mas sim a doutrinal, seu papel seria fundamental na determinação do direito válido no país, sobretudo após a Maioridade e a sua reinstalação e funcionamento até o final do Império. Como é sabido, o próprio Imperador na sua condição de Moderador raramente não seguiu as consultas emitidas pelo seu Conselho.

Ainda que José Reinaldo dê a entender que o Conselho de Estado se constituísse em um tribunal mais potente em relação ao Supremo, ao qual cabiam sobretudo questões judiciais, e suas decisões não tivessem um papel vinculante, a jurisprudência produzida pelo Supremo teria igualmente um papel na decodificação do direito válido. Dessa forma, a partir da análise das milhares de revistas produzidas ao longo do século XIX, compiladas em parte por Manoel da Silva Mafra e em grande parte por Cândido Mendes, pode-se perceber que a tarefa de decisão implicava especificamente lidar com a imensa e desconexa massa normativa da tradição portuguesa, o que incluía regras jurisprudenciais do *ius commune*, que inviabilizava a tarefa de simples aplicação da lei. Era assim que, ao decidirem, os magistrados entravam na avaliação dos fatos dos casos analisados, e não apenas no direito, seguindo um caminho distinto ao projeto de cassação revolucionária. É isso que fez com que José Albano Fragoso, seu primeiro presidente, no seu discurso solene da instalação do Tribunal (publicado no periódico *Diário Fluminense*, em 12/01/1829) argumentasse que "nosso" Tribunal teria suprimido um "vício da Legislação Francesa" ao conceder a "saudável instituição da revisão", que seria "a faculdade de examinar os processos em que haja injustiça notória proveniente de erros de fato", ainda que não houvesse "violação expressa da Lei". A citação não poderia ser mais contundente: mesmo sem violação da "lei" se podiam apontar os direitos, o que soava como típico da lógica garantista do Antigo Regime, mesmo que pensado para uma instituição em moldes liberais.

José Reinaldo identificou a interpretação produzida pelos órgãos com um enorme esforço dos coevos na reforma das instituições para um novo Estado. Mesmo sob a manutenção do existente, destaca o empreendimento de juristas em criar uma realidade constitucional no pós-independência, presente nas decisões/revistas de ambos os órgãos. No caso criminal, é fato que essa tarefa foi muito facilitada pela criação dos Códigos Criminal e do Processo Criminal, os quais passaram rapidamente a ser uma base fundamental para o direito do século XIX no Brasil; no caso comercial não foi tão rápido, já que tardariam umas décadas para aprovação de uma nova legislação para o mesmo; no caso civil, sem dúvida, o caminho seria muito mais lento, como ele próprio reconheceu em vários momentos. A explicação que aventa para a falta de um Código Civil mimetiza o desfecho final da história que quer contar: mais que supor que a escravidão tenha sido um empecilho ao Código, ele coloca diante dos nossos olhos as tensões que sua ideia produziria na reformulação do regime patrimonial no Império, no poder da "Casa", pelo pouco interesse que se gostaria de alterar, por exemplo, o regime de sucessões e heranças para preservação das grandes fortunas. Assim a investida modernizante que ele defende ter ocorrido era igualmente um reforço da ordem, diante da instabilidade política desde o início do Império, que os Saquaremas saberiam muito bem valorizar.

Há quem diga que José Reinaldo exagere na força que a construção liberal teve no Brasil, ou mesmo que ele assuma uma visão conservadora para entender o direito na história do Império. Para discutir a questão, permito-me recuperar uma citação de José Antonio Pimenta Bueno, presente nos seus *Apontamentos sobre o processo criminal brasileiro*, publicado ao final da década de 1840:

> Felizmente já não vigora o nosso antigo processo da *Ordenação* do Livro 5º, o poder despótico dos ministros, as penas arbitrárias, os tormentos empregados para forçar uma confissão falsa, os trâmites secretos, a impossibilidade da defesa, o mistério, e o arbítrio da tirania! O coração virgem e as nobres paixões da mocidade brasileira já não irão desmoralizar-se e degradar-se com esses estudos e ideias bárbaras, com as sensações repulsivas (Bueno, 1857, p. II).

A mensagem não poderia ser mais explícita: com os Códigos Criminal (1830) e do Processo Criminal de Primeira Instância (1832), aprovados pouco anos após a separação do Brasil de Portugal, acabava-se o despotismo que vigorava até então. Como sabemos, Pimenta Bueno, o futuro Marquês de São Vicente, não era um homem qualquer, e na análise que faz da Carta de 1824 não lhe faltam adjetivos para qualificá-la como liberal.

Mas eu diria que há duas maneiras de lê-la que, no meu modo de ver, são válidas apenas se forem complementares. Por um lado, que por trás da placidez de suas palavras está uma ação dirigida para a criação de uma ordem normativa constitucional, que acaba reverberando nas instituições, na prática dos magistrados, num discurso que se quer construir e impor como comum e nacional. Por outro, o de um poderoso discurso difamatório sobre o passado, para reforçar a construção presente, o que pode gerar, aos desavisados, uma profunda malversação se não percebidas as contradições de todo esse processo. É o que faço em texto recente, destacando-o como profundamente ardiloso (Slemian, 2021). Pimenta Bueno fazia política, mas se esforçava, como outros juristas, para que sua bandeira reformasse o que fosse possível – ou melhor, *desejável*.

José Reinaldo sabe disso, mas disseca sobretudo as chaves de constitucionalidade que haveria nessa leitura conservadora, tendo em vista as ferramentas do contextualismo que apontamos desde o início dessas páginas. Para os que querem ver outros espaços e protagonistas, ele, sem dúvida, fornece caminhos metodológicos e teóricos para fazê-lo.

Referências

BRASIL. **Colleção das Leis do Império do Brasil**. Rio de Janeiro: Typ. Nacional, 1887.

Bueno, J. A. Pimenta (Marques de São Vicente). **Apontamentos sobre o processo criminal brasileiro**. 2. ed. Rio de Janeiro: Empreza Nacional do Diario, 1857.

LOPES, José Reinaldo de L. "Iluminismo e jusnaturalismo no ideário dos juristas da primeira metade do século XIX". *In:* JANCSO, István (org). **Brasil**: formação do Estado e da nação. São Paulo-Ijuí: Hucitec/Unijuí/Fapesp, 2003, p. 195-218.

LOPES, José Reinaldo de L. **O Oráculos de Delfos**: O Conselho de Estado no Brasil Império. São Paulo: Saraiva, 2010.

LOPES, José Reinaldo (org.). **O Supremo Tribunal de Justiça do Império, 1828-1889**. São Paulo: Saraiva, 2010.

LOPES, José Reinaldo de L. **História da justiça e do processo no Brasil do século XIX**. Curitiba: Juruá, 2017.

SLEMIAN, A. As **supremas** Relações: tribunais e cultura jurídica entre a colônia e os primórdios do Império do Brasil. CUNHA, Mônica (org.), **Tribunal de Justiça de Pernambuco**: 200 anos de história, Recife: Tribunal de Justiça de Pernambuco, 2021, p. 105-131.

3
O PAPEL DA ASSIMILAÇÃO ANTROPOFÁGICA DE IDEIAS NA HISTÓRIA DO DIREITO BRASILEIRO: O CASO DO REALISMO JURÍDICO AMERICANO

Paulo Macedo Garcia Neto

"Só a antropofagia nos une. Socialmente. Economicamente. Filosoficamente.

Única lei do mundo. Expressão mascarada de todos os individualismos, de todos os coletivismos. De todas as religiões. De todos os tratados de paz.

Tupy, or not tupy, that is the question.

[...]

Em Piratininga
Ano 374 da Deglutição do Bispo Sardinha

(Oswald de Andrade, Manifesto Antropófago, Revista de Antropofagia, Ano I, N. 1, maio de 1928)

Introdução ou O Depoimento de um Orientando

A obra do Professor José Reinaldo de Lima Lopes vai muito além de sua extensa produção escrita. Como professor, intelectual e acadêmico integralmente dedicado à sua missão, o Professor José Reinaldo leciona não só nas salas de aula, mas durante as conversas, almoços, encontros e debates que constantemente desenvolve com seus alunos. Tive o privilégio de testemunhar por alguns bons anos essa perspicaz e intensa produção acadêmica, tendo sempre a certeza de que eu não conseguiria absorver tudo o que aquela oportunidade me propiciava.

No contexto desta homenagem ao Professor José Reinaldo, aproveitarei para contar um pouco sobre como uma dessas lições se deu na prática, quando, entre os anos de 2005 e 2008, eu definia e, posteriormente, pesquisava e escrevia minha dissertação de mestrado sobre a influência do realismo jurídico americano com os juristas brasileiros da primeira metade do Século XX.

Enquanto discutíamos sobre a elaboração de texto escrito em coautoria **Critical legal thought in the first half of the XX Century (the case of Brazil)**, em julho de 2006, o Professor José Reinaldo e eu tomamos de empréstimo metafórico a expressão "antropofagia" (utilizada pelo Movimento Modernista cem anos atrás para explicar o seu projeto para a arte brasileira) para explicar a forma como os juristas absorvem as teorias jurídicas de diferentes origens, nacionalidades e vertentes para, então, produzir uma solução eclética para seus problemas: nada mais do que uma "assimilação antropofágica" de ideias.[1]

Buscar na cultura da época elementos que ajudasse a explicar o pensamento de determinado autor ou grupo de autores não era exatamente uma novidade na história do direito mundial, mas tinha algo de inédito na história do direito brasileiro. De certa forma, o que fazíamos ali sob a liderança do Professor José Reinaldo era colocar em prática as quatro linhas de força da história do direito de António Manuel Hespanha, quais sejam: (i) ser mais que a história das leis; (ii) buscar o impacto de uma determinada produção doutrinal na vida jurídica de seu tempo, mais do que seu brilho ou originalidade; (iii) combate ao jurisdicismo, entendendo o direito como algo condicionado aos fatos sociais; e (iv) garantir a autonomia (mesmo que relativa) da história das instituições jurídicas em relação à história social geral (Hespanha, 1982, p. 17-28).

Naqueles idos de 2006, eu havia passado algumas semanas na Biblioteca Arthur W. Diamond da Universidade de Columbia em preparação para o

[1] Em meio às celebrações de seu centenário, voltemos à Semana de Arte Moderna de 1922. A cena artística era surpreendida pelo movimento **Pau-Brasil** e **Antropofagia**, de artistas como Tarsila do Amaral (1886-1973), Oswald de Andrade (1890-1954), Raul Bopp (1898-1984) e Mário Raul de Moraes Andrade (1893-1945), cujo símbolo era o tamanduá, com o objetivo de produzir uma arte tipicamente brasileira, mas sem negar a arte estrangeira. Como os índios canibais devoravam seus inimigos, acreditando que assim assimilavam as suas qualidades, a **Antropofagia** propunha uma "devoração simbólica" da cultura estrangeira, aproveitando suas inovações artísticas sem perder a identidade cultural brasileira (Cereja, 1995, p. 305).

evento da *Law and Society Association* realizado em Baltimore (para o qual fui generosamente convidado pelo Professor José Reinaldo como *co-speaker* sobre o Pensamento Crítico Brasileiro nos Anos 1920-1930). Participamos de um painel com Mauricio García Villegas e Maria Paula Saffón, no qual discutimos os principais movimentos do pensamento crítico da América Latina durante o Século XX.

1. O Estado da Arte na História sobre o Pensamento Jurídico da Primeira Metade do Século XX no Brasil

Eu estudava basicamente o pensamento da elite jurídica brasileira daquele período e, em particular, os membros do estamento burocrático do Governo Vargas: Francisco José de Oliveira Vianna[2] (1883-1951), Francisco Sá Filho (1891-1977)[3] e Francisco Campos[4] (1891-1968), do Supremo Tribunal Federal/Suprema Corte, Eduardo Espínola[5] (1875-1967) e José de Castro Nunes[6] (1882-1959) e das revistas e debates jurídicos, João Mangabeira[7] (1880-1964) e Alípio Silveira (1911-198?)[8].

[2] Oliveira Vianna (1883-1951) nasceu no Estado do Rio de Janeiro, formou-se pela Faculdade de Direito do Rio de Janeiro, na qual foi professor. Formulou, após 1930, programas de revisão constitucional e o arcabouço da legislação trabalhista e sindical, na condição de consultor jurídico do Ministério do Trabalho.

[3] Francisco Sá Filho (1891-1977) foi deputado e professor de Ciência das Finanças da Pontifícia Universidade Católica do Rio de Janeiro. Exerceu funções de oficial de gabinete do ministro da Agricultura, em 1914; do ministro da Fazenda, em 1915 e do ministro da Viação, em 1922. Em 1917, foi nomeado oficial e depois adjunto da Procuradoria Geral da Fazenda Pública. De 1939 a 1945, exerceu as funções de Procurador Geral da Fazenda Pública. Foi nomeado juiz do TSE em 1945. Dentre as suas principais obras estão O estado de sítio e sua regulamentação, Rio de Janeiro, Imprensa Oficial, 1928 e Pareceres da Procuradoria da Fazenda (dados coletados na página oficial do Ministério da Fazenda).

[4] Francisco Luís da Silva Campos nasceu em Minas Gerais em 1891. Bacharelou-se pela Faculdade Livre de Direito de Belo Horizonte em 1914. Em 1930, assumiu o Ministério da Educação e Saúde. Em 1933, foi nomeado consultor-geral da República. Foi ministro da Justiça durante o Governo Vargas. Faleceu em Belo Horizonte em 1968 (www.cpdoc.fgv.br).

[5] Eduardo Espínola (1875-1967) nasceu em Salvador, formou-se em Ciências Sociais pela Faculdade de Direito do Recife (1985) e em Ciências Jurídicas na Faculdade de Direito da Bahia (1985). Foi Ministro do Supremo Tribunal Federal entre 1931 e 1945.

[6] José de Castro Nunes (1882-1959) nasceu em Campos, no Rio de Janeiro, e formou-se na Faculdade de Ciências Sociais e Jurídicas do Rio de Janeiro (1906). Foi Ministro do Tribunal de Contas entre 1938 e 1940 e Ministro do Supremo Tribunal Federal entre 1940 e 1949.

[7] João Mangabeira formou-se em 1897, aos 17 anos de idade, pela Faculdade de Direito da Bahia. De 1908 a 1911, exerceu a função de intendente (prefeito) de Ilhéus. Em 1908, foi

Havia uma espécie de senso comum de que essa elite intelectual da Era Vargas era tão-somente influenciada pelo corporativismo europeu. Uma das primeiras lições que um orientando do Professor José Reinaldo aprende é a de que se quer escrever sobre um tema, é preciso analisar e reportar antes de tudo qual é o **estado da arte** sobre ele.

Seguindo a orientação do Professor José Reinaldo, li **A Arqueologia do Estado-Providência** de Alfredo Bosi, que já apontava para a importância do positivismo absorvido pelos políticos gaúchos e a própria Constituição do Estado do Rio Grande do Sul sobre o Estado corporativista de Vargas. Pouco se dizia, contudo, sobre um possível diálogo com o pensamento norte-americano. As exceções a isso foram (i) José Murilo de Carvalho que analisou o papel que o realismo jurídico americano exerceu sobre alguns autores brasileiros, em especial, Oliveira Vianna (Carvalho, 2007, p. 17-18); (ii) Maria Lúcia de Paula Oliveira, que também estudou a obra de Oliveira Vianna (Oliveira, 1995, p. 81); (iii) Bolívar Lamonier (Lamonier, 2006, p. 388); e (iv) Evaldo Vieira, que em seu livro **Autoritarismo e Corporativismo no Brasil** dedicou um capítulo para explicar a influência de autores como Louis Brandeis nos textos de Oliveira Vianna (Vieira, 1981, p. 61-70).

eleito deputado federal. Em 1909, participou com Rui Barbosa da campanha civilista. Na Câmara, pertencia à Comissão de Justiça e à Comissão Especial, relatando projetos como o Banco Hipotecário e o Código Penal Militar. No Governo Arthur Bernardes, substituiu Herculano de Freitas, quando este foi nomeado ministro do Supremo Tribunal Federal. Em 1930, Mangabeira foi nomeado pelo Governo provisório para compor a Comissão de Juristas do Itamaraty que redigiria o projeto de Constituição. Suas posições nessa comissão foram defendidas em uma série de artigos publicados no jornal Diário Carioca e, mais tarde, reunidos em seu livro **Em torno da Constituição** (Lima, 1987, p. 15-31). Uma série de habeas-corpus foram impetrados por João Mangabeira em nome dos 92 presos políticos civis (Dulles, 1985, p. 16). Todos foram denegados. Mais tarde, também foi preso pela declaração do Estado de guerra em novembro de 1936 (Costa, 1964, p. 68-90). Em 1937, Mangabeira foi condenado pelo Tribunal de Segurança Nacional. Impetrou habeas-corpus perante o Supremo Tribunal Militar Em 1946, fundou a Esquerda Democrática, depois transformada em Partido Socialista Brasileiro. Foi relator da lei sindical em 1947 (Lima, 1987, p. 28-29).

[8] Alípio Silveira foi professor da Universidade Estadual do Rio de Janeiro. Tem sua obra **O Fator Político-Social na Interpretação das Leis** (1946), prefaciada por Roscoe Pound, o principal artífice da *Sociological Jurisprudence*.

2. O Olhar sobre as Fontes Históricas

Era hora de ir às fontes históricas propriamente, outra lição que todo orientando do Professor José Reinaldo precisa saber. Ao analisar os textos desses autores brasileiros, chamou muito a minha atenção que eles liam e citavam a jurisprudência sociológica de Roscoe Pound (1870-1964, **Sociological Jurisprudence**) e o realismo jurídico americano[9] de Benjamin Nathan Cardozo (1870-1938, Suprema Corte), Karl Llewellyn (1893-1962), Louis Dembitz Brandeis (1856-1941, Suprema Corte) e Harlan Fiske Stone (1872-1946, Suprema Corte).

Assim como as fontes históricas, passei a ler o que esses autores escreviam e o que se escrevia sobre eles como parte de um pensamento jurídico. Completamente encantado (no sentido mais próprio do encantamento) com aquela geração de juristas norte-americanos que desenvolveu um modelo de pensamento jurídico crítico (*progressivism*) que ficou conhecido como **realismo/funcionalismo** jurídico, eu havia copiado e lido tudo o que podia de autores como Roscoe Pound[10] (1870-1964, **Sociological Jurisprudence**), Benjamin Nathan Cardozo[11] (1870-1938, Suprema

[9] A própria definição do que foi e quando começou o realismo jurídico norte-americano não é consensual entre os historiadores. Em geral, atribui-se esse movimento ao conjunto de pensamentos jurídicos produzidos por professores de Columbia e Yale entre 1920 e 1930 (Karl Llewellyn e Robert Lee Hale, 1884-1969, de Columbia e Walter Wheeler Cook, 1873-1943, e Arthur Linton Corbin, 1874-1967, de Yale). Entretanto, tal definição exclui do movimento as influências que antecederam a esses autores, dificultando ainda mais a elaboração de uma delimitação precisa do que foi o realismo jurídico. O Realismo Jurídico norte-americano, em grande parte, continuou o projeto do *Progressive Legal Thought* de atacar as tentativas dos autores clássicos (*Classical Legal Thought*) do final do Século XIX de criar um modelo que separasse rigorosamente o direito da política, representando esse direito como neutro e natural (Horwitz, 1992, p. 169-170).

[10] Roscoe Pound nasceu em Lincoln, Nebraska. Bacharelou-se e obteve o grau de Ph.D em botânica pela *Nebraska University*. Foi durante onze anos diretor do *Nebraska Botanic Survey*. Após longa experiência em botânica, Pound "concluiu dois dos três anos do curso da Escola de Direito da Universidade de Harvard, mas não tirou diploma. Retornou a Nebraska para exercer a profissão. Pouco tempo depois, começou a lecionar na Escola de Direito da Universidade de Nebraska. Após dois anos de ensino, foi nomeado reitor. Aos trinta e sete anos de idade, deixou o cargo para dar aulas nas universidades de Chicago e Northwestern, chegando a Harvard três anos mais tarde. Trabalhou na Escola de Direito de Harvard durante trinta e sete anos até se aposentar" (Morris, 2002, p. 543).

[11] Benjamin Nathan Cardozo, de origem judaica, filho de um ministro da Suprema Corte do Estado de New York, Albert Cardozo, foi nomeado pelo Presidente Hoover ministro da

Corte), Jerome Frank[12] (1889-1957), Karl Llewellyn[13] (1893-1962), Robert Lee Hale[14] (1884-1969), Walter Wheeler Cook[15] (1873-1943), Arthur Linton Corbin[16] (1874-1967), Louis Dembitz Brandeis[17] (1856-1941, Suprema Corte), Harlan Fiske Stone[18] (1872-1946, Suprema Corte), Felix Frankfurter[19] (1882-1965, Suprema Corte), Felix Solomon Cohen[20] (1907-1953) e Thurman Arnold[21] (1891-1969).

Assim como os autores que estudava, passei por alguns marcos decisórios da Suprema Corte americana. Um deles foi a *Lochner decision* (*Lochner v. New York*), de 1905, cuja reação gerou o que Roscoe Pound ("Liberty of contract", 1909) cunhou de *sociological jurisprudence*. Outro foi o *West Coast Hotel Co. v. Parrish*, que decidiu pela constitucionalidade do segundo *New Deal* (1937) e a legislação emergencial com programas ampliados de assistência social, reforma trabalhista, sindical e previdenciária aplicada no

Suprema Corte norte-americana em 1932, em vaga aberta com a aposentadoria de Holmes. Antes disso, havia sido advogado e juiz (desembargador) do Tribunal de Apelação do Estado de New York desde 1917 (Posner, 1993, p. 1-3; Rodrigues, 1992, p. 108).

[12] Jerome Frank (1889-1957) formou-se em direito na Universidade de Chicago. Foi advogado, presidente da Comissão de Valores Mobiliários (SEC) (1939-1941) e serviu como juiz do Tribunal de Apelações para o Segundo Circuito dos Estados Unidos (1941-1957).

[13] Karl Llewellyn (1893-1962) formou-se na Faculdade de Direito de Yale (1918) e concluiu seu doutorado na mesma universidade (1920). Foi professor de Yale e Columbia.

[14] Robert Lee Hale (1884-1969) estudou economia e direito em Harvard e, então, ingressou no doutorado em Columbia, disposto a unificar o direito e a economia. Após isso, tornou-se professor de Columbia (Kalman, 2005, p. 19).

[15] Walter Wheeler Cook (1873-1943) estudou direito na Universidade de Columbia e lecionou em diversas faculdades de direito, dentre as quais Chicago, Yale e Columbia.

[16] Arthur Linton Corbin (1874-1967) estudou direito em Yale e foi professor da mesma universidade.

[17] Brandeis, de origem judaica, era um importante advogado trabalhista, quando, em 1916, foi nomeado ministro da Suprema Corte norte-americana por Woodrow Wilson (Corwin, 1932, p. 17).

[18] Harlan Fiske Stone, ex-reitor da Universidade de Columbia, foi nomeado ministro da Suprema-Corte norte-americana em 1925.

[19] Felix Frankfurter (1882-1965) nasceu em Viena, na Áustria, e estudou direito em Harvard. Foi nomeado ministro da Suprema-Corte norte-americana em 1939.

[20] Felix Cohen era filho do filósofo do direito Morris R. Cohen, autor de **Law and the social order**: essay in legal philosophy (1934).

[21] Thurman Arnold (1891-1969) estudou direito em Harvard, atuou como advogado procurador do Departamento de Justiça norte-americano e serviu como juiz do Tribunal de Apelações para o Distrito de Columbia.

governo de Franklin Delano Roosevelt (FDR) em resposta à crise econômica de 1929[22].

Naquele momento, eu convivia com a dificuldade de transitar de um tema de história das instituições para outro de história do pensamento jurídico. Em pesquisa FAPESP, também sob a orientação do Professor José Reinaldo, e concluída dois anos antes, em 2004, eu havia me dedicado a estudar a história do Supremo Tribunal de Justiça e do Conselho de Estado no período oitocentista brasileiro, bem como a formação do Supremo Tribunal Federal republicano. Isso fazia com que volta e meia eu me visse mais preocupado com os debates da Suprema Corte americana e das instituições brasileiras. Ali valeu também a boa orientação acadêmica: foco.

3. O Deslumbramento e a Provocação

Ao ver meu deslumbramento com os autores americanos e o debate jurídico desenvolvido, não só nas universidades americanas, como especialmente na Suprema Corte, veio a já esperada provocação do Professor José Reinaldo. Algo como: – você chegou a ver o que estavam escrevendo os autores europeus daquele período (primeira metade do Século XX)? Estava claro para mim que o Professor José Reinaldo, com a elegância que sempre tem nesses momentos, me mostrava que, ao fim e ao cabo, eu também sucumbia ao colonialismo intelectual dos autores americanos, isso sem, àquela altura, sequer me dar ao trabalho de olhar para o que se estudava noutros cantos do globo naquele mesmo período histórico. Tive ao menos de me inteirar pelo que estavam escrevendo os alemães e franceses do período, tais como Raymond Salleilles (1855-1912), François Gény (1861-1959), León Duguit (1859-1928), Louis Josserand (1868-1941), Santi Romano (1875-1947), Maurice Hauriou (1856-1929) e Georges Gurvitch (1894-1965), todos esses também massivamente citados pelos autores brasileiros da primeira metade do Século XX.

[22] Quando John Maynard Keynes publicou **The General Theory of Employment, Interest and Money** (Keynes, 1936) durante a Grande Depressão, e mesmo duas décadas após a Segunda Guerra Mundial, o problema econômico fundamental era compensar as poupanças e desse modo manter o nível de produção e renda. "A poupança das empresas caiu de 11,2 bilhões de dólares em 1929 para 3,2 bilhões de dólares em 1933, o pior ano da Grande Depressão, e só em 1941 é que reconquistou seu nível de antes da depressão. Em 1932 e 1933, as poupanças das pessoas físicas foram negativas, o que significa que estas, no todo, aumentaram sua dívida" (Galbraith, 1982, p. 45).

A partir daquela provocação a pesquisa me fez entender que não só os brasileiros como também os autores do realismo jurídico americano dialogaram com juristas/teóricos do direito europeu, em especial com a "Escola de Direito Livre" de François Gény[23] (1861-1938), **Méthode d'interpretation et sources en droit privé positif** (1899); e a sociologia do direito de Eugen Ehrlich, **Grundlegung der soziologie des Rechts** (1913) e **Die Juristische Logik**. Esse diálogo é notado especialmente na obra de Benjamin Cardozo[24] e Roscoe Pound: para muitos, uma versão americana da tese da interpretação subjetiva[25] de Gény.[26]

[23] Gény, com suas críticas à Escola da Exegese e ao monopólio da lei, antecipou o que mais tarde viria a se tornar a nova tendência alemã de oposição ao legalismo e à jurisprudência dos conceitos.

[24] Apenas como ilustração do papel que François Gény e Eugen Ehrlich exerceram sobre alguns realistas, contei quantas vezes os textos dos dois autores foram citados na principal obra de Benjamin Cardozo, **The Nature of the Judicial Process**: Gény foi citado dezesseis vezes e Ehrlich foi citado sete vezes. Ao analisar o juiz como legislador, Benjamin Cardozo faz uma comparação entre as mudanças provocadas por Holmes na forma de se conceber o papel do juiz no common law e as mudanças pregadas pela teoria de Gény na forma de se compreender o papel do juiz no sistema do civil law: "Not only in our common law system hás this conception made its way. Even in other systems where the power of judicial initiative is more closely limited by stature, a like development is in the air. Everywhere there is growing emphasis on the analogy between the function of the legislator. I may instance François Gény who hás developed the analogy with boldness and suggestive power" (Cardozo, 1991, p. 119). "Não foi só em nosso sistema de common law que essa concepção abriu caminho. Mesmo em outros sistemas nos quais a lei escrita limita com mais rigor o poder da iniciativa judicial, percebe-se no ar um desenvolvimento semelhante. Em toda parte vê-se uma ênfase crescente na analogia entre a função do juiz e a função do legislador. Posso citar como exemplo François Gény, que desenvolveu essa analogia com ousadia e poder sugestivo" (Cardozo, 2004, p. 87).

[25] A tese da interpretação subjetiva pode ser compreendida como uma tentativa de recuperação da intenção do legislador, ou seja, a vontade do autor do texto. Os meios para se compreender essa "intenção autêntica do legislador" englobam desde a análise da própria letra da lei ou de seus anteprojetos ao contexto histórico da edição da norma em seus aspectos econômicos, sociais e morais (Billier, 2005, p. 274).

[26] "Dean Roscoe Pound nos Estados Unidos e Eugène Ehrlich na Europa são as duas grandes personalidades fundadoras da sociologia jurídica" (Billier, 2006, p. 280).

4. A Antropofagia do Realismo Jurídico Americano pelos Juristas Brasileiros da Primeira Metade do Século XX

4.1. A transnacionalidade de Roscoe Pound e o debate sobre interpretação no Brasil

Um bom exemplo da transnacionalidade dos juristas durante a primeira metade do século XX é Roscoe Pound. O autor que havia chegado ao seu auge durante os anos 1930, tendo sido *Dean* da Faculdade de Direito de Harvard, também enfrentara algumas críticas dos realistas, em especial, Karl Llewellyn (1893-1962) (Macedo 2008, p. 141).

A despeito disso, muitos países passaram a ler Roscoe Pound e a adotar suas teorias. Um exemplo disso é que após a Segunda Guerra Mundial, Chiang Kai-shek (1887-1975) contratou Roscoe Pound como consultor jurídico para a construção do regime jurídico e do desenho institucional da República da China em Taiwan (Kennedy, 2006, p. 49).

Roscoe Pound foi bastante influente entre os autores brasileiros que participaram do debate sobre interpretação jurídica na primeira metade do Século XX. Alípio Silveira foi especialmente influenciado por Roscoe Pound. Seus dois principais livros, **O Fator Político-social na Interpretação das Leis** e **A Hermenêutica Jurídica segundo a atual Lei de Introdução ao Código Civil**, foram publicados em 1946. Para Silveira, o juiz estaria livre para interpretar amplamente o texto da lei, construindo o significado da lei de acordo com o bem comum (Silveira, 1946, p. 358-359). Essa explicação estaria fundamentada pelo artigo 5.º da Lei de Introdução ao Código Civil (1942): "Na aplicação da lei, o juiz atenderá aos fins sociais a que ela se dirige e às exigências do bem comum" (Macedo 2008, p. 141).

Não é pouco que Silveira, de fato, tenha estabelecido uma linha de diálogo com Roscoe Pound. Foi o único autor brasileiro que teve sua obra analisada por Pound. O prefácio do livro de Silveira, **O Fator Político-Social na Interpretação das Leis** (1946), foi escrito por este. Para que isso ocorresse, Silveira fez uma versão síntese de seu livro em inglês para os comentários do autor americano. A versão final do livro de Silveira traz o prefácio do autor em inglês e a sua tradução para o português (Pound, 1949, p. XXVIII – tradução de Alípio Silveira) (Macedo 2008, p. 143).

4.2. A questão social como eixo central para o diálogo entre realismo jurídico e a elite jurídica brasileira da primeira metade do Século XX

A assimilação antropofágica do realismo jurídico americano pelo pensamento jurídico brasileiro teve como eixo central a questão social.[27] Essa assimilação foi feita tanto por autores do *establishment*, dentre os quais se destacou Oliveira Vianna, como por autores críticos, dentre os quais se destacou João Mangabeira. A despeito de suas grandes diferenças, ambos buscaram no individualismo grupalista (*rugged individualism*) de Louis Brandeis fundamentos para suas críticas ao formalismo brasileiro.

A obra de Brandeis estava ligada às mudanças na forma como a Suprema Corte americana decidia os casos envolvendo a questão social. Tais transformações passavam pela crítica ao conceitualismo jurídico da Corte do caso *Lochner*. Ao mesmo tempo que buscava transformar o conteúdo decisório da Suprema Corte, Brandeis também tinha que contestar sua forma de decidir (Macedo 2008, p. 112). Em sua atuação como ministro da Suprema Corte, Brandeis utilizou-se de sua experiência na advocacia, envolvendo a análise de dados estatísticos e empirismos, para mensurar a constitucionalidade das leis (Corwin, 1932, p. 17).

Em 1934, João Mangabeira, relator geral do anteprojeto governamental apresentado à Assembleia Nacional Constituinte em 1933, escreveu o livro **Em torno da Constituição**. Nessa obra, ele analisa a jurisprudên-

[27] Para uma visão geral desse fenômeno conferir Paolo Grossi (2000), António Manuel Hespanha (1982) e, recentemente, Duncan Kennedy (Kennedy, 2006, p. 37), que analisou o caráter global da questão social e sua integração com as críticas contra as medidas dedutivistas e individualistas do final do século XIX: "The second globalization began around 1900 and had spent its force by the end of WWII, but strongly influenced thinking both about the international and about third worl economic development strategies through the 1960s. What was globalized this time was a critique of the first globalization and a reconstruction project. The critique was that the late nineteenth-century European mainstream abused deduction in legal method and was 'individualist' in legal substance. The slogan of the second globalization was 'the social', an abstraction that played much the same role during this period that will, right, and fault played in CLT" (Kennedy, 2006, p. 37). "A segunda globalização iniciou-se por volta de 1900 e perdeu força ao final da 2ª Guerra Mundial, mas influenciou profundamente o pensamento sobre estratégias de desenvolvimento econômico internacional e de terceiro mundo na década de 1960. O que foi globalizado dessa vez foi uma crítica à primeira globalização e um projeto de reconstrução. A crítica era de que a ortodoxia europeia do final do século XIX abusou da dedução no método jurídico e foi "individualista" em matéria legal. O *slogan* da segunda globalização foi "o social", uma abstração que praticamente exerceu o mesmo papel nesse período que seria – correta ou incorretamente – exercido na CLT (Kennedy, 2006, p. 37).

cia da Suprema Corte americana sobre a questão social. Esse interesse de João Mangabeira aparece novamente em discurso aos formandos da Faculdade de Direito da Bahia realizado em 8 de dezembro de 1944 (**Oração aos bacharelandos da Faculdade de Direito da Bahia**): "Há mais de 40 anos, no caso Lochner versus New York, Holmes, ante a Corte Suprema espantada e Wall Street estarrecida, sustentou num voto vencido imortal, a doutrina, àquela época singular e hoje corrente, pela qual sentenciava: – 'A liberdade de contratar implica a igualdade de condições na discussão do preço'" (Barbosa, 1987, p. 31-32).

Por sua vez, em livro publicado postumamente, **Problemas de Organização e Problemas de Direção** (1952), Oliveira Vianna define o debate global sobre a questão social como "individualismo grupalista", identificando no ministro da Suprema Corte Louis Dembitz Brandeis um de seus principais defensores (**Brandeis e seu individualismo grupalista**[28]) (Vianna, 1952, p. 152-153).

5. O Mercado Global de Ideias e o Papel da História do Direito

Relacionados por meio de redes que ultrapassam as fronteiras econômicas, sociais, culturais e políticas, os juristas são apresentados a diferentes leituras e ideias que são absorvidas e ecleticamente utilizadas na produção de um discurso teórico, que, apesar de estar em sincronia com a "onda" temática global, guarda características próprias e, na maior parte das vezes, é elaborado com o propósito de resolver problemas locais (Macedo 2008,

[28] "Homem do seu tempo, Brandeis também pensava assim: para preservar a pessoa do indivíduo e, especialmente, a pessoa do trabalhador e os seus direitos inalienáveis, ele sentiu que era preciso tomar – como *lawer* (*sic*) ou como *justice* – uma posição diametralmente oposta à em que se havia colocado o pensamento político no século XVIII. Daí a sua atitude na Suprema Corte, pondo-se corajosamente ao lado do **sindicato de classe (trade-union) e não do sindicato de empresa (company-union), e da convenção coletiva de trabalho como norma reguladora da categoria – e não apenas da empresa.** Estas duas instituições de Direito Social eram então, uma e outra, como ainda hoje, malvistas pelos patrões americanos, isto é, por toda poderosa oligarquia ali constituída e que – como se sabe – dos seus escritórios da Wall Street, move, através de molas secretas, todo o mecanismo do governo e da administração americana. Na opinião de Brandeis, o sindicato é o meio mais eficaz e seguro que o trabalhador americano tem para não sucumbir diante da onipotência – até há pouco bem incontrastável – de um patronato senhor de fábricas e capitais gigantescos e, invocando, para justificar o seu arbítrio, o 'direito divino da empresa'. Dentro do seu sindicato de classe, amparado nele e na sua força, o trabalhador poderá se assegurar – usando o admirável expediente das **convenções coletivas** (de empresa ou de categoria) (Vianna, 1952, p. 162-163).

p. 17). Em face de novas "ondas" temáticas que se disseminam pela cultura jurídica, as "ondas" temáticas anteriores são superadas e novos diálogos surgem. As conclusões e soluções anteriores não se tornaram, por isso, inúteis. Como resultado da deglutição intelectual, são únicas e não se resumem às ideias dos autores e escolas que foram digeridos pela cultura jurídica local.

Ao contrário de países centrais que preservaram a história de seus debates jurídicos, pode ser desafiador pensar o direito brasileiro a partir do discurso teórico dos juristas, uma vez que, "esquecidos" pelas gerações seguintes, perderam-se diante das "últimas novidades" trazidas pelos novos diálogos globais. Usando as palavras de Bernardo de Chartres: anões de pé sobre ombros de gigantes ou *nanos gigantum humeris insidentes*. Os traços históricos de continuidades e rupturas entre as diferentes gerações acadêmicas brasileiras são irreconhecíveis. Em poucas palavras, nossos anões muitas vezes desconhecem os gigantes em cujos ombros estão. O uso da linguagem e da estratégia forense na produção teórica do direito, repleta de vícios como o "manualismo", o "referencialismo" (Oliveira, 2004, p. 6) e o "sincretismo metodológico" (Silva, 2005, p. 133) apenas agravam esse fenômeno (Macedo 2008, p. 19).

O papel da história do direito, nesse contexto, passa a ser o de compreender as continuidades e rupturas entre as correntes teóricas, de tal modo que os novos diálogos globais sejam feitos a partir do resultado desse confronto entre o que se manteve e o que sucumbiu. Sem isso, os juristas inseridos nas novas "ondas" globais tornam-se apenas coadjuvantes no debate global, uma vez que nem foram capazes de construir escolas de pensamento, nem arquitetaram um discurso jurídico autêntico (Macedo 2008, p. 17).

É nessa arqueologia dos fragmentos da história do pensamento jurídico que entra a necessidade de se compreender e dissecar as subsequentes assimilações antropofágicas de ideias. Com isso, passa a ser possível reconstruir o debate jurídico, identificando-se os diálogos entre os autores e as escolas de pensamento jurídico.

Referências

Barbosa, Francisco de Assis. **Ideias Políticas de João Mangabeira**. V. 3. Brasília/Rio de Janeiro: Senado Federal/Casa Rui Barbosa, 1987.

Billier, Jean-Cassien e Maryoli, Aglaé. **História da Filosofia**. Barueri: Manole, 2005.

BOSI, Alfredo. **Dialética da Colonização**. 3. ed. São Paulo: Companhia das Letras, 1992.

CAMPOS, Francisco. **Direito Constitucional**. São Paulo: Freitas Bastos, 1956. 2 v.

CAMPOS, Francisco. **Direito Administrativo**. Imprensa Nacional: Rio de Janeiro, 1943.

CARDOZO, Benjamin Nathan. **The nature of the judicial process**, New Haven/London, Yale University Press, 1991.

CARVALHO, José Murilo de. **Cidadania no Brasil**: o longo caminho. 9. ed. Rio de Janeiro: Civilização brasileira, 2007.

CEREJA, William Roberto e MAGALHÃES, Thereza Cochar. **Literatura Brasileira**. São Paulo: Atual, 1995.

CORWIN, Edward S. Social planning under the Constitution – A study in perspectives. **American Political Science Review**, vol. 28, 1932.

ESPÍNOLA, Eduardo e ESPÍNOLA, Eduardo Filho. "O Método positivo na interpretação e na integração das normas jurídicas – com prévia exposição do direito livre e dos métodos ecléticos sugeridos". *In:* ESPÍNOLA, Eduardo e ESPÍNOLA, Eduardo Filho. **Tratado de Direito Civil Brasileiro**. Vol. IV. Rio de Janeiro/São Paulo: Freitas Bastos, 1940.

FAORO, Raymundo. **Os donos do poder**: formação do patronato político brasileiro. 3. ed. São Paulo: Globo, 2001.

FAUSTO, Boris. **O pensamento nacionalista autoritário**. Rio de Janeiro: Jorge Zahar, 2001.

GARTH, Brian e STERLING, Joyce. From Legal realism to Law and Society – Reshaping law for the last stages of the social activist State. **Law & Society Review**, vol. 32, n. 2, 1998, p. 409-472, 1998.

GROSSI, Paolo. **Mitologias jurídicas da modernidade**. Florianópolis: Fundação Boiteux, 2004.

GURVICH, Georges. **Le temps present et l'idée du Droit Social**. Paris: Librarie Philosophique J. Vri, 1932.

HESPANHA, Antônio M. **História das Instituições – Épocas Medieval e moderna**. Coimbra: Almedina, 1982.

HOLMES, Oliver Wendell Jr. **The Common Law**. New York: Barnes and Nobel, 2004 [1881].

HOLMES, Oliver Wendell Jr. The path of the Law. **Harvard Law Review**, v. 10, 1897, p. 457-478.

HOPKINS, James D. The development of Realism in law and literature during the period 1833-1933: the cultural resemblance. **Pace Law Review**, vol. 4, 1983, p. 29-60.

HORWITZ, Morton J. **The Warren Court and the Pursuit of Justice**. New York: Hill and Wang, 1998.

HORWITZ, Morton J. **The transformation of American Law**: The Crisis of Legal Orthodoxy 1870-1960. New York: Oxford University Press, 1992.

HORWITZ, Morton J; FISHER III, William W.; REED, Thomas A. **American Legal Realism**. New York: Oxford University Press, 1993.

HORWITZ, Morton J. Ages of American Law. **Buffalo Law Review**, n° 27, 1978.

KENNEDY, Duncan Kennedy. Three Globalizations of Law and Legal Thought: 1850-2000. **The new law and economic development**: a critical appraisal, 63, 2006.

LLEWELLYN, Karl N. Holmes. **Columbia Law Review**, vol. XXXV, april, n° 4, 1935.

LLEWELLYN, Karl N. Holmes. Some realism about realism – responding to Dean Pound. **Harvard Law Review**, v. 44, 1931, p. 1222-1256.

LLEWELLYN, Karl N. Holmes. What a price contract? – An essay in perspective. **Yale Law Journal**, vol. 40, 1931, p. 704-751.

LLEWELLYN, Karl N. Holmes. A realistic jurisprudence – the next step. **Columbia Law Review**, v. 431, ano 30, 1930, p. 432-465.

LOPES, José Reinaldo de Lima. Justiça e Poder Judiciário. **Revista USP**, nº 21, Dossiê Judiciário. São Paulo: USP, 1994, p. 22-33.

LOPES, José Reinaldo de Lima. **Direito e Transformação Social**: ensaio interdisciplinar das mudanças no Direito. Belo Horizonte: Nova Alvorada, 1997.

LOPES, José Reinaldo de Lima. **O Direito na História**: lições introdutórias. 2. ed. São Paulo: Max Limonad, 2002.

LOPES, José Reinaldo de Lima. Processo e Justiça (Social, Distributiva, Política). **Revista dos Procuradores da República**, Ano V – nº55 – novembro, p. 12-19, 2002.

LOPES, José Reinaldo de Lima. Iluminismo e jusnaturalismo no ideário dos juristas da primeira metade do século XIX. *In:* JANCSÓ, István (Org.). **Brasil**: Formação do Estado e da Nação. São Paulo, Unijui, Hucitec, Fapesp, 2003, p. 195-218.

LOPES, José Reinaldo de Lima. **As Palavras e a Lei**: Direito, ordem e justiça na história do pensamento jurídico moderno. São Paulo: Editora 34, 2004.

LOPES, José Reinaldo de Lima. Regla y compás. *In:* COURTIS, Christian (Org.). **Observar la ley**. Madrid: Editorial Trotta, 2006.

MACEDO, Paulo Garcia Neto. **A influência do realismo jurídico norte-americano no direito brasileiro**. 2008. Dissertação (Mestrado em Filosofia e Teoria Geral do Direito), Faculdade de Direito, Universidade de São Paulo, São Paulo, 2008.

MACEDO, Paulo Garcia Neto. **Arbitragem e Conexão**. Almedina: São Paulo, 2018.

MANGABEIRA, João. **Em torno da Constituição**. Companhia Editora Nacional: São Paulo, 1934.

NUNES, Castro. Da justiça do trabalho no mecanismo jurisdicional do regime. **Revista Archivo Judiciario**, vol. 41, 1937.

OLIVEIRA, Maria Lúcia de Paula. **Oliveira Vianna e o Direito**: Oliveira Vianna, sua invocação do Realismo Jurídico americano e sua contribuição para a edificação do poder normativo da Justiça do Trabalho: atualidade face à Constituição de 1988, Dissertação de mestrado defendida no Departamento de Ciências Jurídicas da Pontifícia Universidade Católica do Rio de Janeiro, Rio de Janeiro, PUC, 1995.

POUND, Roscoe. **Justiça conforme a lei**. Rio de Janeiro: Ibrasa, 1976.

POUND, Roscoe. The call for a realist jurisprudence. **Harvard Law Review**, v. 44, 1931, p. 697-711.

POUND, Roscoe. Liberty of contract. **The Yale Law Journal**, v. 18, 1909, p. 454-470.

POUND, Roscoe. Law in books and Law in action. **American Law Review**, v. 44. 1910, p. 15-36.

PURCELL, Edward A. Jr. Caseload burdens and jurisdictional limitations: some observations from the history of the federal courts. **New York Law School Law Review**, vol. 46, 2002, p. 7-28.

PURCELL, Edward A. **Brandeis and the Progressive Constitution**. New Haven/London: Yale University Press, 2000.

PURCELL, Edward A. Reconsidering the Frankfurterian Paradigm: reflections on histories of lower federal courts. **Law and Social Inquiry**, vol. 24, 1999, p. 679-750.

PURCELL, Edward A. Rethinking constitutional change. **Virginia Law Review**, vol. 80, 1994 p. 279-290.

PURCELL, Edward A. American Jurisprudence between the Wars – Legal Realism and the Crises of Democratic Theory. *In:* FRIEDMAN, Lawrence M.; SCHEIBER, Harry N. (Coord.). **American Law and the Constitutional Order**: Historical Perspectives. Cambridge: Harvard University Press, 1988.

PURCELL, Edward A. Alexander M. Bickel and the Post-realist Constitution. **Harvard Civil Rights Civil Liberties Law Review**, v. 11, 1976, p. 521-564.

SÁ FILHO, Francisco. **Relações entre os Poderes do Estado**. Rio de Janeiro: Borsoi, 1959.

SÁ FILHO, Francisco; MACHADO, J.G. Neto; SOUZA, J. Ferreira de. **Pareceres de 1940**. Rio de Janeiro: Imprensa Nacional, 1942.

SCHLESINGER, Arthur M. Jr. **The Coming of The New Deal (1833-1835)**. Coleção The Age of Roosevelt – vol. II. Boston/New York: Mariner, 2003.

SILVA, Virgílio Afonso da (Org.). **Interpretação Constitucional**. São Paulo: Malheiros, 2005.

SILVEIRA, Alípio. **O Fator Político-social na Interpretação das Leis**. São Paulo: Tipografia Paulista, 1946.

TORRES, Alberto. **A Organização Nacional**. Rio de Janeiro: Imprensa Nacional, 1914.

TORRES, Alberto. **O Problema Nacional Brasileiro**. 3. ed. São Paulo: Companhia Editora Nacional, 1938.

TRIBE, Laurence; DORF, Michael. **Hermenêutica Constitucional**. Brasília: Del Rey, 2006.

TRIBE, Laurence. **American Constitutional Law**. Mineola: Foundation, 1978.

TRUBECK, David M.; DEZALAY, Ives *et al.* **Global restruturing and the law**: the internationalization of legal fields and creation of transnational arenas. Madison: University of Wisconsin Law School, 1993.

TWINING, William. Globalisation and Comparative Law. *In:* ORÜCÜ, Esin; NELKEN, David. **Comparative Law**. Portland: Hart, 2007.

VIANNA, Francisco José de Oliveira. **Pequenos estudos de psicologia social**. São Paulo: Monteiro Lobato e C. Editores, 1920.

VIANNA, Francisco José de Oliveira. Prefácio. *In:* SANTOS, Luís Pereira dos. **Consolidação das Leis Trabalhistas**. Rio de Janeiro, 1936.

VIANNA, Francisco José de Oliveira. Novos métodos de exegese constitucional. **Revista Forense**, n. 72, 1937, p. 5-14.

VIANNA, Francisco José de Oliveira. **Problemas de Direito Corporativo**. Rio de Janeiro: José Olympio, 1938.

VIANNA, Francisco José de Oliveira. **O idealismo da Constituição**. Rio de Janeiro: Companhia Editorial Nacional, 1939.

VIANNA, Francisco José de Oliveira. **Problemas de Política Objetiva**. São Paulo: Companhia Editora Nacional, 1943.

VIANNA, Francisco José de Oliveira. **Direito do Trabalho e Democracia Social**: o problema da incorporação do trabalhador no Estado. Rio de Janeiro/São Paulo: José Olympio, 1951.

VIANNA, Francisco José de Oliveira. **Problemas de Organização e Problemas de Direção**. Rio de Janeiro: José Olympio, 1952.

VIANNA, Francisco José de Oliveira. **Evolução do Povo Brasileiro**. 4. ed. Rio de Janeiro: José Olympio, 1956.

VIANNA, Francisco José de Oliveira. **Populações Meridionais do Brasil**. V. 1. Rio de Janeiro: Paz e Terra, 1973.

VIANNA, Francisco José de Oliveira. **Instituições Políticas Brasileiras**. V. 1 e 2. Rio de Janeiro: Record, 1974.

VIANNA, Francisco José de Oliveira. Individualismo e Solidarismo. *In:* VIANNA, Francisco José de Oliveira. **Ensaios Inéditos**. Campinas: UNICAMP, 1991.

VIEIRA, Evaldo. **Autoritarismo e Corporativismo no Brasil**. 2. ed. São Paulo: Cortez, 1981.

VIEIRA, Oscar Vilhena. **Direitos Fundamentais**. São Paulo: Melhoramentos, 2006.

VIEIRA, Oscar Vilhena. A Moralidade da Constituição e os Limites da Empreitada Constitucional, ou entre Beethoven e Berstein. *In:* SILVA, Virgílio Afonso da (Org.). **Intepretação Constitucional**. São Paulo: Malheiros, 2003.

VIEIRA, Oscar Vilhena. **Supremo Tribunal Federal**: jurisprudência política. 2. ed. São Paulo: Malheiros, 2002.

WHITE, Morton. **Social Thought in America**: The Revolt against Formalism. 3rd. ed. Boston: Beacon, 1961.

4
O NATURALISMO JURÍDICO SOB O ANTAGONISMO DO PROGRESSO

RAFAEL SUGUIMOTO HERCULANO

Introdução

O jurista francês Georges Ripert (1880-1958) afirmava que todo jurista é um conservador (cf. RIPERT, 1955, p. 8). Apesar de um certo exagero do renomado civilista, é bem verdade que o direito traz em si um conservadorismo, inerente mesmo à sua função de garantidor das bases estruturais da sociedade. Não seria assim estranho sentir uma certa ambivalência entre progressismo e tradicionalismo – ou conservadorismo – no pensamento dos juristas, o que mostra também que esse tipo de antagonismo, de oposição dualista, deve ser posto à prova ou superado. Essa ambivalência é muito clara nos juristas da virada do século XX que, sob as influências do naturalismo e positivismo, se ocuparam em repensar o direito em um contexto especificamente brasileiro, aproximando o direito da sociologia e das teorias científicas em voga na época.

Tanto o positivismo quanto o naturalismo jurídico foram promovidos no Brasil no contexto de um "progressismo" como ideologia representado, simultaneamente, pelos até então dois pólos de educação jurídica nacional: São Paulo e Recife. Assim como acontecera com a doutrina de Kant[1], sobretudo na Europa, o apelo científico do positivismo e do naturalismo

[1] Cf. REALE, Miguel. A doutrina de Kant no Brasil. **Revista Da Faculdade De Direito**, Universidade De São Paulo, 43, 1948, p. 51-96 et p. 113-145.

correspondia bem às aspirações do liberalismo burguês, ou seja, aos interesses emergentes da burguesia urbana liberal, e às novas aspirações normativas do tecido socioeconômico brasileiro do final do século XIX. Neste sentido, é legítimo sugerir que, dado o conservadorismo atribuído ao jusnaturalismo tomista-escolástico predominante ainda durante boa parte do século XIX no Brasil, a nova proposta jurídica delineada pelo positivismo – tanto em seu monismo evolutivo quanto em seu sociologismo naturalista – representava uma forma de pensamento mais "progressista", originária de concepções consideradas avançadas na Europa, e mais em sintonia com as demandas econômicas e exigências associadas ao advento da República (1889) (Wolkmer, 2003, p. 105). Dessa maneira, é compreensível que o apelo científico do positivismo surgisse como um discurso hegemônico nesse período.

Recife foi talvez o centro cultural brasileiro mais radicalmente comprometido na tentativa de adaptar o direito às novas teorias científicas da época. A distância dos centros de decisão política do país permitiu que seus intelectuais estivessem na vanguarda do cientismo no Brasil (Wolkmer, 2003, p. 68). Em São Paulo, por outro lado, floresceu uma tradição de ativismo político em favor dos direitos individuais e das liberdades públicas, como nos conflitos entre liberalismo e democracia, nas disputas entre liberais moderados e radicais, ou na luta contra a escravidão. Os acadêmicos da Faculdade de Direito de São Paulo não se limitaram ao estudo exclusivo da cultura jurídica, mas constituíram um terreno fértil para a cooptação aos cargos da burocracia estatal (Wolkmer, 2003, p. 69). Assim, a atmosfera em Recife contrastava com a de São Paulo[2], principalmente por razões de inovação científica. Os juristas graduados em São Paulo, imbuídos de uma ampla influência positivista, estavam comprometidos de maneira mais clara com o pensamento burguês liberal. O ensino jurídico

[2] Lilia M. Schwarcz, em seu **O espetáculo das raças**, resume o papel destes pólos intelectuais para a formação jurídica e cultural brasileira: "De Recife vinha a teoria, os novos modelos – criticados em seus excessos pelos juristas paulistas; de São Paulo partiam as práticas políticas convertidas em leis e medidas. (...) De Recife partiam mais claramente os gritos de descontentamento (respaldados pela clara mudança do eixo político-econômico), enquanto São Paulo passava aos poucos de contestador a defensor e responsável por uma fala oficial. Guardadas as diferenças, o que se pode dizer, no entanto, é que para ambas as faculdades 'o Brasil tinha saída'. Por meio de uma mestiçagem modeladora e uniformizadora, apregoada por Recife. Por meio da ação missionária de um Estado liberal, como tanto desejavam os acadêmicos paulistanos" (Schwarcz, 1993, p. 186-187).

ali foi projetado para prepará-los para ocupar altos cargos na administração do Estado (Wolkmer, 2003, p. 45).

Em contrapartida, a chamada Escola do Recife[3], de matriz neokantista[4], preocupou-se em combater as tendências aristotélicas, idealistas e ecléticas que prevaleciam na Faculdade de Direito do Norte. Politicamente, eles se rebelaram contra as ideias monárquicas e patriarcais do nordeste brasileiro, visto que a atmosfera cultural e a mentalidade geral do Recife nos anos 1860, como em outros lugares do Brasil, ainda era tida como bastante conservadora (Adeodato, 2003, p. 304). Foi neste contexto que uma nova geração de jovens professores surgiu em Recife, trazendo consigo "um bando de ideias novas", nas palavras de Sílvio Romero (1851-1914) (*apud* Adeodato, 2003, p. 304), influenciada pelo positivismo de Auguste Comte, e autores como Littré, Taine, Noiré e Spencer.

[3] Atribui-se aos intelectuais da chamada Escola do Recife uma influência dominante nas ciências sociais, em termos de formação cultural brasileira. Esta inspiração se estende à cultura jurídica, dando-lhe o impulso e a vitalidade necessários para repensar o direito em um contexto especificamente brasileiro. Sabemos, porém, que o termo Escola do Recife foi uma invenção de Sílvio Romero no intuito de designar o movimento intelectual que se estendeu da década de 1860 até o início do século XX, iniciando na esfera literária antes de se espalhar por todas as áreas da cultura brasileira: música, filosofia, direito, história, folclore, etc. Esse grupo de intelectuais procurou tratar o fenômeno jurídico a partir de uma pluralidade temática, abrangendo os horizontes naturalista, biológico, científico, histórico e sociológico (cf. Saldanha, 1985, p. 125; PAIM, 1999, p. 2).

[4] Para Miguel Reale, não é possível excluir sumariamente Kant do pensamento jurídico brasileiro, como o fizera Beviláqua. Segundo Reale, Tobias Barreto, o fundador da chamada Escola de Recife, admirava a filosofia transcendental, sem jamais ter penetrado no significado autêntico da obra kantiana. Até mesmo os discípulos de Barreto, que se inclinaram para os valores do evolucionismo spenceriano, ainda cuidaram de ver em suas doutrinas uma conciliação entre Kant e Spencer (Reale, 1948, p. 76). Nas palavras de Sílvio Romero: "o naturalismo evolucionista hodierno, posto ao par da ciência corrente, é, em nosso modo de pensar, em suas linhas capitais, o kantismo rejuvenescido pelo órgão de Spencer" (*apud* Reale, 1948 p. 56). Para A. Paim, a Escola do Recife "inspira-se no movimento neokantiano – carente de unidade interna na própria Alemanha, sobretudo em sua fase inicial, precisamente aquela que repercutiu no Brasil – naquilo que tem de mais geral, ou seja, o empenho em superar tanto ao materialismo como ao positivismo, propiciando uma volta à metafísica que não implicasse na reabilitação da ontologia aristotélico-tomista. Essa posição geral, de inspiração alemã, completar-se-ia, de um lado, pela incorporação de algumas outras ideias suficientemente debatidas no processo de formação da Escola como o monismo, o evolucionismo, o historicismo, o antimecanicismo, etc.; de outro, pela crítica sistemática às correntes filosóficas existentes no País, tanto as positivas como as espiritualistas" (Paim, 1999, p. 3).

Apesar de certas imaturidades teóricas, ideias mal assimiladas e certa indisciplina terminológica de uma época que se costumava imitar tudo da Europa, inclusive os trajes (SALDANHA, 1985, p. 106), as figuras mais proeminentes de Recife, como nos alerta Antônio Paim[5], foram mais do que meros divulgadores de ideias importadas, ou fixadas em uma determinada corrente. Os autores em questão aproveitaram ideias que lhes permitiram alcançar seus objetivos de rejeitar o ecletismo espiritualista, ao mesmo tempo em que se protegiam dos ataques do positivismo mais radical, buscando para as lutas locais armas no exterior (PAIM, 1999, p. 9). Se, a princípio, para combater o jusnaturalismo, a metafísica e o ecletismo espiritualista, os intelectuais do Recife incorporaram posturas materialistas ou evolucionistas-positivistas, numa etapa posterior, sob a influência do monismo e da sociologia, abandonaram o positivismo ortodoxo, principalmente o da escola francesa, adotando assim o modelo sociológico spenceriano (WOLKMER, 2003, p. 105).

É bem verdade que essa geração de Recife desempenhou um papel importante na ruptura com a metafísica que dominou o raciocínio jurídico desde os tempos coloniais, estimulando assim a "modernização" das instituições políticas e jurídicas. Contudo, além das consequências históricas e sociológicas sobre a cultura nacional, deve-se notar duas coisas. Primeiro que o "progressismo" desses autores não os deixaram totalmente livres de um tradicionalismo religioso (PAIM, 1999, p. 3). Mesmo antes do trabalho de Haeckel em 1893 sobre o monismo[6], já havia uma tentativa entre os intelectuais de Recife de distinguir um materialismo moral de um materialismo das ciências naturais, o que nos ajuda a entender como certas correntes levaram a uma fusão entre filosofia e religião evolucionária-mecanicista. Segundo, que esse "progresso" de ideias assumido por estes

[5] Paim toma o exemplo de Fausto Cardoso e sua obra **Concepção Monística do Universo**, publicado em 1894, com base nos cursos que esse ministrou na Faculdade de Direito de Recife a partir de 1892. Nele, Cardoso resumiu as teses das obras de Haeckel, sem refletir fielmente suas ideias ou mesmo mencionar seu **Der Monismus**. Em defesa de Cardoso, no entanto, deve-se lembrar que a grande obra de Haeckel sobre o monismo (**Die Welträtsel: Gemeinverständliche Studien über Monistische Philosophie**) só surgiu em 1899, e sua tradução francesa sob o título **Les Énigmes de l'Univers**, de 1899, foi publicada apenas em 1902. Trata-se de uma grande síntese do pensamento de Haeckel, contribuindo para sua fama na França e para a disseminação das teses do "monismo alemão" na Europa.

[6] Trata-se do livro **Der Monismus als Band zwischen Religion und Wissenschaft**, publicado em 1893.

intelectuais contribuiu ideologicamente para a "produção de nova consciência jurídica burguesa laicizada", apoiando a ideologia de manter a ordem[7] "em face das transformações por que passava a sociedade, com a derrocada do Império e o aparecimento da República" (Wolkmer, 2003, p. 105).

Em contraste com Recife, São Paulo experimentou uma efervescência positivista que se explica pela importância deste centro econômico, geograficamente próximo às decisões políticas da capital federal da época, o Rio de Janeiro. A atração de Tobias Barreto (1839-1889) pela metafísica, bem como sua personalidade anti-materialista, foram um obstáculo para a recepção de suas ideias entre os positivistas mais ortodoxos do Sul do país. A difusão das ideias positivistas começou ali em 1881, graças a figuras como Miguel Lemos (1854-1917) e Teixeira Mendes (1855-1927), no Rio de Janeiro, líderes da Igreja Positivista Brasileira e fiéis seguidores da "religião da humanidade" (cf. Torres, 2018, p. 43). Contudo, em São Paulo, foi Luís Pereira Barreto (1840-1923) o positivista que exerceu uma certa influência sobre os jovens juristas da Faculdade de Direito (Lins, 1964, p. 399). Ele é um exemplo representativo da atmosfera positivista "progressista" que reinava em São Paulo no final do século XIX. Seu trabalho revela a maturidade das ideias positivistas na consciência brasileira e sua fecundidade na interpretação da realidade social, mental e política. Filho da aristocracia do café do oeste do estado, Pereira Barreto foi talvez o mais importante representante do positivismo crítico no Brasil.

Podemos dizer que uma das originalidades dos positivistas é que eles incorporaram, sem nenhum filtro, o espírito científico da modernidade. Eles previram a possibilidade de previsibilidade nas ciências sociais. Outros sistemas de pensamento, que se intitulam científicos, camuflam o que os positivistas deixam em evidência: a função instrumental da ciência nas sociedades contemporâneas. Pereira Barreto (1840-1923) afirma, por exem-

[7] Bastante interessante é a influência de Hermann Post (1839-1895) sobre os jovens intelectuais de Recife. Mesmo antes de Durkheim apresentar Post aos leitores da **Revue Philosophique** em 1887, Barreto já o havia citado em sua "Uma nova intuição do Direito" (cf. Adeodato, 2003, p. 307). Sua análise do fenômeno jurídico através de um método histórico experimental é bastante reveladora do "progressismo" dos juristas. O jurista alemão estava interessado na ideia de que o direito é gerado a partir de tendências de autopreservação e auto-limitação mútuas. Post propõe também um direito natural situado no tempo e no espaço, evolutivo e não eterno, quase uma metáfora. Num contexto de renovação das estruturas intelectuais, como foi o caso de um Brasil carregado por um novo espírito republicano, ideias que afirmam o progresso sem o abando da tradição não poderiam deixar de atrair a atenção dos juristas.

plo, que "é tal a invariabilidade das leis naturais e tão completa a dependência dos nossos atos morais para com elas, que, dado um povo e o seu grau de civilização, podemos predizer com segurança qual será o seu número de crimes para um ano qualquer" (*apud* Reale, 1959, p. 20).

Em Recife, embora uma certa influência positivista fosse certamente sentida ali, ela não experimentou a virada religiosa que marcou o Sul. Podemos dizer, nos moldes de Vergílio de Sá Pereira, que o germanismo de Tobias Barreto preservou o Norte dos rigores do positivismo (*apud* TORRES, 2018, p. 192). Contudo, as figuras centrais dos dois principais polos jurídicos, a saber Tobias Barreto, Sílvio Romero e Clóvis Beviláqua em Recife, e Pedro Lessa em São Paulo, permaneceram mais ligadas à filosofia de Spencer do que ao positivismo de Comte. Por isso, tratar esse momento como um **naturalismo jurídico**, como nos propõe o professor José Reinaldo de Lima Lopes, é sem dúvida muito correto.

Quando percorremos as obras dos autores desse período, vemos que a ideia de "progresso" apresenta certos antagonismos bem notórios. João Monteiro, para se valer de um exemplo muito breve, se em seu naturalismo via Deus como uma entidade mística sem lugar no mundo da ciência sociológica, dizia, no entanto, que o próprio termo "Deus" deveria ser substituído por "natureza", de acordo com as lições do naturalismo histórico[8]. Essa pura substituição de termos, que conservam, entretanto, um significado ou função parecidos, mostra como ciência, progresso e tradição por vezes se confundiam.

De maneira a analisar mais minuciosamente essa ambivalência entre progressismo e conservadorismo nos juristas naturalistas, propomos um estudo mais detalhados de dois autores em específico: Clóvis Beviláqua (1859-1944) no Recife, e Pedro Lessa (1859-1921) em São Paulo. Se Barreto e Romero estão à frente do movimento em Recife, o primeiro sendo um grande renovador da ciência jurídica brasileira, Beviláqua, futuro autor do Código Civil brasileiro, é o autor mais representativo em termos de produção jurídica. Além disso, Beviláqua representa, talvez como nenhum outro jurista, a imagem de um conservador sob a ilusão do progresso. De outro

[8] Ele não é nem de longe um crítico da metafísica. Para ele, há metafísica mesmo nas obras de Comte e Spencer (*apud* Reale, 1959, p. 38), e o próprio positivismo teria características metafísicas. Essa foi a tese que Bonnecase mostraria alguns anos mais tarde em sua obra **Science du droit et romantisme**: le conflit des conceptions juridiques en France de 1880 à l'heure actuelle, publicada em 1928.

lado, Pedro Lessa foi talvez quem melhor refletiu a influência dos intelectuais de Recife nas Arcadas. Sua obra ilustra claramente as ambivalências entre estabilidade e progresso, ou entre princípios perenes – universais – e a transitoriedade do direito contemporâneo. O objetivo é também analisar como esses juristas incorporaram ideias estrangeiras para adaptar a teoria jurídica às novas demandas sociais do país, associando ao mesmo tempo direito, ciência e progresso.

1. A Política Jurídica do Progresso de Clóvis Beviláqua

Clóvis Beviláqua ilustra muito bem esse apelo ambivalente pelo "progresso" característico da geração do final do século XIX e início do século XX. Seu conservadorismo é, por vezes, bastante explícito. Em 1885, por exemplo, ele já escrevia: "as hipóteses socialistas sempre me impressionaram, no modo de decepção" (Beviláqua, 1976, p. 23). Para ele, enquanto os ideais socialistas tinham uma aparente vantagem moral, "o pecado original do socialismo" estava em seu desejo obsessivo de "nivelar as classes sociais, quando é certo que é da sua desigualdade, da diversidade de suas funções que resulta a harmonia e o progresso humano" (Beviláqua, 1976, p. 23). Estas palavras revelam muito do autor do primeiro Código Civil brasileiro, que permaneceu em vigor por quase um século (1916-2002).

Beviláqua concebe a sociedade e a vida dos povos como sendo animada por três organismos – o econômico, o físico e o ideal – através dos quais as classes sociais e suas respectivas características são formadas (BEVILÁQUA, 1902, p. 43). Estes três elementos refletem uma concepção evolutiva da sociedade, tingida de um certo fatalismo na medida em que justificam o momento histórico em que a sociedade se encontra. A dimensão econômica, que diz respeito à prosperidade da população e à distinção entre os que possuem e os que não, é a dimensão de maior importância aos olhos de Beviláqua. Embora o processo de concentração da riqueza possa parecer 'anormal e repugnante', Beviláqua vê nele, curiosamente, uma marca de progresso histórico em direção a uma melhor convivência[9] (Beviláqua, 1902, p. 42):

[9] É bem verdade que Beviláqua não é o único a considerar o sistema capitalista como o resultado do progresso humano em relação a sistemas politico-econômicos anteriores. O próprio Marx via o capitalismo como uma evolução em face aos sistemas precedentes, mas assinalava, contudo, a necessidade de superá-lo.

> O proletariado é uma consequência fatal das condições estáticas e dinâmicas da sociedade, é mesmo uma dessas condições. E é justamente porque a pesada mão da fatalidade (quer dizer de circunstâncias inevitáveis) as repele para as camadas inferiores do organismo social, e as contém entre os agoures de uma vida infeliz, de horizontes apertados, esfumados de longas manchas de terca, é justamente por isso que mais vivas simpatias, mais desvelos nos merecem as classes sofredoras, os rudes operários, os indigentes, os míseros, cujas dores se transformam, multiplicando-se como os pães da lenda evangélica, no bem estar, no conforto, na riqueza, na ciência, no luxo de todos os mais (Beviláqua, 1902, p. 45).

Esta necessidade de superar os desequilíbrios do sistema existe em Beviláqua apenas através da simpatia às camadas inferiores, estas que são uma consequência, uma fatalidade, da própria maneira como a sociedade é organizada. Tal afirmativa implica uma aceitação *a priori* do desequilíbrio da sociedade por parte dos indivíduos. Esse desequilíbrio aparece assim como uma condição inevitável da própria natureza da sociedade e de sua 'evolução'.

É precisamente o direito, para Beviláqua, o responsável por garantir "o equilíbrio orgânico necessário das energias sociais" (Beviláqua, 1902, p. 165). Ele acredita também na ideia de que é através da melhoria moral, fisiológica e intelectual que a sociedade pode alcançar tal equilíbrio de forças, já que "a civilização é a humanização das forças naturais" (Beviláqua, 1902, p. 5). Beviláqua frisa assim a importância do aspecto psicológico no direito, pois, para ele, a ciência do direito é, ao mesmo tempo, sociológica e psicológica: "a vida jurídica, por um lado, se manifesta sob forma de leis e usos jurídicos, e, por outro lado, é operação da consciência individual" (Beviláqua, 2001, p. 45). Mas se a sociedade contém em sua própria estrutura uma desarmonia intrínseca, como fica claro em sua análise, é difícil imaginar que a concepção psicológica, através do aprimoramento moral, possa equilibrar a sociedade. Ainda assim, Beviláqua acredita que a fórmula "igualdade, liberdade e solidariedade" oferece a melhor chave para compreender a aplicação do direito, garantindo segurança jurídica em nosso tempo, com o entendimento de que "a segurança não é uma ideia, é uma necessidade" (Beviláqua, 1902, p. 109). A ideia de solidariedade, que é fundamental para a consciência jurídica, é definida como "a justa harmonia dos interesses do indivíduo e da sociedade, o reconhecimento de que o interesse de um envolve o interesse de todos" (Beviláqua, 1902, p. 107). Desse modo, se para o indivíduo, a ideia de justiça (aspecto psicológico) toma a forma da ideia de igualdade, para a sociedade (aspecto sociológico), a justiça se traduz em equilíbrio social:

> A sociedade, para manter-se, viver, desenvolver-se, necessita de manter todas as correntes, todas as classes equilibradas, harmônicas, para que umas, prejudicando as outras, não façam desmoronar todo o edifício social. E assim, a ideia de justiça se resume nestes dois princípios: igualdade e equilíbrio; igualdade, como aspiração do indivíduo, e equilíbrio, como necessidade social (Beviláqua, 1902, p. 106).

Vemos que a aspiração pelo equilíbrio e igualdade tem como objetivo não permitir que o edifício social desmorone, ou seja, garantir que a estrutura social permaneça como ela está. O progresso é então a conservação, o que nos leva a uma fórmula que traduz bem o progressismo da modernidade: **se o nosso momento histórico significa progresso, conservá-lo não significa conservadorismo, mas sim progresso.**

Segundo Beviláqua, o direito moderno não aspira simplesmente à famosa fórmula de Stammler do direito justo: "quer também ser um direito preponderantemente, essencialmente moral, recebendo da ética a razão última de suas decisões" (Beviláqua, 1902, p. 183). Se na mesma linha de Stammler sustenta que "há sempre um ideal que a humanidade visa para as transformações, para as reformas do direito, e este ideal... é o direito natural", afirma, porém, que esse último "não é concebido pela razão, nem é, ainda menos, apresentado pela natureza. É uma expressão, uma resultante das ideias dominantes em cada época" (Beviláqua, 1902, p. 103). Assim, Beviláqua aceita as objeções de Sílvio Romero de que direito e Estado são um produto da cultura humana. Mas, ao contrário de Romero, ele não imagina que isso implicaria em admitir a existência de uma "lei natural do direito" (Beviláqua, 1994, p. 49; cf. 1897, p. 120 e 140). Em sua concepção, portanto, o direito não é absolutamente natural, mas tem elementos naturais e espontâneos, visivelmente ligados às realidades biológicas.

Como Jhering, Beviláqua vê a luta como o fator principal do direito. O direito não é uma ideia lógica, mas uma ideia resultante de forças que, ao se oporem, geram um resultado de acordo com os interesses da sociedade, em termos de utilidade geral (Beviláqua, 1916, p. 87-88). Assim sendo, "para que a força se transforme em Direito, é necessário que favoreça e defenda um interesse em harmonia com o próprio interesse da sociedade, dentro da qual se manifesta. É nesse interesse que está o ponto central do Direito individual" (Beviláqua, 1994, p. 49). Como Tobias Barreto, Beviláqua acredita que "é somente da combinação harmônica do interesse de todos que pode resultar a força do Direito numa sociedade organizada" (Beviláqua, 1994, p. 49). O objetivo das leis é então o de "traduzir, do melhor modo, a consubstanciação desses interesses, que se contrariam" (Beviláqua, 1994, p. 49). Assim, o interesse mais útil para a sociedade deve ser protegido. Mas se o interesse da sociedade é aquele que a permite preservar sua harmonia, isso não poderia, evidentemente, prejudicar a relação *a priori* de desigualdade – que segundo Beviláqua é parte constituinte da sociedade – porque isso faria com que o edifício social desmorone. Isso nos encaminha a um certo antagonismo na ideia de progresso.

Outro interessante ponto a se analisar em Beviláqua é a sua crítica à Escola Histórica. Segundo o jurista, ela recusou-se a reconhecer o progresso trazido pelo advento da lei – ou codificação – por causa de um sentimento reacionário que idealiza a flexibilidade do costume. Para ele, a codificação moderna, no entanto, constitui um claro avanço em relação às formas jurídicas anteriores, pois "com a lei o direito adquire, em lucidez e segurança, o que perde em flexibilidade e movimento" (Beviláqua, 1916, p. 98). Entre flexibilidade, movimento, e segurança, ele prefere a segurança, pois essa é considerada, paradoxalmente, o progresso, lembrando que a codificação era um símbolo de progresso. Mas sem dúvida, Beviláqua é ciente de que os juristas sentem as falhas dos códigos e tentam superar o que é percebido como a rigidez da lei. E nessa tentativa de dar uma base racional a suas doutrinas, os juristas, segundo ele, criaram sistemas e métodos que são como sucessores do direito natural (Beviláqua, 1902, p. 169).

Beviláqua vê o direito como tendo um papel instrumental na sociedade, projetado para trazer ao mesmo tempo um equilíbrio social e manter as estruturas de poder. Ele rejeita a ideia, que descreve mesmo como pessimista, de que o Estado serve como um pano de fundo para um grupo de instituições destinadas a garantir o poder de uma minoria sobre uma maioria. Ele acrescenta que é apenas de sua relação funcional com a sociedade, e não da consciência popular, que os fins do direito podem ser deduzidos (Beviláqua, 2001, p. 117). Numa clara manifestação de idealização do direito, Beviláqua propõe que, tendo se tornado científico, dotado de um método ao mesmo tempo racional e natural, o direito permitiria assim resolver "de uma forma acentuadamente humana, sem processos irritantes e sem longas crises dolorosas, os problemas sociais que a ascensão para a liberdade informada pela justiça lhe tem proposto" (2001, p. 129).

Apesar do apelo científico do professor da faculdade pernambucana, ele foi, no entanto, também crítico do positivismo e do evolucionismo. O problema do positivismo, para Beviláqua, é que ele se opõe à ideia de que o direito deveria estar subordinado à moralidade, enquanto o evolucionismo está mais preocupado com as leis cósmicas e biológicas e sua aplicação pela sociologia. O fato é que, para nosso jurista, nenhuma dessas duas correntes resultou em uma filosofia jurídica (Beviláqua, 1916, p. 8). No entanto, ele estava convencido dos benefícios do método científico em proteger o direito do "fantástico apriorismo dos filósofos retóricos" (Beviláqua, 1902, p. VIII) e em fazê-lo corresponder às realidades sociais. Esse artifício argumentativo de aproximar o direito à realidade foi utilizado muito na retórica dos juristas do final do século XIX, tanto no Brasil quanto na Europa, como se o direito nunca fora antes próximo à vida ou à realidade social. Porém, o que há de diferente nesse momento é o panorama progressista e evolucionista por trás desse argumento, e a associação entre ciências sociais e ciências biológicas no que se refere à observação científica do objeto direito. A ideia do progresso carrega dessa maneira uma certa concepção de que nunca antes houvera um método adequado de observação da realidade social ou do direito. Contudo, fazer do direito uma ciência empírica nos moldes das ciências biológicas constitui um erro metodológico de Beviláqua e de outros juristas da época. Mas o que mais nos interessa aqui destacar é que essa ideia traduzia bem os anseios pelo progresso como exigência de uma sociedade cuja economia se tornava cada vez mais dinâmica.

A ideia de progresso é sobremodo delicada. Se é possível, por exemplo, ver um "progressismo" em Beviláqua pelo fato dele conceder às mulheres o direito de liderar a sociedade conjugal, ou apoiar o reconhecimento de filhos não legítimos (Beviláqua, 1902, p. 188 et seq.), também é possível ver aí um cálculo político, pois seu argumento é de que é justamente um erro de **política jurídica**[10], como ele próprio denomina, condenar os

[10] Esta expressão **política jurídica** é bastante evocativa. Nas suas palavras, a **política jurídica** "é o direito fomentando a atividade do indivíduo para conseguir fins sociais, orientando-a

filhos pela falta de seus pais. O mesmo princípio de **política jurídica** também lhe permitiu destacar os benefícios éticos, econômicos e sociais da liberdade de testar (BEVILÁQUA, 1902, p. 213). Mas diante do exposto, vê-se que quando se fala em direito, a linha entre conservadorismo e progressismo é muito tênue. O pensamento de Beviláqua oferece assim um exemplo característico da estreita relação entre ciência, tradição e modernidade jurídica.

2. A Engenharia Social do Progresso de Pedro Lessa

Pedro Lessa foi talvez quem melhor refletiu a influência de Recife e das ideias naturalistas em São Paulo. Ele segue na mesma perspectiva de seus contemporâneos dizendo que o direito tem um fim, que é a própria satisfação das necessidades sociais. No entanto, dirige uma crítica interessante à doutrina de Jhering: se essa nos ensina que o objetivo do direito é garantir a realização do que os membros de cada sociedade, em determinando período histórico, entendem como sendo o interesse, não haveria nada geral, ou seja, estável, no campo do direito (LESSA, 1912, p. IV). Isso seria um problema, pois Lessa considera a estabilidade um elemento essencial do direito, o que faz de sua obra um terreno fértil para análise das ambivalências do progresso nos juristas naturalistas.

Lessa aprecia os princípios fundamentais e as verdades estáveis que eles geram. É importante estar à altura deles, para espiritualizar a ciência através da filosofia (LESSA, 1901, p. 142). Somente desta forma "o direito garante a satisfação de necessidades sociais" (LESSA, 1912, p. IV). Para ele, não houve nada mais verdadeiramente inovador nos estudos jurídicos ao longo dos séculos do que reproduzir de uma forma ou de outra preceitos fundamentais e indispensáveis. O professor da faculdade paulista recorre a Hermann Post que, com sua **jurisprudência etnológica**, já havia destacado a repetição dos mesmos institutos jurídicos, em suas linhas gerais, em sociedades diferentes e nas mais diversas culturas. Na mesma linha, Lessa declara que "há certas necessidades sociais tão intensas e evidentes, que se impõem à inteligência humana em todos os lugares e em todos os tempos" (LESSA, 1912, p. VI).

no sentido da cultura, disciplinando-a e desbastando-a as asperezas egoísticas, desaconselha essa covardia diante das pretensões do mal, essa fraqueza de apoiar o bem" (BEVILÁQUA, 1902, p. 201).

O esforço de Lessa é em erradicar a "convicção errônea e desastrosa", segundo ele, de que não existem leis naturais nas quais se fundem preceitos éticos e legais. Esta convicção derivaria principalmente de teorias formadas sem qualquer suporte de lógica e senso comum (Lessa, 1912, p. VI). Para ele, o direito contemporâneo não exclui a existência de verdades fundamentais e invariáveis:

> há no mundo moral e no mundo jurídico princípios, leis fundamentais[11], que justificam e nos impõem a necessidade de formular e observar um certo número de preceitos, indispensáveis à vida social. Nem a evolução das sociedades é incompatível com a existência desses princípios, assim como a evolução das espécies animais não exclui certas leis fundamentais do domínio da biologia, a que estão subordinados em todos os pontos do espaço e todo tempo estes fenômenos essenciais à vida (Lessa, 1912, p. VII).

Há nisso uma tentativa de incorporar os avanços, ou o "progresso", do direito e das ideias jurídicas da época sem negar em absoluto a tradição. De fato, o professor da faculdade paulista rejeita a ideia de um direito de caráter teleológico, porque, segundo ele, "a religião assenta no sobrenatural, no milagre, que é a negação da lei, e a ciência tem por missão observar os fatos, para lhes conhecer as leis, isto é, as relações constantes e invariáveis que ligam os fenômenos" (Lessa, 1912, p. 14). O problema dos dogmas de fé ou crenças individuais é que eles não podem ser avaliados ou medidos através de deduções científicas (Lessa, 1912, p. 14). Novamente vemos como o naturalismo aparecia como uma concepção original e avançada para os anseios da época. Todavia, Lessa também rejeita as teorias racionalistas, para as quais a ideia do que é certo é dado pela razão. Segundo ele, "a razão nos subministra sem dependência de raciocínio as ideias absolutas do bem, do belo, do verdadeiro e do justo" (Lessa, 1912, p. 15). O justo é assim, para ele, "o padrão que nos serve para aferir a justiça das instituições e das leis" (Lessa, 1912, p. 15). É esse impasse entre o progresso da ciência e a estabilidade da tradição que o leva a essa tentativa de associar um e outro. Sua preocupação é de saber, portanto, de que forma a razão poderia nos fornecer

[11] Um exemplo de um princípio invariável que rege o indivíduo na sociedade é a conservação da vida. Lessa atribui a este princípio a origem das instituições jurídicas, como a propriedade ou o patrimônio, por exemplo (Lessa, 1901, 106).

> o princípio absoluto, universal e eterno, do justo, se, na apreciação dos atos que mais interessam à sociedade, esse princípio não nos fornece um critério seguro e constante para a estimação dos preceitos jurídicos, e se mostra suscetível das mais contrárias e absurdas aplicações (Lessa, 1912, p. 16).

A razão não deve excluir o fato que o direito tem um ideal, pois o ideal é, para Lessa, seguindo a linha de Platão, a própria realidade em consideração (Lessa, 1896, p. 33). Somente a filosofia (ciência para ele) é capaz de conhecer esse direito ideal (necessário e sintético), enquanto a dogmática se ocuparia mais em conhecer o direito posto (Lopes, 2014, p. 194). Lessa critica a Escola Histórica porque ela justamente não teria entendido o ideal do direito. Ela deveria ter chegado à mesma conclusão de Spencer, a de que o direito é um princípio orgânico regido por preceitos fundamentais universais:

> A legislação de cada povo nada mais é do que uma série de preceitos, apoiados em certas verdades fundamentais, em certos princípios de ordem social. Desconhecer esse resíduo de todas as legislações escritas e consuetudinárias equivale a supor que a fauna e a flora de todos os países, não obstante as sensíveis diferenças de clima e de solo, não estejam sujeitas às mesmas leis biológicas fundamentais (LESSA, 1896, p. 21).

É o estudo das leis biológicas fundamentais que nos leva ao entendimento da natureza da sociedade, ou em outras palavras, de sua verdade fundamental e invariável. O estudo empírico do direito, nos moldes da ciência biológica, conduz Lessa a acreditar na justificação dos valores universais do direito através de métodos científicos. Todavia, parece-nos que o jurista chega assim apenas aos resultados do jusnaturalismo, mas agora através de um discurso científico ou aparentemente científico.

O argumento naturalista traz aos juristas uma certa autoridade discursiva, pois considerados como científicos, obtidos através de uma suposta observação empírica do direito e da sociedade, são capazes de invalidar ou justificar quaisquer outros argumentos. Por exemplo, segundo Lessa, é esse estudo das leis biológicas fundamentais, ou da "natureza" da sociedade, que nos leva a acreditar que o direito não é um instrumento utilitário, nos moldes de Bentham, mas uma condição indispensável de vida para o homem (Lessa, 1896, p. 19). O que estaria assim subjacente ao direito não é a utilidade, mas a necessidade social: "considerar o direito um simples meio para a consecução de um fim útil é despi-lo do caráter científico, reduzi-lo à mera arte" (LESSA, 1896, p. 18).

Se o direito, para Lessa, é um elemento muito importante, uma condição indispensável da sociedade, ele não é, no entanto, a substância do organismo social, nem o caráter único ou principal desse organismo (LESSA, 1899, p. 320). Para ele, o direito pressupõe a coexistência na sociedade, ele não a cria. A sociedade só existe através da interação de interesses individuais, através do que ele chama de "gestão dos egoísmos", ou de **cooperação social** (LESSA, 1901, p. 105 et seq.). O direito tem por escopo garantir tanto o interesse do indivíduo como o da sociedade, sendo assim uma espécie de ferramenta da **engenharia social**. Desse modo, apesar de criticar a ideia do direito como instrumento utilitário, ao atribuir ao direito o papel de ferramenta da **engenharia social**, para a gestão de interesses, Lessa acaba que por dar um valor instrumental ao direito.

O direito é uma necessidade social, mas ele só se realiza como ciência, "quando o nosso espírito, analisando o fenômeno jurídico, descobre como fundamento das leis, promulgadas para reger uma sociedade, certas necessidades sociais, decorrentes e inseparáveis da natureza do indivíduo e da sociedade" (LESSA, 1912, p. 37). Para isso, a combinação do estudo da ciência do direito com outras ciências, e também o uso do direito comparado, poderia nos permitir determinar "quais as disposições legais que melhor protegem as necessidades bioéticas, cuja satisfação elas têm por fim garantir" (LESSA, 1912, p. 37). É este conhecimento da natureza do indivíduo e da sociedade que nos levaria à necessidade de reformar os institutos jurídicos que se mostram "imperfeitos". Esta é uma interessante demonstração de como Lessa associa ciência, "evolução" social e ordem jurídica:

> Foi o estudo da antropologia a deixar bem patente a igualdade entre os homens quanto aos atributos fundamentais; foi o desenvolvimento da moral a nos fazer respeitar essa igualdade e a adoçar as relações entre os homens; foi a economia política a evidenciar a superioridade, sob vários aspectos, do trabalho livre sobre o trabalho escravo; foram, em suma, os resultados de investigações científicas de ordens diversas que geraram a convicção, entre todos os homens civilizados, de que importava abolir a escravidão, instituto civil que por muito tempo esteve em antagonismo com o ideal jurídico, e só mantido pelos interesses materiais, mal compreendidos (LESSA, 1912, p. 39).

O direito existe assim ao mesmo tempo para a preservação e o progresso da sociedade. A função do direito é então "harmonizar, coordenar, sistematizar, organizar o conjunto das condições de vida e desenvolvimento da sociedade e dos indivíduos" (Lessa, 1912, p. 93-94). Ele existe para "delimitar harmonicamente a atividade voluntária dos indivíduos e a própria sociedade, representada por seus órgãos" (Lessa, 1912, p. 59), isso como uma espécie de necessidade orgânica. Essa é a essência do fenômeno jurídico para ele, e a partir de então pode-se visualizar uma metodologia para tal ciência:

> A ciência do direito, pois, para nos dar a teoria verdadeira acerca da restrição das atividades voluntárias, precisa de estudar as condições de vida e desenvolvimento do indivíduo e da sociedade, o que pode fazer estudando os fatos e induzindo, ou deduzindo essas condições de vida e desenvolvimento do indivíduo e da sociedade. (...) Procuramos depois conhecer as relações necessárias, derivadas da natureza das coisas, entre a conduta humana, ou os atos voluntários, e a conservação e desenvolvimento da vida individual e social. Verificadas tais relações, o legislador pelo método teleológico trata de obter a prática dos atos voluntários, necessários para a conservação e progresso da coletividade e dos seus membros... (Lessa, 1912, p. 59).

Vemos que, para Lessa, o direito é ao mesmo tempo restrição das atividades voluntárias, conservação e desenvolvimento da vida individual e social. Assim como quando queremos evitar doenças, aplicamos preceitos higiênicos, baseados em induções científicas, "para evitar os atos voluntários, perniciosos à vida social, ou para restaurar a saúde e a harmonia da sociedade, quando lesadas por esses atos, aplica[mos] os preceitos do direito" (Lessa, 1912, p. 59). A verdadeira ciência do direito seria desse modo,

> a teoria geral da limitação da atividade dos indivíduos e dos órgãos da sociedade, limitação imposta pela necessidade de manter, segundo as exigências da natureza da coletividade e dos seus membros, as condições de vida e desenvolvimento de uma e de outros (Lessa, 1912, p. 62).

O aspecto ideal do direito é fundamental na obra de Lessa. Numa visão mecanicista, o direito é, para ele, uma ferramenta da engenharia social, de manutenção do funcionamento da sociedade – ou seja, de sua estabilidade

– ao mesmo tempo que, numa visão naturalista, ele é o remédio contra elementos perniciosos ao corpo social. Lessa tenta evitar uma pura idealização do direito ao concebê-lo também como "uma ciência prática cujo fim está, não em conhecer a verdade pela aplicação dos processos lógicos ou objetivos, mas em dispor os meios de proteger os interesses do indivíduo e da sociedade" (Lessa, 1896, p. 24). O direito seria assim como a medicina, a ciência e a arte juntas, o que não deixa de ser, contudo, uma idealização.

Miguel Reale (1910-2006) assegurava que não seria exagero dizer que a mentalidade de nossos políticos e juristas no século XIX, profundamente liberal e individualista, "era em grande parte kantiana e rousseauniana, mesmo sem terem plena e direta consciência das raízes filosóficas de suas posições doutrinárias" (Reale, 1948, p. 58-59). Ele acrescenta que a ideia de liberdade como um "direito inato", o entendimento da convivência social como uma limitação recíproca de liberdades, e o respeito à pessoa humana como base da justiça e fim da ordem social são pontos cardeais da filosofia jurídica de Kant. Isso está presente também em Lessa. Há também muito kantismo no fato de Lessa conceber o direito como uma ciência única de tipo universal. A novidade é que essa ciência universal do direito deve ser agora modelada nas matrizes da biologia ou da física, ciências empíricas, como o fez a sociologia spenceriana.

Sabemos que o aparecimento e desenvolvimento de ciências especializadas durante o século XIX, como a própria biologia, contribuiu para a derrocada de filosofias ou sistemas universalistas como os de Kant e Hegel. Os juristas naturalistas estão assim inseridos nesse contexto, por vezes ambíguo, de concorrência com as ciências especializadas, onde eles se veem quase que forçados a aceitar o "progresso" dessas ciências sem, no entanto, abandonar totalmente a pretensão universalista do direito. Como uma garantia da autoridade de seus discursos, fazia-se necessário incorporar elementos científicos ao direito, de modo a apresentar também o "progresso" dos estudos jurídicos. Como uma garantia de privilégios, especialmente levando-se em conta que quase a totalidade dos juristas vinha de classes privilegiadas da sociedade, o não abandono da tradição era também uma opção a seguir. Dessa maneira, podemos entender como que, para Lessa, o direito está implicado ao mesmo tempo na preservação e desenvolvimento da sociedade. Essa percepção sobre o direito, expressa por Lessa e outros juristas dessa época, é tão significativa que de certo modo se estende até os dias de hoje como um mote do que o direito representa nas sociedades contemporâneas. Mas se a questão da preservação é sempre muito bem clara em Lessa, não sabemos ao certo o que ele entende por desenvolvimento social. Não podemos deixar de notar que essa crença em uma ciência única de tipo universal levou-o também a negar dignidade científica à dogmática jurídica, sem ter explicado muito bem o que ele entendia por ciência do direito[12].

Na verdade, não se pode negar uma certa originalidade de propósito na discriminação de Lessa entre ciência, arte e dogma jurídico, mesmo não sendo muito claro sobre a relação entre direito e arte. Ao distinguir dois tipos de pesquisa jurídica, a sociológica e a técnico-jurídica, também não esclarece "a natureza real da ciência jurídica perante a sociologia ou a sociologia jurídica", acabando por confiar exclusivamente à sociologia, ao tentar reivindicar o valor científico do direito, a tarefa da pesquisa científica (REALE, 1959, p. 54). Contudo, não podemos deixar de assinalar que o projeto epistemológico de Lessa, nas palavras do professor José Reinaldo de Lima Lopes, foi também um projeto de combate "e termina por excluir dos altos campos do saber aquilo a que se destinavam as escolas do direito: ensinar os jovens a tomar decisões de acordo com o direito posto" (LIMA LOPES, 2014, p. 194).

Conclusões

A leitura tanto da obra de Lessa como de Beviláqua, e também de outros naturalistas, mostra até que ponto eles estavam imersos em seu contexto histórico, o de uma época de transição de um regime imperial para uma república. O pensamento positivista-naturalista, mais em sintonia com as expectativas desta nova organização política, alimentou todo tipo de otimismo sem pôr em risco os privilégios de uma elite dominante. O positivismo-naturalismo carregou o legado da modernidade, formado pela crença no determinismo universal, evolução geral, progresso e uma ciência remodelada de acordo com ideias físicas e biológicas.

Os juristas naturalistas, de maneira geral, estavam imbuídos da ilusão – ou ideologia, no sentido marxista – de uma infinita abertura emancipatória através da ciência e da modernidade. Ao se intitularem progressistas, não podemos dizer que esses juristas mentem – eles se iludem. Eles são o que são, enredados na força simbólica das palavras e conceitos que usam, pre-

[12] Cf. REALE, 1959, p. 54-55.

sos no próprio jogo e espaços de possibilidade – do campo jurídico – que eles mesmos legitimam[13]. Se não formaram um grupo coerente, devido às diferenças notáveis em suas perspectivas, todos eles compartilharam uma crença comum no mito da ciência e do progresso da humanidade. Entretanto, quase todos eles eram apenas representantes de uma elite que estava preocupada sobretudo em não perder seus privilégios.

Referências

ADEODATO, João Maurício. O positivismo culturalista da Escola do Recife. **Novos Estudos Jurídicos**, vol. 8, nº 2, maio/agosto 2003, p. 303-326.

BEVILÁQUA, Clóvis. **Juristas philosophos**. Bahia: José Luiz da Fonseca Magalhães, 1897.

BEVILÁQUA, Clóvis. **Estudos de direito e economia política**. 2. ed. Rio de Janeiro: Garnier, 1902.

BEVILÁQUA, Clóvis. **Estudos Jurídicos (História, Filosofia e Crítica)**. Rio de Janeiro: Livraria Francisco Aeves & C., 1916.

BEVILÁQUA, Clóvis. O problema da miséria. **Obra filosófica**. Vol. II – Filosofia Social e Jurídica. São Paulo: Grijalbo, 1976.

BEVILÁQUA, Clóvis. Tobias Barreto e a renovação dos estudos jurídicos no país. **Luiz Antônio Barreto, Tobias Barreto (1839-1889)**. Bibliografia e estudos críticos, Centro de Documentação do Pensamento brasileiro, Aracaju, Sociedade Editorial de Sergipe, 1994, p. 47-56.

BEVILÁQUA, Clóvis. **Teoria geral do direito**. Campinas: Red Livros, 2001.

BOURDIEU, Pierre. Les juristes, gardiens de l'hypocrisie collective. CHAZEL, François e COMMAILLE, Jacques (org.). **Normes juridiques et régulation sociale**. Paris: LGDJ, coleção Droit et Société, 1991, p. 95-100.

LESSA, Pedro. Methodologia jurídica. **Revista da Faculdade de Direito de São Paulo**, vol. IV, 1896, p. 1-33.

LESSA, Pedro. Da complexidade do direito. Distincção entre a moral e o direito. Relações do direito com a sociologia, com a anthropologia, a sciencia economia e a politica. **Revista da Faculdade de Direito de São Paulo**, v. VII, 1899, p. 303-335.

LESSA, Pedro. A theoria de Jhering. **Revista da Faculdade de Direito de São Paulo**, v. IX, 1901, p. 106, p. 102-142.

LESSA, Pedro. **Estudos de Philosophia do Direito**. Rio de Janeiro: Typ. Do Jornal do Comércio, Rodrigues & C., 1912.

LINS, Ivan. **História do positivismo no Brasil**. São Paulo: Companhia Editora Nacional, 1964.

LOPES, José Reinaldo de Lima. **Naturalismo jurídico no pensamento do brasileiro**. São Paulo: Saraiva, 2014.

PAIM, Antonio. **A Escola do Recife. Estudos Complementares à História das Ideias filosóficas do Brasil**. Vol. V.. São Paulo: UEL, 1999.

[13] Cf. BOURDIEU, 1991, p. 99.

REALE, Miguel. Pedro Lessa e a Filosofia positiva em São Paulo. **Revista Da Faculdade De Direito**, Universidade De São Paulo, 54 (2), 1959, p. 12-61.

REALE, Miguel. A doutrina de Kant no Brasil. **Revista Da Faculdade De Direito**, Universidade de São Paulo, 43, 1948, p. 51-96.

RIPERT, Georges. **Les forces créatrices du droit**. Paris: L.G.D.J., 1955.

SALDANHA, Nelson. **A escola do Recife**. São Paulo: Convívio, 1985.

SCHWARCS, Lilia M.. **O Espetáculo das Raças**: Cientistas, Instituições e Questão Racial no Brasil, 1870-1930. São Paulo: Companhia das Letras, 1993.

WOLKMER, Antonio Carlos. **História do Direito no Brasil**. Rio de Janeiro: Forense, 2003.

TORRES, João C. de Oliveira. **O Positivismo no Brasil**. Brasília: Câmara, 2018.

5
UMA ABORDAGEM DO PROCESSO DE SECULARIZAÇÃO BRASILEIRO A PARTIR DO PENSAMENTO DE CHARLES TAYLOR

Rafael Issa Obeid

Introdução

O objetivo deste trabalho é partir dos argumentos utilizados pela filosofia política para fundamentar as políticas do reconhecimento com a finalidade de pensar no processo de secularização do Estado brasileiro, compreendido entre o final do Império e início da República. A partir da segunda metade do século XIX, a Igreja Católica, considerada como religião oficial pela Constituição do Império, perde consideravelmente sua influência como braço institucional do Estado.

Em paralelo à saída do religioso da esfera pública, os ideais iluministas permitiram o desenvolvimento da ideia de autonomia, segundo a qual se deve privilegiar aquilo que é escolhido por si mesmo em detrimento daquilo que é imposto por uma autoridade exterior. Além disso, houve uma tomada pela humanidade de seu próprio destino. Uma consequência dessa possibilidade de escolha é a restrição ao caráter de toda autoridade, principalmente aquela transcendente, que não pode ser limitada pelos próprios homens (Todorov, 2001, p. 11), criando as condições para "o universo de descrença em expansão" (Taylor, 2010, p. 417), que alteraram comportamentos socialmente compartilhados na história do Brasil católico e hoje demonstram como as justificativas sobrenaturais deixaram de ser determinantes para a integridade das consciências.

Quero pensar o secularismo brasileiro principalmente, embora não exclusivamente, a partir das ideias lançadas pelo canadense Charles Taylor. Mas qual a conveniência de pensar no processo de secularização no Brasil a partir de um autor que elaborou um modelo teórico que não tinha como pretensão analisar o caso nacional? A resposta a essa questão deve ficar clara nas páginas seguintes. Contudo, quero justificar a escolha desse autor por duas razões.

Em primeiro lugar, o seu comunitarismo permite desenvolver uma discussão com um enfoque que possui relevância nas questões de identidade e comunidade que uma visão individualista ou, se se preferir, atomista não seria capaz de dar conta porque a religião e o modo de se portar diante dela envolve mais que individualidades convergentes, como pretendo demonstrar. Além disso, mesmo entre os pensadores comunitários, para quem a identidade da pessoa alimenta-se da história e do contexto social e linguístico, Taylor cuida do indivíduo, e não da sociedade, como principal fonte da ação moral.

A segunda razão reside no fato do autor canadense ter desenvolvido uma reflexão inovadora sobre o secularismo em sua obra **Uma era secular.** Seja entre os comunitários mais notáveis, como Michael Sandel e Alasdair MacIntyre, seja entre aqueles filósofos que se propuseram a pensar em teorias do reconhecimento, como Axel Honneth, com quem partilha uma herança hegeliana de reconhecimento construído a partir de relações intersubjetivas, foi Taylor quem repensou em termos monumentais o processo de secularização ocidental, mergulhando em períodos na história da humanidade em que o secularismo deixa de ter uma acepção unicamente canônica e ganha significados político e cultural, notadamente após as Guerras Religiosas e as revoluções constitucionais de final do século XVIII, propondo, por fim, uma abordagem que vai além da política e da cultura e põe em evidência a possibilidade de viver uma vida com plenitude.

1. Um Esclarecimento de Método e a Questão do Anacronismo

Antes de ingressar na discussão, por uma questão de método, devo esclarecer que o maior desafio é não cometer anacronismos ao investigar fatos do final do século XIX e início do século XX a partir de autores que desenvolveram suas teorias do reconhecimento para problematizar questões sobre identidade, autonomia e diversidade que ganharam repercussão no Direito e na Filosofia Política em períodos mais recentes. Quero evitar aquilo que Quentin Skinner, em seu ensaio "Meaning and Understanding in the History of Ideas", escrito como uma espécie de manifesto, caracterizou como as mitologias que devem ser evitadas pelo historiador para atribuir a enunciados de uma época ideias que não poderiam ser exprimidas com os recursos linguísticos disponíveis no contexto histórico em que enunciadas.

Com o intuito de deixar claro que todas as mitologias têm como resultado a produção de interpretações anacrônicas que atribuem a determinado autor ideias que não poderiam ser exprimidas com os recursos linguísticos disponíveis no contexto histórico em que enunciadas, Skinner cuida no referido ensaio de quatro "mitologias" que devem ser evitadas pelo historiador: a da doutrina; a da coerência; a da prolepse; e a do paroquialismo ou do etnocentrismo.

Assim, para o historiador das ideias, a mitologia da doutrina é identificada quando enunciados de autores clássicos, mesmo que ocasionais, são organizados de maneira artificial como uma doutrina, ou construções ideias do próprio historiador. A segunda mitologia, a da coerência, caracteriza-se pela atribuição aos autores estudados pelo historiador de sistemas fechados que impedem a percepção de inconsistências, contradições ou mudanças de suas concepções. A terceira, a da prolepse, ocorre quando os significados dos enunciados para o historiador se confundem com os do autor e o deste é negligenciado, como se o enunciado estudado precisasse esperar pelo futuro para se revelar. Por fim, embora Skinner em seu artigo apresente expressamente três mitologias, uma quarta é sempre é identificada em seu texto pela maioria dos autores, e chamada comumente por autores brasileiros como a mitologia do paroquialismo, mas que talvez fosse melhor ser chamada de mitologia do etnocentrismo[1], aquela que conduz o

[1] No original, Skinner utiliza o termo *parochialism*. Na tradução portuguesa foi traduzido como "estreiteza de espírito" (Skinner, 2005, p. 108). Na brasileira, recentemente publicada em periódico científico, *parochialism* foi traduzido como "paroquialismo" (Barbosa, 2017, p. 382). No entanto, parece que a melhor tradução seria a portuguesa. Se fosse para substituir *parochialism* por apenas um termo penso que o melhor seria etnocentrismo, pois me parece que Skinner quis ressaltar que o que deve ser evitado é o desinteresse do historiador por aquilo que não seja próximo do seu contexto cultural. O julgamento da cultura do outro com base em suas próprias crenças, práticas e costumes parece ser central para o etnocentrismo, mas não para o paroquialismo. Fiei-me na definição dicionarizada na língua inglesa. "PAROCHIAL adj: **1)** showing disaproval not interested in things that do not affected your local area diretly: a parochial self-interested **1a)** not willing to accept new ideas or methods = NARROW-

historiador a se apropriar de classificações do seu próprio contexto cultural e lançá-las a um mundo passado que lhe é estranho, "produzindo uma falsa familiaridade entre culturas muito distintas" (SILVA, 2010, p. 304).[2]

Com o apoio de autores que elaboraram o que se pode chamar de "teorias do reconhecimento", não quero forçar uma ideia de respeito às diferenças no período analisado porque essa expressão sequer era conscientemente compartilhada entre os contemporâneos dessa época da mesma forma como parece ser, ao menos em tese, naturalmente aceita atualmente. É verdade que o secularismo em uma análise profunda não deixa de ter como origem a reação do Estado ao problema da diversidade, mas o intuito inicial de dar cabo às Guerras Religiosas e estabilizar as instituições preponderava sobre a intenção de respeitar as diferenças. O que busco debater a partir de alguns fatos e dados históricos relacionados com o processo de secularização brasileiro são elementos para compreender a formação do estado laico e o respeito às identidades religiosas.

As teorias do reconhecimento, dentre as quais destaquei a de Charles Taylor, são, portanto, uma fonte generosa para refletir sobre o fenômeno religioso em razão da argumentação que lhes fornece suporte. A religião pode ser tomada como uma característica funcional da sociedade, que exerce um papel de integração e também de desintegração entre as pessoas e as sociedades.

Além desse sentido funcional, a religião também pode ser vista como um fenômeno que transcende a ordem imanente e faz sentido no contexto da crença em um poder mais elevado, que Taylor chama de perspectiva

MINDED" (MACMILLAN, 2007, P. 1086). Segundo o mesmo dicionário "NARROW-MINDED adj disliking or not interest in ideas or cultures diferent from your own" (MACMILLAN, 2007, p. 994). Em português o termo que proponho para a tradução de *parochialism* foi assim definido pelo **Novo dicionário da língua portuguesa**, o Aurélio: "ETNOCENTRISMO [de etn(o) + centro + – ismo] s.m. Tendência para considerar a cultura do seu próprio povo como a medida para todas as demais" (FERREIRA, 1986, 733). A edição brasileira do artigo de Charles Taylor, "Propósitos entrelaçados: o debate liberal-comunitário", também traduz *parochialism* como paroquialismo, mas melhor seria se tivesse sido traduzido como etnocentrismo, pois é a isso que Taylor se refere naquele excerto (TAYLOR, 2014, de p. 220).

[2] Para uma discussão do contextualismo linguístico de Skinner e suas mitologias confira-se a síntese de Ricardo Silva, que também apresenta a quarta mitologia como a mitologia do paroquialismo. "O contextualismo linguístico na História do Pensamento Político: Quentin Skinner e o debate metodológico contemporânea". **Dados – Revista de Ciências Sociais**, Rio de Janeiro, vol. 53, nº 2, 2010, p. 299 a 335.

substantiva, considerada por ele mais interessante por permitir a inclusão de outros tipos de fenômenos contemporâneos como religiosos, como partidas de futebol e concertos musicais (Taylor, 2010, 34). Todavia, o próprio Taylor reconhece uma complementariedade nessas perspectivas funcional e substantiva (Taylor, 2010, 35).

Penso ser a perspectiva funcional apresentada por Taylor mais apropriada para uma investigação em história do direito. A crença ou a descrença em uma determinada religião faz parte da construção de um indivíduo na medida em que ele encontra na interação com um outro no âmbito da família, da sociedade e do Estado uma ideia compartilhada do fenômeno religioso, da secularidade e da liberdade de consciência construída a partir da vivência histórica e das relações intersubjetivas.

Não obstante a clareza dessa perspectiva funcional da religião como objeto da investigação, penso que o historiador do direito também pode ampliar seu horizonte buscando a complementariedade do seu objeto na perspectiva substantiva. Penso aqui nos batuques do século XIX como expressão legítima das religiões de matriz africana.

O caminho percorrido pelas teorias do reconhecimento para justificar essas interações a caminho da construção da identidade religiosa de sua população serve como ferramenta para compreensão do processo de secularização no Brasil.

2. A(s) Teoria(s) do Reconhecimento

Desenvolvida originalmente pelo jovem Hegel no início do século XIX, no período em que lecionou em Jena, a teoria do reconhecimento tinha "a tarefa de tirar da ideia kantiana da autonomia individual o caráter de uma mera exigência do dever-ser, expondo-a na teoria como um elemento da realidade social já atuante historicamente" (Honneth, 2009, p. 29).

Para demonstrar como Hegel problematizou os pressupostos individualistas da doutrina moral kantiana, Honneth narra como ele foi buscar no período de Jena a influência na obra de Aristóteles, familiarizando-se com a intersubjetividade da vida pública e com o ângulo comunitário dos problemas éticos, "com um potencial moral que já não resulta mais simplesmente da natureza dos homens subjacente, mas de uma espécie particular de relação entre eles" (Honneth, 2009, p. 47). Em paralelo, Honneth também demonstra como Hegel contrapõe-se a Hobbes para demonstrar que a ideia de autopreservação que move o filósofo inglês, calcada no medo do conflito e nos postulados mecanicistas da sua época, deve ceder espaço a um processo constante de tensão entre os sujeitos que se relacionam na sociedade, aperfeiçoando o argumento com o enfoque na superação das divergências que, em vez de ocorrer pelo medo, surge das próprias relações conflituosas. O conflito, então, na filosofia hegeliana passa a ser o que Honneth denomina

> mecanismo de comunitarização social, que força os sujeitos a se reconhecerem mutuamente no respectivo outro, de modo que, por fim, sua consciência individual da totalidade acaba se cruzando com a de todos os outros formando uma consciência universal (Honneth, 2009 p. 64).

Honneth vai além do período em que Hegel produz em Jena e apresenta uma virada na obra do filósofo alemão, a teoria da consciência, que importa em não mais compreender a via da constituição de uma coletividade apenas como um processo de desdobramento conflituoso, mas como um processo de formação do espírito (*Geist*) que se reflete na esfera da consciência humana exposto na sequência de três etapas: primeiro se considera a relação do indivíduo consigo próprio; depois, as relações institucionalizadas dos sujeitos entre si; e, por fim, as relações reflexivas dos sujeitos socializados com o mundo em seu todo. É para explicar a relação mútua de conhecer-se no outro que Hegel emprega pela primeira vez o conceito de reconhecimento e

> dá um passo além da mera afirmação da teoria da socialização, segundo a qual a formação da identidade do sujeito deve estar vinculada de modo necessário à experiência do reconhecimento intersubjetivo; pois sua consideração implica também na ilação de que um indivíduo que não reconhece seu parceiro de interação como um determinado gênero de pessoa tampouco pode experenciar-se a si mesmo integral e irrestritamente como um tal gênero de pessoa (Honneth, 2009, p. 78).

A seu turno, Charles Taylor, em seu ensaio "A política do reconhecimento", reconhece a importância da doutrina hegeliana para a elaboração da teoria do reconhecimento[3], mas recua mais sua perspectiva histórica

[3] Kwame Anthony Appiah, um autor liberal, consignando ser Charles Taylor um dos mais prestigiosos autores da recente filosofia política também sustenta que "o conceito

para demonstrar quais elementos fizeram com que o discurso do reconhecimento passasse a fazer sentido para nós. Enquanto Honneth parte das ideias de conflito e superação de Hegel para demonstrar, fundado nos estudos sobre identidade de G. H. Mead, como o reconhecimento é atingido com a autoconfiança obtida pelo amor, pelo autorrespeito fundado no direito e pela autoestima vinda da solidariedade, Charles Taylor tem como tese central a defesa de que o reconhecimento ou o reconhecimento **errôneo** por parte dos outros molda a nossa identidade.

Em Taylor a diversidade aparece como um valor, um preceito moral, que pode ser aproveitado de modo positivo por toda a sociedade. Em seu ensaio "A política do reconhecimento" ele está preocupado em debater a situação de subalternidade vivida por minorias em democracias contemporâneas, nas quais a vontade da maioria pode importar em situação de risco. Interessa para o meu trabalho de pretensões historiográficas a justificativa histórica dada por Taylor para demonstrar como o discurso da identidade e do reconhecimento tornou-se familiar para essas democracias a que se refere.

O autor canadense distingui "duas mudanças que, juntas tornaram inevitável a preocupação moderna com identidade e reconhecimento" (Taylor, 2014-A, p. 242). A primeira foi o que denomina o colapso das hierarquias sociais. Sobre essa noção de hierarquia estruturava-se, segundo ele, a noção de honra que, a partir do Iluminismo, passou a se contrapor à noção de dignidade. A segunda mudança foi o desenvolvimento do ideal de autenticidade que está na base de uma política da diferença. A autenticidade está ancorada na ideia de que os seres humanos são dotados de um sentido moral, um sentimento intuitivo do certo e do errado.

Entendo que tanto o colapso das hierarquias sociais quanto a ênfase em um ideal de autenticidade estão intimamente ligados a esse processo de secularização que pretendo investigar. Não se pode esquecer que a Igreja, em especial a Igreja Católica, também se assenta sobre uma estrutura hierárquica e o desenvolvimento do secularismo está intimamente ligado à derrocada de suas pretensões universais de poder, cujo colapso tem início

de reconhecimento, tal como aparece em grande parte da análise multiculturalista é, em sua raiz um conceito hegeliano, já que se inspira na célebre análise do senhor e do escravo desenvolvido em **A fenomenologia do espírito**. Segundo esta noção, minha identidade de senhor se constitui em parte mediante o reconhecimento de minha posição por parte do escravo (e, claro, ainda que de maneira menos interessante, vice-versa)." (Appiah, 2005, p. 100) com a Reforma e sua aversão à idolatria que põe os devotos em uma relação vertical com aqueles que cultuam. A Reforma, que Taylor chama de "motor do desencantamento", "produziu pela primeira vez uma verdadeira uniformidade de crentes" (Taylor, 2010, p. 101). Num passo seguinte, o ideal de autenticidade, segundo Taylor, altera as visões morais de que a essência de um ser pleno dependia do contato com outras fontes, como Deus, inaugurando "uma nova forma de interioridade em que passamos a pensar-nos a nós mesmos como seres dotados de profundidades anteriores" (Taylor, 2014-A, p. 244).

Taylor também tem como pressuposto o caráter dialógico das relações humanas para compreensão do vínculo entre reconhecimento e identidade. É a partir da linguagem que nos tornamos plenos e passamos a nos compreender a nós mesmos na relação com o outro que pode até mesmo ser conflituosa. As pessoas não adquirem a linguagem por si mesmas, mas na interação com os outros, com "outros significativos", na expressão de G. H. Mead, também lembrado por Taylor (2014-A, p. 246), e esses outros significativos formam, na esfera particular, a identidade do indivíduo, ou o *self* e, na esfera pública, o desenvolvimento da moderna noção de identidade fundado na autenticidade significou o surgimento de uma política da diferença, que põe em evidência a autenticidade para evitar que, sob a justificativa da igual dignidade, elementos distintivos de uma minoria sejam assimilados por uma identidade dominante ou majoritária.

Esse é o cerne da denominada política do reconhecimento de Charles Taylor que pode servir como condutor para uma análise do processo de secularização no Brasil, seja para constatação de práticas comuns que impliquem no reconhecimento de uma sociedade majoritariamente católica, seja para analisar a incipiente questão das minorias que se afirmam nessa mesma sociedade no final do Império e no começo da República.

3. Imaginário Social e Secularização

Em seu **Uma Era Secular** Charles Taylor apresenta três formas de manifestação da secularidade. As duas primeiras são chamadas por ele de secularidade "subtração" porque implicam na ideia da retirada de Deus ou de crenças de onde antes estavam presentes. A primeira forma da secularidade remete à ideia da retirada do religioso dos espaços públicos, constatada quando as práticas institucionais não são mais contaminadas por imperativos de dogmas religiosos. A segunda forma de secularidade caracteriza-se pela redução da influência das práticas religiosas e diminuição da importância das crenças como determinantes para a vida das pessoas.

Para superar essas noções mais correntes que vinculam a secularidade a uma ideia de subtração, Taylor vincula o conceito ao que denomina humanismo autossuficiente, aquele que não mais fica restrito a um pequeno grupo de pessoas, como ocorria com o epicurismo, mas é compartilhada pelas pessoas em busca de uma plenitude de vida e "enquadra-se na variedade de uma vida imaginável para multidões de pessoas" (TAYLOR, 2010, p. 34). A característica fundamental dessa nova acepção de secularidade é a existência de um contexto social em que o reconhecimento (por ele qualificado como "ingênuo") do transcendente chega ao fim.

Confessando inspirar-se no clássico de Benedict Anderson **Comunidades imaginadas**: reflexões sobre a origem e a difusão do nacionalismo, Charles Taylor desenvolve a ideia de imaginário social moderno definido como "aquele entendimento comum que torna possível as práticas comuns e um senso amplamente compartilhado de legitimidade" (TAYLOR, 2010, p. 211). Com base nessa ideia, o canadense quer demonstrar como foi possível um contexto em que a importância da legitimidade pelo transcendente terminou, criando as condições de uma era secular.

Segundo o autor, a partir do século XVII, uma nova ordem moral passou a se firmar com uma ideia subjacente que dá ênfase a direitos e deveres que temos uns com os outros, tendo sido veiculada, primeiramente, em teorias do Direito Natural, como as de Grotius e Locke; porém, com o tempo, o que era apenas teoria deixa de se restringir apenas a especialistas para se tornar parte do imaginário social, animando a ideia que os contemporâneos fazem da sociedade que habitam para, em um terceiro passo, definir as exigências que essa nova ordem moral exerce sobre nós. Essa ordem moral, transpõe uma simples escala normativa que governa relações mútuas, "não apenas carrega uma definição do que é correto, mas também do contexto no qual faz sentido lutar por ela e esperar a realização do correto (pelo menos parcialmente)" (TAYLOR, 2010, p. 201).

Em contraposição ao imaginário social moderno, o pré-moderno era hierarquizado em uma escala decrescente de dignidade, com funções pré-definidas em estamentos. Nesse imaginário social pré-moderno, o fundamento e origem da ordem moral não emanava da ação comum entre os homens, não provinha do século, mas de uma ordem transcendente e de autoridades imemoriais. A acepção mais correta de secular para Taylor não é necessariamente aquela que exclui a dimensão religiosa, mas, para além disso, aquela estabelecida a partir da associação comum entre os homens, ou seja, sem a justificativa de uma base divina ou transcendente para essa associação. Essa interpretação ganha relevância na medida em que desmistifica conclusões enganosas de que não seria possível liberdade religiosa em um Estado confessional ou, por outro lado, uma sociedade religiosa em um estado declaradamente laico.

Tomando esse ponto como premissa, Taylor ressalta a possibilidade de preservação da vida religiosa em associações políticas seculares, ou a possibilidade de razões religiosas para justificar a separação entre a Igreja e o Estado, porque a secularização moderna pode ser vista como a rejeição de tempos imemoriais ou superiores e a constatação de um tempo profano constituído por relações intersubjetivas que lhe garantam legitimidade. Para isso, faz-se necessário que os agentes disponham de novas práticas em seu repertório e que concordem com relação ao que compõe tais práticas.

Taylor pretende, em suma, demonstrar que a transição para um mundo secular do qual as revoluções do final do século XVII foi um propulsor, foi o resultado da prática compartilhada pelos homens daquilo que antes, só havia sido pensado em teoria:

> A transição somente pode culminar em algo parecido com o sentido desejado, se o povo, ou pelo menos importantes minorias de ativistas, compreende e internaliza a teoria. Mas, para atuantes políticos, compreender uma teoria significa ser capaz de aplicá-la na prática em seu mundo. Eles a compreendem através das práticas que colocam em ação. Essas práticas precisam fazer sentido para eles, o tipo de sentido que a teoria prescreve. Porém, o que confere sentido a nossas práticas é o nosso imaginário social. E, assim, crucial a esse tipo de transição é que o povo (ou os seus seguimentos ativos) compartilhem um imaginário social que possa satisfazer a esse requisito, isto é, que inclua formas de concretizar a nova teoria (TAYLOR, 2010, p. 245).

Minha intenção passa a ser agora experimentar como o processo de secularização ocorrido no Brasil pode ser interpretado a partir dessa ótica tayloriana.

4. O Processo de Secularização como parte da Identidade Católica e de outras Identidades Religiosas no Brasil

As três formas gerais de secularidade elencadas por Taylor podem ser verificadas no processo de secularização brasileiro. Creio que a importância de as identificar consiste na possibilidade de constituir por meio de uma narrativa ordenada as principais características do período de formação do Estado laico para evitar enganos correntes de que "não houve no Império liberdade religiosa" (SILVA, 2001, p. 254) ou de que a sociedade brasileira deixou de ser religiosa com o advento do regime de separação entre Igreja e Estado.

Também creio que pensar no processo de secularização brasileiro dentro de uma perspectiva das relações intersubjetivas entre os sujeitos históricos põe em evidência o contexto no qual as práticas são enunciadas. Por esse caminho talvez seja possível olhar a fundação do Estado laico no Brasil como fruto de um processo que vai muito além da positivação do sistema de separação do Estado e da Igreja realizado com a edição do Decreto nº 119-A logo após a proclamação da República. Talvez também seja possível sustentar uma ideia de identidade(s) religiosa(s) juridicamente reconhecida(s) a partir de conflitos que compuseram o debate público do período investigado, como ocorreu com o candomblé que, por anos, não foi visto como religião da população afrodescendente, acabando por assim ser reconhecida por parte dos juristas após uma série de contendas judiciais.

A secularidade representada como a retirada do religioso dos espaços públicos foi uma constante no Brasil do século XIX, embora a previsão de um estado confessional pela Constituição do Império possa sugerir o contrário. A manutenção do regime do padroado herdado da colônia significou a presença da Igreja Católica como braço da burocracia[4], porém, pouco a pouco o conflito de atribuições entre a Administração secular e a Administração eclesiástica, aliada às ideias liberais compartilhadas entre aqueles que compunham a elite política substituíram normas retirando qualquer resquício de autoridade eclesiástica dos negócios públicos.

[4] É um engano vincular modelos confessionais de Estado com a monarquia. Na América Latina, Estados recém-independentes instituídos sob a forma republicana de governo adotaram em suas constituições a religião católica como religião de Estado. Foi o caso da Venezuela em 1811, do México em 1814 e 1824, do Peru em 1823 e da Bolívia em 1826. Também é um engano dizer que um Estado confessional não pode ser liberal, a Inglaterra, modelo liberal, ainda hoje é um estado confessional.

São inúmeros os exemplos na história do direito brasileiro que revelam a perda de influência do poder eclesiástico nos negócios do Estado ou, por vezes, demonstram a intenção do governo central de cada vez menos depender da estrutura capilarizada das paróquias. Nem sempre a "subtração" do religioso das instituições públicas surgiu pelas mãos do legislador, mas na prática jurídica.

Assim ocorreu, por exemplo em matéria de casamentos e impedimentos matrimoniais. José Reinaldo de Lima Lopes, em seu **O Oráculo de Delfos**: o Conselho de Estado no Brasil Império narra um caso interessante ocorrido em 29 de maio de 1856, quando o Pleno do Conselho de Estado, órgão que auxiliava o Imperador no exercício do Poder Moderador, reuniu-se para discutir sobre esse projeto de lei de iniciativa do governo imperial. Entre os Conselheiros que o debateram estava Eusébio de Queirós. Em seu voto ele notou omissão no que dizia respeito aos impedimentos matrimoniais, que ainda eram regulados pelas disposições do Concílio de Trento e só restringiam as uniões entre católicos. Eusébio de Queirós propôs, então, que aos não católicos fossem aplicados os impedimentos regulados no Código Civil Francês, devendo os impedimentos do Direito Canônico serem observados por aqueles que pretendiam se casar perante o culto católico (LOPES, 2010, p. 278).

A posição doutrinal de Eusébio de Queirós com relação ao texto da Lei do casamento dos acatólicos é representativa do pensamento de parte significativa da elite imperial de secularização paulatina das instituições, partilhando a ideia cara ao iluminismo e ao liberalismo político de seu tempo de que aos homens, por meio de um Estado organizado, competiria controlar espaços, instituições e atos da vida civil, antes controlados com exclusividade pela Igreja Católica.

A retirada do elemento religioso da esfera pública também pode ser vista no que diz respeito aos direitos políticos. Dentre as mudanças surgidas em meio a uma "maré em favor do estado laico" (Barros, 2004, p. 390), que dois anos antes havia dispensado do juramento católico todo o pessoal docente e administrativo do ensino primário e secundário (artigo 25 do Decreto de 19 de abril de 1879), surgiram mudanças significativas na legislação eleitoral com a edição da Lei nº 3.029, de 9 de janeiro de 1881, conhecida como Lei Saraiva.

As sucessivas reformas do sistema eleitoral que se seguiram até ela conferiram à Igreja espaço em suas previsões. O Decreto nº 2.675, de outubro de 1875, ainda fazia menção às "juntas paroquiais" e aos "eleitores da paróquia", mas era uma mera referência à tradição que desde a colônia utilizava a paroquia como critério de competência, referindo-se à extensão da jurisdição dos agentes políticos em determinada região. O vigário já não intervinha mais na qualificação dos votantes. A Lei Saraiva substituiu definitivamente o critério territorial de competência da paróquia pelos mesmos critérios utilizados pelo judiciário (termos e comarcas)[5] e determinou que o alistamento eleitoral fosse feito pelos juízes de direito após preparo do expediente por juiz municipal, afastando clérigos desse processo (artigos 6º a 9º).

O segundo tipo de secularidade elencado por Taylor, ainda fincado em uma ideia de "subtração", corresponde à diminuição da importância das crenças como determinantes para a vida das pessoas. Isso pode ser verificado na análise do movimento sazonal dos nascimentos, narrada por Luiz Felipe de Alencastro. Ele relata uma mudança no comportamento sexual na segunda metade do século XIX que "confirma a laicização da vida privada ao longo do período imperial" (ALENCASTRO, 1997, p. 59). Recuando nove meses as datas de nascimento, o autor constatou que, ao longo do período colonial e da primeira metade do século XIX, houve uma nítida queda no número de concepções em dois meses do ano, dezembro, em que os fiéis se dedicavam ao preparo espiritual para o Natal, e março, mês da Quaresma e época de penitência. Essa particularidade sazonal, entretanto, desaparece, indicando que "os casais brasileiros pareciam mais inclinados a gozar o ano inteiro dos prazeres da terra do que desfrutar eternamente dos prazeres do Céu" (ALENCASTRO, 1997, p. 59).

A terceira acepção de secularidade, aquela que para Taylor consiste em novas condições de crença, não deixa de estar vinculada aos dois primeiros sentidos. Ela é tributária de um contexto de mudanças em que a autenticidade ínsita a cada um dos indivíduos passa a ser valorizada e eles podem se comportar conforme a sua identidade em uma sociedade em que a religião – no caso, a católica – deixa de ser o centro da organização social, embora ainda presente nos espaços públicos como componente cultural comum entre os homens. A diferença é que a legitimidade de qualquer expressão de poder deixa de estar ancorada em uma fonte transcendental e encontra

[5] O termo paróquia ainda aparece, mas como referência ao domicílio dos eleitores e não mais como critério de fixação de competência das autoridades envolvidas no alistamento.

amparo na ação dos homens e nas relações que eles estabelecem. Outra diferença é que a religião passa a ser vista como uma prática que os indivíduos têm em respeito à sua autenticidade.

Um caso ocorrido entre os anos 1897 e 1898, publicado na obra **Jurisprudência Criminal** do Juiz Francisco José de Castro, além de adequado para o debate desse sentido de secularidade, permite uma abordagem da questão religiosa a partir da perspectiva da política do reconhecimento. O Código Penal de 1890 em seu artigo 157 punia com prisão a prática do espiritismo. Com base nesse dispositivo o Ministério Público do Rio de Janeiro denunciou Joaquim José Ferraz pela prática do espiritismo narrando que o acusado inculcava cura de moléstias. Em sua defesa, o acusado não nega a prática e assume que promove sessões espíritas, dizendo que "limita-se ao papel de médium curador, cuja função é evocar espíritos superiores para cura dos enfermos, por graça de Deus" (CASTRO, 1900, 220-221).

A sentença do Juiz Francisco José Viveiros de Castro, fundamentou a absolvição com base na Constituição da República de 1891. Apesar de o artigo 157 do Código Penal de 1890 punir o espiritismo e mesmo o acusado tendo assumido a promoção de sessões espíritas, prevaleceu o entendimento de que "a Constituição Política da República, o pacto fundamental, a lei por excelência, garante no art. 72 a plena liberdade de consciência, não podendo ninguém ser processado e punido por causa de suas crenças religiosas" (CASTRO, 1900, p. 2021).

A decisão considerava, ainda, que o espiritismo era uma religião que deveria ser respeitada como qualquer outra; também lembrava que assim como o espiritismo evocava seres superiores para auxílio dos enfermos, o catolicismo, religião da maioria dos brasileiros, também recorria à proteção de santos; por fim, a decisão asseverava que "essa tendência para invocar o auxílio do sobrenatural é própria da natureza humana" (CASTRO, 1900, p. 221).

Das razões desse julgamento é possível inferir a existência de um discurso de liberdade religiosa, pelo menos entre os profissionais liberais consumidores de livros e revistas. O nome do Juiz Viveiros de Castro era popular entre os advogados de sua época. Nos três números da revista **O Direito** que circularam no ano de 1900, mesmo ano de publicação da sua obra, seu nome foi referido onze vezes e em uma delas um advogado, acusado de ter cometido injúria, ao saber que seria julgado por Viveiros de Castro externou "íntima satisfação, pois sei o quanto é liberal na defesa e quanto é adiantado no estudo da criminologia" (**O Direito**, n 82, 1900, p. 272).

O religioso espírita Joaquim José Ferraz, anos mais tarde, voltaria às páginas de um outro processo judicial. Quando a Sociedade Espírita Beneficente Filhos de Maria Nazareth foi fechada pelo Delegado do 16º Distrito do Rio de Janeiro a pretexto de que seus membros estariam cometendo o crime de espiritismo, Ferraz e outros membros impetraram habeas corpus para garantir o funcionamento do seu local de culto. O juiz João Rodrigues da Costa, em 20 de dezembro de 1907, concedeu a ordem para resguardar o funcionamento da Sociedade Espírita, sob o fundamento de que ela foi constituída regularmente e não constava que já houvesse sido dissolvida por sentença quando interveio a autoridade policial enquanto as pessoas estavam reunidas rezando (**O Direito**, nº 107, 1908, p. 325-326).

A Lei nº 173, de 10 de setembro de 1893, considerada o marco inicial do registro civil das pessoas jurídicas no Brasil, assegurou às associações civis, entre as quais as religiosas, a aquisição de personalidade jurídica. O artigo 13 da lei previa que as associações que servissem a fins ilícitos ou imorais poderiam ser dissolvidas por sentença judicial após denúncia de qualquer do povo ou do Ministério Público. O que parecia uma ameaça legislativa ao funcionamento das associações religiosas pela possibilidade de haver denúncia para dissolução dessas entidades, na prática, funcionou como uma garantia da liberdade de cultos tal como prevista no artigo 72, §3º, da Constituição da República.

Neste caso, não houve recurso contra a sentença de primeira instância. Ela foi reexaminada pela Corte de Apelação em razão do rito do *habeas corpus* e foi confirmada por dois dos três desembargadores, restando vencido o desembargador Lima Drummond que acolhia as razões expostas nas informações da autoridade policial para manutenção do fechamento. A votação não unânime demonstra ainda haver discussão para preservação dos direitos das organizações espíritas que volta e meia precisavam se defender de acusações de que se reuniam para fins imorais.

Apesar desses casos protagonizados pelo espírita Ferraz surgirem a partir de queixas apuradas por autoridades policiais, provavelmente a partir de reclamações da população do grupo majoritário católico incomodado, a decisão permite identificar um contexto no qual a prática jurídica estava apta a consagrar a liberdade de crença a partir da interação, a princípio conflituosa, entre os agentes sociais; também permite inferir que havia entre nossa elite jurídica o reconhecimento da importância da prática religiosa como parte da vida privada das pessoas e, vista dessa maneira, deixava de ser importante qual religião era professada, pois punha em evidência o direito do indivíduo que a professava e não a religião que era professada.

Outra ideia que pode ser desenvolvida a partir desse caso é o reconhecimento da liberdade de um grupo religioso minoritário a partir de um conflito com parte do grupo majoritário católico. A identidade coletiva de um grupo religioso nasce do contraste dele com outro grupo. Dessa relação – insisto – conflituosa surge o entendimento de respeito às diferenças e o reconhecimento da identidade religiosa dos espíritas, mas também o reconhecimento de que o catolicismo era a religião da maioria, tanto que no caso julgado por Francisco Viveiros de Castro o culto a santos católicos é citado como algo natural na sociedade.

De fato, apesar da República ter trazido instituições laicas, dando continuidade ao processo de secularização iniciado no período imperial, o catolicismo popular continuava a permear o imaginário de quase todo o povo brasileiro. Não por acaso, o herói escolhido pelo regime republicano foi Tiradentes, frequentemente retratado como um "Cristo cívico", cujas imagens da época de fundação do novo regime apelava para a tradição cristã do povo majoritariamente católico.[6]

José Reinaldo de Lima Lopes destaca a continuidade da presença predominante do catolicismo, mas observa que o sistema de separação possibilitou a realização de mudanças desejadas pela elite jurídica desde a Monarquia:

> apesar da separação jurídica e institucional, a prática política continuou a proteger a Igreja em nome da quase unanimidade do catolicismo entre os brasileiros, o que levava muitos a dizer que o Brasil era um país católico. Nesses termos, a prática política continuava a apoiar a prática social, com tudo que isso teve de bom e mau. Foi, porém, em oposição às pretensões de hegemonia cultural católica (inclusive sua controversa pretensão de criar universidades católicas) que esses juristas fizeram suas carreiras. E não surpreende que tenha sido essa a geração a que finalmente deu ao País um Código Civil,

[6] José Murilo de Carvalho mostra como Tiradentes foi representado como Cristo. Pedro Américo, em **Tiradentes esquartejado**, que tem como referência nos aspectos anatômicos da pintura, a **Pietà** de Michelangelo (2013, p. 65)

> pois a separação da Igreja permitiu que se estabelecesse um direito de família laico, um sistema de sucessões mais igualitário e, finalmente, que se preservasse em meio à modernização geral um instituto como o da enfiteuse, capaz de satisfazer algumas pretensões das corporações católicas mais dependentes da propriedade imóvel (Lopes, 2014, p. 72).

Talvez seja possível estabelecer uma narrativa sobre o secularismo no Brasil a partir dos conflitos que puseram em evidência as características dos agentes envolvidos nas contendas. Primeiro, o conflito entre políticos de forte orientação liberal e uma Igreja católica cada vez mais propensa a obedecer às orientações vindas do papado, questionando o sistema do padroado estabelecido pela Constituição do Império em que as ordens, inclusive para direção das dioceses, deveriam emanar do Imperador. Depois, com a República, o conflito entre uma identidade coletiva católica e outras identidades religiosas minoritárias. Foram esses conflitos que serviram para reforçar suas características e garantir o respeito à religião que praticavam, que vai além do que simplesmente acomodá-las ao discurso de uma posição que se possa dizer majoritária.

As teorias políticas do reconhecimento podem fornecer ferramentas para pavimentar esse caminho, seja para a identificação dos conceitos compartilhados que permitiram entre os contemporâneos o reconhecimento das liberdades dos indivíduos, seja para avaliar os resultados históricos resultantes de conflitos que põe em evidência as características daqueles que nele se envolveram.

Conclusões

Pretendi com esse trabalho testar a possibilidade de pensar o processo de secularização no Brasil a partir do pensamento de Charles Taylor, situando a sua obra dentro das teorias do reconhecimento de matriz hegeliana, entre as quais destaquei a de Axel Honneth.

Quis demonstrar como essa abordagem permite um foco no contexto em que ideias que envolvem a secularização foram enunciadas. Também fui movido pela possibilidade de encontrar um caminho teórico para estabelecer uma narrativa plausível para constatação de uma identidade coletiva católica e outras identidades religiosas que foram colocadas em evidências quando puderam ser publicamente contrastadas, justamente quando os postulados do modelo de Estado confessional entram em crise e uma narrativa de secularismo e liberdade de crença passa a ser compartilhada na vida cotidiana e no meio jurídico de um pais predominantemente católico.

Referências

Fontes

CASTRO, Francisco Viveiros de Castro. **Jurisprudência criminal**. Rio de Janeiro: H. Garnier, 1900.

RODRIGUES, José Carlos. **Religiões Acatholicas no Brazil**: 1500-1900. 2ª ed. Rio de Janeiro: Escritório do Jornal do Commercio, 1904.

O Direito, nº 81, Rio de Janeiro: Typographia Mont'Alverne, janeiro – abril, 1900.

O Direito, nº 82, Rio de Janeiro: Typographia Mont'Alverne, maio-agosto, 1900.

O Direito, nº 83, Rio de Janeiro: Typographia Mont'Alverne, setembro – dezembro, 1900.

O Direito, nº 107, Rio de Janeiro: M. Orosco & C., setembro – dezembro, 1900.

Referências bibliográficas

ALENCASTRO, Luiz Felipe. Vida privada e ordem privada no Império. *In:* NOVAIS, Fernando A. (Coord) e ALENCASTRO, Luiz Felipe de (Org.), **História da vida privada no Brasil**. V. 2 – Império: a corte e a modernidade nacional. São Paulo: Companhia das Letras, 1997, p. 11-93.

APPIAH, Kwame Anthony. **The Ethics of Identity**. Princeton: Princeton University Press, 2005.

BARROS, Roque Spencer M. de. "Vida religiosa". *In:* HOLANDA, Sérgio Buarque de. **O Brasil Monárquico**. V. 6 – Declínio e queda do Império. Rio de Janeiro, Bertrand Brasil, 2004, p. 369-391

CARVALHO, José Murilo de. **A formação das almas**: o imaginário da República no Brasil. São Paulo: Companhia das Letras. 2013.

CATROGA, Fernando. **Entre Deuses e Césares**: secularização, laicidade e religião civil. Coimbra: Edições Almedina, 2010.

FERREIRA, Aurélio Buarque de Holanda. **Novo dicionário da língua portuguesa**. 2ª ed. Rio de Janeiro: Editora Nova Fronteira. 1986.

HONNETH, Axel. **Luta por reconhecimento**: a gramática moral dos conflitos sociais. Tradução Luiz Repa. São Paulo: Editora 34, 2009.

LOPES, José Reinaldo de Lima. **O oráculo de Delfos**: O Conselho de Estado no Brasil-Império. São Paulo: Saraiva, 2010.

LOPES, José Reinaldo de Lima. **Naturalismo jurídico no pensamento brasileiro**. São Paulo: Saraiva, 2014.

Macmillan English Dicionary. 2ª ed. Oxford: Macmillan Publishers Limited. 2007

SILVA, José Afonso da Silva. **Curso de direito constitucional positivo**. 19ª ed. São Paulo: Malheiros, 2001.

SILVA, Ricardo "O contextualismo linguístico na "História do Pensamento Político: Quentin Skinner e o debate metodológico contemporânea" **Dados – Revista de Ciências Sociais**, Rio de Janeiro, vol. 53, nº 2, 2010, p. 299 a 335.

SKINNER, Quentin. Meaning and Understanding in the History of Ideas. *In:* SKINNER, Quentin. **Visions of Politics**. Londres: Cambridge University Press, 2001, vol. I, cap. 4, p. 57-89.

SKINNER, Quentin. Significação e compreensão na história das ideias. *In:* SKINNER, Quentin. **Visões da Política**: sobre os métodos históricos. Tradução de João Pedro George. Algés: DIFEL, p. 81-126. Disponível em https://www.scielo.br/j/dados/a/hshdGfmbJL4s7stBWNxgm6g/?format=pdf&lang=pt, acesso em 15/04/2021.

SKINNER, Quentin. "Significado e interpretação na História das Ideias". Tradução de Marcus Vinícius Barbosa. **Tempo e Argumento**, Florianópolis, v. 9, n. 20, p. 358-399. jan./abr. 2017. Tradução de: Meaning and Understanding in the History of Ideas. *In:* SKINNER, Quentin. Visions of Politics. Londres: Cambridge University Press, 2001, vol. I, cap. 4, p. 57-89, disponível em https://revistas.udesc.br/index.php/tempo/article/view/2175180309202017358/6760, em acesso em 24/03/2021.

TAYLOR, Charles. **Uma era secular**. Tradução Nélio Schneider e Luzia Araújo. São Leopoldo: Unisinos, 2010.

TAYLOR, Charles. "Propósitos entrelaçados: o debate liberal-comunitário". **Argumentos filosóficos**. Tradução Adail Ubirajara Sobral. São Paulo: Loyola, 2014. p. 197-220.

TAYLOR, Charles. "A política do reconhecimento". **Argumentos filosóficos**. Tradução Adail Ubirajara Sobral. São Paulo: Loyola, 2014-A, p. 241-274.

TODOROV, Todorov. **L'esprit des Lumières**. Paris: Éditions Robert Laffont. 2006.

VIEIRA, Daniela Arantes. **Alasdair Macintyre e a crítica da modernidade**: uma contribuição para o debate liberais versus comunitários. Porto Alegre: Sérgio Antônio Fabris Editor, 2002.

6
"À CALADA DA NOITE": EVIDÊNCIAS DE TORTURA EM INTERROGATÓRIOS EXTRAÍDAS DOS ARQUIVOS PRIVADOS DO MINISTRO ALIOMAR BALEEIRO E DE JULGAMENTOS DO STF (1970-1975)

RAFAEL MAFEI

Introdução: Objetivos, Hipóteses e Fontes

"Diga o que vai dizer". Foi assim que José Reinaldo de Lima Lopes, quando me orientou no mestrado e no doutorado, ensinou-me a fazer a introdução de um trabalho acadêmico. Então desde logo digo que este artigo fornecerá um relato de como o Supremo Tribunal Federal (STF), por meio de alguns de seus Ministros, lidou com alegações de tortura praticada por autoridades investigativas no Brasil durante nossa última ditadura (1964-1985). Como sabemos, e embora as Forças Armadas não o tenham solenemente reconhecido até hoje, a tortura foi um fenômeno amplamente usado pela ditadura civil-militar brasileira para desmontar a oposição política (ARQUIDIOCESE DE SÃO PAULO, 1985; GASPARI, 2014; PEREIRA, 2010). À medida que denúncias de abusos contra presos políticos se tornaram mais frequentes, a tortura se tornou um tópico socialmente relevante e politicamente sensível: denunciá-la era visto como um ato de oposição ao regime; duvidar de denúncias, ou tratá-las como casos isolados, por outro lado, equivalia a dar voto de confiança às versões dissimuladas contadas pelos generais que estavam no poder (SERBIN, 2000).

Este artigo relata como a tortura era tratada pelo STF, tanto no contexto dos julgamentos, quanto nas conversas informais dos Ministros. Para fazer isso, como também aprendi com o professor José Reinaldo – "não se faz história sem fontes!" –, trabalhei principalmente com dois tipos de fontes primárias. Primeiro, decisões do Supremo proferidas entre 1970 e 1975, selecionadas para uma pesquisa mais ampla, na qual encontrei alguns casos que debatiam o tema da tortura. Segundo, documentos extraídos dos arquivos pessoais do Ministro Aliomar de Andrade Baleeiro (1905-1978), que esteve no Supremo durante quase dez anos (de dezembro de 1965 até maio de 1975) e guardou diários pessoais longos e detalhados, que foram tornados públicos alguns anos após sua morte.

O período de Baleeiro no STF compreende três momentos distintos de nossa última experiência ditatorial: a presidência, chamada de "legalista", de Humberto Castello Branco (1964-1967), quando o jurista baiano foi indicado para o STF; o período de violência mais escancarada do regime, nas presidências de Artur da Costa e Silva (1967-1969) e Emilio Garrastazu Médici (1969-1974), quando ele foi eleito presidente da Corte; e, finalmente, a fase conhecida como "distensão", iniciada pelo presidente Ernesto Geisel (1974-1978), na qual a facção mais poderosa dos líderes políticos militares começou uma transição lenta, estável e protegida de volta ao governo civil. Nessa última fase, Baleeiro se aposentou (1975), por problemas cardíacos, meses antes de sua compulsória; e faleceu (1978).

A partir das informações colhidas, este artigo mostrará que denúncias de tortura chegavam aos ministros do STF não apenas por petições formais de réus, mas também por fontes não oficiais, como cartas, reuniões e declarações informais em contextos sociais ou familiares; e, em alguns casos, essa *advocacy* extra-processual impactava os julgadores e reverberava em suas decisões. Ao mesmo tempo, o quadro geral era de grande insensibilidade institucional em face da tortura: o Supremo validava condenações da Justiça Militar mesmo quando reconhecia a suspeita de ter havido "sevícias", como se dizia então, contra réus.

Como a historiografia legal tem demonstrado, a ditadura civil-militar de 1964-1985, que começou supostamente contrária à interferência no Poder Judiciário, progressivamente aprovou leis que bloqueavam a denúncia e a investigação efetivas de casos de tortura, desaparecimento de pessoas, assassinatos e outras formas de abuso, limitando a capacidade do Judiciário de responder a tais demandas (Feinrider, 1981; Osiel, 1995; Swensson Junior, 2006; Valério; Lopes, 2010). Os resultados trazidos neste artigo sugerem que esse bloqueio institucional pode ter fomentado o surgimento de caminhos alternativos à litigância tradicional; que os Ministros do STF, como Baleeiro, foram alvos de ativismo fora dos caminhos processuais; e que, ao menos em poucos casos, tiveram sua atenção efetivamente direcionada ao problema da tortura no Brasil.

Os arquivos pessoais de Aliomar Baleeiro[1] foram a principal fonte de evidências documentais para este artigo. Eles contêm documentos, fotografias, escritos pessoais, convites formais e vários outros materiais que Baleeiro guardou durante sua vida. Ainda que muito desse arquivo contenha documentos públicos que já poderiam ser analisados, como recortes de notícias jornalísticas referenciando o ministro, uma porção relevante do conteúdo é de itens pessoais que não poderiam ser estudados de outro modo. Esses documentos elucidam a visão de Baleeiro em temas políticos e jurídicos de sua época, muitos experienciados em primeira pessoa. Quando tratados com a noção da visão política a partir da qual foram escritos – pois foi o próprio Baleeiro que escolheu o que guardar e o que jogar fora, além de como retratar seus amigos e inimigos – eles fornecem informação histórica relevante para comparação com outras fontes e interpretações.

1. Diários Pessoais como Fontes Documentais: Breve Reflexão

De todos os documentos contidos nos arquivos de Aliomar Baleeiro, os diários pessoais guardados por ele de 1955 (quando era deputado), até o fim de sua vida, em 1978, são os mais singulares. A elite brasileira do século 20 tinha o hábito de escrever sobre si própria, e as elites jurídicas não fugiam dessa regra: dentre os colegas de Baleeiro no STF, dois Ministros escreveram trabalhos autobiográficos ao fim de suas carreiras[2]. Informações advindas desses diários sugerem que Baleeiro, ao escrever seus dez cadernos lotados de anotações de 23 anos de vida, planejava fazer o mesmo. Um infarto letal aos 73 anos, porém, o impediu de completar esse projeto.

Se, por um lado, sua morte prematura o impediu de escrever sua autobiografia, ela ajudou a constituir uma fonte histórica única: ao contrário dos livros publicados pelos seus colegas, as anotações de Baleeiro não passaram, até onde sabemos, por nenhum filtro editorial. Seus registros

[1] Esses arquivos, atualmente, estão com o Centro de Pesquisa e Documentação de História Contemporânea do Brasil da Fundação Getúlio Vargas (FGV – CPDOC), no Rio de Janeiro.

[2] Por exemplo, as autobiografias de Hermes Lima e Adalício Nogueira (Lima, 1974; Nogueira, 1978).

íntimos foram escritos no calor do momento, algumas vezes de maneiras difíceis de desvendar (com iniciais de nomes, por exemplo), outras com comentários deselegantes de personagens públicas da época. Alguns exemplos: Carlos Lacerda, um dos políticos mais importantes da época, é referido como "psicopata"; o Presidente do Tribunal de Justiça do Rio Grande do Sul, que visitou o STF no final dos anos 60, foi descrito como alguém que "se veste como um açougueiro, não como um juiz"; ficou registrado o apontamento de diversos juízes sobre a baixa estatura geral do Supremo durante a presidência de Luiz Gallotti, sendo a turma comparada com a Branca de Neve e os Sete Anões (a Branca de Neve sendo Gallotti, que era mais alto que a maioria). Comentários como esses provavelmente não foram feitos pensando em eventual publicização, o que reforça a relevância histórica desses diários. Sobre a problemática da tortura, meu enfoque nesse trabalho, há diversas passagens esclarecedoras.

2. O Supremo Tribunal Federal (STF) e a Ditadura Militar de 1964

No dia 28 de junho de 1971, os Estados Unidos premiaram o campeão de peso pesado Muhammad Ali pela sua vitória mais sofrida. Por decisão unânime, oito dos Ministros da Suprema Corte dos EUA votaram a seu favor no caso sobre a recusa de alistamento militar no contexto da Guerra do Vietnã[3]. Nessa mesma segunda-feira, a milhares de quilômetros de distância, Aliomar Baleeiro, Presidente do STF, estava apenas colocando sua correspondência no correio, mas também havia golpeado seu adversário com força:

> Sua veneranda idade e o respeito que lhe tributei até hoje por várias atitudes nobres no passado não lhe dão o direito de enviar-me a cópiarubricada da carta infeliz que endereçou ao governador Luís VianaFilho[4] [...]. Igual respeito também me deve porque sabe que sou tão homem de bem quanto Vosmecê. [...] Seus cabelos brancos não impedem que lhe devolva esse insulto à memória daquele homem público[5] e à honra de meus colegas [...] e à minha própria.

[3] Clay v. United States, 403 U.S. 698 (1971)

[4] Vianna Filho era Governador do Estado da Bahia, além de amigo íntimo e pessoal de Aliomar Baleeiro. Cursaram juntos a Faculdade Livre de Direito da Bahia, em Salvador (depois incorporada à Universidade Federal da Bahia) e foram sócios de um pequeno escritório de advocacia no centro de Salvador nos primeiros anos de suas vidas profissionais, no início da década de 30.

[5] O "homem público" em questão é Castello Branco, que indicou Aliomar Baleeiro ao STF em uma das cinco vagas criadas pelo Ato Institucional n. 2, de outubro de 1965.

> [...] Não quero perder tempo em mostrar o quanto sua carta desastrada revela profunda incompreensão de fatos históricos e de suas implicações sociológicas, políticas e jurídicas. Releia o seu Georges Burdeau, constitucionalista notoriamente católico, medite e seja mais temperante e polido na vivacidade de sua linguagem e de seus conceitos.

O destinatário dessa correspondência contundente era Heráclito Fontoura Sobral Pinto, um advogado que construíra uma reputação sólida defendendo presos políticos no governo de Getúlio Vargas (1937-1945). Após o golpe de 1964, Sobral Pinto, cujo anticomunismo o levou a apoiar a deposição de João Goulart, imediatamente se tornou um dos líderes na defesa de presos políticos[6] do novo regime. Nada disso – e nem seu cargo de Presidente do STF, que recomendaria um tom mais moderado – impediu a resposta ácida de Baleeiro.

Baleeiro aparentemente ficou profundamente ofendido pelas observações feitas por Sobral Pinto sobre ele e os demais juristas indicados ao Supremo pelo Presidente Castello Branco. A suspeita do advogado carioca não era à toa, já que esses ministros chegaram ao Tribunal em circunstâncias excepcionais: o Ato Institucional n. 2 (AI-2), um decreto presidencial com autoconferida força constitucional, criou cinco novas vagas no STF, levando à indicação de cinco novos ministros simultaneamente (sendo Baleeiro um deles). O AI-2 foi uma tentativa óbvia de manipular o Supremo[7] e reverter decisões que vinham favorecendo alvos políticos perseguidos pelo regime, como governadores de certos estados. A carta de Sobral Pinto, portanto, questionou a integridade de Aliomar Baleeiro diretamente a ele e ao amigo pessoal de ambos, Vianna Filho. Em uma

[6] Um registro de suas várias batalhas jurídicas, as quais acabaram levando-o à cadeia em 1968, pode ser encontrado em Dulles (2010). Um testemunho oral da prática jurídica do escritório de Sobral Pinto durante a ditadura militar de 1964-1985 foi dado por Eny Raimundo Moreira, assistente dele à época, que, logo após, teve uma carreira relevante na defesa dos direitos humanos. Seu relato está disponível em Spieler e Queiroz (2013).

[7] Juristas e políticos brasileiros da época tinham consciência da intenção de manipulação da Suprema Corte do Presidente dos EUA Franklin Roosevelt durante a Reforma dos Procedimentos Judiciais de 1937 (apelidado de *Court-Packing Plan*). O Ministro do STF Victor Nunes Leal, semanas antes da promulgação do AI-2 e em meio aos rumores de sua realização pelo Presidente Castello Branco, referiu-se à Reforma de Roosevelt ao criticar o projeto de mudança do Judiciário brasileiro.

carta seguinte[8], Sobral Pinto pediu desculpas pela grosseria de mandar uma cópia do escrito a Baleeiro, alegando que havia se esquecido que ele fora um dos indicados pelo AI-2 (SOBRAL PINTO, 1971).

A indignação de Aliomar Baleeiro foi compreensível, mas também o eram as suspeitas de Sobral Pinto quanto a seu alinhamento político à ditadura militar. Baleeiro era mais do que um jurista com afinidades ideológicas com os mobilizadores do regime: ele foi, 20 anos antes da deposição de Goulart, um dos líderes da União Democrática Nacional (UDN) no Congresso. A UDN era um partido político que se opunha vigorosamente às coalizões de esquerda e nacionalistas, que acabaram derrubadas em 1964. Baleeiro foi uma das vozes proeminentes da **Banda de Música**, grupo parlamentar que ganhou esse apelido em referência à forma barulhenta e orquestrada com que seus membros questionavam e interrompiam oradores e relatores de partidos de oposição na Câmara dos Deputados. Em maioria, os membros da **Banda de Música** eram juristas e jogavam o jogo da oposição política com o livro de regras nas mãos: grandes conhecedores do Regimento Interno da Câmara, eles usavam suas habilidades interpretativas para bloquear propostas e promover investigações sobre o que acreditavam ser suspeito[9]. Baleeiro foi o autor da "tese da maioria absoluta", usada para questionar a eleição de Juscelino Kubitschek, dizendo que ele não tinha recebido mais do que 50% dos votos válidos na eleição presidencial de 1955, e que por isso seu mandato seria ilegítimo.

Por essas razões, Aliomar Baleeiro e os outros quatro ministros indicados pelo AI-2 foram vistos com suspeitas pelos outros 11. Na época, como acontece até hoje, o STF decidia a maioria de seus casos em turmas de cinco juízes cada. O Presidente do Supremo, que cumpria mandatos de dois anos, ficava de fora dessas turmas. Além de lidar com a administração da Corte e relações políticas com os demais poderes, ele presidia o plenário, como ainda hoje acontece.

Com o crescimento do número de ministros de 11 para 16 (e, portanto, criando-se uma terceira turma), o plano do governo provavelmente era que os novos ocupassem uma turma sozinhos. Determinar qual Ministro vai para cada turma, entretanto, é uma decisão interna do Supremo, e os

[8] Sobral Pinto, Heráclito F. Carta pessoal digitada a Aliomar Baleeiro. Arquivos Privados, Rio de Janeiro: CPDOC, 1971.

[9] Para mais detalhes sobre a atuação parlamentar da UDN, v. Benevides (1981).

Ministros que lá estavam decidiram rearranjar as três turmas para que os novos fossem minoria em todas elas. Com isso, os novos magistrados foram distribuídos em dois, dois e um em cada turma.

Baleeiro foi direcionado à turma presidida pelo Ministro Evandro Lins da Silva, um ex-advogado com reputação comparável à de Sobral Pinto. Lins e Silva fora indicado por João Goulart, sendo um homem de sua confiança tanto profissional, quanto política – ele havia sido Ministro de Relações Exteriores e da Casa Civil e Procurador Geral da República logo antes de sua indicação ao STF. Ao contrário do que se poderia esperar, entretanto, Silva e Baleeiro trabalhavam bem juntos e se admiravam mutuamente[10]. O mesmo aconteceu entre Baleeiro e Hermes Lima, outra indicação de Goulart com quem Baleeiro aparentemente cultivou uma amizade próxima[11] até sua morte, em 1978.

Pode parecer estranho que Baleeiro, um apoiador do golpe e Ministro escolhido por Castello Branco em um ato de interferência na Corte, eventualmente tenha criado proximidade com juristas como Lima e Lins e Silva, ambos alvos de ataques da linha dura que apoiava uma intervenção militar no Supremo (os dois, inclusive, foram expulsos do STF pelo o AI-5, em 1968)[12]. A explicação para isso pode ser tanto sociológica, quanto histórica. Baleeiro e seus colegas experienciaram a mesma socialização das elites jurídicas dos anos 20. As faculdades de direito da época eram concentradas nas capitais regionais do país, como o Rio de Janeiro, São Paulo, Recife, Porto Alegre e Salvador. Essas cidades eram o destino mais

[10] Cf. pesquisa histórica do CPDOC (Silva et. al. 1997).

[11] O arquivo pessoal de Baleeiro tinha diversas cartas, cartões e notas trocadas entre ele e Lima nos anos 70. Três semanas antes da expulsão de Lima do STF, em dezembro de 1968, Baleeiro escreveu, em seu diário pessoal, que esteve na festa de aniversário de Lima no Rio de Janeiro. A celebração foi, de acordo com ele, uma festa pequena ("aproximadamente 50 pessoas") com "muito whisky noite adentro"" (Baleeiro, Aliomar (1966-75), Diário Pessoal, 28 dez. 1968). Baleeiro e Lima estudaram direito juntos em Salvador, no final dos anos 20.

[12] Os Ministros Evandro Lins e Silva, Hermes Lima e Victor Nunes Leal foram aposentados compulsoriamente por um decreto presidencial de 16 de janeiro de 1969. O poder de demitir qualquer funcionário público apenas por conveniência política foi dado ao Presidente pelo AI-5, de 13 de dezembro de 1968, pelo General Artur da Costa e Silva. Os Ministros do STF eram indicados pelo Presidente e, após aprovação do Senado, trabalhavam até a idade de aposentadoria obrigatória, que era, na época, seu aniversário de 70 anos. Quando a aposentadoria compulsória ocorreu, entretanto, Lins e Silva tinha 56 anos; Lima tinha 66 e Leal apenas 54 anos de idade.

comum de futuros profissionais bem-sucedidos do direito, que compartilhavam um espaço social pequeno e pouco diverso. Estudos sócio-históricos do Brasil exploraram bem como a educação jurídica e o mercado de trabalho do direito eram um fator poderoso na criação de elites jurídicas e políticas ideologicamente homogêneas nos séculos XIX e XX[13]. Assim, apoiar partidos políticos rivais em um dado momento de suas vidas pode não ser um fator forte o suficiente para apagar esse passado de afinidades culturais. Aliomar Baleeiro e Hermes Lima, por exemplo, eram rivais na política, mas amigos próximos desde os dias de faculdade em Salvador.

Historicamente, o desenvolvimento da ditadura militar brasileira também fez os juízes indicados por Castello Branco se aproximarem de colegas que deveriam ser seus rivais. A sucessão com Costa e Silva ficou conhecida como um golpe dentro do golpe: ele era um dos líderes da chamada "linha dura", que não tinha limites na violência necessária para promover a consolidação da "revolução". Apesar da tortura e da violência serem realidades desde o dia do golpe, denúncias de desaparecimentos e pessoas torturadas tornaram-se mais presentes durante o mandato de Costa e Silva. Desde o começo do regime, em 1964, a linha dura fez pressão pela expulsão dos ministros do STF indicados por Goulart, mas Castello Branco resistiu como pôde. Embora o AI-2 significasse a derrota de Castello Branco em sua defesa do STF, um olhar mais próximo também sugere que alguns dos ministros indicados por ele viam a si próprios como agentes moderadores dos excessos da linha dura,[14] uma espécie de seguro judicial contra a captura do tribunal por agentes excessivamente alinhados à banda mais violenta dos militares.

O arquivo de Baleeiro mostra que Castello Branco conversou com o Ministro pessoalmente, deixando claro que sua indicação reforçava o desejo do governo de "renovar" o STF para alinhá-lo ao "novo momento"[15] brasileiro. Porém, depois da posse de Costa e Silva, o novo governo afastou-se

[13] Sobre o século XIX, quando as primeiras faculdades de direito foram fundadas, ver Carvalho (2013). Para uma perspectiva mais ampla, incluindo o século XX, ver Adorno (1988) e Venâncio Filho (2004).

[14] Esse ponto foi investigado mais a fundo na minha tese de livre docência (Queiroz, 2018).

[15] Em seu diário pessoal, Baleeiro relatou que o Presidente Castello Branco, ao realizar o convite ao STF, o pediu ajuda para "remodelar o Supremo Tribunal Federal", se opondo ao "velho conjunto de ideais" que vinha prevalecendo no Tribunal. Cf. Baleeiro, Aliomar (1965-66), Diário Pessoal, 06 nov. 1965.

daquilo que ele e outros de seus antigos colegas da **Banda de Música** da UDN, também indicados ao STF, como Adaucto Lúcio Cardoso, tinham se comprometido a apoiar enquanto "revolução". Apesar de sua intolerância ao Partido Comunista Brasileiro, Baleeiro era um homem com convicções liberais. Precisamente quando a tortura e o assassinato de rivais políticos se tornaram uma questão grave no Brasil, Baleeiro e a ditadura romperam caminhos. Baleeiro se via como um apoiador da "revolução"[16] de Castello Branco e não daquilo que ela se tornou após a tomada de poder pela linha dura. Por isso sua resposta a Sobral Pinto foi amarga: tanto por sua honra pessoal, quanto pelo o que ele considerava uma interpretação honesta do passado político de Castello Branco.

3. Os Ministros do STF sobre a Tortura: Correspondências Pessoais e Discussões a Portas Fechadas

Esta seção e a próxima mostrarão como o tópico da tortura era percebido por alguns ministros. Enquanto a próxima seção focará em suas opiniões oficiais, esta mostrará o que ocorria em circunstâncias extraoficiais, como conversas informais entre os colegas e correspondências pessoais. Todas as evidências de comportamentos não oficiais, externos aos autos de processos que tramitavam no STF, foram colhidas nos documentos pessoais de Aliomar Baleeiro, especialmente seus diários.

Como sabemos, tortura e outros modos análogos de violência contra oponentes políticos – intimidação, sequestro, assassinato etc. – foram rotina desde o primeiro dia do golpe de 1964[17]. É verdade que a tortura em interrogatórios não começou com o regime, nem muito menos deixou de existir com a redemocratização de 1985. Entretanto, entre 1964 e 1985, ela se tornou um tópico excepcionalmente sensível no debate público, especialmente quando os alvos eram grupos usualmente imunes à violência

[16] Baleeiro (1974), memorando digitado intitulado "Recordações do presidente H. Castelo Branco". Arquivos privados, Rio de Janeiro, CPDOC. O memorando aparentemente foi escrito a Luís Vianna Filho, o mesmo governador da Bahia a quem o advogado Sobral Pinto mandou a carta que causou raiva em Baleeiro. Dada a similaridade no conteúdo, acredito que esse memorando foi uma das fontes usadas por Vianna Filho ao escrever seu livro de memórias dos tempos em que trabalhou na administração de Castello Branco, como Ministro da Casa Civil.

[17] Para uma descrição da repressão política nos primeiros momentos do regime militar, Cf. Gaspari (2007). Gaspari relata os assassinatos do período, incluindo os primeiros casos de "suicídios" suspeitos de oponentes políticos, tortura e perseguição massiva.

policial, como políticos, professores universitários, estudantes, artistas e religiosos. À medida que o governo se provava incapaz de, ou desinteressado em, investigar e punir torturadores, a pressão internacional aumentava (Gaspari, 2014; Serbin, 2000).

Diferentes canais ajudaram a tornar a tortura um tópico de destaque no debate sobre Brasil. Internacionalmente, grandes veículos da mídia dos EUA e da Europa destacaram o problema: o New York Times[18], a Revista Time[19] e o Paris Match (Cau, 1970) publicaram textos duros com críticas ao regime militar. A atenção desses veículos foi levada para a tortura no Brasil por ativistas de direitos humanos[20] e organizações não governamentais, especialmente a Anistia Internacional.[21] Além disso, setores da Igreja Católica, liderados pelos arcebispos de Olinda (Dom Helder Câmara), São Paulo (Dom Paulo Evaristo Arns) e Volta Redonda (Dom Waldyr Calheiros) chamaram a atenção de fiéis cristãos para a violência contra o clero e outros grupos, como estudantes. Dom Helder Câmara, a quem o governador de São Paulo Abreu Sodré se referiu como "Fidel Castro de batina", concorreu ao Nobel da Paz de 1970 por seu ativismo político contra a tor-

[18] Alguns dias antes dessas anotações de Baleeiro, o **New York Times** publicou sobre duas acusações de tortura no Brasil feitas pelo *World Jurists' Group* (1970). Publicações semelhantes foram feitas em 24 de junho, 2 e 6 de agosto.

[19] Em junho de 1970, a Revista **Time** publicou um artigo baseado em um relatório do Comitê Americano pela Informação do Brasil: "somente agora a informação sobre as atrocidades cometidas contra presos políticos de nosso país está começando a vazar. Nós podemos garantir a todos que a tortura existe no Brasil. Além disso, tudo que está sendo dito sobre tortura é muito menor se comparado com os fatos verdadeiros" (BRAZIL: FROM, 1970, tradução livre).

[20] O professor de Columbia Ralph Della Cava é um exemplo de um ativista social que se envolveu diretamente com a rede de informações para o relatório internacional das violações dos direitos humanos no Brasil. Della Cava, que estudou diversos aspectos da religião no Brasil, tinha relações próximas com membros da Igreja Católica brasileira e era procurado por ativistas daqui para amplificar suas denúncias. Ele eventualmente ajudou a formar o Comitê Americano pela Informação no Brasil. Outras organizações de informação internacionais se seguiram, frequentemente formadas por parcerias entre ativistas civis e religiosos. Para saber mais sobre Della Cava e as redes internacionais de denúncia de tortura no Brasil, ver Gaspari, 2007.

[21] Diversos advogados que defenderam presos políticos nos tribunais marciais entre 1964 e 1979 relataram que confiaram na Anistia Internacional para a publicização internacional dos casos de tortura no Brasil. Ver, por exemplo, Modesto da Silveira (Spieler; Queiroz, 2013, p. 135), Belisário dos Santos Jr. (Ibid, p, 176), Dyrce Drach (Ibid, p. 232), Flora Strozenberg (Ibid, p. 295), Humberto Jansen Machado (Ibid, p. 317), entre outros.

tura. O Ministro das Relações Exteriores do Brasil mobilizou uma campanha para prejudicar a candidatura de Câmara.[22]

3.1. A Tortura nos Arquivos Pessoais de Aliomar Baleeiro

A primeira menção à tortura nos documentos de Baleeiro surge em março de 1970. Na ocasião, ele especulava, em seus diários pessoais, sobre o por quê da "revolução" ser tão impopular naqueles dias. Entre várias hipóteses, como a "incompatibilidade com a juventude" desde a morte de um "jovem estudante" no restaurante estudantil apelidado de "Calabouço", no Rio de Janeiro, e a "arrogância" das Forças Armadas, que queriam se envolver em assuntos demasiados, Baleeiro menciona a "prática da tortura" e a atuação do "Esquadrão da Morte" (Baleeiro, 1969-1975).

Essa passagem do diário pessoal de Baleeiro mostra como as denúncias recorrentes da mídia contra a tortura o impactaram. Outros fragmentos de seus arquivos pessoais também revelam que táticas de ativismo pelos direitos humanos estavam sendo percebidas no STF. Em meados dos anos 70, diversos ministros receberam uma carta anônima de Juiz de Fora–MG. A cidade tinha uma base militar relevante, e ligada ao golpe de 1964: foi o lugar de onde as primeiras tropas marcharam em direção ao Rio de Janeiro para depor João Goulart, desencadeando o levante militar. A carta denunciava que uma das instalações do Exército em Juiz de Fora era um centro clandestino de interrogatório e tortura.[23] Ela veio com fotografias de seis mulheres que foram brutalmente torturadas durante sessões de interrogatório, apontando o nome de seus torturadores. Um dos nomes, "Zeno", soava familiar a Baleeiro: ele tinha visto artigos referenciando um "Major Zeno" em denúncias de tortura nos jornais.[24]

Aliomar Baleeiro escreveu em seu diário que essa carta gerou uma discussão entre os ministros durante o chá de intervalo de uma das sessões do STF. Pela data de suas anotações, essa conversa provavelmente aconteceu no dia 7 de agosto de 1970. Esses chás eram um relevante evento para

[22] Para a documentação diplomática que mostra a campanha contra Dom Helder Câmara, Cf. Comissão Estadual da Memória e da Verdade de Pernambuco (2015).

[23] Em 2012, Dilma Rousseff, que fez parte de grupos paramilitares em oposição ao regime, relembrou que foi torturada no mesmo local em 1972. Ver: **Folha de São Paulo**, Depoimento de Dilma revela novas torturas, 18/06/2012, p. 8.

[24] Provavelmente em referência ao Major Zeno José de Almeida Moura. Ver: **Correio da Manhã**, Deputados visitam presos políticos, 15/10/1967, p. 8.

socialização entre os ministros: dada a falta de infraestrutura para o trabalho, muitos ministros tinham o hábito de trabalhar de suas casas. Eles se encontravam no prédio do Tribunal apenas para as sessões de julgamento. Os únicos momentos de privacidade que eles tinham juntos eram as sessões administrativas, que ocorriam às quartas de manhã, e os chás nos intervalos. Esses últimos eram os espaços mais informais de socialização entre os ministros. Em outro trecho de seu diário, Baleeiro descreveu esse chá da tarde como "o único momento em que os juízes interagem". Baleeiro fez esse comentário no dia 12 de junho de 1970; ele também anotou o principal tópico de conversa do dia: a performance notável do Brasil em um dos jogos da Copa do Mundo daquele ano.[25]

No dia 7 de agosto o tópico foi mais sombrio: os ministros debateram entre si a carta anônima de Juiz de Fora. De acordo com os registros de Baleeiro[26], pelo menos um ministro admitiu a tortura por agentes do Estado: Moacir Amaral dos Santos, um professor de Direito Processual Civil de São Paulo que fora indicado para o STF por Costa e Silva. Baleeiro anotou que Silva, "duro, admitiu ontem a existência de torturas" (BALEEIRO, 1969-1975, 08 ago. 1970). É possível que ele tenha apenas dito que Santos constatou a existência da prática, mas "admitir" também possui o significado de "aceitar". O adjetivo usado para descrever a atitude de Santos – "duro" – pode implicar que Baleeiro a viu como complacente aos métodos abusivos de interrogatório do governo. Se a tolerância à tortura podia ser usada como um indicador do quão longe alguém estaria disposto a ir em seu apoio ao regime militar da época, essa frase, associada a outros registros de Baleeiro mostra como ele e Amaral Santos tomavam posições opostas neste tópico.

Outros exemplos de como Baleeiro foi impactado pelas denúncias de tortura estão registrados em seus escritos feitos durante uma viagem aos Estados Unidos em maio de 1971. No começo de seu mandato como Presidente do STF (fevereiro de 1971 – fevereiro de 1973), Baleeiro foi formalmente convidado pelo governo estadunidense para uma visita ao país, com o intuito de conhecer melhor a nação e suas instituições. Ele passou um mês inteiro na estrada, período em que registrou que foi confrontado sobre a tortura no Brasil em três ocasiões: a primeira foi em Atlanta, após

[25] BALEEIRO, 1969-1975, 12 jun. 1970.

[26] BALEEIRO, 1969-1975, 08 ago. 1970.

um almoço com Jimmy Carter, quando "um velho advogado" lhe perguntou diretamente sobre as violações a direitos humanos contra presos políticos; a segunda ocorreu em Washington–DC, por professores da *George Washington University*; e a terceira foi na *Stanford University*, onde ele foi questionado por estudantes. Diferentes públicos de diferentes regiões do país queriam ouvir o que uma autoridade judicial relevante do Brasil tinha a dizer sobre a tortura no país. Baleeiro retomou essas três situações em seus diários catorze meses depois que aconteceram, o que revela o impacto que elas tiveram nele,[27] e como ele estava ruminando essa questão em junho de 1972, quase dois anos depois da carta anônima de Juiz de Fora.

No mesmo dia em que ele fez essas anotações em 1972, jornais brasileiros publicaram um longo documento escrito pelos arcebispos do estado de São Paulo. Conhecido como o "documento de Brodowski", em referência à pequena cidade de interior em que foi escrito e assinado, condenava o abuso policial contra presos políticos e a prática de tortura pela repressão. Aliomar Baleeiro comentou a publicação do documento, que ele leu no Jornal do Brasil.

Voltando a 1971, logo após a volta de Baleeiro dos EUA, um dos mais notórios casos de assassinato de presos políticos aconteceu. Por coincidência, a vítima tinha cidadania brasileira e estadunidense: Stuart Angel Jones, 25 anos, graduado na Universidade Federal do Rio de Janeiro. Jones morreu após ser brutalmente torturado por agentes estatais no Rio de Janeiro, provavelmente na Base Aérea do Galeão. Seu destino ficou conhecido pelo testemunho de colegas da prisão que presenciaram seu sofrimento, já que seu corpo nunca foi encontrado. Sua família não poupou esforços em denunciar o assassinato e em tentar localizá-lo. Duas dessas tentativas chegaram diretamente a Aliomar Baleeiro.

A primeira foi uma carta breve, escrita à mão e com selo da Suprema Corte do Estado de Nova York. De um juiz para outro, o tio-avô de Stuart Angel Jones, Sydney J. Foster, que era magistrado da corte novaiorquina, pediu ajuda a Baleeiro para conseguir notícias sobre o paradeiro do jovem.[28] Baleeiro escreveu em seu diário que recebeu essa carta como Presidente do STF e, portanto, não poderia ignorá-la. Ele mandou uma cópia para o Ministro da Justiça Alfredo Buzaid, relatando o incidente e pedindo

[27] Baleeiro, 1969-1975, 10 jun. 1972

[28] Foster, 10 jun. 1971.

informações.[29] Não encontrei nenhuma evidência de resposta, nem nos arquivos de Baleeiro, nem nos do STF. A segunda tentativa foi uma aproximação pessoal pela família de Jones: sua mãe, a famosa estilista Zuzu Angel Jones (que se tornou uma ativista pelos direitos humanos e não poupou esforços em publicizar o caso de seu filho), teve uma audiência privada com Baleeiro e tentou obter informações sobre o caso do filho.

Fica claro, portanto, que as denúncias de tortura e violação dos direitos humanos chegaram aos ouvidos e olhos de Baleeiro e de outros Ministros e que eles, de algum modo, lidaram com o que escutaram e leram. Agora, então, veremos como essas questões surgiram nas decisões do Supremo.

4. As Decisões de Aliomar Baleeiro em Casos de Audiências Policiais e Confissões Extrajudiciais

Antes de apresentar os achados sobre tortura nas decisões do STF, alguns aspectos do funcionamento da Corte devem ser melhor explicados. O STF tem diversas funções: é uma corte constitucional, decidindo sobre a inconstitucionalidade da legislação e de atos do Poder Executivo; também é um tribunal ordinário que analisa casos criminais de autoridades com foro por prerrogativa de função; e, finalmente, é um tribunal de apelação, que decide recursos contra decisões de outras instâncias judiciárias. Como uma corte constitucional, ele tem o poder de revisar e declarar a inconstitucionalidade de leis aprovadas pelo Congresso, assim como de atos do Executivo. Como um tribunal ordinário de apelação, julga milhares de casos civis, criminais e administrativos, com efeitos apenas *inter partes*. Por esse motivo, a carga de trabalho do STF é muito maior do que a de uma corte constitucional ordinária: na década de 1970, de acordo com os relatórios anuais do Supremo, aproximadamente dez mil casos eram julgados por ano; hoje em dia, o tribunal julga mais de cem mil casos anualmente, incluindo mais de mil decisões em algum de seus três órgãos colegiados (CNJ, 2017).

Nesse cenário, uma pergunta metodologicamente relevante deve ser feita: como procurar menções a tortura em uma quantidade tão grande de casos? O STF oferece uma ferramenta de pesquisa que supostamente teria todos dados de 1965 a 1975, mas ela possui limitações importantes. Primeiro, como as decisões são armazenadas como imagens, e não PDFs

[29] Baleeiro mencionou esse episódio em seu voto divergente em um habeas corpus dois anos depois: STF, HC 1182/RJ, 1973.

que possibilitam a busca textual, é preciso confiar apenas nos metadados fornecidos pela equipe do arquivo do Supremo. Isso gera diversos questionamentos sobre como esse arquivamento foi feito: como podemos ter certeza que a problemática da tortura, se mencionada durante a deliberação, foi considerada como um tópico relevante para a classificação da decisão? Precisamos considerar a possibilidade de que a tortura, sendo um tópico altamente sensível à época, pode ter sido omitida da base de dados intencionalmente; ou que ela foi apenas ignorada quando trazida à discussão *obter dictum*, já que o trabalho de arquivamento talvez foque apenas na *ratio decidendi*. Não há informações de como a classificação do arquivo era feita na época.

Considerei que o melhor jeito de superar tal ceticismo seria selecionar uma grande amostra de decisões e lê-las por completo. Como eu estava especialmente interessado em comparar julgamentos de Aliomar Baleeiro com seu arquivo pessoal, escolhi trabalhar apenas com casos em que ele participou diretamente. Isso incluía plenários e as turmas das quais ele fez parte. Depois, estabeleci uma segunda restrição, retirando os recursos extraordinários: apesar de numerosos, eles foram rejeitados por critérios formais em aproximadamente 50% dos casos e abarcavam todos os tópicos legais na competência do STF. Além disso, os efeitos de suas decisões eram quase sempre *inter partes*. Essas características, quando combinadas, faziam-nas fontes altamente ineficientes. Selecionei todos os *habeas corpus*, os recursos advindos do Superior Tribunal Militar (no qual perseguidos políticos eram julgados criminalmente) e casos de conflito de jurisdição entre cortes militares e ordinárias (nos quais muitos dissidentes políticos também estavam envolvidos, ainda que indiretamente). No total, a pesquisa abarcou 1.546 casos nos quais Baleeiro participou, encontrando menções a debates sobre a tortura em sete deles. Se eu tivesse contado apenas com o buscador do STF, a análise seria impossível, já que a plataforma selecionou apenas um caso com a palavra-chave "tortura" nessa mesma amostra. Minha análise estará especialmente interessada em casos que correspondem aos problemas também observados de algum modo nos arquivos pessoais de Baleeiro, descritos na seção anterior. Todos os casos com referência à tortura estão dispostos na seguinte tabela.

Tabela 1 – Casos do STF nos quais há menção de tortura no acórdão (1965-1975)

Número do caso	Data do julgamento
HC 45196/RJ	17/02/1975
HC 52256/SP	06/09/1974
HC 52280/RJ	13/08/1974
HC 51688/SP	11/12/1973
RC 1181/RS	17/11/1973
HC 46305/GO	05/11/1968
HC 45196/RJ	26/05/1968

Fonte: sistematização do autor

O primeiro caso que achei no qual Baleeiro falou sobre a tortura foi o Recurso Criminal 1143/SP, julgado em 29 de maio de 1973, do qual ele foi relator. O autor era um estudante de economia de 22 anos que foi acusado de pertencer à VAR-Palmares, um grupo de guerrilha que lutava contra o regime militar. Ele foi condenado pelo Superior Tribunal Militar e o Procurador-Geral rejeitou sua apelação. A opinião de Baleeiro era favorável ao réu, e ele não se esforçou para esconder como elementos extra-autos impactaram-no.

Antes de descrever o conteúdo das decisões recorridas, deve-se ressaltar que, nessa data, Baleeiro havia acabado de sair da presidência do STF. Como Presidente, teve diversos contatos com relatos de tortura e abuso policial, como mostrado na seção anterior: ele já havia sido perguntado sobre tortura (como no caso da viagem nos EUA) e já havia sido contatado para agir de acordo com denúncias (como no caso de Stuart Angel Jones). Depois de deixar a presidência do Supremo, ele pôde voltar plenamente à função jurisdicional e realmente colocar os seus pensamentos em palavras nos seus votos:

> Pelo noticiário dos jornais, denúncias de bispos, como do Esquadrão da Morte, processo contra o delegado Fleury, policial Muriel, etc., etc., sou cético a respeito de confissões extraídas a portas fechadas, quase sempre à calada da noite, sem assistência de advogados, apesar de decorridas 24 horas da prisão (STF, 1973).

No final, Baleeiro desacreditou de todo o trabalho policial e de todas as provas coletadas. Ele não se impressionou com os materiais de "caráter nitidamente subversivo" que a polícia disse ter encontrado com o autor do recurso: "claro que a polícia que tortura também é capaz de forjar uma apreensão fictícia".

Deve ser notado que, além da declaração do jovem e de outro réu, que reputaram em juízo terem sofrido diversas torturas, não havia outra prova de que teria ocorrido tortura e abuso naquele caso. A convicção de Baleeiro de que a tortura realmente tinha acontecido naquele caso específico era inteiramente formada (i) pela natureza da acusação – um crime político, (ii) pelas circunstâncias da confissão e (iii) pelos elementos pessoais que ele vinha acumulando nos últimos anos, que o convenceram de que a tortura era uma prática sistemática da ditadura militar contra todos aqueles que eram vistos como inimigos políticos.

O voto final de Baleeiro, todavia, foi um drástico anticlímax. Se as provas foram obtidas mediante tortura, como Baleeiro estava convencido ter sido o caso, elas deveriam ser reputadas nulas. Além disso, investigações contra agentes policiais suspeitos de praticarem a tortura deveriam ser determinadas. Mas ao invés disso, Baleeiro decidiu pela redução do tempo de prisão para o mínimo legal. Isso significou, por um lado, que o réu seria imediatamente posto em liberdade, vez que já tinha ficado mais tempo na prisão do que a pena que seria decidida. Mas também significava que a condenação criminal ficaria em seus antecedentes,[30] e que seus torturadores não seriam investigados ou punidos. Seus colegas seguiram seu voto e essa foi a decisão final da corte.

Baleeiro decidiu que a tortura, que era provável, merecia reprovação pública em seu voto, mas que ainda assim era uma prova legal e poderia sustentar uma condenação criminal. No todo, os verdadeiros ganhadores do caso foram os torturadores: eles conseguiram, com sucesso, retirar um oponente político da cena por alguns anos; certamente obtiveram informações valiosas com a tortura e, no final, livraram-se de qualquer investigação por seus crimes.

A mesma coisa aconteceu em um notório caso envolvendo o delegado Sérgio Fleury, do esquadrão da morte de São Paulo. Quatro frades que

[30] Para além das consequências morais, isso também significa limitações práticas: pessoas com antecedentes criminais não podiam ser funcionários públicos de qualquer tipo, por exemplo.

colaboraram com a Aliança Libertadora Nacional (ALN), comandada pelo ex-deputado do Partido Comunista Carlos Marighella, apelaram ao STF procurando reverter uma condenação por crime contra a segurança nacional. Os frades ajudaram membros da ALN procurados pelas forças da repressão a fugir para o Uruguai.[31] Eles foram capturados e torturados pelo grupo de Fleury, sendo, posteriormente, condenados. O recurso chegou até o STF (RC 1163/SP). Nesse caso, Baleeiro novamente afirmou seu ceticismo com relação às provas do processo, dado "o tipo de caso e suas circunstâncias gerais". Mas, na decisão, ele novamente apenas reduziu a pena dos réus ao mínimo legal.

Idêntico desfecho houve em outros dois recursos criminais, RC 1176 e RC 1218. Neles, Baleeiro alegou que confissões policiais "não [lhe] inspira[vam] confiança, sobretudo quando colhida[s] sem presença de advogado, no clima emocional da época".[32] A condenação dos réus foi mantida, mas o tempo de prisão foi reduzido.

De todos os votos nos quais suas opiniões sobre a tortura foram explicadas, nenhum faz uma conexão mais direta com seus documentos pessoais do que o Habeas Corpus 1182/RJ (1973). Enquanto o Ministro Rodrigues Alckmin relatava o caso de dois estudantes da UFRJ que eram suspeitos de comunismo e subversão, Baleeiro interrompeu: "consta do processo depoimento de uma testemunha de nome estrangeiro, Angel?". Era uma referência a Stuart Angel Jones, sobrinho-neto do Ministro da Suprema Corte de Nova York que o escrevera no ano anterior, pedindo informações sobre o paradeiro do jovem (cujo corpo até hoje não foi encontrado). Os requerentes eram parceiros de Jones no MR-8, grupo de guerrilha, e o próprio Jones também era acusado no caso: já que as investigações militares não reconheceram sua morte, eles precisaram prestar queixa contra ele. Após ouvir seus colegas votarem pela improcedência do pedido, Baleeiro divergiu, por diversas razões. Além do ceticismo previamente mencionado sobre as confissões policiais, ele fez uma referência especial à carta do tio-avô de Stuart, tratando-a com grande importância em sua apreciação das provas do caso:

[31] Um desses frades, Frei Betto, tem um livro de memórias de seu envolvimento com a ALN, sua prisão e tortura e o processo legal seguinte (Frei Betto, 1982). O advogado dos frades, Mário Simas, detalhou esse episódio em um capítulo de seu livro de memórias relatando essas investigações (Simas, 1986, cap. 8)

[32] STF, RC 1176/GB, 1973.

> Em terceiro lugar (e é o argumento mais forte) há a circunstância de que, quando eu estava na Presidência do Supremo Tribunal Federal, além de ter sido procurado pela mãe do acusado Stuart Angel, que se queixava que não tinha meios de saber do paradeiro do filho, recebi carta de um juiz de uma das cortes do estado de New York, em que me pedia informações sobre o fato, por se tratar de um sobrinho dele, filho de um americano com a senhora mencionada. A despeito de todo o esforço que empregara junto às autoridades no Brasil e junto a agentes diplomáticos, não tinha conseguido saber o paradeiro de Stuart, que havia desaparecido no dia 17 dos anos sessenta – não me lembro qual. Mandei verificar, no Tribunal Militar e no Tribunal aqui em Brasília, se havia algum dado. Não existia. Então, respondi àquele magistrado que não tinha qualquer elemento em Brasília, tudo levando a crer que se tratava de um crime político ou contra a segurança nacional, infrações sujeitas à jurisdição militar. A carta dele não me dava elementos, mas tomei a deliberação de mandar uma xerocópia dela ao Professor Alfredo Buzaid, Ministro da Justiça, pedindo seus bons ofícios no sentido de verificar o que havia. Certo é que nunca mais se soube notícia de Stuart Angel (STF, 1973)

Ele, então, levantou o que chamou de "a hipótese terrível": se Angel tivesse confessado, ao invés de resistir aos torturadores, ele ainda estaria vivo. Sua opinião não prevaleceu em relação à do relator, Rodrigues Alckmin, e o recurso foi improvido.

Conclusões

José Moura Rocha, um dos principais advogados do Nordeste na defesa de presos políticos após o golpe de 64, escreveu o único rascunho de biografia de Baleeiro até os dias atuais. Rocha retrata-o como uma espécie de deus da mitologia grega, em prontidão para a proteção do Brasil (Rocha, 2003). O livro de Rocha é mais uma homenagem do que uma biografia, já que Baleeiro é descrito como uma pessoa sem defeitos, com convicções liberais inabaláveis e ações que seguiam sempre seus princípios morais e políticos. Essa tem sido uma lembrança frequente sobre a figura de Baleeiro em sua passagem pelo STF.

Assim como ocorreu com outro Ministro e aliado político de seus tempos, Adaucto Lúcio Cardoso, essa visão louvável de Baleeiro vem de um aparente paradoxo político: enquanto os dois eram apoiadores declarados do golpe quando deputados pela UDN e foram indicados a Ministros num contexto em que os militares golpistas precisavam reforçar suas posições no STF, ambos defenderam pautas que supostamente desafiavam as opiniões do regime em diversas ocasiões. Possivelmente porque já tinham um estilo combativo no Congresso, desde a Banda de Música, eles o faziam de modo provocativo e teatral.

Esse breve esforço de lembrança das memórias de Baleeiro, juntamente de suas ações práticas em relação ao problema da tortura no Brasil mostra, pelo menos nesse tópico, que sua oratória desafiadora não era o suficiente para motivar o STF a sair de uma zona de conforto em face do governo. Baleeiro conseguia, quando muito, decisões de acomodação em casos que envolviam a tortura de presos políticos: uma singela redução de pena que permitia aos condenados saírem da prisão um pouco mais cedo, sem qualquer incômodo ao sistema repressivo que operava na base de confissões extraídas mediante tortura.

Minha intenção não é subestimar a importância de um ministro do STF falar sobre a tortura abertamente e em tom condenatório em sessões públicas do Tribunal. É importante mencionar que em todos os sete casos discutidos neste artigo, Baleeiro foi quem trouxe o tópico durante a deliberação. Mas, mesmo nas ocasiões em que seu voto prevalecia, os torturadores eram os verdadeiros vencedores: enquanto eles seguiam sem ser incomodados, as vítimas de tortura, além das marcas psicológicas e físicas das sevícias e o tempo perdido na prisão, ficavam com antecedentes criminais manchados e não eram de qualquer forma compensadas pelos crimes de que haviam sido vítimas. Nos casos analisados, Aliomar Baleeiro teve peso decisivo em direcionar a opinião do Tribunal nessa direção complacente.

Ao estudar as variadas ideologias que se juntaram para formar a UDN, partido político que Baleeiro participou durante toda sua vida no Congresso, Maria Victoria Benevides (1981) apontou variações e ambiguidades dentro do liberalismo brasileiro. Se, como José Moura Rocha defende, Aliomar Baleeiro fosse de fato um juiz liberal, como ele era um "professor e um advogado liberal" (ROCHA, 2003, p. 150), a posição que ele tomou sobre a tortura poderia ser vista como um aspecto dessas contradições. Ainda assim, estava em posição melhor do que alguns de seus colegas de tribunal, que sequer tomavam conhecimento de alegações de tortura nos autos que julgavam.

Referências

ADORNO, Sérgio. **Os aprendizes do poder o bacharelismo liberal na política brasileira**. Rio de Janeiro: Paz e Terra,1988.

ARQUIDIOCESE DE SÃO PAULO. **Brasil, nunca mais**. Petrópolis: Vozes, 1985.

BENEVIDES, Maria Victoria de Mesquita. **A UDN e o udenismo: ambigüidades do liberalismo brasileiro, 1945-1965**. Rio de Janeiro: Editora Paz e Terra, 1981.

BALEEIRO, Aliomar. Memorando digitado intitulado "Recordações do presidente H. Castelo Branco". Arquivos privados, Rio de Janeiro, CPDOC, 1974.

BALEEIRO, Aliomar. [**Diários Pessoais**]. Rio de Janeiro: FGV/CPDOC, 1966-1975.

BICUDO, Hélio Pereira. **Meu Depoimento Sobre o Esquadrão Da Morte**. São Paulo: Martins Fontes, 2002.

BOSI, Alfredo. A Escravidão Entre Dois Liberalismos. **Estudos Avançados**, [s.l], v. 2, n. 3, p. 4-39, 1988. Disponível em: <https://www.revistas.usp.br/eav/article/view/8495>. Acesso em: 16 jun. 2022.

BRAZIL: FROM the Parrot's Perch. Time Magazine, 27 jul. 1970.

CARVALHO, José Murilo de. **A construção da ordem: a elite política imperial. Teatro de sombras: a política imperial**. Rio de Janeiro: Civilização Brasileira, 2013.

CAU, Jean. Dom Helder Câmara. Paris-Match, n. 1100, Paris, 6 jun. 1970, p. 80-83.

COMISSÃO ESTADUAL DA MEMÓRIA E DA VERDADE DE PERNAMBUCO. Prêmio Nobel da Paz: a atuação da Ditadura Militar brasileira contra a indicação de Dom Helder Câmara. **Cadernos da Memória e da Verdade**, Recife, n. 4, 2015.

CONSELHO NACIONAL DE JUSTIÇA (CNJ). **Supremo em Ação 2018 (ano-base 2017)**. Brasília-DF: CNJ, 2017.

DEPOIMENTO DE DILMA revela novas torturas. Folha de S. Paulo, São Paulo, 18 jun. 2012, p. 8.

DEPUTADOS VISITAM PRESOS políticos. Correio da Manhã, Rio de Janeiro, 15 out. 1967, p. 8.

DULLES, John W. F. **Resisting Brazil's Military Regime: An Account of the Battles of Sobral Pinto**. Austin: Univ. of Texas Press, 2010.

FEINRIDER, Martin. Judicial Review and the Protection of Human Rights under Military Governments in Brazil and Argentina. **Suffolk Transnational Law Journal** [s.l], v. 5, p. 171-99, 1981.

FOSTER, Sydney J. [Carta a Aliomar Baleeiro, Presidente do Supremo Tribunal Federal], 10 jun. 1971. Disponível nos Diários Privados de Aliomar Baleeiro, CPDCOC-FGV, Rio de Janeiro.

FREI BETTO. **Batismo de Sangue: Os Dominicanos e a Morte de Carlos Marighella**. Rio de Janeiro: Civilização Brasileira, 1982.

GASPARI, Elio. **A Ditadura Envergonhada**. São Paulo: Cia. das Letras, 2007.

______. **A Ditadura Escancarada**. Rio de Janeiro: Intrínseca, 2014.

LEAL, Victor Nunes. Supremo Tribunal: a questão do número de juízes. **Revista Dos Tribunais** [s.l], v. 54, n. 354, p. 7-21, 1965.

LIMA, Hermes. **Travessia: memórias**. Rio de Janeiro: J. Olympio, 1974.

NEW YORK TIMES. **'World Jurists' Group Accuses Brazil of 'Systematic' Torture**. Nova Iorque, 23 jul. 1970.

NOGUEIRA, Adalício Coelho. **Caminhos de um magistrado: memórias**. Rio de Janeiro: J. Olympio Pereira Filho, 1978.

O ESTADO DE S. PAULO. **Castelo Morre em desastre no Ceará**. São Paulo, 19 jul. 1967.

OSIEL, Mark J. Dialogue with Dictators: Judicial Resistance in Argentina and Brazil. **Law & Social Inquiry : Journal of the American Bar Foundation**, [s.l], v. 20, n. 2, p. 481, 1995.

PARIS MATCH. **Oui, Dans Mon Pays on Torture**. Paris, 6 jun. 1970.

PEREIRA, Anthony W. **Ditadura e repressão: o autoritarismo e o Estado de direito no Brasil, no Chile e na Argentina**. São Paulo: Paz e Terra, 2010.

POLÍCIA CIVIL DO ESTADO DE SÃO PAULO. **Pasta 67 – Esquadrão Da Morte: Recortes de Jornal**. São Paulo, 1977. Disponível em: <http://www.arquivoestado.sp.gov.br/uploads/acervo/textual/deops/prontuarios/BR_SPAPESP_DEOPSOS000992.pdf>. Acesso em: 16 jun. 2022.

QUEIROZ, Rafael Mafei Rabelo. **A UDN veste a toga: uma história das relações entre direito e política no Supremo Tribunal Federal contada a partir dos documentos pessoais e das decisões do Ministro Aliomar Baleeiro (1965-1975)**. Tese (Livre-docência) – Departamento de Filosofia e Teoria Geral do Direito, Faculdade de Direito, Universidade de São Paulo, 2018.

ROCHA, José Moura. **Baleeiro: Justiça, Apesar Da Ditadura**. Brasília: Dédalo, 2003

SERBIN, Kenneth P. **Secret Dialogues: Church – State Relations, Torture, and Social Justice in Authoritarian Brazil**. Pittsburgh, Pa.: Univ. of Pittsburgh Press, 2000.

SILVA, Evandro Lins e *et al.* **O salão dos passos perdidos: depoimento ao CPDOC**. Rio de Janeiro: Ed. Nova Fronteira, 1997.

SIMAS, Mario. **Gritos de Justiça: Brasil, 1963-1979**. São Paulo: FTD, 1986.

SKIDMORE, Thomas E. **Brasil: de Getúlio Vargas a Castelo Branco (1930-1964)**. São Paulo: Paz e Terra, 2003.

SOBRAL PINTO, Heráclito F. Carta pessoal digitada a Aliomar Baleeiro. Arquivos Privados, Rio de Janeiro: CPDOC, 1971.

SOUZA, Percival. **Autópsia Do Medo: Vida e Morte Do Delegado Sérgio Paranhos Fleury**. Rio de Janeiro: Globo, 2000.

STF, RC 1176/GB, rel. min. Aliomar Baleeiro, j. 04/12/1973. Disponível em: http://www.stf.jus.br/portal/inteiroTeor/obterInteiroTeor.asp?id=262948. Acesso em: 17 jul. 2023.

STF, HC 1182/RJ, rel. min. Rodrigues Alckmin, j. 11/12/1973. Disponível em: http://redir.stf.jus.br/paginadorpub/paginador.jsp?docTP=AC&docID=262954. Acesso em: 17 jul. 2023.

STF, RC 1218/DF, rel. min. Aliomar Baleeiro, j. 17/02/1975. Disponível em: http://redir.stf.jus.br/paginadorpub/paginador.jsp?docTP=AC&docID=262988. Acesso em: 17 jul. 2023.

SPIELER, Paula; QUEIROZ, Rafael Mafei Rabelo. **Advocacia em tempos difíceis: ditadura militar (1964-1985)**. Curitiba/Rio de Janeiro: Juruá/FGV, 2013.

SWENSSON JUNIOR, Walter Cruz. **Os limites da liberdade: a atuação do Supremo Tribunal Federal no julgamento de crimes políticos durante o regime militar (1964-1979)**. Tese (Doutorado em História) – Faculdade de Filosofia, Letras e Ciências Humanas, Universidade de São Paulo, 2006.

VALÉRIO, Otávio Lucas Solano. **A toga e a farda: o Supremo Tribunal Federal e o regime militar (1964-1969)**. Dissertação (Mestrado em Direito) – Faculdade de Direito, Universidade de São Paulo, 2010.

VENÂNCIO FILHO, Alberto. **Das Arcadas Ao Bacharelismo: 150 Anos de Ensino Jurídico No Brasil**. São Paulo: Perspectiva, 2004.

VILANOVA, Lourival. Teoria Jurídica Da Revolução: Anotações à Margem de Kelsen. **Revista Brasileira de Estudos Políticos**, [s.l], v. 52, p. 59-103, 1981.

WORLD JURISTS' GROUP Accuses Brazil of 'Systematic' Torture. The New York Times, New York, 23 jul. 1970.

7
LORENZO MOSSA ENTRE O DIREITO VIVO E AS TEORIAS DO DIREITO LIVRE (REPENSANDO A RELAÇÃO ENTRE ECONOMIA E DIREITO COMERCIAL)[1]

Italo Birocchi

> Voltemo-nos aos princípios de justiça do direito vivo mais do que àqueles cristalizados nos códigos (Mossa, 1922, p. 576).
>
> Não é verdade que uma nova lei anula o valor dos livros de Direito. O valor deles está integralmente no pensamento e nos ideais que representam, e o pensamento jurídico e social não está ligado ao surgimento de uma lei (Mossa, 1948, p. 174).

1. Lorenzo Mossa (1886-1957) ocupa uma posição respeitável na juscomercialística do século XX não apenas na Itália, como de certo modo indicam os três títulos *honoris causa* concedidos pelas Universidades de Lyon, Frankfurt e Salamanca (ACS). Ele foi um reconhecido especialista em cheque e nota promissória, se dedicou com grande afinco a dois pontos-chave da matéria discutidos durante o vintênio fascista – a centralidade da empresa e a organização corporativa do trabalho –, e ainda que, de modo geral, não tenha influenciado a legislação sobre estes dois temas, as suas contribuições foram extremamente importantes para o campo jurídico (Grossi, 1999, p. 1005-1015; Stolzi, 2007, *passim* e 2012, p. 529-536;

[1] Tradução de Stephani Gagliardi Amantini e revisão técnica de Ariel Engel Pesso.

Cazzetta, 2007, p. 209-221; Mazzarella, 2016, p. 237-244). De fato, em seu tempo, ele ganhou a fama de "opositor incansável", alimentada pelas polêmicas ostensivas e recorrentes com Alberto Asquini, aluno preferido de Alfredo Rocco e homem de confiança do regime para as intervenções em matéria comercial (Mossa, ao contrário, não esteve em cargos ministeriais e missões de governo). Se a isto se soma o fato de que Mossa geralmente não é considerado dotado de uma particular sensibilidade à dimensão histórica (mas veja-se Grossi, 1999, p. 1006) ou à teórica, pareceria estranho colocar em questão a penetração das teorias do direito livre e a delimitação das fronteiras entre direito, economia e sociologia, analisando-as por meio de sua obra. Essas questões envolvem aspectos que se referem às fronteiras da esfera do direito, ao problema da organização dos poderes e à função da interpretação, que, a princípio, parecem distantes da *forma mentis* e dos interesses do jurista sardo; a sua atividade foi de fato repleta de intervenções, sejam elas críticas ou propositivas, mas jamais inclinada aos discursos sobre o método ("quando uma ciência jurídica precisa teorizar os seus métodos, é sinal de que ela não está mais à altura de suas funções" (Mossa, 1941, p. 99-100)). Ele não dedicou de fato nenhuma obra *ex professo* a esses temas e não teve fama de teórico, a não ser em certas áreas dos títulos de crédito.

Mas nos enganaríamos se nos limitássemos a essas impressões. Com razão, a historiografia contemporânea reconheceu-lhe, em primeiro lugar, o ferramental teórico, considerado necessário desde o início das atividades acadêmicas de um mestre da disciplina, Ercole Vidari, nos anos 70 do século XIX (Fugazza, 2018; Mura, 2019 e Birocchi, 2019a) e, de resto, amplamente demonstrado pelo comercialista de Sássari já no primeiro trabalho significativo sobre o contrato de fornecimento (com o qual obteve a livre-docência em 1914) e nas diversas monografias e tratados sobre títulos de crédito. Ademais, é necessário considerar sobretudo dois traços da personalidade de Mossa, os quais são relevantes para o nosso tema. Por um lado, ele foi, de fato, um explorador curiosíssimo de novidades, hábito que o levava a informar-se e pesquisar especialmente sobre o mundo econômico-jurídico alemão, o mais dinâmico do ponto de vista industrial e que possuía uma tradição legislativa (a começar pelos dois códigos do século XIX) e doutrinária de grande relevância. Como lembrou Ascarelli no necrológio dedicado a Mossa, ele foi o jurista mais atento à realidade juscomercialística alemã (Ascarelli, 1957, p. 738 e veja-se também o reconhecimento análogo de Sraffa por ocasião da avaliação para se tornar *professore ordinario* em maio de 1924, in ACS), mas também é verdade que Mossa se interessou pelo direito continental, especialmente o espanhol e o francês, tanto que foi sinceramente atraído pelos experimentos para um direito privado europeu (CHIODI, 2016, p. 285 ss.). Por outro lado, ele foi um espírito livre, cresceu em um ambiente familiar republicano – e como "republicano" foi descrito nos relatórios policiais durante o fascismo (ACS) – que depois se desenvolveu com fortes inclinações solidaristas; daí a sua inquietude, o ímpeto crítico, o desejo de renovação do campo econômico-social e, correlativamente, do direito.

No lugar do conceitualismo imperante no âmbito da ciência civilística, Mossa colocou a prática, considerada momento indispensável para a reflexão e constitutiva das orientações jurisprudenciais em matéria mercantil, aliás, fonte do direito comercial (MOSSA, 1941, p. 113 e *passim*). Mas o seu discurso é bastante complexo: ele falava de uma ordem jurídica natural que devia ser descoberta pela economia e precisava da reflexão comercialista: "o conhecimento da vida econômica é um primeiro passo da dogmática comercialista" (MOSSA, 1922, p. 560). A expressão icástica com que o jurista sardo abre o seu manual diz tudo: "o direito comercial é sempre o direito da economia organizada" (MOSSA, 1935a, p. 1).

Talvez seja possível dizer que Mossa buscava a praxe nos livros, mas a pesquisa não estava restrita às leituras: a pesquisa não era estática, mas explorava alternativas ao que existia, ou seja, tendia a fazer-se proposta segundo o **modernismo social** ou, se quisermos, a carga ética que considerava que deveria guiar o trabalho do jurista ao dar espaço à sociabilidade do direito (MOSSA, 1935b, p. 34-35). É isso que, a princípio, aproximava-o de Betti (reprovado nas primeiras provas concursais por ser pouco aderente à exegese e por apresentar teses distantes do direito positivo), com quem de fato iniciou uma grande amizade, amadurecida nos anos iniciais nas respectivas cátedras em Camerino (1917-18).

O encontro com Saffra certamente foi decisivo para Mossa, depois do título obtido sob a orientação sólida, mas de cunho tradicional, de Manara. O mestre toscano, grande descobridor de talentos, introduziu-o na **Rivista del diritto commerciale**, o quis como assistente em Turim consigo, encaminhou-o para a cátedra e, sobretudo, contribuiu para consolidar o espírito curioso e crítico, aprofundar a consciência da natureza dinâmica e cosmopolita do direito comercial, e fortalecê-lo na busca de uma "**sociabilidade equitativa**".

2. No esforço de acompanhar o desenvolvimento econômico estabelecendo relações de equidade intersubjetiva, amadureceu em Mossa o interesse pelas teorias do direito livre; com isso, amadureceu também o interesse pelas aplicações dessas teorias. Estas, certamente, não puderam ser prematuras, porque quando a atenção ao jusliberismo se difundiu na Itália, após as famosas obras de Hermann Kantorowicz (1906) e de Ernst Fuchs (1907), ele estava apenas dando os primeiros passos após a formatura; entretanto, o jurista sardo estava entre os poucos que logo simpatizaram com aquelas diretrizes e as utilizou em suas obras.

Como sempre, a direção tinha sido ditada por Vittorio Scialoja que, mesmo não sendo o primeiro a intervir, condenou definitivamente aquelas teorias em um esboço memorável (Scialoja, 1911). A voz do precursor se unia a um coro difuso e articulado que vinha das numerosas obras então dedicadas aos problemas das lacunas e da interpretação do direito (Degni, Donati, Ferrara **sr**, Ghiron, Di Carlo, Maggiore, Brugi: notar-se-á que, em sua maioria, eram estudiosos jovens ou juveníssimos, não apenas civilistas): a disposição simplificada das fontes contida no modelo civilístico do século XIX não se sustentava diante da prova de tantos novos atores sociais e requeria justamente uma reflexão capaz de "preencher os vácuos legislativos" ou, então, de encontrar as normas que regulassem as novas relações sociais. Na crise da ciência civilística, a resposta foi bastante cautelosa e essencialmente conservadora (BIROCCHI, 2017): predominava um positivismo reavivado pelas duas principais correntes (a evolucionista e a idealista), exprimindo, de modo geral, um historicismo que injetava sinais de inovação no tecido jurídico, embora de alcance modesto. No decorrer do tempo, expandiu-se a tendência a ampliar as margens da interpretação, especialmente porque os novos institutos desenvolvidos na prática encontravam dificuldades para ser sistematicamente incluídos nos antigos códigos e na legislação especial; para tanto, valeram-se das duas válvulas de escape: as cláusulas gerais e os princípios gerais do direito. Porém, em geral, manteve-se firme a postura crítica em relação ao jusliberismo por motivos de duas ordens. Por um lado, considerava-se que aquelas teorias enfraqueciam o positivismo jurídico ora abraçado pela escola e, em particular, a legislação como centro expressivo de poder na visão estadocêntrica do fascismo. Por outro lado, contra elas se manifestava a resistência "técnica" da parte da doutrina ancorada em posições liberais, que tendia a reafirmar a divisão de poderes e se opunha à extensão dos poderes do juiz:

o controle do Judiciário por parte do regime provocava o receio de que as teorias do direito livre favorecessem ainda mais a subordinação do direito à política, em analogia à aplicação do *Führerprinzip* na Alemanha. Daí então a reafirmação das teses "legalistas" (JEMOLO, 1932, D'AMELIO, 1937, diversas intervenções no Congresso de Pisa em 1940, e também as reflexões de Calamandrei durante a guerra, sobre as quais veja-se BIROCCHI, 2020, p. 85-91). Neste sentido, às vésperas da queda do fascismo, é particularmente significativo o livro de Lopez de Oñate (com as relativas discussões), que reafirmava o valor da certeza do direito contra o perigo de que a política do regime fascista penetrasse diretamente nos tribunais por meio da livre interpretação dos juízes (LOPEZ DE OÑATE, 1942).

3. Mossa percorreu seu caminho nesse cenário, mas com autonomia. Chegou a levar em consideração as doutrinas do direito livre, afastando-se indutivamente da sua matéria, no interior da qual abordou o duplo nexo entre economia e direito comercial de um lado e, do outro, entre lei e interpretação. Utilizando uma vasta gama de gêneros literários (revisões bibliográficas, ensaios reconstrutivos, *prolusioni*[2], escritos polêmicos) e lidando com temas aparentemente dispersos, na verdade ele se questionou sobre a função do direito comercial, sobre os seus núcleos centrais e sobre a autonomia da disciplina, sobre instrumentos de busca da equidade, sobre a formação do jurista e sobre o *modus operandi* do juiz. Com o tempo, mas sempre reafirmando o método indutivo, chegou a dar fôlego sistemático às suas ideias, usando como instrumentos o manual e os panoramas históricos.

Seguramente, foi a Grande Guerra, com a sua carga de problemas novos, que estimulou a atenção de Mossa. Ela foi o verdadeiro momento de ruptura das posições consolidadas das relações entre direito, economia e mundo social (ZACHER, 2002, p. 24-47). Em particular, o jovem jurista foi atraído pelas novas correntes da cultura alemã, que de resto seguia com resumos pontuais para a **Rivista del diritto commerciale** (Mossa, 1914): com especial referência aos contratos de trato sucessivo, o jurista unia às teorias do direito livre, a faculdade reconhecida pela legislação alemã aos juízes de intervir para a tutela dos direitos dos sujeitos quando os pressu-

[2] N. do T. Aula inaugural ministrada por um professor após ser nomeado para atuar em uma instituição universitária.

postos presentes no momento da conclusão do acordo fossem modificados em decorrência do conflito (Birocchi, 2019b, p. 201).

Como bem observado pelo autor que se homenageia neste livro (Lopes, 2012), Mossa foi um dos primeiros juristas italianos que se interessou pelas posições de Hedemann, empenhado naqueles anos na fundação e no desenvolvimento do *Institut für Wirtschaftsrecht* (Wegerich, 2004, p. 26-27). Certamente estava interessado na expansão dos horizontes das disciplinas individuais que constituíam, segundo o professor de Jena, a palavra de ordem do momento, na qual a nova geração de juristas devia particularmente se inspirar. Gény já havia dito há tempos que, para renovar o método de trabalho, o jurista deveria olhar para a economia enquanto dado móvel que deve substanciar a construção dos institutos jurídicos e a interpretação (antevendo uma carta a Saleilles de 1896: Jamin, 2003, p. 578-579); sem muito sucesso, na verdade, para a persistente tendência da jurisprudência em produzir texto a partir de texto, em última análise trabalhando apenas com livros de direito.

Para Mossa, as exigências de renovação eram literalmente vitais: o direito comercial era expressão das relações econômicas vivas. Pouco importa constatar pontualmente as sugestões que derivam diretamente da obra de Ehrlich, o jurista/sociólogo que, além de sua obra-prima, **Grundlegung der Soziologie des Rechts** (1913), é usualmente inscrito na galáxia dos defensores das teorias do direito livre por um ensaio anterior seu (Ehrlich, 1903); Mossa o citava desde suas primeiras obras, mas ele falava de uma corrente sociológica que, nascida de exigências críticas similares às do direito livre, inicialmente havia percorrido um caminho paralelo, depois acabou por confluir com a outra orientação (Mossa, 1941, p. 120). Quanto ao comercialista sardo, interessa verificar **por que** e **como** ele absorveu aquelas teorizações no desenvolvimento concreto da sua intensa atividade.

Sem jamais abandonar as vestes de jurista – a única usada por ele, visto que nunca exerceu nenhum cargo político –, a sua obra se consubstanciou em uma busca antiformalista, à qual foi levado por sua concepção do direito comercial e, conjuntamente, pela aspiração, talvez utópica ou talvez ingênua, a construí-lo como esfera de justiça.

Vejamos pormenorizadamente. Em contraposição às pretensões da civilística, habituada a aproveitar as categorias do direito romano e pensá-las então como extensíveis, com o próprio filtro, a todos os ramos do direito, Mossa estava plenamente convencido de que o direito comercial deveria reivindicar a própria autonomia: impunham-no a sua história e a sua vocação. O campo mercantil nascia como ramo especial do direito por ser sua função a projeção das relações econômicas. Autonomia e elasticidade eram, por isso, as características intrínsecas do direito comercial, às quais não podiam se adaptar a profusão de fontes e as categorias cristalizadas do direito civil. Daí o interesse de Mossa por Hedemann e pelos esforços anticonceitualistas e propositivos do nascente *Wirtschaftsrecht* (Zacher, 2002).

Direito e economia: duas esferas que, no irrefreável processo de comercialização da sociedade no Ocidente capitalista daquela época, parece absolutamente natural serem definidas como irmãs. Na verdade, elas viveram sempre uma relação difícil, uma vez que, reivindicando ambas o próprio *status* autônomo, pressupunham a existência ineliminável de um **núcleo duro** fundante da própria autonomia, ou seja, a essência técnica de si (pense-se nas categorias e linguagens jurídicas cada vez mais em uso entre os iniciados na disciplina e, ao contrário, em uma economia cada vez mais expressa por meio de fórmulas matemáticas: Latouche, 2010, p. 91-105). O estudioso brasileiro que aqui homenageamos propôs um panorama perspicaz de suas difíceis relações até os nossos dias (Lopes, 2012).

Mossa certamente foi influenciado pelas perspectivas intrínsecas aos ensinamentos da escola hedemanniana; consciente, porém, da natureza social e por isso profundamente humana do direito e da economia, ele usou o filtro da história para tornar fecunda a sua relação. Recuou ainda mais, atribuindo ao direito da economia uma origem mais antiga e efervescente. Em suas palavras,

> A escola do direito da economia, que hoje se impõe irresistivelmente, tem ramificações distantes na metade do século XIX, quando os seus defensores proclamavam a superioridade da verdade econômica sobre a forma jurídica, e manipulavam a norma positiva com a maior liberdade com o intuito de adaptá-la e transformá-la sem escrúpulo para as necessidades da economia (Mossa, 1935b, p. 35; a passagem foi amplamente citada no **prefácio** de Bottai ao livro, p. VII).

Na visão de Mossa sobre o terreno acidentado e impuro dos eventos humanos, os tecnicismos, embora inelimináveis, eram atenuados a serviço das formas fundamentais da vida civil, permitindo que as perspectivas econômica e jurídica seguissem caminhos paralelos. Como um herege impenitente, Mossa era atraído pelas novidades, mas se apropriava delas somente por meio da própria formação heterogênea, que unia à concretude de Sraffa e Vivante uma notável propensão para a sociabilidade.

Portanto, para descobrir a identidade do direito mercantil, Mossa necessita do suporte da história – obviamente a do direito mercantil – cultivada por ele ao máximo. Para o jurista sardo, a história é luta e, particularmente, é embate contínuo entre aquilo que de novo aflora nos setores das finanças, da produção e da transação, e aquilo que resiste; é o contraste entre interesses, individuais ou de classe (veja-se, por exemplo, Mossa, 1922, p. 559, 563 e *passim*). O novo, por sua vez, à medida que se afirma, permeia mentalidades e tende a incorporar-se na sociedade civil, estabilizando-se em sistema, o qual novamente estaria vocacionado a cristalizar-se se não fosse investido por fermentos renovadores em seu fluxo incessante e contraditório. Consequentemente, também o direito – sobretudo o comercial, diversamente do civil – é o embate não apenas entre ordens diversas de organização do trabalho e da produção, mas também entre escolas e correntes interpretativas. O contraste é o mecanismo do progresso; pode ser dirimido, mas permanece latente e se exprime como tensão, que implica escolhas e alianças: para Mossa, o curso da história deveria ser governado por uma diretriz que garantisse a justiça social (ver, no campo contratual, os muitos exemplos que forneceu Chiodi, 2016).

É esse o sentido de uma visão global que, na maturidade, é expressa em um quarteto de obras apenas aparentemente desconexas pelo pertencimento a gêneros literários diferentes, mas substancialmente unitárias: o manual intitulado **Diritto commerciale** (Mossa, 1935a), a coleção de contribuições sobre os problemas fundamentais da disciplina (Mossa, 1935b), o ensaio dedicado a **Scienza e metodi del diritto commerciale** (Mossa, 1941) e finalmente o poderoso **Trattato del nuovo diritto commerciale secondo il codice civile del 1942** (1942), que contém uma história compacta do direito comercial nos séculos XIX e XX e uma sistematização do direito commercial/corporativo vigente na Itália em consequência da nova codificação. Que não engane o título do ensaio, que não contém nenhum discurso teórico sobre o método, mas é, em vez disso, uma síntese histórica dirigida à reconstrução crítica das diversas aproximações da ciência comercialista e é uma contribuição muito arguta para a identidade da disciplina e, como sempre, para as suas funções atuais. O ensaio também pode ser lido como uma resposta ao texto recentemente publicado na mesma **Rivista** por Asquini, de cunho descritivo, dedicado à evolução do direito comercial nos últimos cem anos, que se afirmava triunfalmente coroada pela obra do fasciscmo (Asquini, 1939); mas é importante sobretudo porque na síntese ponderada dos métodos – mas sempre tormentosa, como indica o estilo expressivo, habitualmente pouco fluido – emergem as escolhas do autor. O método é, primeiramente, baseado no conhecimento prático: "a observação dos fatos e fatores econômicos garante que a reconstrução será científica e não puramente literária ou conceitualista" (Mossa, 1941, p. 127). E ainda, falando do grande comercialista francês Thaller: "o método se emprega espontaneamente como o cavalheiro burguês... criava prosa sem saber disso. Uma base sólida do método está no conhecimento dos interesses das classes que participam da produção e do comércio" (ibid, p. 126).

Não surpreende que Mossa, que também admirava muito a escola da exegese, considerasse que, na França, a ciência comercialista se mostrasse não exegética desde os tempos de Pardessus e, em vez disso, tivesse uma orientação à parte, em adesão à matéria à qual se dedicava com as suas "características constantes de direito vivo imanente natural" (Mossa, 1941, p. 99): onde "natural" significava que, em Paris, estudava-se o direito "em suas relações com a vida", enquanto "a lei formal constituía apenas um fator da criação das regras que o comercialista exprime, à luz da pesquisa comparada" (ibid).

É um sinal de que o interesse histórico de Mossa não era erudição, mas sim instrumento para a compreensão do presente e, ao mesmo tempo (olhando para as finalidades práticas do estudo), para alimentar as instâncias de justiça social. O professor de Pisa enfatizava a pluralidade e a especificidade das fontes que caracterizavam o direito comercial e que, enquanto se explicavam pela ligação estreita com o dinamismo econômico, exprimiam também a autonomia em relação ao civil.

A função do jurista devia se desenvolver em conformidade com a identidade da matéria, favorecendo sua evolução e equilibrando os interesses segundo diretrizes equitativas. Para esse fim, historicisticamente, Mossa simpatizava com as orientações do passado, consolidadas na tradição da disciplina; porém, ao mesmo tempo, já que era defensor de um historicismo dinâmico, era fervorosamente crítico às ruminações abstratas, aos conceitualismos que reproduziam uma realidade não mais vigente, e às concepções estereotipadas das fontes.

Emerge uma posição original e substancialmente eclética, onde as orientações do *Wirtschaftsrecht*, da jurisprudência dos interesses, do direito livre e do sociologismo eram assimiladas entre si, seja porque apresentavam um mínimo denominador comum (a oposição ao conceitualismo dominante na civilística), seja porque, de cada uma dessas, reconhecidos os respectivos excessos, Mossa eliminava as partes mais extremas, favorecendo os elementos de semelhança (Mossa, 1941, p. 116-120). Considerava que, no conjunto, aquelas orientações correspondiam ao ser e ao dever-ser da matéria comercial: permitiam estudá-la como **dado**, **construí-la** como um sistema móvel e aplicar a ela soluções equitativas (as referências à abordagem de Gény não são casuais, mas pertencem ao mesmo Mossa, ibid, p. 125). O autor considerava precisamente que aquelas tendências fossem instrumentos **do** método do direito comercial. Despindo as coisas da "pura aparência", o método era apenas um e derivava da natureza da matéria:

> o método característico do direito comercial, indispensável para o estudo e para a aplicação prática, para o conhecimento do conjunto das regras comerciais e para a orientação do jurista, é aquele bem conhecido da pesquisa e da investigação da vida real e da estrutura econômica das relações comerciais (MOSSA, 1935b, p. 11).

E ainda:

> [o direito comercial] tem um método próprio, sobretudo tem um espírito que paira nos séculos e que a boa tradição felizmente continuou. Na obra de invenção do direito, portanto de interpretação, o método é precioso e descobre a inexaurível riqueza das fontes. Ele permite facilmente a solução dos graves problemas do nosso tempo sobre a função e a independência do juiz. Ele sempre liberou o direito comercial da ameaça da jurisprudência conceitual. Reconheceu no direito comercial um direito natural vivo, um direito livre, que nasce espontaneamente nos negócios, nas organizações, nas corporações. O espírito flexível, de equidade acompanha a vida fecunda deste direito. Quando os juízes do direito comum invocam Cujácio, os comercialistas invocam a razão, o sentido dos interesses (Mossa, 1935a, p. 8-9).

Falando sobre isso detalhadamente, ele defendia as teorias do direito livre pela elasticidade que podiam assegurar ao **direito comercial** por meio do estímulo da atividade jurisprudencial, portanto **na parte final**, na fase de aplicação. É um ponto importante, que confirma que o jurista sardo não falava como teórico geral, mas simplesmente como comercialista:

criticava de fato a pretensão de estender a validade das teorias do jusliberismo a outros ramos do direito (Mossa, 1941, p. 119). Não eram menos significativas as reflexões que acompanhavam o apoio à admissibilidade do poder criativo do juiz. Isso derivava, em um primeiro momento, da negação de que a lei fosse a única ou ao menos a predominante entre as fontes do direito mercantil. Já cerca de vinte anos antes, no ensaio sobre os usos no direito comercial, em contraste com a parte dogmática da doutrina, Mossa tinha esclarecido que as fontes do direito da disciplina não podiam ser ordenadas segundo uma suposta hierarquia proveniente da combinação do disposto no art. 3 das disposições preliminares ao código civil e no art. 1 do código de comércio: era necessário levar a sério a vocação aberta e elástica da matéria, que não tolerava um procedimento mecânico e que, em vez disso, previa a revisão pelo juiz de forma equitativa. Isso valia principalmente em relação ao setor trabalhista, o qual, desde a aula inaugural em Sássari, teve o seu caráter autônomo reconhecido pelo jurista e que, justamente por sua especialidade, apenas poderia ter uma jurisdição particular feita por "juízes práticos", para os quais valiam as teorias do direito livre (Mossa, 1923, p. 7 e 10-11). Absolutamente *tranchant* o jurista: "A hierarquia das fontes de direito esboçada no código, art. 1 [...] deve ser repudiada na teoria moderna" (Mossa, 1935a, p. 11).

Inevitável a objeção sobre o perigo inerente à admissão do poder criativo do juiz: com vistas à certeza e à equidade, era tolerável arbitrariedade do julgador, mesmo em uma matéria em que o princípio da legalidade era menos rigoroso do que no direito penal? A resposta mais clara era oferecida por Mossa em seu manual:

> O juiz opera livremente no direito comercial porque aqui, menos do que em qualquer outro direito, a sua produção é automática. A interpretação que ele dá do direito positivo não pode jamais fixar-se na simples regra jurídica. A regra jurídica é interpretada segundo a consciência comum, em constante movimento. A economia dita as suas leis; para ela, o Estado dita a lei que o juiz considera expressão formal daquela consciência. A interpretação da lei comercial se vale dos usos, dos contratos, das normatizações, mas sobretudo dos interesses, comuns e singulares. A regra jurídica que se aplica tem o escopo de garantir, e equilibrar, os interesses; a consecução deste objetivo põe em concreto a regra (Mossa, 1935a, p. 10; cf. Mossa, 1935b, p. 15).

Apesar das aparências, não era uma concepção distante daquela que, em 1921, inserindo-se no debate sobre a **natureza das coisas** como fonte do direito comercial, havia exposto seu histórico adversário Asquini, no difícil equilíbrio entre positivismo e exigências de elasticidade do direito comercial (Asquini, 1921; cfr. Pellicioli, 2015, p. 54-61 e Birocchi, 2019b, p. 220-223). Ao contrário, justamente o ponto nodal da natureza das coisas, nas suas reflexões sobre a concepção das fontes, diferenciava a posição de Mossa em relação a Ascarelli, que, ainda assim, apresentava muitas afinidades (a ascendência da escola de Vivante e Sraffa, o historicismo, a atenção à prática e as relações econômicas): mesmo admitida a natureza criativa da interpretação, muito mais forte era no jurista romano o credo positivista (Lopes, 2022, § 5).

4. Mossa pensava de forma independente e, em tempos de conformismo e submissão intelectual ao regime, este fato, unido ao caráter combativo e corajoso que caracterizavam-no, deu-lhe uma reputação de homem contracorrente. Também apontam para essa direção os sinais externos da sua atividade: esteve entre os poucos juristas que não se filiaram ao partido fascista, várias vezes polemizou com o poderosíssimo Asquini, contrapôs-se como pôde às manobras acadêmicas do regime e provavelmente desenvolveu, durante a guerra, uma atividade antifascista. Entretanto, se se olha para a sua posição como comercialista, ele atuou no interior das principais questões de seu tempo. Demonstram-no as suas duas especialidades – o problema da organização do trabalho em sentido corporativo e a centralidade da empresa – lembradas no início, em relação às quais teve posições paralelas às do regime, apesar da independência das ideias (cooperou com o "laboratório" corporativístico em Pisa promovido pelo colega e ministro Bottai, que também escreveu um prefácio a uma importante coleção de ensaios: Mossa, 1935b).

O mesmo vale para a sua "escandalosa" adesão às teorias do direito livre, que, francamente, não são extravagantes e pertencem coerentemente à visão da disciplina cultivada (observações apropriadas em Cazzetta, 2007, especialmente p. 212-213). Em síntese:

(a) como comercialista, Mossa não considerava a fonte legislativa como exclusiva. Não era antiestadista, e aliás, reconhecia "o crescente monopólio da vida social por parte do Estado", mas justamente por isso considerava necessário o contrapeso representado pela obra do jurista (Mossa, 1935b, p. 31). Em particular nutria, ínsita em si, a ideia de que o direito comercial se desenvolvia (e se estendia continuamente aos setores do direito privado) independentemente da lei estatal. Não falava, por isso, do campo de observação da teoria geral do direito e não pretendia medir-se com aqueles que eram externos ao próprio campo de experiência, considerado específico;

(b) era-lhe caro o problema da equidade, isto é, da justiça, nas relações comerciais e neste campo considerava que o papel do magistrado era ao menos tão importante quanto o do legislador para a tarefa que lhe foi confiada: julgar o caso concreto extraindo a regra do senso comum das operações, que era fonte e vínculo para sua decisão, e que também comportava o equilíbrio dos interesses em jogo.

Mais do que nadar contra a corrente, Mossa se movia dentro da corrente com posições próprias. Compreende-se que ele não se colocasse o problema da separação dos poderes e da arbitrariedade do juiz: para ele, a legalidade no campo comercial era **outra**, como direito que deriva da ordem econômica (de forma alguma imutável, mas de todo modo um dado a respeitar), de caráter cosmopolita (e, portanto, a lei do Estado era inicialmente insuficiente, além de geral e abstrata), dotado de fontes específicas (dinâmicas e tendencialmente expansivas e atinentes à esfera do direito privado, não público), em equilíbrio entre a natureza individual própria do direito privado (notadamente dedicado à liberdade, a se assegurar tanto aos sujeitos físicos como às empresas) e a exigência do solidarismo. Mossa destacava a sua vocação aberta e transnacional – "a ciência do direito comercial não pode existir em qualquer tempo e em qualquer lugar, sem o conhecimento de qualquer outro direito" (Mossa, 1941, p. 104) –; e chegava a falar de uma doutrina irmanadora (ibid, p. 101) e de interesses de comércio universais, de modo que se podia dizer verdadeiramente que eles uniam os povos além das fronteiras (Mossa, 1935a, p. 9).

A impressão poderia ser a de um estudioso ingênuo e, em contraste com a alardeante ancoragem na experiência, até mesmo pouco atento à realidade econômica que continuamente propunha (e propõe) disputas concorrenciais impiedosas e quiçá violentas. Uma realidade que, todavia, não era um dado ontológico, mas sim a ser governado e dirigido, **antes de tudo**, com a legislação de escopo e com os direitos especiais como possíveis instrumentos de uma **legalidade equitativa**. Mas quem observou tais características, justamente invocando a necessidade de uma certa "malícia" para estar neste mundo, ao mesmo tempo reconheceu que a ciência comercialista não pode se separar do ideal humano tão bem destacado pelo professor sardo (ASCARELLI, 1957, p. 739 e, de modo mais geral, o mesmo autor em um ensaio sobre as relações entre economia e direito publicado póstumo justamente nos estudos em memória de Mossa: ASCARELLI, 1961, p. 53-74). E efetivamente, longe de encarnar um espírito oitocentista, Mossa tinha consciência de que atuava no quadro do sistema capitalista-industrial maduro, não questionado por ele. Pode-se defini-lo como um humanista apaixonado e um entusiasta do direito, isto é, um estudioso confiante na função mediadora própria do direito (FERRARA **jr**, 1957, p. 4): como meio para dar forma às instâncias de progresso que surgem da economia e de liberdade harmonizadas nas formas da vida social.

Referências

ACS [Archivio Centrale dello Stato], **Ministero della Pubblica Istruzione, Direzione Generale Istruzione Universitaria, Fascicoli professori universitari**, III serie, b. 330, fasc. Mossa Salvatore Lorenzo.

ASCARELLI, Tullio. Lorenzo Mossa. **Rivista trimestrale di diritto e procedura civile**, XI, 1957, p. 738-739.

ASCARELLI, Tullio. Ordinamento giuridico e processo economico. **Studi in memoria di Lorenzo Mossa**, I. Padova: Cedam, 1961, p. 51-74.

ASQUINI, Alberto. La natura dei fatti come fonte di diritto (1921), in ID., **Scritti giuridici**, I. Padova: Cedam, 1936, p. 3-23.

ASQUINI, Alberto. Il diritto commerciale italiano nel secolo decorso (1839-1939). **Rivista del diritto commerciale e del diritto generale delle obbligazioni**, XXXVII, pt. I, 1939, p. 445-451.

BIROCCHI, Italo. «La fase attardata in cui è rimasto il codice civile italiano»: una felix culpa per la scienza giuridica degli anni Dieci del Novecento. Il giurista come intellettuale. **Revista da Faculdade de Direito, Universidade de São Paulo**, v. 112, 2017, p. 439-484 [atti del Convegno tenutosi a S. Paolo (Brasile) **Cem anos de codificação civil brasileira**, 15-19 agosto 2016].

BIROCCHI, Italo. Tra i due codici. La giuscommercialistica italiana dopo il "manifesto" di Vidari (1870-1882). *In:* BIROCCHI, I. (Cura). **'Non più satellite'. Itinerari giuscommercialistici tra Otto e Novecento**. Pisa: Edizioni ETS, 2019a, p. 107-165.

BIROCCHI, Italo. L'età vivantiana: tra Sraffa e Rocco, giovani commercialisti crescono (Mossa e Asquini dalla formazione alla cattedra, 1909-1921), ivi, 2019b, p. 167-233.

BIROCCHI, Italo. L'integrazione dell'Università nello Stato totalitario: la politica e il diritto nelle Facoltà di Giurisprudenza. *In:* BIROCCHI, I.; CHIODI, G.; GRONDONA, M. (Cura). **La costruzione della 'legalità' fascista negli anni Trenta**. Roma: Roma TrE-Press, 2020, p. 23-97.

CAZZETTA, Giovanni. **Scienza giuridica e trasformazioni sociali. Diritto e lavoro in Italia tra Otto e Novecento**. Milano: Giuffrè, 2007.

CHIODI, Giovanni. Un pioniere della giustizia contrattuale: Lorenzo Mossa e i contratti di adesione. **Quaderni fiorentini per la storia del pensiero giuridico moderno**, XLV, 2016, p. 249-293.

D'AMELIO, Mariano. La vocazione del secolo XX alla codificazione, **Nuova antologia**, CCCXC, 1937, p. 163-171.

EHRLICH, Eugen. **Freie Rechtsfindung und freie Rechtswissenschaft**. Leipzig: Hirschfeld, 1903.

EHRLICH, Eugen. **Grundlegung der Soziologie des Rechts** (1913), trad. ital. di Alberto Febbrajo, **I fondamenti della sociologia del diritto**, Milano: Giuffrè, 1976.

FERRARA, Francesco **jr**. Lorenzo Mossa, **Rivista di diritto civile**, III, 1957, n. 3, p. 3-6 (estr.).

FUGAZZA, Emanuela. Tra liberismo e solidarismo: il lungo percorso scientifico di Ercole Vidari. Milano: Wolters Kluwer- Cedam, 2018.

GROSSI, Paolo. Itinerarii dell'impresa. **Quaderni fiorentini per la storia del pensiero giuridico moderno**, XXVIII, 1999, p. 999-1038.

JAMIN, Christophe. Économie et droit. **Dictionnaire de la culture juridique**, dir. D. Alland, S. Rials. Paris: PUF, 2003, p. 578-581.

JEMOLO, Arturo Carlo. Il nostro tempo e il diritto, **Archivio giuridico**, CVII, 1932, p. 129-170.

LATOUCHE, Serge. **L'invenzione dell'economia**, Torino: Bollati Boringhieri, 2010.

LOPES, José Reinaldo de Lima. Direito e economia: os caminhos do debate. *In:* LIMA, M. L. P. (Org.). **Direito e economia**. 30 anos de Brasil. V. 1. São Paulo: Saraiva/EDESP, 2012, p. 231-260.

LOPES, José Reinaldo de Lima. A tarefa da interpretação jurídica em Tullio Ascarelli. *In:* LOPES, José Reinaldo de Lima; FRANÇA, Erasmo Valladão Azevedo e Novaes; CAMILO JUNIOR, Ruy Pereira; PESSO, Ariel Engel. **Nas Trilhas de Ascarelli**. São Paulo: Quartier Latin, 2022, p. 283-326.

LOPEZ DE OÑATE, Flavio. **La certezza del diritto** (1942), a cura di Guido Astuti, Milano, Giuffrè, 1968.

MAZZARELLA, Ferdinando. **Un diritto per l'Europa industriale. Cultura giuridica ed economia dalla Rivoluzione francese al secondo dopoguerra**. Milano: Giuffrè, 2016.

MOSSA, Lorenzo. Il diritto germanico e la guerra. **Rivista del diritto commerciale e del diritto generale delle obbligazioni**, XII, pt. I, 1914, p. 790-802.

MOSSA, Lorenzo. Studi su gli usi commerciali. **Rivista del diritto commerciale e del diritto generale delle obbligazioni**, XX, pt. I, 1922, p. 557-576.

MOSSA, Lorenzo. **Il diritto del lavoro. Discorso inaugurale della R. Università di Sassari per l'anno accademico 1922-23**. Sassari: Stamperia della Libreria Italiana e Straniera, 1923.

MOSSA, Lorenzo. **Diritto commerciale**. Parte I. Milano: Società editrice Libraria, 1935a.

MOSSA, Lorenzo. **L'impresa nell'ordine corporativo**. Firenze: Sansoni, 1935b.

MOSSA, Lorenzo. Scienza e metodi del diritto commerciale. **Rivista del diritto commerciale e del diritto generale delle obbligazioni**, XXXIX, pt. I, 1941, p. 97-128.

MOSSA, Lorenzo. **Trattato del nuovo diritto commerciale secondo il codice civile del 1942**. V. I-II. Milano: Società editrice libraria, 1942.

MOSSA, Lorenzo. **Historia del derecho mercantil en los siglos XIX y XX**. Madrid: Editorial Revista de Derecho Privado, 1948 (traduzione spagnola dei primi 5 capitoli, p. 1-161, del **Trattato** del 1942).

MURA, Eloisa. L'orbita di un «pianeta luminosissimo». Verso l'autonomia scientifica del diritto commerciale. *In:* BIROCCHI, I. (Cura). **'Non più satellite'. Itinerari giuscommercialistici tra Otto e Novecento**. Pisa: Edizioni ETS, 2019, p. 45-105.

PELLICCIOLI, Luca. **Natura delle cose e metodo giuridico. Il «diritto naturale» dei giuristi**. Pisa: Edizioni ETS, 2015.

SCIALOJA, Vittorio. Diritto pratico e diritto teorico. **Rivista del diritto commerciale e del diritto generale delle obbligazioni**, IX, pt. I, 1911, p. 941-948.

STOLZI, Irene. **L'ordine corporativo. Poteri organizzati e organizzazione del potere nella riflessione giuridica dell'Italia fascista**. Milano: Giuffrè, 2007.

STOLZI, Irene. Lorenzo Mossa. *In:* CAPPELLINI, P.; COSTA, P.; FIORAVANTI, M.; SORDI, B. (Cura). **Il contributo italiano alla storia del pensiero. Il diritto** [Enciclopedia Italiana. Appendice ottava]. Roma: Istituto della Enciclopedia italiana, 2012, p. 529-536.

WEGERICH, Christine. **Die Flucht in die Grenzenlosigkeit. Justus Wilhelm Hedemann [1878-1963]**. Tübingen: Mohr Siebeck, 2004.

ZACHER, Clemens. **Die Entstehung des Wirtschaftsrechts in Deutschland**. Berlin: Duncker & Humblot, 2002.

8
AS PALAVRAS E A LEI EM NUREMBERG

Cláudia Perrone-Moisés

O presente texto constitui uma proposta de diálogo com o Professor José Reinaldo de Lima Lopes, a partir de seus trabalhos de história do direito e, em especial, de sua obra **As palavras e a lei:** Direito, Ordem e Justiça na História do Pensamento Moderno. Conforme aponta o Professor José Reinaldo: "a constituição do direito não é a descoberta de alguma coisa já feita: é a invenção de uma realidade social, cuja existência se dá apenas na esfera das ações humanas" (Lopes, 2021, p. 38). A análise pretendida procura investigar de que forma o Estatuto de Londres, que representa o direito aplicado no julgamento ocorrido no Tribunal de Nuremberg entre 1945 e 1946, estabeleceu um direito novo, ou seja, uma nova forma de conceber o direito internacional. Discussões intensas aconteceram durante a elaboração do Estatuto e nos interessa apontar neste texto os principais responsáveis pelas propostas que foram inseridas como consequência dos embates jurídicos ocorridos durante os preparativos para o julgamento.

Introdução

O Tribunal de Nuremberg foi um Tribunal Militar Internacional instalado no final da Segunda Guerra Mundial com a finalidade de julgar os principais responsáveis pela guerra de agressão e os crimes cometidos pelo regime nazista e seus aliados. O julgamento aconteceu entre 20 de novembro de 1945 e 1° de outubro de 1946. Foi o primeiro Tribunal Penal Internacional da história. Para se ter uma ideia da empreitada, foram realizadas quatrocentas audiências públicas e o registro dos debates e documentos que as acompanham representam quarenta e dois volumes, com dezessete mil páginas.

A história do Tribunal de Nuremberg tem início em 1941 quando Churchill, ao tomar conhecimento das atrocidades que estavam sendo cometidas pelos alemães e seus aliados, declara que uma das consequências principais da guerra seria o julgamento dos crimes cometidos, tanto no campo de batalha como fora dele. Durante as primeiras tratativas para o estabelecimento da justiça penal no pós-guerra houve a proposta efetuada pelos ingleses e soviéticos de se promover a execução sumária de todos os envolvidos em crimes durante a guerra. Essa hipótese felizmente foi afastada, mas não sem a ocorrência de amplo debate prévio, em prol de julgamentos dos criminosos. Em 1942 as potências aliadas, por meio da Declaração de St. James, decidem então que seria criada uma jurisdição internacional no final da guerra que ficaria encarregada dos julgamentos. Em 1943 foi estabelecida a Comissão de Crimes de Guerra das Nações Unidas, cuja função foi a de recolher provas dos crimes cometidos. Essa Comissão teve um papel importante, mas menos conhecido, no estabelecimento do que seria o "direito de Nuremberg", conforme será analisado adiante.

A cidade de Nuremberg foi escolhida para a instalação do Tribunal onde os julgamentos se desenvolveriam pois apesar dos bombardeios, o seu Palácio de Justiça não fora muito danificado pela guerra e havia uma prisão adjacente. A sede do Tribunal, por insistência dos soviéticos, seria estabelecida em Berlin, mas os processos aconteceriam em Nuremberg. Não podemos esquecer também do aspecto simbólico de Nuremberg: lugar da promulgação das primeiras leis antissemitas em 1935 e escolhido por Hitler para reuniões públicas do partido nazista.

1. O Direito de Nuremberg

Em 1943, por meio da Declaração de Moscou, os Estados aliados decidem que os criminosos, cujos crimes tivessem uma localização geográfica definida, seriam julgados pelos tribunais militares do país onde o crime tivesse sido cometido, seguindo assim o princípio da territorialidade. Na mesma declaração, fica definido que no caso dos criminosos que arquitetaram, sustentaram, planejaram, ou determinaram o cometimento de crimes, aqueles cujos crimes transcenderam fronteiras e se estenderam por toda a Europa, um tribunal militar internacional seria estabelecido.

O Acordo de Londres firmado em agosto de 1945 determinava então o estabelecimento de um Tribunal Militar Internacional para julgar os principais responsáveis (ao menos aqueles que puderam ser capturados) pelos crimes nazistas. A constituição, a jurisdição e as funções do Tribunal foram definidos em um Estatuto anexado ao Acordo. Conhecido como Estatuto de Londres, esse documento traria grandes mudanças para a concepção do direito internacional no pós-guerra. Robert Jackson, juiz da Suprema Corte Norte Americana, foi escolhido como Procurador-Chefe do Tribunal e seu papel foi fundamental tanto para os preparativos, como para o desenvolvimento e o sucesso do julgamento.

2. Os Crimes Previstos no Estatuto do Acordo de Londres

O Estatuto de Londres é um documento que engloba tanto normas materiais, que definem tipos penais, como normas processuais, que deveriam ser aplicadas para o processamento dos acusados. Esse modelo "híbrido" vai ser adotado posteriormente em todos os Estatutos de Tribunais Penais Internacionais. No que se refere aos crimes e suas tipificações, grande parte das dificuldades encontradas para a redação do Estatuto de Londres deve-se ao princípio do *nullum crimen sine lege*, um princípio consagrado pelos direitos penais internos e que estaria sendo violado pela "criação" de tipos novos.

O crime contra a paz, denominado hodiernamente de crime de agressão, previsto hoje no Estatuto do Tribunal Penal Internacional, foi definido em Nuremberg como "o planejamento, a preparação, a iniciação de uma guerra que viole os tratados ou acordos internacionais, ou a participação em plano ou complô para a realização de qualquer dos atos mencionados" (Estatuto de Londres, art. 6, a). Apesar de uma nomenclatura nova para o direito internacional, a ideia de punição das guerras de agressão já tinha precedentes na história do direito internacional. Com o final da Primeira Guerra Mundial e celebrado o Tratado de Versalhes, define-se a primeira tentativa de levar um criminoso de guerra a um Tribunal Internacional. Guilherme II seria julgado por "ofensa a moral internacional e à sacralidade dos tratados" em um tribunal desta natureza se não tivesse fugido para a Holanda, onde encontrou refúgio. No que diz respeito aos demais criminosos, foram entregues à Alemanha para serem julgados onde foram absolvidos ou submetidos a penas leves (Julgamentos de Leipzig). O Tribunal de Nuremberg é visto como uma reposta ao fracasso do Tratado de

Versalhes neste particular. É necessário lembrar também que havia previsão legal, elaborada no entre guerras, para a condenação da guerra de agressão promovida por Hitler, além de pactos de não-agressão celebrados no entre guerras – o Pacto Briand Kellog de 1928 previa a renúncia ao uso da força nas relações entre os Estados.

Os crimes de guerra foram definidos como:

> assassinato, maus-tratos e deportações para trabalhos forçados, ou qualquer outra finalidade, da população civil nos territórios ocupados, o assassinato e os maus-tratos dos prisioneiros de guerra, a execução de reféns, o ataque a bens públicos ou privados, a destruição sem motivo de cidades ou a devastação que não se justifique por exigências militares (Estatuto de Londres, art. 6, b).

Trata-se da primeira vez em que os crimes de guerra passaram a ser julgados por uma instância internacional e que seus autores foram considerados responsáveis, individualmente, perante o direito internacional. As violações aos usos e costumes de guerra já eram previstas nas Convenções de Paz de Haia de 1899 e 1907, nas quais foram estabelecidos trinta e dois "tipos penais", sem determinação de sanção ou previsão de estabelecimento de uma jurisdição especial, sendo que os julgamentos ficavam a cargo dos Estados beligerantes. No pós-Segunda Guerra, os crimes de guerra (graves violações) foram incorporados ao direito internacional humanitário por meio das Convenções de Genebra de 1949, mas ainda sem determinação de sanções ou de jurisdição internacional.

A definição do crime contra a humanidade adotaria, no Estatuto, a seguinte redação:

> O assassinato, o extermínio, a redução à escravidão ou a deportação, assim como qualquer ato desumano cometido contra qualquer população civil, antes ou depois da guerra; ou as perseguições por motivos políticos, raciais ou religiosos quando esses atos ou perseguições, quer tenham constituído ou não uma violação do direito interno dos países nos quais foram perpetrados, tenham sido cometidos em decorrência de qualquer crime que faça parte da competência do Tribunal ou estejam vinculados a esses crimes (Estatuto de Londres, art. 6, c).

Tornou-se necessário julgar os crimes cometidos pela Alemanha contra sua própria população (algo inédito); as perseguições a grupos específicos e também as práticas utilizadas nos campos de concentração para o extermínio, que dificilmente poderiam se enquadrar na categoria dos crimes de guerra. Ao propor a tipificação do crime contra a humanidade, partiu-se da ideia de que o direito internacional já continha, em suas normas costumeiras e seus princípios gerais, a condenação dos crimes cometidos durante conflitos armados, mas que por sua gravidade ou caráter massivo, extrapolavam a categoria dos crimes de guerra. As "leis de humanidade e exigências da consciência pública", que deveriam ser levadas em consideração na falta de estipulação escrita condenando determinada ação, uma previsão do direito internacional humanitário (Cláusula De Martens), e a Declaração das potências aliadas no pós-Primeira Guerra considerando o "massacre dos armênios" pelo império Turco Otomano como um "crime contra a humanidade", representaram fundamentos para a nova tipificação.

Apesar do sucesso na elaboração do Estatuto, a tarefa de julgar os principais responsáveis pelo regime nazista não foi executada sem percalços – o conflito de sistemas jurídicos, tanto na elaboração do Estatuto, como durante os debates, ficou patente em diversos momentos. Mas é em relação à tese defendida segundo a qual os acusados deveriam ser investigados e julgados por atuarem em complô que as diferenças se tornaram evidentes. O parágrafo único do art. 6º. estipulava que:

> os dirigentes, organizadores, provocadores ou cúmplices que tomaram parte na elaboração ou na execução de um plano orquestrado ou de um complô para cometer qualquer um dos crimes acima definidos são responsáveis por todos os atos realizados por qualquer pessoa na execução desse plano.

O complô (*conspirancy*) é um crime previsto no direito anglo-saxão, definido como qualquer acordo de vontade tendente ao cometimento de atos ilícitos. As delegações inglesa e norte-americana tinham como objetivo acusar os criminosos por terem conspirado para o cometimento de crimes, mesmo antes da guerra (a "Noite dos Cristais" e as perseguições e execuções nos Guetos), mas sofreram a oposição das outras delegações que não aceitavam a figura da *conspirancy* de forma autônoma ou aplicável para todos os crimes, só aceitando essa hipótese para os crimes contra a paz. O resultado foi negativo para a acusação, pois durante o julgamento não se conseguiu provar que os crimes de guerra e os crimes contra a humanidade tivessem sido objeto de complô. Como consequência, os atos cometidos antes do início da guerra (Invasão da Polônia em 1939) não puderam ser julgados.

3. Os Autores do Novo Direito: Robert Jackson, Hersh Lauterpacht, os "Outsiders" e a Elaboração do Estatuto

Dando sequência ao diálogo proposto com o homenageado, pretendemos analisar, em linhas gerais, as contribuições de alguns dos principais juristas que participaram da elaboração do Estatuto do Tribunal de Nuremberg, participação que se deu muitas vezes nos bastidores, como foi o Caso da Comissão das Nações Unidas para os crimes de guerra.

Conforme já mencionado, Robert Jackson foi escolhido como Procurador-Chefe do Tribunal e seu papel foi fundamental tanto para os preparativos, como para o desenvolvimento e o sucesso do julgamento. Jackson foi o principal responsável pela elaboração e redação do Estatuto. Conhecido por sua defesa da "justiça internacional", essa tarefa lhe foi confiada pelo Presidente Truman em abril de 1945: caberia a ele estabelecer os encargos e proceder às acusações perante um Tribunal Internacional instituído pelos EUA e seus aliados (Delage, 2006, p. 92).

No entanto, Jackson não desenvolveu a tarefa sozinho. Em 1943, uma Comissão foi estabelecida em Londres para investigar as atrocidades que estavam sendo cometidas (Comissão das Nações Unidas para os crimes de guerra). Caberia a essa Comissão estabelecer os crimes cometidos e indicar seus autores em relação aos criminosos com determinação geográfica de suas condutas, mas ela foi além ao discutir e formular inovações que seriam necessárias ao direito internacional para que fosse possível julgar os crimes cometidos pelos alemães e seus aliados, tanto no que se refere aos principais responsáveis quanto a seus subordinados, tendo impacto portanto na elaboração final do Estatuto de Londres.

Entre os juristas que se destacaram nesse grupo, três "outsiders" teriam um papel importante ao propor discussões acerca de como o direito deveria evoluir para enfrentar os novos desafios: Bohuslav Ecér, Herbert Pell e Lawrense Preuss. Apesar das funções limitadas da Comissão (investigar os crimes de guerra e seus autores), Ecér, jurista checo exilado na Inglaterra, e Pell e Prews, diplomatas norte-americanos, propuseram a discussão de muitas inovações que foram incorporadas ao Estatuto de Londres. No âmbito do Comitê Jurídico da Comissão, Ecér insistia na necessidade de adaptar o direito internacional à realidade da guerra em curso e no prejuízo que uma análise dogmática traria para as vítimas tendo em vista que o direito pré-existente não havia previsto a "criminalidade nazista". Ele apresentou duas propostas que foram incorporadas ao Estatuto: declarar criminosos os preparativos e o início de uma guerra de agressão e a adoção do princípio da reponsabilidade coletiva dos membros de determinadas organizações (SS, AS, Gestapo). O art. 9 do Estatuto de Londres incorporou a segunda proposta nos seguintes termos:

> quando um processo for feito contra qualquer membro de um grupo ou de uma organização, o Tribunal poderá declarar (por ocasião de qualquer ato pelo qual esse indivíduo pudesse ser declarado culpado) que o grupo ou a organização a que ele pertencia era uma organização criminosa.

Já Pell e seu adjunto Prews concentraram suas propostas na definição dos crimes que, extrapolando os crimes de guerra, seriam tipificados no Estatuto como crimes contra a humanidade. Eles sugeriram no âmbito do Comitê que fossem qualificados nesta categoria "os atos cuja intensidade e os métodos ameaçam as fundações da sociedade humana". Esclareciam ainda que tal tipificação cobriria os crimes cometidos contra os apátridas e qualquer pessoa, em razão de sua raça ou religião. Resta claro, portanto, que a contribuição desses juristas foi fundamental para a forma final adotada pelo Estatuto, mas ficou ofuscada por juristas mais conhecidos tendo em vista que a história "oficial" do direito internacional valoriza, como regra geral, o prestígio universitário (Mouralis, 2019, p. 38-49).

Enquanto os trabalhos da Comissão se desenvolviam, um jurista já consagrado, Sir Hersh Lauterpacht (1897-1960), também concentrava suas pesquisas em torno de dois temas que seriam fundamentais para o incremento do direito novo ainda em gestação: a ideia de estabelecer a centralidade do ser humano no direito internacional e a evolução do conceito de crime de guerra. Lauterpacht foi um dos principais juristas do século XX. Nasceu em Zolkiew (vila na Galícia então parte do Império Austro-Hungaro), formou-se em direito em Lemberg e prosseguiu seus estudos em Viena onde trabalhou com Hans Kelsen. Estabeleceu-se na Inglaterra e como professor em Cambridge contribuiu para o desenvolvimento do direito internacional de forma notável. Ele auxiliou nos preparativos do Tribunal de Nuremberg e foi membro da equipe britânica durante o julgamento (Cassese, 2008, p. 405-406). Lauterpacht representava a tradição "vitoriana" do direito internacional, profundamente marcada pelos valores liberais. Contestando o primado da soberania em nome do direito natural e dos direitos humanos, foi um dos primeiros a defender a instalação de um Tribunal para julgar os criminosos no pós-Segunda Guerra (MOURALIS, 2019, p. 65).

No mês de julho de 1945, Robert Jackson viajou para Cambridge para encontrar Lauterpacht e discutir a elaboração da redação final do Estatuto do Tribunal. Durante esse período os dois juristas discutiram a natureza do novo direito que deveria ser aplicado em Nuremberg. Quando Jackson voltou para Londres, um projeto de Estatuto revisado com Lauterpacht foi apresentado e suas ideias foram incorporadas à redação final. A principal delas seria a relativa à inserção das perseguições contra os próprios nacionais judeus e de outras minorias pelos nazistas e seus aliados, antes e depois da guerra, como uma das características do crime contra a humanidade, uma tipificação nova que se tornara necessária, segundo ele, tendo em vista a dificuldade de enquadrar determinadas condutas, como as perseguições e o extermínio de minorias na categoria dos crimes de guerra. Segundo Lauterpacht, a definição dos crimes contra a humanidade constituía uma inovação inspirada, que dotaria a legislação internacional de um elemento fundamental: a ideia de que o direito internacional não seria apenas um direito "entre Estados", mas um "direito da Humanidade" (SANDS, 2017, p. 155 e 157).

Outro jurista de renome que também estava presente nos bastidores das discussões, apesar de não ter sido solicitado, foi Hans Kelsen, que apresentou uma proposta consistente em reconhecer formalmente a existência de uma responsabilidade penal individual no direito internacional, que teria como resultado afastar o argumento de "atos de Estado". Essa recomendação foi aceita por Jackson (MOURALIS, 2019, p. 66). Kelsen contribuiu também para as discussões, mas agora referente aos efeitos pós-julgamento, por meio de artigo publicado em 1947, no qual discute se os resultados do julgamento poderiam ser considerados um precedente para o direito internacional (KELSEN, 1947, p. 154-171).

4. O Discurso de Abertura de Robert Jackson e o Novo Direito

Um dos momentos mais impactantes do julgamento em Nuremberg foi a sua abertura, que ficou a cargo do procurador-geral Robert Jackson. Recorrentemente citada na literatura especializada, o discurso de abertura dos trabalhos traz esclarecimentos em relação às questões jurídicas que foram levantadas durante a elaboração do Estatuto de Londres[1].

Acerca da necessidade de adaptar o direito internacional à nova realidade trazida pelo Nazismo, Jackson chama a atenção para o fato que a única esperança dos acusados seria "acreditar que o direito internacional estaria tão atrasado em relação à consciência moral da humanidade, que uma conduta, que essa consciência qualifica como criminosa, não possa ser considerada repreensível aos olhos do direito". Em relação à ausência de precedentes de Tribunais da mesma natureza e a necessária evolução do direito internacional, Jackson assume o ineditismo do Tribunal, mas lembra que

> o direito dos povos representa mais que uma coleção de princípios abstratos e imutáveis. (...) Se não queremos abandonar todos os princípios de evolução do direito das gentes, não podemos negar que nossa época tem o direito de instituir costumes e concluir acordos que se tornaram fontes de uma nova lei internacional mais fortalecida.

Justificando a visão pragmática adotada em relação ao julgamento, Jackson lembra que "esse procedimento, apesar de novo e experimental não é produto de especulações arbitrárias. Por outro lado, não foi instituído para justificar determinadas teorias jurídicas. A justiça reclama medidas imediatas". Em relação a essa consideração podemos vislumbrar outra contribuição elaborada "nos bastidores" que foi a dos juristas, mobilizados na qualidade de oficiais no Departamento de Guerra norte-americano e que auxiliaram a elaborar o quadro jurídico geral do estatuto de Londres. Esses *lawyers*, muitas vezes oriundos do direito empresarial, tinham uma visão oposta à concepção positivista e formal do direito e desconfiavam do "saber acadêmico". Pertencentes à Escola do realismo jurídico, defendiam a ideia de que os juízes deveriam ser criativos, liberados do peso da doutrina e capazes de procurar inspiração nas fontes mais diversas, inclusive nas ciências sociais, levando em consideração o contexto social e político da situação. Em Nuremberg os juízes deveriam fazer o mesmo, tomando medidas concretas e imediatas, evitando as discussões dogmáticas (Mouralis, 2019, p. 68).

[1] Para o discurso, cf. https://www.roberthjackson.org/. Os trechos foram traduzidos e são de responsabilidade da autora.

5. O Legado de Nuremberg

O Tribunal de Nuremberg foi idealizado para realizar outras funções, além da condenação dos acusados, que se tronaram necessárias tendo em vista a excepcionalidade do contexto da Segunda Guerra Mundial. A própria ideia de criação de um Tribunal para julgar os "planejadores, mandantes e financiadores" dos crimes baseou-se na necessidade de que o Tribunal tivesse uma função especial, isto é, além de julgar e condenar os acusados, ele deveria estabelecer a verdade acerca dos crimes cometidos demonstrando o caráter criminoso e premeditado do regime nazista e trazendo à luz as entranhas da máquina de extermínio posta em funcionamento durante a guerra. O Tribunal desempenhou assim uma função pedagógica importante. Mas, além dessa função pedagógica, ele representa um registro histórico fundamental. A historiografia da Segunda Guerra é profundamente tributária dos documentos e do relato produzidos pelo Tribunal sem os quais muitos fatos poderiam ter sido desconhecidos e esquecidos. Não é por acaso que o Tribunal de Nuremberg foi o primeiro julgamento a ser inteiramente filmado e também utilizou como meio de prova filmes, com cenas registradas tanto pelos próprios nazistas durante a guerra (desde discursos antissemitas até cenas de extermínio deliberado), como pelas forças aliadas, ao seu final (Delage, 2006, p. 114 et seq.).

Hoje, seguindo o legado de Nuremberg, os Tribunais Penais Internacionais desempenham um papel importante no que se refere a questões que ultrapassam as funções que tradicionalmente são consideradas no âmbito do direito penal e que são necessárias quando se trata de crimes internacionais em larga escala e que violam direitos humanos ou o direito internacional humanitário. Em caso julgado no Tribunal Penal Internacional (Katanga), a instituição afirma que as funções da pena, no contexto do direito internacional penal são, além de julgar e aplicar uma pena, dar reposta à necessidade de verdade e justiça das vítimas e reconhecer os danos causados à sociedade. O direito internacional penal, nestas condições, tem por objetivo também criar um registro permanente dos crimes internacionais que resista ao esquecimento produzido pelo tempo.

Além das condenações e de sua função pedagógica e memorial, o Tribunal de Nuremberg, conforme mencionado, criou direito novo pois além de suas tipificações serem utilizadas por tribunais tanto nacionais como internacionais que julgam crimes da mesma natureza a partir do pós-Segunda Guerra, estabeleceu novos princípio. As regras do Estatuto de

Londres foram incorporadas ao direito internacional penal e ainda constituem importantes fontes. Lembre-se que a Resolução da Assembleia Geral das Nações Unidas n. 95, aprovada logo após o término do Julgamento, determinou a inserção dos princípios de Nuremberg como integrantes do direito internacional geral, confirmando assim a aceitação plena de seus resultados.

Outra contribuição foi a possibilidade de novos julgamentos, com base nos princípios estabelecidos e nas tipificações previstas no Estatuto de Londres, dos demais criminosos nazistas que participaram, direta ou indiretamente dos crimes e que ainda não tinham sido julgados pelas potências aliadas nos territórios ocupados: médicos, juízes, promotores, empresários e banqueiros, oficiais da SS, guardas de campos de concentração e membros dos esquadrões móveis foram julgados nos chamados Julgamentos de Nuremberg, ocorridos no mesmo Tribunal, entre 1946 e 1949.

Pode-se dizer, portanto, que o Estatuto de Londres produziu um direito novo, para além das tipificações penais, ao determinar a responsabilidade penal individual perante o direito internacional (um novo regime de responsabilidade penal) criando assim o que conhecemos hoje como direito internacional penal. Ele estabeleceu como princípios do direito internacional penal: o afastamento da escusa da obediência devida, da defesa por alegação de atos de Estado quando em presença de crimes internacionais e da excludente de culpabilidade em razão da qualidade oficial do acusado. Pode-se afirmar assim que o Estatuto de Londres inovou, ao mesmo tempo em que fez progredir a codificação dos princípios e costumes estabelecidos no direito internacional, conforme procuramos demonstrar ao longo do texto.

As palavras finais de Robert Jackson na abertura dos trabalhos explicitam as razões pelas quais determinadas concepções foram adotadas em Nuremberg:

> a civilização se pergunta se a justiça está tão atrasada a ponto de ser ineficaz quando se trata de crimes de tal amplitude cometidos por criminosos de tal envergadura. A questão não consiste em saber como tornar a guerra impossível, mas como um procedimento fundado no direito das gentes pesará na balança para doravante preservar a paz e permitir que homens e mulheres de boa vontade possam ter a permissão de viver livremente, sob a proteção da lei.

Referências

CASSESE, Antonio (Ed.). **The Oxford Companion to International Criminal Justice.** Oxford: Oxford University, 2008.

KELSEN, Hans. "Will the judgment in the Nuremberg Tribunal constitute a precedent in international law?" in **International Law Quartely**, Vol. 1, n. 2, 1947, p. 153-171.

LOPES, José Reinaldo de Lima. **As palavras e a lei**: Direito, Ordem e Justiça na História do Pensamento Jurídico Moderno. 2a ed. São Paulo: Madamu, 2021.

MOURALIS, Guillaume. **Le moment Nuremberg**. Paris: SciencesPo, 2019.

PERRONE-MOISÉS, Cláudia. **Direito Internacional Penal-Imunidades e Anistias**, São Paulo: Manole, 2012.

SANDS, Philippe. **Retour à Lemberg**. Tradução do inglês de Astrid von Busekist. Paris: Albin Michel, 2017.

WIEWORKA, Annette. **Le procès de Nuremberg**. Paris : Liana Levi, 2006.

Documentos (as traduções são de reponsabilidade da autora)

Documentos do Tribunal de Nuremberg: Yale Avalon Project. Disponível em: https://avalon.law.yale.edu/subject_menus/imt.asp. Acesso em: 09 set. 2022.

Declaração de Abertura do Procurado Geral Robert H. Jackson. Disponível em: https://www.roberthjackson.org/. Acesso em: 09 set. 2022.

PARTE II
TEORIA DO DIREITO

9
A DETERMINAÇÃO DA MEDIDA: A PRUDÊNCIA E A PRÁTICA JURÍDICA

João Henrique Garcia Dias

Introdução

Uma das primeiras e mais importantes lições que aprendi com o Professor José Reinaldo de Lima Lopes foi a de uma determinada concepção da lei (ou, se preferirem, da norma jurídica), que ele mesmo recolheu de um dos clássicos do pensamento filosófico sobre o direito. De acordo com essa concepção, formulada por Tomás de Aquino no Tratado da Lei da sua **Suma de Teologia**, a lei é uma regra e uma medida das ações humanas (Tomás de Aquino, 2015, p. 522).

São pressupostos importantes dessa concepção da lei: (i) que a lei seja dirigida às ações humanas; e (ii) que tais ações devam ser regradas, isto é, determinadas por certos padrões que se apliquem a uma multiplicidade de casos, e não acontecer sem nenhuma ordem. Para o Professor Lima Lopes, tais pressupostos são um sinal seguro de que uma teoria do direito consistente não pode prescindir dos fundamentos de uma teoria da ação e, de modo mais geral, de uma teoria das práticas sociais (Lopes, 2009, p. 43-47).

Neste artigo, eu gostaria de explorar uma questão que emerge de tal concepção da lei (**lei como regra e medida**), que pude investigar no meu trabalho de mestrado, desenvolvido sob a orientação do Professor Lima Lopes. A questão é a seguinte: sendo a lei uma regra e uma medida das ações humanas, de qual modo tal medida pode ser **determinada**, isto é,

conhecida e **realizada**? Uma resposta possível a essa questão, que é a fornecida pelo próprio Tomás de Aquino, diz que a medida da ação humana é determinada mediante a **virtude** da **prudência** (Tomás de Aquino, 2004, p. 590).

Em um primeiro momento, pode causar estranhamento que se fale em virtude – algo que, no senso comum, acabou por associar-se sobretudo à vida privada – ao tratar de um problema eminentemente comunitário, que é o das regras e medidas que devemos respeitar a fim de atingir certos fins comuns. Sem pretender eliminar totalmente esse estranhamento, gostaria de tentar, por meio deste artigo, familiarizar o leitor com alguns traços fundamentais da concepção tomista de prudência e indicar sua importância para a atividade do jurista (considerado tanto como produtor e como aplicador da lei, isto é, *grosso modo*, como legislador e intérprete).

Para tanto, dividirei minha exposição nas seguintes seções: (i) primeiramente, tratarei de uma condição para a compreensão da função da virtude da prudência, a saber, a noção de um sistema de bens da vida prática; (ii) em segundo lugar, apresentarei a virtude da prudência considerando as três operações da razão prática que estão de algum modo relacionadas a ela; e (iii) por fim, pretendo argumentar que o bom jurista é o jurista prudente, porque é ele quem é capaz de determinar as medidas do direito.

1. O Sistema de Bens da Vida Prática

A tese basilar de qualquer ética de inspiração aristotélica é aquela com a qual o Estagirita abre a sua **Ética a Nicômaco**: de acordo com Aristóteles, sempre que as pessoas produzem, pesquisam, agem ou escolhem, têm em vista um bem (Aristóteles, 2020, p. 27).

Quando realiza uma operação, um cirurgião toma como bem o estabelecimento da saúde do paciente; quando joga amarelinha, uma criança visa ao bem do prazer lúdico; quando estuda com os seus manuais, um aluno quer o bem que é o conhecimento da matéria sobre a qual se debruça.

Nós todos visamos a uma multiplicidade de bens, e um dos problemas práticos fundamentais consiste precisamente na ordenação dos bens em um **sistema**. Por sistema de bens quero designar um quadro no qual os diferentes bens da vida humana se encontrem referidos uns aos outros, de tal modo que esses bens não sejam meros átomos isolados, mas elementos ligados por relações de subordinação e coordenação. Se um sistema de bens fosse impossível, estaríamos condenados a perseguir bens díspares, que se imporiam com igual força, não havendo, então, qualquer critério para discernir diante de bens eventualmente incompatíveis.

A ideia de um sistema de bens encontra o seu princípio ordenador no conceito de um sumo bem, ao qual todos os outros bens se subordinariam. Tal bem é a **felicidade**, que é aquilo em vista do qual, em última medida, tudo mais é realizado (Aristóteles, 2020, p. 35-36). Saúde, prazer e conhecimento – os bens a que visavam as atividades dos nossos exemplos – são bens que perseguimos porque, afinal, julgamos que nos trarão felicidade. Caso julgássemos que algum desses bens produzisse o contrário da felicidade, então não haveria mais uma **razão** a justificar que o perseguíssemos – antes, teríamos uma razão para evitá-lo.

Não basta, porém, afirmar que a ação humana se oriente para bens e, em última instância, a um sumo bem, que é a felicidade: tal afirmação pretende ser uma **descrição** do modo de funcionamento da ação humana. É preciso mostrar qual é propriamente o **conteúdo ético** da noção de felicidade, a partir do qual unicamente poderemos chegar a uma **prescrição**, isto é, a um dever-ser que se imponha ao homem enquanto ente que persegue necessariamente a felicidade.

Segundo Aristóteles, a felicidade consiste na atividade virtuosa. Sendo uma atividade, não é feliz aquele que meramente **pode** realizar certas operações, mas aquele que **efetivamente** as realiza. Ou seja, não é feliz quem **pode agir** virtuosamente, mas quem **está agindo** virtuosamente. Sendo uma atividade **virtuosa**, não se pode considerar feliz aquele cujas operações estejam em desacordo com a virtude. É precisamente nesse último requisito, isto é, de que a atividade ocorra segundo a virtude, que se encontra o núcleo **ético** da concepção aristotélica de felicidade. Para Aristóteles, e nisso o acompanha Tomás de Aquino, não há felicidade sem que as atividades tenham uma **forma ética**, e tal forma ética consiste na conformidade à virtude (Aristóteles, 2020, p. 47).

Mas, afinal, o que faz com que uma ação ou uma paixão sejam conformes à virtude? Para Aristóteles, trata-se da sua adequação à **reta razão**, que delimita o ponto ótimo, fora do excesso e da falta, para a operação, levando em consideração as circunstâncias que compõem o horizonte prático do agente.

Já sabemos que, além da felicidade (o sumo bem), os agentes intencionam diversos outros bens. Todos esses outros bens podem ser vistos como **meios** para um bem que é o fim último, porque nós os queremos na medida em que, primeiramente, queremos ser felizes. Há, por outro lado, outros bens que, com respeito a esses meios para a felicidade, são eles mesmos meios. Por exemplo: ao abrir o seu manual, um aluno intenciona estudar o conteúdo do livro. A ação de abrir o manual é um meio para o fim que é estudar o conteúdo do livro; estudar o conteúdo do livro é, por sua vez, um meio para outro fim superior, que é o conhecimento da matéria; o conhecimento da matéria, finalmente, é um meio para o fim supremo, que é a felicidade do estudante (supondo que conhecer tal matéria, dados esse agente e essas circunstâncias, seja uma atividade conforme à reta razão).

No nosso exemplo, o conhecimento da matéria é um fim, se consideramos a sua relação com o estudo da matéria (estudar a matéria é um meio para a obtenção do fim que é o conhecimento da matéria); se, porém, consideramos a sua relação com a felicidade, trata-se de um meio (o conhecimento da matéria é um meio para a felicidade). Disso tiramos que, para determinar se um bem é meio ou fim, precisamos perguntar sempre: em relação a quê? O bem **a** pode ser meio com respeito ao bem **b** (que é seu fim), e fim com respeito ao bem **c** (que é seu meio). O único bem que é sempre fim (e nunca meio para outro bem) é a felicidade.

Vê-se, então, que a relação de subordinação que os bens guardam uns com respeito aos outros é uma relação de meios e fins. No termo dessa cadeia de causalidade finalística, na qual bens inferiores são meios para bens superiores, encontra-se sempre a felicidade do agente, que, se deve ser efetivada segundo seu conteúdo ético, requer que sejam referidos a ela aqueles meios que a razão prática, operando corretamente, determinaria.

2. A Prudência e os seus Atos

Para a tradição ética que estamos examinando, há um tipo de agente que determina bem os meios para a aquisição dos fins (em última instância, para a efetivação da felicidade), e outro tipo de agente que não o faz. O primeiro agente, que determina bem os meios, é algo que o segundo não é, a saber: **prudente**.

Prudente é aquele cuja razão prática tem uma certa disposição permanente (um hábito) que lhe possibilita determinar os meios adequados para um fim intencionado. Todos temos razão, isto é, temos a capacidade de raciocinar e inteligir; além disso, todos nós podemos fazer um uso prático da razão, isto é, raciocinar e inteligir tendo em vista bens. No entanto, nem todos nós temos esse hábito que nos levaria a usar bem a razão ao tratarmos do encadeamento de meios a fins. Esse hábito, que é a causa de um reto encadeamento prático, é a **prudência**.

De acordo com Tomás de Aquino, existem três atos da razão prática que estão principalmente relacionados à virtude da prudência. São eles: a **deliberação**, o **juízo prudencial** e o **império** (ou preceito, comando). Falando estritamente, a operação que é aperfeiçoada pela prudência é o império; no entanto, tanto a deliberação como o juízo prudencial são aperfeiçoados pelo que Tomás de Aquino chama de partes potenciais da prudência (virtudes auxiliares à virtude em questão) (Tomás de Aquino, 2004, p. 598).

Comecemos pelo primeiro dos atos da razão prática. O ato de deliberação consiste na investigação prática dos meios adequados para o fim intencionado pelo agente. Supondo que um agente intencione, por exemplo, conhecer a ciência do direito, elabora-se, então, em sua mente um problema prático, que podemos exprimir do seguinte modo: "como posso conhecer a ciência do direito"? Para a solução desse problema prático, esse agente deverá proceder a uma **investigação**, um processo de descoberta daquilo que lhe possibilitará obter tal conhecimento. Isso é o mesmo que dizer que ele terá que pesquisar quais são os meios adequados para a aquisição da ciência jurídica. Investigar, em matéria prática, é o que chamamos de deliberar.

Bons conselheiros são pessoas que deliberam bem. Vemo-nos muitas vezes consultando amigos, colegas ou mestres, aos quais apresentamos um determinado problema prático. "Como posso redigir a minha tese?", "Como posso ir à sua casa?", "Como posso me portar nessa festa?". Ao dirigirmos essas perguntas ao nosso potencial conselheiro, esperamos que ele nos descubra quais são os meios adequados para entrarmos em posse dos fins que intencionamos (a redação da tese, a chegada à casa do amigo, o comportamento apropriado na festa).

Um professor que nos aconselha sobre como podemos redigir uma tese poderá propor, por exemplo, certas atividades fundadas em princípios de metodologia científica, que serão os meios pelos quais alcançaremos nosso fim. Delimitar um problema de pesquisa, produzir fichamentos organizados logicamente dos textos que são nossas fontes, escrever a partir de um sumário – eis alguns dos meios que poderão ser levantados pelo nosso conselheiro como adequados para o fim que intencionamos.

O ato de deliberação, não à toa, é aperfeiçoado por uma virtude auxiliar à prudência chamada de *eubulia*, isto é, a virtude do bom conselho.

Lembremos que, na Grécia Antiga, a Βουλή (Conselho) era o órgão político no qual certo número de cidadãos deliberava sobre assuntos referentes à sua cidade-Estado. O agente que tem a *eubulia* é, primeiramente, um bom conselheiro para si mesmo e, secundariamente, um bom conselheiro para os outros (Tomás de Aquino, 2004, p. 637).

A atividade deliberativa requer, nos seus maiores graus de perfeição, uma alta inventividade do agente. Quem delibera bem consegue descobrir com facilidade e rapidez uma variedade de meios adequados para os fins intencionados, de tal modo que nele reconhecemos um tipo de genialidade prática análoga à dos artistas criadores, que conseguem encontrar representações intuitivas nada óbvias que correspondam às grandes ideias do espírito humano.

O segundo ato da razão prática pertencente ao âmbito da virtude da prudência é o juízo prudencial. Esse juízo consiste naquela atividade da razão prática pela qual os meios encontrados no processo de deliberação são avaliados como bons ou maus, melhores ou piores, considerando os fins a que visamos.

Por si só, a investigação dos meios, em que consiste o processo deliberativo, não avalia se os meios são bons, ou qual entre todos os meios descobertos (supondo que haja vários) é o melhor. Descobrir meios requer a competência de encontrar possíveis particularizações para um fim, que, sob esse aspecto, é algo de universal. Determinar se os meios descobertos são bons, ou se são os melhores, requer uma atividade que, em certo sentido, é oposta ao deliberar, a saber, a atividade de verificar se certas particularizações realizam ou não o fim. Ou seja, de um lado, parte-se do universal, para determinar particulares que lhe possam dar efetividade; de outro, parte-se dos particulares, para determinar se eles verdadeiramente efetivam o universal. O juízo prudencial é essa operação que compara o particular prático (o meio) ao universal prático (o fim).

O juízo é necessário porque, na vida prática, não basta investigar meios possíveis para dar efetividade aos fins intencionados: é preciso também que se fixe a sua bondade relativa (caso em que se tem o **melhor**, que é conhecido pela comparação com outro bem) ou absoluta (caso em que se tem simplesmente um **bem**).

Imaginando alguém que quisesse chegar a um destino ainda desconhecido em uma grande cidade, tal pessoa poderia levantar uma série de meios possíveis para tanto, aconselhando-se com amigos ou consultando o Google Maps. Os diversos caminhos (quanto ao trajeto, ao meio de transporte, entre outros) são diversos candidatos a meios para a obtenção do fim, que é a chegada ao destino. No entanto, se essa pessoa não julgar esses meios possíveis, de modo a determinar se eles são verdadeiramente bons, e qual dentre eles é o melhor, ela acabará por nunca sair do lugar. É preciso que o deliberado se torne julgado – que se separe, entre os meios apresentados ao termo da investigação, os meios bons dos maus, e que se selecione, entre os meios bons, o melhor. Ir de metrô, embora aconselhado por um amigo, pode não ser um meio adequado, porque a estação mais próxima do destino estaria a muitos quilômetros de distância dele; ir de carro pela via **x** ou ir de carro pela via **y** seriam ambos meios adequados para o fim, mas ir de carro pela via **x** seria melhor, porque demandaria menos tempo... É esse tipo de consideração que está em jogo quando realizamos juízos prudenciais: dados esses meios, quais deles são bons e, entre os meios bons, qual é o melhor tendo em vista o nosso fim?

Tomás de Aquino apresenta duas virtudes que tornam os agentes bons juízes prudenciais: são elas a *synesis* (Tomás de Aquino, 2004, p. 640-641) e a *gnome* (Tomás de Aquino, 2004, p. 642-643). Que haja duas virtudes distintas para o aperfeiçoamento do juízo prudencial é algo que se explica pelo fato de que, para a solução de um problema, podemos nos referir seja a princípios menos gerais, seja a princípios mais gerais.

Nisso sendo bastante aristotélico, para Tomás de Aquino, no mundo podemos encontrar dois tipos de eventos: eventos que ocorrem de certo modo **em muitos casos**, e eventos que se destacam da ordem da normalidade numérica, ocorrendo de outro modo **em poucos casos**. Nós podemos formular leis (se *stricto* ou *lato sensu* não é algo de que possamos tratar aqui, sem desvios do nosso escopo) que contemplem os eventos do primeiro tipo (mais numerosos), e tais leis, evidentemente, não explicarão os eventos do segundo tipo (menos numerosos). Isso, contudo, não quer dizer que os eventos do segundo tipo estejam fora de qualquer ordem de legalidade ou normalidade: há uma normalidade mais geral que explica tanto o que ocorre em muitos casos, como o que ocorre em poucos casos – e é a ela que precisaremos recorrer se quisermos entender também o que acontece com menor frequência.

Para explicar por que um ser humano tem dez dedos nas mãos, pode bastar que eu me refira a um princípio segundo o qual "os homens nascem com dez dedos nas mãos". No entanto, como bem sabemos, isso simplesmente se dá **em muitos casos**: há seres humanos que nascem com mais ou menos dedos nas mãos, que não deixam de ser humanos por causa disso. Se eu quiser explicar por que um homem nasceu com oito ou onze dedos – ou seja, algo, de certo modo, excepcional (porque diferente do que ocorre **nos muitos casos**) –, terei, então, que me referir a um princípio mais geral, que a genética e a embriologia poderão fornecer.

Isso vale, é claro, também para os problemas práticos. Para a maioria deles, seja no cotidiano, seja em alguma prática mais específica (como a jurídica), o recurso a certas regras que valem para muitos casos já é suficiente para que consigamos tratá-los adequadamente. O dia a dia judiciário não me deixa mentir: os problemas jurídicos se repetem, e os juízes podem tomar suas decisões valendo-se de regras jurídicas que se referem de modo bastante particularizado ao caso em questão. No entanto, vez ou outra, aparecem casos para os quais não há regra particularizada a partir da qual eles possam ser julgados: nesse sentido, o juiz precisa recorrer a princípios mais gerais (no nível máximo de generalização, a princípios que encontramos na Constituição ou em tratados) para determinar uma solução adequada, isto é, avaliar o que é o justo no caso que tem diante de si.

Quem julga bem a partir dos princípios que valem para muitos casos tem a virtude da *synesis*. Dificilmente alguém pode ser considerado um bom juiz se não tiver *synesis*, isto é, se não for capaz de aplicar corretamente a universalidade **próxima** ao caso, julgando assim que, à luz de certo princípio geral, este ou aquele é o melhor meio.

Quando, porém, consideramos alguém um **grande** juiz, costumamos ter outra coisa em vista, que é justamente a capacidade daquele que tem a virtude da *gnome*. Quem tem *gnome* é capaz de aplicar retamente a universalidade **remota** ao caso: ele consegue julgar, a partir de um princípio mais geral, qual é o melhor meio.

Uma coisa é encontrar a melhor solução para uma disputa em torno de um contrato administrativo a partir de uma regra presente na Lei nº 14.133/21; outra, ainda, é fazê-lo valendo-se dos princípios administrativos presentes no art. 37 da Constituição Federal. Desempenhar **bem** a primeira função requer *synesis*; desempenhar **bem** a segunda função requer *gnome*.

Como não podemos contar com a sorte de ter apenas juízes excelentes em *gnome*, há uma tendência bastante compreensível no processo de positivação do direito à formulação de regras cada vez mais particulares. Nesse sentido, os juízes teriam acesso, para a solução dos casos, a regras de uma universalidade mais próxima, que poderiam ser bem aplicadas por quem é dotado de *synesis*, isto é, por quem consegue julgar bem que certo meio é adequado, em muitos casos, tendo em vista tal ou qual fim. Ao longo da história, as regras se tornam progressivamente mais particulares – embora nunca absolutamente particulares, já que, então, não mais seriam regras –, o que faz com que o recurso a regras de maior universalidade se torne necessário em um menor número de casos (ou, talvez, apenas quando se está diante do que a prática jurídica chama de *hard cases*).

Além da deliberação e do juízo acerca dos meios, Tomás ainda destaca um ato da esfera da prudência – aliás, o mais importante de todos, aquele que, em sentido estrito, a prudência aperfeiçoa –, que é o ato de império, preceito ou comando. Ou seja, determinar os meios para atingir certo fim não requer apenas que se encontrem esses meios e se julguem quais deles são bons: é preciso, ainda, que a inteligência comande outras partes psíquicas e nossos membros corpóreos a dar efetividade àquilo que foi deliberado e julgado (Tomás de Aquino, 2009, p. 218-219).

Talvez eu possa ser mais claro se der um exemplo que extrapole a esfera da prudência individual (isto é, da determinação dos meios para um fim que um indivíduo tenha para si mesmo). Imaginemos que nós precisemos realizar um trabalho escolar em grupo (ou seja, que tenhamos por fim um bem comum, isto é, um bem ao qual tende mais de um indivíduo).

O professor da disciplina para a qual o trabalho deve ser entregue (suponhamos que seja Introdução ao Estudo do Direito) nos deu um fim (por exemplo, explicar o pensamento de Hans Kelsen acerca da interpretação da norma jurídica). A fim de realizar essa tarefa plenamente, nosso grupo poderá reunir-se, para, em primeiro lugar, levantar meios possíveis para a efetivação do fim. Talvez procurar uma bibliografia de apoio para a leitura do capítulo VIII da **Teoria Pura do Direito**? Focar exclusivamente no texto de Kelsen? Dividir a apresentação em duas partes? Talvez em três? Usar *slides* com citações diretas ao texto? Usar *slides* apenas com palavras-chave?

É bastante comum que hoje se dê o nome de *brainstorming* a essa atividade deliberativa – chamemo-la como quisermos, contudo, ainda será preciso que julguemos os meios, selecionando os melhores, isto é, aqueles que consideramos mais adequados para a efetivação do nosso fim. Julgamos, por exemplo, que é melhor focarmos no texto de Kelsen, que, além disso, é melhor fazermos uma apresentação dividida em três partes, e que, finalmente, é melhor que nossos *slides* tragam citações diretas do texto.

No entanto, como todos que já fizeram um seminário em grupo sabem, o melhor *brainstorming* do mundo e a melhor avaliação dos meios deliberados não são ainda suficientes para a realização de uma boa apresentação: antes mesmo da execução, é necessário que as pessoas, seja centralizando suas vontades em um líder (eleito de modo explícito ou não), seja pela unificação de suas vontades em um consenso explícito (sinalizado por palavras ou gestos), comandem a realização dos meios, fazendo com que o deliberado e julgado se torne um **dever**.

Nesse caso, o agente não mais apenas considera algo de um ponto de vista prático, mas, pelo seu comando – que pode ser dirigido a si mesmo, ou a outros sob a sua liderança –, inaugura a fase de execução, isto é, aquela cadeia de atividades que, caso sejamos bem-sucedidos, colocar-nos-á na posse do fim.

A deliberação e o juízo dos meios são como que momentos preparatórios para esse ato que determina a medida da ação no sentido mais próprio da palavra – o império. A pessoa prudente é uma pessoa **eficaz**, que consegue transformar a atividade intelectual em ação **adequada para o fim**, porque consegue comandar que se faça aquilo que ela percebe como sendo bom ou melhor.

O prudente não é aquele que (meramente) tem boas ideias sobre o que seja bem e mal, justo e injusto: prudente é quem consegue fazer com que essas ideias tenham efetividade. É claro, não pode comandar bem – e, por conseguinte, ser prudente – quem não delibera ou não julga bem (ou não sabe escolher bons conselheiros e juízes para suas questões práticas); no entanto, não há efetividade prática sem um momento **imperativo**, isto é, sem que, pressuposto o fim intencionado, determine-se a execução de certas ações para alcançá-lo.

3. O Jurista e suas Medidas

Como ensina o Professor Lima Lopes, a prática jurídica enquanto tal se orienta para um fim determinado: tal fim é a realização do **justo**, o que equivale a dizer que **a justiça é o sentido do direito** (uma das fórmulas mais importantes do seu pensamento sobre o direito) (Lopes, 2015, p. 907).

Não é possível reconhecer um sistema de regras para a ação humana como um sistema **jurídico** a menos que, de algum modo, tais regras tenham como razão de ser (como **sentido**) a efetivação da justiça. Um pressuposto da maior importância dessa tese é o de que a justiça não é uma coisa da natureza, que se produza por si só a partir das causas de que tratam as ciências naturais (Lopes, 2021, p. 107): a justiça é algo que só ganha realidade por meio de **instituições jurídicas**. Outro pressuposto relevante é o de que nem o alto grau de complexidade de um sistema de regras, nem a força coativa com a qual ele venha a ser imposto, são critérios adequados para distinguir o jurídico do não jurídico. Podemos pensar, por exemplo, nos códigos de etiqueta: ninguém negaria que eles são altamente sofisticados e que têm, nos meios aos quais se aplicam, grande força coativa. No entanto, como a justiça não é o sentido desses sistemas, não podemos classificá-los como jurídicos.

Se a justiça é o fim da prática jurídica, então os juristas, enquanto agem no campo jurídico – acusando, defendendo, julgando, legislando –, devem ter em seu horizonte a realização do justo. Ora, quem tem um fim, precisa de meios para dar-lhe realidade: determinar os meios para a realização do justo é determinar a regra e a medida – a lei, no sentido mais amplo possível (incluindo aqui as normas do nível mais geral ao mais particular) – que se aplica ao caso com que se está lidando.

Diante de um problema jurídico, o jurista que age segundo as regras do jogo jurídico intenciona sempre, como bem último, a justiça. Para a realização desse bem, normas como a Constituição Federal determinam certos bens que são como que meios para a realização do justo, formando um **sistema de bens jurídicos**.

A fim de dar realidade aos bens jurídicos (o que pode significar tanto, em um certo sentido, produzi-los, como conservá-los), os legisladores, por exemplo, deliberam sobre os meios mais adequados, avaliam quais meios são bons e qual é o melhor e, por fim, **preceituam**, no momento final da atividade legiferante, que tal ou qual conduta seja realizada ou evitada. Ou seja, determinam uma medida para as ações humanas que caem sob o preceito em questão.

Considerações análogas podem ser feitas a respeito do jurista que ocupa outras posições que não a de legislador: afinal, o que um juiz faz, ao produzir uma sentença, senão comandar (mais particularizadamente, é claro) que certas condutas sejam realizadas e outras sejam evitadas? Ou seja, senão determinar uma medida para o caso em questão? Julgar é determinar a medida adequada para o caso concreto – e não qualquer medida: a medida que tende à realização do justo.

Uma consequência que podemos destacar dessa concepção da prática jurídica é a de que o jurista, para realizar **bem** suas atividades, terá, necessariamente, que ser prudente, ao menos em assuntos jurídicos (deixarei de lado a questão sobre se é possível ser prudente **apenas** em assuntos jurídicos, ou se um tipo de prudência mais geral não é um requisito para tanto). Não é possível ser bom na prática jurídica – o que quer dizer: jogar bem o jogo do direito, que é um jogo que tem como meta a realização da justiça – sem uma razão aperfeiçoada pela prudência, de modo a determinar, para cada problema jurídico, sua **regra e medida**.

Essas considerações levantam uma questão muito relevante para o ensino do direito. Bons juristas não são aqueles que conhecem códigos de cor, ou aqueles que são movidos por um abstrato senso de justiça: um bom jurista é alguém prudente em direito (*iurisprudens*), isto é, alguém que tem uma razão prática com uma certa virtude que o habilita a lidar bem com as medidas que regem o justo e o injusto.

Uma sólida formação em direito deverá, portanto, ter como foco tal aperfeiçoamento da razão prático-jurídica dos estudantes, de modo a torná-los aptos para bem deliberar, avaliar e preceituar. Vários exercícios podem ser elaborados para conduzir os estudantes à aquisição dessa virtude: a explicitação da estrutura de meios e fins ao propor a solução de certos problemas jurídicos pode, nesse sentido, ser de bastante valia. Além disso, a referência a um quadro explícito de bens jurídicos, que tenderiam ao bem principal da prática jurídica (o justo), também pode se mostrar uma boa ferramenta didática.

Se renunciamos ao trabalho de desenvolvimento da razão prática dos alunos, corremos o risco de formar operadores do direito que, ainda que "acertem" em suas jogadas jurídicas, não **pensam** juridicamente: tais operadores só fazem a jogada **a** ou **b** porque, por um sistema de condicionamento, aprenderam que, no jogo do direito, certas jogadas são recompensadas, e outras são punidas. Ainda que aprender isso possa ser bastante útil, certamente já não se trata mais de uma **formação jurídica**.

À guisa de conclusão, gostaria de lembrar que, como monitor das disciplinas de "Filosofia do Direito" e de "Direito e Justiça", ministradas pelo Prof. Lima Lopes na graduação da Faculdade de Direito da USP, pude ver, na prática, a aplicação desses princípios didáticos à formação dos estudantes do Largo. Sim, muitas semanas dos cursos eram dedicadas à discussão dos conceitos centrais das disciplinas; no entanto, em trabalhos e seminários, o Professor também demandava o uso de tais conceitos como **instrumentos** do raciocínio jurídico – na solução de casos e análise de decisões –, o que, para a minha admiração de pós-graduando que começava a refletir sobre a natureza da docência, produzia resultados decisivos. Uma semana após a outra, eu era surpreendido pelo progresso dos alunos, que se apropriavam **operativamente** dos grandes conceitos da teoria do direito e – por que não dizer isso? – se tornavam mais **jurisprudentes**.

Pelas lições de direito (em filosofia, história, metodologia...), pela introdução à prática da pesquisa e do ensino, eu lhe agradeço, Professor.

Referências

ARISTÓTELES. **Ética a Nicômacos**. São Paulo: Madamu, 2020.

LOPES, José Reinaldo de Lima. **As palavras e a lei**. São Paulo: Madamu, 2021.

LOPES, José Reinaldo de Lima. Aula inaugural (Justiça e direito). **Revista da Faculdade de Direito (USP)**, v. 110, p. 907-917, 2016.

LOPES, José Reinaldo de Lima. Entre a teoria da norma e a teoria da ação. *In:* STORCK, Alfredo Carlos; LISBOA, Wladimir Barreto (org.). **Norma, moralidade e interpretação**: temas de filosofia política e direito. Porto Alegre: Linus, 2009, v. 1, p. 43-80.

TOMÁS DE AQUINO. **Suma teológica**. vol. III. 2. ed. São Paulo: Loyola, 2009.

TOMÁS DE AQUINO. **Suma teológica**. vol. IV. 3. ed. São Paulo: Loyola, 2015.

TOMÁS DE AQUINO. **Suma teológica**. vol. V. São Paulo: Loyola, 2004.

10
RAZÃO PÚBLICA E DIREITO COMO PRÁTICA

LUIZ FELIPE ROQUE

> "(...) 'Que o júri considere o seu veredicto', disse o Rei
> pela vigésima vez naquele dia.
> 'Não, não!', disse a Rainha. 'A sentença primeiro... depois o veredicto.'
> 'Mas que tolice!', disse Alice em voz alta.
> 'Que idéia de ter a sentença primeiro!'
> 'Cale-se!', disse a Rainha, vermelha de raiva.
> 'Não me calo!', disse Alice.
> 'Cortem a cabeça dela!', gritou a Rainha com toda a força
> dos pulmões. Ninguém se moveu."
> (CARROLL, 2010 [1886], p. 168)

Introdução

A obra do professor José Reinaldo de Lima Lopes possui, dentre outros méritos, o fato de ser interdisciplinar. No âmbito da filosofia do direito, especificamente, ela dialoga com autores da filosofia da linguagem, teoria do texto e da interpretação, filosofia política e, sobretudo, ética e teoria da justiça, aproveitando analítica e rigorosamente as contribuições desses campos. Por meio desse diálogo, em contraposição ao senso comum da cultura jurídica brasileira, sua obra conta com uma concepção de direito que não se confunde com a positivista clássica, que o define como sistema de regras expressivo do comando do soberano, tampouco com a concepção cética de que o direito seria uma estrutura de poder artificialmente constituída ou o simples campo da "sofística", no qual tudo é uma questão subjetiva de interpretação e convencimento, pondo-se os conceitos e razões sempre em dúvida. A obra de Lopes, aproveitando-se da virada linguística na filosofia anglo-saxã do século XX, identifica o direito como prática – ações regradas orientadas por princípios dela constitutivos – institucional. Essa prática só é efetivamente realizada (não configurando outra prática ou uma prática defeituosa) (Korsgaard, 2009, p. 32-34) se as ações por ela abarcadas são motivadas ou inteligíveis com base no fim que a constitui e lhe dá sentido: a justiça.

Dentre os aspectos da obra de Lopes que melhor se valem da interdisciplinaridade e que são pressupostos dessa concepção de direito, destaca-se sua defesa da ideia de **razão pública**. Diferentemente do que por vezes admite-se entre filósofos e juristas, seres racionais são capazes não apenas de contar com o "uso privado" de sua racionalidade, como mentes solipsistas que "pensam sozinhas", mas sobretudo com o "uso público", a partir do qual suas razões para determinada ação individual ou determinado entendimento são universalizáveis e compreensíveis por outro ser igualmente racional.

Este trabalho tem por objetivo responder se – e, em caso positivo, em que medida – a noção compartilhada de razão é pressuposta pela compreensão do próprio direito. Meu argumento é o de que uma concepção privada da razão encaminha o jurista a uma noção individualizada, subjetiva e, assim, insuficiente do direito, enquanto uma concepção pública encaminha-o a uma noção institucional e objetiva – notadamente àquela do direito como prática, conforme propõe José Reinaldo de Lima Lopes. Na primeira seção serão apresentadas as noções de direito como norma e direito como ação. Na segunda seção essas concepções de direito dialogam com duas ideias distintas de uso da razão na filosofia ocidental – um privado e outro público. Ambas as concepções de razão são apresentadas, para que se defenda que a ideia de razão privada conduz necessariamente a uma noção de direito como norma, enquanto a de razão pública, ao direito como ação.

1. O Direito como Norma e o Direito como Ação

Em "Entre a teoria das normas e a teoria da ação", José Reinaldo de Lima Lopes identifica duas concepções teóricas do direito: a do direito como norma e a do direito como ação. Isso porque a "teoria das normas", comumente pressuposta em nossa cultura jurídica, tem por objeto uma espécie de ontologia da norma jurídica, discutindo temas como "o que é" essa norma (LOPES, 2009, p. 47). Conforme aponta o autor, essa teoria é "geralmente associada a uma concepção do direito como poder, isto é [,] como capacidade de imposição da própria vontade a outrem (Max Weber)" (LOPES, 2009, p. 49). O direito seria, assim, um conjunto organizado de normas (ordenamento) dotadas de sanções, cuja validade dependeria minimamente de sua eficácia, e que expressariam a vontade imposta (LOPES, 2009, p. 48-50).

Três dificuldades dessa teoria são aquelas apontadas por Herbert L. A. Hart em **O conceito de direito,** quais sejam: (i) o fato de que nem toda norma é um mandamento seguido de sanção (*e.g.* normas constitutivas como a de que o Brasil é uma República Federativa); (ii) não se cumprem regras exclusivamente em razão de um soberano particular, mas também por hábitos, costumes ou padrões; e (iii) conhecer uma norma não se confunde com tratar dela ou descrevê-la, mas sim com saber usá-la (saber seguir uma regra) – e, no caso do direito, saber agir e decidir conforme ao direito (LOPES, 2021, p. 69-72).

Dificuldades semelhantes podem ser mencionadas quanto a teorias externas à filosofia e à teoria do direito que apresentam concepções céticas a respeito do ordenamento ou prática jurídica, entendendo o direito como mero objeto de poder, dominação ou mesmo livre convencimento – como se a norma jurídica pudesse ter qualquer conteúdo que expresse a vontade da autoridade do discurso ou do poder.

Uma teoria da ação ou da decisão, por sua vez, tem por objeto o processo deliberativo abarcado pela prática jurídica, discutindo temas como "o que é seguir uma regra?" e "como se pode seguir uma regra ou aplicar uma rega?" (LOPES, 2009, p. 66). Essa teoria seria uma "teoria do raciocínio a partir de regras" jurídicas, refletindo sobre a aplicação e a justificação de ações (LOPES, 2009, p. 66). Normas jurídicas não seriam meras imposições de vontade, mas razões para agir inseridas em meio a uma prática.

Pelas teorias da ação, o direito é concebido não como norma positivada, mas como ação (como o seguir uma regra). Todo agente participa de uma atividade comum, cooperando com os outros na realização da prática; a norma não é simplesmente um comando externo, mas uma regra impessoal e objetiva, que se mantém independentemente das autoridades, das pessoas que as seguem ou das que não as seguem – assim como as regras da gramática, por exemplo. E o mais importante: "a ação humana (...) não acontece por acaso nem por força de uma causa externa, mas por **razões** que se podem dar e entender" (Lopes, 2021, p. 87, grifos nossos).

2. Direito e Razão

Tanto o trabalho do jurista quanto o viver sob leis pressupõe o uso da razão. Não se pode operar, interpretar ou criticar a norma jurídica, nem agir conforme a ela sem compreendê-la[1] racionalmente – ou seja, não é jurista aquele que não apreende racionalmente os princípios de seu campo, nem age conforme ao direito aquele cujas ações são aleatórias ou arbitrárias – a coincidência da ação prescrita com sua ação efetiva não passaria, nessa hipótese, de um acaso.

2.1. Uso privado e uso público da razão

A razão prática – com certa circularidade – consiste no emprego ativo de princípios racionais, ou seja, princípios refletidos, que não resultam de emoções, impulsos, etc., para a adoção de crenças e tomada de ações (Korsgaard, 2008, p. 9).

> Quando falamos de razão, parecemos ter três coisas diferentes em mente. Na tradição filosófica, Razão – vou usar a forma em maiúscula para me referir à faculdade geral da Razão – refere-se aos aspectos ativos da razão em vez dos passivos. A Razão nesse sentido opõe-se à percepção, sensação e talvez emoção, que são formas de, ou que ao menos envolvem, passividade ou receptividade. A razão também tem sido tradicionalmente identificada tanto com o emprego de, ou simplesmente conformidade a, certos princípios, princípios racionais, que podem incluir as regras da inferência lógica, os princípios que Kant identifica como princípios do entendimento, bases para o alcance da evidência, princípios matemáticos e os princípios da razão prática. Uma pessoa é considerada 'razoável' ou 'racional' quando suas crenças e ações conformam-se aos ditados desses princípios, ou quando ela consciente e deliberadamente orienta seus pensamentos e ações por eles. E, por fim, há as considerações

[1] Compreender não se confunde com o interpretar. Enquanto o ato de interpretar consiste em dizer a mesma coisa de outra forma, o de compreender é "como primeira atividade do intelecto, o apreender conceitos, a intelecção, o velho *habitus principiorum* (hábito ou virtude de compreender os primeiros princípios, ou formar conceitos)" (Lopes, 2016).

particulares, substantivas, inclinando a uma convicção ou ação, que chamamos "razões"[2] (KORSGAARD, 2008, p. 2, trad. livre).

No Livro VI da **Ética a Nicômaco,** Aristóteles distingue cinco níveis da racionalidade, ou virtudes intelectuais (ARISTÓTELES, 1991, p. 103). O primeiro deles é a razão intuitiva ("*nous*", também conhecido como inteligência ou intelecção, pela qual são apreendidos os princípios primeiros – princípios esses dos quais decorre o que é cientificamente conhecido); o segundo, a ciência ("*epistéme*", ou conhecimento científico, capacidade de ligar um conceito ao outro); o terceiro, a arte ("*tékhne*", capacidade de produzir coisas); o quarto, a sabedoria filosófica ("*sophia*", ou sabedoria teorética, que combina a razão intuitiva com a ciência); o quinto, a sabedoria prática ("*phrónesis*", ou prudência). Esta última concerne à ação, à capacidade de aplicar princípios gerais a casos singulares. Daí falar-se que a razão prática consiste no deliberar bem (ARISTÓTELES, 1991, p. 106-113).

Há ao menos duas formas de se conceber a razão prática na filosofia ocidental. A primeira delas consiste em uma concepção privada, segundo a qual só é possível fazer uso da razão de forma individual, como se tivéssemos tão somente razões privadas para uma determinada ação. Pode-se dizer que, por ela, o sujeito é um centro de representações "monológicas" e independentes dos outros (TAYLOR, 1995, p. 185). Assim como a razão teórica, que apreende objetos por meio de conceitos e de modo individual (LOPES, 2021, p. 33), o uso da razão prática, que consiste no deliberar bem para agir bem, seria ato exclusivo do sujeito. Uma razão para agir, nesse sentido, seria sempre uma razão "para mim". Essa forma de concepção

[2] No original: "When we talk about reason, we seem to have three different things in mind. In the philosophical tradition, Reason– I'll use the capitalized form to refer to the general faculty of Reason–refers to the active rather than the passive or receptive aspect of the mind. Reason in this sense is opposed to perception, sensation, and perhaps emotion, which are forms of, or at least involve, passivity or receptivity. Reason has also traditionally been identified with either the employment of, or simply conformity to, certain principles, rational principles, which may include the rules of logical inference, the principles that Kant identified as principles of the understanding, canons for the assessment of evidence, mathematical principles, and the principles of practical reason. A person is called 'reasonable' or 'rational' when her beliefs and actions conform to the dictates of those principles, or when she consciously and deliberately guides her thoughts and actions by them. And then finally, there are the particular, substantive, considerations, counting in favor of belief or action, that we call 'reasons.'".

da razão prática é comumente associada a uma interpretação da filosofia moral de Immanuel Kant, como aponta Otfried Höffe:

> desde Hegel, reafirma-se sempre de novo que, à diferença de Aristóteles, falta-lhe um conceito de práxis; que a razão prática é apenas uma razão teórica que se coloca a serviço de objetivos práticos; que além disso a ética de Kant se funda em uma problemática teoria de dois mundos, que separa o mundo moral do mundo empírico e por isso não pode mais compreender a unidade da ação (HÖFFE, 2005, p. 185).

Em contraposição a essa tradição atomista, entretanto, há uma segunda forma de se conceber a ideia de razão prática, consistente no chamado "uso público da razão". Essa concepção parte, por vezes, de uma interpretação refinada da obra kantiana, elaborada notadamente por filósofos da tradição anglo-saxã e influenciada pela virada linguística de meados do século XX. Essa abordagem não é solipsista, nem pressupõe o individualismo metodológico a partir da qual o indivíduo tem razões exclusivas para agir; uma razão, desse modo, é sempre pública. Ainda que ela não seja **empiricamente** aceita por todos em uma comunidade, ela deve ser, por natureza, passível de aceitação universal, abstraídas as circunstâncias particulares de cada indivíduo. É o que indica Onora O'Neill ao tratar da filosofia moral kantiana:

> Um uso público da razão, nós vimos, é primeiramente um que poderia alcançar o mundo todo se devidamente publicizado. Portanto, ele não deve assumir nenhuma autoridade que não puder ser aceita por uma audiência irrestrita. Como "o mundo todo" não aceita nenhuma autoridade externa, a única autoridade que a comunicação pode assumir é interna à comunicação (Ela não pode, no pensamento kantiano e em muitos outros, assumir quaisquer autoridades: a comunicação "desregrada" [*lawless*] encerra-se na falta de sentido e perda da liberdade de pensar (...). A única autoridade interna à comunicação é, na visão kantiana, a razão[3] (O'NEILL, 1989, p. 35, trad. livre).

[3] No original: "A public use of reason, we have seen, is in the first place one that could reach the world at large if suitably publicized. It must therefore assume no authority that could not be accepted by an unrestricted audience. Since 'the world at large' accepts no common external authority, the only authority the communication can assume must be internal to the communication (...). The only authority internal to communication is, on Kant's view, reason".

Consoante a tal leitura, na filosofia de Ludwig Wittgenstein, figura central da virada linguística, não se pode seguir sozinho uma regra apenas uma vez na vida[4], pois uma regra só é inteligível **sob um pano de fundo ou contexto inarticulado**, ou seja, que não se expressa em sinais ou regras "faça isso, faça aquilo", mas sim pelo **seguimento** de uma prática – um conjunto de ações regradas, reiteradas e compartilhadas habitual, institucional ou socialmente. Do mesmo modo, não se pode ter uma razão sozinho: uma razão só é razão se pública – ou, ao menos, publicizável.

2.2. Uso prático da razão no direito como norma e no direito como ação

A teoria das normas pressupõe o uso privado da razão, enquanto a da ação pressupõe seu uso público. Sendo o direito concebido, *grosso modo,* como um conjunto de normas válidas dotadas de sanção que expressam o comando e a vontade do poder soberano, o conteúdo dessa norma ficará à mercê da subjetividade deste último; em outras palavras, a norma jurídica consistirá naquilo que a autoridade soberana quiser, motivada por suas razões privadas (razões "para mim"). Essa vontade será expressa para cada um de seus súditos que, recebendo-a individualmente, fará uso de suas razões privadas para obedecê-la (pode-se obedecer a uma norma por medo de sanções, por convicção, pelo carisma do soberano, dentre outros motivos):

> Se as normas são propriamente comandos ou ordens de alguém para alguém, é natural que o objeto central da doutrina jurídica seja subjetivista e individualista. Subjetivista porque as normas são equiparadas à expressão de uma vontade: essa vontade só pode pertencer a um sujeito real ou ficcional, dizem os teóricos da norma. O sujeito real é o legislador empírico, digamos: o sujeito ficcional é o legislador imaginado (institucionalizado). Individualista porque mesmo nos casos em que evidentemente não há alguém empírico, a linguagem usada para falar das normas é sempre referida a um indivíduo e a relação que se imagina é de caráter binário: alguém manda – alguém obedece (Lopes, 2009, p. 49-50).

E mais: a aplicação da norma ao caso concreto por parte de um súdito ou de uma autoridade, como um juiz, é sempre um ato de vontade deste,

[4] "Não pode ser que apenas uma pessoa tenha, uma única vez, seguido uma regra (...) Seguir uma regra, fazer uma comunicação, dar uma ordem, jogar uma partida de xadrez são **hábitos** (costumes, instituições)" (IF, 199) (Wittgenstein, 1999, p. 92).

ou uma tarefa "cognoscitiva". Desse modo, enquanto um magistrado tem razões privadas para aplicar uma norma da maneira X, outro poderá ter suas próprias para aplicar uma norma da maneira Y, e daí por diante. Afinal, essas razões são expressão da **vontade individual** do intérprete. É o que explicita José Reinaldo de Lima Lopes ao tratar da teoria de Hans Kelsen – exemplo paradigmático da teoria das normas:

> quem olha o ordenamento sem ter de aplicá-lo vê inúmeras soluções possíveis (inúmeros sentidos, num quadro geral). No entanto, quem o olha como agente é obrigado a escolher um só sentido. Essa escolha, para Kelsen, é um ato de vontade, não de conhecimento (Lopes, 2009, p. 53).

Igualmente, a perspectiva cética pressupõe a noção de razão privada. Se a norma sempre pode ser aplicada de diversas formas, sendo dotada de múltiplos sentidos possíveis, não há uma ação, decisão ou aplicação **correta** de uma norma jurídica. Cada interpretação resulta da subjetividade do indivíduo. Assim, pela perspectiva da teoria das normas e do ceticismo, o sujeito só pode ser concebido como centro de representações independentes dos outros, e o agir bem é um ato subjetivo.

Assumindo-se a noção de razão pública acima explicitada, jamais se disporá de uma teoria das normas ou se sucumbirá ao ceticismo. Esta conduz necessariamente a uma teoria da decisão ou ação. Afinal, compreendendo-se a ideia de que uma razão para agir ou interpretar uma norma jurídica de um modo X só é uma razão se puder ser aceita por outrem, o direito não poderá ser concebido como mera expressão da vontade do soberano manifestada por um comando dotado de sanção, tampouco como conjunto de interpretações relativas ou subjetivas postas sempre em dúvida. O conteúdo da norma jurídica e sua correta aplicação estão, pela noção de razão pública, sujeitos ao requisito mínimo de sua universalidade. Isso implica, inclusive, a observância de princípios morais: não será correta, por exemplo, a aplicação de uma norma que, ainda que devidamente validada pelo poder soberano e dotada de sanção em caso de não observância, confira a uma autoridade o direito de decapitar cidadãos arbitrariamente, ou imponha que autoridades judiciais condenem antes de um veredito – como faz a Rainha de Copas em **Alice no País das Maravilhas**, de Lewis Carroll, que aos seus caprichos ordena: "Cortem-lhe as cabeças!" ou, em um processo de julgamento, "A sentença primeiro... depois o veredito!" (Carroll, 2010 [1886]). Semelhantes regras podem soar razoáveis para a Rainha, mas jamais serão passíveis de aceitação pelos súditos a serem exterminados, ou pelos réus julgados. Daí dizer-se que essas normas não são publicizáveis; as razões para sua aplicação, nesses termos, não são razões públicas. Talvez se possa dizer que sequer são razões, mas meros desejos ou caprichos, na medida em que exclusivamente privadas.

A noção de razão pública, portanto, conduz necessariamente a uma teoria da ação, na medida em que a existência do agir bem ou corretamente requer a busca da solução adequada a um caso concreto. Uma teoria como a proposta pelo professor José Reinaldo de Lima Lopes busca, especificamente, a compreensão do sentido da prática jurídica – no caso, a virtude moral da justiça – e das razões para a ação de cada agente inserido nessa prática (não somente juízes, advogados, promotores, etc., mas também cidadãos em geral). São razões públicas e suficientes para uma decisão, desse modo, apenas aquelas que, em termos de publicidade e justiça, mostram-se **razoáveis.**

Conclusões

A obra de José Reinaldo de Lima Lopes ensina que o direito é uma prática – conjunto de ações regradas compartilhadas social e institucionalmente – e responde a concepções que tratam o direito como mero exercício de uma autoridade (como se a sanção fosse elemento imprescindível da norma jurídica) ou campo da subjetividade. A prática jurídica, como toda prática, possui um fim, ou sentido, que, como ensina a obra do professor titular da Universidade de São Paulo, só pode ser a virtude da justiça. Por isso a atividade do jurista é essencialmente filosófica: consiste na interpretação e aplicação de conceitos e, mais que isso, no saber deliberar **bem** e conforme à justiça – na sabedoria prática aristotélica. Só se delibera bem se se compartilha uma **ideia de bem** – o que só é possível atingir se não visamos o bem privado, mas sim aquele que poderia ser **publicamente** aceito como tal.

As concepções do direito como norma ou como campo da interpretação livre e subjetiva partem da falsa premissa de que a razão para agir é sempre privada, de que não se pode fazer uso público da razão para ações: por essa lógica, uma autoridade como a Rainha de Copas de Lewis Carroll teria, pois, razões moral e juridicamente válidas para ordenar a degola de seus súditos a seu bel-prazer. Já a concepção do direito como ação, fazendo uso interdisciplinar dos ganhos teóricos proporcionados pela virada linguística do século XX na filosofia ocidental, compreende que agentes são capazes de ter **razões públicas** para agir, interpretar ou aplicar uma norma jurídica – são justamente essas razões o objeto de estudo de uma teoria da ação. Ainda que o agir em meio a uma prática seja individual, a norma que ele observa tem de ser publicamente inteligível e compartilhada.

A forma pela qual compreende-se a razão prática, portanto, determina a compreensão que se tem do próprio direito. Diferentemente da conclusão à qual teorias que pressupõem a ideia de razão privada poderiam encaminhar, a teoria de Lopes, ao assumir a noção de razão pública, compreende que o direito é muito mais que uma brincadeira de "seu mestre mandou" sujeita a sanções, ou que os caprichos da Rainha de Copas. A obra do professor, em vez disso, corretamente identifica no direito uma prática, ou fato institucional – resultante de ações individuais orientadas por princípios objetivos –, jamais o campo da arbitrariedade ou do sofisma.

Referências

ARISTÓTELES. Ética a Nicômaco. Trad. L. Vallandro e G. Bornheim. **Aristóteles** – Metafísica (Livro I e Livro II), Ética a Nicômaco, Poética (sel. J.A.M. Pessanha). São Paulo: Abril S.A. Cultural, 1984.

CAROLL, Lewis. **Alice no País das Maravilhas**. Trad. R. Eichenberg. Porto Alegre: L&PM Pocket, 2010 [1886].

HART, Herbert L. A. **O Conceito de Direito**. Trad. A. R. Mendes. Lisboa: Fundação Calouste Gulbenkian, 2011.

HOFFE, Otfried. **Immanuel Kant**. Trad. C. V. Hamm, V. Rohden. São Paulo: Martins Fontes, 2005 (Tópicos).

KANT, Immanuel. **Crítica da razão prática**. Trad. M. Hulshof. Petrópolis: Ed. Vozes; Bragança Paulista: Ed. Universitária São Francisco, 2016.

KANT, Immanuel. **Fundamentação da metafísica dos costumes**. Lisboa: Edições 70, 2007.

KANT, Immanuel. **Metafísica dos Costumes**. Trad. C. A. Martins, B. Nadai, D. Kosbiau e M. Hulshof. Petrópolis, RJ: Vozes; Bragança Paulista, SP: Ed. Universitária São Francisco, 2013 (Col. Pensamento Humano).

KORSGAARD, Christine M. **Creating the Kingdom of Ends**. Cambridge: Cambridge University Press, 1996.

KORSGAARD, Christine M. **Self-Constitution**: Agency, Identity and Integrity. New York: Oxford University Press, 2009.

KORSGAARD, Christine M. **The Constitution of Agency:** Essays on Practical Reason and Moral Psychology. New York: Oxford University Press, 2008.

LOPES, José Reinaldo de Lima. **Curso de Filosofia do Direito** – o direito como prática. São Paulo: Atlas 2021.

LOPES, José Reinaldo de Lima. Entre a teoria da norma e a teoria da ação. *In:* STORCK, A. C.; LISBOA, W. B. (Orgs.). **Norma, moralidade e interpretação:** temas de filosofia política e do direito. Porto Alegre: Linus, 2009, p. 43-80.

LOPES, José Reinaldo de Lima. Filosofia analítica e hermenêutica: Preliminares a uma teoria do Direito como prática. **RIL Brasília**, v. 53, n. 212, p. 203-226, out./dez. 2016. Disponível em: https://www2.senado.leg.br/bdsf/bitstream/handle/id/528148/001086526.pdf?sequence=1&isAllowed=y. Acesso em 13 jun. 2022.

O'NEILL, Onora. **Bounds of justice**. Cambridge, UK: Cambridge University Press, 2004.

O'NEILL, Onora. **Constructions of reason:** explorations of Kant's practical philosophy. Cambridge: Cambridge University Press, 1989, p. 28-50.

O'NEILL, Onora. **From Principles to Practice:** Normativity and Judgement in Ethics and Politics. Cambridge: Cambridge University Press, 2018.

TAYLOR, Charles. To follow a rule. *In:* **Philosophical arguments.** Cambridge (MA): Harvard University Press, 1995, p. 165-175.

WITTGENSTEIN, Ludwig. **Investigações Filosóficas**. Trad. J. C. Bruni. São Paulo: Nova Cultura, 1999.

11
DIREITO RAZÃO E OBJETIVIDADE: AÇÃO E JUSTIFICAÇÃO NA PRÁTICA JURÍDICA

Felipe Augusto Gato Dutra

Introdução

"Cada cabeça, uma sentença" é um ditado popular que além de expressar um senso comum da população, tem certa repercussão no pensamento jurídico brasileiro, na medida em que se defende que o direito como um todo, e as decisões jurídicas em especial, são criações subjetivas dos agentes e, portanto, arbitrárias. Haveria duas posições relativistas do direito que são mais frequentes em nosso pensamento jurídico. A primeira considera o direito como algo subjetivo, na medida em que depende de quem o "vê" ou de quem age, podendo ser manipulado de uma forma ou de outra. A segunda, parte de certos pressupostos comuns à primeira, entende que o direito teria um caráter meramente instrumental, trabalhando sempre a serviço dos grupos dominantes. O escopo do presente trabalho pretende enfrentar essa posição relativista e subjetivista do direito, de modo a defender que existe certa objetividade do direito, ainda que esta não seja a mesma objetividade das ciências duras.

Divide-se o trabalho em três partes. Primeiro, pretende-se explicar como o direito existe, objetivamente, mesmo que não possua uma existência física. Para tal, serão utilizados aportes teóricos da filosofia de linguagem, defendendo que ainda que dependa de pessoas para ser criado, sua existência não depende de nenhuma pessoa em particular, ou seja, sua compreensão enquanto fenômeno é objetivo, uma vez que está no mundo dos fatos institucionais. Em segundo lugar, pretende-se defender que a objetividade do direito está além de sua existência, defendendo que as decisões jurídicas praticadas por pessoas singulares também possuem certa objetividade. Para tal, será explorado o conceito de direito enquanto uma prática social, em que os agentes apresentam justificativas para suas ações. Por fim, pretende-se enfrentar uma concepção particularista da tomada de decisões jurídicas, bem como defender que a objetividade da prática jurídica, do seguir o direito, não implica recair em um formalismo exacerbado; pelo contrário, saber seguir o direito consiste em seguir as regras e compreender as exceções, conseguindo justificar as ações em razão do conhecimento dos sentidos da prática.

1. A Realidade Objetiva do Direito

A primeira forma de pensar o direito como algo subjetivo ocorre em razão dele não existir espacialmente no mundo, tal como as árvores ou os animais. O direito é, portanto, uma criação humana. No entanto, é uma criação humana que difere de outras. O direito não é como uma mesa em que se pode defender que uma vez produzida sua existência seria objetiva, independente das pessoas. Em outras palavras, é razoável dizer que a existência do direito depende continuamente das pessoas que o criam.

Então, como defender que o direito existe objetivamente se sua existência depende da subjetividade das pessoas que o criam? Para responder a esta pergunta, pretende-se responder a uma outra, ainda mais elementar: como algo pode existir objetivamente, para além da existência, natural, física, sensorial? Em outras palavras, como alguém pode defender que exista alguma coisa que não pode ser apreendida pelos sentidos humanos? A resposta para essas perguntas está em como constituímos a nossa realidade social, especialmente, como são formadas as nossas instituições.

Um paralelo ao direito pode ser encontrado no dinheiro enquanto instituição. Pode-se argumentar que essa comparação não seria válida, na medida em que o dinheiro possui materialidade física. Sem entrar na discussão sobre como a moeda é produzida ou das novas formas de pagamento, foca-se no caso do papel-moeda. De fato, o dinheiro enquanto moeda existe fisicamente, mas o que faz daquele pedaço de papel uma moeda corrente que permita ao possuidor realizar tantas atividades? Certamente não são as propriedades físicas do papel que lhe garantem o *status* de dinheiro. A questão é saber como de "fatos brutos", fatos físicos ou naturais, chega-se a "fatos institucionais", que possuem uma existência própria e com significado distinto dos fatos brutos, pois esta é uma das bases da constituição de nossa realidade social (Anscombe, 1958; Searle, 1995).

Um primeiro passo para responder a essas questões é pensar "o dinheiro é dinheiro porque nós acreditamos que o seja". Essa resposta, apesar de singela, traz um fundo de verdade que precisa ser melhor desbravado. Pode-se pensar que o ponto central aqui para a criação do dinheiro (assim como do direito) estaria no acreditar. Dessa perspectiva das instituições como crenças, que se pode chamar de voluntarista, decorre a ideia de que o direito seria uma ficção, assim como o papai Noel, em que as pessoas fingem que ele existe (Lopes, 2021, p. 148-149). E sendo uma invenção, pode ser qualquer coisa que as pessoas querem. No entanto, o que essa primeira resposta sobre o dinheiro traz de realmente relevante sobre a criação da realidade social não está no **acreditar**, mas sim no **nós**.

Trata-se de uma forma de conceber a intencionalidade humana e como as pessoas agem. A intencionalidade aqui não é vista como algo que possa ser reduzido à intenção individual de cada pessoa, o acreditar não pode estar sempre em primeira pessoa do singular, na forma "eu acredito", mas deve existir casos em que inevitavelmente as pessoas pensam e agem na segunda pessoa do plural, "nós acreditamos". Para entender basta pensar em como são realizadas atividades como dançar uma valsa, tocar em uma orquestra, ou mesmo jogar uma partida de futebol. Seria possível reduzir as ações nessas atividades à intenção individual de cada participante? Em outras palavras, as ações poderiam ser reduzidas à forma "eu acredito que estou fazendo tal coisa e acredito que a outra pessoa também acredita que está fazendo essa mesma coisa e que acredita que eu também acredito nisso". Tal modo de pensar poderia levar a uma regressão infinita de crenças, o que torna muito mais razoável de se pressupor que as pessoas pensem na forma "nós acreditamos" – em que as ações são realizadas a partir de uma intenção comum dos agentes, de que estão realizando a mesma atividade. A essa forma de pensar e agir, Searle denomina como "intencionalidade coletiva", uma condição compartilhada pelos agentes necessária para a realização de certas atividades cooperativas ou coordenadas que não podem ser reduzidas à intenção individual de qualquer pessoa (1995, p. 24-26).

A realização de atividades por meio de uma intencionalidade coletiva está intimamente ligada à existência de regras compartilhadas pelos agentes, que podem ser constitutivas, definidoras da atividade ou regulativas, que ajudam a disciplinar o que pode ser feito dentro dela[1]. Por fim, essa intencionalidade coletiva e as regras constitutivas e regulativas operam a partir de uma terceira característica humana – a atribuição de funções – o que produz normatividade às atividades humanas (SEARLE, 1995, p. 33-51). Assim, a criação de fatos institucionais pode ser descrita pela forma "X é considerado Y em C", onde se atribui a um fato bruto, duas pessoas assinarem um pedaço de papel, o status de casamento, em um contexto específico do nosso ordenamento jurídico, quando cumpridas certas formalidades. A partir de uma intenção comum, e lançando mão de regras, atribui-se determinadas funções que são compreendidas por uma coletividade, criando a realidade social objetiva, sem depender das características físicas ou da vontade individual das pessoas.

Partindo do exemplo de fato institucional trazido por Neil MacCormick (2007, p. 11-18), pense no que consiste formar uma fila. Não se trata simplesmente de um agrupamento de pessoas. O que faz a disposição de pessoas em um certo espaço estarem formando uma fila é uma orientação voltada para um certo objetivo compartilhado. Em outras palavras, existe uma normatividade em torno da atividade de formar uma fila. A partir desta normatividade, as pessoas se orientam de tal sorte que quem chegou primeiro fica na frente da fila e é atendido antes dos demais. A fila, portanto, consiste em um fato institucional não apenas por ser formada por pessoas, mas em razão da normatividade compartilhada que orienta todos aqueles participantes a agir em um certo sentido. O direito segue essa lógica, porém vai mais além. Em vez de uma fila comum, pense agora em um sistema de senhas para atendimento em um hospital ou qualquer outro serviço. Assim que a pessoa chega, ela retira uma senha e é atendida conforme sua senha é chamada, sendo que as senhas são organizadas também por ordem de chegada. Agora imagine que uma pessoa vai ao banheiro e sua senha é chamada, inclusive, são chamadas três senhas posteriores nesse período. A questão que fica é: quando a pessoa voltar do banheiro, ela deve ter prioridade no atendimento ou deve pegar uma nova

[1] Um exemplo de "regras constitutivas" seriam as regras de xadrez, que não apenas regulam a atividade, mas definem em que consiste jogar xadrez. Por outro lado, as regras de trânsito são um bom exemplo de "regras regulativas" da atividade de dirigir, não são essenciais para se dizer que se realiza a atividade, porém auxiliam na sua execução.

senha? Aqui é possível que o próprio atendente do balcão decida a questão, porém ele pode não saber o que fazer, ou é possível que alguém não concorde com tal decisão. Nesses casos, é possível recorrer a uma pessoa que estaria hierarquicamente acima do balconista, e esta poderia dizer quem tem razão. É nesse sentido que se constitui por "múltiplos níveis de institucionalidade" do direito, em que é possível estabelecer relações de competência, hierarquia e autoridade, na medida em que existem normas que definem como outras normas são aplicadas, bem como pessoas responsáveis por definir a aplicação de certas normas, atuando em certa medida como se normas fossem (Maccormick, 2007, p. 22-33).

Dessa forma, o dinheiro não é dinheiro pelas suas características físicas, assim como a língua portuguesa não existe porque alguém em especial a fale. Tais instituições existem em razão de uma coletividade de pessoas que intencionalmente dão sentido a essa existência. Ainda assim, pratica-se atos concretos com o dinheiro, inclusive criando novas realidades institucionais, como um contrato de compra e venda. O dinheiro, a língua portuguesa, o contrato de compra e venda, e o direito possuem uma existência real e objetiva, que apesar de depender de seres humanos para se manter, não precisam de nenhuma pessoa em particular, mas sim de uma coletividade que por meio de regras agem intencional e coletivamente para dar sentido a essas atividades.

2. Prática Jurídica, Objetividade e Justificação

Até aqui se defendeu existir uma objetividade do direito enquanto formado por fatos institucionais, criados e mantidos por certas regras organizadas por meio de uma intencionalidade coletiva que independe de qualquer pessoa em particular. No entanto, tal argumento ainda parece ser pouco convincente para responder às críticas subjetivistas ao direito. Isso porque se poderia objetar que se está diante apenas de afirmações filosóficas ou teóricas abstratas, de pouca relevância prática. Nessa linha, tem-se o questionamento de que o núcleo duro, por assim dizer, do subjetivismo jurídico encontra-se na tomada de decisões no direito. Estas seriam sempre realizadas por pessoas específicas, e sempre dependeriam de sua vontade e de seu ponto de vista sobre qual é a resposta para o caso. Para responder a esses questionamentos, é preciso avançar no argumento sobre a objetividade do direito, passando a compreender que tipo de objetividade se pode esperar das decisões individuais que ocorrem a partir do direito.

Contrasta-se, portanto, o direito enquanto ordem normativa (formado por regras constitutivas e regulativas compartilhadas) com as ações e decisões realizadas com base nessa ordem. Não parece ser difícil de aceitar que o direito consiste em um sistema regrado. Mas o propósito é defender a relação entre o direito ser um sistema regrado e as decisões jurídicas possuírem objetividade. Pelo que vem sendo dito, as regras parecem possuir papel central na objetividade das decisões, mas é preciso entender como se dá essa relação entre regras e objetividade. Uma primeira resposta poderia ser a de que as regras possuem um conteúdo definido. No entanto, tal tentativa de resposta poderia levar ao questionamento sobre como saber qual é esse conteúdo definido, esse sentido objetivo, da regra. Em outras palavras, como eu sei que uma regra quer dizer aquilo que estou afirmando? É nesse ponto que a tentação de recorrer ao relativismo ou subjetivismo ganha força. A pergunta em si já serve de objeção ao argumento da objetividade, na medida em que se poderia afirmar que em última análise quem decide o sentido da norma é o aplicador, e nesse sentido todas as decisões seriam sempre subjetivas, para não dizer arbitrárias.

Essa linha de pensamento parece considerar duas premissas equivocadas sobre o que se entende por regras e sobre qual é o sentido de objetividade da prática jurídica. Primeiro, considera que a objetividade das decisões jurídicas decorre do "conteúdo definido" das regras, e este em última instância seria sempre definido um ato de vontade, de forma que o "aplicar a regra", as decisões jurídicas seriam sempre subjetivas. E essa explicação somente poderia existir partindo da premissa de que regras seriam um objeto externo aos agentes, funcionando como mandamentos obrigatórios, de forma que a objetividade das decisões jurídicas só se justificaria se os aplicadores devessem obedecer às regras que possuem conteúdos objetivos.

Objetividade que se está defendendo nas decisões jurídicas não decorre de um sentido concreto das regras, que estaria disponível aos aplicadores do direito. O centro da discussão consiste em saber "seguir as regras", saber agir conforme as regras. Essa afirmação só faz sentido se, ao falar de seguir uma regra, defender-se que ela está sendo seguida **corretamente**. Em outras palavras, é possível avaliar se uma ação ocorreu ou não conforme a regra. Uma regra não pode ser seguida uma única vez, por uma única pessoa. A atividade de seguir a regra deve ser constante, ou ao menos constantemente possível. Seguir uma regra é uma prática (WITTGENSTEIN,

IF, § 202)[2]. Entendendo como **práticas** "qualquer forma de atividade especificada por meio de um sistema de regras que definem funções, papéis, movimentos, penalidades, defesas, etc., e que dá à atividade sua estrutura" (RAWLS, 1955, p. 3). Talvez o principal exemplo de prática sejam os jogos, os quais só podem ser jogados se os participantes compartilharem das mesmas regras públicas a ambos. Seguir uma regra está entrelaçado com a ideia de igual (WITTGENSTEIN, IF, § 225). Se uma pessoa afirma estar seguindo uma determinada regra ao realizar determinada ação, mas a cada momento ela age de maneira diferente, temos duas opções: ou ela não está se baseando em uma regra, ou ela não entendeu o significado da palavra regra (WINCH. 1990, p. 27-34). Uma linguagem só tem serventia se as expressões, os termos, enfim, qualquer que sejam os elementos comunicativos mantenham-se constantes. Se as palavras forem como no país das maravilhas, em que o Humpty Dumpty possa mudar a qualquer tempo, se as palavras podem significar qualquer coisa, então elas não têm qualquer utilidade, não permitem comunicação. O direito segue a mesma lógica. Se as regras jurídicas podem ter qualquer significado, a bel prazer do aplicador, não há por que seguir as regras jurídicas, respeitar o direito, viver sob as leis.

Regras, portanto, não são tratadas aqui como simples ordens que os agentes obedecem, mas são antes de tudo as **medidas da ação**, os padrões comparativos por meio dos quais agentes podem determinar ou guiar suas ações, seja por auxiliá-los no aprendizado de como devem agir mas também e, sobretudo, servindo de critério de correção (de retitude) para suas ações (LOPES, 2009). Pelas regras pode-se aprender como agir (corretamente) em determinados contextos, dentro das práticas. É o que acontece quando se ensina um jogo a alguém – uma das primeiras coisas a se fazer é explicar as regras do jogo. Além disso, quando alguém questiona por que uma determinada ação foi realizada, pode-se invocar uma regra como justificativa – é o que significa dizer que são os padrões ou critérios para ação.

Mas volta-se ao questionamento de "como sabemos se uma regra quer dizer aquilo que estou afirmando", em outras palavras, como saber se estamos "seguindo a regra"? Aqui houve uma ligeira mudança na pergunta anteriormente colocada. Colocar o "sabemos" no lugar do "sei" faz parte

[2] Para fins deste trabalho, as **Investigações Filosóficas** serão abreviadas por "IF", e todos os parágrafos citados farão referência à primeira parte do livro.

da própria resposta. Isso porque a objetividade do direito, o **saber seguir uma regra**, não está no sujeito que a aplica. Ao tomar uma decisão ou realizar uma ação no direito, adota-se uma pretensão de generalidade, ou seja, as ações são tratadas na forma "em tais circunstâncias, deve-se agir/decidir assim". Isso quer dizer que essa é a forma correta de decidir, não só naquele caso específico, mas também nos semelhantes. E como saber se aquela foi a decisão correta, se seguiu-se a regra corretamente? Deve-se apresentar as justificativas da ação, as razões que justifiquem as ações terem sido tomadas daquela maneira (Wittgenstein, IF, § 217; Taylor, 2014, p. 183-184; Lopes, 2021, p. 277-279). E é nesse sentido que as decisões jurídicas possuem objetividade. Sempre que questionados sobre o porquê de realizar determinada ação ou tomar determinada decisão é possível dar justificativas. Mas essa resposta só é aceitável se considerar que há alguém para avaliar a sua correção. As regras estão inseridas em um pano de fundo, um contexto externo a cada indivíduo, mas do qual cada um deles faz parte, quando praticam determinadas atividades que dependem de uma compreensão compartilhada que dê sentido às ações realizadas naquele contexto (Taylor, 2014, p. 184-190).

A objetividade do direito está, portanto, na prática jurídica, onde o foco está nos agentes que compartilham um conjunto de sentidos, que permitem que ações singulares sejam compreendidas. Trata-se de uma linguagem comum, onde cada participante é visto como um coagente de determinada prática, como alguém que atua em meio a outros e em conjunto com os outros. Esse é o ponto de vista interno do direito de que fala Hart (1994, p. 87-91). As justificativas são, portanto, dadas aos demais participantes, e estas devem ser compreensíveis aos demais participantes, inteligíveis, de tal sorte que se pode avaliar a sua correção. Ou seja, sempre que contestada uma decisão no direito, é possível apresentar justificativas, razões para decidir daquela forma, e estas uma vez que inteligíveis, passarão ao crivo dos demais participantes dessa prática – seja os advogados em um processo judicial, uma instância superior de julgamento, uma autoridade pública que deverá observar a decisão, ou a doutrina jurídica.

É preciso saber que não se pode alegar qualquer coisa, senão não haveria sentido em defender que o direito consiste em uma prática social, que dá sentidos objetivos e compartilhas aos agentes. A questão é o que são esses sentidos compartilhados. São os conceitos mínimos, ou centrais do campo, os critérios de ação, os pontos de partida comuns aos participantes que podem ser invocados para dar explicações (Lopes, 2021, p. 271-272). É neste ponto que a doutrina apresenta seu papel central, na exposição e articulação desses sentidos comuns, contribuindo inclusive para a alteração do direito, na medida em que se pode propor a alteração do sentido ou mesmo a criação de conceitos novos, que servirão de base para justificar as ações futuras dentro da prática jurídica. Aqui há um argumento importante para a objetividade da prática jurídica: que a compreensão é anterior diferente da interpretação (Lopes, 2016, p. 215-219; Cuter, 2011). Seguir as regras envolve em primeiro lugar apreender certos sentidos comuns, compartilhados pela prática, pois estes serão os pontos de partida disponíveis para a ação, os quais poderão ser apresentados como justificativa aos demais agentes da prática. A interpretação seria apenas para casos de dúvida, os casos difíceis. Se todas as palavras utilizadas por alguém forem questionadas por seu interlocutor a todo momento, é impossível continuar uma conversa, assim como se a cada momento todo conceito (pessoa, contrato, empresa, prescrição etc.), explicação ou ponto de partida jurídico for colocado em dúvida em qualquer decisão, não há como seguir o direito (Lopes, 2016, p. 219-223).

Por fim, outra característica central das práticas para entender a objetividade do direito consiste em sempre possuírem um sentido, uma finalidade (Lopes, 2021, p. 123-133). Dizer que uma prática possui um sentido é dizer que existe uma "razão de ser" que pode ser questionada. Pode-se questionar qual o sentido de existir uma universidade, ou um hospital, qual a sua razão de existência – por que existem? Essa razão de ser não só explica a criação de práticas, mas dá a orientação normativa geral, que todos os atos singulares deverão observar. Se o sentido da medicina é promover a saúde dos pacientes, o sentido do direito, por outro lado, é a promoção de algum sentido razoável de justiça[3]. Isso não quer dizer que todo ato jurídico seja justo, ou que os atos/decisões injustos não são jurídicos, mas sim que há uma pretensão de justiça na prática, sem a qual o direito simplesmente não faz sentido, não tem razão de ser, e logo, não se torna compreensível. A justiça consiste, portanto, em uma condição de inteligibilidade do direito (Lopes, 2021, p. 285-292).

[3] Não é possível aprofundar aqui o argumento de que a justiça é o sentido do direito. Esse é um dos argumentos centrais de José Reinaldo de Lima Lopes (2021), principalmente desenvolvido em seu capítulo 6, havendo outros autores que compartilham tal visão (MacCormick, 2007).

A inteligibilidade é a linguagem do direito, o que pode ou não ser afirmado, para continuar a se dizer que ainda está no campo do direito. Nesse sentido, nem toda forma de justificação é admissível. E com essa afirmação não se pretende dizer que algumas justificativas seriam apenas erradas e não deveriam ser invocadas, mas que sequer podem ser consideradas jurídicas. É comum haver críticas na esfera criminal que decisões sejam excessivamente punitivistas, inclusive a despeito do que prevê o próprio ordenamento jurídico em vigor. No entanto, ao justificar tais decisões, juízes e promotores não dão argumentos do tipo "bandido bom é bandido morto, se não posso lhes matar, ficarão presos o máximo possível". Certamente a decisão proferida tentaria justificar em termos de justiça e de outros valores juridicamente tutelados. O fazem não porque a primeira forma de justificativa seria ilegal ou inconstitucional, mas porque sequer seriam jurídicas, não seria inteligível dentro da prática jurídica esse tipo de argumentação. Não há uma linguagem compartilhada que permita criticar, dentro do direito, tais ações.

Seria possível questionar que jurados podem dar decisões baseadas em argumentos como o descrito acima, uma vez que sequer possuem a obrigatoriedade de justificar suas decisões. Nesses casos, o direito estaria renunciando à objetividade e à suposta pretensão de justiça, permitindo inclusive decisões baseadas em razões não jurídicas. Mas aqui é preciso adotar maior cautela ao realizar esse tipo de afirmação. É possível defender que o júri enquanto instituição jurídica possua uma razão de existir em nosso ordenamento, ou seja, pode-se justificá-lo em termos jurídicos. No sistema jurídico brasileiro, o júri é realizado para julgar crimes dolosos contra a vida, o que se trata de uma das maiores ofensas que se poderia realizar, exigindo, em tese a maior intervenção do Estado, e talvez justamente por essa razão seja possível defender a utilização do júri como uma porta de entrada para argumentos além dos oficialmente considerados. Um exemplo é a eutanásia de um amigo ou parente que estivesse significativamente enfermo, sem sequer conseguir tirar a própria vida, as instituições oficiais poderiam considerar tal ato como homicídio, o que um júri, composto por pessoas que talvez consigam se colocar no lugar do réu percebam o ato como um gesto de misericórdia. Em outras palavras, o tribunal do júri consiste em uma forma do próprio direito filtrar outras formas de decisão, criando uma "ponte institucional" com a sociedade, o que tem a sua razão de ser (Bankowski, 2006, p. 177-210).

Questionar a existência do júri é diferente de questionar as suas decisões. É preciso questionar a sua razão de ser, sua finalidade dentro do ordenamento jurídico, o que decorre de argumentos distintos dos utilizados para questionar uma decisão específica, tais como críticas ao procedimento adotado durante o julgamento, que permitiriam demandar sua anulação. Dessa forma, busca-se mostrar que justificar uma prática é diferente de justificar uma ação dentro dessa prática, de justificar a realização de uma determinada ação em particular. Como aponta Rawls, justificar a punição, ou seja, dizer por que o Estado pode punir alguém, não é igual a dizer se alguém específico pode ser punido (1955, p. 19-32). A segunda pergunta parte do pressuposto que o Estado adota tal punição, de tal forma que a resposta à segunda somente será possível dentro dos termos daquela prática. No mesmo sentido, dizer que o direito enquanto prática é objetivo não significa dizer que todas as ações adotadas dentro da prática serão corretas, e o que me permite defender a correção de qualquer decisão singular é a objetividade do direito enquanto prática, é o que me dá os critérios para adotar uma outra posição.

O direito não é, portanto, objetivo tal como as ciências duras, o direito não permite previsões. Ainda que se pudesse criar um computador ou um *software* capaz de, dada uma série de variáveis, calcular as probabilidades de um juiz decidir neste ou naquele sentido, não seria possível dizer que disso decorreria a objetividade do direito, sequer poderíamos dizer que estamos falando de direito nesse "método", pois uma vez instado a se manifestar sobre por que proferiu aquela decisão, um magistrado jamais poderia dizer "porque eu decidi 22 casos pela condenação e apenas 3 pela absolvição de acusados, e estes apenas quando havia casos de prescrição, logo, como não houve prescrição, eu decidi pela condenação". Tal explicação não seria juridicamente inteligível, não há um sentido compartilhado nessas justificativas que permitam aos demais membros da prática compreenderem e questionarem ou concordarem com o que foi dito, usa-se uma linguagem que não é a do direito. Em outras palavras, o juiz sempre teria que apresentar razões jurídicas comuns para explicar suas decisões.

3. Objetividade Jurídica entre o Particularismo e o Formalismo

Por fim, pretende-se enfrentar brevemente um último tipo de questionamento sobre a proposta de objetividade do direito. Como todo caso é único, singular, e possui suas próprias especificidades, pode-se defender que nenhuma decisão jurídica seja realmente objetiva, no sentido de ultrapassar os limites do caso concreto. Pode-se ainda avançar nesse argumento dizendo que ao se defender uma objetividade na tomada de decisões jurídicas que ultrapasse os limites de cada situação, acabaria-se recaindo em um legalismo exacerbado em que os agentes apenas executam indistinta e irrefletidamente as regras existentes, o que também poderia implicar um conservadorismo, na medida em que as decisões seriam sempre semelhantes, perpetuando os entendimentos consolidados, que seriam sobretudo aqueles que favorecem os detentores do poder.

Mantendo a linha adotada ao longo deste trabalho, isto é, sem recorrer a métodos específicos de tomadas de decisões, sem defender um modo determinado de raciocínio jurídico, pretende-se apresentar em termos gerais como decisões jurídicas podem ser consideradas objetivas sem cair necessariamente em um particularismo ou em um legalismo exacerbado. As decisões jurídicas estão no campo das ações humanas, e dessa forma é seguro afirmar que dependem de indivíduos específicos para serem praticadas. Ainda, é possível dizer que toda ação em particular é em certo sentido contingente, pois ela acontece em certo momento específico, e praticada por determinadas pessoas, em meio a certas circunstâncias. Mas aqui vale a relação feita por José Reinaldo de Lima Lopes (2021, p. 92-96), a partir de Saussure e Paul Ricoeur, de que as ações do direito e o ordenamento jurídico se diferem assim como a língua se difere dos atos de fala, dos discursos. Todo discurso é uma realização singular, feita por um indivíduo em particular em determinado tempo e espaço, porém só pode ser realizado e compreendido a partir do domínio de uma língua, que antecede o discurso. As ações jurídicas não são tão diferentes, ainda que sejam realizadas singularmente, sua compreensão depende de uma compreensão anterior sobre o direito como um todo.

Muitos são os exemplos que podem ilustrar as dificuldades em se aceitar o particularismo. Imagine que exista uma regra para a rescisões de certos contratos instituindo que somente será aplicada multa por rescisão unilateral quando o pedido não for "solicitado em prazo razoável". Agora, imagine que cheguem dois casos semelhantes sobre aplicação de multas para esses contratos, em que no primeiro o juiz deixa de aplicar multa por entender que a solicitação feita 1 ano após celebração do contrato era razoável, porém no segundo caso, o juiz aplica multa ao solicitante, por entender que o prazo de 3 meses não seria razoável nos termos da mesma lei.

Os exemplos não precisam se limitar à esfera judicial, pode-se pensar em casos como de duas pessoas que praticam o mesmo ato tipificado para o recebimento de multa de trânsito, mas apenas uma delas é punida, ou de duas pessoas que preenchem os requisitos para recebimento de um benefício social do governo, porém o benefício acaba sendo concedido a apenas uma delas. Em todos os casos parece haver o mesmo problema: uma ofensa a um dos princípios mais elementares do direito, a justiça formal, em que se exige que a casos semelhantes sejam dadas soluções semelhantes (MACCORMICK, 19995, p. 73-86).

As decisões jurídicas estão no campo da ação, e toda ação possui uma finalidade, um sentido que lhe dá condições de ser compreendida por outras pessoas, isso porque sempre que alguém realiza uma ação é possível questionar o seu porquê (LOPES, 2021, p. 101-106). E no campo das ações, uma pessoa deve conseguir justificar de maneira inteligível, de forma a outras pessoas conseguirem compreender, as razões que a levam a realizar determinada ação, esses são os sentidos compartilhados das ações, e não meras relações causais dentro da mente do indivíduo que o levaram a agir de tal modo (ANSCOMBE, 1963, p. 80-81; WINCH, 1990, p. 75-83). É como perguntar por que em uma partida de futebol um jogador deu um passe para o outro. Essa jogada em particular só pode ser explicada, só posso dar justificativas para aquela ação, se houver uma compreensão compartilhada de que o objetivo geral do jogo de futebol é marcar pontos (gols) e vencer a partida (LOPES, 2021, p. 102).

Nesse sentido, voltando aos exemplos de decisões em casos semelhantes, para saber se houve mesmo uma ofensa à justiça formal nas decisões deve-se questionar o porquê de os casos terem sido julgados diferentes. O juiz do primeiro caso não poderia defender sua diferença de decisões alegando que os dois casos eram diferentes porque o contratante do primeiro caso tinha 26 anos, enquanto o do segundo tinha 34 anos, então o que seria considerado "prazo razoável" não era o mesmo nas duas situações. Da mesma maneira, a autoridade de trânsito não poderia afirmar que o segundo motorista não recebeu a multa porque seu carro era um modelo mais novo e de cor diferente daquele que havia recebido a multa de vel*o*-*ci*dade. Assim como a autoridade administrativa não poderia dizer que o primeiro cidadão recebeu o benefício porque chegou às 10 horas, enquanto o segundo chegou às 11 horas. Tais justificativas não seriam juridicamente aceitas, pois as diferenças narradas não são juridicamente relevantes, não atendem aos critérios estabelecidos dentro da prática jurídica. É o que se está defendendo como a igualdade da atividade de seguir regras. Os casos singulares estão, portanto, inseridos em uma universalidade de sentidos, sem os quais não há critérios para tomada de decisão.

Tais afirmações não implicam a impossibilidade de tomada de decisões em sentido diferentes às posições anteriormente estabelecidas. No primeiro caso, o juiz poderia argumentar que um dos contratos tratava de uma relação entre empresa e consumidor, enquanto o segundo tratava da relação entre duas empresas, de forma que o sentido do que é "prazo razoável" nas duas situações seja diferente. No caso da multa de trânsito, seria possível pensar em um caso em que o segundo motorista tivesse uma desculpa relevante para estar em uma ve*loci*dade superior, tal como levar uma pessoa em estado extremamente grave para o hospital. Enquanto no último caso pode-se imaginar um caso em que apesar das duas pessoas atenderem aparentemente aos critérios para recebimento do benefício, a segunda já recebe outro benefício estatal que a exclui de receber outros do mesmo ente federativo.

Nesse sentido, ainda que casos semelhantes devam ser tratados de forma semelhante, e esse tratamento envolve o saber seguir igualmente as regras, sempre é possível apresentar exceções à aplicação convencional das regras. E não é preciso conhecer de antemão todas as exceções para saber como aplicar as regras e decidir os casos. De forma contrária, seria no mínimo pouco razoável pressupor que para aplicar qualquer regra deva-se saber sobre todas as hipóteses de exceção. Isso poderia levar a uma regressão infinita de explicações para justificar a aplicação de qualquer regra (Taylor, 2014, p. 181-183; Anscombe, 1958).[4]

Como foi argumentado, saber seguir regras é saber usar a palavra igual, e saber usar a palavra igual, no campo da ação, é saber realizar uma ação **da mesma forma**. Uma forma de ler essa explicação leva à crítica de um legalismo exacerbado do direito. Mas saber usar a palavra **igual** implica saber usar a palavra **diferente**. Se alguém sabe que uma ação deve ser repetida em determinadas circunstâncias, deve saber também quando não se deve tomar tal decisão, ainda que esse saber não seja dado de antemão.

[4] Assim como é natural que as regras possuam exceções, as lacunas não devem ser vistas como defeitos, mas como partes integrantes do ordenamento jurídico, enquanto sistema regrado (Lopes, 1989).

Saber seguir as regras é saber agir corretamente, de maneira semelhante em casos semelhantes, mas diferente quando houver exceções. Quando um advogado pretende defender um cliente alegando uma exceção à regra geral, não argumenta na forma "essa regra não se aplica apenas ao caso do meu cliente porque hoje se deve decidir dessa maneira". O que um advogado irá defender é que "nas circunstâncias em que se encontra o cliente dele não deve ser aplicada a regra geral, aquele caso, portanto é excepcional, e ele, assim como qualquer outro semelhante, deverá ser tratado de outra maneira.

E como saber se um caso é semelhante ou é excepcional? Novamente, apresentam-se justificativas, as razões pelas quais decidiu-se tal caso de forma diferente dos demais. Essas justificativas também deverão ser baseadas em conceitos e preceitos juridicamente inteligíveis, pois é o que permite aos demais agentes corroborar ou criticar tal decisão. Casos específicos e excepcionais podem inclusive lançar luz a novos elementos que modifiquem os horizontes de interpretação de certas regras, alterando eventualmente os entendimentos anteriormente consolidados. Mas aceitar esse argumento não implica recair em um particularismo, pois haverá sempre um ônus de justificar essa posição, defender que é a melhor decisão, frente aos demais participantes do direito, que irão avaliar e dar argumentos a favor ou contra esse entendimento, sempre com base em certos preceitos compartilhados. **Viver plenamente o direito**, a sabedoria prática no direito, evolve saber agir conforme o direito, ter o discernimento para agir e justificar suas ações de forma geral, defendendo porque certos casos estão englobados em uma determinadas categorias e tratamento, e porque outros são excepcionais e devem ter uma resposta diversa. É o que permite diferenciar o legalismo mecânico e irrefletido de um regime de legalidade, inclusive apontando os limites do próprio ordenamento para lidar com certas questões, buscando soluções junto à sociedade dentro dos filtros institucionais do próprio direito (Bankowski, 2006).

Conclusões

É certo que o direito não existe no mundo assim como os elementos da natureza, estudados pela biologia, e que as decisões jurídicas não possuem a mesma precisão da matemática ou da física, porém isso não implica que o direito seja algo puramente subjetivo, em que o sentido das regras jurídicas esteja à disposição de cada aplicador, e que tudo seja apenas um jogo de poder. Este artigo defende justamente que o direito enquanto uma prática social possui uma existência objetiva, assim como outros fatos institucionais que compõem a nossa realidade social, e que mesmo as decisões jurídicas, que são realizadas por sujeitos específicos, possuem uma objetividade de sentido, na medida em que as ações realizadas pelo direito devem sempre ser justificadas nos termos da própria prática.

Afirmar que existe objetividade no direito não implica dizer que todas as decisões jurídicas serão corretas, justas ou mesmo que não haverá controvérsia em torno da melhor resposta para cada caso. O que se está defendendo é existirem critérios, parâmetros avaliativos que permitam aos agentes da prática jurídica justificarem suas ações, bem como criticarem ações realizadas por outros agentes no âmbito dessa prática. Não se está negando que direito enquanto ordem normativa pode auxiliar a reprodução de desigualdades e que diversos casos semelhantes sejam tratados de forma distinta por nossas instituições jurídicas, em especial pelos tribunais de justiça. Esses problemas envolvem muitas questões, tais como o desenho institucional do Estado, e do próprio Poder Judiciário, a formação dos profissionais do direito e o próprio ensino jurídico.

Se os juristas pretendem dar alguma contribuição própria para o enfrentamento dessas questões, seja no campo intelectual, seja no dia a dia das instituições, é preciso entender quais são as ações possíveis dentro do direito e quais são as formas de justificar ou criticar essas ações. Quando se atua dentro da prática jurídica, as possibilidades de ação estão delimitadas por conceitos e critérios próprios, de forma que existem certas justificativas possíveis ou não de serem dadas. Essas justificativas não são as mesmas empregadas para criticar ou tentar alterar a prática jurídica em si, o direito e suas instituições. Defender a objetividade do direito é defender o sentido de se pensar o direito e mesmo mudar o direito, pois se tudo for uma questão de ponto de vista, ou jogos de poder, não existem razões para os próprios agentes refletirem sobre o que estão fazendo ou aonde querem chegar.

Referências

ANSCOMBE, G. E. M.. On Brute facts, **Analysis**, vol. 18, n.3, p. 69-72, jan. 1958.

ANSCOMBE, G. E. M.. **Intention**. 2nd edition. Cambridge/London: Harvard University Press, 1963.

BANKOWSKI, Zenon. **Vivendo Plenamente a Lei**. Rio de Janeiro: Elsevier, 2007.

CUTER, João Vergílio. Interpretação e objetividade. *In:* MACEDO JÚNIOR, Ronaldo Porto; BARBIERI, Catarina Helena Cortada. **Direito e interpretação**: racionalidades e instituições. São Paulo: Saraiva, 2011. p. 91-102.

HART, Herbert Lionel Adolphus. **The Concept of Law**. Oxford: Clarendon Press, 1994.

LOPES, José Reinaldo de Lima. Hermenêutica e completude do ordenamento. **Revista de informação legislativa**, v. 26, n. 104, p. 237-246, out/dez.1989.

LOPES, José Reinaldo de Lima. Entre a teoria da norma e a teoria da ação. *In:* Storck, Alfredo Carlos; Lisboa, Wladimir Barreto (Org.). **Norma, moralidade e interpretação**: temas de filosofia política e direito. Porto Alegre: Linus Editores, 2009, v. 1, p. 43-80.

LOPES, José Reinaldo de Lima. Filosofia analítica e hermenêutica: preliminares a uma teoria do direito como prática. **Revista de Informação Legislativa**: RIL, v. 53, n. 212, p. 203- 226, out./dez. 2016.

LOPES, José Reinaldo de Lima. **Curso de Filosofia do Direito**: o Direito como Prática. São Paulo: Atlas, 2021.

MACCORMICK, Neil. **Legal reasoning and legal theory**. Oxford/New York: Oxford University Press, 2003.

MACCORMICK, Neil. **Institutions of law**. Oxford/New York: Oxford University Press, 2007.

RAWLS, John. Two concepts of rules, **The philosophical review**, 64 (1), p. 3-32.

SEARLE, John. **The construction of social reality**. New York: The Free Press, 1995.

TAYLOR, Charles. Seguir a regra. *In:* TAYLOR, Charles. **Argumentos Filosóficos**. São Paulo: Edições Loyola, 2014. p. 181-195.

WINCH, Peter. **The Idea of Social Science and its Relation to Philosophy**. 2nd ed. London: Routledge, 1990.

WITTGENSTEIN, Ludwig. **Philosophical Investigations**. Blackwell, Oxford, 1953.

12
"O PATRÃO É QUEM MANDA"?: VINTE MIL LÉGUAS SUBMARINAS E RAZÃO PRÁTICA

Gabriel Andrade de Salles Maia

Introdução

Este artigo, sumário em sua extensão, integra trabalho maior que, por sua vez, compõe um conjunto de homenagens aos trinta e cinco anos de docência do professor José Reinaldo de Lima Lopes, titular da "cadeira" de Filosofia e Teoria Geral do Direito na Faculdade de Direito da Universidade de São Paulo, por quem fui orientado no meu curso de mestrado entre os anos de 2016 e 2019 – tempo de valioso amadurecimento intelectual e profissional.

Nas linhas que seguem, exponho panoramicamente a organização e conteúdo deste trabalho oferecendo também um relato afetivo sobre eventos que possuem relação com minha formação e aquilo que escrevi nesta coletânea junto a outros estimados colegas.

Lembro que entre três e quatro horas da manhã do dia 01 de janeiro de 2016 estava no salão de embarque do aeroporto "Dois de Julho", em Salvador, aguardando o voo que me transportaria para São Paulo, cidade onde fixei residência por quase cinco anos. Lembro ter em minhas mãos o artigo "A Lei da Natureza: 'Onça, Parente Meu'" (Lopes, 2008). Embora o tema não apresentasse para mim novidade em sua substância (a necessidade do reconhecimento humano mútuo como base para a formação de laços cooperativos que possibilitam o fortalecimento da vida política), o modo como o professor José Reinaldo sensibilizava para o tema me era incomum (conectava a filosofia do direito e a literatura a partir do estilo regionalista de João Guimarães Rosa no conto "Meu tio o Iauaretê").

Aquela interdisciplinaridade modificou meus pensamentos a respeito de como gostaria de redigir meus materiais jurídicos. O texto não era apenas esteticamente gracioso, mas também erudito, organizado, direto e claro em seu argumento.

Conhecedor de minha inclinação pela literatura, recebi de meu ex-orientador reiterados estímulos para seguir naquela "vereda" – seja formalmente em sala de aula, seja informalmente pelos corredores da faculdade ou nos cafés que formavam a paisagem do Largo São Francisco. Deste modo, tentei trazer para este trabalho um pouco de "ar fresco" no estudo da razão prática (e para isto tomei como ponto de partida a obra **Vinte Mil Léguas Submarinas**, do romancista francês Jules Verne) assim como o "Zé Reinaldo" apresentou elegantemente uma filosofia do direito de feição "humanista".[1]

Se a tarefa foi ou não realizada a contento, deixo aberto ao julgamento crítico de vossas senhorias. Seja como for, espero ter sido capaz de sinalizar o apreço ao meu antigo orientador e minha gratidão pelo intercâmbio intelectual permitido nos anos de minha "Pauliceia Desvairada".

Isto posto, passo a expor uma primeira advertência mais "técnica" para evitar críticas apressadas de leitores desavisados.

Apesar de conhecer a antiguidade e variedade de abordagens em "Direito e Literatura" e apesar de saber que a sistematização dos estudos iniciada no Brasil desde o final da década de 1990 chegou a um bom grau de consolidação a partir dos esforços particulares de Lenio Luiz Streck e das contribuições institucionais da Universidade do Vale dos Sinos (Unisinos) e da Rede Brasileira de Direito e Literatura (RDL), não me comprometi rigorosamente com linhas de pesquisa ou metodologias da área.

Em razão do caráter "celebrativo" desta obra coletiva, a minha proposta foi outra. Utilizei a literatura de modo intencionalmente ornamental para gerar fascínio por tema que renovou a Filosofia e Teoria do Direito a partir da segunda metade do século XX, que foi longamente trabalhado pelo professor José Reinaldo ao longo de sua carreira, mas ainda inadequadamente recepcionado pela comunidade jurídica brasileira.

[1] A respeito de tal "humanismo", cumpre destacar que antes da revolução científica a figura do jurista estava firmada no conceito de *sacerdos legum*, uma referência de perfeição intelectual, uma espécie de "jurisconsulto perfeito" dotado da mais ampla formação humanística e um modelo de *homo politicus*, vale dizer, de cidadão politicamente ativo, perfeito e acabado (Kelley, 1988, p. 89).

Assim, se a primeira seção é uma "exposição de motivos" que busca justificar o argumento de tal interdisciplinaridade não ser puro deleite espiritual, mas um estudo fundamentado teoricamente e historicamente, a segunda seção é uma análise dos elementos de **Vinte Mil Léguas Submarinas** que nos permitem identificar nela uma relação direta com o assunto da razão prática (o que é realizado pela observação dos contrastes existentes nas personalidades dos personagens professor Aronnax, Conselho e Ned Land – com especial destaque para a passagem contida no capítulo 14, "A Corrente do Rio Negro"). Por fim, a terceira seção trabalha o conceito de razão prática e sua relação com o direito como "prática social" (o que é feito via rearticulação do pensamento do professor José Reinaldo de Lima Lopes em suas variadas obras).

1. O "Direito e Literatura" e a "Razão Prática": Duas Jabuticabas?

A "incomum" convergência entre o Direito e a Literatura pode gerar especial estranheza àqueles habituados a encarar a linguagem jurídica como uma prática rigorosamente formal e técnica. Contudo, está distante de poder ser acusada como "excêntrica" ou como uma "jabuticaba"- para nos apropriar de expressão alheia (Lopes, 2014, p. 17).

O "Direito e Literatura"[2] compõe interessante campo de pesquisa longamente desenvolvido nos países do "Norte" (principalmente nos Estados Unidos), absorvido pelos latino-americanos a partir dos anos 1980 e sistematizado no Brasil em fins de 1990.

Embora tal "sistematização" seja considerada polêmica (Trindade; Bernsts, 2017, p. 227) por força do elevado analfabetismo em nosso país, pela ausência de uma ampla rede de apoio institucionalizada, ou pela disputa quanto a natureza de tal aproximação – método ou disciplina? (Godoy, 2019, p. 2) –, o amadurecimento intelectual da "abordagem" nos direciona para uma abertura que possibilita o debate de temas legais distante da tese de fechamento didático que conduziria o Direito a uma suposta autonomia científica.

O "Direito e Literatura" representa uma das variadas reorientações do pensamento legal contra tendências teóricas conservadoras e formalistas dominantes no séc. XIX, a saber, o "Conceitualismo" americano (inaugu-

2 Nomeada nos Estados Unidos como "Law and Literature", "Law and Literature Scholarship" ou ainda "Law and Literature Enterprise".

rado por Cristopher Columbus Langdell), o "Consequencialismo" (originado da ética utilitarista de Jeremy Bentham e John Stuart Mill), e o "Pragmatismo" (como desdobramento deste último).

Aquelas tendências percebiam na natureza do Direito uma qualidade metodologicamente diferente de outros saberes humanos – como a Literatura. Imaginavam portar uma razão geométrico-matemática (Kelley, 1988, p. 99) que no fundo nutria um preconceito ambíguo: reconhecia e reverenciava a expressividade artística literária, mas rebaixava a sua racionalidade interna aos domínios do ficcional e do emotivismo. Trocando em miúdos: praticavam um esnobismo intelectual que considerava por "irracional" toda razão não científica. Há explicações para tal atitude.

Uma grande euforia coletiva governou o mundo entre os séculos XVIII e XIX em razão das inovações tecnológicas introduzidas pelo conhecimento científico. Este momento representou o assento definitivo das ciências empíricas no ambiente universitário e a irradiação de sua influência para outros saberes, como o Direito (que hostilizou linhas de pensamento não descritivas – caso da "criatividade" literária – e extrajurídicas ou fundacionalistas – a moralidade, economia, religião e razão prática).

O Direito não seria algo além de um sistema normativo logicamente fechado e demonstrável a partir de premissas (leis) claras e antecipadamente postas e o ensino dogmático destas premissas seria o instrumento para a abertura das "portas de todas as câmaras do castelo legal" (Lopes, 1981, p. 368). Ao seu modo, a tradição costumeira orientada à indução e aos precedentes percebeu semelhante prejuízo notando a redução dos casos a uma função meramente "alegórica" (Kronman, 1977, p. 6). Assim supunham que o ardil hermenêutico não alcançaria a boa formação e prática legal.

Merece destaque a interpretação dada pelo período a certos valores políticos, algo que também desempenhou papel de relevo contra ideias jurídicas contraintuitivas.

O formalismo e o conservadorismo idealizavam que as exigências teóricas e compromissos sociais assumidos pelo Estado de Direito eram necessariamente realizados via burocratização das instituições legais (Weber, 2008, p. 173). Logo, assumiram os direitos como comandos impessoais e gerais produzidos pela vontade de autoridades despersonalizadas (o **voluntarismo** – o direito como ato de vontade). Alcançar com eficiência tal nível de produção técnica demandava o afastamento de aristocratas e proprietários dos quadros da administração estatal e a substituição destes por "funcionários públicos" (termo em voga no período) "letrados no direito" (Caenegem, 2009, p. 126).

Todo um cenário cujo sectarismo não encontrava sustentação histórica[3] e que matava por asfixia o desenvolvimento de juristas eruditos foi edificado a partir daí.[4]

Somente tempos após a publicação de **A List of Legal Novels** de John Henry Wigmore (1908), **Law and Literature** de Benjamin Nathan Cardozo (1925), e **The Case of the Speluncean Explorers** de Lon Luvois Fuller (1949), é possível falar no florescimento do "Direito e Literatura" com a publicação de **The Legal Imagination**: Studies in the Nature of Legal Thought and Expression de James Boyd White (1973).[5]

Igualmente, somente após a publicação de **The Concept of Law** (**O Conceito de Direito**) de Herbert Lionel Adolphus Hart (1961), cuja inspiração geral poderia ser extraída dos conceitos wittgensteinianos de **jogos de linguagem** (Wittgenstein, 1996, §7) e **formas de vida** (Ibid., §19), além da noção de que a explicação das ações humanas não ocorre causalmente senão por seus **motivos** ou **razões**, torna-se possível a reintrodução do tema da "razão prática" no interior do Direito a partir do

[3] Em **Law and Literature**, Irving Browne descreve como o Direito e os advogados eram retratados desde os dramaturgos gregos passando por romancistas, moralistas, ensaístas, historiadores, poetas, músicos de todas as épocas. Mais além, expõe como a intelectualidade dos advogados era vista com desconfiança ou jocosidade em certos casos: "The mass of men do not love the men who are able to get a living, and attain honors, without the use of money and muscle" (Browne, 1883, p. III).

[4] Wilbur Larremore percebia a "má vontade" contra os juristas "letrados" (intelectualizados) e a esta attitude reagia praticando "sarcasmo reverso" contra os detratores da interdisciplinariedade.: "In America, however, there has been a prejudice against the 'literary lawyer'. Probably this springs in part from the materialistic tendency in a comparatively new country [...] But, more potent than this, has been the honest American antipathy to *dilettanteism* in any form. The sentiment has been that the law is enough to absorb any men's attention; and that if he dissipated part of his energy in writing for magazines, he thereby became less reliable in the technical work of his calling" (Larremore, 1890, p. 146).

[5] A absorção do "Direito e Literatura" foi ampliada, nos Estados Unidos, por juristas como Ronald Dworkin (**Law as Interpretation** e **Law's Empire**); Stanley Fish (**Working on the Chain Gang**: Interpretation in the Law and in Literary Criticism: Change, Rhetoric, and the Practice of Theory in Literary and Legal Studies); Martha Nussbaum (**The Literary Imagination and Public Life**); Richard Posner (**Law and Literature**); e outros autores menos conhecidos do público brasileiro como Richard Weisberg e Robert Weisberg.

desenvolvimento do conceito de **ponto de vista interno** como tentativa compreensiva das **intencionalidades** (Searle, 2000, p. 111) contidas nas ações realizadas pelos participantes de uma prática (Hart, 2011, p. 98 et seq.).

Vale enfatizar que as **razões** são "herdadas" e aprendidas socialmente por nós (Winch, 2003, p. 83) de acordo com uma história à qual precisamos nos reportar e que nos poupa de partir sempre de um "marco zero" (Macintyre, 2007, p. 194).

2. Vinte Mil Léguas Submarinas: o Ponto de Partida Prático

2.1. O fascínio pela história natural

Jules Verne já era nome conhecido antes da publicação de **Vinte Mil Léguas Submarinas** (1870). O estilo de romance científico que marcou grande parte de suas estórias já estava definitivamente inaugurado com o sucesso de **Viagem ao Centro da Terra** (1864) – título que projetou rapidamente o autor francês para o mundo.

O interesse por assuntos próprios da **história natural** (geografia, química, astronomia, biologia e outros considerados como "científicos") não ocorreu por ocasião de formação universitária direcionada ao estudo do mundo empírico. Ao revés. Por pressões familiares, J. Verne foi forçado a estudar e exercer brevemente o Direito como advogado na cidade de Paris[6] (o que talvez explique a recorrente dialética entre humanismo e ciência em seus escritos[7] e afirma, contrariamente ao intuído pelo escritor, a imediata possibilidade de união teórica e prática do Direito com a Literatura).

[6] Jorge Bastos, tradutor da edição brasileira de **Viagem ao Centro da Terra**, expõe um interessante relato do autor para sua mãe: "posso me tornar bom escritor e seria um medíocre advogado, vendo em tudo apenas o lado cômico e a forma artística, sem considerar a realidade séria das coisas" (Verne, 2016, p. 90). Deste modo, a "seriedade", a formalidade ou o hermetismo do Direito não caberiam dentro da arte, da leveza, da fantasia. Seriam dois campos sem conexão.

[7] A respeito da dialética existente entre as racionalidades literária e científica, no ano de 1863 (e logo após em 1865) Jules Verne torna-se respectivamente membro da Sociedade dos Autores e Compositores Dramáticos e da Sociedade de Geografia. Tal aproximação foi, aliás, entusiasmadamente estimulada por Pierre Jules Hetzel, amigo e editor das obras de Jules Verne na França, que em fins do século XIX conseguiu perceber o crescimento do nível de instrução do público leitor e a abertura de filão editorial relacionado com temas científicos, transformando a produção do amigo em algo comercialmente lucrativo para ambos.

Na apresentação realizada por Rodrigo Lacerda[8] em **Viagem ao Centro da Terra** é possível ler como J. Verne era consciente da literatura como imagem especular das transformações sociais e materiais do mundo – e entre os séculos XVIII e XIX a história natural foi objeto de fascínio acadêmico e social de onde a sua literatura procedia.

Isto posto, não é sem razão que o universo literário verniano (por força de necessária manutenção de verossimilhança com a realidade) seja repleto de descrições ambientais detalhadas (ou até mesmo exaustivas); de notas técnicas sobre fenômenos naturais; de referências às pesquisas de engenharia da época e do uso de tecnologias até então inovadoras; de personagens moralmente e intelectualmente complexos e especializados em muitos campos do saber – casos do professor Otto Lindebrock em **Viagem ao Centro da Terra** e do capitão Nemo em **Vinte Mil Léguas Submarinas**.

A obra **Vinte Mil Léguas Submarinas** não escapa deste influxo cientificista. Embora a ambiência escolhida em **Cinco Semanas em um Balão** (1863) e a já citada **Viagem ao Centro da Terra** (1864) seja alternada com a eleição da vida submarina como pano de fundo para o desenvolvimento das aventuras de **Vinte Mil Léguas**, as referências (e reverências) nada cerimoniosas às instituições e ao conhecimento naturalista são mantidos. Citarei exemplos que justificam meu raciocínio.

Em "Crédulos e Incrédulos" (capítulo segundo), o personagem professor Aronnax oferece excerto de artigo publicado no **New York Herald** em que é instado a falar sobre a estranha "criatura" de assombrosa velocidade e resistência avistada nos mares do "Norte". Aronnax expõe o seu ceticismo ante a hipótese de criaturas "sobrenaturais" ou mitológicas habitando o fundo dos oceanos e afirma que a explicação para os avistamentos "inexplicáveis" não poderia ser encontrada nos exagerados relatos, mas apenas no interior do variado "catálogo" das criaturas conhecidas, postura de "fé" científica – que julgava ter mapeado os oceanos por inteiro.

No capítulo seguinte ("O patrão é quem manda"), instituições como o "Jardim Botânico", o "Zoológico" e o "Museu de História Natural" da

[8] Segundo Jules Verne: "Precisamos nos conscientizar de que a arte pela arte não é mais suficiente em nossa época; é chegada a hora da ciência tomar seu lugar no campo literário... as obras publicadas e a publicar obedecem, no conjunto, ao plano a que se propôs o autor... resumir todos os conhecimentos geográficos, geológicos, astronômicos e da física coletados pela ciência moderna, e refazer, sob a forma atraente e pitoresca que lhe é própria, a história do universo" (VERNE, 2012, p. 9).

França são glorificadas enquanto abrigos das mais valiosas coleções de espécies dos reinos vegetal e animal.

Em "Náutilus" (capítulo décimo primeiro), o fascínio é ainda mais evidente. Primeiro, quando a biblioteca do submarino é animadamente avaliada por ser local de privilegiado conhecimento científico (especialmente aplicado à história natural),[9] ainda que ricamente abastecida por obras literárias dos autores "mais sublimes da história" (como Homero e Victor Hugo). Segundo, quando no salão principal deste mesmo submarino o prof. Aronnax fica menos estupefato com as relíquias artísticas lá abrigadas que com as raridades científicas expostas:

> Junto às obras de arte, as raridades naturais ocupavam um lugar de destaque. Consistiam principalmente em plantas, conchas e outros espécimes do oceano, que deveriam ser achados pessoais do capitão Nemo [...] Ao redor do tanque, sob elegantes vitrines fixadas por trilhos de cobre estavam classificados e etiquetados os mais preciosos espécimes marinhos jamais expostos ao olhar de um naturalista. Concebe-se minha alegria de professor (Verne, 2011, p. 102).

Os exemplos de reverência ao **naturalismo** são abundantes e destacam-se no desenvolvimento das personalidades dos personagens. É o que veremos a seguir.

2.2. A estória e os seus personagens

Na obra analisada, 47 capítulos e cinco personagens centrais (capitão Nemo, comandante Farragut, Ned Land, professor Pierre Aronnax e Conselho) são desenvolvidos para dar conta de uma aventura dividida em duas partes.

A primeira, conduzida pelo comandante Farragut a bordo da fragata "Abraham Lincoln", é uma espécie de caça "cega" (algo como a **Moby Dick** de Herman Melville) através das mais remotas extensões marítimas do planeta a uma misteriosa "criatura" cujos relatos quase mitológicos indicavam uma natureza espantosamente veloz e uma assombrosa capacidade de produzir danos e destruição às costas e embarcações de diversas nações ocidentais. A segunda parte, quando descobrimos que a tal criatura é em verdade o *Náutilus* (um dos primeiros submarinos do mundo), relata o

9 Para maiores detalhes, conferir nota de rodapé número 58 de **Vinte Mil Léguas Submarinas**.

processo de submersão às profundezas oceânicas em que o gênero "ação" (ainda que muito presente) cede espaço diante do "drama" psicológico.

As "vinte mil léguas" não representam, portanto, uma descida vertical ininterrupta às profundezas oceânicas – algo impossível já que isto equivaleria submergir a cerca de 96 km (e o ponto mais profundo dos mares atinge apenas 11 km), mas ao trajeto percorrido submerso ou não a bordo do *Náutilus*.

Acidentalmente "salvos" de um naufrágio pelo capitão Nemo (proprietário do *Náutilus*), os personagens Ned Land, Conselho e o professor Aronnax são imediatamente "convidados" a "integrar" a tripulação do submarino (um eufemismo para expressar o rapto que ali corria). Este momento equivale a um inicial e bem quisto processo de afastamento civilizacional na busca de conhecimento da vida subaquática. Aqui, a observação, captura, experimentação, catalogação e classificação de plantas e animais marinhos ganham espaço num movimento que afirma o cientificismo oitocentista. Mas este ânimo gradualmente cede diante da longa exposição ao isolamento humano.[10]

Pierre Aronnax é personagem de elevada cultura humanista, formação moral e preparo técnico no campo da história natural. É através dele que o enredo retira o seu "fôlego" científico a partir de amplas reflexões e digressões teóricas sobre os mais variados temas do **naturalismo**, e é através dele que importantes contrastes de personalidade são realizados.

Aronnax ora antagoniza com o capitão Nemo (personagem inicialmente avaliado como sábio e generoso, mas que é revelado como egoísta, tirânico e até mesmo violento à medida que "submergimos" na estória e nos privamos do contato com o mundo exterior); ora opõe-se ao comportamento caricato e atrapalhado de Conselho (seu assistente particular e elemento cômico narrativo que suaviza o "peso" técnico do romance científico); ora difere da índole ativa e "sanguínea" de Ned Land (experiente pescador e arpoador canadense-québécoise), personagem inclinado à vida prática no mar e avesso às teorizações científicas do professor.

[10] Entre o capitão Nemo e Tonho Trigueiro (do conto "Meu tio o Iauaretê) é possível localizar semelhanças. Nemo também rescinde unilateralmente de maneira muito pouco empática o contrato social que o atava à civilização de seu tempo, o que é constatado não pela perda da linguagem, mas pelo antagonismo com outros elementos civilizacionais – daí a sua desterritorialização, sua despreocupação em realizar trocas comerciais e, sobretudo, o desprezo em estabelecer laços de amizade (Lopes, 2008, p. 154)

Dos contrastes existentes é possível intuir certas noções sobre a razão prática.

Enquanto Aronnax é um agente consciente daquilo que faz como professor de história natural, vale dizer, um homem dotado de refinada capacidade intelectual e habilitado para aplicar relações conceituais complexas a casos práticos singulares, Conselho é um "tagarela" dotado de grande capacidade classificatória, mas incapaz de distinguir as situações práticas aplicando a elas os conceitos decorados. Neste sentido, enquanto professor Aronnax domina a "gramática"[11] da história natural, Conselho é um "enciclopedista", *i.e.*, alguém que acumula conhecimento sem necessariamente saber o que fazer com ele. Percebam o seguinte trecho jocoso escrito por Jules Verne:

> De tanto esbarrar com os cientistas de nosso mundinho do Jardim Botânico e Zoológico, Conselho terminou por aprender alguma coisa. Eu tinha nele um especialista de alta competência na classificação em história natural, percorrendo com agilidade de acrobata toda a escala dos ramos, grupos, classes, subclasses, ordens, famílias, gêneros, subgêneros, espécies e variedades. Mas a sua ciência parava aí. Classificar era sua vida, seu saber se resumia a isso. Imbatível na teoria da classificação, nem tanto na prática, não teria distinguido, creio, um cachalote de uma baleia! (VERNE, 2011, p. 38).

No entanto, não é apenas como base naquele contraste que o tema da razão prática se manifesta.

A personalidade de Conselho também contrasta com a personalidade de Ned Land (seu companheiro de aventura), que por sua vez também contrasta com a personalidade do professor Aronnax. Ao contrário de Conselho, Ned Land sabia identificar e distinguir empiricamente o singular com grande precisão. Diversamente do professor, faltava ao arpoador o emba-

[11] A "gramática" opera como um sistema ordenado de regras que oferece aos participantes de certa prática as condições para a elaboração e realização de discursos com sentido (LOPES, 2006, p. 43) e segundo os fins internos da mesma. O Direito, assim como uma língua dotada de "gramática", também é um sistema de regras que permite a elaboração de seus próprios discursos. Conhecer uma gramática não é saber isoladamente as suas regras, mas saber utilizar estas de maneira autônoma e articulada. Aprender a elaborar discursos equivale a aprender uma língua e compreender uma língua (uma linguagem) equivale a "dominar uma técnica" (WITTGENSTEIN, 1996, §199). A nossa reflexão é gramatical, "e esta reflexão ilumina os nossos problemas removendo mal-entendidos. Mal-entendidos que dizem respeito ao uso das palavras" (Ibid., §90).

samento conceitual teórico capaz de retirá-lo da "situação presente" e que permitiria uma locomoção consciente pela história natural:

> Persegui muitos cetáceos, arpoei grande número deles, matei vários, mas, por mais poderosos e bem-dotados que fossem, nem suas caudas nem seus incisivos seriam capazes de rasgar as placas de ferro de um vapor (Verne, 2011, p. 46).

No entanto, é no capítulo catorze ("A corrente do rio Negro") que os conflitos de personalidade são mais evidentes. É neste momento que a "razão prática" ganha destaque.

Parados em frente às janelas do *Náutilus,* Conselho e Ned Land iniciam um valioso diálogo que parte da observação da vida marinha presente naquele instante:

> – Mas e os peixes? – observou o canadense. – Não vejo peixes!
>
> – Que diferença isso faz para você, amigo Ned? – desafiou Conselho. – Você não os conhece mesmo!
>
> - Eu! Um pescador! – indignou-se Ned Land
>
> [...]
>
> – Amigo Ned, você é um matador de peixes, um pescador fora de série. Apesar de ter fisgado inúmeros desses interessantes animais, aposto que não saberia classificá-los
>
> – Pois sei – respondeu seriamente o arpoador. – Os peixes são classificados em peixes comestíveis e não comestíveis!
>
> – Eis a distinção típica de um glutão – respondeu Conselho. – Mas saberia me dizer a diferença que há entre peixes ósseos e cartilaginosos?
>
> – Até aí eu vou...
>
> – E quanto à subdivisão dessas duas grandes classes?
>
> – Nem desconfio, respondeu o canadense (Verne, 2011, p. 127).

Conselho inicia então um longo processo classificatório das espécies observadas, sugestionando uma aura de "especialista" que encobria a "leiguice" verificada em um momento de deslize diante do julgamento de um caso prático simples:

> – O quê! – Exclamou Ned. – Raias e tubarões na mesma ordem? Pois bem, amigo Conselho, no interesse das raias, não o aconselho a colocá-los juntos no mesmo aquário! (Verne, 2011, p. 129).

Se Ned Land era um homem "prático" que não enxergava nas classificações apresentadas maior utilidade que o conhecimento das espécies sob o ponto de vista culinário, é possível assumir a sua assertiva galhofeira como uma verdade precisa. O desfecho deste "embate de saberes" é então atingido quando Ned Land passa a contrapor Conselho:

> – Veja, amigo Conselho – disse o arpoador, debruçando-se sobre o vidro da escotilha –, um desfile de raridades!
>
> – Sim, peixes! – Exclamou Conselho. – É como se estivéssemos admirando um aquário!
>
> [...]
>
> – Pois bem, amigo Conselho, os nomes, os nomes! – pedia Ned Land.
>
> – Disso respondeu Conselho – não sou capaz! É da alçada do patrão!
>
> E, com efeito, o bom rapaz, classificador maníaco, não era um naturalista, e não sei se teria distinguido um atum de uma cavala. Resumindo, o posto do canadense, que nomeava todos aqueles peixes sem titubear (Verne, 2011, p. 130).

A conclusão a que se chega a partir dos trechos de diálogos expostos foi escrita pelo próprio J. Verne: saber teórico e saber prático precisam estar em relação de complementariedade. É por isto que o autor francês escreve que "juntando os dois, Ned e Conselho teriam dado um eminente naturalista" (Verne, 2011, p. 130).

Tendo oferecido um exemplo prático e literário para abordar o tema da razão prática e explicar o que significa saber fazer algo no interior de uma prática, seguiremos à fundamentação teórica.

3. A Razão Prática como Questão Teórica

O pensamento naturalista se fez notar fora dos limites mais rigorosos da ciência ou da ficção literária.

Tendo alcançado o campo jurídico, que no fim do século XVIII e ao longo do séc. XIX enfrentava momento de desprestígio intelectual no interior das universidades (Lopes, 2014, p. 87), influenciou um drástico processo de transformação metodológica do ensino e prática do Direito e o "rearranjo da 'constelação' de poderes políticos e institucionais" (Ibid., p. 88) do Estado Moderno, algo que conduziu a um deslocamento interno da função do direito (Lopes, 1981, p. 367).

A tão empenhada busca dos juristas oitocentistas por "autonomia" didática do direito e por construção de uma ordem "racional e justificável que o tornasse também compreensível, inteligível e de seguimento razoável" (LOPES, 2014, p. 89), quer dizer, por validação segundo critérios "científicos", acabou produzindo gerações inteiras de advogados, juízes, professores e agentes públicos que concebiam o direito como um objeto exterior às suas práticas – tais quais são os astros que ocupam o ilimitado negrume cósmico, os restos de esqueletos fossilizados encravados nas rochas sedimentares ou a vida vegetal presente nas gélidas profundidades oceânicas. Entretanto, tal tipo de consideração influenciada pelos "evolucionismos" sociais darwinianos e spencerianos (LOPES, 2013a, p. 5), ao ignorar o modo de desenvolvimento da racionalidade interna do Direito, possui um vício *ab ovo* (na origem de sua própria natureza).

Quando os juristas indagam "o que é o direito?", embora as respostas possivelmente oferecidas sejam capazes de fazer referência a objetos teóricos distintos – por exemplo, a "comum convicção jurídica do povo" (no Historicismo Jurídico), "aquilo que decidem os tribunais" (no Realismo Jurídico), a "norma" (no Positivismo Normativista) ou ainda o "ponto de vista interno dos participantes de uma prática" (no pós-Positivismo Jurídico) –, elas guardam entre si o traço comum de não poderem ser localizadas tendo a ideia de *physis* como referência. Assim, as respostas são suprassensíveis, ontológicas (metafísicas – em termos aristotélicos), precisam remeter a ideia de *práxis*.

Não sendo um organismo biológico vivo ou um objeto privado de *anima* (inanimado), o direito não pode ser percebido como a presença da "musa" de Caetano Veloso na canção "A Tua Presença Morena" – pelos "olhos, bocas, narinas e orelhas" –, o direito não entra em nós "pelos sete buracos da cabeça" (Ibid, p. 7).

Os nossos órgãos sensoriais são incapazes de adequadamente oferecer respostas para aquele que é um dos problemas centrais da Filosofia do Direito do Ocidente porque o **ser** aí investigado não é um evento empírico da natureza, mas abstrato-conceitual.

As leis ou os precedentes que, por exemplo, compõem o material de estudo daqueles que praticam o direito em diferentes tradições legais, precisam ser compreendidas em seu **sentido** porque o direito é artificial (não confundir por arbitrário[12]) e possui uma natureza altamente institucionalizada.

[12] O Direito é desenvolvido pelos juristas no interior da comunidade jurídica, não é arbitrário, tão pouco é solipsista porque pressupõe o compartilhamento, justamente, de uma linguagem – esta, a mais fundamental das instituições (LOPES, 2004, p. 35).

Absorvendo as influências da tradição hermenêutica e da filosofia analítica, José Reinaldo de Lima Lopes raciocina de maneira uniforme e coesa ao explicitar a relação imbricada entre **sentido**, **compreensão** e **prática** seja em "Entre a Teoria da Norma e a Teoria da Ação", mostrando sua ciência a respeito do pensamento de Paul Ricoeur, autor que tem "o expresso projeto de estabelecer uma ponte entre a filosofia analítica de matriz anglófona e a filosofia hermenêutica continental e o faz tomando por base o conceito de sentido" (Lopes, 2009, p. 58); seja em "Filosofia Analítica e Hermenêutica: preliminares a uma teoria do direito como prática", quando nos diz que "a filosofia analítica e a filosofia hermenêutica dirigem a reflexão para a condição essencial da vida como animais de linguagem, experiência dentro da qual criamos os sentidos" (Lopes, 2016a, p. 216); seja em "Da Interpretatio à Interpretação: um percurso histórico e teórico", esclarecendo que "a interpretação é apenas uma tradução, no sentido de substituir uma expressão da regra por outra. A compreensão, ao contrário, é a capacidade de apreender um sentido" (Lopes, 2018, p. 20); seja no **Curso de Filosofia do Direito**: O direito como prática, ao afirmar que "para uma o sentido é o objeto típico da percepção racional (linguística) da vida humana; para outra, o elemento básico da enunciação – e, portanto, da lógica" (Lopes, 2020, p. XVIII).

Deste modo, se os **sentidos** "entram em nós pela intelecção, pela capacidade de inteligir, de entender as coisas, o que a filosofia clássica chama de *intelectus* ou a faculdade de apreensão dos primeiros princípios" (Lopes, 2013a, p. 7), isto é, se os sentidos não podem ser simplesmente descritos porque exigem **compreensão** por parte dos participantes de uma prática na medida em que são **constitutivos** da racionalidade interna desta última, de seus institutos e instituições (Lopes, 2013b, p. 25), a noção de **prática** está vinculada à "capacidade e conceituar, compreender e instituir as relações que se estabelecem entre as pessoas por meio, justamente, de institutos – como os contratos – e as instituições – como os Estados, as universidades ou as empresas" (Lopes, 2017, p. 1), vale dizer, de compartilhar uma compreensão comum acerca dos sentido ou da **razão** (de ser) de suas atividades.

O jurista não é um historiador natural que observa o "mundo lá fora" realizando experimentações, verificações e classificações com o objetivo de alcançar algum conhecimento explicativo sobre a realidade material das coisas. A nossa atividade é interpretativa (ou hermenêutica) porque a qualificação jurídica de um fato natural ou social como ilícito ou ilícito (os sentidos jurídicos de uma norma) não ocorre por força de uma lei de causalidade, mas através de uma imputação, de uma escolha interpretativa intencional diante da realidade.

A hermenêutica "introduzindo a questão inafastável do 'ponto de vista' de tal maneira faz que o saber torne-se essencialmente motivado" (Lopes, 1988, p. 243-244) e motivações não podem ser oferecidas no direito segundo uma lógica formal "pelo simples fato de que opera com classificações e os processos de classificação tendem para a analogia. A classificação não é o raciocínio dedutivo" (Lopes, 1989, p. 244) e a motivação exige um trabalho de construção porque as premissas menores do direito não são dadas aos juristas, mas construídas por estes no curso da argumentação jurídica ou do processo legal (Lopes, 2003, p. 52).

Se for certo que o Direito é teleologicamente orientado à decisão, vale dizer, que exige uma ideia de **finalidade** suscetível de avaliação em função de algum **bem** (Lopes, 2009, p. 282), existirá então como uma "régua" – orientando o nosso o agir em certa situação contextual e tomando em consideração os fatos e os direitos com vista a uma aplicação (que não é obtida por simples subsunção).

Estas noções justificam o porquê de o direito não ser nem um sistema normativo (uma ciência ou **saber** puramente ideal e apta a ser operacionalizada, tal qual foi possível observar através do personagem "Conselho") e nem ser um simples ato de vontade ou poder que se impõe empiricamente (e que seguimos por imitação desreferenciados de uma noção de "regra" enquanto uma guia orientadora geral, tal qual procedia o pensamento de Ned Land, incapaz de remeter os casos particulares a um quadro geral mais abrangente).

Repetir conceitos, oferecer nomes de autores a esmo, citar títulos de obras apenas por autoridade, parafrasear citações ou reproduzir comportamentos não é saber o Direito ou saber como portar-se perante o direito; é retórica sofista, é imitação, e "repetição não é argumento é figura de estilo" (Lopes, 2017, p. 1).

Eu mesmo poderia ser apressadamente acusado de estar incorrendo na prática que critico ao escolher trabalhar aqui apenas com o próprio pensamento do professor José Reinaldo. Todavia, aquilo que faço nem é fruto de um simples "decoreba", nem é uma *ars rhetorica* ao modo de um Górgias, nem meu raciocínio é construído a partir de falácias lógicas, mas é uma unidade coerente e coesa dotada de **intencionalidade** que retoma e reorganiza em linhas próprias e com algum nível de originalidade a linha teórica desenvolvida pelo homenageado.

De todo o exposto é possível perceber que falar em **prática social** equivale a falar em **ação** (ou decisão) e falar sobre esta última equivale a falar em **razão prática.**

Ora, se o Direito é desenvolvido *in concreto* na *práxis* (justamente por ser um campo da filosofia prática, conforme concebido por Aristóteles), "saber direito" é saber bem deliberar e bem agir (decidir) dentro de certa "lógica" (que não compreende apenas acumulação de conhecimento ao modo de uma enciclopédia, mas que exige articulações de regras comuns ao modo de uma **gramática**). Tal lógica, ressalte-se, nunca é dada de modo privado e seriado, mas de forma agregada e coordenada (Lopes, 2015, p. 908).

Estas considerações nos revelam de que modo o Direito entendido como uma "razão prática" é capaz de afastar concepções formalistas, idealistas e subjetivistas a respeito de si mesmo.

Se o Direito é uma prática, apenas pode ser "social". É esta sociabilidade que o aproxima de um maior grau de objetividade e segurança na medida em que aos participantes é exigida justificações (**razões** – práticas) para as ações desviantes das regras compartilhadas. Estas justificações devem ser localizadas no interior da própria prática, já que os "pontos de partida" da prática não podem ser displicentemente postos em dúvida e nem tudo pode ser aceito como justificação (Lopes, 2016a, p. 221).

Deixamos aqui, no ocaso desta seção, uma última e provocativa citação:

> Não se trata de confundir o direito com uma lenda, uma figura inventada como um unicórnio. Trata-se muito mais de equiparar o direito, como já fiz antes, à linguagem e ao discurso: a língua portuguesa, que permite qualquer discurso, não tem a mesma natureza física de um Papai Noel. Mas tampouco existe como existe uma pedra. Existe apenas como uma prática, e prática segundo regras (Lopes, 2004, p. 30).

Se no ano de 1981 o professor José Reinaldo de Lima Lopes já atestava um mundo de complexidade crescente sem espaço para bacharéis formados em prolixidades e inabilitados a decidir (LOPES, 1981, p. 371), o senso de urgência na revisão das premissas metodológicas nas quais o ensino e a prática legal se estruturam deve ser ainda maior.

Daquela época até hoje mais de quarenta anos transcorreram. De lá até aqui vivemos uma realidade de modificação constitucional, de incrementos na infraestrutura econômica, de acelerada obsolescência de tecnologias "revolucionárias" pelo avanço das comunicações (o "museu de grandes novidades" que cantava Cazuza), de modificação cultural na noção de "tempo", de retrocesso político que coloca em dúvida temas antes tidos como "superados" e certezas julgadas antes como axiomáticas.

Conclusões

A interface entre o Direito e a Literatura é não apenas justificada do ponto de vista teórico e histórico, como também desejável a juristas novatos ou experientes. Não trata apenas de mera questão de estilo ornamental ou retórica sofista ao possibilitar, a um só tempo, o esclarecimento mais direto quanto a temas legais e filosóficos de compreensão mais densa e morosa, bem como a ampliação de uma "bagagem" intelectual que nos auxilia a estabelecer relações conceituais mais complexas e a exercer a nossa racionalidade prática de modo mais refinado.

Este ponto de vista, no entanto, foi e ainda é equivocadamente considerado como excêntrico por força de uma cultura jurídica apegada a influências conceitualistas e formalistas- que imaginam o ensino e prática do direito ao modo de uma ciência empírica desconsiderando, portanto, a dimensão hermenêutica e o caráter institucional de nossa "prática social".

Assim como não é possível afirmar que Conselho e Ned Land fossem naturalistas, não podemos opor o rótulo de "juristas" àqueles que vivem aprisionados em um "paraíso conceitual" desconectado da realidade, nem àqueles que atuam como simples "operadores do direito" sem formação conceitual e técnica.

A teoria que não conduz à prática é conhecimento infértil, conhecimento cujo sentido é esvaziado. Por outro lado, prática sem teoria é impulso mecânico, é movimento intelectual irrefletido incapaz de estabelecer relações e formular "leis" gerais para além do próprio caso.

A classificação é uma habilitação teórica que presume uma finalidade prática – atribuir nomes às coisas, distinguir certas coisas, dizer o que fazer com elas, dizer como agir diante delas. Apostar no acaso ou na repetição dos acontecimentos e argumentos para agir dentro do direito é nada além de imperícia.

A tarefa do bom jurista é por norma e caso para corresponderem, é relacionar de modo coerente e consciente a ação humana a certos institutos e instituições, é deliberar e decidir perante problemas práticos. O bom jurista age de modo refletido, não apenas porque "o patrão é quem manda".

Referências

BROWNE, Irving. **Law and Lawyers in Literature**. Boston: Soule and Bugbee, 1883.

CAENEGEM, Raoul Charles van. **Uma Introdução Histórica ao Direito Constitucional Ocidental**. Tradução de Alexandre Vaz Pereira. Coordenação de António Manuel Hespanha. Lisboa: Fundação Calouste Gulbenlkian, 2009.

GODOY, Arnaldo Sampaio de Moraes. Direito e Literatura: os Pais fundadores John Henry Wigmore, Benjamin Nathan Cardozo e Lon Fuller. *In:* GONZÁLEZ, José Calvo (Coord.). **Implicación Derecho Literatura**: contribuciones a una teoría literaria del derecho, 2008, 41-70.

HART, H. L. A. **O Conceito de Direito**. Tradução de A. Ribeiro Mendes. Lisboa: Calouste Gulbenkian, 2011.

KELLEY, Donald R. Jurisconsultus Perfectus: The Lawyer as Renaissance Man. **Journal of the Warburg and Courtauld Institutes**, v. 51, p. 84-102, 1988.

KRONMAN, Anthony T. Jurisprudence is not just a course. It´s the Key to liberating the lawyer. **Learning and The Law**, v. 4, n. 3, p. 4-8, 1977.

LARREMORE, Wilbur. Lawyers in Literature. **The Green Bag**, v. 2, n. 146, p. 146-147, 1890.

LOPES, José Reinaldo de Lima. Função Social do Ensino da Ciência do Direito. **Revista de Informação Legislativa**, Brasília, v. 72, ano 18, p. 365-380, out/dez. 1981.

LOPES, José Reinaldo de Lima. O Problema Teórico das Lacunas e a Defesa do Consumidor. **Revista de Informação Legislativa**, n. 98, p. 239-246, jul/set 1988.

LOPES, José Reinaldo de Lima. Hermenêutica e Completude do Ordenamento. **Revista de Informação Legislativa**, v. 26, n. 104, p. 237-246, out/dez. 1989.

LOPES, José Reinaldo de Lima. Juízo Jurídico e a falsa solução dos princípios e das regras. **Revista de Informação Legislativa**, n. 160, p. 49-64. out./dez. 2003.

LOPES, José Reinaldo de Lima. **As Palavras e a Lei**: Direito, ordem e justiça na história do pensamento jurídico moderno. São Paulo: Editora 34, 2004.

LOPES, José Reinaldo de Lima. Regla y Compás, o Metodología para un Trabajo Jurídico Sensato. *In:* COURTIS, Christian (Org.). **Observar la ley**: Ensayos sobre Metodología de la Investigacíon Jurídica. Madrid: Trotta. 2006, p. 41-68.

LOPES, José Reinaldo de Lima. Lei da Natureza: "Onça Parente Meu". **Revista da Faculdade de Direito, Universidade de São Paulo**, v. 103, p. 631-647, 2008. Disponível em: https://www.revistas.usp.br/rfdusp/article/view/67821. Acesso em: 23 mar. 2022.

LOPES, José Reinaldo de Lima. Entre a Teoria da Norma e a Teoria da Ação. *In:* STORCK, Alfredo Carlos; LISBOA, Wladimir Barreto (Org.). **Norma, Moralidade e Interpretação**: temas de filosofia política e direito. Porto Alegre: Linus, 2009, v. 1, p. 43-80.

LOPES, José Reinaldo de Lima. O Diálogo entre Direito e História. *In:* RIBEIRO, Gladys Sabina; NEVES, Edson Alvisi; FERREIRA, Maria de Fátima Cunha Moura (Org.). **Diálogos entre Direito e História**: Cidadania e Justiça. Niterói: EdUFF, 2009, p. 279-292.

LOPES, José Reinaldo de Lima *et al.* Mesa de Debates – A Pesquisa em Direito e a Pesquisa em Ciências Sociais. *In:* CUNHA, Alexandre dos Santos; SILVA, Paulo Eduardo Alves da (Coord. e Org.). **Pesquisa empírica em direito**. Rio de Janeiro: Ipea, 2013a, p. 17-43.

LOPES, José Reinaldo de Lima. A justiça é o sentido do direito. *In:* STORCK, Alfredo Carlos; LISBOA, Wladimir Barreto Lisboa. **Normatividade & argumentação**: ensaios de filosofia política e do direito. Porto Alegre: Linus, 2013b, p. 9-47.

LOPES, José Reinaldo de Lima. **Naturalismo Jurídico no Pensamento Brasileiro**. São Paulo: Saraiva, 2014.

LOPES, José Reinaldo de Lima. Aula inaugural. **Revista da Faculdade de Direito, Universidade de São Paulo**, v. 110, p. 907-917, 2016. Disponível em: https://www.revistas.usp.br/rfdusp/article/view/115515. Acesso em: 23 mar. 2022.

LOPES, José Reinaldo de Lima. Filosofia Analítica e Hermenêutica: preliminares a uma teoria do direito como prática. **Revista de Informação Legislativa**, v. 53, n. 212, p. 203-226, out/dez. 2016.

LOPES, José Reinaldo de Lima. **Filosofia e Prática do Direito.** Disponível em: https://www.jota.info/carreira/filosofia-e-pratica-do-direito-15122017. Acesso em: 15 Dez 2017.

LOPES, José Reinaldo de Lima. Da Interpretatio à Interpretação: Um percurso histórico e teórico. **Revista da Faculdade de Direito da UFRGS**, Porto Alegre, n. 39, p. 3-25, dez. 2018.

LOPES, José Reinaldo de Lima. **Curso de Filosofia do Direito**: O Direito como Prática. São Paulo: Atlas, 2020.

MACINTYRE, Alasdair. **After Virtue**. 3rd. ed. Indiana: Notre Dame University, 2007.

SEARLE, John R. **Mente, Linguagem e Sociedade**: Filosofia no mundo real. Tradução de F. Rangel. Rio de Janeiro: Rocco, 2000.

TRINDADE, André Karam; BERNSTS, Luísa Giuliani. O Estudo do Direito e Literatura no Brasil: Surgimento, Evolução e Expansão. **ANAMORPHOSIS – Revista Internacional de Direito e Literatura**, Porto Alegre, v. 3, n. 1, p. 225-257, jun. 2017 ISSN 2446-8088. Disponível em: <http://rdl.org.br/seer/index.php/anamps/article/view/326>. Acesso em: 19 dez. 2018. doi:http://dx.doi.org/10.21119/anamps.31.225-257.

VERNE, Jules. **Viagem ao Centro da Terra**. Tradução, apresentação e notas de Jorge Bastos Telles. Rio de Janeiro: Zahar, 2016.

VERNE, Jules. **20 Mil Léguas Submarinas**. Tradução e notas de André Telles Rio de Janeiro: Zahar, 2012.

WEBER, Max. **Economia y Sociedad**: Esbozo de Sociología Comprensiva. Tradução de José Medina Echevarría et el. Cidade do México: Fondo de Cultura Economica. 2008.

WINCH, Peter. **The Idea of Social Science and its relation to philosophy**. 2nd. ed. London: Taylor e Francis, 2003.

WITTGENSTEIN, Ludwig. **Investigações Filosóficas**. Tradução de Marcos G. Montagnoli. 2. ed. . Petrópolis: Vozes, 1996.

13
FAZENDO JUSTIÇA: JULGAMENTOS IDÊNTICOS PARA AÇÕES SEMELHANTES

Carlos Magno de Abreu Neiva

1. Ações Humanas com Sentido

O direito é uma prática social. Quem nela ingressa e pretende agir de forma inteligível precisa seguir suas regras e visar ao seu sentido, que é a justiça.

Tenho a pretensão de que o parágrafo acima expresse uma das teses centrais de José Reinaldo de Lima Lopes no seu **Curso de Filosofia do Direito** (Lopes, 2021), livro que, segundo o autor, é ele mesmo resultado de uma prática, as aulas nas quais temas e bibliografia cuidadosamente selecionados e articulados foram oferecidos aos alunos. Como participante desse processo durante três anos, testemunho que a proposta, ousada para os padrões então vigentes do ensino da disciplina, era plenamente inteligível para alunos de graduação – talvez não apesar da ousadia, mas por causa dela.

A ênfase na inteligibilidade como qualidade relevante de qualquer ação perpassa o **Curso**. José Reinaldo declara que a obra tem "alguns adversários intelectuais polêmicos: certas formas de positivismo naturalista e o relativismo e ceticismo morais mais ou menos generalizados entre nós" (Lopes, 2021, p. XVIII). Não é casual que sejam esses seus adversários, os quais partilham, como premissa declarada ou implícita de seus trabalhos, a ideia de que a ação humana – em geral e no âmbito do direito – é imanentemente arbitrária em seus fundamentos e imprevisível em suas consequências. Representativa desse posicionamento é a afirmação de Kelsen, no

Capítulo Oitavo de sua **Teoria Pura do Direito**, de que aplicação do direito pelo órgão competente pode "produzir uma norma que se situe completamente fora da moldura que a norma a aplicar representa" (Kelsen, 1979, p. 471). A mesma premissa está presente em concepções do direito hoje muito difundidas, segundo as quais o Poder Judiciário seria mero reflexo das disputas políticas e sociais existentes, o que faria com que as decisões dos juízes sejam sempre e necessariamente enviesadas.

Ao abordá-lo como uma prática específica, com regras específicas, com um sentido que o justifica, José Reinaldo nos lembra que o direito é um campo próprio de ação e de conhecimento que não foi e não pode ser simplesmente capturado pelos outros campos (como a política ou a moral). E, para mim mais importante, acentua que as ações praticadas nesse campo podem ser conhecidas, compreendidas e julgadas com rigor.

O **Curso** revela também que para que o conhecimento, a compreensão e o julgamento das ações segundo o direito possam ser levados a cabo com rigor, não precisamos nos valer da imitação dos métodos das ciências naturais ou da matemática, ao contrário: o rigor pode ser e é atingido por instrumentos teóricos fornecidos pela filosofia, especialmente aquela que tematizou a ação humana – o que não deveria ser surpreendente.

O breve estudo que segue se insere nesse campo teórico. O ato de julgar as ações de outras pessoas, nos diz José Reinaldo, é ele mesmo uma ação, cuja inteligibilidade depende de serem seguidas as regras do direito e de ser a decisão justa. Ou, dizendo o mesmo à moda do segundo Wittgenstein: para ser um lance válido, a ação precisa respeitar as regras do jogo e seu sentido.

A ação de julgar tem por objeto outras ações, aquelas praticadas por quem é parte nos processos. Apesar de cada ação humana ser singular por definição, é possível julgá-las graças à possibilidade de que a ação a ser julgada seja considerada uma repetição de ações anteriores para as quais já há um critério de julgamento. Nas palavras de José Reinaldo, "no caso do reconhecimento da igualdade das ações humanas, trata-se de uma habilidade que bem poderia chamar-se de **a habilidade de seguir regras**, de reconhecer o igual nas ações e nas suas circunstâncias – de reconhecê-lo, portanto, conceitualmente" (LOPES, 2021, p. 214, grifos no original).

O que aqui proponho é uma reflexão sobre uma questão extraída dessa última citação: como se pode reconhecer igualdade entre ações humanas de modo que ambas sejam julgadas do mesmo modo, levando ao mesmo resultado jurídico?

2. O Caso Atual e o Parâmetro para Julgamento

Se para fazer justiça o juiz deve dar a mesma solução jurídica sempre que se deparar com uma **mesma ação**, seu trabalho pode ser dividido em três momentos. Primeiro deve conhecer a ação posta sob julgamento. Segundo, deve localizar uma ação que possa ser tida como "a mesma" e para a qual já haja uma solução jurídica, a qual, no terceiro momento, o julgamento, deve ser utilizada para encerrar a ação a ser julgada.

Nossa proposta é lidar especificamente com o primeiro e o segundo momentos: como o juiz localiza uma ação para a qual já haja solução jurídica e que possa ser tida como "a mesma ação", quando comparada com a ação posta sob julgamento? Se quisermos formular o problema em termos mais tradicionais, trata-se de saber de que modo o juiz consegue dar conta do trabalho da subsunção do caso à norma. Ao final do artigo será possível avaliar se é conveniente mantermos essa formulação tradicional.

Para facilitar a exposição, denominaremos a ação posta sob julgamento que deve ser conhecida pelo juiz como **caso atual**.

O juiz conhece o caso atual por meio daquilo que lhe é dito pelas partes, pelas evidências que elas lhe apresentam e, eventualmente, por evidências surgidas da iniciativa do próprio juiz, o qual, em nosso sistema, pode determinar de ofício a produção de provas (art. 156 do Código de Processo Penal e art. 370 do Código de Processo Civil). Além das alegações das partes e do conjunto probatório, o ordenamento jurídico estabelece regras de julgamento baseadas em presunções, sendo duas as mais importantes. Primeiro, a do ônus da prova: ordinariamente, os fatos devem ser provados por quem os alega, o que permite ao juiz presumir, para os fins do processo, que fatos não comprovados não ocorreram. A segunda regra de certa forma complementa a primeira: ao julgar, o juiz deve aplicar "regras da experiência comum subministradas pela observação do que ordinariamente acontece" (art. 375 do CPC), isto é, pode presumir, com relação a fatos não suficientemente provados, que aconteceu aquilo que, de acordo com o senso comum, ordinariamente aconteceria em situações semelhantes. Ao final do trabalho de leitura e oitiva de alegações, coleta de provas e depois de aplicadas as presunções sobre os fatos que a lei autoriza, o juiz tem o dever de formar sua convicção sobre o que, afinal, aconteceu. Deve fazê-lo, frise-se, seja qual for o grau de segurança que tenha acerca do que aconteceu, uma vez que é vedado ao juiz, sob qualquer pretexto, deixar de julgar o caso.

O segundo momento do trabalho envolve a busca, pelo juiz, de uma ação que possa ser tida como a mesma do caso atual e para a qual já haja uma solução jurídica. Em nosso sistema, o juiz recorre em primeiro lugar às prateleiras da Constituição, das leis em sentido formal e da legislação infralegal. Em alguma dessas prateleiras, espera-se, encontrará um enunciado sobre uma ação típica, denominada hipótese fática, em cujos termos será possível encaixar o caso atual, isto é, a ação típica poderá ser tida como "a mesma" do caso atual. A hipótese fática da norma, assim, é o parâmetro para julgamento e o encaixe do caso atual na hipótese fática seria possível porque, no enunciado que a expressa, apareceriam termos relacionados a ações cujas definições constituiriam os conceitos de que nos fala José Reinaldo. Ao realizar o encaixe, o julgador estaria afirmando que a ação do caso atual seria uma instância da ação contida no conceito.

A sequência apresentada é analítica. Na prática, uma certa versão dos fatos e a seleção do parâmetro de comparação preexistem à chegada do caso ao juiz: o advogado da parte que propõe a ação precisa tomar como base seu próprio entendimento sobre o que aconteceu (quais foram as ações concretas) e qual o parâmetro aplicável para selecionar o tipo de ação a propor, o foro competente, o tipo de juízo (cível, penal, da fazenda pública, eleitoral etc.), os pedidos a deduzir e tudo o mais que constará de sua petição inicial. Assim, quando o juiz recebe tal petição já terá uma certa ideia a respeito do que ocorreu e de quais os parâmetros – legais e/ou jurisprudenciais – a serem aplicados, que podem ou não coincidir com aqueles antevistos pelo advogado. Essas ideias iniciais podem, teoricamente, ser modificadas ao longo da instrução e antes da decisão, seja para que o juiz perceba que o que aconteceu é diferente do que parecia inicialmente, seja para que se conclua que o parâmetro a aplicar não é aquele de que se cogitara a princípio.

A essa altura espero ter indicado que a questão não é meramente teórica, o que significa que sua resposta depende de recorrermos ao que efetivamente ocorre na prática. Um julgamento concreto muito recente, ocorrido nos dias de redação final deste artigo, nos oferece um exemplo melhor do que aqueles que havíamos originalmente selecionado para refletir sobre esse ponto. Trata-se do julgamento, pelo Supremo Tribunal Federal, de um deputado federal pelo crime de abolição do Estado democrático de direito (Ação Penal 1.044). Passado mais de um mês do julgamento, ainda não foi disponibilizado o voto do relator do processo que conteria o entendimento deste sobre qual foi a ação praticada pelo réu, mas, com base nas notícias saídas na imprensa e na gravação em vídeo do julgamento [1], é possível resumir, para o que interessa aqui, o que teria ocorrido: o réu, em duas ocasiões (17/11/2020 e 15/02/2021), postou nas redes sociais vídeos em que defendia a supressão do Supremo Tribunal Federal, a retirada de todos os ministros, ameaçava o Tribunal e os próprios Ministros, defendia a prática de atos violentos contra esses mesmos ministros e a reinstauração do Ato Institucional nº 5 (AI-5), pelo qual o governo ditatorial brasileiro de 1968 restringiu as liberdades públicas e com base no qual perseguiu opositores do regime.

O julgamento ocorreu em 20 de abril de 2022 e o Supremo Tribunal Federal condenou o agente com base no artigo 23, inciso IV, combinado com o artigo 18 da Lei 7.170/1983, justificando que mesmo tendo sido tal lei revogada, o mesmo crime continuou previsto (agora no Código Penal) por força da lei que a revogou – Lei Federal nº 14.197/2021. O réu foi também condenado por outro crime (coação no curso do processo, art. 344 do Código Penal). Para nossa reflexão é suficiente transcrever o teor do dispositivo legal relativo ao crime principal e mais grave:

> DOS CRIMES CONTRA AS INSTITUIÇÕES DEMOCRÁTICAS
>
> Abolição violenta do Estado Democrático de Direito
>
> Art. 359-L. Tentar, com emprego de violência ou grave ameaça, abolir o Estado Democrático de Direito, impedindo ou restringindo o exercício dos poderes constitucionais:
>
> Pena – reclusão, de 4 (quatro) a 8 (oito) anos, além da pena correspondente à violência.

Do enunciado normativo podem-se extrair alguns conceitos centrais: "tentar", "abolir o Estado Democrático de Direito", "violência", "grave ameaça", "impedir o exercício de poder constitucional", "restringir o exercício de poder constitucional". Na síntese feita no parágrafo anterior fica evidente o aspecto da "grave ameaça", mas encaixar a conduta como um todo em outros conceitos do tipo exige maior esforço de argumentação. É importante ressaltar que optei por aproveitar esse exemplo porque, como cidadão, desejo fortemente que o réu seja punido de alguma forma e celebrarei se realmente vier a sê-lo (no momento em que termino a redação,

[1] https://www.youtube.com/watch?v=vlTSzgGXShs, último acesso em 23/04/2022.

está em vigor um decreto presidencial que lhe concedeu a graça constitucional). Isso torna o exercício científico de refletir a respeito especialmente desafiador. Dito isso, o objetivo aqui não é julgar o julgamento, isto é, saber se o Supremo Tribunal Federal julgou corretamente ou não, mas apenas chamar a atenção para o fato de que a subsunção, no caso, não é direta ou simples.

Deixemos em suspenso essas dificuldades e tentemos outro caminho. Suponhamos que outro agente público, por exemplo o presidente da República, tenha subido a um carro de som em uma manifestação no dia em que se comemorava a independência do Brasil e dito em alto e bom som: "não vamos cumprir decisões do STF!". E, referindo-se a uma dessas decisões: "Ou o chefe desse Poder enquadra o seu ou esse Poder pode sofrer aquilo que não queremos, porque nós valorizamos, reconhecemos e sabemos o valor de cada Poder da República"[2]. A conduta desse presidente possivelmente não será julgada pelo Poder Judiciário, mas é útil para nossos fins: parece ser muito mais fácil cotejar o relato da conduta do deputado com o relato dessa outra conduta do que fazer a subsunção daquela primeira conduta ao dispositivo legal que acabou por justificar a condenação. E ao colocar ambas as condutas lado a lado, mesmo sem descontar o estilo elíptico do presidente ("vai sofrer aquilo que não queremos" tem potencial para se tornar um clássico da elipse), é possível e razoável concluir, por um caminho muito mais direto do que aquele necessário para a subsunção da primeira conduta à norma, que os dois casos reais são bastante semelhantes. Não são, frise-se, idênticos: é diferente o agente, outro o meio, são diferentes as circunstâncias, mas pode-se dizer (i) que a intenção e os motivos são provavelmente os mesmos e (ii) que a diferença entre agente, meio e circunstâncias não impede que se fale que a ação é semelhante em aspectos relevantes. Nos termos da nossa preocupação neste artigo, é muito mais fácil falar que a ação do deputado e do presidente são "a mesma", são "iguais", do que falar, de qualquer uma delas, que é a mesma ação do enunciado normativo.

Ao falarmos sobre a semelhança das duas ações tocamos nos aspectos teóricos que mais nos interessam e que serão explorados no tópico seguinte.

[2] Matéria no site da BBC Brasil de 07/09/2021, https://www.bbc.com/portuguese/brasil-58479785, último acesso em 24/05/2022.

3. Ações Humanas e seus Conceitos

Ao longo deste artigo falamos sempre em julgamento de ações, não devendo haver dúvida, por tudo o que já foi dito, que não nos referimos a ações no sentido jurídico processual, mas a ações humanas. Em qualquer caso atual, é uma ação humana que está em julgamento e, para que se faça justiça, deve-se julgá-la da mesma forma que, no interior de determinado sistema jurídico, uma mesma ação seria ou foi julgada.

A ênfase nessa premissa é importante porque a formulação clássica é, a nosso ver, insípida e, pior, imprecisa: costuma-se afirmar que o juiz julga "fatos"; advogados dividem suas petições iniciais em dois tópicos, "dos fatos" e "do direito". Correndo o risco de falar o óbvio, vale ressaltar, a bem do raciocínio, que não são todos os "fatos" que ocorrem no planeta Terra que podem ser objeto de julgamento segundo o direito. A distinção filosófica relevante divide a totalidade dos fatos ocorridos e a ocorrer entre os **necessários** e os **contingentes**: os primeiros são aqueles que ocorrem a despeito da vontade e do gosto dos seres humanos (a distinção, desnecessário dizer, tem inevitável caráter fenomenológico), que não temos como evitar. Ainda que possamos sobre eles formular algum julgamento – "esse furacão foi cruel!" –, não poderemos impor aos supostos "agentes" desses fatos (se existirem; vide parágrafo seguinte) consequências desagradáveis. Os fatos contingentes, ao contrário, são aqueles que poderiam ser diferentes do que foram, e (novamente segundo a nossa percepção) somente nós mesmos, seres humanos, temos a possibilidade de agir de um modo ou de outro, sendo que essa escolha poderá nos sujeitar a um julgamento que classificará a ação dela decorrente como certa ou errada, lícita ou ilícita.

Uma forma de explicitar essa distinção é pensar que a razão de não podermos impor uma punição em decorrência dos fatos necessários é que não conseguimos colocar no banco dos réus um **agente** a quem o fato seja imputado. Podemos nos revoltar pelo terremoto que mata milhares, mas ou atribuímos sua ocorrência à natureza ou a um deus ou deuses, entes fora do alcance da justiça humana, e, mais importante, entes sobre os quais não estamos seguros de poder dizer que fazem "escolhas": a natureza é o que é, deuses são tidos como dotados de poderes que não compreendemos ou podemos questionar – ou seja, a questão da "escolha" sequer se coloca para eles, porque eles podem tudo, em princípio. E ainda que um deus pudesse escolher (como os deuses gregos na **Ilíada** escolhendo um ou outro lado na guerra), essa escolha seria, de saída, legítima à luz do julgamento humano e poderia, quando muito, ser julgada por um par (outro deus).

Um breve parêntese se faz necessário para que não passe sem comentário algo que pode vir à mente do leitor quando se depara com nossa menção a "escolha" como base para a prática de ações. Não vamos e não precisamos ingressar aqui em uma discussão a respeito de livre arbítrio para que continuemos a tratar das ações humanas como frutos de escolhas. É que o sistema jurídico só pode existir e se justificar, e os seres humanos somente podem ser tidos como sujeitos de direitos e obrigações, sob o pressuposto de que são capazes de escolher antes de agir. Eventual concepção dos seres humanos que atribuísse suas ações à necessidade impediria por completo que qualquer pessoa fosse julgada, responsabilizada ou premiada, porque tudo estaria inscrito desde o início, tornando absurda a própria ideia de um sistema jurídico legítimo: se alguém não pode resistir a impulsos que determinam o que ele ou ela fará, qualquer ato de outrem que imponha consequências boas ou más em razão dessas ações será um ato arbitrário.

Nessa omissão, digamos assim, estamos acompanhados por Georg Henrik von Wright, o qual, antes de expor a concepção de ação humana que utilizará ao longo de seu **Norm and action**, adianta ao leitor que "o livre arbítrio nós não iremos discutir de modo algum" (WRIGHT, 1963, p. 35, tradução minha). Isso não impede que seu ponto de partida seja congruente com o que acima afirmamos sobre o pertencimento das ações humanas ao campo do contingente: "Um ato não é uma mudança no mundo. Mas muitos atos podem ser apropriadamente descritos como a causação ou a produção ('pela vontade') de uma mudança. Agir é, em certo sentido, **interferir** no 'curso da natureza'" (WRIGHT, 1963, p. 35-36, grifo no original, tradução minha). E igualmente quanto ao corolário dessa ideia: "A noção de um agente é essencial à distinção entre atos e eventos" (WRIGHT, 1963, p. 37, tradução minha).

Sigamos. Se somente ações humanas podem ser objeto de julgamento pelo direito, o juiz, para desempenhar essa tarefa, deve saber o que elas são. Provavelmente, de acordo com o senso comum, todos sabemos o que elas são, então isso não seria um problema digno de reflexão. Este artigo só existe, porém, porque enxergo o assunto de forma diferente. Ainda que existisse uma concepção consolidada de senso comum sobre o que é ação humana, e ainda que ela fosse homogênea e igualmente distribuída como pensava Descartes acerca do senso comum como um todo, eu continuaria sustentando que precisamos falar da ação humana de forma mais aprofundada se quisermos entender o que, afinal, seriam "mesmas ações" ou "ações iguais", como propomos neste artigo. Até porque, como constatou para sua época o mesmo von Wright no texto já citado, é surpreendente como "o conceito de ato humano, **como tal**, tem sido relativamente pouco discutido na literatura filosófica" (Wright, 1963, p. 35, grifo no original, tradução minha).

Felizmente para o juiz e para todos nós, o direito é um campo prático e de conhecimento que lida há séculos com as ações humanas e, por isso, os sistemas jurídicos expressam, de forma mais ou menos organizada, um conceito mínimo do que seja ação humana, podendo servir de guia ao filósofo. Do fundamental já falamos: a ideia de agente lhe é constitutiva, sem ela não se sabe sequer quem pode ou deve ser parte nos processos judiciais. Mas o sistema jurídico vai muito além: fala em dolo, aludindo a situações em que o agente teve intenção de praticar determinada ação ilícita; acentua a relevância das circunstâncias nas quais as ações são praticadas, que podem ser decisivas para avaliar se o ato, mesmo ilícito em princípio, pode ser tido como legítimo, como no caso da legítima defesa, ou razoável; chama a atenção também para os motivos do agente, que podem eventualmente servir de justificativa para afastar a aplicação de determinada sanção ou a imposição de outra, mais branda; fala, enfim, em resultado da ação, na linha do conceito inicial de Wright, algo que pode ser importante, em alguns casos, para saber se se pode afirmar que efetivamente ocorreu uma ação.

Não há espaço para aprofundar aqui cada um desses elementos da ação, algo que tentei fazer em outra sede (Neiva, 2012, p. 20-37). Para os presentes fins, importa ressaltar que o juiz diligente poderá, durante o processo de conhecimento do caso atual, fazer as perguntas certas que lhe tragam respostas acerca de todos esses elementos: quem agiu, como agiu, por que agiu, com que intenção agiu, qual foi o resultado da ação. Parte das respostas ele obterá pela análise do conjunto probatório, outra parte provavelmente com base em presunções, como já foi dito. O fato é que, ao final, ele poderá chegar a uma conclusão fundamentada sobre o que aconteceu.

"A ação é da esfera do contingente e do singular: cada ação é única, e acontece no tempo e no espaço" (Lopes, 2021, p. 212). É justamente no momento da "conclusão fundamentada sobre o que aconteceu" que essa afirmativa mostra sua importância. Cada conclusão desse gênero de um mesmo juiz em cada caso que julga, e todas as demais conclusões a que chega cada outro juiz, dirão respeito a ações humanas singulares, praticadas em momentos, lugares e de modo distinto das outras ações humanas anteriormente julgadas. Subsumir várias ações distintas ao mesmo conceito, portanto, não é algo trivial, como se vê no complemento da sentença de José Reinaldo que abre esse parágrafo: "(...) cada ação é única, e acontece no tempo e no espaço, enquanto o conceito é da esfera do universal: os conceitos não se relacionam com as ações como os nomes próprios se relacionam com os indivíduos" (Lopes, 2021, p. 212). Apesar dessa dificuldade, juízes assim procedem todos os dias ao julgarem seus casos.

A dificuldade desse procedimento não é desprezível, mas o fato de que ele faça parte do cotidiano judicial indica haver algum mecanismo facilitador, o qual somente pode ser compreendido se fizermos uma inversão na maneira de compreender a tal subsunção: ao invés de enxergar cada caso como uma instância da norma, olhar para a norma como um repositório de múltiplos casos. Expliquemo-nos.

Muitos juristas têm alguma familiaridade com o conceito de **textura aberta**, explorado por Herbert Hart no capítulo VII de seu **O conceito de Direito** (Hart, 1994, p. 124-136). É menor o número de juristas que conhecem o artigo de Friedrich Waismann que levou Hart a tratar do tema (Waismann, 1965). Penso que a abordagem original de Waismann é mais fecunda para nossos fins, primeiro porque o termo utilizado no original em Alemão (*porosität der Begriffe*), segundo entendo, não manteve sua força na tradução *open texture* quando da publicação do artigo em inglês (que é o que consta da nossa bibliografia) e que foi celebrizada por Hart. Penso que o resultado da tradução direta para o Português, **porosidade dos conceitos**, expressa melhor a ideia que iremos desenvolver. O segundo aspecto que nos remete ao texto de Waismann é o fato de especificar que a porosidade dos conceitos seria atributo de todo e qualquer conceito empírico, começando pelos das ciências naturais, mas – digo eu aqui – certamente e com mais razão aos conceitos jurídicos.

Os conceitos empíricos são porosos, nos diz Waismann, porque estão sujeitos a ser invadidos, preenchidos, por novos elementos da realidade: "(...) nunca podemos eliminar a possibilidade de algum fator imprevisto emergir, nunca podemos estar seguros de ter incluído em nossa definição tudo o que deveria ser incluído, e assim o processo de definir e refinar uma ideia continuará sem jamais atingir um estágio final" (Waismann, 1965, p. 129). Teóricos e profissionais do direito poderiam dizer que essa ideia não traz grande novidade para a teoria jurídica, pois, em formulação clássica muito bem sintetizada por Larenz, existiria uma "inevitável discrepância entre a regulação projectada para uma determinada realidade e a variabilidade desta realidade, quer dizer, o caráter 'fluido' da maior parte dos fatos regulados" (LARENZ, 2005, p. 380). Vejo, porém, uma diferença relevante entre as duas formulações. Na frase de Larenz fala-se em "regulação projetada" como se o legislador houvesse criado a regra a partir de um esforço intelectual que, potencialmente, poderia ter sido "melhor" e só não foi porque a realidade mudou. Waismann, ao contrário, sinaliza para uma condição geral e constitutiva de qualquer processo de conceituação, que não tem relação com a passagem do tempo ou com um novo conhecimento, mas com o fato de que quando nos vemos na contingência de falar sobre um elemento da realidade e não temos, digamos, um nome para fazê-lo, procuramos termos que se referem a elementos da mesma família (que tenham algum parentesco ou, como diremos à frente, semelhança). O termo já existente funciona, como pensava o segundo Wittgenstein, como uma ferramenta adaptável a esse elemento antes inominado e o conceito expresso por esse termo passa a ter em seu interior esse – para o conceito – novo elemento que "passou pelos seus poros".

Se essa dinâmica expressa o que ocorre com conceitos empíricos das ciências naturais, parece-nos ainda mais evidente no caso dos conceitos jurídicos contidos nos enunciados normativos cunhados pelo legislador. O fato de que cada ação é singular, por si só, é um indicativo de que tais conceitos precisam ser porosos o suficiente para admitir que ações praticadas de modo semelhante, mas distinto, em circunstâncias igualmente distintas, sejam a eles subsumidos. A fonte das informações que compõem e que ainda virão a compor o conceito é a realidade das ações humanas julgáveis, indicando que o trabalho de preenchimento dos conceitos jurídicos não ocorre a partir de uma análise fina e exaustiva, mas é feito e só pode ser feito a partir dos casos concretos entre os quais os praticantes do direito, dia após dia, identificam e apontam semelhanças.

Esta, portanto, a inversão necessária: compreender os conceitos jurídicos a partir de seus casos e não o contrário. Note-se que tal mudança deve incidir primordialmente sobre a teoria jurídica como elemento de compreensão e consciência do fenômeno jurídico, porque na prática jurídica os chamados operadores do direito em geral cumprem suas tarefas desse modo, com ou sem consciência de fazê-lo. E o fazem, sustentamos, porque não há outro modo possível de atuar: só posso reconhecer que um caso pertence a um conceito jurídico se conhecer ou imaginar um caso semelhante.

Um instrumento processual previsto no sistema jurídico brasileiro pode ser visto como uma sistematização dessa prática. Trata-se do recurso especial por divergência jurisprudencial (Constituição Federal, art. 105, inciso III, letra "c"; Código de Processo Civil, art. 1.029, § 1º; Regimento interno do STJ, art. 255, § 1º), que deve ser julgado pelo Superior Tribunal de Justiça e cujo objetivo é garantir que a interpretação da lei federal seja uniforme entre os diversos tribunais. É inerente a este recurso a alegação, pelo recorrente, de que seu caso foi julgado erroneamente, porque um caso concreto anterior, julgado por outro tribunal e chamado de paradigma para os fins do recurso, recebeu solução jurídica distinta. Em nossos termos, o recorrente alega que nos dois casos teria ocorrido a mesma ação humana e que o tribunal que julgou seu caso não lhe deu a mesma solução jurídica do paradigma, sendo esta última a solução correta. Não basta, porém, alegar que ambos os tribunais teriam aplicado o mesmo dispositivo legal, "interpretando-o" de forma distinta. Para que o recurso seja admitido é preciso que o recorrente mencione "as circunstâncias que identifiquem ou assemelhem os casos confrontados" (§ 1º do art. 1.029, CPC e § 1º do art. 255 do RISTJ). Ou seja, a lei exige, para que se justifique a aplicação da mesma norma a casos distintos, de modo que se lhes dê o mesmo resultado, que se demonstre haver "identidade ou semelhança" entre esses casos. A menção a "identidade", se os filósofos estiverem certos quando afirmam a singularidade de cada ação humana, pode ser considerada uma licença poética do legislador, casos concretos não podem ser idênticos, apenas semelhantes. Para nossos fins, o que importa é que, ao prever esse tipo de recurso com esses requisitos, o legislador processual explicitou aquilo que acabamos de afirmar: o conceito jurídico – no caso, o dispositivo de lei federal aplicável ou aplicado nas duas decisões confrontadas – depende, para ser adequadamente compreendido, do conhecimento de casos concretos entre os quais se possa dizer que há semelhanças.

Não é casual nem excepcional, assim, a sensação que tivemos, no tópico anterior, de que os relatos das duas condutas – do deputado e do presidente – são muito mais semelhantes entre si, podendo ser tidas tranquilamente como a "mesma ação", do que cada uma das condutas separadas quando comparadas ao enunciado normativo contido no tipo penal. Mais de um mês após o julgamento ainda não foi publicado o voto escrito do relator e não sabemos se, em decorrência da concessão da graça presidencial, esse voto está sendo reescrito. Mas o vídeo do julgamento está disponível e nele constatamos que, verbalmente, o relator passa diretamente de uma lista de atos praticados pelo deputado réu para a citação do dispositivo aplicável do Código Penal, sem fazer o tipo de mediação a que fazemos referência neste artigo[3]. Isso não torna a decisão ilegítima ou errada, naturalmente, mas confesso que quando suspendo por instantes meu olhar de cidadão e assumo o de estudioso avalio que essa passagem foi muito rápida, e faltou alguma mediação. Talvez falte justamente comparar a ação julgada com outra, dar outros exemplos, ainda que imaginados, já que vivemos tempos estranhos, sendo esse tipo de conduta, talvez, algo relativamente novo e típico desses tempos estranhos, a exigir muita imaginação para ser compreendido e explicado.

Para que não sejamos nós também acusados de não fazer todas as mediações devidas, ainda é necessário falar sobre como é possível apontar e analisar as semelhanças entre ações, já que é desse trabalho, segundo nosso argumento, que depende todo o processo epistemológico que possibilita uma correta identificação das "mesmas ações".

4. Das Semelhanças, ou: Levando a Sério o Raciocínio Analógico

Em sistemas de *civil law*, como o nosso, há uma ferramenta reconhecidamente apropriada para lidar com semelhanças entre casos: a analogia. Seu lugar na teoria, porém, é o de um instrumento residual, a ser utilizado apenas quando não seja possível fazer a subsunção. Para compreender esse lugar e o que nosso sistema pensa da analogia, transcrevo abaixo trechos do clássico de Carlos Maximiliano **Hermenêutica e aplicação do direito**:

> A analogia consiste em aplicar uma hipótese não prevista em lei a disposição relativa a um caso semelhante.
>
> Não podem os repositórios de normas dilatar-se até a exagerada minúcia, prever todos os casos possíveis no presente e no futuro. Sempre haverá lacunas no texto, embora o espírito do mesmo abranja órbita mais vasta, todo o assunto inspirador do código, a universalidade da doutrina que o mesmo concretiza. (...)

[3] O vídeo completo tem mais de cinco horas de duração. O momento citado se encontra entre 2h19'45" e 2h20'30".

> A impossibilidade de enquadrar em um complexo de preceitos rígidos todas as mutações da vida prática decorre também do fato de poderem sobrevir, em qualquer tempo, invenções e institutos não sonhados sequer pelo legislador. (...)
>
> Funda-se a analogia, não como se pensou outrora, na **vontade** presumida do legislador, e, sim, no princípio de verdadeira justiça, de **igualdade jurídica**, o qual exige que as espécies semelhantes sejam reguladas por normas semelhantes; neste sentido aquele processo tradicional constitui verdadeiro elemento sociológico da Aplicação do Direito (Maximiliano, 1995, 208-210).

O texto ecoa a posição de Larenz acima discutida, que, de resto, faz parte da cultura jurídica: a lei não pode prever tudo. A analogia surge, então, no nosso sistema, como um remédio de última instância, aplicável a casos para os quais não há disciplina legal, mas que precisam ser decididos.

Poder-se-ia pensar que nos sistemas de *common law*, em que tradicionalmente os casos novos são julgados à luz de casos anteriores, a analogia gozaria de melhor status. Não é esse o caso, porém, se confiarmos no que afirma Cass Sunstein:

> O raciocínio por analogia é a forma mais familiar de raciocínio jurídico. Ele domina o primeiro ano do curso de direito; é uma parte característica das petições e dos pareceres. Mas o que é exatamente o raciocínio por analogia em direito?
>
> O assunto merece pouca atenção nos trabalhos mais influentes de teoria e ciência do direito anglo-americanos. Frequentemente os próprios juristas não se entusiasmam com o raciocínio analógico, alegando que essa forma de pensar sobre o direito é muito livre e não é sequer uma forma de raciocinar. Como resultado, não se encontra na cultura jurídica uma abordagem da sua mais característica forma de proceder que lhe faça justiça (Sunstein, 1993, p. 741-742, tradução minha).

É significativo que a defesa do raciocínio analógico feita por Sunstein se baseie justamente no fato de que ele seria mais apropriado para lidar com imprecisões e incertezas próprias da prática jurídica (e, diria eu, de seu objeto, as ações humanas) do que instrumentos mais rígidos como as *top-down general theories*, as quais pretendem resolver todos os casos concretos a partir da teoria. Um exemplo dessa espécie de teoria seria o utilitarismo e, a esse respeito, Sunstein afirma que não deve nos surpreender o fato de que "Bentham tenha sido tanto o fundador do utilitarismo quanto o mais vigoroso advogado da codificação, palavra que, na verdade, ele cunhou" (SUNSTEIN, 1993, p. 750, tradução minha). É previsível, nessa linha, que em nosso sistema codificado sejamos escravos da subsunção, procedimento típico de teorias que operam "de cima para baixo", e também não é casual que entre as propostas deste artigo esteja a inversão dessa perspectiva.

Apesar dessa má-fama, se algo do que se expôs até aqui estiver correto, a única conclusão possível é que precisamos conversar mais sobre analogia, levá-la mais a sério. Em trabalho anterior (NEIVA, 2015) abordei o assunto com ênfase na questão da investigação dos fatos do caso pelo juiz. Daquele trabalho resgato apenas a ideia que interessa para os fins deste artigo: somente o raciocínio analógico permite que comparemos dois casos concretos distintos, que comparemos (como ali eu dizia) "fatos com fatos" ou (como digo agora, julgo, de forma mais precisa) uma ação humana com outra. O raciocínio analógico, por definição, é aquele que trabalha com semelhanças, que é o máximo que se pode esperar encontrar entre dois casos concretos. Além disso, ele não tem e não gera a exagerada expectativa de que haja um encaixe perfeito de uma situação real em um conceito preestabelecido, expectativa esta que é gerada pela ideia de subsunção e que, a nosso ver, é por demais ambiciosa para um objeto que Larenz, como visto, qualifica de fluido.

Talvez seja ainda mais ambiciosa do que a própria subsunção a hipótese final deste artigo, cuja demonstração tenho a pretensão de que começou a ser feita aqui, mas que certamente exige trabalho de maior fôlego para ser adequadamente testada. Trata-se do seguinte: todo trabalho de aplicação do direito, em nosso sistema, é dependente do raciocínio analógico. Mesmo quando pensamos estar fazendo subsunção estamos raciocinando analogicamente, pois, como acima defendi, só é possível compreender conceitos de ações humanas a partir dos seus casos.

Não encontraremos razões para o tratamento idêntico partindo dos próprios conceitos. Aqueles que defendem que todos os casos possíveis estão contidos de antemão no conceito e recorrem a termos como "vontade do legislador" ou "vontade da lei" para justificar a aplicação das normas jurídicas em que esses conceitos aparecem estão supondo que seria necessário alguém ter figurado mentalmente tais casos – ou que, potencialmente poderiam fazê-lo, para aquilo que não poderiam prever – para que a norma fosse aplicada. Não é isso o que ocorre.

A razão para aplicarmos a mesma regra a casos semelhantes não é a vontade do legislador ou um sentido oculto ou potencial do conceito. Só podemos fazer isso porque existem casos semelhantes e porque o são em aspectos relevantes. É isso o que revelam raciocínios analógicos bem-feitos: "um argumento baseado numa só analogia relevante, referente a um só exemplo, será muito mais convincente do que um outro argumento que assinale uma dúzia de pontos de semelhança irrelevante entre o exemplo da conclusão e uma porção de exemplos enumerados nas premissas" (COPI, 1978, p. 320). As semelhanças relevantes para identificação da "mesma ação" certamente estarão em um ou mais de seus elementos: agente, intenção, motivo, meios, resultado. Mas a relevância não estará sempre no mesmo elemento, pode estar em todos, pode estar em apenas um deles. Daí a necessidade de falarmos da analogia, de modo a compreender em profundidade como essa técnica opera e pode operar de forma a maximizar seus resultados, visando sempre à inteligibilidade, rigor e justiça das decisões judiciais.

Dar a mesma solução jurídica às mesmas ações é uma das formas de fazer justiça. A habilidade para fazê-lo, segundo espero ter demonstrado, inclui a utilização do raciocínio analógico, sem o qual não se podem identificar as mesmas ações, ou, em nossos termos, os casos semelhantes.

Referências

COPI, Irving. **Introdução à Lógica**. 2. ed. Trad. de Álvaro Cabral. São Paulo: Mestre Jou, 1978.

HART, Herbert L. A. **The concept of law**. 2nd. ed. Oxford, UK: Oxford University Press, 1994.

LARENZ, Karl. **Metodologia da ciência do direito**. 4. ed. Trad. José Lamego.Lisboa: Calouste Gulbenkian, 2005.

LOPES, José Reinaldo L. **Curso de Filosofia do Direito**: O direito como prática. São Paulo: Atlas, 2021.

MAXIMILIANO, Carlos. **Hermenêutica e aplicação do Direito**. 15. ed. Rio de Janeiro: Forense, 1995.

NEIVA, Carlos M. A. "Analogical reasoning, deductive reasoning and their relationship with the enquiry of the facts of the case". *In:* GALLUPO, Marcelo *et alli*. **Human Rights, Rule of Law and the Contemporary Social Challenges in Complex Societies – Proceedings of the XXVI World Congress of Philosophy of Law and Social Philosophy of the Internationale Vereinigung für Rechts und Sozialphilosophie**. Belo Horizonte: Initia Via, 2015, v. 1, p. 1221-1233.

NEIVA, Carlos Magno de Abreu. **A formação do juízo sobre os fatos na decisão judicial**. 2012. Tese (Doutorado em Filosofia e Teoria Geral do Direito) – Faculdade de Direito,

Universidade de São Paulo, São Paulo, 2012. doi:10.11606/T.2.2012.tde-02102012-161906. Acesso em: 26 abr. 2022.

SUNSTEIN, Cass. "On analogical reasoning", **Harvard Law Review**, jan. 1993, vol. 106, no. 3, p. 741-791.

WAISMANN, Friedrich. "Verifiability". *In:* FLEW, Anthony (Ed.). **Logic and Language – First and Second Series**. New York (USA): Doubleday Anchor, 1965, p. 122-150.

WRIGHT, Georg H. v. **Norm and action – A logical enquiry**. London (UK): Routledge & Kegan Paul, 1963.

14
CONSEQUENCIALISMO MALANDRO: UM MODELO ALTERNATIVO AO DEBATE SOBRE CONSEQUENCIALISMO NO BRASIL

MAIKE WILE DOS SANTOS

"Natureza da gente não cabe em certeza nenhuma."
João Guimarães Rosa, **Grande Sertão: Veredas**

1

Em setembro de 2021, o Conselho Nacional de Justiça aprovou o voto do ministro Luiz Fux[1] para alterar a Resolução CNJ 75/2009, que trata de concursos públicos para ingresso na carreira de magistratura em todos os ramos do Poder Judiciário. Dentre as mudanças está a inclusão como matérias obrigatórias o pragmatismo, a análise econômica do direito e a economia comportamental (entre outras, como o direito digital, a Agenda 2030 e o direito da antidiscriminação). Essa mudança dividiu opiniões e levou a diversas discussões com as mais variadas perspectivas.[2]

[1] BRASIL, Conselho Nacional de Justiça. Ato Normativo n. 11888 (0006767-49.2021.2.00.0000263). Presidência. Jul. 24 set. 2021.
[2] "CNJ aprova voto de Fux para aumentar disciplinas no concurso da magistratura". Disponível em: <https://www.conjur.com.br/2021-set-24/cnj-aumenta-disciplinas-obrigatorias-concurso-magistratura>. Acesso em: 16 mar. 2022. "CNJ quer mudar concurso para juiz: mais um bom mercado para cursinhos?". Disponível em: <https://www.conjur.com.br/2021-set-23/senso-incomum-cnj-mudar-concurso-juiz-boa-cursinhos>. Acesso em: 16 mar. 2022.

Dentre as justificativas da decisão, o ministro Luiz Fux cita as alterações na Lei de Introdução às Normas do Direito Brasileiro (LINDB) feitas pela Lei 13665/2018 que, segundo ele, teria "consagrado o pragmatismo e seus alicerces: antifundacionalismo, contextualismo e consequencialismo." Esta passagem sintetiza a *ratio* do voto:

> Nesse cenário, deve emergir nova consciência jurisdicional, calcada primordialmente no pragmatismo. A busca pela eficiência é um imperativo constitucional, tendo sido imposta à administração pública direta e indireta de qualquer dos Poderes e, portanto, ao Judiciário e também ao Ministério Público. E é aqui que o influxo direto da Common Law e das perspectivas oriundas da Análise Econômica do Direito e da Economia Comportamental se mostram, mais do que nunca, fundamentais. Conscientes de sua missão ética, e gerindo processos efetivamente justos, os magistrados podem se transformar em instrumento de uma justiça socialmente equilibrada e equitativa, hábil a ampliar o bem-estar social sem descurar das garantias fundamentais individuais. Para tal, os julgadores devem proferir suas decisões **conscientes do contexto em que se dão, bem como das consequências sociais e dos reflexos que causarão**, seja na seara criminal, cível, empresarial, constitucional ou administrativa. [...] Em outro giro, ferramentas como a Análise Econômica do Direito e a Economia Comportamental devem iluminar a **relação entre as consequências imediatas e as de longo prazo, bem como nortear as reflexões no âmbito da micro e macro Justiça**, fomentando o aprimoramento e o progresso do Direito Brasileiro."[3] [grifo meu]

Neste texto não pretendo abordar os eventuais problemas dos cursinhos, da comoditização dos cursos jurídicos ou da tentativa de mudança de cultura jurídica a partir de uma mudança na grade curricular. O problema que pretendo tratar é: algum tipo de consequencialismo parece fazer sentido no raciocínio jurídico. Qual tipo? Tentei responder alguns aspectos dessa pergunta em minha dissertação de mestrado (SANTOS, 2020), feita sob orientação do professor José Reinaldo.[4] Neste breve texto pretendo

[3] BRASIL, Conselho Nacional de Justiça. Ato Normativo n. 11888 (0006767-49.2021.2.00.0000263). Presidência. Jul. 24 set. 2021, p. 32.

[4] O tema da minha dissertação tem como origem duas fontes: a primeira são os temas de estudo do professor José Reinaldo, o qual acompanho como aluno e monitor desde 2013. A segunda foi um texto de L. F. Schuartz, do qual falarei mais abaixo.

recuperar algumas discussões que iniciei lá, e apresentar o modelo de consequencialismo que acredito ser o mais adequado. Trago aqui a decisão do CNJ porque ela ilustra que o consequencialismo tem assumido um certo protagonismo no debate jurídico brasileiro. Se, por um lado, o que impulsa esse protagonismo pode ser um certo modismo, não se pode negar que o tema seja importante e pertinente.

Tanto em minha dissertação de mestrado quanto neste texto parto de um pressuposto sempre presente nas obras do nosso professor: o raciocínio jurídico e a boa dogmática jurídica não são cegos aos saberes de outras áreas – vários objetos constituídos por outras disciplinas são a matéria-prima sobre a qual os juízes decidem. Embora decida segundo regras, o bom jurista sabe que o objeto de sua decisão (o caso sobre o qual ele aplicará as regras) não são as regras elas mesmas, mas as relações entre as pessoas, e essas relações são explicadas e constituídas por muitos saberes que não apenas o direito. No entanto, não estar cego a outros saberes não significa submeter a racionalidade jurídica a outras racionalidades. É a partir dessas premissas que tentarei responder à pergunta acima.

2

Em minha dissertação, analisei o consequencialismo a partir do art. 20 da Lei da LINDB,[5] numa tentativa de contribuir com uma interpretação que escapasse de modismos irrelevantes, de um lado, e contribuísse com a dogmática, de outro. Minha percepção é de que tanto a introdução desse dispositivo em nosso ordenamento quanto a decisão do CNJ com a qual iniciei este texto fazem parte de um movimento mais abrangente, uma tentativa *top-down* de mudança de cultura jurídica.[6]

[5] Art. 20. Nas esferas administrativa, controladora e judicial, não se decidirá com base em valores jurídicos abstratos sem que sejam consideradas as consequências práticas da decisão. Parágrafo único. A motivação demonstrará a necessidade e a adequação da medida imposta ou da invalidação de ato, contrato, ajuste, processo ou norma administrativa, inclusive em face das possíveis alternativas.

[6] Lima Lopes faz uma excelente análise sobre mudança social e mudança legal no livro **Direito e transformação social**: ensaio interdisciplinar das mudanças no Direito (1997). O direito é ao mesmo tempo causador e reflexo de mudanças sociais, e qualquer tentativa de mudança *top-down* nos termos discutidos neste artigo está fadada ao fracasso. Como apontado no livro, a história já nos mostrou isso.

No Brasil, quando se fala de consequencialismo jurídico, quase sempre há dois tipos de debate. De um lado, fala-se sobre a relação entre Poder Judiciário e incerteza jurídica, uma queixa sobre como juízes brasileiros tentam fazer justiça social via aplicação do direito, desrespeitando contratos e frustrando as expectativas de investidores. Em nome da justiça social, juízes aplicariam uma espécie de "consequencialismo social", metodologicamente fraco e insustentável do ponto de vista prático. A lista de exemplos do Poder Judiciário agindo como um "consequencialista social" é bastante extensa, em casos tão diferentes quanto a ADPF 186,[7] em que o STF reconheceu a constitucionalidade da adoção de cotas raciais pelas universidades brasileiras, até a ADPF 54,[8] em que o STF reconheceu a inconstitucionalidade da criminalização do aborto no caso de fetos anencefálicos.[9]

De outro lado, fala-se de uma espécie de "consequencialismo econômico": em vez de uma atitude orientada por um certo distributivismo da justiça social, fala-se de uma orientação econômica voltada à maximização da eficiência. Esse consequencialismo econômico, de acordo com Schuartz (2007, p. 128-132), surge em resposta ao consequencialismo social, e internaliza o juízo consequencialista através do processo judicial. Os apoiadores do consequencialismo econômico argumentam que ele se apoia na solidez da moderna teoria econômica e nas ferramentas analíticas e conceituais por ela disponibilizadas (Schuartz, 2007, p. 135). Aqui se inserem os partidários da Análise Econômica do Direito ("*law & economics*"). Como exemplo de uma decisão que concretiza esse tipo de consequencialismo econômico temos o MC SS 5257, em que o ministro Dias Toffoli, ao determinar a suspensão da decisão anterior que havia garantido a permanência de empresas no regime tributário da Lei 12.546/2011 em 2018, fundamentou sua decisão em argumentos consequencialistas-econômicos – os danos aos cofres públicos.[10] Na decisão, houve uma tentativa de análise

[7] BRASIL. Supremo Tribunal Federal. Arguição de Descumprimento de Preceito Fundamental 186-2. Tribunal Pleno. Rel. min. Ricardo Lewandowski. J. 26/04/2012.

[8] BRASIL. Supremo Tribunal Federal. Arguição de Descumprimento de Preceito Fundamental 54. Tribunal Pleno. Rel. min. Marco Aurélio Mello. J. 12/04/2012.

[9] Trago mais exemplos em minha dissertação (Santos, 2020), em especial da p. 91 em diante.

[10] "A execução imediata da decisão judicial ora combatida impacta direito de interesse coletivo relacionado à ordem e à economia públicas, pois implica alteração da programação orçamentária da União Federal (...). Isso porque, além da redução da arrecadação de contribuição de empresas à Seguridade Social (correspondente à renúncia fiscal decorrente da modificação da base de cálculo da contribuição previdenciária a cargo da empresa), a

econômica – sem os dados necessários para embasar economicamente essa decisão. Em momento algum o ministro fez referência ao que se debatia, de fato, no caso: o TRF-3 tem autonomia para garantir às empresas a permanência nesse regime tributário? A regra inicial que previa a contribuição sobre os salários se aplicava apenas a três segmentos da economia. Por que o novo regime foi estendido a outros cinquenta e seis segmentos? Até que ponto os dados informados pela União são plausíveis?[11] Em sendo plausíveis, qual a relevância jurídica desses dados? Neste caso, o ministro primeiro decidiu, depois escorou sua decisão numa tentativa de consequencialismo-econômico.

Em minha dissertação, identifiquei um terceiro tipo de consequencialismo, que chamei de "consequencialismo iluminista". É uma versão mais robusta do consequencialismo social, cujos apoiadores acreditam que, "para além do papel puramente representativo, supremas cortes desempenham, ocasionalmente, o papel iluminista de empurrar a história quando ela emperra" (Barroso, 2017, p. 60). Isso se deve em razão de uma crise da representação política, de um protagonismo cada vez maior do Poder Judiciário (e do STF, em especial) como ator político relevante, e da inclusão de dispositivos constitucionais que envolvem um tipo de racionalidade supostamente "política". O ministro Luis Roberto Barroso é um representante importante dessa vertente, e num dos seus textos advoga por um processo decisório que ancora sua legitimidade na qualidade das consequências obtidas, e adota uma concepção instrumental de racionalidade para isso.[12] Em diversas passagens, Barroso argumento que "a jurisdição

decisão no AI (...) produz efeitos imediatos nas contas públicas, tendo em vista o dever legal da União de '[compensar] o Fundo do Regime Geral de Previdência Social, de que trata o art. 68 da Lei Complementar no 101, de 4 de maio de 2000, no valor correspondente à estimativa de renúncia previdenciária decorrente da desoneração. (...) Ademais, a decisão objeto do presente pedido de contracautela foi proferida em sede de mandado de segurança coletivo, circunstância que, somada ao risco de efeito multiplicador (...), constitui fundamento suficiente a revelar a grave repercussão sobre a ordem e a economia públicas e justificar o deferimento da liminar pleiteada." [grifo meu]

[11] Nos autos, a União estimou um prejuízo isolado aos cofres públicos de R$ 322,6 milhões caso fosse mantida a decisão do TRF-3, acrescentando um potencial efeito multiplicador, tendo em vista existirem pelo menos 642 ações cadastradas sobre o mesmo assunto no Brasil, com impacto nas contas de 2018 estimado em R$ 1 bilhão.

[12] Fernando Leal (2017, p. 46) elabora uma excelente crítica às três estratégias de justificação que Barroso desenvolve no decorrer de seu texto. Na seção "3.3. A legitimação pelos fins", em especial, ele se debruça sobre a concepção instrumental de racionalidade adotada por Barroso.

constitucional [...] tem servido bem ao país" (2017, p. 65), ou quando fala sobre a decisão do STF que determinou a perda de mandato do parlamentar que mudasse de partido – "embora tenha sofrido crítica por excesso de ativismo, [...] fora de dúvida [...] atendeu a um anseio social que não obteve resposta no Congresso" (Barroso, 2017, p. 59).

No Brasil, quem melhor formulou o discurso sobre o consequencialismo econômico foram Bruno Salama e Mariana Pargendler, no artigo "Direito e consequência no Brasil: em busca de um discurso sobre o método" (2013). A tese defendida pelos autores é de que a adoção de novas metodologias na produção jurídica no Brasil está relacionada à transformação no modo de aplicação do direito, que vem consagrando a utilização de argumentos consequencialistas em juízo. Isso se dá em razão de três fatores: (i) triunfo da ideologia progressista, (ii) mudança organizacional estatal, e (iii) transição no modelo de argumentação. É um excelente panorama sobre as razões que levaram ao estado da arte do debate sobre consequencialismo no Brasil, e que nos ajuda a entender como chegamos aonde chegamos.

O primeiro fator se relaciona a uma incorporação pelo Poder Judiciário de uma série de atividades que não eram disciplinadas juridicamente – e a Constituição de 1988, nessa mesma toada, traz uma série de dispositivos nesse sentido.[13] Isso trouxe para a scara jurídica temas que envolvem política, economia, biologia, e nem sempre os aplicadores do direito estavam preparados – seja em razão da falta de capacidade técnica, seja em razão da ausência de instrumentos propriamente jurídicos capazes de lidar com esses temas.

Como consequência, a própria maneira como entendemos a prática jurídica precisou ser repensada. Uma série de objetivos e finalidades foram incorporados no próprio texto jurídico, e a aplicação efetiva desses dispositivos, segundo os autores, envolve algum juízo sobre sua efetividade.[14]

[13] Ver, entre outros: Art. 3º Constituem objetivos fundamentais da República Federativa do Brasil: IV – promover o bem de todos, [...]. Art. 23. É competência comum da União, dos Estados, do Distrito Federal e dos Municípios: IX – promover programas de construção de moradias e a melhoria das condições habitacionais e de saneamento básico.

[14] "Generalizando, pode-se dizer que a ascensão do *government by policy* propõe ao jurista problemas para os quais o conhecimento jurídico tradicional – interpretar leis e redigi-las, sustentar um argumento para um debate judicial ou desconstruir a coesão de argumentos sobre a interpretação das leis – oferece poucas respostas. A política pública é eminentemente finalística, isto é, esta eminentemente voltada à consecução de fins concretos. Sua legitimidade, portanto, prende-se não apenas aos procedimentos seguidos para a sua feitura, mas também

Salama e Pargendler argumentam que "para se analisar a pertinência entre meios jurídicos e fins normativos não basta interpretar a lei nem recorrer a intuições de justiça. É preciso, ao contrário, apelar a uma ferramenta descritiva do mundo" (2013, p. 114). Particularmente discordo dessa proposição, porque uma análise jurídica não envolve um juízo descritivo das coisas "aí no mundo", e sim uma avaliação da qualificação jurídica que damos a essas coisas. O juízo sobre uma prática e sobre uma ação submetida a essa prática é diferente. Avaliar se uma política pública, enquanto prática, é efetiva, envolve um juízo substancialmente diferente da avaliação se uma regra jurídica, submetida (e constitutiva de) a essa política pública, é eficiente. No primeiro caso, um juízo descritivo das coisas "aí no mundo" é necessário. No segundo caso, não – pois é um juízo normativo.

O segundo fator apresentado pelos autores é a mudança organizacional do modelo estatal brasileiro, que lançou o Poder Judiciário – e o Supremo Tribunal Federal em especial – à centralidade do arranjo político. O triunfo da ideologia progressista, além de transformar os instrumentos jurídicos, também modificou o papel institucional dos braços do Estado. O Poder Judiciário passou a exercer um papel muito mais ativo no delineamento das políticas públicas, assumindo certo protagonismo no quadro institucional de formulação de políticas públicas.[15] Isso implica um choque de racionalidades, porque não apenas o direito não tem instrumentos adequados para lidar com esse novo arranjo institucional, mas a própria racionalidade jurídica não se adequa por completo a essa situação.

à plausibilidade de que os efeitos pretendidos possam ser de fato alcançados. O ponto básico é o seguinte: para se analisar a pertinência entre meios jurídicos e fins normativos não basta interpretar a lei nem recorrer a intuições de justiça. É preciso, ao contrário, apelar a uma ferramenta descritiva do mundo." (Pargendler e Salama, 2013, p. 114)

[15] "No Brasil pós-1988, o Poder Judiciário passou da periferia ao centro do arranjo político. Os tribunais – e o Supremo Tribunal Federal (STF) em particular – foram alçados à condição de Poder Moderador, como bem observou Oscar Vilhena. Assim, o papel de árbitro dos grandes conflitos institucionais e políticos que historicamente coubera ao Exército passou a ser ocupado pelo STF. Ao mesmo tempo, o Poder Judiciário acabou cada vez mais desempenhando um papel relevante no delineamento das políticas públicas no Brasil – ora negativamente, contrabalançando o excesso, ora positivamente, contrabalançando a inação; e, nos dois casos, contribuindo decisivamente para a criação de incentivos (e desincentivos) para toda sorte de atividades. É como se o Judiciário tivesse sido empurrado – muitas vezes a contragosto, ocasionalmente com certo júbilo – para a posição de ator relevante, e diversas vezes decisivo, no grande quadro institucional de formulação de política pública." (Pargendler e Salama, 2013, p. 116)

Por fim, o terceiro fator é a transição de um modelo de argumentação formalista e baseado em regras para um modelo aberto e baseado em princípios. A mudança institucional ocasionada em razão do triunfo da ideologia progressista não foi acompanhada por uma reflexão sobre os tipos de racionalidade envolvidas na justificação de políticas públicas, de um lado, e na aplicação concreta dessas regras pelos juízes, de outro. Na minha visão, a tentativa brasileira de conciliar essas mudanças foi a argumentação a partir de princípios.

Salama e Pargendler (2013, p. 119) argumentam que a correta aplicação dos princípios mediante o teste da proporcionalidade implica na análise de dados empíricos ou de juízos probabilísticos sobre os efeitos concretos de diferentes normas, e não mais apenas na interpretação de normas abstratas. A mudança institucional de que falei no tópico anterior leva o Poder Judiciário a ser um "aplicador de princípios e implementador de políticas públicas". Isso marca "a integração das consequências da norma como elemento que determina a validade ou incidência da norma ao caso concreto. Isto é, a norma incidirá ou não a depender de suas presumíveis consequências futuras" (Pargendler e Salama, 2013, p. 122-123).[16]

Dada a incerteza radical que existe em relação ao funcionamento do mundo, essa análise tem limites bastante claros. Para os autores, o papel do jurista continuará sendo o de formulador de doutrina porque os métodos científicos (ainda) não são suficientes para dar conta do tipo de juízo que um consequencialismo mais extremado exigiria.[17] Os autores fazem uma ressalva em relação à tese: a incerteza radical em relação ao funcionamento do mundo, dada a contingência do futuro, impossibilita um tipo de consequencialismo mais extremado. Diante disso, o papel do jurista continuará como formulador de doutrina, e não de ciência – por mais avanços que tenhamos nas outras ciências e por mais que o diálogo (necessário) dessas ciências com o direito aumente.

[16] Em minha dissertação aprofundo mais as relações entre o debate sobre consequencialismo e o debate sobre princípios (e essa relação passa, necessariamente, por entender os conceitos de justiça comutativa e distributiva). Em síntese, argumento que o debate sobre princípios é uma tentativa de lidar com conflitos distributivos, mas de maneira equivocada. Uma parte do debate atual sobre consequencialismo está muito próxima dessa confusão. Falo com mais detalhes nas seções "2.1. Princípios e regras", e "2.2. Regras distributivas e consequencialismo" (Santos, 2021).

[17] Por isso os considero partidários do "consequencialismo econômico fraco", na terminologia que adotei em minha dissertação.

3

Dediquei minha dissertação à memória de Luis Fernando Schuartz, um dos juristas contemporâneos mais brilhantes do Brasil, porque seu texto "Consequencialismo jurídico, racionalidade decisória e malandragem" (2011) me abriu os olhos para um debate importante: parece evidente que devemos levar em conta as consequências de nossas ações em geral, por uma questão de responsabilidade. Todos têm responsabilidade em relação às consequências previsíveis de suas ações, e juízes não são exceção a isso.[18] Por outro lado, algumas ações são simplesmente erradas, não importam quais sejam suas consequências, previsíveis ou não. Um tipo de consequencialismo que contenha certas limitações ao seu próprio princípio e leve em conta elementos importantes da psicologia moral – como a intencionalidade – parece ser o caminho a se seguir. Alguém poderia argumentar que, nesse caso, já não estaríamos falando de "consequencialismo[19]. Embora concorde com a crítica, para os fins deste trabalho, proponho um "consequencialismo malandro", inspirado na conceituação de Schuartz.

Há dois tipos de argumentos relevantes no direito: argumentos teóricos e argumentos práticos. Argumentos teóricos procuram estabelecer conclusões teóricas sobre como as coisas foram, são, ou serão. Argumentos práticos procuram estabelecer conclusões práticas (normativas, prescritivas) sobre como as coisas deviam, devem ou deverão ser. A argumentação prática pode ser substantiva ou institucional (Struchiner e Schecaira, 2016, p. 37).

A argumentação prática substantiva apela livremente a considerações externas ao direito para alcançar esse fim: argumentos morais, políticos, econômicos, sociais, etc. A argumentação prática institucional apela a regras e procedimentos previamente estabelecidos com o objetivo de justificar publicamente conclusões práticas. Na prática jurídica, o tipo de argumentação predominante é prática e institucional, pois a posição institucional de um juiz exige que suas decisões sejam justificadas institucionalmente (Struchiner e Schecaira, 2016, p. 38).

[18] "Responsability generally attaches to persons for the foreseen and foreseeable consequences and outcomes of their actions, and judges are no exception. We cannot conceivably speculate on all the things that will or might possibly happen if people react in some way or another to a new ruling in law. We can, however, at least realize that they are entitled to take the law to be as a court has ruled it to be." (Maccormick, 2005, p. 111).

[19] Por exemplo, Finnis chamaria isso de "proporcionalismo" (2012, p. 53).

Se profissionais do direito argumentam de modo predominantemente institucional, as razões para se considerar as consequências de uma decisão serão predominantemente institucionais. Há razões teóricas para se considerar as consequências de uma decisão? Não, porque embora a argumentação consequencialista se volte para o futuro, seu resultado é sempre uma condicionalização de como as coisas deverão estar.

Isso posto, a prática do direito exige que juízes levem em consideração as consequências lógicas que suas decisões têm. Essa exigência é compatível com a versão regulatória do consequencialismo econômico, explorado por Pargendler e Salama no artigo que citei acima. Se entendida desta maneira, os autores acertam quando formulam a análise de consequências na hipótese de incidência da norma – enquanto condição de validade. Contudo, estão equivocados quando afirmam que isso exige uma ferramenta descritiva de mundo, porque o juízo aqui envolvido é propriamente jurídico: é a qualificação jurídica do que está "aí no mundo".

Schuartz argumenta que o consequencialismo malandro é uma "estratégia argumentativa que se implementa necessariamente através da dogmática jurídica, mais especificamente, para a desconstrução e reconfiguração dos elementos da argumentação na forma requerida para a fundamentação dogmática da decisão buscada" (Schuartz, 2011, p. 415). O consequencialismo malandro:

> Recorre à ordem para promover a desordem e apresentar a desordem como proposta de nova ordem. É quando o direito positivo, tal como interpretado e aplicado, não oferece caminho para a justificação de uma determinada decisão judicial, que entra em cena o consequencialismo malandro, abrindo passagem para a decisão pretendida por intermédio da construção de conceitos e distinções que conduzam à referida decisão e a façam aparecer como desde sempre juridicamente admissível e adequada ao caso concreto (Schuartz, 2011, p. 415).

Quando Leônidas da Silva fez o primeiro gol de bicicleta certamente o árbitro imaginou que aquele lance fosse inválido. A genialidade de Leônidas está justamente no pleno domínio das regras do jogo, e na capacidade de inovar dentro das regras desse jogo. O gol de bicicleta foi uma malandragem, nesses termos. No direito, a malandragem requer um amplo conhecimento da teoria do direito e da dogmática jurídica, e uma capacidade de articulação e inovação dentro desses parâmetros – e da limitação institucional que a posição de um juiz exige.[20]

> Consequencialismo com dogmática demanda um certo domínio do material jurídico. Talvez por isso seja característica dos melhores juristas brasileiros a capacidade para operar com fluidez nessa intersecção, inclusive quando tal capacidade deva manifestar-se enquanto criação de novas figuras dogmáticas que permitam resolver um caso no sentido desejado e contrariamente à maneira até então predominante de solução jurídica de casos semelhantes. É a essa hipótese que se refere a expressão "consequencialismo malandro" (Schuartz, 2011, p. 415-415).

Isso significa que, para além das consequências lógicas que a prática do direito exige, certos ramos no direito admitem uma análise consequencialista mais profunda. Isso depende da área do direito e dos bens envolvidos, e essa análise está necessariamente limitada pelas regras jurídicas.[21] Acredito que esse olhar é mais útil e mais adequado do que a maneira como o debate sobre princípios evoluiu no Brasil.[22]

Se a natureza própria do direito exige que as decisões judiciais sejam universalizáveis, um tipo de consequência com a qual juízes devem se importar quando justificam suas decisões é justamente o fato de que, em situações semelhantes, a mesma regra[23] deveria ser aplicada. É a esse tipo de consequência que chamei de consequência lógica (e em minha disser-

[20] "Na malandragem, cada nova criação passa pela reordenação intelectual de todos os elementos necessários para possibilitar encaixes sem maiores atritos, incluindo a interpretação de normas gerais e precedentes direta e indiretamente aplicáveis, além da compreensão do sentido de antigas categorias dogmáticas." (Schuartz, 2011, p. 418).

[21] Um bom exemplo de área do direito que tem a análise consequencialista como regra constitutiva da sua prática é o direito tributário. Tathiane Piscitelli fez uma ótima análise do direito tributário e da argumentação consequencialista a partir da mesma perspectiva teórica que adoto (2012). Para ela, a prática do direito impõe limitações às considerações consequencialistas também no direito tributário, e a tese que ela adota é de que as consequências importantes são aquelas que podem ser universalizáveis.

[22] Não é meu objetivo me estender nesse debate, sobre o qual pessoas muito mais capacitadas já se debruçaram. Como exemplo, ver (a título exemplificativo): Lima Lopes, 1994 e 2003.

[23] Regra, aqui, não se refere apenas às regras de direito positivo. Para os fins deste trabalho, entendo regra como a medida da ação – é a regra quem dá sentido à ação.

tação chamo também de "consequência jurídica"[24]): ela é lógica e necessária em qualquer justificação de qualquer decisão judicial.

Isso significa que é possível articular um consequencialismo que não seja constituído por uma lógica de probabilidades. Consequências sob o comportamento empírico das pessoas são relevantes para uma série de coisas, mas não são relevantes na justificação de uma decisão judicial. Vale destacar que o direito e as regras de direito não são causas de comportamento, no sentido das ciências duras. No máximo, eles são elementos importantes para a escolha das pessoas – e a maneira como as pessoas escolhem responder a esse elemento, que é mais um em meio a vários outros, é uma questão em aberto.

4

Disse na introdução deste texto que embora haja um certo modismo nas discussões sobre consequencialismo, não se pode negar a pertinência do tema. Meu objetivo com este texto foi resgatar algumas discussões que iniciei em minha dissertação de mestrado, e tanto lá quanto aqui me apoiei nas obras e no amparo do professor José Reinaldo.

Tentar antecipar as consequências empíricas de uma decisão é um exercício, de certa forma, inútil, porque o futuro é incerto. Mais que isso, considerando o direito como prática, esse é um exercício desnecessário. Não é porque não podemos prever ações e decisões no direito da maneira como fazemos em outros campos que ele não é previsível. É essa confusão, a meu ver, que muitos estudiosos e entusiastas das pesquisas empíricas em direito incorrem. Também incorrem nessa confusão aqueles que criticam o direito porque ele não dá ferramentas de previsibilidade como as de outras ciências. O ponto que quero destacar é que a previsibilidade das ações está sujeita às regras às quais tais ações estão submetidas. São as regras que determinam – não só, mas também – a regularidade das ações. Se tenho as regras do campo, consigo prever certas coisas. Mas é um esforço inútil tentar prever ações de um campo com base em regras de outro campo.

[24] A expressão não é minha, mas de Bernard Rudden, que numa crítica ao livro **Legal Reasoning and Legal Theory** sugeriu que aquilo que MacCormick chama de "consequências-como-implicações" fosse chamada de "consequências jurídicas". MacCormick aceitou a sugestão e incorporou o termo em seus trabalhos posteriores (RUDDEN, p. 197-199, 1979).

Para todas as regras, há alguns casos claros, e para algumas regras há muitos casos claros. Se não fosse assim, sistemas jurídicos não seriam capazes de fornecer orientações para a conduta das pessoas – e o mundo real está aí para nos mostrar que isso não acontece. Um certo grau de imprevisibilidade nas decisões judiciais faz parte da sua natureza. Essa flexibilidade é, sem dúvida, uma fonte de discricionariedade judicial em casos difíceis. Por outro lado, essa dificuldade em se ter uma única interpretação possível não decorre apenas da natureza linguística do direito: algumas divergências surgem do conflito de valores e da finalidade a que determinada regra se propõe. Mesmo Hart, que articulara a imprecisão do direito em razão da "textura aberta da linguagem", revisou sua posição para incluir que a imprecisão no direito também pode ter origem nos conflitos de valores e propósitos que os aplicadores do direito colocam (Hart, 2011).

O direito é um fato institucional, constituído por regras e com um tipo de previsibilidade de natureza diferente daquela das ciências duras. O sentido do direito é a justiça: ela é condição de inteligibilidade, uma regra constitutiva dessa prática. Adoto uma concepção aristotélica de justiça, e acredito que a distinção entre justiça distributiva e justiça comutativa é a raiz de uma série de confusões conceituais.[25] No Brasil, houve uma mudança organizacional do modelo estatal brasileiro, lançando o Poder Judiciário à centralidade do arranjo político. Essa mudança organizacional levou a uma mudança no modelo de argumentação, que não foi acompanhada por uma reflexão sobre os tipos de racionalidade envolvidas na justificação de políticas públicas, de um lado, e na aplicação concreta dessas regras por juízes, de outro. Na minha visão, a tentativa brasileira de conciliar essas mudanças foi a argumentação a partir de princípios. Como essa tentativa não veio acompanhada de uma devida reflexão sobre as racionalidades envolvidas, nem uma atenção devida à internalização de conflitos distributivos em diversas áreas do direito, o que vemos é uma argumentação consequencialista fraca, não condizente com os limites de racionalidade (e por consequência, institucionais) que o direito impõe.

Para tentar entender como o debate sobre consequencialismo se dá no Brasil, identifiquei três modelos influentes. O primeiro é o consequen-

[25] O professor José Reinaldo escreveu um excelente curso de filosofia do direito, e no cap. 6 "A Justiça é o sentido do direito", sintetiza o debate sobre justiça e direito. As referências que ele coloca também são excelentes (2020).

cialismo econômico. O segundo é o consequencialismo social. O terceiro é o consequencialismo iluminista, uma espécie de desenvolvimento do consequencialismo social, mas teoricamente e metodologicamente mais robusto. Os três modelos adotam uma concepção instrumental de racionalidade, e minha proposta é um tipo de consequencialismo que, por um lado, adote uma concepção não-instrumental de racionalidade, e por outro, não envolva uma lógica de probabilidades. Chamei esse modelo de consequencialismo malandro, inspirado nos trabalhos de Luis Fernando Schuartz. O juiz que adota o consequencialismo malandro é aquele que consegue navegar dentro da ordem de maneira criativa e inovadora.

As decisões que juízes tomam são ações, e enquanto tal, inserem-se no âmbito de discussão da razão prática. Quando decidem, juízes não decidem apenas um caso – uma ação monológica. Eles estão numa espécie de "valsa da jurisprudência": decisões que precisam estar concatenadas e em sintonia, como numa valsa. Para compreender o sentido dessas decisões, e a partir disso decidir bem, é preciso ter o ponto de vista interno. É preciso não apenas compreendê-las a partir de suas bases (e aqui, o ponto de vista hermenêutico seria suficiente), mas ter essas regras como orientadoras da sua ação (no caso, a decisão judicial).

Se a natureza própria do direito exige que as decisões judiciais sejam universalizáveis, um tipo de consequência com a qual juízes devem se importar quando justificam suas decisões é justamente o fato de que, em situações semelhantes, a mesma regra deveria ser aplicada. Isso significa que é possível articular um consequencialismo que não seja constituído por uma lógica de probabilidades. Consequências sob o comportamento empírico das pessoas são relevantes para uma série de coisas, mas não são relevantes na justificação de uma decisão judicial. As regras de direito não são causas de comportamento, no sentido das ciências duras. No máximo, eles são elementos importantes para a escolha das pessoas – mais um em meio a tantos outros. Se levarmos a ideia de agência (*agency*) a sério, há uma diferença conceitual importante entre alguém causar um estado de coisas S, e alguém causar um estado de coisas anterior a partir do qual um outro agente promova um estado de coisas S. Os efeitos empíricos que a decisão terá na vida concreta das pessoas podem ou não ser os mesmos (afinal, o futuro é contingente), mas fatos semelhantes devem ser tratados de maneira juridicamente semelhante – tudo o mais mantido constante.

Essas conclusões não podem e nem pretendem ser a última palavra sobre o consequencialismo no Brasil. Essa é uma discussão que se iniciou há pouco, mas vem constantemente se renovando – em especial com a entrada em vigor da Nova Lei de Introdução às Normas do Direito Brasileiro. O que forneci aqui e em minha dissertação é apenas um possível caminho. Acredito que um trabalho analítico-conceitual que reúna matérias relativas ao tema do consequencialismo, tentando percebê-las de modo unitário, permitirá dizer a quantas anda o direito brasileiro no que se refere ao tema do consequencialismo. Com isso, poderá contribuir para os debates práticos – inserindo-se no círculo virtuoso de contribuição entre práticos e teóricos do direito (como o fez em tantas obras o nosso professor).

Referências

Barroso, Luís Roberto. "A razão sem voto: o Supremo Tribunal Federal e o governo da maioria". *In:* Vieira, Oscar Vilhena; Glezer, Rubens (org.). **A razão e o voto**: diálogos constitucionais com Luís Roberto Barroso. Rio de Janeiro: FGV Editora, 2017.

Finnis, John. **Fudamentos de Ética**. Rio de Janeiro: Elsevier, 2012.

Guimarães Rosa, João. **Grande Sertão: Veredas**. São Paulo: Editora Nova Fronteira, 1993.

Hart, Herbert. **O Conceito de Direito**. 6ª ed. Lisboa: Fundação Calouste Gulbenkian, 2011.

Leal, Fernando. "Até que ponto é possível legitimar a jurisdição constitucional pela racionalidade? Uma reconstrução crítica de 'A razão sem voto'". *In:* Vieira, Oscar Vilhena; Glezer, Rubens (org.). **A razão e o voto**: diálogos constitucionais com Luís Roberto Barroso. Rio de Janeiro: FGV Editora, 2017.

Lima Lopes, José Reinaldo. **Direito e transformação social**: ensaio interdisciplinar das mudanças no Direito. Belo Horizonte: Nova Alvorada, 1997.

Lima Lopes, José Reinaldo. **Curso de Filosofia do direito**. São Paulo: Atlas. 2020

Lima Lopes, José Reinaldo. "Juízo jurídico e a falsa solução dos princípios e das regras". **Revista de Informação Legislativa**, 40, 2003.

Lima Lopes, José Reinaldo. "Justiça e poder judiciário ou a virtude confronta a instituição". **Revista USP 21**, 1994.

Maccormick, Neil. **Rhetoric and the Rule of Law: a theory of legal reasoning**. Oxford: Oxford University Press, 2005.

Piscitelli, Tathiane. **Argumentando pelas consequências no direito tributário**. São Paulo: Noeses, 2012.

Rudden, Bernard. "Consequences". **Juridical Review**, 24, 193, 1979.

Salama, Bruno; Pargendler, Mariana. "Direito e consequência no Brasil: em busca de um discurso sobre o método". **RDA – Revista de Direito Administrativo**, v. 262, 2013.

Santos, Maike Wile. **Levando as consequências a sério: direito, racionalidade e consequencialismo**. 2020. 131 p. Dissertação (Mestrado) – Faculdade de Direito, Universidade de São Paulo, São Paulo, 2020.

SCHUARTZ, Luis Fernando. "Consequencialismo jurídico, racionalidade decisória e malandragem". *In:* MACEDO JR, R. P.; BARBIERI, C. H. C. **Direito e Interpretação**: racionalidades e instituições. São Paulo: Saraiva, 2011.
SCHUARTZ, Luis Fernando. Consequencialismo judicial e incerteza jurídica. **Workshop Interpretação, Desenvolvimento e Instituições**, Caderno 29.

15
RAZÕES DE ESTADO NA JURISDIÇÃO CONSTITUCIONAL[1]

Rubens Glezer

Introdução

A crise política e institucional brasileira que passou a tomar corpo a partir de 2013 se desenvolveu em torno do Judiciário. O sistema político foi profundamente impactado pelos efeitos da Operação Lava Jato, das disputas relacionadas ao impeachment da Presidente Dilma Rousseff, da investigação do Governo Temer, bem como pelos recorrentes desafios democráticos do Governo Bolsonaro. Por esse motivo, os juristas passaram a frequentar cada vez mais os espaços na mídia para tentar dar algum sentido àquela franca judicialização da vida política, por meio de esclarecimentos e análises. Em uma dessas ocasiões, tive a honra e a oportunidade de participar de um programa de debates com o Professor José Reinaldo de Lima Lopes em meados de 2017. Após a transmissão do programa, pudemos retomar um pouco das conversas que tivemos durante o período de minha orientação de doutorado, bem como discutir sobre a conjuntura. Naquela ocasião, o Professor disse algo que me gerou profundo estranhamento: faltava aos ministros do Supremo Tribunal Federal assumir a postura de estadistas.

[1] Enquanto produzia versões preliminares deste texto pude contar com comentários e leituras enriquecedoras de André Corrêa, Ana Laura Pereira Barbosa e José Garcez Ghirardi. Apesar de todo seu brilhantismo e generosidade, não me dissuadiram de todos os erros deste texto, cuja responsabilidade é de minha exclusiva responsabilidade.

Para mim, aquela era uma posição inusitada para o Professor José Reinaldo, porque eu sabia da sua crítica à tendência consequencialista de diversos ministros do STF. Como ele poderia estar defendendo que os ministros assumissem raciocínios claramente "extra-jurídicos" para decidir seus casos, se ele partilhava comigo da crítica de que faltava ao Tribunal o respeito à integridade da jurisprudência e a construção de uma dogmática coerente em diversos temas? No entanto, nem sempre as conversas seguem um rumo linear e na ocasião não aprofundamos esse ponto.

Sendo assim, eu gostaria de aproveitar a oportunidade desta obra de justa homenagem ao Professor José Reinaldo de Lima Lopes para explorar, e possivelmente resolver, a tensão entre essas duas ideias: a de que juízes devem orientar sua compreensão e intepretação de normas por juízos jurídicos (uma espécie de razão prática orientada pela justiça, onde a correção é determinada *a priori*) e a de que ministros do Supremo Tribunal Federal devem julgar com um estadismo (uma espécie de razão prática orientada pelo interesse público, onde a correção é determinada *a posteriori*).

Considero que essa oposição é apenas aparente. O Professor José Reinaldo construiu de sua forma original uma teoria do direito centrada no raciocínio prático. Uma teoria que reforça a importância de o jurista realizar juízos em casos particulares a partir dos parâmetros e critérios universais, guiados pela compreensão adequada das normas jurídicas. Essa compreensão precisaria ser balizada por uma apreensão do sentido maior da prática jurídica: a justiça. Em parte, se trata de um resgate do raciocínio aristotélico para o raciocínio jurídico, uma forma de raciocínio que reconhece um espaço legítimo para a sabedoria prática. Minha leitura é de que o Professor José Reinaldo de Lima Lopes reconhece que o exercício da jurisdição constitucional alarga o espaço do que seria essa forma de sabedoria prática legítima aos ministros, a qual ele chamou de estadismo. A aproximação de sua obra com os teóricos do estadismo judicial (*judicial statesmanship*) pode tornar mais claros os termos dessa relação.

1. A Teoria Prática do Direito de José Reinaldo de Lima Lopes

Há diferentes formas de conceber o raciocínio jurídico. Cada uma dessas formas estará atrelada a um modo de conceber o próprio direito, sua ontologia (do que é composto) e epistemologia (como podemos conhecê-lo). As diferentes escolas que defendem suas construções teóricas estão em ferrenha disputa entre si. Além disso, essas escolas dificilmente geram uniformidade entre seus membros. Por vezes, a própria definição do que é o mínimo denominador comum em uma escola de pensamento é objeto de intensa divergência (Dickson, 2001; Postema, 2011; MacCormick, 1983; Patterson, 2009; Finnis, 2002). Porém, como meu propósito é traçar relações entre proposições amplas e genéricas, não me preocuparei em ser fiel aos detalhes dessas disputas.

Para fins do presente argumento, basta traçar uma divisão inicial entre aqueles que rejeitam ou aceitam a racionalidade no processo de compreensão e interpretação das regras jurídicas. De um lado, podemos alocar todos aqueles que, de maneira geral, entendem que a atividade interpretativa, de aplicação das normas jurídicas ao caso concreto, é (e só pode ser) em larga medida subjetiva, como uma expressão de preferências e gostos individuais. De outro lado, podem ser agrupados aqueles que, em termos gerais, acreditam que a determinação de como aplicar uma regra a casos concretos pode e deve ser avaliada por critérios argumentativos e racionais. Podemos considerar o primeiro grupo como céticos e o segundo como crentes, em relação a alguma objetividade no saber jurídico.

Dentre os crentes também há muitas diferenças. Alguns de seus membros consideram que a qualidade da interpretação jurídica está conectada com uma compreensão adequada sobre a **finalidade**, ou o **sentido,** que deve ser concretizado pela norma jurídica em questão. Dentro desse grupo, encontramos aqueles para quem esse sentido, ou finalidade, não depende primordialmente da intenção concreta dos legisladores envolvidos em sua aprovação. Para eles, é preciso realizar um juízo normativo, que pode estar conectado a uma avaliação sobre o sentido e a finalidade do próprio direito. Esses teóricos do direito são defensores da interpretação que favorece um viés teleológico do direito. Para eles, a apreensão dessa finalidade e desse sentido permite encontrar o conteúdo correto de uma norma jurídica; a identificação do seu conteúdo que permite segui-la, agir de acordo com ela.

Mesmo nesse subgrupo pode haver divergências radicais sobre qual seria essa finalidade ou sentido, bem como sobre os métodos empregados para identificá-los. Porém, uma parte deles converge em torno da ideia de que o direito é uma prática social ordenada por um tipo específico de lógica (Bond, 1982, p. 21; Clor, 1985, p. 39, Goldsworthy, 2014, p. 41; Mann, 2018; Post, 2010, p. 33; Siegel, 2007, p. 75; Unger, 2017). Para esses autores, a finalidade e o sentido explicariam e justificariam a normatividade do direito, ou seja, por que o direito pode gerar **obrigações** ao invés de meramente **obrigar** as pessoas a agirem de determinada maneira forçadamente. Nesse sentido, atos jurídicos de agentes públicos e privados só teriam legitimidade se estiverem de alguma forma conectados com essa finalidade e sentido. Os atos em profunda tensão com esses valores seriam arbitrários e, assim, carentes de normatividade, da perspectiva jurídica. Portanto, o sentido (a finalidade) correto seria o critério de balizamento do raciocínio jurídico, porque é o mesmo critério que confere legitimidade ao direito e distingue o direito do exercício bruto de poder. É nesse grupo que encontramos teorias como as de Lon Fuller, Ernest Weinrib, Neil MacCormick, Dennis Patterson, Ronald Dworkin e, entre nós, José Reinaldo de Lima Lopes.

Para José Reinaldo, esse ceticismo na cultura jurídica brasileira foi, e é alimentado, por um certo modelo de ensino. Nesse modelo, o aluno é treinado a decorar as leis e os precedentes vigentes, bem como os conceitos e classificações legais e doutrinárias. Esse modelo de ensino distante da prática, é praticado por docentes que utilizam sobretudo o método expositivo, realizando uma espécie de necrópsia do sistema jurídico. No geral, conduzindo investigações sobre as características e os conceitos abstratos de regras e princípios, evitando ao máximo estimular os alunos a responderem como aplicá-las. Ao serem inseridos na prática jurídica, milhares de alunos e alunas descobrem que seu ensino acadêmico não serve para resolver os problemas reais da prática jurídica (LOPES, 2009, p. 61-63). Como resultado, dada a hegemonia desse modelo, vigora na cultura jurídica brasileira uma desconfiança sobre a atividade interpretativa, como se o direito fosse um vale tudo, no qual não existe verdade, correção ou objetividade. Algo diferente surge quando se enfatiza a natureza prática do direito (LOPES, 2005). Para além das condições teóricas que informam a prática, José Reinaldo conecta esse traço da cultura jurídica brasileira com um elemento sociológico: a proximidade dos juristas com a elite de um país extremamente desigual.

> O resultado, fruto da vulgarização do pensamento desses filósofos [da tradição romântica como Savigny] foi uma espécie de subjetivismo e relativismo crescentes. Mais alargado entre nós do que em outras partes justamente porque entre nós o respeito à lei, à igualdade ou à universalidade sempre con-

trastou com nossa estrutura social (hierarquizada, desigual, particularista, familista de longa tradição escravista (LOPES, 2022, p. 195).

A alternativa oferecida por José Reinaldo, da perspectiva filosófica, passa pelo reconhecimento da natureza prática do conhecimento jurídico. Aprender direito seria parecido com aprender a cozinhar, contar piadas, tocar um instrumento musical ou, especialmente aprender a falar uma língua. Quem sabe falar uma língua não é a pessoa que decorou as regras gramaticais ou mesmo todo o dicionário, mas quem é capaz de se comunicar com outros falantes. Conhece a língua quem detém a competência linguística. Traçando um paralelo com a medicina, indica que: "assim como ninguém pode-se dizer médico sem ser capaz de tratar de um paciente, ninguém deveria dizer-se jurista sem ser capaz de deliberar articuladamente (com razões jurídicas, legais) sobre casos particulares." (Lopes, 2005)

A noção de direito como razão prática se opõe à ideia de direito como razão especulativa. A razão especulativa se exercita pela descrição de como as coisas são e ocorrem no mundo, como se a sua tarefa fosse a de refletir como o mundo é, de forma neutra, de modo semelhante a um espelho (*speculum*) (Lopes, 2005, p. 68). É a forma de raciocínio adequado para a atividade descritiva nas ciências naturais. A razão prática busca compreender os fenômenos da ação humana (na teoria clássica, aquilo que se chama de "contingente"), tanto para explicá-la quanto para guiá-la. Porém, na razão prática, a resposta não está em fatos brutos do mundo. Nos termos de José Reinaldo "chega-se a ela deliberativamente, de modo que a solução certa é, na verdade, a melhor solução, a que se justifica melhor [...] nas circunstâncias singulares" (Lopes, 2005, p. 170). A noção de razão prática será aprofundada na seção abaixo.

2. Razão Prática e Justiça

A razão prática se exercita pela ação. Quem cozinha aprende ao preparar pratos, humoristas aprendem contando piadas, músicos aprendem tocando canções e juristas aprendem resolvendo casos práticos. No exercício do saber prático, o profissional projeta no mundo o que tem dentro de si: realiza juízos particulares a partir de parâmetros jurídicos universais (Lopes, 2005, p. 98). Sendo assim, enquanto a correção de um raciocínio especulativo está no mundo externo, a correção de um raciocínio prático não está em nenhum fato bruto do mundo, mas na apreensão correta do sentido daquela ação. Quem domina um saber prático consegue dar continuidade naquela prática sem depender da orientação de outra pessoa.[2]

Realizar um juízo jurídico (aplicar uma norma ou decidir) é uma forma de ação. Nesse sentido, o critério para avaliar a aplicação de uma norma jurídica é semelhante ao critério para avaliar a correção de uma ação. A dúvida sobre "o que deve ser decidido?" é semelhante à dúvida de "o que deve ser feito?". Para essa questão, a resposta da tradição clássica está na ideia de **prudência**, enquanto termo técnico.[3] "A prudência é exatamente o hábito (virtude) pelo qual percebo de modo conceitual (racional/universal) as ações singulares". É a habilidade de aplicar no caso concreto a norma universal e, portanto, é habilidade necessária para seguir uma regra (LOPES, 2022, p. 214).

Na tradição clássica à qual José Reinaldo se filia, esse exercício da prudência depende sempre de uma apreensão adequada da finalidade ou do sentido que aquele tipo de ação deve visar. German Grisez, em texto traduzido por José Reinaldo, diz que "a razão prática não pode dirigir ações possíveis, que são o seu objeto, sem dirigi-las a um fim" (GRISEZ, 2007, p. 214). Essa direção da ação é conduzida por um juízo de prudência (GRISEZ, 2007, p. 200). Essa não é uma finalidade que pode ser livremente escolhida pelo intérprete, mas é dada pela compreensão adequada da prática na qual ele se insere. Por esse motivo, a apreensão dessa finalidade depende – como condição necessária, mas não suficiente – de experiência no campo prático em que se dará a ação (GRISEZ, 2007, p. 192). É essa experiência, unida de capacidades intelectivas e da intuição,[4] que permite ao intérprete da prática identificar seu sentido.

Uma conclusão parecida também é alcançada pela composição das tradições hermenêutica e da filosofia analítica do século XX. Colocando em diálogo Wittgenstein, Gadamer, Apel, Hart, John Searle e Charles Taylor, costurados com o suporte de Paul Ricoeur, o Professor José Reinaldo dirá que tomar uma decisão é uma forma de agir segundo uma regra. Dirá que

[2] Em seus cursos de Filosofia do Direito, o Professor José Reinaldo frequentemente utiliza o texto de Thomas de Aquino para frisar o quanto o conhecimento prático não se adquire pelo discurso, mas pela recorrência prática (habitus).

[3] A ideia de prudência aqui como uma virtude intelectual, como "**phrónesis**".

[4] Acredito que o Prof. José Reinaldo tenha sido fortemente influenciado pela leitura de Herbert McCabe sobre Thomás de Aquino (cf. AQUINAS, 2002).

nessa atividade de conhecimento e interpretação da norma, é necessário aprender seu sentido. Esse sentido, contudo, não pode ser estipulado de forma unilateral, mas sim ser depreendido das regras constitutivas da prática na qual se encontra, regras construídas de forma intersubjetiva, muitas vezes pressupostas e inarticuladas na ação dos agentes (Lopes, 2022, p. 123-151 e 229-278). Munido desse anteparo teórico, poderá defender que o saber jurídico tem uma conexão íntima com a ideia de justiça:

> Se for verdade que toda prática tem um sentido, e que a compreensão e atos específicos dentro da prática precisa em última instância enquadrar-se dentro desse sentido, é preciso determinar a finalidade geral daquela prática ou daquele campo, e, no caso do direito, essa finalidade geral, abrangente e totalizante encontra-se na justiça (Lopes, 2022, p. 279).

Essa é uma plataforma que permite uma crítica dura à vertente cética da análise econômica do direito, que propõe, de modo geral, a substituição do raciocínio jurídico pelo raciocino econômico na resolução de casos concretos. Seu principal erro estaria em supor que o direito é uma prática que, como a economia, deve ser guiada pela lógica da eficiência.

> No campo da economia a crítica e a avaliação podem ser feitas em termos de **eficiência** ou custo. No campo do direito a crítica dá-se pela **legalidade**. Isto quer dizer que a eficiência não pode ser o critério primeiro ou último de uma decisão jurídica, ela não dá **sentido** a uma questão jurídica. Pode ser que seja mais eficiente economicamente abandonar parte da população à própria sorte, eliminar sujeitos não desejados, impedir o acesso de etnias a certos lugares e assim por diante. Mas à pergunta sobre a obrigatoriedade ou não de tais ações não se pode responder com o critério do custo. Em certas circunstâncias o custo não pode ser a razão (ou sentido) da ação. Algumas coisas simplesmente não se fazem (Lopes, 2004, p. 6).

Essa não é uma rejeição completa da relevância da economia, ou de outras áreas do conhecimento, como a antropologia, sociologia e psicologia, para a resolução de questões jurídicas. Contudo, esse diálogo com outras áreas do saber precisa estar subordinado à lógica institucionalizada da legalidade com a finalidade de obtenção de justiça (Lopes, 2004, p. 36). Sendo essa a teoria do direito de José Reinaldo de Lima Lopes, que refuta o ceticismo e uma espécie de consequencialismo vulgar, fica a perplexidade: como é possível compatibilizá-la com a ideia de que ministros do Supremo Tribunal Federal devem ser estadistas? Enfrento a questão a partir da seção seguinte.

3. Dilemas Persistentes da Jurisdição Constitucional

A tensão entre o caráter jurídico e político na cúpula do Judiciário não é uma novidade. O tema fomentou diversos impasses durante a criação e o desenvolvimento do Supremo Tribunal de Justiça (1828-1889), o antecessor institucional do STF.

Diante de diferentes formas de organizar o Tribunal durante sua criação em 1828, era cogitada a possibilidade de o Imperador nomear o Presidente do Supremo. O Senado, contudo, rejeitou essa proposta. Os Senadores consideraram que proteger a independência e imparcialidade do Judiciário traria mais benefícios e prosperidade do que garantir um preposto do monarca no tribunal (Lopes, 2017, p. 32-33).

Já em 1847, se discutia se os membros do Supremo não deveriam ser selecionados por antiguidade, ao invés de serem escolhidos pelo "arbítrio do governante". Além disso se discutia se seus membros "deveriam submeter-se a uma incompatibilidade total para o exercício de qualquer outra atividade no Estado, tanto na Administração quanto na Legislatura" (Lopes, 2017, p. 47-48).

Conforme narra José Reinaldo de Lima Lopes, havia desde o início um consenso sobre a necessidade de afastar o tribunal de decisões "de caráter político" (Lopes, 2010, p. 65). Ao Supremo não caberia a interpretação da Constituição (Lopes, 2017, p. 33-34), ou mesmo a realização qualquer ato de jurisdição constitucional ou administrativa (Lopes, 2010, p. 67). Contudo, esse ideal gerou dificuldades práticas: um Supremo sem força, capaz apenas de anular decisões, mas não de julgar em última instância,[5] impediu que o tribunal fosse capaz de criar uma uniformização razoável da jurisprudência. Além disso, mesmo assim, houve situações de embate com outros poderes, ocasionadas pela "forma de organizar as eleições, no sistema precário de incompatibilidades eleitorais, nas dúvidas a respeito da lei penal (criminal), na organização do processo criminal e da máquina judiciária e na fronteira nem sempre clara entre a jurisdição administrativa e a administração civil [...]" (Lopes, 2010, p. 67). Desde então, esse é um

[5] Sobre os detalhes do recurso de revista, cf. Lopes, 2014, p. 307.

problema que apenas se acentuou ao longo de mais de 130 anos da criação do Supremo Tribunal Federal, que decorre de sua própria natureza:

> A jurisdição constitucional coloca, portanto, um desafio à separação de poderes, e isso se deve ao desenvolvimento do próprio constitucionalismo, nascido como meio de enfraquecimento do poder político, dividindo-o em ramos [...] e esferas [...]. Evoluiu rapidamente para a contenção de poderes do Estado em relação aos cidadãos, desenvolvendo a doutrina dos direitos fundamentais [...]. Ao longo do século XIX, as questões constitucionais mais importantes foram, muitas vezes, as de separação de poderes, jurisdições e competências, e os tribunais e conselhos constitucionais procuravam ser deferentes em relação aos outros poderes. Com o passar do tempo, a pauta de questões constitucionais expandiu-se na direção da defesa de direitos humanos, em função de sua dimensão de justiça em diversos níveis. Essa linha dinâmica atribuiu aos tribunais constitucionais uma tarefa de examinar não apenas a forma e o procedimento da feitura das leis, mas também seu conteúdo [...], também seu efeito na promoção ou manutenção de situações de injustiça social (geral e política) (Lopes, 2022, p. 332).

Diante dessa amplitude de temas a serem arbitrados e do vasto arsenal institucional para lidar com elas, o Supremo Tribunal Federal chegou ao início ao século XXI numa condição que Oscar Vilhena Vieira chamou de Supremocracia (Vieira, 2008). Mas como esse poder deve ser exercido? José Reinaldo de Lima Lopes sugere que "os princípios básicos que guiam o legislador podem guiar o tribunal constitucional" (Lopes, 2022, p. 332). Mais adiante, indica que um desses princípios que se impõem ao Legislador é "o próprio objeto da justiça geral, o qual consiste na criação e a manutenção do bem comum", com uma sensibilidade à especificidade da natureza do problema que se deve resolver (Lopes, 2022, p. 333 e ss.). A busca pela justiça geral, nesse sentido, distancia-se de uma atividade puramente interpretativa do texto constitucional.

É nesse âmbito que uma teoria tão focada no raciocínio jurídico, baseada na preponderância de valores internos à prática jurídica, abre uma porta para que ministros do Supremo Tribunal Federal raciocinem como Legisladores. Contudo, ainda há espaço para entender como essas duas visões de fato de compatibilizam. O debate norte-americano sobre estadismo judicial (*judicial statesmanship*) possui vantagens em relação a nossa literatura sobre ativismo judicial para responder a essa questão. Nesse ponto, me desprendo da produção bibliográfica do Professor José Reinaldo, com o intuito de dar continuidade ao seu espírito.

4. Um Estadismo Judicial do Bem Comum

O debate sobre estadismo judicial (*judicial statemenship*) é próximo, mas não se confunde com aquele sobre ativismo judicial. De modo geral, essa terminologia do estadismo, e os termos de seu debate, não teve grande impacto na produção jurídica nacional.[6] Em nossa cultura predomina o debate sobre ativismo judicial[7], que foi mapeado de maneira ampla por Júlio Grostein. Sua obra considera que, na produção nacional, o termo ativismo judicial é utilizado para qualificar (i) criação judicial do direito, ou (ii) decisões judiciais orientadas pelo julgamento (Grostein, 2019, p. 58-66). É essa segunda dimensão que será a mais elucidativa para apresentar a noção de estadismo judicial.

Conforme reporta Grostein, tanto na produção norte-americana quanto na brasileira de ativismo judicial, as decisões judiciais orientadas pelo resultado são consideradas necessariamente como fruto das "convicções políticas, valorativas ou ideológicas do julgador" (Grostein, 2019, p. 57). Em tais casos, "o juiz se vale de motivos próprios, pré-determinados, para decidir o caso" (Grostein, 2019, p. 57). São decisões baseadas exclusivamente em "elementos políticos-pessoais do julgador", ou seja, na "vontade do juiz" (Grostein, 2019, p. 62). É por esse motivo que Grostein identifica nesse tipo específico de ativismo um "**desvirtuamento da função de julgar**" (Grostein, 2019, p. 57) e uma necessária politização do Judiciário (Grostein, 2019, p. 61).

Porém, é preciso pontuar que esse tipo de atuação voluntarista e subjetivista é apenas uma forma possível de conceber decisões judiciais orientadas por resultados; uma especialmente difícil, ou impossível, de legitimar.

[6] Não há nenhum resultado de produção acadêmica nacional, ao se procurar em títulos ou resumos pelo termo "estadismo judicial" ou "judicial statesmanship" no Banco de Teses da USP ou na Biblioteca do Senado Federal (RVBI) e Biblioteca Digital da Fundação Getúlio Vargas. Na busca pelo Google Scholar, foi possível encontrar referências diretas e indiretas do uso do termo por Roberto Mangabeira Unger, a qual será devidamente identificada de maneira específica no texto.

[7] Apenas como referência anedótica, no banco de dados da RVBI (com busca em todos os campos), a menção a "realismo jurídico" apresentou 130 resultados, "consequencialismo jurídico" apresentou 49, "consequencialismo judicial" 76, enquanto o termo "ativismo judicial" retornou 1.998 resultados.

É possível realizar uma disjuntiva entre (a) orientar a decisão judicial pelo resultado pretendido, e (b) o resultado ser fruto de um desejo pessoal do julgador. Desse modo, há espaço para teorias que reivindiquem a legitimidade da ideia de que decisões judiciais possam, ou devam, se orientar pelos resultados pretendidos, desde que ofereçam um critério normativo adequado para esse tipo de ação. É justamente o que as teorias consequencialistas visam fazer. Em um texto com o potencial para se tornar um clássico, Luis Fernando Schuartz mapeia as dificuldades para que uma teoria consequencialista possa reivindicar seu status normativo e oferece uma categorização para certos tipos ideias de consequencialismo: festivo, militante e malandro.[8] Contudo, apesar dos títulos caricatos, Schuartz reconhece de forma expressa que é possível imaginar condições legítimas para essas formas de raciocínio:

> "Festivo", "militante" e "malandro" são expressões a que não se está atribuindo uma carga valorativa necessariamente negativa. Especificamente, o valor normativo de cada um destes três tipos de consequencialismo jurídico dependerá das circunstâncias. Mesmo sem perder de vista a "insegurança patológica das expectativas normativas" enquanto estado de coisas a evitar pelo sistema jurídico, não me parece que seria apropriada uma atitude rígida de reprovação perante qualquer dos tipos. Talvez não seja exagerado afirmar que, seja qual for a finalidade que se pretenda imputar ao direito, haverá circunstâncias que autorizarão o recurso, a pelo menos uma das três formas de consequencialismo jurídico, como apropriado para a implementação da finalidade imputada. Entretanto, as dificuldades de se determinar em geral e em concreto essas circunstâncias, e a suspeita de que seriam muito excepcionais, recomendam a adoção de uma presunção relativa de ilegitimidade para cuja superação seja definido um substancial dever de prestação racional de contas que inclua tanto argumentos empíricos (para mostrar que a estratégia de decisão é a mais apropriada para a realização do objetivo escolhido), quanto argumentos normativos (para mostrar que é adequada a escolha deste objetivo e não de outros que poderiam comprometer a conclusão acerca da relação de causalidade). Isso é bem mais fácil dizer do que fazer (Schuartz, 2008, p .151).

[8] Schuartz, 2008. Um estudo de aprofundamento das ideias lançadas no texto foi realizado na dissertação de mestrado de Maike Wile dos Santos, sob orientação do Professor José Reinaldo. Santos, 2020.

A meu ver, o que a teoria do estadismo judicial tenta realizar é justamente cumprir essa difícil tarefa referida por Schuartz. Ela tenta estabelecer critérios, condições e finalidades específicas para que magistrados extrapolem as considerações de licitude/juridicidade, em situações excepcionais e legítimas. Trata-se de uma teoria voltada especialmente a ministros de cortes constitucionais; uma teoria que, como todas as outras, possui uma série de divergências entre seus adeptos. Porém há um razoável consenso de localizar sua origem comum a uma passagem em **A Democracia na América**, de Alexis de Tocqueville:

> Nas mãos dos sete juízes federais incessantemente repousam a paz, a prosperidade, a própria existência da União. Sem eles, a Constituição é uma obra morta; é a eles que o Poder Executivo apela para resistir às intromissões do corpo legislativo; a legislatura, para se defender dos ataques do Poder Executivo; a União, para ser obedecida pelos estados; os estados, para repelir as pretensões exageradas da União; o interesse público contra o interesse privado; o espírito de conservação contra a instabilidade democrática. O poder deles é imenso, mas é um poder de opinião. Eles são onipotentes enquanto o povo consente em obedecer à lei; não podem nada assim que este a despreza. Ora, o poder de opinião é o mais difícil de fazer uso, porque é impossível dizer com exatidão onde estão seus limites. Com frequência é tão perigoso manter-se aquém deles quanto ultrapassá-los.
>
> Os juízes federais, portanto, não devem apenas ser bons cidadãos, homens instruídos e probos, qualidades necessárias a todos os magistrados, como também é preciso encontrar neles homens de Estado; é preciso que saibam detectar o espírito do tempo em que vivem, enfrentar os obstáculos que podem ser vencidos e desviar da correnteza quando as águas ameaçam carregar junto com eles mesmos a soberania da União e a obediência devida a suas leis.
>
> O presidente pode falhar sem que o Estado sofra, porque o presidente tem um poder limitado. O Congresso pode errar sem que a União pereça, porque acima do Congresso reside o corpo eleitoral que pode mudar o espírito mudando seus membros. Mas se a Suprema Corte um dia viesse a ser composta de homens imprudentes ou corrompidos, a confederação teria a temer a anarquia ou a guerra civil (Tocqueville, 2020, p. 171).

Nessa passagem intensa, Tocqueville sugere que um bom ministro de corte constitucional não é apenas um bom intérprete da norma constitucional. Não basta que detenha as "qualidades necessárias a todos os magistrados", mas também esse estadismo para evitar que a constituição se torne letra morta ou, ainda, que se instale "a anarquia ou a guerra civil". Para tanto, é preciso utilizar uma sabedoria prática (prudência) e perseguir os valores corretos (não corrompidos), que colocarão o tribunal em constante tensão com a opinião pública, sempre dependentes do reconhecimento de sua autoridade. Essas seriam as habilidades necessárias para proteger a soberania da União e a império da Lei.

Meu objetivo não é realizar uma genealogia do conceito de estadismo judicial, mas indicar como, em sua origem, já se demarcava um critério normativo para a utilização desse poder excepcional, no qual magistrados decidem com algo que só consigo chamar de **razões de estado**[9].[10]

Nesse campo do estadismo, há um largo consenso dentre esses autores de que esse tipo de raciocínio só deve ser utilizado excepcionalmente.[11] Porém, os autores divergem sobre os critérios para reconhecer essa situação

[9] Eu reconheço as dificuldades de empregar o termo "razões de estado". Como pontuado por André Corrêa em seu esforço de história conceitual, se trata de um aparato conceitual desenvolvido inicialmente para legitimar o regente que abandonasse as leis e as razões morais e cívicas, em prol da sobrevivência do Estado. Para Corrêa, a mudança nas teorias que visam legitimar o poder do regente e depois do próprio Estado, geraram um deslizamento dessa ideia de "Razão de Estado" para "Interesse Público, ou seja, o interesse de todos na preservação do bem comum". Cf. A meio caminho entre o topo das montanhas e o fundo das planícies: qual o lugar da "Razão de Estado" no Contrato Administrativo? (PINTO Jr.; CORREA, 2013). Porém, Thomas Poole apresenta o argumento interessante de que a noção tradicional de "razões de estado" não desaparece somente porque migramos de um modelo principesco para um modelo estatal de governo. Ele articula a ideia de que as razões de estado perdem a dimensão do arbítrio imperial e do poder de exceção ilimitado previsto por Schmitt, e se institucionalizam dentro da ampla máquina de servidores públicos. Cf. POOLE, 2016. De todo modo, acredito que se ganha em precisão ao se reconhecer que o estadismo judicial não é apenas uma forma de proteger o bem comum ou o interesse público, mas uma forma específica de raciocinar a esse respeito; um raciocínio próprio de um estadista.

[10] Por esse motivo, **não é** suficiente a definição oferecida por James Bond (o constitucionalista), em **Perils of Judicial Statesmanship**, "estadismo judicial é o processo pelo qual magistrados administram questões públicas de forma sábia e hábil ao decidir questões jurídicas. O estadista judicial precisa olhar necessariamente para o futuro e modelar uma solução para os problemas previstos. O estadista judicial se preocupa primordialmente com o resultado".
Há muitas formas de olhar para os resultados, inclusive da maneira voluntarista (própria do ativismo judicial).

[11] Robert Post afirma que magistrados procuram o estadismo judicial uma vez que os recursos da técnica jurídica se esgotam". Cf. POST, 2010, p. 1349.

de excepcionalidade, bem como a diretriz normativa de ação em tais ocasiões. Afinal, possuem também diferentes orientações teóricas. Proponho que seja possível dividir esses teóricos em dois grandes grupos. O primeiro é de defensores de um estadismo externo ao raciocínio jurídico, enquanto o segundo grupo é de defensores de um estadismo interno ao raciocínio jurídico.

Nesse primeiro grupo de um estadismo externo, há dois subtipos: há quem veja no estadismo judicial uma clara superação das razões jurídicas por considerações de ordem moral, (GOLDSWORTHY, 2014, p. 75) enquanto outros consideram que se trata de um esgotamento das ferramentas técnicas jurídicas para resolver problemas graves da comunidade política (POST, 2010). É exemplar nesse sentido a fala de Roberto Mangabeira Unger, para quem o estadismo judicial é um abandono do raciocínio jurídico para resolver impasses nacionais da absoluta gravidade:

> Nas cortes superiores, especialmente nas cortes constitucionais, a prática padrão poderia dar lugar ocasionalmente a atos excepcionais de estadismo judicial. Confrontados com uma crise nacional, provocada ou perpetuada pelo impasse entre os poderes políticos, os juízes poderiam intervir por uma reinterpretação radical da constituição ou das leis. Poderiam de fato apelar ao futuro, aos poderes políticos travados ou ao povo. Provavelmente teriam sucesso em seus esforços em cortar o nó górdio apenas se tivessem como parceiros reconhecidos, de baixo, movimento poderosos e organizados na sociedade. O trabalho desses parceiros poderia aproveitar a oportunidade aberta pelo estadismo judicial e começar a transformar uma aventura judicial perigosa em uma profecia constitucional autorrealizável (UNGER, 2017, p. 56).

No segundo grupo, de um estadismo interno, encontramos autores preocupados com uma compatibilização dessas razões de estado no raciocínio jurídico. Para Harry Clor, o estadismo judicial é uma tentativa de conciliar "a utilização judicial de normas além do texto da Constituição com o estado de direito e o dever do magistrado zelar pela respeitabilidade das leis" (CLOR, 1985, p. 403). Neil Siegel afirma que o estadismo judicial é uma forma de conjugar o raciocínio jurídico com a busca por uma reposta que "mantenha a legitimidade social do direito. O juiz estadista suplementaria seu compromisso com as razões jurídicas técnicas com uma sensibilidade peculiar aos valores da comunidade." (SIEGEL, 2007, p. 979 e 985) Esse segundo grupo é o que possui maior compatibilidade com teorias do direito que aceitam a objetividade do conhecimento jurídico com forte orientação teleológica, como a do Professor José Reinaldo.

Acredito que dentre os autores desse estadismo interno, a contribuição mais robusta foi oferecida por Ronni Mann. A professora propõe um panorama normativo adequado para cortes constitucionais, que precisam reconhecer a existência do que ela chama de "casos institucionalmente difíceis" (*instutionally-hard cases*). Em tais hipóteses, os ministros de cortes constitucionais não possuem dificuldades relevantes com a compreensão ou interpretação de dispositivos constitucionais: "o dilema dos casos institucionalmente difíceis surgem portanto, quando há uma tensão relevante, ou conflito, entre o que o tribunal considera o **constitucionalmente** correto (sob circunstâncias ideais) e o que parece **institucionalmente** sábio ou prudente, dadas as efetivas circunstâncias não-ideais."[12] (MANN, 2018, p. 16) Mann constrói sua teoria compatibilizando o seu liberalismo político com a matriz metodológica aristotélica, sugerindo dois critérios para que o tribunal abandone de forma legítima a "resposta constitucionalmente correta". Em primeiro lugar, ministros devem operar "sob a forte presunção de favorecer a solução ideal [a mais conectada com o texto normativo] como a resposta adequada". Em segundo lugar, só devem se abster da resposta constitucional caso sejam capazes de **demonstrar** que o tribunal enfrenta uma ameaça relevante à sua própria existência ou um dano aos próprios valores constitucionais que o tribunal visa proteger (MANN, 2018, p. 44-45).

Essa categoria de "casos institucionalmente difíceis" é uma forma profícua de colocar o estadismo como solução a crises existenciais presentes na literatura do estadismo judicial. Uma categoria para identificar situações em que a solução correta sob a perspectiva interpretativa pode gerar um claro dano relevante para a existência da comunidade política e das

[12] Destaque no original. Apesar de a autora defender que está produzindo uma teoria em superação ao estadismo judicial, não oferece argumento para convencer de que não esteja simplesmente produzindo seus próprios critérios para uma teoria adequada de estadismo judicial. É sintomático disso que sua crítica à ausência de critérios no debate sobre quando cortes constitucionais estariam autorizadas a agir de forma extraordinária não esteja amparada por nenhuma referência bibliográfica. Porém, ela faz o mesmo que os estadistas; preocupada com a oposição extrema entre teorias deontológicas (ideias) e teorias puramente consequencialista (estratégicas), a professora sugere a existência de uma abordagem que se situe entre ambas, que ela chamou de teoria não-ideal de adjudicação constitucional.

instituições jurídicas (Post, 2010, p. 1342), ou a própria "legitimidade social do direito" (Siegel, 2007, p. 979). Uma ação que sempre deve ser claramente expressada como estadismo para não ser um **consequencialismo malandro**, ou seja, para não ser uma espécie de farsa que mina a confiança nas instituições.

Essa vertente de um estadismo judicial interno ao raciocínio jurídico parece ser compatível com a concepção do direito enquanto forma de saber prático, quando falamos de jurisdição constitucional. Se trata de perseguir determinadas consequências dentro de uma lógica jurídica.

Conclusões

Este texto foi escrito com a finalidade de compor uma homenagem ao Professor José Reinaldo de Lima Lopes. Tentei realizar minha homenagem aplicando parte de suas vastas contribuições de ordem teórica e histórica a um dos meus objetos de pesquisa, o STF. Para além de realizar esse esforço de síntese sobre o que foi produzido, tentei explorar um caminho que me pareceu aberto pelo próprio Professor.

De alguma forma, é uma tentativa de dar seguimento à conversa que tive com o Professor José Reinaldo em 2017, aludida na introdução do texto. Se a empreitada teve algum êxito, pude demonstrar que o Professor não estava chancelando um consequencialismo vulgar ou um ativismo judicial. Além disso, que reconhecer um espaço legítimo para o estadismo judicial implica enxergar que o magistrado constitucional de fato possui uma tarefa distinta de outros magistrados, pois em suas mãos, em situações críticas e extremas, pode recair a sobrevivência da república. Em tais situações, esses ministros precisam agir com um tipo de sabedoria prática para decidir se devem julgar com base (i) em juízos de licitude/juridicidade ou (ii) juízos de razão de estado.

Neste texto tão enxuto não foi possível realizar um debate adequado sobre os critérios para o exercício desse estadismo judicial. Contudo, a própria busca por essa clareza de critério é suficiente para se diferenciar de uma proposta de considerar os ministros um tipo de "vanguarda iluminista" (Arguelhes, 2017) ou de avalizar jogadas de "catimba constitucional" (Glezer, 2020). Além disso, há muitas questões que ficam em aberto sobre o estadismo judicial e sobre como a justiça do legislador pode ser aplicada pela corte constitucional. Por exemplo, no caso do Supremo Tribunal Federal, seria preciso refletir se essa aplicação de razões de estado vale para todas as competências do Supremo ou apenas para algumas. Mais especificamente, se esse tipo de raciocino se aplicaria à jurisdição penal, como no chamado Inquérito das Fake News. Enfim, se for considerado um debate profícuo, como eu acredito que seja, é preciso que a academia desenvolva critérios dogmáticos mais claros para balizar esse tipo de ação, sob a pena de ser apenas mais um instrumento para acobertar abusos e excessos judiciais.

De certo modo, tentei fazer neste texto algo semelhante ao que o Professor fez em sua carreira: encontrar o contato e as contribuições recíprocas entre correntes que parecem, a princípio, antagônicas ou irrelevantes uma para a outra. Fez isso com a teoria analítica e a escola hermenêutica, com a teoria do direito e a dogmática, e também com a história do direito e a filosofia. Tentei imitá-lo ao aproxima sua teoria prática do direito ao debate sobre estadismo judicial. Uma imitação que demonstra respeito e reverência; enfim, uma homenagem.

Referências

AQUINAS, Saint Thomas. **Aquinas: political writings**. Cambridge, UK; New York: Cambridge University Press, 2002. (Cambridge texts in the history of political thought).

ARGUELHES, Diego Werneck. O Supremo que não erra. *In:* VIEIRA, Oscar Vilhena; GLEZER, Rubens (Orgs.). **A razão e o voto: diálogos constitucionais**. Rio de Janeiro: FGV Editora, 2017.

BOND, James E. Perils of Judicial Statesmanship, The Commentary. **Oklahoma City University Law Review**, v. 7, n. 3, p. 399–418, 1982.

CLOR, Harry M. Judicial Statesmanship and Constitutional Interpretation. **S. Tex. LJ**, v. 26, p. 397, 1985.

DICKSON, Julie. **Evaluation and Legal Theory**. Oxford: Hart Publishing, 2001.

FINNIS, John. Natural Law: The Classical Tradition. *In:* COLEMAN, Jules; SHAPIRO, Scott (Eds.). **The Oxford Handbook of Jurisprudence and Philosophy of Law**. Oxford: Oxford University Press, 2002.

GLEZER, Rubens. **Catimba Constitucional: o STF, do antijogo à crise constitucional.** Belo Horizonte: Arraes, 2020.

GOLDSWORTHY, Jeffrey. Kable, Kirk and judicial statesmanship. **Monash University Law Review**, v. 40, n. 1, p. 75–114, 2014.

GRISEZ, Germain. O primeiro princípio da razão prática (1965). **Revista Direito GV**, Trad. José Reinaldo Lima Lopes. v. 3, n. 2, p. 179–217, 2007.

GROSTEIN, Júlio. **Ativismo Judicial**. São Paulo: Almedina, 2019.

LOPES, José Reinaldo de Lima. **Curso de filosofia do direito**. São Paulo: Atlas, 2022.

LOPES, José Reinaldo de Lima. Entre a teoria da norma e a teoria da ação. *In:* STORCK, Alfredo C.; LISBOA, Wladimir B. (Orgs.). **Norma, moralidade e interpretação: temas de filosofia política e do direito**. Porto Alegre: Ed. Linus, 2009, p. 43-80.

LOPES, José Reinaldo de Lima. **História da justiça e do processo no Brasil do século XIX**. Curitiba: Juruá Editora, 2017.

LOPES, José Reinaldo de Lima. **O Direito na História: Lições Introdutórias**. São Paulo: Atlas, 2014.

LOPES, José Reinaldo de Lima. **O Supremo Tribunal de Justiça no apogeu do Império (1840-1871)**. Saraiva: São Paulo, 2010.

LOPES, José Reinaldo de Lima. Raciocínio jurídico e economia. **Revista de direito público da economia: RDPE**, v. 2, n. 8, p. 137–170, 2004.

LOPES, José Reinaldo de Lima. Régua e Compasso (ou Metodologia para um trabalho jurídico sensato). **Faculdade de Direito-Universidade de São Paulo. Escola de Direito–Fundação Getúlio Vargas. São Paulo**, 2005.

MACCORMICK, Neil. Contemporary Legal Philosophy: The Rediscovery of Practical Reason. *In:* **Journal of Law and Society**, Vol. 10, n. 1, p. 1-18, 1983.

MANN, Roni. Non-ideal theory of constitutional adjudication. **Global Constitutionalism**, v. 7, n. 1, p. 14–53, 2018.

PATTERSON, Dennis. Recent and Future Concepts of Law: From Conceptual Analysis to a Practice Theory of Law. *In:* MOOTZ, Francis (Org.). **On Philosophy in American Law**. Cambridge: Cambridge University Press, 2009.

PINTO JR., Mario Engler; CORREA, André Rodrigues (Orgs.) **Cumprimento de Contratos e Razão de Estado**. São Paulo: Ed Saraiva, 2013.

POOLE, Thomas. Constitutional Reason of State. *In:* DYZENHAUS, David; THORBURN, Malcol. **Philosophical foundantions of constitutional law**. Oxford University Presse, 2016.

POST, Robert. Theorizing Disagreement: Reconceiving the Relationship between Law and Politics Tribute Issue in Honor of Philip P. Frickey: Festschrift. **California Law Review**, v. 98, p. 1319–1350, 2010.

POSTEMA, Gerald J. **Legal Philosophy in the Twentieth Century: The Common Law World**. United States of America: Springer, 2011.

SANTOS, Maike Wile dos. **Levando as consequências a sério: direito, racionalidade e consequencialismo**, 2020. Dissertação (Mestrado em Filosofia e Teoria Geral do Direito). Faculdade de Direito, Universidade de São Paulo, 2020).

SCHUARTZ, L.F. Consequencialismo Jurídico, Racionalidade Decisória e Malandragem. **Revista de Direito Administrativo**, v. 248, p. 130-158, 2008.

SIEGEL, Neil S. The virtue of judicial statesmanship. **Tex. L. Rev.**, v. 86, p. 959, 2007.

TOCQUEVILLE, Alexis de. **A democracia na América**. Trad. Julia da Rosa Simões. São Paulo: Edipro, 2020.

UNGER, Roberto Mangabeira. **O movimento de estudos críticos do direito: outro tempo, tarefa maior**. Trad. Lucas Fucci Amato. Belo Horizonte: Letramento, Casa do Direito, 2017.

VIEIRA, Oscar Vilhena. Supremocracia. **Revista Direito GV**, v. 4, n. 2, p. 441–463, 2008.

16
INTERPRETAÇÃO E JUSTIÇA NA TEORIA DO DIREITO COMO PRÁTICA

Vinicius Astolpho Vieira

Introdução

As expressões "interpretar" e "compreender" são com frequência utilizadas no pensamento jurídico brasileiro como sinônimas ou como sendo a interpretação um processo, meio ou método pelo qual a compreensão da norma jurídica pode ser obtida ou extraída. Sobretudo a partir da clássica obra de Carlos Maximiliano **Hermenêutica e Aplicação do direito** (1925), é disseminada na literatura jurídica brasileira a posição segundo a qual a interpretação é uma ação necessária para se compreender o significado de uma norma jurídica[1]. Nas palavras de Maximiliano, "Interpretar é explicar, esclarecer; (...), mostrar o sentido verdadeiro de uma expressão, extrair, de frase, sentença ou norma, tudo o que na mesma se contém" (Maximiliano, 2011, p. 7). Interpretar, segundo essa concepção, é um processo necessário e constante da atividade do jurista na aplicação do direito, inclusive em casos claros (Maximiliano, 2011, p. 30-31).

Neste artigo sustento, com fundamento na obra de José Reinaldo de Lima Lopes, que este conceito de interpretação é anacrônico e equivocado.

[1] Apenas como exemplos desta disseminação, ver, na doutrina contemporânea brasileira, os posicionamentos de Masson, 2019, p. 100-101, na dogmática penal; Didier Jr., 2014, p. 28, na dogmática processual civil; Gagliano e Pamplona Filho, 2012, p. 91-92, na dogmática civil; e Barroso, 1999, p. 3-5 e Moraes, 2014, p. 14-15, na dogmática constitucional.

Anacrônico, pois é derivado de uma recepção historicamente descontextualizada do conceito de interpretação de Savigny. Equivocado, pois a compreensão de uma norma jurídica antecede logicamente sua interpretação, segundo a filosofia analítica e a hermenêutica filosófica desenvolvida a partir de meados do século XX.

O presente trabalho está dividido em três partes. Na primeira seção exponho como essa recepção anacrônica do conceito de interpretação de Savigny disseminou no contexto do pensamento jurídico brasileiro a ideia segundo a qual tudo está sujeito a interpretação na prática jurídica, por ser a interpretação o processo ou meio pelo qual o verdadeiro significado de uma norma é revelado. Na segunda seção, a partir da compreensão do direito como prática defendida na obra de Lopes, discorro como as premissas filosóficas da chamada "virada linguística" diferenciam compreensão e interpretação, bem como sustentam a anterioridade lógica da primeira em relação a segunda, que fica restrita a uma atividade de esclarecimento em caso de dúvida, ou, como sustento, restrita aos casos de conflitos de compreensão. Ainda com Lopes, apresento os elementos de sua teoria que sustentam ser a justiça a finalidade abrangente da prática, isso é, o elemento que dá **sentido** ao direito. Na terceira seção, proponho uma aproximação desta ideia segundo a qual a justiça é o sentido do direito com a tese metodológica que Dennis Patterson apresenta para os casos de interpretação na prática jurídica, argumentando que os critérios apresentados por Patterson (mínima mutilação, coerência e generalidade) podem ser compreendidos como estágios de um juízo por equidade.

1. A Culpa não é de Savigny: uma Recepção Anacrônica do Conceito de Interpretação

É equivocado pressupor uma linearidade evolutiva da história jurídica, embora seja usual em manuais de dogmática a existência de capítulos "históricos" narrando a suposta evolução de um dado campo do direito por meio do percurso de milênios em poucas páginas, com a apresentação de diferentes culturas e tradições em tópicos com breves comentários gerais, cujo resultado é o atingimento do ápice ou perfeição teórica do objeto do estudo no momento contemporâneo ao qual a obra manualesca é publicada.

A história jurídica, assim como a história em geral, demanda mais do que simples cronologia descritiva de marcos históricos. Assim como é insuficiente decorar datas de grandes eventos sem compreender as razões sociais, políticas, econômicas e morais que levaram àquele evento no contexto histórico específico, é pouco produtivo, quando não perigoso, reproduzir ideias jurídicas sem o seu contexto intelectual, repetir conceitos sem a referência aos seus usos, e importar institutos sem a compreensão de suas respectivas práticas originárias. O estudo histórico sem a compreensão desses elementos próprios a uma história do pensamento não é outra coisa senão informação primária, enciclopédica, que não auxilia o jurista na compreensão de sua prática. É alto o risco de anacronismo ao se utilizar esse conhecimento enciclopédico para se refletir e agir na prática[2].

No contexto do pensamento jurídico brasileiro, é possível identificarmos um anacronismo na posição segundo a qual a interpretação é um ato necessário para a compreensão de uma dada norma jurídica ou da própria prática jurídica. O "fator anacrônico", neste caso, reside na recepção descontextualizada da posição do jurista alemão Friedrich Karl Von Savigny (1779-1861) a respeito do conceito de interpretação, o qual encontrava-se em disputa em um momento específico da história do pensamento jurídico ocidental.

Como nos lembra Lopes, o contexto histórico em que Savigny publicou o seu **Sistema de direito romano atual** em 1840, obra na qual consolida os cânones interpretativos consagrados pela tradição jurídica do

[2] Nesse sentido, Collingwood argumenta que o ofício do historiador é a investigação de acontecimentos, categoria que comporta uma unidade exterior (representada pelo evento) e unidade interior (representada pelo pensamento dos agentes daquele evento). O conhecimento do acontecimento não se dá com a exclusão de um ou de outro, mas é a unidade interior (a história interna) que atribui significado e sentido para os eventos – o que o historiador faz a partir da re-presentação do passado em seu próprio espírito a partir de uma interpretação que confira sentido ao acontecimento como um todo. Assim, ter documentado que em uma certa data um romano chamado Júlio César atravessou o Rubicão pouco diz para o historiador; a dimensão interna deste acontecimento, porém, revela que o ato representa o enfrentamento de César às leis da República, deflagrando-se assim uma grande crise política. É **re-presentação** dos pensamentos dos agentes de um dado acontecimento que permite, assim, o conhecimento histórico (Collingwood, 1967, p. 303-312). Por outro lado, esse conhecimento histórico oferece uma visão crítica em relação à prática atual, na medida em que serve de instrumento para apresentar as disputas de sentido (e, portanto, as possibilidades deste) dos usos havidos na prática atual. Este tipo de conhecimento não é ornamental, mas oferece para o jurista, na verdade, uma compreensão qualificada de sua própria prática, daí atribuir-se à dimensão histórica da teoria do direito em questão uma função crítica (nesse sentido, ver Hespanha, 2015, p. 13; Hyland, 2014, p. 5-6).

direito romano e medieval e apresenta o seu conceito de interpretação[3], é de crescente expansão dos movimentos de codificação da legislação secular, impulsionados no ocidente por força do expansionismo da França de Napoleão Bonaparte (Lopes, 2021a, p. 272). Esse movimento tem sua origem em um amplo processo de inovação política e jurídica ocorrido na França revolucionária e pós-revolucionária. Do ponto de vista jurídico, ocorre uma completa reorganização e hierarquização das fontes do direito. O Código Civil francês de 1804 estabeleceu a revogação de toda a legislação romana, ordenações, costumes etc., que precediam o Código e que tinham sido objeto de referido diploma, estabelecendo ainda a proibição de juízes disporem de forma geral ou regulamentadora ao decidirem casos, bem como a obrigação de julgarem exclusivamente pela lei, que necessariamente proviria do órgão da representação nacional e soberana (Lopes, 2021b, p. 155-156).

O ideário do Código Civil francês, nesse contexto, é de uma lei racional perfeita, um produto da razão secular com poder para afastar todo o direito precedente e com normas que disciplinavam todos os possíveis casos futuros, mas que ao mesmo tempo fosse simples e unitário, acessível e compreensível a qualquer cidadão. A justificativa desse ideário seria a arbitrariedade e falta de objetividade que julgavam existir no Antigo Regime (Bobbio, 1995, p. 63-65). Nesse sentido, caberia ao jurista – e ao juiz, principalmente – conhecer a lei e aplicá-la literal e integralmente aos casos concretos. O processo judicial, assim, seria mais propriamente uma instância para apuração de fatos, visto que a clareza da lei, isso é, do código, não deixaria dúvidas sobre a questão jurídica e a aplicação da norma devida (Bobbio, 1995, p. 67).

Essa forma de pensamento deu origem à Escola da Exegese, movimento do pensamento jurídico que pugnava pelo estudo e pela aplica-

[3] Vale ressaltar que, para Savigny, os métodos ou elementos interpretativos das leis singulares (métodos gramatical, lógico, histórico e sistemático) não são métodos interpretativos isolados um dos outros, mas que devem ser todos integrados no processo interpretativo. Contudo, como nos lembra Lopes, referidos métodos são na realidade um resgate e consolidação dos cânones interpretativos já apresentados e estudados pela tradição clássica e medieval do direito. O ponto de inovação na teoria de Savigny é justamente o seu conceito de interpretação: como caberia ao jurista organizar racionalmente e cientificamente um direito positivado fragmentado, para se compreender o direito seria necessário interpretá-lo por meio de um método científico, cujos critérios seriam aqueles apresentados por Savigny (Lopes, 2021a, p. 272-274).

ção do direito de forma restrita à lei codificada, com o recurso prioritário ao texto da lei e seu sentido literal. Há, nessa forma de pensamento, uma equivalência entre direito e lei, assim compreendida como a lei civil, codificada e elaborada racionalmente por um órgão de representação nacional. É por isso que se diz que Bugnet, expoente da escola exegética, teria afirmado: "Eu não conheço o Direito Civil, eu ensino o Código de Napoleão" (Bobbio, 1995, p. 86-88).

Savigny, ainda em 1804, publicou a obra **Da vocação de nosso tempo para a legislação e a jurisprudência**, se opondo ao então crescente movimento codificador e, consequentemente, ao ideário que embasava a escola exegética. Segundo Savigny, é improvável que um órgão legislativo tenha a capacidade de identificar e positivar na legislação, de forma sistematizada e clara, os princípios fundamentais do direito se referidos princípios não estivessem claros para os próprios estudiosos da ciência do direito. O mais provável, defendia Savigny, era que a legislação atendesse ou aos anseios políticos do momento ou se contentasse com regras imperfeitas, causando em ambos os casos problemas para o direito e para o "futuro", considerando a hipótese de sua positivação e codificação perpetuar referido direito (Savigny, 1977, p. 77-83). Isso é, a organicidade e racionalidade do direito só poderiam derivar da ação dos próprios juristas, por meio da interpretação da lei, do direito posto que, no contexto alemão, incluía o direito romano vigente (o *usus modernus pandectarum*), compondo um cenário fragmentado do direito positivo (Lopes 2021a, p. 272-273). Para esta organização racional, o jurista precisaria de um método para interpretar o direito e garantir-lhe objetividade e autonomia, o que é justamente oferecido por Savigny por meio de seu método histórico e a consolidação dos cânones interpretativos clássicos (métodos gramatical, lógico, histórico e sistemático). A inovação de Savigny, contudo, está em seu conceito de interpretação: se a interpretação é o método para se organizar o direito e conhecê-lo em termos científicos, **tudo** precisa ser interpretado, até mesmo aquilo que é claro (Lopes, 2018, p. 17)[4].

O conceito de interpretação defendido por Savigny tinha o propósito evidente de resistir a um movimento potencialmente "engessador" do

[4] Vale destacar, conforme nos lembra Lopes, que este conceito de Savigny rompe com o conceito clássico e medieval de interpretação, segundo o qual apenas os casos incertos, que ofereciam dúvida, estariam sujeitos à interpretação (Lopes, 2018, p. 11-16).

jurista, que lhe reservava um papel de aplicador mecânico das leis promulgadas pelo legislador racional. O ideário da Escola da Exegese, embora influente em seu tempo, foi objeto de diversas críticas, além daquelas oferecidas por Savigny, como, por exemplo, na obra de François Gény, sustentando que o método tradicional (exegético) era incapaz de atender às necessidades concretas da vida social (Bonnecase, 1930, p. 88-90); na obra de Philipp Heck, em sua **Jurisprudência dos Interesses**, ou mesmo pelo positivismo normativista, de viés científico, de Hans Kelsen (Streck, 2012, p. 32-33). Embora por diferentes matizes teóricos, a crítica comum apontava uma incompatibilidade da proposta teórica da Escola da Exegese com circunstâncias relacionadas à aplicação do direito nos casos em que a lei se mostrava incerta, duvidosa ou conflitante.

Retornando ao pensamento jurídico brasileiro, Lopes destaca que o conceito de interpretação de Savigny não foi totalmente aceito. No século XIX, em Recife, Franciso Paula de Baptista o criticava:

> Uma semelhante doutrina, tão vaga e absoluta, pode fascinar o intérprete, de modo a fazê-lo sair dos limites da interpretação para entrar no domínio da formação do Direito. Ou existem motivos para duvidar do sentido de uma lei, ou não existem. No primeiro caso cabe interpretação, pela qual fixamos o verdadeiro sentido da lei, e a extensão de seu pensamento; no segundo, cabe apenas obedecer ao seu preceito literal (Baptista, 1890 *apud* Lopes, 2018, p. 17).

Contudo, após o **Hermêutica e Aplicação do direito** de Carlos Maximiliano, este conceito amplo de interpretação foi reproduzido pela parte majoritária de nossa doutrina, sem a devida contextualização histórica e conceitual. Disseminou-se entre nós, assim, uma visão praticamente aceita por todos de que tudo está sujeito a interpretação, como se ao longo de nossa história e da história da prática jurídica estivéssemos pressionados pelo ideário da Escola da Exegese, justificando assim a apaixonada defesa da interpretação ampla, irrestrita e necessária para se compreender o direito.

É possível dizer que entre nós essa recepção anacrônica do conceito de interpretação de Savigny enveredou-se para posições subjetivistas e voluntaristas, justificando a construção de doutrinas dogmáticas fundadas na "filosofia da consciência"[5], como se ao intérprete fosse autorizado

[5] Para uma crítica dos usos voluntaristas das doutrinas dogmáticas do "livre convencimento" e "livre apreciação das provas", entre outras embasadas na "filosofia da consciência", no contexto

atribuir **qualquer** sentido à norma, desprezando-se a existência de um sentido prévio, dado pela comunidade ou pela tradição jurídica. Embora a culpa disso não seja de Savigny, as previsões de Paula Baptista se confirmaram no contexto de nossa prática jurídica.

2. A Compreensão Antecede Logicamente a Interpretação

A partir de meados do século XX houve uma renovação do interesse da filosofia geral pelo problema da ação humana, ou, nos termos da tradição aristotélica, pela razão prática (LOPES, 2016, p. 210-211). Para entendermos como essa redescoberta[6] do tema da razão prática fornece uma alternativa ao conceito de interpretação de Savigny, uma ideia chave precisa ser preliminarmente apresentada e explorada: o conceito de prática.

Práticas são atividades que realizamos segundo regras e com um determinado fim. Práticas não são hábitos, que podem ser individuais. Práticas são necessariamente coletivas – daí a redundância de se dizer "prática social". As práticas também são plurais: contar uma piada, jogar futebol, resolver um problema matemático, traduzir ou rezar. Das mais simples às mais complexas, as práticas são formas de vida que se estruturam e se reconhecem por meio de regras, que dão justificação à ação do agente que se insere na prática (LOPES, 2021a, p. 107-108). É por meio das regras do futebol e sua finalidade que entendemos como "gol" o fato da bola atravessar, após um chute, uma linha pintada abaixo das traves. Fora desse contexto prático, esse fato não significa "gol"[7].

Isso nos leva a perceber a **dimensão institucional** dos fatos relativos a uma dada prática. Não há uma adequada descrição de uma prática apenas em termos empíricos. Sem a sua compreensão institucional, de suas regras e sentido, a prática não pode ser adequadamente descrita e, muito

da jurisprudência brasileira e a partir de uma perspectiva da hermenêutica filosófica, ver STRECK, 2011, p. 51-55 e 2013, p. 20-32.

[6] No âmbito da teoria e filosofia do direito, essa redescoberta da razão prática é bem apresentada por Neil MacCormick (1983).

[7] O exemplo do jogo como prática ficou famoso pelo exemplo que Hart oferece em seu **O Conceito de Direito** com a prática do críquete. Na obra, Hart explicita como o uso da regra de reconhecimento pelos participantes de uma dada prática como o critério para verificar se uma dada conduta foi ou não "válida", isso é, se seguiu ou não as regras da prática (cf. HART, 1996, p. 113-115). No exemplo do nosso futebol, seria o caso do "gol de mão": ainda que a bola tenha atravessado a linha abaixo das traves, por ser o toque de mão uma infração no futebol, o "gol" é inválido, isso é, não é compreendido como gol, segundo as regras da prática do futebol.

menos, praticada – basta imaginarmos alguém que simplesmente desconhece a prática das artes visuais tentar compreender o que uma pessoa faz ao silenciosamente observar um pedaço de tecido com traços e cores pendurado na parede[8]. Também por isso entendemos, ou, mais propriamente, relembramos[9], que compreender uma prática é diferente de compreender objetos da natureza, em sua essência ou em suas relações causais (como é o caso das ciências naturais) ou coisas puramente formais (como é o caso da matemática ou da trigonometria).

Assim como jogar futebol ou cuidar do jardim, o direito também é uma prática – ainda que evidentemente mais complexa. Isso é, embora o direito seja uma prática altamente institucionalizada, com regras de diferentes funções[10] e múltiplos campos de incidência, tendo em vista a sua função

[8] O curto e poderoso artigo de Anscombe, "On brute facts", que tem como adversário teórico as posturas céticas-empiristas, em especial o argumento de David Hume, segundo o qual "de um ser não se deriva racionalmente um dever ser", fornece outro exemplo didático para a compreensão desta dimensão institucional: imagine-se que um verdureiro entrega a alguém um saco de batatas. Desse fato, como pode-se "pular" à conclusão de que o verdureiro deve ser pago pelos sacos de batatas que entregou? Sem a compreensão da dimensão institucional do que está em curso nesse exemplo – um contrato de compra e venda – realmente não há como se compreender esse dever . A compreensão dessa noção de dever só é possível no contexto institucional que dá significação aos próprios fatos, que permitem entender que no ato da entrega do saco de batatas há em curso a operacionalização de um elemento não factual, mas institucional (o contrato de compra e venda) (Anscombe, 1958, p. 70-71).

[9] Aristóteles em sua obra "Metafísica" já falava no campo da ciência prática: "É justo também denominar a filosofia ciência da verdade. Com efeito, da filosofia teorética é fim a verdade, da prática a obra, visto que os [filósofos] práticos, ainda que investiguem de que modo são as coisas, não estudam a causa por si mesma, mas em relação a alguma outra coisa" (1, 993 b, p. 19-23). E explica Berti: A filosofia prática, portanto, tem em comum com a teorética o fato de procurar a verdade, ou seja, o conhecimento de como são efetivamente as coisas, e também a causa de como são, ou seja, o fato de ser ciência. Sua diferença em relação à filosofia teorética é que, para esta última, a verdade é fim para si mesma, enquanto para a filosofia prática a verdade não é o fim, mas apenas um meio em vista do outro, ou seja, da ação, sempre situada no tempo presente: não alguma coisa já existente, mas que deve ser feita agora" (Berti, 2002, p. 116).

[10] Como é o caso, por exemplo, da diferença visualizada por Hart entre **regras primárias** (regulativas de condutas, notadamente sob pena de sanção) e **secundárias**, que são critérios ou "regras sobre regras", que orientam a ação não por mandamento, mas por um critério para se seguir as próprias regras (Hart, 1996, p. 101-109). Em um contexto mais amplo da filosofia, John Searle vai identificar as **regras regulativas**, em sentido semelhante às regras primárias de Hart, e as **regras constitutivas**, que não apenas regulam, mas criam ou definem novas formas de comportamento – vale dizer, dão o sentido de uma prática (Lopes, 2021a, p. 123).

de condição de interação social na vida civil[11], ainda assim ele é uma prática como o futebol e a jardinagem. Nesse sentido, algumas características lógicas lhes são inescapáveis: (i) suas regras e sentido criam institucionalmente uma linguagem, uma forma de pensar e agir com sentido na prática do direito; (ii) essa língua é o meio pelo qual o agente compreende o sentido das regras e da própria prática, assim como o meio pelo qual ele age com sentido na prática.

Tornar-se fluente em uma língua não é algo que se faz sozinho. Aliás, "língua privada" ou "agente fora da tradição" são frases sem sentido, segundo a filosofia analítica e a hermenêutica filosófica, respectivamente[12]. Falar uma língua, deste modo, é entrar em um "jogo de linguagem" ou uma "tradição". É uma capacidade que depende da **compreensão** de um sentido compartilhado na prática e de suas regras. O emprego do termo "compreensão" não é casual, mas conceitual. Ela difere da "interpretação", segundo essa filosofia da ação e do sentido, pois no primeiro caso há intelecção das regras e do sentido daquela prática ou tradição, o que se manifesta em uma capacidade de "seguir a regra", enquanto no segundo há um esclarecimento de sentido, uma explicitação do que seja a compreensão (WITTGENSTEIN, 2014, p. 113-114, §201).

Por isso Wittgenstein diz que a "compreensão mesma é um estado **do qual** emerge o correto emprego", e que "compreender uma frase significa compreender uma língua e compreender uma língua significa dominar uma técnica" (WITTGENSTEIN, 2014, p. 84 e 113, §146 e §199, grifo no original). Essa compreensão não pode ela mesma ser compreendida por outras palavras, por uma interpretação, mas simplesmente manifestada, apresentada, pois "seguir uma regra" é logicamente distinto de "dizer que

[11] O direito pode ser compreendido como uma prática aberta, pois não possui um fim específico, mas, antes, é uma linguagem que permite a interação e cooperação na vida civil – entre pessoas que não possuem laços consanguíneos ou de afinidade (as quais possuem outras razões – de afeto, amor – para cooperar) (LOPES, 2021a, p. 133-134).

[12] Como explica Lopes em didática passagem: "Todos os meus pensamentos dão-se dentro da língua, cuja semântica e cuja sintaxe estão fora de meu controle individual. O falante e o agente, dessa perspectiva, subordinam-se a algo que os transcende e supera. Para a filosofia hermenêutica, o destaque é dado ao aspecto temporal dessa relação do agente com a língua e as práticas: não apenas elas se impõem a ele como condição de inteligibilidade de tudo o que faz, mas o antecedem temporalmente, daí seu caráter tradicional. Em outras palavras, a antecedência lógica da língua dá o tom da filosofia analítica. A antecedência histórica do mundo social dá o tom da hermenêutica filosófica." (LOPES, 2016, p. 217).

sigo a regra". Um aluno de direito não prova ao seu professor que compreendeu a regra da prescrição decorando a tradicional definição "perda da pretensão de reparação do direito violado por inércia do titular do direito no prazo legal" (Stolze, 2012, p. 438), mas efetivamente utilizando a regra da prescrição em casos práticos (ainda que hipotéticos), aplicando a regra e justificando o seu uso, suas hipóteses de aplicação claras, mas sobretudo nas situações de conflito, como nas causas de interrupção e suspensão da prescrição de que tratam os artigos 197 a 204 do Código Civil[13].

Aí reside a insustentabilidade filosófica do conceito de interpretação defendido por Savigny: se para conhecer algo eu preciso interpretá-lo e interpretar é, na realidade, uma expressão com outras palavras daquilo que se entende por seguir a regra, sempre será necessária uma interpretação para explicar o resultado da própria interpretação. Há um regresso infinito ou circularidade que invalida filosoficamente esse conceito[14].

A bem da verdade, a forma como Savigny defendia a interpretação estava muito mais próxima da busca pelos processos de **compreensão** do sentido de uma lei singular ou mesmo do sistema de direito positivo (Lopes, 2021a, p. 274). Os métodos "interpretativos" apresentados em sua obra continuam sendo válidos para compreendermos o sentido de uma lei singular, de uma regra ou de uma norma. Contudo, uma teoria ou filoso-

[13] O estado de compreensão, portanto, é oriundo do treinamento de aplicação conceitual, mas que não pode ser traduzido em termos causais, pois ele não garante empiricamente o "acerto da regra" em outras e futuras aplicações, pois cada ação é uma manifestação da própria compreensão, e cada ação é singular. O aluno pode estar desatento e errar a aplicação da regra, ou simplesmente errar para irritar o professor. Esse estado psicológico não importa para a filosofia que tratamos aqui: importa saber se, na aplicação da regra, o aluno demonstrou seguir a regra.

[14] Este argumento de regresso infinito é bem explicado por João Vergílio Cuter: "Se toda compreensão é uma interpretação, e se a interpretação é sempre um texto que explica o primeiro, então, para compreender este outro texto, devemos interpretá-lo novamente, e assim até o infinito. A consequência absurda desse regresso infinito é que jamais poderíamos realmente compreender um texto, já que, para compreendê-lo definitivamente, deveríamos ser capazes de interpretá-lo definitivamente, e toda interpretação é um novo texto que deve ser compreendido e, portanto, interpretado. O regresso se rompe assim que percebemos algo fundamental que está sendo ignorado nesse raciocínio. Uma interpretação só pode me fazer compreender um texto caso ela mesma seja compreendida. Portanto, caso ela mesma não precise ser interpretada. Longe de supor a necessidade de uma interpretação a cada passo, a ideia de interpretação supõe o contrário disso. Supõe que haja textos que podem ser compreendidos sem a necessidade de qualquer interpretação" (Cuter, 2011, p. 95).

fia do direito que se ocupe da compreensão da regra, mas não do sentido da prática em que a regra se insere, não explica adequadamente as razões pelas quais agimos segundo as regras da prática do direito.

Para falarmos com uma poderosa angulação teórica proposta por Lopes, Savigny e a tradição positivista que inaugura podem ser compreendidos como adeptos de uma **teoria da norma**, cujo objeto teórico visa responder "o que é a norma?" a partir de um ponto de vista do observador externo ao direito e cético em relação a aspirações metafísicas, cujo objetivo é descrevê-lo destacando suas características: é um sistema de normas, dotadas de imperatividade (pois derivadas do comando de um soberano) e obrigatoriedade, e fundadas na concepção de direito como um poder (Lopes, 2008, p. 47-49). A redescoberta filosófica do tema da razão prática que tratamos foram fundamentais para uma mudança deste paradigma no âmbito da teoria do direito.

As **teorias da ação**, assim, tomam como objeto central a questão "o que é decidir segundo o direito?" e, em seguida, "esta é uma boa decisão segundo o direito?" (LOPES, 2009, p. 65). Estamos aqui no ponto de vista do agente, do participante da prática jurídica, que procura em suas regras uma justificativa que dê sentido à sua ação. Nesta perspectiva de teoria da ação, a compreensão de uma norma implica dominar o seu uso na prática jurídica, reconhecer o seu sentido e implicações na aplicação do direito em diversas situações, em um processo como aquele exposto no exemplo do aluno que estuda a regra da prescrição. Mas, o que dizer sobre o sentido **geral** do direito? Como vimos, é certo que toda prática tem um sentido geral – como é a saúde, para a prática da medicina. Qual seria, então, a finalidade abrangente da prática jurídica? Esse sentido ou finalidade abrangente, diz Lopes, bem apoiado pela tradição aristotélica, é a justiça (Lopes, 2021a, p. 279).

De partida, vale ressaltar que a ideia segundo a qual a justiça é o sentido do direito não é amplamente aceita no âmbito da filosofia e teoria do direito, mesmo entre autores preocupados com o tema da razão prática[15].

[15] É o caso, por exemplo, de Joseph Raz, um declarado positivista exclusivista, que nega uma relação necessária ou contingente entre o direito e a moral, vale dizer, entre direito e justiça, mas que enfrenta em sua obra o tema da razão prática, mais propriamente a partir da ideia de "conflito entre razões práticas", nas quais uma mesma ordem ou distintas ordens normativas (por exemplo, direito e moral) oferecem distintas razões para agir em um determinado caso concreto (Waluchow, 2001).

Não é o foco deste artigo, porém, estudar as críticas deste conceito, tampouco estudar a fundo a própria teoria da justiça, nas diversas óticas possíveis. Interessa-nos apresentar os fundamentos filosóficos que amparam a tese segundo a qual a justiça é uma regra de inteligibilidade lógica para a prática do direito e, em seguida, verificar as suas implicações para o conceito de interpretação.

Justiça, segundo essa tradição, não é exatamente uma coisa, mas uma relação de igualdade entre coisas ou termos. Justiça, assim, não é algo reificado, um "valor ideal absoluto", que eventualmente pode ser alcançado ou "concretizado", muito menos um sentimento. Antes, é um princípio para a inteligibilidade da ação, do discurso, na prática jurídica (Lopes, 2021a, p. 292)[16].

Tradicionalmente, a justiça é compreendida em duas categorias lógicas: (i) a justiça legal ou geral; (ii) a justiça particular, que pode ser subdividida em justiça comutativa e justiça distributiva. A primeira tem por objeto o **bem comum**, assim compreendido como as condições pelas quais tornamos e mantemos possível a convivência pacífica na vida civil (*opus justitiae, pax* – a paz é obra da justiça)[17]. A segunda tem por objeto a mediação das trocas e partilhas de bens ou coisas entre sujeitos definidos, particulares, dividindo-se em comutativa, quando referente a trocas, cuja estrutura é aritmética; e distributiva, quando referente a relações de partilha e comunhão, cuja estrutura é proporcional (Lopes, 2021a, p. 304-305; 314-316).

[16] Como esclarece Lopes, além de uma relação de igualdade entre coisas, Aristóteles também apresenta a justiça como sendo uma virtude moral específica, pois, diferentemente das demais virtudes morais que são do indivíduo para si (a coragem, por exemplo), que contribuem para o próprio prazer ou excelência de si, a justiça é uma virtude para os outros, pois se trata de virtude que "conta, mede e distribui" para dar ao outro aquilo que já lhe pertence (vale frisar, que já lhe pertence em razão de justiça), constatando-se assim a sua ligação com as virtudes morais de caráter público e objetivo, que viabilizam a vida civil, isso é, entre indivíduos que não possuem relações familiares ou de afeto para cooperar. É por isso que a justiça não pode ser confundida com um sentimento, uma paixão "quente", pois é na verdade uma virtude **fria** e **calculista** (Lopes, 2021a, p. 298 e 300-301).

[17] O bem comum, assim, é indivisível, insuscetível de apropriação por quaisquer dos integrantes, individuais ou coletivos, da comunidade política. É incomensurável pois beneficia a cada um de forma indiscriminada e aleatória. Por isso é tão amplo quanto "as condições pelas quais mantemos e viabilizamos a paz na vida civil". Pensar no "mal comum", é pensarmos por exemplo na hipótese de guerra civil: desvanece a confiança geral, o respeito comum e civil, qualquer cidadão (e não militar) pode ser morto ou denunciado pelo seu vizinho. Nessa situação, não há troca ou partilha definitiva, pois não há o bem comum que a sustente. Não há justiça, portanto, se não há justiça legal (Lopes, 2021a, p. 306-307).

Uma grande causa de confusão conceitual está na tentativa de aplicação instrumental dessa estrutura a problemas concretos específicos, sem atentar-se que tais categorias são lógicas, condicionantes críticas de um eventual discurso, e não **propriamente** um discurso. Não se trata de uma "regra", mas de um elemento condicionante para o sentido da regra. Por isso não posso "aplicar" a estrutura de justiça comutativa ou distributiva, mas apenas pensar e agir por meio delas.

Um exemplo constrangedor dessa aplicação sem sentido da teoria aristotélica pode ser visto em alguns "cursos de filosofia do direito *online*"[18], que apresentam a teoria da justiça distributiva aristotélica como sendo fundada em uma lógica meritocrática (aos moldes neoliberais), na medida em que o filósofo estagirita falaria em distribuição proporcional aos méritos de "cada um" e que, portanto, referida estrutura de pensamento jamais poderia ser utilizada para se justificar uma ação afirmativa (por exemplo, cotas raciais para ingresso em universidades). Dentre os vários e graves erros de compreensão deste tipo de discurso, destaca-se a utilização instrumental da estrutura de justiça distributiva para justificar o sentido de "mérito de cada um" como "o valor do mérito, independentemente das circunstâncias". Ignora-se um aspecto básico: a justiça é uma relação de igualdade entre coisas. Ela depende, logicamente, das circunstâncias. Mas ela não dá "respostas" ou "esclarecimentos de conteúdo" para as circunstâncias. Elas precisam ser apresentadas, compreendidas e medidas pelo agente. A lógica da medida é a igualdade (que pode se estruturar em conflitos comutativos – de igualdade aritmética – ou distributivos – de igualdade proporcional), mas ela depende da compreensão das coisas e das regras que estão em jogo naquilo que se está submetendo a julgamento. É como diz Wittgenstein em suas **Investigações Filosóficas**: a filosofia não soluciona nada, deixa tudo como está, pois não toca o uso real da linguagem, apenas o descreve (WITTGENSTEIN, 2014, p. 74, §124).

É por isso que a justiça é necessária ao direito, e o seu campo de influência (e do direito) é tão extenso quanto são as relações da vida civil. Uma análise dessa extensão, naturalmente, extrapola os limites de nosso trabalho. Nos interessa, para abordarmos os conflitos de compreensão e a sua

[18] Por se tratar de algo questionável em termos de boa-fé acadêmica, não irei referenciar. Porém, para os que tiverem curiosidade, uma simples pesquisa na internet pelos termos-chave apresentados no exemplo é suficiente.

relação com a justiça, os temas da justiça do juiz e do juízo por equidade, os quais serão abordados a seguir, ao nos determos no problema dos conflitos de compreensão – os casos de interpretação – na prática jurídica.

3. Conflitos de Compreensão, Justiça e Equidade

Ainda que se concorde com a ideia de justiça como sendo o sentido geral da prática do direito, disso não decorre logicamente a concordância de seus agentes com as exigências de referido sentido em casos particulares. Estar concorde em uma linguagem não implica a convergência dos discursos[19]. Isso é, os agentes podem honestamente discordar em suas opiniões a respeito de suas compreensões a respeito de um dado caso concreto ou mesmo sobre instituições mais amplas do campo do direito, ainda que a construção da compreensão ocorra de forma intersubjetiva, por compartilharem o sentido da mesma prática.

Pensemos, por exemplo, na questão do aborto de fetos anencefálicos, segundo a prática jurídica brasileira. Estabelece o nosso Código Penal que o aborto provocado pela gestante ou por outrem, com o seu consentimento, é crime (art. 124), exceto se o aborto for praticado por médico, nas seguintes hipóteses: (i) não há outro meio de salvar a vida da gestante; ou (ii) a gravidez resulta de estupro e o aborto é precedido de consentimento da gestante ou, se incapaz, de seu representante legal (art. 128, incisos I e II, respectivamente). Seria a situação fática do feto anencefálico uma situação de crime, considerando que não foi prevista pela legislação como hipótese em que não se pune a conduta típica (aborto)?

Juristas brasileiros debateram genuinamente o assunto, argumentando, por um lado, que na ausência de disposição legal expressa, o aborto de feto anencefálico seria típico nos termos do art. 124, Código Penal, de modo que a conduta comportaria agressão à vida intrauterina sem autorização legal, valor mais importante do ordenamento jurídico brasileiro, sendo vedado ao Judiciário criar uma hipótese de excludente de tipicidade, sob pena de violação do princípio da separação dos poderes previsto na Constituição Federal de 1988, por atuar como legislador positivo; por outro lado,

[19] Nesse sentido, diz Wittgenstein: "§241 Assim você está dizendo, portanto, que a concordância entre os homens decide o que é certo e o que é errado?" – Certo e errado é que os homens dizem; e os homens estão concordes na linguagem. Isto não é uma concordância de opiniões, mas da forma de vida" (Wittgenstein, 2014, p. 123).

defendeu-se a atipicidade do aborto de feto anencefálico (denominando o ato, assim, como "interrupção terapêutica da gravidez"), considerando a impossibilidade de vida extrauterina do feto anencefálico[20], circunstância que implicaria à gestante, se mantida a tipicidade da conduta, condição análoga à tortura física e psicológica, na medida em que a mãe se veria obrigada a concluir uma gestação para logo depois enterrar seu filho(a), sendo permitido ao Judiciário a definição da atipicidade da conduta, sem que disso decorra violação à separação constitucional dos poderes, considerando-se que a jurisdição constitucional por meio do instrumento de Arguição de Descumprimento de Preceito Fundamental permite a "interpretação conforme a Constituição" da legislação infraconstitucional, excepcionando ou prevendo situações de (in)constitucionalidade que não estejam expressamente previstas no texto da lei.

Dada a constitucionalidade da matéria, coube ao Supremo Tribunal Federal julgá-la por meio da Arguição de Descumprimento de Preceito Fundamental nº 54 (ADPF 54), cujo acórdão reconheceu a inconstitucionalidade da tipificação da interrupção da gestação de feto anencefálico como sendo aborto nos termos do art. 124, do Código Penal[21]. Interessa ao presente artigo, contudo, um ponto teórico específico deste exemplo:

[20] Note-se a existência de dúvidas técnicas neste conflito de compreensão, isso é, de matérias que fogem ao domínio do jurista e do direito. Definir o momento de "início" da vida ou saber se a vida é potencialmente viável na condição de anencefalia foi objeto de intenso debate, sendo notável a participação da sociedade civil neste julgamento, por meio da figura das audiências públicas e do *amicus curiae* (soluções legais-institucionais para proporcionar debate técnico e político-moral pela sociedade civil organizada, com apresentação direta de suas razões à Corte Constitucional). Mas vale ressaltar como essas questões técnicas foram absorvidas pela argumentação jurídica. No voto do Ministro Marco Aurélio, ressaltou-se que as considerações científicas foram majoritárias no sentido de reconhecer a total inviabilidade da vida extrauterina, fato que lhe serviu de base para reconhecer a atipicidade da conduta, considerando ser **injusto** e análogo à tortura o sofrimento imposto à gestante no curso de uma gestação cujo fim seria a morte do nascituro; Já o voto do Ministro Cezar Peluso se valeu da mesma questão técnica para justificar o contrário, apoiando as análises científicas minoritárias: como não seria possível a definição com total precisão (100%) do diagnóstico da anencefalia e da própria inviabilidade da vida extrauterina, a vida do feto anencefálico deveria ser resguarda de forma absoluta, pois, por tratar-se de vida, o sofrimento imposto à gestante não seria **injusto**.

[21] Os argumentos apresentados neste artigo a respeito do tema são uma seleção e resumo dos principais argumentos vindicados na ADPF nº 54. Para a íntegra do acórdão, cf. http://portal.stf.jus.br/processos/detalhe.asp?incidente=2226954.

ambos os lados possuem compreensões verdadeiras à luz da prática jurídica sobre as exigências do direito – e do sentido de justiça que lhe é implícito – para o caso em julgamento, mas que são distintas e conflitantes. Ou seja, estamos diante de um autêntico conflito de compreensão, hipótese em que a interpretação se faz necessária.

Para Dennis Patterson, o conflito de compreensão na prática jurídica é um conflito argumentativo, na medida em que é pelo uso correto das formas de argumentação que o jurista manifesta a sua compreensão sobre o direito (PATTERSON, 2004, p. 247) – o que chamo de sua "tese epistemológica". As formas de argumentação, diz Patterson em clara referência à teoria wittgensteiniana, equivalem a seguir a regra dentro do jogo de linguagem do direito, e são herdadas da tradição da prática jurídica[22], ou seja, podem variar conforme o contexto em que a prática se insere.

Retomando o exemplo da ADPF 54, poderíamos dizer que o conflito de compreensão decorre do uso de formas de argumentação que justificam proposições jurídicas distintas e contraditórias. Por meio de uma argumentação textual, é correto dizer que inexiste na lei outra excludente de tipicidade para a hipótese de aborto, além daquelas elencadas no art. 128 do Código Penal; por outro lado, por meio de uma argumentação textual e jurisprudencial, é correto dizer que a Constituição Federal de 1988 protege a dignidade da pessoa humana e veda a imposição de tortura ou tratamento desumano (art. 1º, III c/c art. 5º, III), sendo admitido pela jurisprudência do Supremo Tribunal Federal a criação de hipóteses de inconstitucionalidade da incidência de dispositivo legal sob determinada situação fática, ainda que não prevista em lei, por meio da jurisdição constitucional provocada por Arguição de Descumprimento de Preceito Fundamental.

[22] No caso da prática jurídica americana, Patterson identifica seis formas de argumentação: (i) textual – argumentação a partir do significado ordinário/usual de um texto legal dotado de autoridade (constituição, lei, contrato etc.); (ii) doutrinária – argumentação embasada na aplicação de regras geradas de decisões anteriores (precedentes); (iii) histórica/intencional – argumentação relativa à busca e aplicação da intenção originária dos legisladores ou das partes do contrato; (iv) prudencial – argumentação calcada no sopesamento das consequências de uma determinada medida ou norma, a partir de uma análise de "custo-benefício"; (v) estrutural – argumentação embasada na inferência de regras das relações entre estruturas (instituições) criadas pela constituição, lei ou contrato; (vi) ética – argumentação fundada na derivação de regras do aspecto moral estabelecido pela constituição ou lei (PATTERSON, 1996, p. 170).

Nessa situação de conflito de compreensão (vale dizer, de conflito argumentativo), surge a necessidade de interpretação. É por isso que o conceito de interpretação, na teoria de Patterson, implica que a interpretação é uma atividade de segunda ordem na prática jurídica, que precede a compreensão e se dá apenas nas situações em que ocorre um desacordo argumentativo, induzido por um fato[23]. Nessa situação, juristas são chamados a interpretar para harmonizar a gramática jurídica, recompô-la a um estado que possa responder ao conflito argumentativo da forma menos agressiva aos sentidos da prática (PATTERSON, 2016, p. 207).

Para essa tarefa de harmonização, Patterson defende a existência de três critérios que devem ser considerados pelos juristas (o que chamo de sua "tese metodológica"): (i) **mínima mutilação** – cujo conteúdo implica que a interpretação avaliada não modifique, ou modifique o mínimo possível, o atual estado das características, elementos do direito envolvido no conflito argumentativo; (ii) **coerência** – pela qual se determina que a interpretação observe qual argumento é mais consistente com as demais características tidas por verdadeiras na área do direito em que se insere; e (iii) **generalidade** – a qual implica que a interpretação tomada seja passível de aplicações similares em outras áreas do direito. Uma interpretação que respeite os critérios de mínima mutilação, coerência e generalidade apresenta-se como a mais persuasiva em um conflito de formas de argumentação, isso é, na atividade interpretativa (PATTERSON, 2004, p. 252).

Penso, contudo, que a "persuasão" que Patterson defende[24] não diz exatamente o que os juristas oferecem ao interpretarem. Considerando a proposta de Lopes como sendo a justiça o sentido do direito, argumento que o resultado da interpretação não pode ser outro senão a resposta **justa** para o conflito argumentativo, isso é, a resposta que melhor atende ao sen-

[23] Na teoria de Patterson, é o fato que constitui o fundamento (*ground*) que, se devidamente garantido por uma das formas de argumentação (*backings*), passa a dar ensejo a uma proposição (*claim*) juridicamente verdadeira (PATTERSON, 1996, p. 171).

[24] Para Patterson, diante de um conflito argumentativo, a interpretação que atenda aos critérios de sua tese metodológica só pode ser mais persuasiva, e não mais "correta", considerando que os argumentos em conflito, por já serem utilizações corretas da gramática jurídica, são verdadeiros à luz do direito (PATTERSON, 2004, p. 252). Assim, a persuasão do argumento, para Patterson, é uma questão de harmonia gramatical: na medida em que o argumento responder ao caso em conflito com o mínimo de agressão ao que se tem por verdadeiro na prática, ele será mais persuasivo, pois não tem condições lógicas de ser mais "correto" ou "verdadeiro".

tido de justiça da prática do direito. Para fundamentar este argumento, irei utilizar as ideias de justiça do juiz e de juízo por equidade presentes na tradição aristotélica e na teoria do direito como prática.

Embora seja empiricamente possível uma instituição se encarregar de "legislar" e "julgar" ao mesmo tempo (pensemos no monarca absolutista, que ainda concentrava o poder de administrar), Aristóteles distingue logicamente o gênero deliberativo, próprio ao ato de legislar, do judicial, próprio às decisões judiciais. No primeiro, olha-se para o futuro, para a instituição convencional da lei com base na justiça política e, portanto, condicionada logicamente à justiça legal ou geral; no segundo, necessariamente olha-se para o passado, a partir de uma lei já estabelecida, sendo esse gênero deliberativo, portanto, condicionado logicamente à justiça particular, em suas formas comutativa e distributiva. Embora em ambos os gêneros se verifique a condição lógica e crítica da justiça, com diferentes implicações (Lopes, 2021a, p. 318-319 e 332-334), interessa-nos neste momento um aspecto específico da justiça dos juízes: a equidade.

A equidade na tradição aristotélica pode ser compreendida como uma virtude que corrige a generalidade da lei diante de uma aplicação injusta a um caso particular, seja por não prever claramente a hipótese particular que se apresenta, seja por dar a ela solução absurda (Lopes, 2021a, p. 327-328), vale dizer, contrária ao sentido de igualdade presente na estrutura da justiça particular. Contudo, são vários os sentidos atribuídos à equidade nesta tradição, principalmente em relação à função que autores da tradição aristotélica julgam que ela desempenha. Como anota Alvarez, essa tradição gravita em três principais grupos[25], que justificam a equidade como: (i) um conceito técnico-jurídico de interpretação legislativa; (ii) uma correção do direito positivo pelo direito natural; e (iii) a *phrónesis* ou prudência que capta a singularidade da ação humana (Alvarez, 2015, p. 119).

Esses grupos aparentemente conflitantes podem ser reunidos segundo a compreensão da relação entre equidade e a lei (*nómos*). Os três elementos destacados por cada grupo indicam e justificam partes presentes no juízo por equidade, mas que só são unificados de forma harmônica diante da compreensão do papel da lei em relação à equidade. A lei estabelece um

[25] Conforme a leitura de Alvarez, neste primeiro grupo se reúnem autores como M. Hamburguer, J. Brunschiwig, G. Barden, B. Yack e R. Shiner; no segundo, Rodríguez Luño, C. I. Massini, H. Gadamer, Gauthier e Jolif; no terceiro, M. Nussbaum, P. Aubenque, MacIntyre e O. Höffe (Alvarez, 2015, p. 120).

critério de igualdade que, embora convencional, se funda na concepção de justiça legal, e é determinante para o exercício da justiça dos juízes: é o primeiro critério pelo qual os juízes vão olhar para o passado e julgar a correção do caso que lhe é submetido. Assim, em relação ao primeiro grupo, a equidade é uma técnica jurídica que se presta à determinação de sentido da lei em conflito no caso concreto; em relação ao segundo, a equidade é uma correção da lei pela justiça, assim compreendida como a igualdade presente na ordem concreta da comunidade, e não como algo que lhe transcende; em relação ao terceiro, a *phrónesis* ou prudência judicial é expressa na interpretação benevolente, que atenua o rigor da lei diante de uma situação específica do caso, à luz do que é admitido em geral pela razão prática judicial (ALVAREZ, 2015, p. 215-219).

A partir desse raciocínio, podemos depreender que a equidade implica um tipo de juízo ao qual o jurista está logicamente submetido quando diante de um conflito de compreensão na prática jurídica, e cujo objeto consiste em um exame de igualdade e teste de universalização dentre as proposições em conflito, tal como o legislador faria diante das imposições da justiça legal e do bem comum[26]. O seu julgamento é constitutivo de regra, de parâmetro, por lidar com uma situação desigual decorrente da aplicação da lei, mas é uma expressão da própria lei. A equidade não foge da lei, ela apenas confronta a sua exigência diante da particularidade do caso concreto com o seu sentido abrangente – a justiça, essa relação de igualdade entre coisas – adequando uma à outra.

Como vimos no exemplo da ADPF 54, a dificuldade apresentada aos juristas se deu diante da aplicação de uma regra (o art. 124 do Código Penal), geral por sua natureza legal, a um caso particular, o aborto de fetos anencefálicos. A compreensão da regra do art. 124 do Código Penal

[26] Esse é um ponto de contato entre a justiça do legislador e a justiça dos juízes, embora em um caso de gênero deliberativo judiciário (pois estamos diante de um julgamento da lei posta que se mostra desigual em uma situação específica). O ponto destacado pela tradição aristotélica é que se exige do juiz o teste de universalização da solução apontada pela equidade, refletindo sobre as suas implicações (consequências lógicas) e jurídicas (efeitos), conforme aponta Lopes (2021a, p. 327-328). Exige-se nesse caso, assim penso, a razão prática do julgador para se reconhecer o critério de igualdade presente na lei como um todo, no bem comum e as suas exigências, diante do que se apresenta desigual no caso concreto. Por isso, "ser justo é mais difícil que simplesmente conhecer as estipulações da lei; você precisa saber aplicá-las em casos particulares, o que é a parte difícil que exige sabedoria prática" (cf. HUTCHINSON, 2009, p. 285-287).

nos indica que a norma protege a vida intrauterina, tipificando a conduta e punindo a gestante. Se a norma protege a vida intrauterina, ela deve ser aplicada a uma situação em que o feto não possui vida extrauterina potencial? A regra abrange o caso de uma gestação que não gerará vida? Podemos nos valer da tese metodológica de Patterson para essa interpretação. Pelo critério de mínima mutilação, pode-se argumentar que não se está modificando o conteúdo da regra que pune o aborto, mas apenas se especificando uma hipótese que não se compatibiliza com o seu fim, na medida em que o diagnóstico de anencefalia justifica a inexistência de viabilidade para a vida extrauterina do feto. Por outro lado, o mesmo critério indica severa mutilação de uma outra regra, caso o aborto seja punido na hipótese em exame: tanto o direito à vida digna (art. 1º, III, CF/88) quanto a vedação à proibição de tortura ou tratamento desumano ou degradante (art. 5º, III, CF/88) são violados, uma vez que a proibição do aborto nesse caso **obriga** a gestante a seguir com uma gestação até o seu termo para, logo após, ser novamente **obrigada** a enterrar seu filho ou sua filha.

Pelo critério de coerência, pode-se dizer que a lei já admitia exceções de atipicidade para o tipo penal envolvido (cf. art. 128, incisos I e II), em circunstâncias ainda mais gravosas, considerando que em ambas a vida extrauterina do feto pode ser viável; por fim, pelo critério de generalidade, a interpretação que justifica a atipicidade da conduta está simultaneamente de acordo com dois elementos centrais do ordenamento constitucional: a dignidade da pessoa humana (violada, se pensarmos no argumento da tortura acima mencionado) e, principalmente, a liberdade, que neste caso resguarda tanto as gestantes que optam por interromper a gestação do feto anencefálico, quanto aquelas que, por razões que lhe importam (por exemplo, de ordem religiosa, outro aspecto de sua liberdade), optam por continuar com a gestação até o seu termo, suportando as consequências de acordo com os ditames de sua consciência[27].

[27] Vale observar, ainda, que dentre os argumentos apresentados no julgamento, parte deles não poderiam ser assim qualificados, na medida em que não demonstram uma compreensão da prática do direito, mas o contrário. É o caso, por exemplo, da alegação de "violação do princípio da separação dos poderes", pois estaria o STF agindo como "legislador positivo". Esta alegação não é um argumento pois não possui nenhuma **forma de argumentação** que a respalde no caso, pois ignora que o exercício da jurisdição constitucional por meio da ADPF admite a especificação de hipóteses de inconstitucionalidade na aplicação da norma infraconstitucional (como é o caso do Código Penal), sendo essa proposição garantida

Penso que o raciocínio interpretativo feito a partir da tese metodológica de Patterson não seja outra coisa senão um típico juízo por equidade. Voltando ao exemplo da ADPF 54, ao analisarmos o critério da mínima mutilação, realizamos um juízo que demonstra ser injusto, pois desigual, tratar com igualdade o aborto de um feto com potencial vida extrauterina e o aborto de um feto sem potencial vida extrauterina, conquanto o que a lei penal protege é a vida em potência do feto; ao passarmos pelo critério da coerência, observamos que é injusto, pois desigual, a legislação penal prever atipicidade para condutas mais graves de aborto (nos quais há potencial vida extrauterina), mas não em uma situação em que não há potencial vida extrauterina do feto; por fim, pelo critério de generalidade, podemos dizer que é injusto, pois desigual, tratar como obrigatória a gestação de um feto sem potencial de vida extrauterina quando, por outro lado, reconhecendo-se a autonomia e liberdade da gestante, não se impediria a gestante que queira, por suas próprias razões, seguir com a gestação de um feto anencefálico.

O "temperamento" da generalidade da lei no juízo por equidade, portanto, consiste na justificação da (des)igualdade entre os elementos em conflito na passagem da generalidade legal para a particularidade do caso. Ao fazermos isso, estamos interpretando o direito por suas estruturas lógicas, pela sua regra constitutiva básica, que é a justiça e que lhe unifica o sentido. Quando nos deparamos com uma lei ou decisão judicial que oferece tratamento igual a situações desiguais (ou vice-versa), temos esse descompasso lógico entre sentido da estrutura da prática e o que é **devido** no caso concreto, vale dizer, o que é direito.

Por isso o juízo por equidade é uma recomposição de sentido da prática jurídica diante de um conflito. Não se recorre a algo "fora" do direito, mas ao seu próprio sentido. Mas, claro, não podemos crer que em **toda** situação o jurista será forçado a exercer um juízo de equidade. A lei, por definição, já é o padrão de comparação entre as coisas, pois institui, ainda que convencionalmente, um padrão de igualdade que, por sua vez, "expressa um

pelas formas de argumentação textual (art. 102, §1º, CF/88), doutrinária e jurisprudencial (considerando a existência de precedentes do próprio STF, nesse sentido). Da mesma forma, a alegação do "primado absoluto da vida" como um "direito fundamental absoluto", também foi apresentado na Corte como um argumento, quando não perfaz a condição necessária, na medida em que, conforme conhecida argumentação doutrinária e jurisprudencial da própria Corte, nenhum direito fundamental é absoluto de forma *a priori* (*v.g.*, Moraes, 2014, p. 30-31).

todo de ordem fundado no bem comum político" (ALVAREZ, 2015, p. 141)[28]. Aí se vê por que os casos claros da lei se compreendem, e não se interpretam, como exploramos nas seções anteriores. Porém, nem todos os casos são claros, e a demonstração da falta de clareza se faz justamente pela crítica ao critério de igualdade que a lei deveria oferecer no caso concreto. Nessas situações, a interpretação e a equidade são necessárias para se reestabelecer o sentido de igualdade, vale dizer, para se reestabelecer a justiça.

Falar em equidade, contudo, é anacrônico e perigoso para alguns juristas brasileiros, por compreendê-la como um "escape ético-voluntarista ao juiz", incompatível com a ideia de Estado Democrático de Direito (DELFINO; STRECK, 2015), ou como algo dogmático, uma espécie de fonte do direito supletiva à lei, quando previamente e legalmente autorizada, e que permite ao juiz "fugir da lei" e se basear nos seus "critérios próprios de justiça"[29]. Para outros, como é mais comum, é uma menção vaga e retórica, referenciada em expressões como "a concretização da Justiça no caso concreto". Não é de se estranhar tanta confusão, considerando que há muito tempo dispensamos dos currículos de nossas faculdades o estudo apropriado, teórico e conceitual, da justiça, circunstância que caracteriza um grave equívoco teórico ao se "negar" a sua existência, simplesmente porque os seus docentes não a estudam ou compreendem, ou então qualificá-la como uma questão empírica, de gosto, psicológica, enfim, irracional (LOPES, 2021a, p. 380).

O caminho que a obra de Lopes nos abriu para chegar até aqui, contudo, intentou demonstrar que a justiça não é algo que possa ser logica-

[28] A concepção de *nómos* em Aristóteles, portanto, não é transcendental, mas também não se resume a mero convencionalismo. Isto é, a lei é instituída por uma convenção, mas o seu critério de lógica é o bem comum, a promoção de igualdade entre as coisas à luz deste bem comum político. O seu fundamento não é transcendente à sociedade (um critério metafísico), mas se encontra nela, em suas razões históricas e políticas, em sua vida social (cf. ALVAREZ, 2015, p. 134-142).

[29] Como se vê, por exemplo, em Tércio Sampaio Ferraz Jr.: "Isso nos conduz, por fim, à equidade. Fala-se aqui no sentimento do justo concreto, em harmonia com as circunstâncias e adequado ao caso. O juízo por equidade, na falta de norma positiva, é o recurso a uma espécie de intuição, no concreto, das exigências da justiça enquanto igualdade proporcional. O intérprete deve, porém, sempre buscar uma racionalização dessa intuição, mediante uma análise das considerações práticas dos efeitos presumíveis das soluções encontradas, o que exige juízos empíricos e de valor, os quais aparecem fundidos na expressão juízo por equidade" (FERRAZ JR., 2003, p. 305).

mente ignorado pelos juristas. Ao fim, somos chamados a resolver conflitos de injustiça, de desigualdade, seja ela de natureza comutativa ou distributiva, em caráter particular, coletivo ou social, por meio da linguagem do direito. Ignorar o papel da justiça na linguagem desses conflitos é até possível empiricamente, assim como é possível pensarmos em um engenheiro civil que ignora as leis da física ao projetar e construir uma casa. Em ambos os casos, com mais ou menos tempo, o desastre é certo.

Conclusões

O estudo da obra de José Reinaldo de Lima Lopes nos permitiu ver, neste breve artigo, que: (i) há no contexto da maioria do pensamento jurídico brasileiro uma disseminação anacrônica de um conceito de interpretação segundo o qual o jurista necessita interpretar para compreender o direito; (ii) esse conceito de interpretação não se sustenta filosoficamente, na medida em que a compreensão é um ato de intelecção dos princípios de uma prática e, logicamente, precede a interpretação, que é uma tarefa de esclarecimento diante de uma dúvida ou conflito de compreensão; (iii) o direito é mais adequadamente compreendido como uma prática e, como tal, é regrado e possui um sentido ou finalidade abrangente que é a justiça, uma relação de igualdade entre coisas, a qual oferece uma estrutura lógica que condiciona o sentido do discurso na prática jurídica; (iv) assim, nos casos de interpretação, não nos limitamos a oferecer uma resposta meramente persuasiva, mas justa, sendo o juízo por equidade esse raciocínio de igualdade entre as exigências da generalidade da lei diante das particularidades do caso concreto.

Como se vê, refletir sobre compreensão e interpretação no direito aproxima o jurista do sentido de sua prática: a justiça. Nós não estudamos as leis, normas, doutrina e jurisprudência em toda a sua complexidade histórica para a classificarmos e a contemplarmos em abstrato. Nós o fazemos com a finalidade de aplicar o direito, seja para a solução de disputas reais, seja para a ordenação das instituições essenciais à vida social. E o sentido pelo qual fazemos isso é a justiça.

Como vimos, por razões históricas específicas, as teorias da norma afastaram conceitualmente o jurista da teoria da justiça. Sob um viés cientificista e desconfiado da objetividade, cogência e eficácia do discurso moral, o direito concentrou-se no estudo e sistematização da lei positiva, na burocratização da atividade judiciária e na conformação teórica quanto a um amplo poder do intérprete na aplicação do direito – ao ponto de um jurista esclarecido como Kelsen, por exemplo, qualificar a aplicação do direito como uma questão de **política judiciária**, e não propriamente de interesse e atenção do cientista do direito (KELSEN, 2009, p. 37).

Ainda que se conceda que essa concepção teórica positivista do direito tenha sido superada na prática jurídica brasileira – o que é plausível, considerando o sucesso de autores interpretativistas na doutrina e jurisprudência, como é o caso de Ronald Dworkin e Robert Alexy – não é claro qual teoria do direito estamos colocando em seu lugar e, mais, se ela de fato está aproximando o jurista da finalidade de sua prática, a justiça, ou apenas estimulando discursos críticos **sobre** o direito (e não **de** direito) ou mesmo posturas voluntaristas e subjetivistas, reduzindo o direito ao fato do poder de decidir ínsito à toga.

Embora o direito seja uma condição de interação da vida civil, não podendo ser reduzido apenas a uma "prática dos juristas", não podemos ignorar que os juristas são os estudiosos e os profissionais da linguagem desta prática. Temos um dever lógico de compreender a linguagem do direito, seus usos argumentativos e seu sentido, assim como o médico tem o dever de saber o que está fazendo na mesa de cirurgia. Contudo, o que temos assistido em nossa prática jurídica, lamentavelmente, é o crescimento sem constrangimento dos juristas sofistas, apequenados ao agir pervertido dos usos argumentativos, orientados por interesses outros, da vaidade ao descaso com a democracia. O que faz, afinal, o jurista sem justiça? Qualquer coisa – arbítrio, exercício de poder burocrático, populismo, chicana, vingança ou proselitismo – menos direito.

Por isso julgo que o trabalho de José Reinaldo de Lima Lopes é fundamental para entendermos o que um jurista deveria compreender se pretende agir com sentido na prática jurídica. Vale dizer, se pretende agir como um jurista.

Referências

ALVAREZ, Alejandro. **Interpretação do Direito e Equidade**. Porto Alegre: Ed. UFRGS, 2015.

ANSCOMBE, G. E. M. On brute facts. **Analysis**, Vol. 18, No. 3, p. 69-72, jan. 1958.

BAPTISTA, Francisco de. **Compêndio de theoria e pratica do processo civil comparado com o commercial e de hermenêutica jurídica**. Rio de Janeiro/Paris: B. L. Garnier Livreiro-Editor, 1890.

BARROSO, Luís Roberto. **Interpretação e aplicação da constituição**: fundamentos de uma dogmática constitucional transformadora. 3a ed. São Paulo: Saraiva, 1999.

BERTI, Enrico. **As razões de Aristóteles**. 2a ed. Trad.: Dion Davi Macedo. São Paulo: Loyola, 2002.

BOBBIO, Norberto. **O Positivismo Jurídico:** lições de filosofia do direito. Tradução e Notas: Márcio Pugliesi, Edson Bini, Carlos E. Rodrigues. São Paulo: Ícone, 1995.

BONNECASE, Julien. "The Problem of Legal Interpretation in France." **Journal of Comparative Legislation and International Law**, vol. 12, no. Parts 1 and 4, 1930, p. 79-93.

COLLINGWOOD, Robin George. "A ideia de história" In GARDINER, Patrick. **Teorias da História**. Trad.: Vítor Matos e Sá. Lisboa: Ed. Fundação Calouste Gulbekian, 1967.

CUTER, João Vergílio. Objetividade e Interpretação. *In:* MACEDO JR, Ronaldo Porto; BARBIERI, Catarina Helena Cortada (org.). **Direito e Interpretação**: racionalidades e instituições. São Paulo: Saraiva, 2011.

DIDIER JR., Fredie. **Curso de Direito Processual Civil** – vol. 1. 16a edição. Salvador: Juspodivm, 2014.

DELFINO, Lúcio; STRECK, Lenio Luiz. Novo CPC e decisão por equidade: a canibalização do Direito. Consultor Jurídico, 2015. Disponível em: https://www.conjur.com.br/2015-dez-29/cpc-decisao-equidade-canabalizacao-direito. Acesso em 29 abr. 2022.

DUMMETT, Michael. **Origins of Analytical Philosophy**. Cambridge: Harvard University Press, 1996.

FERRAZ JR., Tércio Sampaio. **Introdução ao estudo do direito** – técnica, decisão e dominação. 4a Edição. São Paulo: Atlas, 2003.

GAGLIANO, Pablo Stolze; PAMPLONA FILHO, Rodolfo. **Novo curso de direito civil, volume 1** – parte geral. São Paulo, Saraiva, 2012.

HART, Herbert L. A. **O Conceito de Direito**. Trad. A. Ribeiro Mendes. 2a Ed. Lisboa: Fundação Calouste Gulbenkian. 1996.

HESPANHA, António Manuel. **Cultura Jurídica Europeia**: síntese de um milénio. 1a reimpr. Coimbra: Almedina, 2015.

HUTCHINSON, D. S. Ética. *In:* BARNES, Jonathan (org.). **Aristóteles**. São Paulo: Ideias e Letras, 2009.

HYLAND, Richard. "Shall we dance?" in **Civilistica.com.** Rio de Janeiro, a. 3. n. 2, jul/dez 2014, Disponível em: http://civilistica.com/shall-we-dance/. Data de acesso: 15 mar. 22.

KELSEN, Hans. **Teoria Pura do Direito**. 8a ed. São Paulo. Ed. WMF Martins Fontes, 2009.

MACCORMICK, Neil. Contemporary Legal Philosophy: the rediscovery of practical reason. **Journal of Law and Society**, v. 10, n. 1, 1983.

MASSON, Cleber. **Direito Penal:** parte geral (art. 1º a 120) – vol. 1. 13a ed. São Paulo: Método, 2019.

MORAES, Alexandre de. **Direito Constitucional**. 30a ed. São Paulo, Atlas, 2014.

LOPES, José Reinaldo de Lima. Entre a teoria da norma e a teoria da ação. *In:* **Norma, Moralidade e Interpretação: temas de filosofia política e direito**. STORCK, Alfredo Carlos; LISBOA, Wladimir Barreto (org.). Porto Alegre: Ed. Linus, 2009.

LOPES, José Reinaldo de Lima. Filosofia analítica e hermenêutica: preliminares a uma teoria do direito como prática. **Revista de Informação Legislativa**, a. 53, n. 212, p. 203-226, out/dez 2016.

LOPES, José Reinaldo de Lima. Da Interpretatio à interpretação: um percurso histórico e teórico. **Revista da Faculdade de Direito da UFRGS**, Porto Alegre, N. 39, p. 3-25, dez. 2018.

LOPES, José Reinaldo de Lima. **Curso de Filosofia do Direito**: o direito como prática. São Paulo, Atlas, 2021a.

LOPES, José Reinaldo de Lima. **As palavras e a lei** – Direito, Ordem e Justiça na História do Pensamento Jurídico Moderno. 2a ed. São Paulo: Madamu, 2021b.

MAXIMILIANO, Carlos. **Hermenêutica e aplicação do direito**. 20a ed. Rio de Janeiro: Forense, 2011.

PATTERSON, Dennis. **Law and Truth**. New York: Oxford University Press, 1996.

PATTERSON, Dennis. Interpretation in Law. **Diritto & Questioni Pubbliche**, v. 4, 2004.

PATTERSON, Dennis. Theoretical Disagreement and Interpretation. **Diritto & Questioni Pubbliche**. Volume 16, n. 1, 2016.

SAVIGNY, Friedrich Karl von. **De la vocación de nuestro siglo para la legislacion y la ciência del derecho**. Trad.: Adolfo G. Posada. Buenos Aires: Heliasta, 1977.

STRECK, Lenio Luiz. **Verdade e Consenso**: constituição, hermenêutica e teorias discursivas. 4a ed. São Paulo: Saraiva, 2011.

STRECK, Lenio Luiz. **O que é isto – decido conforme a minha consciência?** 4a ed. Porto Alegre: Livraria do Advogado, 2013.

WALUCHOW, Wilfrid. Legal positivism, inclusive versus exclusive. *In:* CRAIG, E. (ed). **Routledge Encyclopedia of Philosophy**. London: Routledge, 2001.

WITTGENSTEIN, Ludwig. **Investigações Filosóficas**. 9a ed. Tradução: Marcos G. Montagnoli. Petrópolis: Vozes, 2014.

17
ANÁLISE ECONÔMICA DO DIREITO E PRAGMATISMO JURÍDICO: ENTRE TEORIA DA NORMA E TEORIA DA AÇÃO

Rafael Parisi Abdouch

Introdução

Este texto pretende demonstrar como as reflexões sobre a teoria do direito elaboradas por José Reinaldo de Lima Lopes esclarecem as razões pelas quais uma nova onda de movimentos que subordinam o direito às ciências sociais ou as estabelecem como ciência sem delimitação padecem dos mesmos problemas já apontados com a "virada hermenêutica" que se deu, no direito, especialmente com a teoria de H. L. A. Hart. Embora as conclusões se apliquem a todas as teorias do direito que têm por pressuposto esse ceticismo com relação a um método jurídico-filosófico, o foco será a análise econômica do direito ou *Law and Economics*, que tem Richard Posner como seu principal expoente.

A tentativa de transplantar para o direito teorias e métodos de outros saberes vistos como verdadeiramente científicos, ao fim e ao cabo, ignora a própria concepção linguística compartilhada tanto pelas comunidades político-jurídicas como pelos próprios juristas que delimitam o próprio campo de saber e as possibilidades do que se possa conceber como direito.

Para isso, utilizo-me especialmente da reconstrução que José Reinaldo de Lima Lopes fez do que denominou **naturalismo jurídico**, da sua divisão da teoria do direito em **teoria da norma** e **teoria da ação** e de seu esclarecimento de que o direito é um tipo especial de conhecimento, que não se confunde com a ciência no sentido estrito e moderno. Ao final, concluo que, ainda que negada pelos autores da análise econômica do direito, existe uma delimitação do campo de saber jurídico e de seus métodos dada pelas próprias regras constitutivas que compõem o jogo de linguagem jurídico. A passagem identificada por José Reinaldo de Lima Lopes da **teoria da norma** para a **teoria da ação** não ocorreu no movimento analisado seja porque ele é incapaz de conceber o direito como jogo de linguagem seja porque insistiu em enfatizar a sanção e adotar o paradigma do homem violador da lei.

1. A Descrença na Objetividade do Direito Estampada em Três Escolas Teóricas Norte-Americanas

O tipo de visão que busca transplantar a teoria e os métodos de outros saberes para o direito tem como base uma espécie de ceticismo com relação ao saber jurídico, que se intensificou e gerou, nos Estados Unidos, três movimentos que se espalharam para o mundo jurídico ocidental: **a)** em primeiro lugar, o pensamento típico do que se convencionou chamar de realismo jurídico, que busca explicar o direito como uma forma probabilística da decisão judicial, concebida como um ato de vontade e disposição psicológica do juiz; **b)** em segundo lugar, a proposta dos Estudos Jurídicos Críticos (*Critical Legal Studies*), que se baseia em uma tentativa de explicitar as contradições do direito nas sociedades liberais, defendendo uma atuação abertamente política da adjudicação; **c)** em terceiro lugar, uma nova busca de cientificidade para a decisão judicial, pautada pela intenção de importar conceitos e métodos da teoria econômica (especialmente da microeconomia) para a resolução de controvérsias jurídicas: o movimento da Análise Econômica do Direito (*Law and Economics*)[1] e o pragmatismo jurídico. Este texto terá como foco a análise econômica do direito e vou me concentrar no pensamento do autor que penso ser o mais representativo desse movimento: Richard Posner.

2. Uma Síntese da Obra de Richard Posner como Paradigma do Ceticismo no Direito

A obra de Richard Posner é exemplar da gradual descrença na objetividade no direito. O autor demonstra ceticismo em relação ao direito, mas

[1] Neste trabalho, utilizo os termos "análise econômica do direito", "*Law and Economics*" e "Direito e Economia" (em maiúsculas) como expressões sinônimas para referir-me à corrente de pensamento que associa a teoria econômica (principalmente a microeconomia) ao direito, como faz Richard Posner na sua primeira fase de pensamento.

não quanto às ciências sociais de base empírica ou matematizante, entre elas a economia (Posner, 1999). Diante da impossibilidade de resolver questões práticas pelo direito, dada a fluidez e subjetividade dos conceitos jurídicos e, no direito privado, a natureza primordialmente econômica das relações – e mesmo quando não econômicas, monetizáveis – a economia, com a objetividade dos seus métodos, deveria entrar em jogo para a resolução das questões jurídicas[2]. Pelo menos nos seus primeiros artigos, "o critério para avaliar se os atos e as instituições são justas ou boas é a maximização de riqueza da sociedade" (Salama, 2008, p. 5).

Essa descrença na racionalidade das ciências humanas constitui, em outras palavras, um ceticismo quanto ao próprio método filosófico e dialético (nos termos clássicos da palavra, isto é, de pôr ideias à refutação e ver quais se sustentam) de se chegar à verdade, ou às "melhores respostas". Para Posner, a filosofia moral já não tem nenhum papel a cumprir no direito (Posner, 1998).

Embora a eficiência seja um importante aspecto a ser considerado pelo jurista, especialmente tendo-se em vista a escassez de inúmeros bens em uma sociedade humana, ela não nos diz como esses bens devem ser divididos e qual o critério de racionalidade a pautar tal divisão, isto é, qual é o critério de justiça, que ficará a cargo do direito. Como decorrência da diferença das finalidades de cada um dos saberes, é compreensível que a teoria econômica se utilize de pressupostos individualistas que baseiem toda a sua metodologia, mas que nem sempre poderão ser assumidos pelo direito, que busca uma virtude dirigida necessariamente ao outro e é melhor compreendida tendo em vista um modelo de homem comunitário, que quer buscar o bem comum, alicerçando tal empreendimento sobre valores que não precisam ser vistos do ponto de vista eficientista[3].

A obra de Posner pode ser dividida em duas fases. Na primeira, o autor argumenta que o direito deveria basear-se em um critério de eficiência,

[2] Essa concepção é geral entre os que integram o movimento do *Law and Economics*. Morton Horwitz (1980, p. 905) destaca que "[f]or more than one hundred and fifty years, the slogan 'law is a science' has dominated American legal thought. The economic analysis of law is only the most recent claimant to draw upon the prestige of the natural sciences in the effort to create a system of legal thought that is objective, neutral, and apolitical. Law-and-economics emerges to fill the intellectual vacuum left by Legal Realism".

[3] Esses pressupostos individualistas repousam sobre uma concepção egoísta do homem, tal como a defendida por Thomas Hobbes (2006).

defendendo que a economia dispõe do melhor método para dar conta dos problemas jurídicos. Na segunda fase, em qualquer critério, desde que "funcione". A eficiência passa a ser, então, **um dos** critérios a ser levados em conta, embora um dos mais importantes. Essa segunda fase costuma ser referida como a "guinada pragmática" do autor.

O ceticismo em relação ao direito e aos seus métodos, que leva à negação da sua autonomia como forma de tornar possível o fazer jurídico, é o problema principal que permeia os adeptos do movimento da análise econômica do direito e do pragmatismo jurídico e tem ganhado força entre os juristas tanto nos Estados Unidos quanto no Brasil[4].

Richard Posner, ao sustentar que se podem transplantar métodos da economia sem qualquer "filtragem" para o campo jurídico por negar a própria autonomia do direito, não é capaz de conceber tais campos de saber como jogos de linguagem com regras constitutivas próprias. Ainda, ao manter o foco na sanção (preços explícitos e implícitos), incorre nos mesmos problemas já apontados por H. L. A. Hart em relação às teorias imperativistas do direito. Para falar com José Reinaldo de Lima Lopes, a despeito de apresentar sua teoria como uma inovadora "teoria da ação", Posner continua preso a importantes paradigmas das "teorias da norma" (Lopes, 2009). Para demonstrar isso, preciso explorar um tema caro à obra de Lopes: a concepção do direito como uma prática regrada que tem por objetivo a justiça.

3. O Direito como Jogo de Linguagem e a Insistência nos Erros da Teoria Imperativista do Direito

Sempre fui um péssimo jogador de futebol[5]. Nunca me esqueço de quanto queria fugir da escola quando o sinal tocava para que nos reuníssemos no ginásio de esportes para a aula de educação física, em que, evidentemente, jogava-se, muitas vezes, futebol. Na formação dos times, eu era o último a ser escolhido, o garoto que nenhum jogador queria ter no seu time. Não jogava mal por má vontade. Eu era incapaz de apreender o que se fazia para além do objetivo de se fazer gols: não sabia a diferença das

[4] Bruno Salama (2012) sistematizou a obra de Posner diferentemente, em três fases: (i) ascensão, em que a eficiência funcionava como método analítico; (ii) apogeu, que via a eficiência como critério ético; e (iii) queda, em que a eficiência se subordina ao pragmatismo.

[5] Este exemplo do jogo de futebol para explicar este aspecto da filosofia da linguagem foi inspirado em João Vergílio Cuter (2009).

posições de jogadores, o que cada um poderia fazer, por que alguns gols não valiam. Fiz muitas jogadas proibidas, mas jamais as fiz porque queria "roubar" no jogo ou prejudicar o meu time. Só não era capaz de entender bem o que se fazia ali.

Assim como o futebol, o direito é uma espécie de jogo porque é uma prática regrada. Como prática regrada que é, tem formas permitidas (legais) e proibidas (ilegais) de se proceder. Se é certo que há pessoas que deixam de cumprir as regras do campo do direito para "roubar" no jogo jurídico, há aqueles que, como eu no futebol, apenas não foram capazes de entender bem como ele funciona. Assim, o paradigma para se pensar o direito pode ser **não** o homem que quer violá-lo intencionalmente para obter vantagens indevidas, mas o que quer entender o jogo para agir nele como se deve, mas erra porque ainda não o compreende[6].

O direito e o futebol não são fatos brutos, encontráveis na natureza. Não são como o ouro ou o gás hélio. Ao contrário, são discursivos, existem virtualmente – são uma espécie de "invenção" social. O fato de o futebol e o direito não estarem presentes no universo como entes moleculares **não fazem**, porém, com que a sua prática não seja dotada de objetividade. Neles, há regras passíveis de serem racionalizadas, as jogadas devem ser **inteligíveis**. É dizer: há, necessariamente, regras para estabelecer os limites da própria prática (as regras constitutivas)[7].

4. O que são Jogos de Linguagem?

A linguagem é um processo complexo, um "modo de vida", que não está à disposição de um ou de alguns, não é um sistema de mostração de objetos. Constitui-se em uma forma de organizar, interpretar e categorizar um mundo que nos preexiste (Wittgenstein, 2014). Os humanos são, por natureza, seres que usam linguagem e ela, junto com as nossas formas de vida, dão concretude ao nosso pensamento, preenchem a nossa

[6] Concordo com J. R. Lucas (1979), para quem a maior parte das pessoas obedecem ao direito, na maioria das vezes, simplesmente porque é o que deve ser feito e não por temer as consequências do ato ilícito.

[7] Essa abordagem do direito como ação, prática e instituição está presente também dos ensinamentos de José Reinaldo de Lima Lopes e está consolidada, especialmente, no capítulo 3 do seu **Curso de Filosofia do Direito** (Lopes, 2021). Esse tipo de reflexão, haurida especialmente da filosofia analítica e hermenêutica, é tratada pelo autor também em Lopes (2016).

vida (Hacker, 2000). A linguagem humana não apenas prescinde que os objetos a que se refere estejam presentes na situação de comunicação como pode criar objetos inexistentes. Criamos conceitos que ordenam o nosso mundo, a nossa realidade (Fiorin, 2014).

Quando Posner, em seus primeiros textos, afirma que os operadores do direito buscam e que devem buscar a maximização de riqueza, que "justiça" (*fairness*) é a palavra mais vaga da língua inglesa, que o raciocínio tradicional do direito não dá conta de resolver os problemas da sociedade porque lida com conceitos que, afinal, não são existentes, de forma que o direito, tal como vem sendo concebido, não pode ser um verdadeiro saber, ele negligencia aspectos importantes que têm sido salientados já há algum tempo pela filosofia da linguagem.

O que há de comum na série de movimentos teóricos que apresentei no início deste texto é o "colocar em dúvida" a possibilidade de uma disciplina que não lida com coisas materiais e mensuráveis nem com métodos matematizados deter qualquer objetividade possível. E se é assim, não pode, segundo argumentam, conceber-se como ciência. Esses autores perdem uma concepção do modo de vida que se estrutura por meio de intrincadas relações linguísticas compartilhadas, com uma gramática própria que limita nosso mundo não-molecular, estabelecendo fronteiras de possibilidades em cada um dos contextos formados, ainda que sem referencial externo[8].

É possível conceber um saber objetivo e com racionalidade porque existe uma gramática que limita as possibilidades lógicas em cada uma das situações da vida e, como decorrência, a indagação sobre o que "cabe" e o que não "cabe" em cada um dos contextos é uma pergunta legítima. Sendo assim, não posso, simplesmente com base na minha vontade ou na vontade de alguns colocar em xeque um "modo de vida" estruturado como se fosse um conjunto de palavras sem sentido porque não há referencial externo. É isso que fazem alguns autores quando, por exemplo, ignoram essa dimensão do direito e passam a imaginar que tipo de raciocínio e de

[8] José Reinaldo de Lima Lopes esclarece, nesse sentido, que o direito não é ciência **no sentido estrito e moderno**, porque "[o] objeto do conhecimento jurídico não é, portanto, o fato bruto do movimento dos corpos humanos, nem o fato psicológico, neurológico ou psiquiátrico das pulsões, instintos e paixões" (Lopes, 2021, p. 8). Por isso, "[...] a disciplina ou a ciência do direito não tem por objeto eventos e fenômenos empíricos e, portanto, não pode ter como método de conhecimento os métodos empíricos" (Lopes, 2021, p. 8).

métodos podem ser trazidos para dentro de suas "fronteiras". A autonomia do direito não deixa de existir pela sua simples negação.

Na medida em que as comunidades humanas e a linguagem existem antes de mim, também preexistem as limitações de sentido que poderei dar às coisas, bem como as estruturas (no caso, linguísticas) dentro das quais eu poderei me mover e continuar a ser compreendido pela minha comunidade linguística. Nos termos de Ferdinand de Saussure, é como se existisse, em relação à linguagem, "uma espécie de contrato estabelecido entre os membros da comunidade" (Saussure, 2012, p. 46). Mas, assim como o "contrato social" dos filósofos políticos, trata-se aqui de um contrato hipotético, que não encontra um ponto passível de estabelecimento no passado: um contrato que se pressupõe e se segue, e não uma regra livremente consentida: o signo linguístico escapa à nossa vontade[9]. A língua, assim como as demais instituições virtuais, aparece sempre como uma herança da época precedente: "De fato, nenhuma sociedade conhece nem conheceu jamais a língua de outro modo que não fosse como um produto herdado de gerações anteriores e que cumpre receber como tal" (Saussure, 2012, p. 112). É por isso que mesmo nos neologismos, há um padrão dentro do qual a sua criação opera. Se não fosse assim, as pessoas não poderiam ser amplamente compreendidas nas suas comunidades. Estariam a inventar verdadeiras línguas privadas que, em verdade, não cumpririam qualquer papel relevante no universo de um ser social e linguístico, como é o ser humano[10].

Assim, se é legítimo que, numa determinada comunidade linguística, existam dúvidas sobre o alcance de determinados termos e expressões, não faz sentido que possamos pôr tudo em dúvida a todo o tempo. Para falar com Wittgenstein (1968, p. 128), "[o] cepticismo **não** é irrefutável mas patentemente absurdo, quando pretende duvidar onde não cabe perguntar" (grifo no original)[11]. O próprio fato de o leitor ser capaz de entender

[9] Cf. Ferdinand de Saussure (2012), especialmente Capítulo II ("Imutabilidade e mutabilidade do signo").

[10] Do ponto de vista filosófico, o homem foi tratado como ser gregário e social por toda a tradição aristotélica. Essa ideia é particularmente bem descrita e desenvolvida em **A Política** de Aristóteles (2007). Nas ciências biológicas, o primatólogo Frans de Waal tem vários trabalhos em que demonstra a natureza inerentemente social da nossa espécie: v., *e.g.* De Waal (2006) e De Waal (2005).

[11] Trata-se do parágrafo 6.51.

o que quero dizer quando lê este texto demonstra que há muito mais certezas do que dúvidas[12]. Há, para dizer de outra forma, uma limitação que culmina na própria objetividade de um mundo que não pode ser medido por instrumentos de laboratório, um mundo conceitual, virtual, linguístico – que, no entanto, existe com seus fatos (SEARLE, 1995) e com suas coisas (AUSTIN, 1962)[13].

Ser partícipe de uma comunidade linguística requer, assim, um domínio não só do conjunto de palavras e estruturas sintáticas que a forma, mas dos **contextos**. É preciso ser capaz de entender sob que circunstâncias, por exemplo, o "sim" equivale à aceitação de um casamento. E da mesma forma que compreender uma língua requer não somente o domínio do seu léxico, mas a introdução em toda a sua estrutura, em sua gramática (isto é, em sua técnica), compreender um campo de saber requer também a compreensão dessa estrutura muitas vezes virtual, mas sempre objetiva, porque compartilhada, sobre a qual se estruturam os seus temos, não apenas do ponto de vista sintático, mas também do ponto de vista semântico. É preciso conhecer as regras que estruturam aquele "modo de vida" como participante dele, não somente como observador, porque é preciso conhecer como os "contextos" em que os atos são praticados os influenciam. Ao deixar de aceitar como premissa essa "gramática" das línguas e dos campos de saber, estamos, na verdade, "jogando um jogo" (no caso, um "jogo de linguagem") diferente do que pretendemos jogar. Estamos desafiando as regras constitutivas desse jogo de linguagem ou, em outras palavras, a sua delimitação.

A linguagem, portanto, pode ser comparada aos jogos por ter regras a serem seguidas, por ser compreendida por quem entende e é capaz de seguir essas regras, por não ter objetivos externos, por requerer um compartilhamento: "[é] por meio do compartilhamento que há no jogar os jogos de linguagem que uma linguagem se conecta com a nossa vida" (KENNY, 2006, p. 130).

Se existe objetividade nos saberes que lidam com um modo de vida, ainda que constituído, em grande parte, de uma realidade não molecular, do agir humano, como é o direito, não faz sentido defender que o direito

[12] Quanto às dúvidas, elas surgem, nos termos de H. L. A. Hart (2011), devido à textura aberta das línguas naturais, isto é, há "zonas de penumbra" nos conceitos.

[13] No mesmo sentido John Searle (1964) e G. E. M. Anscombe (1958).

não tenha qualquer objetividade possível, que seus termos sejam tão vagos que se tornam imprestáveis ou inúteis e que não seja possível constituir-se um verdadeiro saber sobre ele e dentro dele.

A fim de que que possamos descobrir os limites do "jogo de linguagem" compreendido pelo direito e do "jogo de linguagem" compreendido pela economia, é preciso investigar quais regras **constituem** esses jogos. Quais são, em outros termos, as suas regras constitutivas: o que faz com que o direito seja direito e o que faz com que a economia seja economia.

Nós, juristas, já estamos habituados a lidar com esse tipo de regras, embora muitas vezes não tenhamos clareza de estarmos lidando com elas. Costumamos fazer isso, é certo, num nível mais delimitado, em que tais regras se encontram, na maior parte das vezes, expressas nos próprios ordenamentos jurídicos e configuram conceitos. Imagine o caso das tipificações penais ou dos contratos em espécie. Naquele primeiro caso, as elementares do crime[14] servem como regras constitutivas, porque delimitam o campo de significado compreendido pelo tipo penal e que, consequentemente, leva, no caso concreto, a imputar uma ou outra consequência jurídica de acordo com as características de ação ou omissão que tenha ocorrido no mundo fenomênico. É como se, por exemplo, "roubo" constituísse um jogo de linguagem e "furto" outro jogo de linguagem[15]. Quando se vê alguém subtrair uma coisa alheia móvel, é preciso perceber se há uma característica específica que faça com que o autor do crime tenha, de fato, jogado um ou outro jogo: o fato de na subtração ter sido empregada violência ou grave ameaça. Nos contratos em espécie também aprendemos a raciocinar de acordo com esse tipo de regras, que, por exemplo, nos levam a investigar se se aplicam as regras da uma compra e venda ou as da locação. E haverá, certamente, casos difíceis, como o *leasing*, quando as semelhanças com um e com outro dos "tipos" é tão grande que temos de descobrir, afinal, onde se encaixam.

[14] "As elementares são dados ou fatos que compõem a própria descrição do fato típico, integrando a descrição da infração penal e cuja ausência exclui ou altera o crime" (Pacelli; Callegari, 2018, p. 445).

[15] São jogos de linguagem menores, dentro de um jogo de linguagem mais amplo, que é o próprio direito. É possível que se verifiquem jogos menores dentro de jogos maiores como em círculos concêntricos. Os que estão mais ao centro (menores) dependem não só das regras constitutivas mais específicas, mas também daquelas que compõem os círculos maiores, dentro dos quais esses jogos menores se inserem.

A incorporação dessas ideias ao direito é também relativamente recente, podendo se verificar uma primeira virada linguística nesse sentido com **O Conceito de Direito**, de H. L. A. Hart (2011)[16], embora esse autor ainda se encontre preso, de certa forma, a uma teoria da norma, preocupado com a descrição do direito (não à toa o título de sua *magum opus*), feita com recurso a uma determinada "observação empírica" de fatos sociais e a delimitação do fenômeno jurídico.

5. A Teoria da Norma

Podemos, hoje, conceber o direito com o foco de atenção sobre a questão de o que é seguir uma regra e, por conseguinte, sobre o processo deliberativo dos agentes da prática, mas essa concepção não foi dominante no decorrer do século XIX. Uma outra concepção de direito, que se preocupava precipuamente com a conceituação de norma e estava presa à ideia de sanção dominou o imaginário dos juristas e jusfilósofos dos séculos XIX e XX e tem fortes repercussões ainda hoje entre os juristas. A essa concepção José Reinaldo de Lima Lopes (2009) denominou **teoria da norma**, em contraposição às **teorias da ação (ou da decisão)**. Enquanto as teorias da norma partem da reflexão da ontologia da norma jurídica, considerando-a como um imperativo, a teoria da decisão "[...] desenvolve-se na medida em que o foco de atenção volta para o processo deliberativo e escapa vagarosamente da força atrativa das teorias da norma" (Lopes, 2009, p. 56), o que foi possível após a entrada da filosofia da linguagem no direito.

Se o paradigma de ciência e objetividade pelo menos até o século XVIII era a física e a geometria, a nova sociologia e a economia passaram a gradualmente ocupar esse papel. A sociedade poderia ser compreendida, segundo acreditavam então, de forma objetiva, como fenômeno orgânico, mensurável. Na ânsia pela busca de objetividade e cientificidade, alguns juristas passaram a subordinar o direito à sociologia, compreendendo-o como, também ele, um fenômeno social, evolutivo (e evolucionista). A essa concepção do direito como equiparável (e equiparado) às ciências sociais, passível – acreditava-se – de descrições e explicações causais podemos chamar **naturalismo jurídico** (Lopes, 2014).

[16] A primeira edição de **O Conceito de Direito** (no original, em inglês, **The Concept of Law**), de H. L. A. Hart é de 1961.

Uma reação contrária a essa concepção naturalista do direito pode ser encontrada na primeira metade do século XX em Hans Kelsen. Contra a geração anterior, a obra de Kelsen pode ser entendida não só como uma tentativa de afastamento do direito da moral, mas também de outras ciências – especialmente as ciências sociais – a formar uma ciência própria, livre de impurezas. A busca pela concepção do direito continua em Kelsen como nos naturalistas, mas a resposta por ele encontrada fixa-se nas normas e em sua virtude de proibir, permitir ou obrigar, mediante uma sanção aplicável aos que as descumprissem (Lopes, 2014). Mais adiante, ao menos nos Estados Unidos, uma nova reação pode ser verificada, dessa vez contra o positivismo lógico-formal de Kelsen: o realismo jurídico. Para o realismo jurídico, o que interessa para o direito é a possibilidade de prever a aplicação de uma sanção pelos tribunais.

Embora as escolas apontadas tenham funcionado umas como reação às outras, elas guardam algumas semelhanças que as diferem da concepção da teoria do direito como ação. A centralidade da preocupação de todas elas está definição do direito e da norma jurídica e na concepção do direito como inseparável da sanção. A norma jurídica (e, por consequência, o direito), é vista como um **comando** emanado de um soberano – seja ele o legislador seja o julgador, conforme o movimento. Assim, o paradigma para a própria compreensão do direito não é o partícipe social que quer seguir as regras para que, entendendo o jogo, possa bem cumpri-las, mas, ao contrário, o homem delinquente, autointeressado e individualista que quer violar as normas. A única coisa que poderia impedi-lo de violá-las seria a ameaça da sanção jurídica, que deve ser suficientemente grave para que a violação não valha a pena. A compreensão do sujeito de direito é a do sujeito **ao** direito, concebendo-o de forma **behaviorista**. A preocupação principal da autoridade (seja ela o legislador seja o juiz) é a de fazer impor a sanção jurídica de modo a dissuadir as pessoas e afastá-las por meio do medo do descumprimento da norma.

6. Os Problemas da Teoria da Norma na Análise Econômica do Direito

O movimento da **análise econômica do direito** tem uma concepção de direito que, embora pretenda focar no comportamento dos participantes do jogo (os "agentes"), é incapaz de romper completamente com alguns dos principais paradigmas anteriormente referidos, especialmente com a concepção **behaviorista** desses participantes do jogo, que decidem fazer ou deixar de fazer algo apenas considerando os "preços internos" (sanções ou premiações). A esse tipo ideal de homem os teóricos do **Direito e Economia** denominaram "homem racional". As suas análises dependem de que todas as condições estabelecidas continuem as mesmas (*ceteris paribus*) e que todos os agentes sejam racionais. Na vida real, porém, os agentes não são sempre racionais e as circunstâncias de fato estão em constante mutação, de modo que a previsão de comportamentos falha. Se podem explicar um determinado evento econômico ou jurídico **depois** que ele se deu, não podem fazê-lo com precisão antes da sua ocorrência (MACINTYRE, 2007). Assim, uma das principais pretensões da teoria microeconômica aplicada ao direito não se realiza.

Nesse sentido, a análise econômica do direito guarda pelo menos uma importante característica comum com o realismo jurídico: a busca da previsão baseada em métodos empíricos. Eles diferem em dois aspectos, porém: em primeiro lugar, enquanto os realistas buscavam a previsão do ponto de vista do juiz ou do jurado, os teóricos do **Direito e Economia** preocupam-se com os participantes do jogo jurídico em geral; em segundo lugar, enquanto os realistas, para fazer suas previsões do que sairia dos veredictos dos juízes e dos jurados se amparavam principalmente na psicologia, os teóricos da Análise Econômica do Direito buscam as suas respostas na economia – especialmente na microeconomia.

Para além desse problema inicial, há outros que já haviam sido apontados e combatidos nas obras de grandes expoentes da teoria do direito muito antes do surgimento do movimento do **Direito e Economia**. Quero enfatizar o problema de encarar o direito como sanção. Para isso, remontarei às concepções de dois importantes jusfilósofos: John Austin e Hans Kelsen.

6.1. John Austin e Hans Kelsen

O que me interessa de John Austin (o jurista)[17] nesta seção é a sua concepção do direito, que o restringia a uma estrutura de comando. Austin, à semelhança de Kelsen, objetivava separar o direito de outros campos com os quais, parecia-lhe, vinham confundidos, especialmente a moral[18].

[17] Nesta seção, trato do John Austin jurista. Na seção anterior dedicada à linguística e à filosofia da linguagem, referia-me a John Langshaw Austin (o filósofo da linguagem).

[18] John Austin (1995, p. 18) é claro quanto a este ponto, defendendo que a concepção do direito a ser estudado pela teoria do direito é o direito propriamente positivo e isso porque o "[...] positive law (or law, simply and strictly so called) is often confounded with objects

Ele estabelece uma diferença entre o direito que "é" e o direito que "deve ser", de modo a excluir concepções extraídas de fora do direito. A teoria do direito, para ele, deve preocupar-se com o direito positivo, isto é, o direito posto por superiores políticos a inferiores, ou, em outras palavras, o comando do soberano imposto sobre os seus súditos, dotados da ameaça de sanção no caso do descumprimento[19]. O direito é comando e comando é a expressão de um desejo seguido da possibilidade de uma parte superior – o soberano – aplicar um mal a quem o descumprir[20].

Kelsen também tinha essas preocupações. Assim como Austin, ele queria "limpar" o direito das impurezas trazidas para dentro dele de outras disciplinas e definir o que seria próprio do campo jurídico[21]. Ele entende que a teoria pura do direito é uma teoria do direito positivo, que quer "única e exclusivamente conhecer o seu próprio objeto" (Kelsen, 2012, p. 1)[22]. O objeto do direito, assim, passa a ser a norma jurídica, que é concebida como um ato de vontade, com a ameaça de sanção em caso de descum-

to which it is related by resemblance, and with objects to which it is related in the way of analogy: with objects which are also signified, properly and improperly, by the large and vague expression law".

[19] John Austin (1995, p. 18) inicia já a sua primeira conferência determinando o objeto da teoria do direito: "The matter of jurisprudence is positive law: law, simply and strictly so called: or law set by political superiors to political inferiors".

[20] Para Austin (1995), "[e]very law or rule [...] is a command. Or, rather, laws or rules, properly so called, are a species of command" (p. 21). Mais adiante ele define o que quer dizer com o termo "comando": "[a] command, then, is a signification of desire. But a command is distinguished from other significations of desire by this peculiarity: that the party to whom it is directed is liable to evil from the other, in case he comply not with the desire" (p. 21-22).

[21] Ambos os autores estavam precipuamente preocupados com uma definição precisa do direito. Isso porque, ao restringir o conceito de direito, deixariam de fora tudo o que entendiam não ser próprio do direito (ou do direito que é em oposição ao direito que deve ser). Essa preocupação de ambos os autores é evidente nos títulos de suas obras mais difundidas: a de Kelsen, **Reine Rechtslehre [Teoria Pura do Direito]**; a de Austin, **The province of jurisprudence determined** [A província da teoria do direito determinada, em tradução livre minha].

[22] Kelsen busca, com sua teoria pura, conhecer o objeto próprio do direito e, ao separar o "ser" (*sein*) do "dever-ser" (*sollen*), propugna que "já não lhe importa [à teoria] a questão de saber como deve ser o direito, ou como deve ele ser feito. É ciência jurídica e não política do Direito" (Kelsen, 2012, p. 1). Sua reação ao naturalismo jurídico, já exposta anteriormente neste texto, fica clara quando o autor explica que apesar de a busca da pureza do direito para a elaboração de sua teoria pareça ser evidente, "a jurisprudência tem-se confundido com a psicologia e a sociologia, com a ética e a teoria política" (Kelsen, 2012, p. 1).

primento, que é capaz de permitir, proibir e ordenar os comportamentos. Em síntese, o direito "é o conjunto de normas que regulam o comportamento humano" (Kelsen, 2012, p. 5), estabelecendo sanções no caso de descumprimento[23] (Kelsen, 2012)[24].

6.2. A virada: a crítica de Hart a Austin

Um dos principais adversários intelectuais de John Austin (o jurista) é H. L. A. Hart, identificado como o ponto de virada da teoria do direito. Hart parte do pressuposto de que o direito, como toda atividade comunicativa em sociedades humanas, é regrado, de forma que o direito passa a ser visto como um "jogo de linguagem" em termos wittgensteinianos. A sua obra distingue os dois pontos de vista que se podem tomar sobre o direito: um deles, o ponto de vista interno – de quem participa desse "jogo" jurídico –; outro, o ponto de vista externo, de quem observa o jogo "de fora", mas não o joga propriamente. Essa percepção do direito em Hart importa também para que se possa contextualizar a sua crítica a John Austin, uma vez que este é incapaz de ver o direito como jogo de linguagem, por não conseguir desligar-se da ideia do direito como ordem emanada de um soberano à qual todos obedecem por medo da sanção.

Hart defende que Austin, ao enxergar o direito como uma pessoa ou várias pessoas que impõem seus comandos e sanções a outras que lhe obedecem, não percebe o fenômeno jurídico completamente. Uma ilustração elucidativa seria a impossibilidade, segundo a visão austiniana do direito, de diferenciar o direito da ordem do ladrão. Se o direito se enquadrasse, de fato, na descrição que John Austin faz dele, a ordem do ladrão seria semelhante à do governo (ou do soberano). Austin não teria sido capaz de perceber a diferença que há entre **ter uma obrigação**, concepção que se refere a uma autoridade e **ser obrigado**, esta última não se remetendo à autoridade. Quem é assaltado cumpre a ordem do ladrão porque **é obrigado**, não porque tem uma obrigação: ele está subjugado naquele momento e faz o que lhe mandam porque teme a sanção imediata, mas não reco-

[23] Para Kelsen, o direito é uma ordem coativa, por reagirem a um descumprimento com "um mal que é aplicado ao destinatário mesmo contra a sua vontade, se necessário empregando até a força física – coativamente, portanto" (Kelsen, 2012, p. 35).

[24] É claro que a teoria de Kelsen é, também, muito mais complexa do que isso e que um dos problemas mais debatidos tenha sido a sua concepção da norma fundamental pressuposta, mas não a abordarei neste texto porque foge ao meu propósito.

nhece qualquer forma de legitimidade à ordem do ladrão: não vê nele uma autoridade. Assim, quando se emite um comando, não ocorre, necessariamente, que haja uma latente ameaça de um mal em caso de desobediência, já que comandar, por definição, é o exercício de uma autoridade sobre homens, e não o poder de infligir um mal a eles, embora possa haver ameaça de um mal: "um comando é primariamente um apelo não ao medo, mas ao respeito pela autoridade" (Hart, 2011, p. 25). O direito, ainda, não é comando porque suas diretivas não são individualizadas, mas gerais e, além disso, as leis têm caráter duradouro, diferindo-se, por exemplo, da ordem do assaltante, feita frente a frente (e não, portanto, de forma geral) e que desaparece com a ocasião (por exemplo, a entrega da coisa que se pretende subtrair).

Hart também nota que a teoria imperativista do direito falha ao não perceber que o conjunto de regras que entendemos fazer parte do direito não são todas do tipo "Se A pratica a conduta C, recairá sobre A a sanção S", típicas do direito penal e que é insuficiente a concepção de normas completas como somente aquelas que trazem em si um comando voltado ao funcionário da administração para aplicar a sanção a quem descumpre a regra ("Imponha a sanção S a qualquer A que descumprir a norma N"). Essa caracterização do direito explica mal o que entendemos sobre esse conceito. Há normas que não implicam, necessariamente, uma sanção, como é o caso das regras de competência dos tribunais e juízes singulares, da capacidade civil ou, ainda, as do processo legislativo. A concepção imperativa do direito tampouco é capaz de explicar por que determinada comunidade jurídica continua a reconhecer determinadas regras como tais e a segui-las após a morte do soberano.

7. Análise Econômica do Direito e a não Superação da Teoria da Norma

A análise econômica do direito como um todo baseia-se em alguns pressupostos bastante irreais. Destacarei dois deles e, em seguida, demonstrarei de que defeitos eles padecem. Os dois pressupostos estão imbricados: (i) o pressuposto do homem racional, *homo economicus* ou homem maximizador de riqueza, na terminologia de um Posner mais maduro e (ii) a assunção de que os homens reagem de forma **behaviorista** a incentivos (sejam eles os preços do mercado, seja alguma forma de sanção ou retribuição que, segundo os defensores do movimento do *Law and Economics*, funcionam como "preços implícitos" ou "custos implícitos"). Essas pressuposições, que podem parecer adequadas e correntes na teoria econômica, não o são para o direito e uma tal concepção está sujeita, de um lado, às mesmas críticas levantadas por H. L. A. Hart à teoria imperativa do direto e, de outro, àquelas feitas pela nova tradição de matriz analítica e hermenêutica ao naturalismo jurídico (Lopes, 2016).

Para desenvolver a sua análise econômica do direito e seus modelos, Richard Posner ampara-se nos pressupostos da microeconomia e, com eles, analisa várias áreas do direito, desde os tradicionalmente associados à teoria microeconômica como o direito antitruste, até os não tão corriqueiramente a ela associados, como é o caso do direito dos contratos, o direito da responsabilidade civil (*torts*), o direito criminal e as liberdades individuais. Um dos pressupostos para a análise do direito a partir da perspectiva econômica é a de que o homem é um maximizador racional e que reage de maneira **behaviorista** a incentivos. Posner, em oposição ao que chama de concepções do mentalismo, da intencionalidade e do livre-arbítrio, diz "mostrar[-se] favorável a uma teoria do direito como 'atividade' – a teoria que fundamenta a teoria da previsão de Holmes; favorável ao behaviorismo" (Posner, 2007, p. 37). Por isso, sustenta– e continua a fazê-lo até o seu **Problems of Jurisprudence** – que

> [o] pressuposto básico da economia que orienta a versão da análise econômica do direito que apresentarei aqui é o de que as pessoas são maximizadores racionais de suas satisfações – **todas** as pessoas (com exceção das crianças bem novas e das que sofrem graves distúrbios mentais), em todas as suas atividades (exceto quando sob influência de transtornos psicóticos ou perturbações semelhantes que decorrem do abuso de álcool e drogas (Posner, 2007, p. 473–474).

Se o que o autor quis dizer com "teoria do direito como atividade" tivesse a ver com um rompimento com a "teoria da norma" (pré-Hart), ele fracassou na sua tentativa, assim como todos os outros autores que propõem uma abordagem econômica do direito[25].

[25] Embora a crítica em relação à teoria imperativista do direito e à sanção jurídica não esteja tão evidente nos autores que iniciaram o movimento – Ronald Coase (1960 e 1993) e Guido Calabresi (1961), principalmente por eles analisarem mais de perto – ao menos nos seus primeiros artigos – a responsabilidade por acidentes (*torts*), esses pressupostos permeiam toda a análise de ambos, de forma que os mesmos defeitos e as mesmas críticas podem ser estendidas a eles.

Para o raciocínio econômico, as pessoas devem ser tratadas como agentes que reagem a incentivos. Um incentivo é "algo que induz uma pessoa a agir, como a perspectiva de uma punição ou uma recompensa" (Mankiw, 2009, p. 7)[26], isso porque as pessoas racionais, pressuposto da análise econômica, tomam decisões a partir da comparação dos custos e benefícios. Segundo essa concepção, o direito (e, nesse sentido, o **soberano**, seja ele o legislador ou o juiz da *common law*) deve ver as pessoas que são sujeitas a ele como seres que reagem a incentivos – prêmios e punições. Essas são as pessoas racionais. David Friedman (2000) esclarece que, sob a perspectiva do *Law and Economics*, as regras jurídicas devem ser julgadas de acordo com a estrutura de incentivos que estabelece e as consequências sobre a alteração do comportamento das pessoas, que ocorrerão como resposta a esses incentivos.

Cooter e Ulen (2010), na sua própria resposta à pergunta "o que é a análise econômica do direito?" nos responde que a economia teria proporcionado uma teoria científica que possibilita a previsão dos **efeitos das sanções legais sobre o comportamento**. Isso porque, segundo eles, as sanções "se assemelham aos preços e, presumivelmente, as pessoas reagem às sanções, em grande parte, da mesma maneira que reagem aos preços" (Cooter; Ulen, 2010, p. 25). Isto é, segundo os analistas econômicos do direito, da mesma forma como pessoas reagem a preços mais altos de um determinado produto diminuindo seu consumo, elas reagiriam a sanções jurídicas mais duras praticando menos a atividade sancionada. A conclusão seguiria como uma obviedade: já que "a economia tem teorias matematicamente precisas (teoria do preço e teoria dos jogos) e métodos empiricamente sólidos (estatística e econometria) de análise dos efeitos dos preços sobre o comportamento" (Cooter; Ulen, 2010, p. 25), ela (a economia) forneceria "uma teoria comportamental para prever como as pessoas reagem às leis. Essa teoria, baseada em como as pessoas reagem a incentivos, suplanta a intuição da mesma maneira como a ciência suplanta o bom senso" (Cooter; Ulen, 2010, p. 25).

Conclusões

Richard Posner, ao propugnar sua análise econômica do direito, quer ver importados para o campo de saber jurídico os métodos da economia (par-

[26] A tradução deste trecho é minha.

ticularmente a microeconomia). A sua premissa é que o direito é um saber sem fronteiras, sem autonomia e sem objetividade nos seus métodos. No entanto, vimos que o direito – como os demais campos de saber em geral – possui regras constitutivas próprias que delimitam o seu campo de saber e, assim, para que métodos possam ser trazidos para a utilização dentro do campo de saber jurídico, será necessário que sejam compatíveis com as regras constitutivas do seu jogo de linguagem.

Quando Posner e seus seguidores defendem que não há qualquer objetividade no direito é porque ignoram a concepção do direito como jogo de linguagem, com regras e institutos compartilhados pela comunidade linguística e política que lhe delimitam as possibilidades de sentido. Vimos, no decorrer deste texto e amparados pelas reflexões de José Reinaldo de Lima Lopes, que a existência de coisas, conceitos e institutos não depende apenas da sua composição molecular, uma vez que são dados objetivos dentro das comunidades linguísticas que operam dentro das regras constitutivas dos jogos de linguagem nos quais eles se inserem.

Os defensores do *Law and Economics*, ainda, acreditam ter descoberto a fórmula para resolver os problemas do direito, mas não percebem que caem nos mesmos erros que caíram os que defenderam uma **teoria da norma**. O método é diferente, mas a teoria subjacente ao método é a mesma – ainda que se digam "antiteóricos".

O direito passa mais uma vez a ser visto a partir da perspectiva do homem mau que responde a sanções (em geral, negativas, mas podendo, também, ser positivas, na forma de prêmios ou incentivos, como os incentivos fiscais) e, apesar do discurso da análise da ação das pessoas em jogos cooperativos, para a análise de leis, decisões e políticas públicas persiste, ainda que com um modo de dizer mais sutil, o tipo ideal **soberano-súdito**, em que o "soberano" deve ter em mente, ao criar o direito, as reações daqueles que deverão obedecer-lhe, sendo sua principal função dosar os incentivos. Assim, sob vestes novas, repetem os defeitos, de um lado, do naturalismo jurídico, ao conceber o direito como uma parte de uma ciência social mais ampla e o homem de forma **behaviorista** e, de outro lado, das teorias imperativas do direito e do realismo jurídico, que, também de forma **behaviorista**, preocupavam-se precipuamente com a sanção e tinham o homem mau como paradigma. A pretexto de fazer uma **teoria da ação**, repetem o discurso da **teoria da norma** e os defeitos que têm sido apontados há, pelo menos, cinco décadas e que pareciam superados.

O movimento da análise econômica do direito pretendeu, de certa forma, afastar-se de uma teoria da norma, ao incorporar no direito e nas políticas públicas os conhecimentos de um campo que pretensamente seria capaz de melhor prever o comportamento humano, dos partícipes desses jogos de linguagem. Ansiou, então, pela busca de apreender comportamentos que se formariam em práticas sociais regradas e apenas nisso se distanciou do que José Reinaldo de Lima Lopes (2009) designou **teoria da norma**, que dominou o cenário jurídico pelo menos até a segunda metade do século XX.

Porém, ao tentar abandonar os paradigmas das teorias da norma, a análise econômica do direito não é capaz de fazer uma transição completa para uma teoria da ação e nisso padece de alguns dos problemas há muito apontados contra concepções da teoria da norma. Talvez a principal delas seja a insistência de conceber o direito tendo como paradigma o homem violador da lei, que age apenas considerando as sanções a lhe serem aplicadas em caso de descumprimento e nisso, especialmente, Posner lembra Holmes Jr., para quem o direito só pode ser compreendido a partir da perspectiva do homem mau (HOLMES JR., 1897). Para este, quase que naturalmente inclinado a violar a lei por quaisquer proveitos sociais, o que interessa é prever a probabilidade de aplicação de uma eventual sanção por um tribunal, qual a sanção aplicável efetivamente e quão gravosa ela lhe seria.

Se a linguagem, é certo, muda com Richard Posner e os analistas econômicos do direito, a ideia central não muda. Para eles, só é possível entender o direito a partir da perspectiva dos **agentes** – já não "homens" ou "súditos" – que atuam sempre respondendo a **incentivos** – já não dizem "sanções" – positivos ou negativos. Assim, embora a análise econômica do direito deixe de utilizar explicitamente o conceito de direito como comando emanado de um soberano, continua a enfatizar a sanção como definidora da ação dos sujeitos, com a única diferença de utilizar um novo vocabulário: "agentes" em vez de "homens" ou "súditos" e "incentivos" no lugar de "sanções". Escapa-lhe a compreensão do direito sob a perspectiva de um jogo de linguagem, com regras constitutivas próprias que, por vezes, são incompatíveis com institutos ou métodos de outros saberes (estes também delimitados pelas próprias regras constitutivas). Continua, assim, preso às teorias da norma, que pareciam há muito superadas.

Referências

ANSCOMBE, G. E. M. On brute facts. **Analysis**, v. 18, n. 3, p. 69–73, jan. 1958.

ARISTÓTELES. **A política**. Tradução de Nestor Silveira Chaves. São Paulo: Ícone, 2007.

AUSTIN, John. **The province of jurisprudence determined**. Cambridge (MA): Cambridge University Press, 1995.

AUSTIN, John Langshaw. **How to do things with words (the William James Lectures delivered at Harvard University in 1955).** Oxford: Oxford University Press, 1962.

CALABRESI, Guido. Some thoughts on risk distribution and the law of torts. **The Yale Law Journal**, v. 70, n. 4, p. 499–533, mar. 1961.

COASE, Ronald. The problem of social cost. **The Journal of Law & Economics**, v. 3, p. 1–44, out. 1960.

COASE, Ronald. Law and Economics at Chicago. **The Journal of Law & Economics**, v. 36, n. 1, p. 239–254, abr. 1993.

COOTER, Robert; ULEN, Thomas. **Direito e Economia**. Porto Alegre: Bookman, 2010.

CUTER, J. V. Objetividade e interpretação. *In:* BARBIERI, Catarina; MACEDO JÚNIOR, Ronaldo Porto (eds.). **Cadernos Direito GV – Interpretação, desenvolvimento e instituições.** São Paulo: [s.n.]. v. 6, p. 7–20.

DE WAAL, Frans. **Our inner ape: a leading primatologist explains why we are who we are**. New York (NY): Riverhead / Penguin, 2005.

DE WAAL, Frans. Morally evolved: primate social instincts, human morality, and the rise and fall of "veneer theory". *In:* DE WAAL, Frans; MACEDO, Stephen; OBER, Josiah (eds.). **Primates and philosophers: how morality evolved.** Princeton (NJ): Princeton University Press, 2006. p. 3–58.

FIORIN, José Luiz. Teoria dos signos. *In:* FIORIN, José Luiz. (Ed.). **Introdução à linguística: objetos teóricos.** São Paulo: Contexto, 2014. v. 1, p. 55–74.

FRIEDMAN, David. **Law's order: what economics has to do with law and why it matters.** Princeton (NJ): Princeton University Press, 2000.

HACKER, P. M. S. **Wittgenstein: sobre a natureza humana**. São Paulo: Unesp, 2000.

HART, H. L. A. **O conceito de direito**. Lisboa: Calouste Gulbenkian, 2011.

HOBBES, Thomas. **Leviathan**. Mineola (NY): Dover, 2006.

HOLMES JR., Oliver Wendell. The path of the law. **Harvard Law Review**, v. 10, n. 8, p. 457–478, 25 mar. 1897.

HORWITZ, Morton. Law and Economics: science or politics? **Hofstra Law Review**, v. 8, p. 905–912, 1980.

KELSEN, Hans. **Teoria pura do direito**. São Paulo: Martins Fontes, 2012.

KENNY, Anthony. **Wittgenstein**. Malden (MA): Blackwell, 2006.

LOPES, José Reinaldo de Lima. Entre a teoria da norma e a teoria da ação. *In:* STORCK, Alfredo Carlos; LISBOA, Wladimir Barreto (eds.). **Norma, moralidade e interpretação: temas de filosofia política e do direito.** Porto Alegre: Linus, 2009.

LOPES, José Reinaldo de Lima. **Naturalismo jurídico no pensamento brasileiro**. São Paulo: Saraiva, 2014.

LOPES, José Reinaldo de Lima. Filosofia analítica e hermenêutica: preliminares a uma teoria do direito como prática. **Revista de Informação Legislativa**, v. 53, n. 212, p. 203–226, dez. 2016.

LOPES, José Reinaldo de Lima. **Curso de filosofia do direito**. São Paulo: Atlas, 2021.

LUCAS, J. R. The nature of law. **Philosophica**, v. 23, n. 1, p. 37–50, 1979.

MACINTYRE, Alasdair. **After virtue: a study in moral theory.** London / New York (NY): Bloomsbury, 2007.

MANKIW, Gregory. **Principles of microeconomics**. Mason (OH): South-Western Cengage Learning, 2009.

PACELLI, Eugênio; CALLEGARI, André. **Manual de direito penal: parte geral**. São Paulo: Atlas, 2018.

POSNER, Richard. The problematics of moral and legal theory. **Harvard Law Review**, 7. v. 111, p. 1637–1717, may 1998.

POSNER, Richard. **The problematics of moral and legal theory**. Cambridge (MA): The Belknap Press of Harvard University Press, 1999.

POSNER, Richard. **Problemas de filosofia do direito**. São Paulo: Martins Fontes, 2007.

SALAMA, Bruno Meyerhof. **Direito, justiça e eficiência: a perspectiva de Richard Posner**. Fundação Getulio Vargas, 2008. Disponível em: <https://works.bepress.com/bruno_meyerhof_salama/30/>. Acesso em 20.4.2022.

SALAMA, Bruno Meyerhof. **A história do declínio e queda do eficientismo na obra de Richard Posner**, jan. 2012. Disponível em: <https://works.bepress.com/bruno_meyerhof_salama/35/>. Acesso em 20.4.2022.

SAUSSURE, Ferdinand de. **Curso de linguística geral**. São Paulo: Cultrix, 2012.

SEARLE, John. How to derive "ought" from "is". **The Philosophical Review**, v. 73, n. 1, p. 43–58, jan. 1964.

SEARLE, John. **The construction of social reality**. New York (NY): The Free Press, 1995.

WITTGENSTEIN, Ludwig. **Tractatus logico-philosophicus**. São Paulo: Companhia Editora Nacional / Editora da Universidade de São Paulo, 1968.

WITTGENSTEIN, Ludwig. **Investigações filosóficas**. Petrópolis / Bragança Paulista: Vozes / São Francisco, 2014.

18
APONTAMENTOS SOBRE A FILOSOFIA DO DIREITO NO BRASIL NO SÉCULO XX[1]

Ronaldo Porto Macedo Júnior
Carla Henriete Bevilacqua Piccolo

Introdução

É comum a ideia de que o problema da filosofia começa com sua própria definição. O pensamento filosófico brasileiro do século XX se deparava com a mesma dificuldade inicial, relativa à determinação do que deveria ser considerado produção filosófica e, especialmente, a Filosofia do Direito no Brasil. Ademais, a Filosofia do Direito tem por foco problemas filosóficos suscitados pela prática jurídica, e é em certa medida parasitária em relação à filosofia da ética, da mente e da ação.

As faculdades de direito tiveram no Brasil, bem como em outros países do Ocidente, um papel central na disseminação e expansão da trivialmente chamada cultura humanista, que transcendeu os limites do direito como disciplina do conhecimento em si. Por esta razão, o presente artigo se divide em quatro estágios distintos. O primeiro se inicia com a fundação

[1] Esse texto é uma versão estendida e modificada do ensaio de nossa autoria publicado em coletânea: "Philosophy of law in Brazil in the twentieth century". In: Pattaro E., Roversi C. (eds) A Treatise of Legal Philosophy and General Jurisprudence. Dordrecht: Springer, 2016. A versão em inglês deste artigo foi publicada em: Macedo Junior, Ronaldo Porto; Piccolo, C. H. B. Remarks on the Philosophy of Law in Brazil in the Twentieth Century. Problema. Anuario de Filosofia y Teoría del Derecho, v. 8, p. 179-224, 2014. Tradução e revisão de Yago Mina.

dos cursos de ensino superior no Brasil e vai até a virada do século XIX. Passaremos brevemente por este tópico de modo a tornar o restante dos argumentos relativos ao século XX mais inteligíveis. O segundo tem por marca a emergência e desenvolvimento do tipo de filosofia do direito que perduraria pelo restante do século, caracterizada pela presença de um pensamento humanista e retórico, frequentemente não havendo delimitações claras entre a Sociologia, a História, a Filosofia e a Filosofia do Direito. Do terceiro estágio é característica o nascimento de uma Filosofia acadêmica profissional, técnica e voltada à universidade e sua coexistência com a Filosofia do Direito produzida nas faculdades de direito. Esta fase teve início com a fundação da Universidade de São Paulo em 1934 e segue uma "história paralela" da Filosofia no Brasil, permanecendo até os dias correntes. Obsessão com metodologia, precisão conceitual e orientação à história da filosofia – especialmente com relação aos autores clássicos – são suas formas distintivas, ademais havendo pouca preocupação específica com a Filosofia do Direito. O quarto estágio, que começa na primeira década do século XXI, é marcado pela redução da agenda de discussões e trabalhos teóricos por filósofos profissionais e de trabalhos advindos das faculdades de direito.

1. Os Cursos Jurídicos no Brasil e a Formação de uma Elite Nacional

1.1. Visão geral

A História da Filosofia do Direito no Brasil data dos tempos coloniais, o que torna impossível distingui-la da Filosofia do Direito de Portugal. Os primeiros bacharéis brasileiros foram educados na Europa – especialmente na Metrópole [Portugal] –, onde absorveram a cultura e tradição jurídica lusitana, vindo mais tarde a cumprir diversos papéis nas elites culturais, políticas e econômicas brasileiras (Lima Lopes, 2000; Venancio Filho, 1977; Adorno, 1988); uma situação parecida àquela encontrada na maioria dos países latino-americanos à época.

Uma das primeiras manifestações filosóficas na Colônia [no Brasil] fez-se perceptível na Independência, em 1822; de onde adveio a fundação das duas primeiras escolas de direito em 1827. Influenciados pelo Iluminismo Francês, os Padres Diogo Antônio Feijó (1784-1843) e Martim Francisco (1775-1844) inauguraram os primeiros cursos sobre alguns dos principais filósofos da Revolução Francesa, o segundo tendo ademais lecionado uma disciplina sobre Kant ainda entre 1805 e 1810 – um fato notável, dado que o kantismo levaria ainda mais tempo para alcançar países centrais como a França. Importante notar, contudo, que Kant e o Iluminismo foram recebidos mais como expressões do liberalismo do que como fruto da revolução filosófica que representariam na epistemologia, principalmente (Ferraz Júnior, 2000, p. 12-30).

No derradeiro ano de 1827, o recém-independente Brasil veio a organizar, por meio de decreto imperial, os primeiros cursos de direito: um na Região Nordeste, em Olinda, e outro na Sudeste, em São Paulo. Este momento veio a ser fundante não somente dos estudos jurídicos, mas também do ensino superior humanista. No entanto, uma distinção mais marcante entre a intelectualidade portuguesa e a brasileira foi testemunhada apenas décadas mais tarde. A criação destes cursos, todavia, foi fruto direto de uma novo desenho político-institucional para o país, e trouxe hodiernas influências intelectuais tais como o romantismo na literatura e o ideário liberal na política.

Assim, o surgimento do Estado nacional e o liberalismo emergiram como os dois pontos focais na instalação das primeiras reflexões brasileiras acerca da filosofia do direito (Lima Lopes, 2000). Curioso, entretanto, ter a consciência liberal dos jusfilósofos convivido de modo ambivalente com a manutenção da escravidão, abolida no Brasil somente em 1888. Como apontado por José Reinaldo de Lima Lopes:

> Uma perspectiva liberal, revolucionária, esclarecida, capaz de fazer grandes manifestações em defesa da liberdade individual, conviveu incomodamente – do ponto de vista teórico – com a escravidão. Mas armou-se de inúmeros argumentos para racionalizar esta universalização restrita dos direitos civis. Mesmo a Revolução Americana e a Revolução Francesa tiveram que conviver com esta espécie de contradição. (...) E a revolucionária e civilizadora França, depois de abolir a escravidão em seu território e nas colônias, por decreto da Convenção de 4 de fevereiro de 1794, voltou atrás em 1802, revigorando tanto a escravidão quanto o tráfico nas colônias e pondo fim à igualdade de direitos (Lima Lopes, 2000, p. 351).

Este pensamento antirrepublicano, entretanto, permaneceria vivo durante este período. Dentre seus representantes, José Maria Corrêa de Sá e Benevides (1833-1901), docente da Faculdade de São Paulo, destacou-se como seguidor de um naturalismo jurídico teológico, encontrando seu principal apoio nas doutrinas da Igreja Católica. Repreendia ele o positivismo de Compte primeiramente por não estar este baseado na fé em Deus e na imortalidade da alma e, em segundo lugar, pela defesa da submissão da moral à sociologia (Nader, 2000, p. 255).

As Faculdade de Direito, não obstante, não se limitavam ao ensino da doutrina jurídica; via de regra, a educação generalista guardava forte viés humanista. Os alunos não raramente se engajavam em discussões sobre arte, política e crítica literária, bem como direito. Autores clássicos da literatura nacional, incluindo Álvares de Azevedo, Castro Alves e José de Alencar são alguns exemplos do tipo de educação dominante à época. O impacto das Escolas de Direito também se faz sentir no desenvolvimento das ciências sociais no Brasil: a quase totalidade dos pensadores sociais clássicos brasileiros são advindos destas faculdades.

Esse cenário interdisciplinar e generalista promoveu os primeiros estudos intelectuais e esforços na direção da Filosofia do Direito. Num primeiro momento, surge como a **filosofia dos juristas**, treinados na tradição retórica comumente chamada **bacharelismo**, marcada sobretudo pela formação em um humanismo clássico e generalista, pela erudição influenciada pela Belle Époque e pela falta de precisão acadêmica e metodológica no tratamento de ideias e autores. A elite nacional em última instância reverberava o debate teórico filosófico europeu sem necessariamente digeri-lo com o rigor com o qual havia sido desenvolvido e desenhado nas cidades europeias, em especial Paris e Lisboa. Pode-se dizer que a produção intelectual da época representou muito mais um esforço na disseminação do conhecimento europeu dominante do que a geração de um pensamento filosófico nacional (Reale, 1972, p. 9). O pensamento social brasileiro havia se desenvolvido de modo diferente, focando em fatos e realidades próprias do Brasil e ganhando sua própria identidade – tudo isto numa extensão própria, muito antes da filosofia, e da filosofia do direito, em particular.

Apesar disto, pode-se afirmar que o modo como as ideias europeias se disseminaram pelo Brasil demarca um domínio de originalidade apesar de, na maior parte dos casos, a incorporação de algumas destas ter se dado menos por seus méritos filosóficos do que pela função política e ideológica que servia no cenário jurídico e político brasileiro (Reale, 1972, p. 137).

1.2. As principais referências do período

Mesmo durante o período colonial, um caso de interesse era o de Tomás Antônio Gonzaga (1744-1809), autor do **Tratado de Direito Natural**.

Este desenvolveu ideias políticas libertárias e foi relegado ao exílio após alegações de envolvimento na Inconfidência Mineira. Embora suas lições sobre o direito natural com nuances teológicas não tenham trazido grandes inovações, traçavam um resumo claro e sistemático do pensamento de alguns autores como Heinécio, Pufendorf e Grócio, sendo este último criticado por pretender a um direito natural apartado da existência divina.

No século XIX, diversos nomes estiveram relacionados à Filosofia do Direito, geralmente professores de São Paulo. José Maria de Avelar Brotero (1798-1878) foi o primeiro Professor de Direito Natural, posteriormente substituído por Filosofia e Teoria Geral do Direito, da recém-estabelecida Faculdade de Direito de São Paulo. Em 1829, publicou um compêndio introduzindo o tema do Direito Natural para ser utilizado por seus alunos. Suas aulas eram apoiadas em gama de autores que incluía Mably, Holbach, Helvetius, Perreau e Cabanis e expunham opiniões de vanguarda – em clara oposição à doutrina majoritária em Portugal – tal qual a concepção do casamento como um acordo mútuo de vontades, do divórcio como única solução moral possível na ausência de semelhante consentimento e da igualdade de direitos entre os cônjuges.

A fundação da Faculdade de Direito de São Paulo em 1827 se dá quando influências filosóficas europeias (especialmente Grócio, Pufendorf, Heinécio, Filangieri, Beccaria, Bentham e Adam Smith) já estavam de certo modo presentes. De toda forma, a inauguração dos cursos jurídicos consolidou esta tendência (Lima Lopes, 2000, p. 338).

Como visto anteriormente, Kant já era conhecido. Todavia, ao final da década de 1830, o kantismo começou a ganhar maior influência, especialmente por meio de um kantiano menos conhecido, chamado Karl Christian Krause (1791-1832), trazido ao Brasil pelas mãos do imigrante alemão Julius Frank (1808-1841), que lecionava em escolas preparatórias à Faculdade de Direito. Essa presença kantiana, embora de certo modo ambígua, é sensível no pensamento de Tobias Barreto (1839-1889), um dos jusfilósofos que se destacaram no período. Professor da Faculdade de Recife, representou um importante esforço de desengajamento da teoria jurídica brasileira do direito português, ainda enraizado na práxis e no academicismo. Justamente contra estas correntes é que se rebelou, tomando das Ciências Naturais um modelo metodológico a ser seguido também pela ciência jurídica. Afastando-se das Escolas da Exegese e Pandectista, que alcançaram seus auges na primeira metade do século XIX, Barreto foi um dos autores que mais contribuiu à introdução de estudos sociológicos e antropológicos aos juristas. Combinava de modo sincrético, embora pouco consistente, o Evolucionismo de Ernst Heackel – autor reconhecido dentre o público nacional culto –, Jhering e Herman Post com o kantismo krausista. Assim, forjou uma nova sociologia do Direito Natural. Outro professor de Direito Natural em São Paulo era João Theodoro Xavier (1828-1878), também responsável pela disseminação das ideias de Karl Krause e Heinrich Ahrens. Essas influências teóricas foram marcantes na educação de outro importante jurista e pensador brasileiro do século XIX, cuja influência se fez sentir também na virada para o século XX: Clóvis Beviláqua (1859-1944).

Importante relembrar que, como ressaltado anteriormente, essa geração de jurista fora também marcada por uma forte influência da "abordagem prática" da filosofia portuguesa, completamente avessa à metafísica pura (Costa, 1956, p. 438). Esta talvez seja uma explicação satisfatória para o fato de não se ter tido no Brasil uma filosofia do direito propriamente dita, 19mas, por exemplo, grandes teóricos do Direito Privado que se valiam de um conhecimento filosófico eclético na construção de suas obras. De acordo com Beviláqua, responsável pelo projeto do Código Civil de 1916, para quem "se um dia nos pudermos produzir obras filosóficas, elas não irão emergir dos píncaros da metafisica" (Costa, 1956, p. 442). De fato, a "abordagem prática" que dominou a produção nas faculdades de direito não permitiria que se esperasse algo de diferente, ao menos naquele futuro próximo. A razão prática, todavia, não era sinônimo de falta de teorias e reflexões no Direito. Influenciado pelo evolucionismo de Tobias Barreto, Beviláqua o combinou com a ideia de que o Direito significaria luta (Jhering).

Notável, ademais, o fato de ter, por volta de 1854, João Chrispiniano Soares (1809-1876), professor de Direito Romano na Faculdade de Direito de São Paulo, abraçado a influência do pandectismo e da doutrina de Savigny. Essa viria a ser determinante no modelo de exegese e sistematização seguido por diversos juristas e codificadores proeminentes, tal como o próprio Beviláqua, além de Teixeira de Freitas e Conselheiro Ribas. Nos cursos de Direito Civil do último, podemos também perceber uma influência destacada e um grande volume de citações de autores germânicos, incluindo Arndts, Buchardi, Cramer, Disksen, Glück e Puchta, dentre outros (Ribas, 1915).

Teixeira de Freitas (1816-1883), por sua vez, redigiu projeto para um Código Geral, que deveria estar acima de demais leis civis, penais e processuais, contendo diretrizes para a aplicação, interpretação, validade e termos de eficácia, assim como critérios para a resolução de conflitos normativos no tempo e espaço. Embora seus trabalhos e esforços não tenham sido aceitos no Brasil, estes viriam a inspirar a estrutura lógica do Código Civil do Império do Japão de 1898, as Leis e Regras Gerais de Direito do Vaticano de 1929, o Código Civil Italiano de 1942 e a revisão do Código Civil Francês da década de 1930. Na América Latina, sua obra serviu de base aos códigos civis da Argentina, Paraguai e Uruguai. Este é mais um exemplo de um erudito das ciências jurídicas, mas cujo potencial intelectual ganhou notoriedade por seu papel em questões de ordem prática, como a criação de leis. Sua produção é marcada por traços do pensamento jurídico brasileiro da época, pouco preocupado com problemas metafísicos e mais orientado aos práticos. De todo modo, o gênio de Teixeira de Freitas demonstra uma preocupação profunda com as dimensões filosóficas do Direito Privado, raramente vista entre seus pares.[2]

Silvio Romero (1851-1914) é outro autor proeminente nessa virada de século, responsável pela disseminação no Brasil de um conceito eclético do evolucionismo de Spencer e uma orientação científico-positivista para o direito, amplamente influenciada pelo evolucionista inglês Thomas Huxley.[3] Pedro Lessa (1859-1921), em São Paulo, também pregava por uma filosofia "positivista", adotando os princípios e métodos de Comte, Spencer, Stuart Mill, dentre outros.[4] Apesar da forte oposição por parte dos representantes da Escolástica no Brasil – em especial, Soriano Sousa (1833-1895) no Norte e João Mendes Júnior (1856-1923) no Sul do país – essa abordagem científico-positivista foi predominante no Direito até o final da década de 1930, representada por nomes entre os quais podemos incluir Clóvis Beviláqua e Pontes de Miranda. Desde então, novas correntes doutrinárias foram absorvidas pelo pensamento jurídico brasileiro, como a fenomenologia de Husserl, o existencialismo e o marxismo.

Em suma, o positivismo e sua ambição científica, o evolucionismo e a escolástica clássica de um lado, como quadros teóricos, e uma forte orientação à prática jurídica, de outro, marcaram a gênese do pensamento jurídico brasileiro. Nas palavras de Lima Lopes, "[o] debate teórico, na segunda

[2] Seu trabalho mais importante é: Teixeira De Freitas, 1864.

[3] No tema da Filosofia do Direito, escreveu Romero, 1885; além de Romero, 1878.

[4] Vide Lessa, 1909 e 1912.

metade do século (a geração de 1870, da chamada **Ilustração Brasileira**), mostra a necessidade de superar o jusnaturalismo tradicionalista que imperava. A alternativa que se apresenta é a **ciência**: aqui, como em quase toda parte, o que passa a vigorar são formas de **naturalismo**" (LIMA LOPES, 2000, p. 341). Essas características permanecem mesmo após o século XIX para se diluir no início do XX, como demonstrado acima. A nova abordagem ao pensamento jurídico lidava com o frequentemente mencionado "dilema entre o país real e o país jurídico", o "Direito vivo e o Direito doutrinário", oferecendo-lhe uma resposta clara: deveria a ciência do Direito ter por foco o direito real e abandonar a metafísica idealista da doutrina.

2. O Pensamento Filosófico do Início do Século XX

O final do século XIX marca o início da descentralização da República e, eventualmente, consolida o Estado de São Paulo como o novo centro da economia cafeicultora brasileira. Esse fato traria consequências tanto culturais quanto filosóficas. Estas mudanças sustentam o surgimento, na virada do século, de uma nova ênfase em reflexões ligadas a prática dogmática, menos presa ao dilema entre o Direito Vivo e o Direito construído pela doutrina. Alguns trabalhos influentes demarcaram os novos requisitos metodológicos que ecoariam no trabalho dos filósofos do direito. João Mendes Júnior, por exemplo, buscou designar à Filosofia do Direito um papel de doutrina básica às ciências jurídicas. Para Francisco Campos, por outro lado, a sua função seria de formular os princípios gerais do direito e determinar como deveria ser desenvolvido o fenômeno jurídico. Enquanto Pedro Lessa e João Arruda tinham por preocupação central as questões metodológicas para um estudo científico do Direito, Pontes de Miranda compartilhava desta, no entanto elegendo a sociologia como modelo científico a guiar as investigações jurídicas (FERRAZ JÚNIOR, 2000).

Do ponto de vista cultural, as últimas décadas do século XIX engendraram o Iluminismo Brasileiro,[5] legado do contato direto com a cultura europeia e em especial francesa. Esta havia trazido as ideias de evolução, do darwinismo biológico e social, positivismo e materialismo. As elites locais brasileiras as adotaram, delas extraindo os temas e aspectos mais próximos de sua realidade. O positivismo viria a ter uma enorme influência na área militar e científica, não emplacando a mesma presença nas Faculdades de

[5] Nos termos de BARROS, 1927.

Direito, que eram os principais polos de conjecturas filosóficas da época. Como apontado por João Cruz Costa, "o positivismo foi incorporado na cultura brasileira e portuguesa não por seus méritos filosóficos, mas porque ele serviu a um movimento histórico político" (Reale, 1972, p. 137).

As décadas de 1920 e 1930 influenciaram profundamente o pensamento jurídico de toda tradição europeia; no Brasil, isso não foi diferente. Extremas e profundas mudanças políticas se deram. Grandes embates ideológicos entre Socialismo, Liberalismo, Fascismo e Corporativismo deixariam suas marcas tanto no Direito Público quanto no Direito Privado. Nesta segunda esfera, reformas do Código de Obrigações e Família foram elaboradas. Embora não tenham saído do papel, estas reformas opuseram o pensamento liberal ao corporativismo fascista (especialmente influente, no Brasil, nas áreas de Direito do Trabalho e da Seguridade Social) (Lima Lopes, 2000, p. 382). Neste respeito, caso para análise foi o embate teórico-jurídico que se disseminou na Era Vargas (1930-1945) entre visões opostas sobre a função dos juristas e do direito privado naquele novo contexto. As principais figuras deste debate foi Waldemar Ferreira (1865-1964), professor da Faculdade de Direito de São Paulo, e Oliveira Vianna (1883-1951), Assessor Jurídico do Ministério do Trabalho, sociólogo e professor no Rio de Janeiro. O primeiro propunha uma defesa clássica do liberalismo,[6] argumentando ser este incompatível com a existência de tribunais do trabalho tais quais desenhados no modelo corporativista brasileiro em total dissonância com os preceitos do direito privado. Oliveira Vianna, por outro lado, defendia a necessidade de fortes intervenções estatais de modo a implementar seu projeto de desenvolvimento (Vianna, 1938). Seu modelo corporativista, que seria exitoso na Era Vargas, viria a afetar mormente o debate político e jurídico que se seguiria no decorrer das décadas subsequentes.

Na área do Direito Público, uma ampla reforma administrativa foi empreendida sob o comando de alguns pensadores sociais, como Oliveira Vianna, e filósofos do direito, como Francisco Campos (1891-1968), autor da autoritária Carta Constitucional de 1937 e da reforma educacional que criou o curso de "Introdução à Ciência do Direito" (focado nas principais categorias da dogmática jurídica). Um dos pontos de destaque da reforma administrativa foi a criação de concursos públicos, responsáveis por gra-

[6] Cf. Ferreira, 1938.

dualmente substituir cargos de indicação e viabilizando o estabelecimento de uma burocracia profissional independente do tradicional patrimonialismo e advinda da classe média urbana (Lima Lopes, 2000, p. 383). De todo modo, mesmo ao final da década de 1930, setores católicos influentes confluíram ao entorno de Alceu Amoroso Lima (1893-1983) e do Padre Leonel Franca (1893-1948) para elaborar uma alternativa ao sistema de ensino profissionalizante. Inspirados nas corporações universitárias medievais, que colocavam a técnica e a ciência à sombra da filosofia e da teologia, teceram os fundamentos para um movimento que eventualmente resultou na fundação da Pontifícia Universidade Católica do Rio de Janeiro. Esse ambiente foi ainda testemunha de contínua influência da doutrina religiosa de São Tomás de Aquino, que permaneceu presente no pensamento jusnaturalista das faculdades de direito (Schwartzman, 1979, p. 189).[7]

Essa mentalidade fortemente eclético-positivista, evolucionista e naturalista, que coexistia com a ampla presença do pensamento católico e o influxo de ideias antiliberais que caracterizaram o pensamento autoritário fascista e comunista (Lamounier, 1989), foi a marca do contexto intelectual dominante brasileiro entre 1930 e 1940. Em 1940, Miguel Reale (1910-2006) publicou **Fundamentos do Direito**, fato que levou a uma guinada no cenário jurídico e filosófico no período do pós-Guerra. Antes de analisá-lo, devemos primeiro descrever (como o faremos na seção seguinte) uma nova força intelectual filosófica nascida em São Paulo com a criação da Universidade de São Paulo.

3. A Criação das Faculdades de Filosofia: Filósofos Profissionais

3.1. A fundação da Universidade de São Paulo (USP) e a "Missão Francesa"

Relevante notar que, de forma geral, muitos dos trabalhos engajados com teoria social e filosofia no início do século XX são da autoria de juristas especializados em outros campos da dogmática legal. Este traço da produção teórica e filosófica é ainda fortemente presente nos trabalhos contemporâneos dos "jusfilósofos", majoritariamente focados na produção de manuais e resumos e na disseminação de obras voltadas ao mercado

[7] O pensamento social inspirado no catolicismo também influenciou na criação da Pontifícia Universidade Católica do Rio de Janeiro, especialmente por meio dos métodos de ensino adotados por Montoro, 2009.

editorial jurídico, todavia pouco utilizados fora das academias de direito. Assim, esta produção teórica constitui-se "para o consumo de estudantes de direito e juristas", não se engajando no debate acadêmico com outros departamentos dentro da universidade. Evidentemente, este fenômeno pode ser parcialmente ligado ao plano da produção teórica em direito no Brasil ainda ser predominante composto por professores contratados em regime de dedicação parcial, normalmente advogados ou profissionais do direito pouco preocupados com pesquisa acadêmica.

Um ponto de inflexão nesta linha do tempo foi a fundação da Universidade de São Paulo (USP) e sua Faculdade de Filosofia em 1934, fato que veio a marcar profundamente a construção de um elegante modelo de universidade brasileira. Desde então, a USP tem sido a mais influente e respeitada instituição de ensino superior no país. Embora não tendo sido a primeira universidade do Brasil, nasceu da Reforma de Francisco Campos, Ministro da Educação e da Saúde Pública de Getúlio Vargas. Esta se preocupava com a criação de "uma unidade administrativa e educacional voltada para equipar tecnicamente a elite nacional brasileira ... é a pesquisa e ciência pura" (Schwartzman, 1979, p. 172). Anteriormente às demais universidades, a USP nasce desta nova fase de modernização.

Para a fundação da Universidade, e em especial da Faculdade de Filosofia, Ciências e Literatura, muitos professores estrangeiros foram contratados para quase todas as áreas do conhecimento. No campo das humanidades, dentre os primeiros professores titulares estiveram o sociólogo Roger Bastide (1898-1974), o cientista político Paul Arbousse-Bastide (1899-1985), o antropólogo Claude Lévi-Strauss (1908-2009), o geógrafo Pierre Monbeig (19098-1987), o filósofo e psicólogo Jean Maugüé (1904-1985) e o historiador Fernand Braudel (1902-1985), todos jovens bacharéis vindos a convite do matemático Theodoro Ramos (1895-1936), enviado à Europa à procura de professores e pesquisadores. À época, utilizava-se o termo "Missão Francesa" para se referir ao grupo de intelectuais que iniciara os trabalhos de docência na nova faculdade. Aqui, "missão", em seu uso contemporâneo, faz referência a um grupo de pessoas encarregadas de uma tarefa, usualmente em outro sítio ou país. No entanto, carrega também a conotação de que "éramos vistos como uma terra de índios que deviam ser catequizados"[8].

[8] Como apontado por Novais, 1994.

Enquanto por um lado a produção filosófica brasileira, embora escassa, tivesse uma curta história, por outro, a "Missão Francesa" representou um momento fundante, introduzindo no Brasil uma forma única de filosofar, mais acadêmica, estrita metodologicamente e apartada do bacharelismo do passado. A atenção a uma leitura fechada e estrutural dos textos clássicos era tamanha que o curso rapidamente adquiriu um viés de História da Filosofia ao invés de uma filosofia propriamente dita. Isto tornou-se gritante com a chegada dos primeiros professores de História da Filosofia, como Gilles Gaston Granger (1920-2016), e a influência do estruturalismo de Martial Géroult (1891-1976) e Victor Goldschmidt (1914-1981). De 1960 a 1990, os professores franceses Gérard Lebrun (1930-1999), Michel Debrun (1921-1997) e Francis Wolff (1950-) também exerceriam grande influência (Arantes, 1994). Anos antes, em 1936, o Professor Émile Bréhier (1876-1952) havia sido igualmente contratado como professor de Filosofia na Universidade do Distrito Federal do Rio de Janeiro, tendo de mesmo modo deixado amplo legado às gerações futuras.

A Missão Francesa trouxe um novo estilo acadêmico e método rigoroso ao estudo da Filosofia. Este novo momento intelectual da filosofia no Brasil causou de imediato, especialmente em São Paulo, uma certa tensão com a Filosofia dos juristas até então predominante em cidades como São Paulo, Rio de Janeiro e Recife. As diferenças de métodos, abordagens e objetivos marcaram a cisão dos dois modos de produção filosófica no Brasil, que raramente se encontraram. O isolamento da Filosofia do Direito nas faculdades de direito teve de aguardar o final do século XX para se afrouxar. Os filósofos acadêmicos, por outro lado, só recentemente passaram a se interessar pela filosofia do direito contemporânea.

3.2. As principais referências

O Professor de Filosofia designado a liderar o primeiro momento da "missão civilizatória" filosófica foi Jean Maugüé, que lecionou de 1935 a 1944. Mais tarde, fora sucedido por seu primeiro assistente João Cruz Costa (1904-1978) que, junto com Lívio Teixeira (1902-1975), viria a garantir a continuidade do radical projeto de reforma instituído (Arantes, 1988 e 1994). O impacto da Missão Francesa também atingiria a Professora de Estética Gilda de Mello e Souza (1919-2005) e a segunda geração de bacharéis composta de filósofos brasileiros que fortemente marcariam as próximas gerações: José Arthur Giannotti (1930-2021), Bento Prado Jr. (1937-2007), Oswaldo Porchat (1933-2017) e Ruy Fausto (1935-2020). Contemporânea a esta primeira onda de filósofos técnicos estavam os professores franceses Michel Debrun e Gérard Lebrun. Sucederam esta geração outras importantes figuras da filosofia brasileira, como Marilena Chauí (1941-), Rubens Rodrigues Torres (1942-), Luis Roberto Salinas Fortes (1937-1987) e, na Filosofia do Direito, Tércio Sampaio Ferraz Jr. (1941-), responsável por um pequeno capítulo da abertura de diálogo metodológico entre a filosofia dos juristas e aquela técnica, ensinada na Faculdade de Filosofia da USP. Essa primeira geração cumpriu com seu dever metodológico, incorporando o espírito estritamente acadêmico transmitido pelos fundadores e demais missionários que haviam incorporado o Departamento de Filosofia, como Gilles Gastón Granger e Victor Goldschmidt (Macedo Júnior, 2008; Goldschmidt, 1982, p. 130; Moura, 2007, p. 13). Foram, ademais, responsáveis por encorajar um processo de internacionalização da educação filosófica, o que requeria um estágio internacional, de preferência na França.

Os primeiros resultados dessa educação técnico-filosófica estiveram enraizados nos diversos estudos de leitura estruturalista (feitas de modo mais ou menos ortodoxo, mas sendo sempre pressuposta, ao menos como passo inicial, para o estudo da História da Filosofia) de diversos autores que formavam o universo intelectual desta geração. Os novos filósofos brasileiros produziram trabalhos de leitura atenta de Descartes (Teixeira, 1990) e Marx (Giannotti, 2000; Fausto, 1997), dentre outros autores como Espinosa (Chauí, 1999), Schopenhauer (CACCIOLA, 2004), Rousseau (Prado Júnior, 1976; Fortes, 1976), Fichte (Torres Filho, 1975), Aristóteles (Pereira Da Silva, 2001), Stuart Mill (Giannotti, 1960), Hume (Monteiro, 2009), Hegel (Arantes, 2000) e, posteriormente, Husserl (Moura, 2007), Frege (Santos, 2008), Kant (Terra, 2003) etc. As próximas gerações dariam seguimento à tradição de estudo estrutural de um autor "de acordo com a ordem das razões de Gueroult" (ou seja, de acordo com a lógica interna do argumento) ao menos como ponto de partida para a interpretação filosófica. A falta de interesse na Filosofia do Direito nos trabalhos produzidos era notável. A exceção era Tércio Sampaio Ferraz Jr., que eventualmente conseguiu realizar trabalho de leitura estrutural do pensamento de Emil Lask durante seu doutorado na Alemanha (Mainz).[9]

[9] Vide entrevista em Nobre, 2000, p. 277.

O modelo gestado na USP marcou o desenvolvimento acadêmico da filosofia no Brasil. Assim, apesar da presença de filósofos e historiadores da filosofia de alto nível em outros estados, como Henrique de Lima Vaz (1921-2002), Raul Landim (1939-) e Guido Antônio de Almeida (1939-) no Rio de Janeiro e Gerd Bornheim (1929-2002), Ernildo Stein (1934-) e Balthazar Barbosa Filho (1947-2007) no Rio Grande do Sul, dentre outros,[10] a referência da Faculdade de Filosofia da USP se espalhou às outras partes do país. A disseminação dos novos parâmetros técnicos da produção filosófica ou histórico-filosófica ainda ganhou tração com a criação do Centro de Lógica e Epistemologia (CLE) do Departamento de Filosofia da Universidade de Campinas (UNICAMP).[11] O CLE foi arquitetado e organizado em 1976 e oficialmente introduzido na estrutura da Universidade em 1977 pelo Professor Oswaldo Porchat Pereira. O centro viria a ser ponto de encontro para filósofos de diversas cidades do país, até então com focos difusos e sem grande conexão temática, em seminários sobre epistemologia e os mais variados tópicos da filosofia, incluindo filosofia política, moral, metafísica, filosofia da linguagem e lógica. Ao invés da clássica estrutura de congressos, com palestrantes e poucos participantes, estes seminários introduziram um debate filosófico e interativo, mais alinhado com a experiência brasileira de até então.[12] Esta vivência representou um importante momento de autocrítica dos exageros do método estrutural, que de forma ou outra restringia as iniciativas da USP de produzir um pensamento filosófico autônomo.[13] Até hoje, o centro ocupa posição central na produção filosófica brasileira, embora não tenha deixado marcas na filosofia do direito.

Posteriormente, em 1983, foi fundada a Associação Nacional de Pós-Graduação em Filosofia (ANPOF), centralizando os cursos de mestrado e doutorado em Filosofia e recebendo credenciamento da CAPES, a agência do Ministério da Educação responsável pela educação superior. Essa nova entidade possibilitou a realização de encontros nacionais, unificando e padronizando o estilo filosófico engendrado na Faculdade de Filosofia da USP.

[10] Trabalhos dos autores citados: Lima Vaz, 1986; Landim, 1998; Bornheim, 2001; Stein, 2005.

[11] Esta foi responsável pela publicação de três dos mais relevantes periódicos de filosofia: Cadernos da História da Filosofia da Ciência, Revista Manuscrito e Coleção CLE.

[12] Vide entrevista em Nobre, 2000, p. 406 (entrevista com Balthazar Barbosa).

[13] Vide entrevista em Nobre, 2000, p. 119-144, 337-372 (entrevistas com Oswaldo Porchat Pereira e Paulo Arantes).

4. A Tradição dos Filósofos do Direito e o Instituto Brasileiro de Filosofia (IBF). Miguel Reale: um Novo Capítulo na Filosofia dos Juristas

Quanto à filosofia do direito, especificamente, a tradição do "pensamento filosófico dos juristas" não viu seu fim com a virada ao século XX. Na verdade, sobreviveu até a década de 1930, quando foi virtualmente substituída pela filosofia ensinada nas universidades. A figura central desta tradição e o mais influente filósofo do direito no cenário brasileiro da segunda metade do século XX foi com certeza o Professor Miguel Reale (1910-2006), que neste período se tornou o mais reconhecido filósofo brasileiro, tendo inclusive seus trabalhos traduzidos para o italiano e o espanhol. Exemplo típico do interdisciplinar homem letrado, sintetizou várias características do modo de pensar do qual era representante; foi filósofo, jurista, educador, advogado, jornalista, poeta, membro da Academia Brasileira de Letras, político, ideólogo e legislador (responsável pelo projeto do Código Civil de 2002).

Em 1932, Miguel Reale deu início a uma precoce atividade intelectual, se tornando um dos principais ideólogos e fundadores, ao lado de Plínio Salgado (1895-1975), da Ação Integralista Brasileira, a versão pátria do fascismo que encontrou seu auge naquela década. O Integralismo também agregaria outros filósofos às suas forças, como Goffredo da Silva Telles Júnior (1915-2009), jurista e filósofo da Faculdade de Direito da USP (Telles Júnior, 2008),[14] Roland Corbisier (1914-2005) (Corbisier, 1978), jurista e filósofo, Álvaro Vieira Pinto (1909-1987) (Pinto, 1960), médico, físico e matemático, dentre outros. À época, Reale produziu alguns de seus primeiros textos permeado por um pensamento autoritário e crítico ao liberalismo. Com o passar dos anos, seu engajamento político se afastou da doutrina fascista, mas ele permaneceu fiel a um pensamento autoritário e conservador. Em 1969, ele seria indicado pelo Presidente Artur da Costa e Silva para a "Comissão de Alto Escalão" encarregada da revisão da Constituição de 1967. Esse expediente concluiu a redação da Emenda Constitucional nº 1, de 17 de outubro de 1969, que consolidou o Regime Militar no país restringindo diversos direitos civis e políticos; tratava-se, de facto, de uma nova constituição escrita pelos militares.

Além de sua coleção de trabalhos voltados ao ensino e disseminação que lhe deram notoriedade (e ainda vendidos à torto e à direito),[15] Reale pode

[14] Vide também Telles Júnior, 2003.

[15] Por exemplo, Reale, 1953, 1968 e 1973. Alguns destes se encontram disponíveis em tradução para o espanhol, italiano e francês.

ser considerado um "pensador livre" da filosofia do direito, em comparação com autores que valorizavam os rigores de uma filosofia mais acadêmica e "técnica", mas ostenta uma indiscutível influência no pensamento e estilo filosófico e jurídico brasileiro. De acordo com sua abordagem culturalista (comumente chamada Culturalismo), o Direito não seria um fato social, mas antes um **produto cultural** marcado por sua conexão com valores sociais. Assim, a ciência do direito não deveria seguir a metodologia das ciências naturais, mas antes das ciências sociais. Sua **Teoria Tridimensional do Direito**, combinando influências do neo-kantismo de Radbruch e as noções de *Lebenswelt* e intencionalidade de Husserl, propõe uma superação do positivismo *lato sensu* dominante nas academias brasileiras de direito, tratando o Direito como um fenômeno composto de três dimensões: fato, valor e norma. Para ele, tanto o sociologismo (*i.e.*, Leon Duguit) quanto o normativismo (*i.e.*, Kelsen) e o Direito Natural (*i.e.*, Jean Maritain) ofereciam uma visão unilateral do direito. A teoria tridimensional do direito de Reale é baseada em uma fusão eclética destas três principais fontes da teoria do direito moderna e buscava superar a abordagem que propunha que fato, valor e norma deveriam ser tratados de modo dialético e dinâmico ("dialética da complementariedade"). De seu ponto de vista, valores são produtos da História. Todavia, uma vez criados e culturalmente aceitos, tornam-se "invariáveis axiológicas" e afetam a comunidade do direito. O Direito Positivo é para ele um fato a ser analisado a partir de suas três dimensões. Assim, os valores se tornam historicamente concretos nos fatos e nas relações intersubjetivas normativamente reguladas. Central para alcançar este ponto é o nem sempre claro conceito de dialética.

Essa concepção de Direito esteve na base, por muitos anos, das aulas de Introdução ao Estudo do Direito, só tendo recentemente perdido este papel central nos estudos acadêmicos da Filosofia do Direito. Seu sincretismo filosófico comumente dificulta a compreensão clara de suas ideias por parte dos intérpretes. Como Tércio Sampaio Ferraz Jr. diplomaticamente coloca, a produção e os cursos oferecidos pelo Professor Miguel Reale eram profundamente diferentes daqueles prevalentes na Faculdade de Filosofia da USP:

> Numa certa altura, comentei com o Celso que os seminários que o professor Miguel Reale promovia não tinham nada a ver com o estudo da filosofia, e ele me retrucou que eu estava sendo muito parcial. De fato, o estudo a que eu estava acostumado na Faculdade de Filosofia era orientado pelo ângulo dos

> estruturalistas franceses, era estudar história da filosofia, estudar os sistemas filosóficos, com todo o rigor possível, enquanto o estilo do professor Miguel Reale era completamente aberto. O curso que ele estava dando na época, por exemplo, era sobre Vico, mas não havia aquela preocupação de rigor na interpretação de seu sistema filosófico; o que importava era pensar os problemas que Vico levantava. A princípio, achei isso muito estranho, mas aos poucos fui percebendo que ele simplesmente estava fazendo uma coisa diferente – e por que não? (Nobre; Rego, 2000, p. 272).

A inegável liderança intelectual de Reale fez dele o exemplo ideal de filósofo retórico, herdeiro do antigo estilo bacharelista e representante máximo do espírito pejorativamente descrito como "filosofante" pelos filósofos da Faculdade de Filosofia da USP. O contraste político, ideológico e metodológico marcaria as distâncias entre os "estilos" de filosofar, e daria vida a respostas críticas do próprio Reale, que as expressou após a abertura de um dos congressos de filosofia que organizara: "[c]ontra essa iniciativa pronunciaram-se certos círculos habituados apenas a pensar o já pensado alhures, até o ponto de se declarar que a história da Filosofia no Brasil não passava da sequência das influências recebidas, e seus mentores arrogantemente nos negaram o título de filósofos, apelidando-nos de 'filosofantes'"[16].

Em 1949, Reale fundou o Instituto Brasileiro de Filosofia – IBF, bastante influente entre os intelectuais brasileiros e que serviu de alternativa institucional à Faculdade de Filosofia da USP. Como Reale coloca: "em 1949, com o apoio de alguns pensadores integrados ou não nas universidades oficiais ou particulares, considerei imprescindível criar um organismo capaz de entrelaçar nossos cultores de filosofia para um grande diálogo nacional. Foi essa a origem do Instituto Brasileiro de Filosofia, com a criação da Revista Brasileira de Filosofia, como órgão essencial de comunicação, sem preferência por qualquer doutrina, e aberta à colaboração de todos os interessados, pertencessem ou não aos quadros universitários. O ano passado, essa revista comemorou meio século de existência, com a publicação trimestral, até agora, de 206 fascículos, cada um com cerca de cento e vinte páginas"[17].

[16] Reale, Miguel. A filosofia no Brasil. **Professor Miguel Reale**, 2012. Disponível em: http://www.miguelreale.com.br/artigos/filobras.htm. Acesso em: 12.03.2021.

[17] Reale, Miguel. A filosofia no Brasil. **Professor Miguel Reale**, 2012. Disponível em: http://www.miguelreale.com.br/artigos/filobras.htm. Acesso em: 12.03.2021.

O IBF organizou alguns congressos nacionais de filosofia[18] e aglutinou intelectuais de várias matrizes filosóficas e ideológicas, especialmente "estilos filosóficos" distintos. Em nota histórica, Reale nota que "[n]o IBF congregaram-se pensadores de todas as doutrinas, desde a dialética hegeliana de Djacir Menezes (1907-1996) até o 'intuicionismo da ação' de Blondel seguido por João de Scantimburgo (1915-2013). Se fui fundador do IBF, pude contar com a estupenda equipe formada por Luis Washington Vita (1921-1968), Vicente Ferreira da Silva (1916-1963), Renato Cirell Czerna (1922-2005), Heraldo Barbuy (1913-1979), Vilém Flusser (1920-1991), Milton Vargas (1914-2011), Teófilo Siqueira Cavalcanti, Roque Spencer Maciel de Barros (1927-1999), Adolpho Cripa (1929-2000) e Lourival Vilanova (1915-2001), depois enriquecida por Antonio Paim (1927-2011).[19] Vicente é sem dúvida o maior metafísico existencial da língua portuguesa. Luis Washington foi o grande artífice da união dos pensadores brasileiros e portugueses, que culminou, mais tarde, com a fundação do Instituto de Filosofia Luso-Brasileira".[20]

O IBF e a Revista Brasileira de Filosofia (RBF) permaneceram vivas, especialmente durante os anos 80, reunindo pensadores de origens diversas, particularmente aqueles afastados da tradição inaugurada com a fundação da Faculdade de Filosofia da USP. Ao lado do IBF, o Instituto Superior de Estudos Brasileiros – ISEB também cumpriu papel unificador do pensamento social brasileiro. O ISEB foi fundado em 1955 por um grupo de intelectuais nacionalistas ligados ao Ministério da Educação e da Cultura, empoderado com autonomia administrativa, liberdade de pesquisa, opinião e cátedra para o estudo, ensino e disseminação das ciências sociais. Funcionou como um centro de ideias cujo principal objetivo era a discussão de teorias do desenvolvimento e, em princípio, a função de validação da ação estatal durante os anos da administração de Juscelino Kubitschek (1956-1961). Do ponto de vista metodológico, embora muitos de seus membros fossem egressos de universidades, uma certa tensão permanecia com a metodologia do grupo da USP devido a acusações de falta

[18] Reale participou diretamente da organização de sete Congressos Brasileiros de Filosofia (entre 1950 e 2002) e do VIII Congresso Interamericano de Filosofia (Brasília, 1972).

[19] Principais trabalho relacionados à Filosofia do Direito: Menezes, 1980; Vita, 1950; Czerna, 1999.

[20] Reale, Miguel. Panorama filosófico brasileiro. **Professor Miguel Reale**, 2005. Disponível em: http://www.miguelreale.com.br/artigos/panfilbr.htm. Acesso em: 12.03.2021.

de enquadramento filosófico teórico adequado de alguns de seus membros. Os filósofos do grupo eram Miguel Reale, Álvaro Vieira Pinto (1909-1987) e Roland Corbisier (1914-2005), este último graduado na Faculdade de Direito da USP e na Faculdade de Filosofia São Bento. Estes três forjaram uma relação de descolamento e desdém pela filosofia uspiana semelhante àquela já existente dentre os membros do IBF.

De fato, o diálogo entre o IBF e os intelectuais da Faculdade de Filosofia, Ciências e Letras da USP havia sido escarço. A respeito da relação entre as duas instituições, José Arthur Giannotti (1930-2021), uma das principais vozes da Faculdade de Filosofia diria:

> Embora a oposição entre direita e esquerda fosse muito polarizada, havia muita conivência (de membros da classe dominante?) entre os grupos mais jovens; os ressentimentos ainda não estavam solidificados. Dadas as nossas raízes francesas, nós desenvolvemos a tática de não nos envolver diretamente em debates com coisas brasileiras: seríamos diferentes, faríamos outro tipo de filosofia, e esse outro tipo iria se espalhando como mancha de óleo. Portanto, passamos simplesmente a ignorar publicamente o que eles faziam – não tanto por desprezo, mas por essa diferença de estilo, precisamente para marcar e consolidar nosso modo de ser. De vez em quando chegávamos a 'trocar uns tapas', mas isso não produzia maiores consequências em nenhum dos lados (Nobre; Rego, 2000, p. 99-100).

Assim, filósofos treinados ou profissionais não tinham interesse nas manifestações teóricas de seus colegas "filosofantes" [como eram chamados com desprezo os filósofos congregados em torno do IBF]. Do ponto de vista daqueles que se formavam na Filosofia-USP, os filósofos do direito apareciam como o resultado do subdesenvolvimento intelectual de um país ainda não emancipado culturalmente, uma vítima da superficialidade pedante e do sincretismo ideológico e metodológico capaz de mesclar elementos de escolas de pensamento conflitantes sem qualquer necessidade de prover explicações a este respeito ao leitor. Os filósofos do direito ligados ao ISEB e ao IBF, por outro lado, criticavam a "alienação" dos quadros da Faculdade de Filosofia (USP) com relação aos problemas nacionais, bem como seu pouco interesse pelo Direito e seus problemas próprios, muitas vezes não entendendo neste nenhum interesse filosófico, mas antes uma mera expressão da "ideologia" jurídica. Foram acusados, ademais, de serem excessivamente movidos a uma interpretação filosófica específica sobre a

História da Filosofia. Essa dimensão excessivamente técnica (*i.e.*, a preocupação exacerbada com a precisão e com métodos de interpretação filosófica) seria mais tarde admitida por alguns deles. Paulo Arantes (1942-), por exemplo, diz mesmo que "encontrávamos nossa verdade apresentando-nos mais modestamente como **técnicos da inteligência filosófica**" (ARANTES, 1988 [confirmar], p. 183, minha ênfase), enfatizando ironicamente suas obsessões intelectuais.

Essa ignorância e indiferença mútua, esta falta de diálogo proposital, foi ainda mais fortalecida a partir dos anos 60, devido a um evento histórico decisivo que veio a demandar o posicionamento ideológico dos intelectuais da época, exacerbando as diferenças já existentes: a tomada do poder pelos militares em 1964.

5. A Década de 1960: Caminhos Cada Vez Mais Distantes

O regime militar teve início no Brasil com o golpe conduzido pelas Forças Armadas em 31 de março de 1964, perdurando até 1985. Já em outubro desse ano, o governo passou a Lei Suplicy, extinguindo a União Brasileira dos estudantes (UNE), bem como banindo qualquer associação estudantil a nível estadual. A ideia que a ditadura buscava comunicar era da defesa da democracia contra seus principais inimigos, os comunistas. A resposta de alguns grupos de esquerda na forma de resistência armada deu brecha à expansão e endurecimento dos aparatos de repressão política, deixando profundas feridas na academia e entre os intelectuais brasileiros. Perseguições, prisões, exílio e aposentadorias compulsórias afetaram as vidas de muitos engajados com a filosofia e colocaram a questão da democracia no centro da militância de muitos intelectuais que se opunham à ditadura.

Em São Paulo, o pensamento de esquerda penetrou nas filas da Faculdade de Filosofia, Ciência, e Literatura da USP, enquanto a linha mais conservadora, aliada ao regime militar, encontrou morada na Faculdade de Direito da Universitária Presbiteriana Mackenzie. Tensões ideológicas e políticas logo se acentuaram. As faculdades de direito da USP, PUC (Pontifícia Universidade Católica) e Mackenzie, as mais importantes de São Paulo, forneceram um bom número de intelectuais que apoiaram e advogaram pela ditadura, incluindo alguns professores, como Miguel Reale e Alfredo Buzaid. Em outros estados da Federação, uma associação entre Direito e direita, e Filosofia acadêmica e esquerda, também foi forjada.

Nestes locais, as faculdades de direito se tornaram o *locus* privilegiado de produção de pensamento conservador.

O novo momento político agravou o distanciamento entre os "juristas-filósofos" e a "filosofia acadêmica" produzida pela Missão Francesa. Pensamentos políticos (e filosóficos) de direita e esquerda encontravam-se em seus *loci* privilegiados, as faculdades de Direito e Filosofia, respectivamente. Em São Paulo, o antagonismo era exemplar, uma vez que o mais proeminente dos "juristas-filósofos", Miguel Reale, apoiou diretamente o regime militar. Esse viés se reproduziu, embora de modo atenuado, nos demais estados.

Se já havia uma lacuna entre as faculdades por conta da abordagem filosófica, apartada até certo ponto de questões práticas, o regime militar a expandiu ainda mais. A tensão evidente entre as posições institucionais e ideológicas agravaram a já existente diferença metodológica. Essa lacuna, todavia, não era meramente metodológica, uma vez que influências maiores nas faculdades de filosofia, como o marxismo e a fenomenologia – em suas versões francesas como a de Sartre e Merleau-Ponty – eram menos sentidas nas escolas de direito, dominadas por um culturalismo eclético que encontrava inspiração em fontes diversas, como Husserl, Stammler, Emil Lask e na Escola de Baden.

Esse contexto geral assistiu ainda ao desenvolvimento de trabalhos fortemente influenciados por uma leitura das principais obras dos positivistas jurídicos "pré-hartianos", especialmente Hans Kelsen, Norberto Bobbio e, em um grau menor, o realismo escandinavo de Alf Ross, bem como as correntes preocupadas com os problemas da lógica jurídica. Entre os representantes deste momento, estavam Tarcísio Burity (1938-2003) (1988) e Lourival Vilanova (1997). O trabalho do segundo, neste contexto, deve receber destaque acentuado, já que presenta o primeiro esforço sistemático de construção de uma teoria analítica das normas de inspiração kelseniana. Estas leituras de Kelsen, embora questionáveis em certa medida, deixaram uma impressionante marca na produção teórica de áreas específicas do direito, como no Direito Administrativo e Tributário. Esta última, inclusive, tornou-se, surpreendentemente, uma das áreas privilegiadas de publicação no campo da teoria jurídica nos últimos anos.[21]

[21] Alguns exemplos são Paulo Barros de Carvalho (1938-), Celso Antônio Bandeira de Mello (1934-), Geraldo Ataliba (1936-1995), dentre outros. Sobre o assunto, vide SUNDFELD, 2005.

Embora o novo ambiente político não tenha ajudado na mescla da produção das faculdades de filosofia e direito, seria melhor caracterizar o período como sendo de um desinteresse mútuo: os filósofos não se preocupavam com as produções das faculdades de direito, e talvez nem mesmo com o Direito em si – menos quando este adquiria um caráter de clássico, como nos trabalhos de Hegel e Kant –, e os juristas igualmente ignoravam o que se produzia nos cursos de filosofia.

Apesar das diferenças significativas, ambos os movimentos foram afetados de forma adversa pela sua falta de produção nacional. Em outras palavras, a ausência de uma filosofia brasileira, fosse ela geral ou jurídica.[22] A produção filosófica nacional havia, ao longo de todo o século XX, assumido um caráter popularizante e panfletário.[23] A filosofia do direito não poderia ter tido outro destino.

6. O Começo de um Diálogo Difícil e uma Arriscada Análise do Momento Atual

De um certo ponto em diante neste nosso esboço da Filosofia do Direito no Brasil no último século, um fato interessante levou a uma mudança de rumos. Um grande número de intelectuais europeus e norte-americanos, de eminente formação filosófica, reviveram o interesse no Direito. O testemunho de Jürgen Habermas sobre a reavaliação desta disciplina é significativo:

> Há muito tempo, a filosofia do direito na Alemanha não é mais assunto de filósofos. (...) Não é causal que a filosofia do direito, na medida em que ainda procura entrar em contato com a realidade social, tenha migrado para as faculdades de direito. (...) O que, na época, pôde ser reunido nos conceitos da filosofia hegeliana exige hoje uma maneira de proceder que seja metodologicamente pluralista, em que se combinem as perspectivas da teoria do direito, da sociologia e da história do direito, da teoria moral e da teoria social (Habermas, 2020, p. 25).

[22] Esse parece ser o diagnóstico geral de boa parte da intelectualidade filosófica brasileira. Vide Nobre, 2000, especialmente os testemunhos de Paulo Arantes e Bento Prado Jr.

[23] Como aponta Bento Prado Jr.: "Here, we also do Marxism, phenomenology, existentialism, positivism, etc ... within their own system: their cohesion always come from the outside" (Prado Júnior, 1985, p. XXX).

A crescente importância do constitucionalismo moderno e, em particular, das leituras morais do direito, vieram a renovar o interesse de filósofos e juristas em temas comuns. De certa maneira, o novo constitucionalismo e o papel dos princípios na interpretação do direito constitucional funcionaram como porta de entrada ao debate filosófico nas faculdades de direito.

De outro lado, a reavaliação da agenda de discussões na filosofia política (Teorias da Justiça) e filosofia moral redirecionaram o interesse da academia filosófica a temas jurídicos, abrindo espaço a um diálogo mais frutífero entre filósofos do direito e filósofos acadêmicos. O impacto notável do trabalho de John Rawls na agenda da filosofia política também deixou marcas em solo brasileiro, onde os textos de filósofos internacionais maiores como Amartya Sen, Ronald Dworkin, Jürgen Habermas e Charles Taylor estão hoje disponíveis em traduções na língua portuguesa. Ademais, alguns problemas e questões jurídicas sob juízo em nossos tribunais requerem, mais do que nunca, uma expertise tanto técnica quanto filosófica, afora o conhecimento de problemas técnico-jurídicos.

Sob outra ótica – e em linha com a citação de Habermas transcrita no início deste capítulo – os problemas centrais da filosofia da linguagem foram certamente incorporados nos temas de filosofia moral e do direito, especialmente após a publicação de **O Conceito de Direito** e o debate dominante subsequente na filosofia anglo-saxã e continental do direito. Esse fato atualizou a teoria do direito promovida antes da "virada linguística" a respeito de temas e desafios prevalentes nas escolas de filosofia. Um caso exemplificativo deste momento é a medida na qual os pensamentos de H. L. A. Hart, Neil MacCormick e Robert Alexy estão ligados ao âmago do debate filosófico contemporâneo, que por sua vez se estrutura em torno da filosofia da linguagem e autores como Habermas, Wittgenstein, Heidegger, Gadamer, Searle, Bernard Williams, John Rawls etc. Somando a este fato o inegável processo de globalização da produção jurídica e filosófica, bem como a expansão de meios tecnológicos de acesso a discussões de temas nevrálgicos nos países centrais, permitiu-se a construção de uma agenda de discussão nacional atualizada em relação à internacional. Note-se também que este relativamente tardio processo de tradução de textos anglo-saxões (iniciados há muito nos países latino-americanos de língua espanhola, em especial Argentina, Colômbia e México) permitiu o reagendamento de referências teóricas historicamente relacionados à produção italiana (notadamente, Del Vecchio, Norberto Bobbio e Santi

Romano), francesa (Duguit, Hariou), ou mesmo alemã, em menor grau (à exceção da forte influência no direito penal e civil). Esta influência teve início em regiões do país onde a imigração alemã trouxe certa proximidade linguística a essa cultura (Welzel, Wieacker etc.) predominante nos anos 60. Hoje em dia, por outro lado, Claus Roxin, Günther Jakobs e Bernd Schünemman são alguns dos autores amplamente estudados e discutidos no direito penal brasileiro, enquanto quase nada é dito sobre as escolas de criminologia norte-americanas. De modo geral, todavia, pode--se dizer que há uma crescente influência do pensamento jurídico e filosófico anglo-saxão.

Ainda predomina – e compreensivelmente, após a consideração da realidade de educação em massa que prevalece na maior parte das quase 1,500 faculdades de direito em operação no Brasil –, uma forma bacharelista e ultrapassada de disseminação das modas filosóficas europeias e estadunidenses, que pouco difere das práticas gerais e superficiais do passado. De toda forma, afora esse grande mercado de disseminação e simplificação educacional, uma agenda comum aos poucos emerge dentre estes juristas mais preocupados com as demandas de rigor acadêmico impostas pelos ideais de pesquisa e metodologia. A este ponto, algumas arenas de debate real começam a promover publicações, congressos e discussões que buscam desaviar a lacuna histórica que se desenvolveu entre a filosofia dos juristas e a filosofia das universidades.

Alguns sinais dessa mudança já podem ser notados no vívido mercado de tradução de trabalhos da teoria do direito, na vasta produção de teses sobre o tema nas faculdades de direito, ciências políticas e filosofia, acompanhada de um incipiente cenário de diálogo institucional. Pouco a pouco, livrarias substituem os livros de filosofia do direito por "produções filosóficas dos juristas, para juristas"; disponibilizam livros de autoria de filósofos, mas também de juristas. Diversos trabalhos foram traduzidos diretamente ao português, introduzindo o público a obras até então desconhecidas, ou que aqui haviam chegado por meio de suas traduções ao espanhol. Essas mudanças popularizaram livros de teoria do direito de melhor qualidade técnica e acadêmica, e serviram como elemento de modernização do modelo de educação jurídica, ainda presa à tradição bacharelesca que remete ao início do século passado.

Deve ser notado que a Associação Brasileira de Programas de Pós-Graduação em Filosofia (ANPOF) recentemente criou grupos sobre Teoria da

Justiça, Filosofia, Direito, Ética e Filosofia Política, reunindo pesquisadores do direito e da filosofia. Algumas publicações também começam a refletir essa convergência. Também há de se frisar que, de um ponto de vista institucional, a filosofia do direito no Brasil gradualmente se desenvolve a partir de um estado de isolamento em relação aos demais países latino-americanos. Com algumas raras exceções, sendo Miguel Reale a mais evidente destas, poucos autores latino-americanos são lidos no Brasil, e poucos brasileiros exercem qualquer influência alhures. O intercâmbio acadêmico entre Brasil e América Latina ainda é embrionário e pouco prestigiado. O mesmo não pode ser dito sobre outros países, como a Argentina, com mais marcada tradição de estudos na Filosofia do Direto e que exercem impacto em outros também hispanófonos. É o caso de Genaro R. Carrió (1922-1997), Eugenio Buligyn (1931-), Ernesto Garzón Valdés (1927-), Carlos E. Alchurrón (1931-1996), Carlos Santiago Nino (1943-1993), *inter alia*. Ademais, estes e outros intelectuais cumpriram papel de promotores de intercâmbios internacionais, especialmente com países anglófonos, o que demorou mais para surgir no Brasil.

As perspectivas do presente são sempre limitadas para uma avaliação adequada das mudanças identificáveis no panorama da filosofia do direito no Brasil. A curto prazo, não é fácil apontar os efeitos dessas agendas interligadas da filosofia dos filósofos e a dos juristas. Embora o intercâmbio entre juristas brasileiros e universidades europeias e norte-americanas tenha se fortalecido, assim renovando os paradigmas metodológicos da pesquisa em direito, restam ainda poucos canais para o diálogo e colaboração entre faculdades de filosofia e de direito no Brasil. As ementas de disciplinas ainda se distanciam muito entre os campos, a cisão metodológica permanece forte e mesmo uma distinção profissional é notada, uma vez que poucos professores de filosofia do direito são integralmente dedicados ao trabalho acadêmico.

Esse é um fato que em muito influencia o tipo escolar e superficial da literatura que se encontra nas livrarias do país. Esse grande número de trabalhos introdutórios ou no estilo de manuais de filosofia do direito se multiplicou a um ritmo assustador graças a um fator sociológico importante: a florescente quantidade de faculdades de direito no Brasil nos anos recentes. De 165 faculdades em 1991, passou-se a mais de 1,200 já em 2012, hoje atingindo a impressionante marca de 1,500 centros. Todo ano, mais de 120,000 novos bacharéis em direito se formam nestas instituições.

As oportunidades oferecidas pelo mercado editorial e pela pequena comunidade acadêmica guiada por um estilo filosófico mais rígido promoveu a permanência da antiga forma bacheralista, marcada tanto por compilações doxográficas quanto por sumarizações lineares de ideias e leituras superficiais de autores referência. Evidentemente, as novas formas são distintas daquelas do passado, porém o modo de apropriação se mantém, em sua essência, o mesmo.

Dentre as correntes filosóficas representadas nesse sincreticamente dividido do mundo da filosofia e sociologia jurídica, há espaço para a produção metodologicamente eclética, com influências do estruturalismo francês de Foucault, Derrida, Deleuze, a Escola de Frankfurt (Adorno, Horkheimer, Marcuse, Habermas), a teoria dos sistemas (Niklas Luhmann e Günther Teubner) e o marxismo. Os estudos críticos do direito [*Critical Legal Studies* – CLS], por sua vez, tiveram uma influência limitada na academia brasileira. Todavia, é relevante traçar alguns comentários sobre o pensamento de Roberto Mangabeira Unger (1947-). Cidadão brasileiro diplomado na Universidade Federal do Rio de Janeiro, desenvolveu sua carreira acadêmica na *Harvard Law School*, onde tem lecionado pelas últimas cinco décadas. Lá, juntamente com Duncan Kennedy, Mark Tushnet e Morton Horwitz, foi uma das principais figuras do movimento dos CLS, marcante dentro do pensamento jurídico norte-americano, principalmente nas décadas de 1970 e 1980. Unger escreveu diversos livros sobre teoria social, pensamento jurídico e econômico, alternativas políticas e filosofia, nos quais desenvolve os ideais de uma sociedade democrática-radical aberta ao experimentalismo institucional. Um de seus principais focos teóricos é como planejar a reconciliação de uma política transformadora com novos arranjos alternativos para o desenvolvimento econômico. Sua contribuição à teoria do direito esteve focada na crítica do consenso metodológico hegemônico no pensamento contemporâneo. Curiosamente, Mangabeira Unger é um pensador do direito que se encontra fora dos círculos acadêmicos nacionais. Embora possa ser o teórico do direito brasileiro mais citado (também por escrever e publicar principalmente em inglês), sua influência teórica é maior no exterior do que no próprio Brasil.

No contexto dos anos 70, devemos ainda trazer atenção à presença e influência de Luis Alberto Warat (1941-2010), um jurista argentino radicado no Brasil, professor e um dos fundadores do programa de pós-graduação em direito da Universidade Federal de Santa Catarina. Sua presença (e, em particular, seus trabalhos sobre direito e linguagem, educação e epistemologia jurídica), combinada com a nova geração de juristas dedicados à teoria do direito, tornaram este programa uma nova referência nacional, em especial para estudos críticos do direito e **Uso Alternativo do Direito**. Este último, inclusive, tem sido mais proximamente associado com a prática jurídica do que com a educação formal dos juristas.

Muito embora possa fugir do escopo deste artigo analisar a sociologia jurídica no Brasil no século XX, é interessante notar que um fenômeno, possivelmente semelhante àquele descrito a respeito da filosofia, permitiu uma aproximação da pesquisa feita por sociólogos, juristas, e sociólogos do direito. Diversos protagonistas desse movimento no Brasil, incluindo José Eduardo Faria (1949-), Joaquim Arruda Falcão (1943-), José Reinaldo de Lima Lopes (1952-), Celso Campilongo (1957-) e Cláudio Souto (1931-), são intelectuais também responsáveis pelo ensino e publicação de trabalhos na área da filosofia do direito.[24] Grupos de estudo a respeito do tema incluem o Grupo de Trabalho Direito e Sociedade, afiliado à Associação Brasileira de Estudos de Pós-Graduação e Pesquisa nas Ciências Sociais – a qual, até 1989, recebia reuniões com grupos de estudo, professores e pesquisadores preocupados com o estudo crítico da relação entre direito, sociologia, política e filosofia; o Instituto de Direito Alternativo, organizador de seminários e conferências, disseminando as práticas alternativas do direito; o Grupo de Magistrados do Rio Grande do Sul, um centro fundado com o intuito de discutir o Direito Alternativo; e a Associação de Juízes pela Democracia, que busca trazer à atenção dos juízes o seu papel privilegiado para a proteção de direitos humanos e para os instrumentos à emancipação de grupos sociais menos favorecidos.

Também deve ser apontado que a luta política contra a ditadura trouxe à tona um debate efervescente e estimulou a produção teórica e social brasileira a respeito dos temas de Legitimidade e Democracia. Assim, os esforços de intelectuais nas áreas das Ciências Sociais, História, Filosofia e Direito deram luz a importantes trabalhos teóricos sobre a realidade brasileira, os quais repercutiram na agenda jusfilosófica.[25] Esta é também uma das razões pelas quais os livros de Norberto Bobbio (assim como de

[24] Suas obras incluem: Faria, 2010; Falcão; Souto, 1980; Campilongo, 2001; Souto, 1997.

[25] Dentre eles, Cardoso, 1975; Weffort, 1984; Coutinho, 1984.

Antonio Gramsci) se tornariam bastante populares no Brasil. A outra razão seria a forte influência exercida pelo positivismo kelseniano na academia nacional, o qual o autor italiano ajudou a difundir.

Também como parte da pesquisa interna às faculdades de direito, novas instituições surgem indicando a crescente complexidade e diversidade do pensamento jurídico e filosófico brasileiro. Dentre estas, podemos citar: a ABRAFI (Associação Brasileira de Filosofia e Sociologia do Direito), fundada em 2011; o Instituto Jacques Maritain do Rio Grande do Sul – dedicado à disseminação de conceitos católicos inspirados pelo trabalho de seu patrono Jacques Maritain, assim como de John Finnis; e o refundado Instituto Brasileiro de Filosofia, encabeçado por Tércio Sampaio Ferraz Jr. e Celso Lafer. De forma convergente, vem o Instituto Brasileiro de História do Direito – IBHD, fundado em 2002, organizando e promovendo cursos, conferências, seminários, publicações, projetos de pesquisa e congressos com o intuito de encorajar a discussões acerca da História do Direito e áreas correlatas. O grupo de pesquisa Direito e Democracia, criado no âmago do Centro Brasileiro de Análise e Planejamento (CEBRAP) – um centro extremamente prestigiado e fundado em 1969 por Fernando Henrique Cardoso e outros influentes teóricos sociais brasileiros –, tem reunido teóricos das faculdades de direito e filosofia com comum interesse na teoria do direito em uma pesquisa centrada na teoria do direito e democracia de Habermas.

Finalmente, de maneira paralela a estes esforços institucionais, deve ser notado que alguns trabalhos e empenhos individuais de ensino no campo da filosofia do direito também contribuíram à expansão e sofisticação da produção jusfilosófica brasileira. Alguns trabalhos de teoria aplicada do direito igualmente representam o resultado de um avanço das discussões de teoria jurídica no país, especialmente na área de teoria constitucional e, em particular, na da intepretação jurídica.[26]

Muitos destes autores são influenciados pelo pensamento de Robert Alexy, Ronald Dworkin e Joseph Raz, dentre outros. Diversos autores estão engajados nestes esforços, mas ainda pode ser cedo demais para julgar os resultados. De todo modo, deve ser notado que este envolvimento pode ser notado em diversos estados brasileiros, contrastando com a prática do

[26] Os seguintes representam esses esforços: Silva, 2005; Ávila, 2003; Vieira, 1999; Dimoulis, 2006; Macedo Júnior, Ronaldo Porto; Barbieri, 2011.

passado, onde alguns poucos estados desenvolvidos virtualmente monopolizavam a produção e disseminação da filosofia do direito. Todavia, a produção ainda é bastante desbalanceada em termos de qualidade e comprometimento metodológico.

Pode-se presumir, e desejável seria esperar, que estes esforços marquem um novo estágio de produção na Filosofia do Direito, a institucionalizando e profissionalizando, tornando-a mais técnica e menos amadora ou diletante, direcionando suas discussões aos temas jurídicos brasileiros. Contudo, esse cenário traduz mais fielmente um otimismo prospectivo do que uma realidade consolidada. A globalização instituiu desafios às antigas ambições de produção de uma filosofia **genuinamente** nacional. Por conta disso, talvez a antiga pretensão de formação de uma **teoria do direito brasileira** deva ser substituída pela aspiração ao estabelecimento de uma teoria jurídica e filosófica diretamente engajada e interessada nos problemas da realidade jurídica brasileira.

Referências

Adorno, Sérgio. **Os aprendizes do poder**: o bacharelismo liberal na política brasileira. Rio de Janeiro: Paz e Terra, 1988.

Arantes, Paulo Eduardo. "O bonde da Filosofia. Aspectos da cultura filosófica uspiana nos últimos anos da Rua Maria Antonia (1965-1968)", in Loschiavo dos Santos, Maria Cecília (org.). **Maria Antonia, uma rua na contramão**. São Paulo: Nobel, 1988.

Arantes, Paulo Eduardo. **Hegel**: a ordem do tempo. 2. Ed. São Paulo: Hucitec, 2000.

Arantes, Paulo Eduardo. **Um departamento francês de ultramar, estudos sobre a formação da cultura filosófica uspiana (uma experiência nos anos 60)**. São Paulo: Paz e Terra, 1994.

Ávila, Humberto. **Teoria dos Princípios**. São Paulo: Malheiros, 2003.

Barros, Ricardo Alexandre da Cruz. **A ilustração brasileira e a idéia de universidade**. São Paulo: EDUSP, 1927. [Referência está errada]

Bonavides, Paulo. **Reflexões**: Política e Direito. São Paulo: Malheiros, 1998.

Bornheim, Gerd. **Metafísica e Finitude**. São Paulo: Perspectiva, 2001.

Burity, Tarcísio. **Kelsen e o Direito internacional consuetudinário**. João Pessoa: Editora A União, 1988.

Cacciola, Maria Lucia Mello e Oliveira. "O intuitivo e o abstrato na filosofia de Schopenhauer", in Salles da Silva, João Carlos (org.). **Schopenhauer e o idealismo alemão**. Salvador: Quarteto, 2004.

Campilongo, Celso Fernandes. **Direito na sociedade complexa**. São Paulo: Max Limonad, 2001.

Cardoso, Fernando Henrique. **Autoritarismo e Democratização**. Rio de Janeiro: Paz e Terra, 1975.

CHAUÍ, Marilena. **A Nervura do Real – Imanência e Liberdade em Espinosa**. São Paulo: Cia. das Letras, 1999.

COELHO, Luiz Fernando. **Teoria crítica do direito**. Belo Horizonte: Del Rey, 2002.

CORBISIER, Roland. **Filosofia política e liberdade**. Rio de Janeiro: Paz e Terra, 1978.

COSTA, João Cruz. **Contribuição à história das idéias no Brasil**. Rio de Janeiro: José Olympio, 1956.

COUTINHO, Carlos Nelson. **A democracia como valor universal**. 2. Ed. Rio de Janeiro: Salamandra, 1984.

CZERNA, Renato Cirell. **Pensamento filosófico e jurídico de Miguel Reale**. São Paulo: Saraiva, 1999.

DIMOULIS, Dimitri. **Positivismo jurídico**: introdução a uma teoria do direito e defesa do pragmatismo jurídico-político. São Paulo: Método, 2006.

DWORKIN, Ronald (org.). **The Philosophy of Law**. New York: Oxford University Press, 1977.

FALCÃO, Joaquim Arruda; SOUTO, Cláudio (orgs.). **Sociologia e Direito**. São Paulo: Livraria Pioneira, 1980.

FARIA, José Eduardo. **Sociologia Jurídica, Direito e Conjuntura**. São Paulo: Saraiva, 2010.

FARIA, José Eduardo; CAMPILONGO, Celso Fernandes. **Sociologia jurídica no Brasil**. Porto Alegre: Fabris, 1991.

FAUSTO, Ruy. **Dialética marxista, dialética hegeliana**. Rio de Janeiro: Paz e Terra, 1997.

FERRAZ JÚNIOR, Tércio Sampaio. "A Filosofia do Direito no Brasil", **Revista Brasileira de Filosofia**, São Paulo, v. XLV, Fasc. 197 – Jan-Fev-Mar, 2000, p. 12-30.

FERRAZ JÚNIOR, Tércio Sampaio. **Estudos de filosofia do direito**. São Paulo: Atlas, 2002.

FERRAZ JÚNIOR, Tércio Sampaio. **Introdução ao estudo do direito**. São Paulo: Atlas, 1988.

FERREIRA, Waldemar. **Princípios de legislação social e direito judiciário do trabalho**. São Paulo: Freitas Bustos, 1938.

FORTES, Luis Roberto Salinas. **Rousseau**: da teoria à prática. São Paulo: Ática, 1976.

GIANNOTTI, José Arthur. **Certa herança marxista**. São Paulo: Cia. das Letras, 2000.

GIANNOTTI, José Arthur. **John Stuart Mill**: o psicologismo e a fundamentação lógica. Tese de Doutorado – Faculdade de Filosofia, Ciências e Letras da Universidade de São Paulo, 1960.

GOLDSCHMIDT, Victor. "Remarques sur la méthode structurale en histoire de la philosophie", **Revista Manuscrito**, v. V, n. 2, abr. 1982, Campinas.

HABERMAS, Jürgen. **Facticidade e Validade**: contribuições para uma teoria discursiva do direito e da democracia. 2 ed. São Paulo: Editora da Unesp, 2020.

LAFER, Celso. **A Reconstrução dos direitos humanos**. São Paulo: Companhia das Letras, 1988.

LAMOUNIER, Bolívar. "Formação de um pensamento político autoritário na Primeira República. Uma interpretação", in FAUSTO, Boris (org.). **História geral da civilização brasileira**. T. III – O Brasil Republicano, 2º vol. Rio de Janeiro: Bertrand, 1989.

LANDIM, Raul. **Evidência e verdade no sistema cartesiano**. São Paulo: Loyola, 1998.

LESSA, Pedro. **Dissertações e polêmicas**: estudos jurídicos. Rio de Janeiro: Tipografia do Jornal do Comércio, 1909.

LESSA, Pedro. **Estudos de filosofia do direito**. Rio de Janeiro: F. Alves, 1912.

LIMA LOPES, José Reinaldo Lima. **O Direito na História**: Lições Introdutórias. São Paulo: Max Limonad, 2000.

LIMA VAZ, Henrique. **Escritos de filosofia I**: problemas de fronteira. São Paulo: Loyola, 1986.

MACEDO JÚNIOR, Ronaldo Porto. "O método de leitura estrutural", in MACEDO JÚNIOR, Ronaldo Porto (org.), **Curso de filosofia política**. São Paulo: Atlas, 2008.

MACEDO JÚNIOR, Ronaldo Porto; BARBIERI, Catarina Helena Cortada (orgs.). **Direito e interpretação**: racionalidades e instituições. São Paulo: Saraiva, 2011.

MENEZES, Djacir. **Tratado de Filosofia do Direito**. São Paulo: Atlas, 1980.

MONTEIRO, João Paulo. **Hume e a epistemologia**. São Paulo: UNESP, 2009.

MONTORO, André Franco. **Estudos de filosofia do direito**. 4. ed. São Paulo: Saraiva, 2009.

MOURA, Carlos Alberto Ribeiro de. "Husserl: intencionalidade e fenomenologia", **Mente – Cérebro e Filosofia**, São Paulo, num. 5, 2007.

NADER, Paulo. **Filosofia do Direito**. Rio de Janeiro: Forense, 2000.

NOBRE, Marcos; REGO, José Márcio (ed.). **Conversas com filósofos brasileiros**. São Paulo: Ed. 34, 2000.

NOVAIS, Fernando. "Braudel e a 'missão francesa'", **Estudos Avançados**, São Paulo, vol. 8, num. 22, Set/Dez. 1994.

PAIM, Antonio. **História das idéias filosóficas no Brasil**. São Paulo: EDUSP, 1974.

PEREIRA DA SILVA, Oswaldo Porchat de Assis. **Ciência e dialética em Aristóteles**. São Paulo: UNESP, 2001.

PINTO, Álvaro Vieira. **Consciência e realidade nacional**. Rio de Janeiro: Instituto Superior de Estudos Brasileiros, 1960.

PRADO JÚNIOR, Bento. "O discurso do século e a crítica de Rousseau", **Almanaque**, São Paulo, n. 1, 1976.

PRADO JÚNIOR, Bento. **Alguns Ensaios**. São Paulo: Max Limonad, 1985.

REALE, Miguel. A filosofia no Brasil. **Professor Miguel Reale**, 2012. Disponível em: http://www.miguelreale.com.br/artigos/filobras.htm. Acesso em: 12.03.2021.

REALE, Miguel. **Filosofia do direito**. São Paulo: Saraiva, 1953.

REALE, Miguel. **Filosofia em São Paulo**. 2. ed. São Paulo: Grijalbo, 1972.

REALE, Miguel. **Lições preliminares de direito**. São Paulo: Saraiva, 1973.

REALE, Miguel. **O Direito como experiência**. São Paulo: Saraiva, 1968.

REALE, Miguel. Panorama filosófico brasileiro. **Professor Miguel Reale**, 2005. Disponível em: http://www.miguelreale.com.br/artigos/panfilbr.htm. Acesso em: 12.03.2021.

RIBAS, Antônio Joaquim. **Curso de Direito Civil Brasileiro**. Rio de Janeiro: J.R. dos Santos, 1915.

ROMERO, Silvio. **A filosofia no Brasil**: ensaio crítico. Porto Alegre: Tipografia de Deutsche Zeitung, 1878.

ROMERO, Silvio. **Ensaios de philosophia do direito**. Recife: Companhia Impressora, 1885.

SANTOS, Luiz Henrique Lopes dos. **O olho e o microscópio**: a gênese e os fundamentos da lógica segundo Frege. São Paulo: Nau Editora, 2008.

SCHWARTZMAN, Simon. **Formação da Comunidade Científica no Brasil**. São Paulo: Cia Editora Nacional, 1979.

SILVA, Luís Virgílio Afonso da (org.). **Interpretação constitucional**: Teoria & Direito Público. São Paulo: Malheiros, 2005.

SOUTO, Cláudio. **Tempo do direito alternativo**. Porto Alegre: Livraria do Advogado, 1997.

STEIN, Ernildo. **Seis estudos sobre ser e tempo**. Petrópolis: Editora Vozes, 2005.

SUNDFELD, Carlos Ary. "A ordem dos publicistas", **REDE**, Salvador, num. 1, Jan/Mar 2005.

TEIXEIRA DE FREITAS, Augusto. **Código Civil – Esboço**. Rio de Janeiro: Typographia Universal de Laemmert, 1864.

TEIXEIRA DE FREITAS, Augusto. **Consolidação das Leis Civis**. Rio de Janeiro, 1857.

TEIXEIRA, Lívio. **Ensaio sobre a moral de Descartes**. São Paulo: Brasiliense, 1990.

TELLES JÚNIOR, Goffredo da Silva. **Direito Quântico**: ensaios sobre o fundamento da ordem jurídica. 7. ed. São Paulo: Ed. Juarez de Oliveira, 2003.

TELLES JÚNIOR, Goffredo da Silva. **Iniciação na ciência do direito**. 4. ed. São Paulo: Saraiva, 2008.

TERRA, Ricardo. **Passagens**: estudos sobre a filosofia de Kant. Rio de Janeiro: UFRJ, 2003.

TORRES FILHO, Rubens Rodrigues. **O espírito e a letra**: a crítica da imaginação pura em Fichte. São Paulo: Ática, 1975.

VENÂNCIO FILHO, Alberto. **Das Arcadas ao Bacharelismo**. São Paulo: Perspectiva, 1977.

VIANNA, Francisco José de Oliveira. **Problemas de direito corporativo**. Rio de Janeiro: Livraria José Olympio Editora, 1938.

VIEIRA, Oscar Vilhena. **A Constituição e sua reserva de Justiça**. São Paulo: Malheiros, 1999.

VILANOVA, Lourival. **Estruturas lógicas e sistema de direito positivo**. São Paulo: Max Limonad, 1997.

VITA, Luis Washington. **A filosofia no Brasil**. São Paulo: Martins, 1950.

WEFFORT, Francisco. **Por que a democracia?**. São Paulo: Ed. Brasiliense, 1984.

19
FILOSOFIA DO DIREITO: UM CASO DE DILUIÇÃO ACADÊMICA?

Natan Carbone Ghosn de Carvalho

> O julgamento de qualquer caso exige, em direito, justificação, isto é, fundamento em regra de direito e em última instância fundamento de justiça. (...) Creio que é tarefa inescapável dos juristas e especialmente dos professores e alunos do direito: enfrentar outra vez essas questões. Não fazê-lo torna-nos intelectuais inúteis, meros instrutores de técnicas de negociação ou de contencioso, uma espécie perigosa de chicaneiros glorificados (Lopes, 2015, p. 917).

Introdução

Não é tarefa fácil demonstrar a conexão da Filosofia do Direito, enquanto disciplina acadêmica, com a prática jurídica.[1] É certo que os temas que são trazidos aos tribunais costumam ter múltiplas dimensões, algumas das quais não seriam devidamente elucidadas senão pela perspectiva da Filosofia do Direito. Entretanto, contextualizar um caso, com suas origens, possibilidades lógicas e implicações sociais, não se confunde necessariamente com oferecer respostas jurídicas a ele. Parece haver, no entendimento de

[1] Para os fins do presente texto, os termos Filosofia do Direito, teoria do direito e as expressões em inglês *jurisprudence* e *legal philosophy* podem ser tomados como sinônimos. A diferença entre eles não afeta a argumentação geral deste texto. Sobre possíveis distinções entre os termos cf., por todos, Cotterrell, 2014.

muitos, uma distância que separa essas duas grandes tarefas, não cabendo à Filosofia do Direito o papel de concorrer com disciplinas jurídicas chamadas **dogmáticas** (ou substantivas) no processo de formulação e fundamentação de soluções concretas.

De fato, há bons argumentos no sentido de que o horizonte teórico da Filosofia do Direito pode, frequentemente, estar distante da discussão de casos jurídicos. Ainda é muito forte a distinção, de antiga tradição, entre saber o que é o direito, enquanto fenômeno social, e saber qual a regra jurídica que se aplica a um caso concreto. Em diversos pontos de sua produção acadêmica, contudo, o professor José Reinaldo de Lima Lopes enfatizou as potencialidades da Filosofia do Direito também para a discussão de casos concretos. Essa posição me parece ainda mais importante no contexto atual de transição do ensino jurídico. Com o aumento da interdisciplinaridade, uma caracterização mais ambiciosa da Filosofia do Direito pode ajudá-la a não perder o modesto espaço que ocupa nos cursos jurídicos. Como resultado, além de maior atenção por parte de estudantes, talvez até mesmo um razoável número de profissionais se interesse mais por esses temas, algo que poderia ter um efeito muito positivo no próprio exercício de suas profissões.

O presente texto, portanto, retoma alguns desses argumentos, em linha com as posições de José Reinaldo de Lima Lopes. O tópico 2 discutirá a relação da Filosofia do Direito com a prática jurídica. O tópico 3 mostrará por que essa discussão é especialmente relevante no momento atual. O tópico 4, por fim, ilustrará alguns desses argumentos por meio de um caso recentemente debatido no Supremo Tribunal Federal (STF). É preciso ressalvar, contudo, que há uma vasta produção acadêmica tratando de todos esses temas e a partir de diversas perspectivas teóricas. O próprio José Reinaldo de Lima Lopes se dedicou muito a esses temas, o que deu origem mais recentemente ao seu **Curso de Filosofia do Direito**: o direito como prática. Os argumentos apresentados aqui, portanto, não poderão nem de longe ser analisados em toda sua extensão e com o grau de detalhamento que merecem. A exposição a seguir pode, de fato, se aproximar da superficialidade. Entretanto, uma apresentação sucinta e direta dos argumentos, espera-se, será suficiente para que as questões levantadas fiquem claras e que algumas possíveis respostas sejam compreendidas e delineadas.

1. O que é o Tempo?

Em 2005, Leslie Green publicou um texto no qual discutiu, entre outras coisas, as limitações e a importância da **teoria do direito** nos últimos anos (GREEN, 2005). Em certa parte do texto, ele retomou os argumentos de Ronald Dworkin sobre a relação entre a Filosofia do Direito e a prática jurídica. Dworkin critica a posição, defendida por muitos, de que haveria dois níveis de discurso jurídico. No primeiro nível, profissionais jurídicos (ou seja, não-filósofos) discutiriam sobre o que é legal ou ilegal e fariam alegação jurídicas com base na legislação da jurisdição onde moram. No segundo, porém, teóricos do direito definiriam e explorariam os conceitos empregados no primeiro nível.[2] Para Dworkin, essa separação não se sustenta porque os níveis podem se confundir.

Green chama essa posição de **tese da continuidade** (GREEN, 2005, p. 579). O direito, de acordo com ela, teria aspectos abstratos, sendo a teoria do direito seu aspecto mais abstrato. Green não está plenamente convencido dessa tese e usa a seguinte analogia para ilustrar seu argumento. Para nossa vida prática, é muito importante saber identificar e dizer que horas são (*what time it is*). Crianças aprendem isso desde cedo e nossos sistemas social e econômico dependem disso. A importância de saber contar as horas, porém, não significa igual importância a saber o que o tempo é (*what time is*). A princípio, são perguntas distintas cuja elucidação, relevante para cada domínio, talvez tenha pouco em comum. Green conclui essa parte de seu argumento afirmando que talvez seja um preconceito dos advogados acharem que a prática importa tanto e, ao mesmo tempo, talvez seja um preconceito dos teóricos acharem que a teoria importa tanto para a prática.

Ao tratar das tarefas da Filosofia do Direito, José Reinaldo foi claro em afirmar que ela não tem como finalidade "fornecer imediatamente critérios para a aplicação das leis" (LOPES, 2021, p. 36). Isso, porém, não o faz rejeitar a **tese da continuidade**. Na verdade, ele defende uma relação dinâmica e recíproca entre a Filosofia do Direito e a prática jurídica. Na posição de esfera teórica do direito, a Filosofia do Direito se ocupa de três grandes questões. A primeira dessas questões trata da **natureza** do direito e busca, entre outras coisas, delimitar as características desse fenômeno

[2] O argumento de Dworkin se refere a filósofos em geral e não apenas à filosofia do Direito. Cf. DWORKIN, 2004.

social e determinar as condições de validade jurídica (Marmor, 2014). A segunda questão aborda a aplicação do direito e trata da compreensão da atividade mesma de seguir e aplicar normas jurídicas. A última ordem de perguntas tem a ver com o sentido da prática do direito e investiga a relação entre direito e justiça.

A Filosofia do Direito, portanto, se ocupa das condições de possibilidade e inteligibilidade do pensamento jurídico. Por meio dela, o jurista pode dar-se conta da própria atividade (LOPES, 2017). Mas, alguém poderia perguntar, esse elevado grau de abstração não teria o efeito justamente de reduzir sua relevância para a prática? A resposta de José Reinaldo de Lima Lopes é bem clara nessa questão e merece ser transcrita:

> A necessidade dessa reflexão coloca-se especialmente para o grupo dos juristas. As pessoas em geral seguem o direito, ou seja, submetem-se às leis, às autoridades, a um ordenamento jurídico sem precisarem indagar muito sobre sua natureza, sem precisarem fazer perguntas filosóficas explícitas sobre o direito. Muita gente se torna mesmo operadora do direito, profissional exclusivamente do direito, ou combinando direito e outros saberes (finanças, administração, *v.g.*) sem precisar fazer essas perguntas. Se formos a uma empresa ou a uma repartição pública, vamos encontrar muita gente que opera o direito, que realiza atos e formaliza relações jurídicas diariamente sem precisar fazer perguntas jurídicas. Estão imersas na prática e a prática tornou-se para elas rotineira. Enquanto não precisarem tomar decisões, enquanto os casos forem repetitivos, estão perfeitamente preparadas para agir sem maior reflexão. Tomam o direito pelo seu valor de face. Usam as normas como "razões excludentes" de outras razões (morais, por exemplo) diante da situação rotineira.
>
> Quando a rotina não bastar, então será preciso dar um outro passo. Imaginemos alguém que seja capaz de dirigir um automóvel. Em condições rotineiras, essa pessoa não se distingue de ninguém. Mas no momento em que houver necessidade de enfrentar uma situação nova, ou uma emergência, veremos que alguns se sairão melhor, porque são melhores motoristas e são capazes de decidir fora dos casos rotineiros da estrada. Os que forem capazes de enfrentar essas novas situações, quando chamados a explicar o que fizeram e por que o fizeram, vão dar razões gerais para sua ação. E se farão entender (Lopes, 2021, p. 38).

Assim, entre outras razões, a contribuição da Filosofia do Direito para a prática jurídica é, não apenas relevante, mas também fundamental para um exercício do direito que esteja preparado para lidar adequadamente com questões **jurídicas** não rotineiras. Para José Reinaldo de Lima Lopes, porém, a Filosofia do Direito não confere apenas um treinamento intelectual a partir do qual os juristas estariam melhor preparados para suas tarefas. Visto que o direito pertence ao mundo da ação humana, "a ideia que fazemos dele é determinante de como procedemos quando estamos no seu campo" (Lopes, 2021, p. 40). A analogia empregada por José Reinaldo de Lima Lopes é a seguinte: o que se acredita ser uma boa peça de teatro determina como são feitas peças de teatro e o mesmo acontece com o Direito. Dessa forma, as ordens de questões em que a Filosofia do Direito se concentra são determinantes, em maior ou menor grau, daquilo que se fará na prática jurídica. A inteligibilidade da última depende das respostas oferecidas pela primeira.

2. Diluição Acadêmica

A princípio, pode parecer que a discussão sobre a relação entre a Filosofia do Direito e a prática jurídica tem reduzida relevância no plano pedagógico. Mesmo que a **tese da continuidade** se mostrasse inteiramente incorreta, não parece haver no Brasil um movimento coordenado para retirar a Filosofia do Direito do currículo dos cursos jurídicos. A Portaria MEC nº 1.886, de 1994, já indicava a **filosofia jurídica** como parte do eixo de formação fundamental do curso de Direito e essa caracterização não se alterou. Mais recentemente, a Resolução CNE/CES nº 5, de 2018, definiu as atuais **Diretrizes Curriculares Nacionais do Curso de Graduação em Direito**. Seu art. 5º, especificamente, delineou as três **perspectivas formativas** do curso de Direito, a saber, (i) formação geral, (ii) formação técnico-jurídica e (iii) formação prático profissional. A formação geral, segundo inciso I do art. 5º, tem o objetivo de:

> oferecer ao graduando os elementos fundamentais do Direito, em diálogo com as demais expressões do conhecimento filosófico e humanístico, das ciências sociais e das novas tecnologias da informação, abrangendo estudos que, em atenção ao PPC, envolvam saberes de outras áreas formativas, tais como: Antropologia, Ciência Política, Economia, Ética, Filosofia, História, Psicologia e Sociologia;

Além disso, ao tratar da formação técnico-profissional, o inciso II do mesmo artigo menciona expressamente a **Teoria do Direito**. Assim, no

Brasil, os cursos jurídicos provavelmente vão contemplar uma parte dos temas de Filosofia do Direito tanto em disciplinas que contribuem para a formação geral como em alguma disciplina de caráter mais técnico, como pode ser o caso de **Introdução ao Estudo do Direito** ou **Teoria Geral do Direito**. Ainda que não sejam muitas as disciplinas que discutam esses tópicos, a existência delas está assegurada pela legislação que rege o ensino jurídico.[3]

Entretanto, a consolidação da Filosofia do Direito como parte necessária dos cursos jurídicos ao longo do século XX precisa ser analisada à luz do debate atual sobre as mudanças no ensino jurídico. Em muitos lugares, o direito tem sido descrito como uma **disciplina acadêmica em transição** e uma das marcas dessa transformação parece ser a interdisciplinaridade.[4] Em texto recente sobre o ensino jurídico no Brasil, Celso Campilongo e Ana Elisa Bechara argumentaram que o ensino jurídico tem como desafio não apenas promover um aprendizado técnico, mas também uma "reflexão sobre os problemas sociais, proporcionando instrumental teórico e analítico para o desenvolvimento de um raciocínio jurídico apurado, que envolva sensibilidade, reflexão e criatividade" (Campilongo e Bechara, 2022).

As **Diretrizes Curriculares Nacionais do Curso de Graduação em Direito** também direcionam os cursos nesse sentido. Por exemplo, o art. 5º, acima citado, destaca que a graduação em Direito prioriza a interdisciplinaridade e a articulação de saberes. O seu §3º destaca o seguinte:

> § 3º Tendo em vista a diversificação curricular, as IES (Instituições de Ensino Superior) poderão introduzir no PPC (Projeto Pedagógico do Curso) conteúdos e componentes curriculares visando desenvolver conhecimentos de importância regional, nacional e internacional, bem como definir ênfases em determinado(s) campo(s) do Direito e articular novas competências e saberes necessários aos novos desafios que se apresentem ao mundo do Direito, tais como: Direito Ambiental, Direito Eleitoral, Direito Esportivo, Direitos Humanos, Direito do Consumidor, Direito da Criança e do Adolescente, Direito Agrário, Direito Cibernético e Direito Portuário.

Há espaço, portanto, para que os cursos jurídicos personalizem a grade curricular de modo a se concentrarem em determinados temas. Na esteira

[3] Sobre a história da disciplina no Brasil, cf. Bittar, 2005.

[4] Cf., por todos, Gestel; Micklitz; Maduro, 2012.

dessa diversificação de conteúdos, novas disciplinas podem ser criadas para fazer frente aos **novos desafios** que se apresentam. É no contexto dessa transformação que se insere a indagação sobre o lugar da Filosofia do Direito na formação jurídica e sua contribuição para o aperfeiçoamento do exercício do direito. Se sua contribuição **potencial** não for corretamente apreciada, a introdução de novas disciplinas talvez não ameace sua posição como parte da formação geral, mas certamente poderá diluir seu espaço na grade curricular.

Se se entende que a Filosofia do Direito pouco contribui para a compreensão dos **novos desafios**, faz sentido que muitos cursos priorizem as disciplinas que prometam oferecer justamente isso. No Brasil, em especial, a qualidade da maioria dos cursos jurídicos tem sido frequentemente questionada.[5] É razoável, assim, admitir que os esforços emergenciais em prol do aumento da qualidade do ensino sejam direcionados para os campos que, a princípio, prometem dialogar diretamente com os desafios atuais. Da mesma forma, se a grade curricular for montada de uma forma em que a Filosofia do Direito apareça quase que por obrigação, o curso estará passando uma mensagem clara aos alunos: a Filosofia do Direito oferece muito pouco daquilo que a maioria dos alunos está buscando e muito pouco daquilo que o curso prioriza.

Algo semelhante poderia ocorrer, se é que já não ocorreu, com a percepção que os profissionais jurídicos possam ter em relação à Filosofia do Direito. Pelo menos do ponto de vista da advocacia, a prática jurídica no Brasil é extremamente difícil para grande parte do 1,2 milhão de profissionais. Não raro graduados em Direito decidem mudar de profissão por razões econômicas. Recentemente, por exemplo, muitos advogados receberam alimentos *in natura* como forma de auxílio em meio às dificuldades causadas pela pandemia (Brandino, 2022). Assim, se o aspecto mais prático, imediato e concreto do exercício jurídico se dá face a enormes obstáculos, uma disciplina acadêmica que aparentemente não dialogue com o seu cotidiano de forma direta pode parecer a muitos profissionais algo completamente fora de sua realidade. Se as dificuldades da profissão

[5] Ainda que essa conclusão dependa de um suporte empírico mais robusto e ainda que o seguinte critério seja questionável, o fato de a Organização dos Advogados do Brasil recomendar poucos cursos é um indicativo da qualidade que se oferece na graduação em Direito. Cf. Migalhas, 2022.

impedem que muitos se dediquem com mais afinco ao estudo das técnicas que mais frequentemente empregam, a Filosofia do Direito tem um desafio adicional para despertar a atenção desses profissionais.

Isso não significa que o ambiente acadêmico brasileiro dedicado à pesquisa em Filosofia do Direito esteja em situação financeira inteiramente diferente.[6] Caracterizar como elitista essa linha de pesquisa me parece bastante incorreto. Além disso, a diferença entre os desafios da pesquisa e os percalços da profissão é um desafio presente em outras áreas acadêmicas. Uma coisa é pesquisar a obra de Machado de Assis no curso graduação em Letras. Outra, bem diferente, é ensiná-lo nas escolas do Brasil, públicas ou privadas. O ponto que se quer enfatizar aqui, porém, é a possibilidade de surgir a percepção, por parte de um número expressivo de profissionais jurídicos, de que os temas de Filosofia do Direito interessam, no final das contas, apenas a um pequeno grupo de acadêmicos que nutre pouco interesse pela prática jurídica. Se essa ideia se consolidar, e ela talvez possa já estar consolidada, esses profissionais jurídicos estarão deixando de ter contato com temas e discussões que impactariam positivamente tanto sua compreensão do Direito como seu conhecimento técnico.

O argumento aqui, ressalte-se novamente, não é o de que a Filosofia do Direito só terá valor se contribuir para o exercício do direito. Talvez Green esteja certo ao afirmar que algumas indagações terão um diálogo mínimo com a realidade dos profissionais jurídicos. E é possível que essas investigações mais abstratas despertem um interesse menor daqueles que trabalham diretamente com o Direito, mas esse interesse (ou a falta dele) dirá pouco sobre a correção dos argumentos filosóficos.[7] Parece-me, contudo, que a Filosofia do Direito tem também o **potencial** de se conectar com questões que diretamente interessam aos profissionais jurídicos. Se sua caracterização não levar isso em conta, a Filosofia do Direito será apresentada e tratada de uma maneira na qual sua ampla gama de suas contribuições não será devidamente apreciada. Retomando um argumento feito por José Reinaldo de Lima Lopes, o que se acredita ser uma boa Filosofia do Direito irá determinar o que se faz nela e com ela.

[6] Segundo dados de 2020, a bolsa de doutorado da CAPES tinha o valor de R$ 2.200,00. Cf. BRASIL, 2020.

[7] Como argumenta Andrei Marmor, *interest, philosophical or other, is in the eye of the beholder.* Cf. Marmor, 2019, p. 154.

3. Um Caso do STF

Diversos casos e temas jurídicos ilustram esse diálogo concreto entre a Filosofia do Direito e a prática. Inconsistências ou hesitações encontradas em decisões podem dar origem a questões muito interessantes, que podem ser analisadas à luz de diferentes disciplinas jurídicas. A Filosofia do Direito, portanto, não detém o monopólio da discussão dessas questões. Suas ferramentas conceituais, contudo, colocam-na num lugar privilegiado para fazer o debate avançar. A Ação Declaratória de Constitucionalidade nº 66 (ADC 66), do Distrito Federal, ilustra exatamente isso.

A ADC 66 foi ajuizada pela Confederação Nacional da Comunicação Social (CNCOM), com o objetivo de declarar a constitucionalidade do seguinte artigo da Lei n. 11.196, de 2005:

> Art. 129. Para fins fiscais e previdenciários, a prestação de serviços intelectuais, inclusive os de natureza científica, artística ou cultural, em caráter personalíssimo ou não, com ou sem a designação de quaisquer obrigações a sócios ou empregados da sociedade prestadora de serviços, quando por esta realizada, se sujeita tão-somente à legislação aplicável às pessoas jurídicas, sem prejuízo da observância do disposto no art. 50 da Lei nº 10.406, de 10 de janeiro de 2002 – Código Civil.

Com base nessa norma, uma pessoa física poderia constituir uma pessoa jurídica para prestar serviços intelectuais e, em resultado, a legislação tributária e previdenciária relativa a pessoas físicas estaria afastada. Entretanto, a CNCOM argumentou ser frequente o afastamento desse art. 129 por parte de juízes e auditores fiscais da Receita Federal de modo a fazer prevalecer a legislação relativa às pessoas físicas. Antes da introdução desse artigo, diversos atletas e artistas que prestavam serviço como pessoas jurídicas tinham sido autuados (PINTO, 2019). Aparentemente, autuações fiscais e trabalhistas em sentido semelhante tinham continuado. Segundo a CNCOM, porém, o art. 129 estaria em harmonia com a Constituição pelos seguintes motivos:

> [pelos] artigos 1º, IV; 3º, I; 5º, caput, II e XIII; além do art. 170, caput, IV e parágrafo único, a Constituição criou um significativo status de liberdade para que cada indivíduo, sozinho ou associadamente, organize seus negócios como melhor lhe aprouver. Salvo vedação legal (como ressalvam os arts. 5º, II c/c 170, parágrafo único), desenvolvimento de atividade econômica não deve possuir amarras.

Por vezes chamado de "pejotização", o mecanismo de criação de pessoas jurídicas para prestação de serviços é um tema amplo, que poderia ser analisado a partir de diferentes perspectivas, dentro e fora do direito. Ainda que sua origem direta esteja relacionada a questões tributárias e previdenciárias, sua contextualização histórica e a descrição de suas implicações jurídicas, sociais e econômicas abrem espaço para diferentes linhas de pesquisa. Para os fins deste artigo, porém, o foco pode ser dado aos argumentos de mérito dos Ministros a favor e contra a constitucionalidade do art. 129. Os debates sobre questões processuais preliminares, como sobre **preexistente relevante controvérsia judicial**, portanto, podem ser deixados de lado.

A favor da constitucionalidade do art. 129, a Ministra Relatora Cármen Lúcia argumentou pela compatibilidade **conceitual** entre o referido artigo e os dispositivos constitucionais e, nesse sentido, foi acompanhada pela maioria dos outros Ministros. Segue trecho relevante de seu voto:

> 10. A norma do art. 129 da Lei n. 11.196/2005 harmoniza-se com as diretrizes constitucionais, especialmente com o inc. IV do art. 1º da Constituição da República, pelo qual estabeleceu a liberdade de iniciativa situando-a como fundamento da República Federativa do Brasil. Dessa liberdade econômica emanam a garantia de livre exercício de qualquer trabalho, ofício ou profissão e o livre exercício de qualquer atividade econômica, consagrados respectivamente no inc. XIII do art. 5º e no parágrafo único do art. 170 da Constituição da República.
>
> 11. A valorização do trabalho humano e a livre iniciativa conjugam-se para fundamentar a ordem econômica e dirigem-se a atingir os objetivos fundamentais descritos no art. 3º da Constituição da República, pelo que são elementos indissociáveis para a compreensão e o desate da presente controvérsia jurídica (BRASIL, 2021, p. 17).

O Ministro Marco Aurélio, contudo, votou em sentido contrário. Seu argumento deu ênfase às possíveis consequências fáticas do regime jurídico que o art. 129 introduz, consequências essas que não se harmonizariam com os preceitos constitucionais.[8] Seguem seus argumentos:

[8] A Ministra Rosa Weber votou no mesmo sentido, ressaltando as possibilidades de desvalorização do trabalho.

> A par de debilitar as demandas e reivindicações voltadas à consecução de melhorias das condições de trabalho, a exclusão do trabalhador da categoria econômica ligada à atividade do beneficiário final da mão de obra – a empresa tomadora – produz outro efeito danoso nada desprezível: a desintegração da identidade coletiva dos trabalhadores mediante o enfraquecimento dos laços de pertencimento. (...)
>
> O que se verifica na norma em jogo é nítida isenção no cumprimento das atribuições sociais das empresas, a implicar profundo desequilíbrio na relação entre empregador e trabalhador, em prejuízo do projeto constitucional de construir uma sociedade livre, justa e solidária – artigo 3º, inciso I.
>
> A quadra é verdadeiramente ímpar, levando em conta, de um lado, a realidade do atual mercado de trabalho e, de outro, o objetivo maior de justiça social. Na busca da excelência na prestação jurisdicional, o magistrado, encarnando a figura do Estado-juiz, deve ter a atuação norteada pelos princípios gerais do Direito e, mais especificamente, do Direito do Trabalho, considerada a história da legislação protetiva, sob pena de subverter-se aquilo que é o fundamento e a razão de ser da Justiça trabalhista (BRASIL, 2021, p. 28-29).

O que salta aos olhos não são as conclusões conflitantes, mas sim a diferença de critérios empregados para se aferir a constitucionalidade. O voto da Ministra Cármen Lúcia utilizou um critério que buscou encontrar harmonização ou compatibilização de conceitos, dando pouca atenção às repercussões (e contradições) empíricas que os conceitos poderiam ter. Ainda que sem recorrer a estudos empíricos, o Ministro Marco Aurélio, por sua vez, fundamentou sua análise da constitucionalidade naquilo que, do ponto de vista social, poderá ser a consequência fática do art. 129. Os **efeitos danosos nada desprezíveis** gerados, ainda que não exclusivamente, pelo referido artigo colocam-no em rota de colisão com a Constituição, daí sua divergência com o voto da Ministra Relatora. Ao empregarem critérios distintos, porém, os Ministros não enfrentaram a questão que evidentemente se colocou: qual o critério mais correto ou adequado para o juízo de constitucionalidade de um dispositivo legal? Ao se julgar um tema com aspectos tributários, previdenciários e trabalhistas, haveria um critério específico de verificação da violação à Constituição? Sobre isso, nada se falou.

A Filosofia do Direito não é a única disciplina jurídica com condições de identificar e discutir a diferença de critérios para a aplicação da lei ou argumentação jurídica. Mas ela se encontra numa posição privilegiada para problematizar essas questões. Ao abstrair impasses concretos, formulam-se questões que dizem respeito ao direito como um todo e, portanto, recorrentes em diversos temas. Essa contribuição é valiosa demais para ser deixada de lado. Mesmo sem a pretensão de oferecer respostas em caráter definitivo, a Filosofia do Direito faz o debate melhorar e avançar por esclarecer os problemas e delinear algumas respostas. Nesse sentido, vale citar novamente José Reinaldo de Lima Lopes:

> Entre a lei geral e universal e a decisão do caso singular encontra-se, portanto, a equidade toda vez que o tipo legalmente esboçado não tem correspondente óbvio e claro, seja pela novidade do caso (inusitado, incomum), seja porque se nota o absurdo a que levaria a aplicação da letra da lei ao caso. (...)
>
> O problema da equidade coloca-se hoje particularmente na esfera do direito constitucional e dos direitos fundamentais. Pode-se questionar a constitucionalidade de uma lei em função das consequências empíricas que produz? Pode uma lei ser inconstitucional porque gera certo estado de coisas incompatível com a constituição, ou melhor dito, com os projetos e aspirações constitucionais? Seria isso uma forma adequada de raciocinar juridicamente? Seria isso consequencialismo velado? Nem sempre (Lopes, 2021, p. 291-292).

Se a relação entre equidade e critérios de aplicação da Constituição parece ser um caminho para resolver o impasse gerado pela ADC 66, se votos do STF levantam questões sobre como raciocinar juridicamente de forma adequada, se a constitucionalidade de normas tributárias e previdenciárias passa por uma reflexão sobre o consequencialismo nas decisões dos Tribunais, se a última frase do trecho acima despertou a curiosidade do(a) leitor(a), então a Filosofia do Direito começa a mostrar seu lado de diálogo direto com casos jurídicos e seu risco de diluição acadêmica, ao menos por ora, se reduz.

Referências

Bittar, Eduardo C. B. O ensino da filosofia do direito: história, legislação e tradição na cultura jurídica brasileira. **Revista da Faculdade de Direito da Universidade de Lisboa**, Lisboa, v. 46, n. 1, p. 11-53, 2005.

Brandino, Géssica. Advogados viram motoristas de Uber e vendedores com crise na pandemia. **Folha de São Paulo**, São Paulo, 12 abr. de 2022. Disponível em: <https://www1.folha.uol.com.br/poder/2022/04/advogados-viram-motoristas-de-uber-e-vendedores-com-crise-na-pandemia.shtml> Acesso em 19 abr. de 2022.

BRASIL. Ministério da Educação. **Portaria nº 1.886, de 1994**. Disponível em: < https://www.oabrn.org.br/arquivos/LegislacaosobreEnsinoJuridico.pdf> Acesso em 26 set. de 2022.

BRASIL. Ministério da Educação. **Resolução CNE/CES nº 5, de 2018**. Disponível em: < http://portal.mec.gov.br/docman/dezembro-2018-pdf/104111-rces005-18/file> Acesso em 26 de set. 2022.

BRASIL. Ministério da Educação. **Portaria nº 1, de 3 de jan. de 2020**. Disponível em: <https://www.gov.br/capes/pt-br/acesso-a-informacao/acoes-e-programas/bolsas/prestacao-de-contas/valores-de-bolsas> Acesso em 20 abr. de 2022.

BRASIL. Supremo Tribunal Federal. **Ação Declaratória de Constitucionalidade nº 66**. Relator: Ministra Cármen Lúcia – Plenário. Diário de Justiça nº 60, Brasília, 30 mar. de 2021. Disponível em: https://portal.stf.jus.br/processos/detalhe.asp?incidente=5794122. Acesso em 16 set. de 2022.

Campilongo, Celso; Bechara, Ana Elisa. Os desafios do ensino jurídico às vésperas do bicentenário da independência do Brasil. **Conjur**, 18 fev. de 2022. Disponível em: <https://www.conjur.com.br/2022-fev-18/opiniao-ensino-juridico-bicentenario-inde-pen dencia> Acesso em 10 mar. de 2022.

Cotterrell, Roger. Why Jurisprudence Is Not Legal Philosophy. **Jurisprudence**, v. 5, n. 1, 2014, p. 41-55.

Dworkin, Ronald. Hart's Postscript and the Character of Political Philosophy. **Oxford Journal of Legal Studies**, Oxford, v. 24, n. 1, 2004, p. 1-37.

Green, Leslie. General Jurisprudence: A 25th Anniversary Essay, **Oxford Journal of Legal Studies**, Oxford, v. 25, n. 4, 2005, p. 565-580.

Lopes, José Reinaldo de Lima. Aula inaugural. **Revista da Faculdade de Direito, Universidade de São Paulo**, [S. l.], v. 110, p. 907-917, 2016. Disponível em: https://www.revistas.usp.br/rfdusp/article/view/115515. Acesso em: 8 set. de 2022.

Lopes, José Reinaldo de Lima. Filosofia e prática do Direito. **Jota**, 11 dez. de 2017. Disponível em: <https://www.jota.info/carreira/ filosofia-e-pratica-do-direito-11122017> Acesso em 2 jun. de 2022.

Lopes, José Reinaldo de Lima. **Curso de Filosofia do Direito**: o direito como prática. São Paulo: Atlas, 2021.

Marmor, Andrei. The Nature of Law: an introduction, *In:* MARMOR, Andrei (ed.). **The Routledge Companion to Philosophy of Law**. New York: Routledge, 2014, p. 3-15.

Marmor, Andrei. What's left of general jurisprudence? On law's ontology and contente. **Jurisprudence**, v. 10, n. 2, 2019, p. 151-170.

Migalhas. OAB recomenda apenas 10% dos cursos jurídicos no país. **Migalhas**, 14 abr. de 2022. Disponível em: <https://www.migalhas.com.br/quentes/363977/oab-recomenda-apenas-10-dos-cursos-juridicos-no-pais> Acesso em 19 abr. de 2022.

Pinto, Alexandre Evaristo. Carf analisa tributação de prestação de serviços intelectuais por pessoa jurídica. **Conjur**, 3 jul. de 2019. Disponível em: <https://www.conjur.com.br/2019-jul-03/carf-analisa-tributacao-prestacao-servicos-intelectuais-pj> Acesso em 2 jun. de 2022.

Van Gestel, Rob; Micklitz, Hans-Wolfgang.; Maduro, Luis Miguel P. P. Methodology in the New Legal World, 2012, **EUI Working Papers**. Disponível em: <https://cadmus.eui.eu/handle/1814/22016> Acesso em 16 de set. de 2022.

20
INTERDISCIPLINARIDADE NA PESQUISA EM DIREITO

Osny da Silva Filho

Introdução

A afirmação de ganhos derivados da interdisciplinaridade é tão familiar quanto o reconhecimento de que o saber universitário pode ser organizado em disciplinas.[1] Nas últimas décadas, entretanto, primeiro nos Estados Unidos e depois em quase toda parte,[2] o valor jurídico da investigação interdisciplinar ingressou em uma espiral inflacionária. A normalização de movimentos de direito "e alguma coisa" – direito e economia, direito e sociedade, direito e gênero, direito e tecnologia e assim por diante – fez com que a interdisciplinaridade se transformasse em índice geral de qualidade da pesquisa em direito.

[1] Referências em Toulmin, 1962 (identificação de ganhos intelectivos e científicos da interdisciplinaridade); e Geertz, 1985 (identificação de ganhos sociais e políticos). Mais recentemente, a literatura passou a identificar e discutir possíveis benefícios econômicos do avanço interdisciplinar. Ver Hyland, 2004; e Aldrich, 2014. A identificação de ganhos intelectivos, científicos, sociais, políticos e econômicos oriundos da interdisciplinaridade pode ser entendida como uma forma de reação mais ou menos consciente contra a rigidez disciplinar pressuposta em Kuhn, 1996 (1962).

[2] Nos Estados Unidos, um amplo debate acadêmico sobre a admissibilidade e a conveniência da interdisciplinaridade no direito foi inaugurado pelo texto de Edwards, 1992, p. 2191-2219 (sugestão de cautela com a promoção da interdisciplinaridade no campo jurídico). A leitura de Edwards foi disputada por Priest, 1992, p. 1929-1944 (apologia da imersão interdisciplinar do direito). Uma síntese mais recente do debate pode ser encontrada em Wood, 2015, p. 2592-2625 (tentativa de conciliação entre as propostas de Edwards e de Priest). Um panorama dos desdobramentos do debate na Europa é oferecido em Hoecke, 2011. Para o contexto brasileiro, ver VVAA, 2005 (conferência, 2002); e Neves, 2005, p. 207-214.

O julgamento desse fenômeno ainda divide a academia. De um lado, entusiastas da interdisciplinaridade celebram sua difusão como evidência de amadurecimento ou de desejável renovação do campo jurídico; de outro, críticos do avanço interdisciplinar deploram a valorização do que enxergam como sintoma de colonização epistêmica do direito (Balkin, 1996). A divergência entre entusiastas e críticos é aprofundada pela indefinição dos contornos de práticas acadêmicas confinantes – da multidisciplinaridade e da transdisciplinaridade, em particular,[3] – e pela inevitável sobreposição entre problemas de interpretação e aplicação do direito e problemas de metodologia de pesquisa (Pargendler e Salama, 2013, p. 95-144).

Este artigo oferece uma alternativa ao confronto entre entusiastas e críticos da interdisciplinaridade no campo jurídico. Essa alternativa é baseada na identificação dos diferentes papeis desempenhados pelos estudos interdisciplinares no interior de três modalidades de pesquisa em direito: a doutrina, a teoria e a empiria.[4] Essas modalidades se distinguem por seus propósitos, seus métodos e seus destinatários.[5] "Saber do que se fala", afinal, "sempre ajuda, porque confundir as coisas costuma ter efeitos práticos, e quando não se sabe bem do que se está falando, os resultados não são bons" (Lopes, 2022).

O restante da exposição se divide em quatro seções, seguidas de uma breve conclusão. A primeira seção sintetiza as características que distinguem a doutrina, modelo originário de pesquisa em direito, da teoria e da empiria. As seções seguintes tratam do papel da interdisciplinaridade em cada um desses modelos de pesquisa, a começar pela empiria.

[3] O significado de "multidisciplinaridade" e "transdisciplinaridade" é tão disputado quanto o de "interdisciplinaridade". Um modo conveniente de distinguir esses conceitos é situá-los em uma escala de integração disciplinar. Nela, a mutidisciplinaridade corresponde ao grau mais fraco de integração, caracterizado pela combinação ou pela justaposição de disciplinas que permanecem distintas; a interdisciplinaridade, a um grau intermediário, marcado pelo emprego, no interior de uma disciplina distinta, de conceitos, métodos e raciocínios reconhecidamente estranhos ao seu conteúdo convencional; e a transdisciplinaridade, por fim, ao grau mais forte de integração, que aponta, em última análise, para a própria supressão das fronteiras disciplinares.

[4] Ao longo do texto, a palavra "pesquisa" será empregada em sentido reconhecidamente amplo, de modo a abarcar não apenas a pesquisa em sentido estrito – a investigação, a reflexão, a coleta de informações –, mas também a composição e a comunicação de seus resultados.

[5] Procurei justificar a tripartição em outro trabalho, Silva Filho, 2022.

1. Premissa: Doutrina, Teoria e Empiria

Doutrina, teoria e empiria são modelos de pesquisa em direito em sentido amplo, vale dizer, modelos de investigação do direito como ele é, foi ou pode vir a ser, mas também modelos de composição de textos jurídicos e de comunicação das ideias veiculadas através desses textos. Convém entender esses modelos como tipos ideais. Suas ocorrências se sobrepõem na prática, mas não impedem a identificação deste ou daquele modelo predominante.

Na tradição civilista, a doutrina jurídica se distingue sobretudo por seus propósitos práticos e pela sua inclinação hermenêutica.[6] Idealmente, textos doutrinários são produzidos para orientar decisões fundadas em razões jurídicas: decisões tomadas em contextos de conflito em primeiro lugar, mas também decisões de caráter consultivo, baseadas na experiência ou em juízos prospectivos, como aquelas tomadas por quem redige um contrato, elabora um edital de licitação ou propõe um anteprojeto de lei. Daí a distinção entre trabalhos doutrinários voltados para a solução de problemas, estudos de caso e investigações exploratórias, que podem, cada um a seu modo, de acordo com sua disposição transformadora, resultar em proposições *de lege lata* ou *de lege ferenda*.[7]

Manuais dedicados a segmentos específicos do direito – manuais de direito civil, penal, administrativo, processual etc. – são a ilustração mais conhecida daquilo que chamamos de doutrina. Tratados e comentários de legislação também contam como doutrina, assim como trabalhos monográficos, sejam eles dirigidos a propósitos prioritariamente acadêmicos (como dissertações de mestrado e teses de doutorado) ou profissionais (como pareceres). Em todos os casos, a unidade da doutrina como modelo específico de pesquisa reflete, ainda que implicitamente, uma premissa de unidade do próprio direito.

A teoria e a empiria podem ser encaradas como derivações academicamente emancipadas da doutrina. Emersas como propostas de ruptura com o conhecimento jurídico disponível (mais sobre isso adiante), rapidamente passam a ser avaliadas a partir de critérios epistêmicos distintos. Da teoria, passa-se a cobrar o esclarecimento dos fundamentos do direito;

[6] Jestaz e Jamin, 2004 (confronto entre a "identidade doutrinária" francesa e o "antimodelo" interdisciplinar norte-americano).

[7] Discussão em Oliveira, 2006.

da empiria, a evidência do modo de ser da prática jurídica, eventualmente a partir de formas inovadoras de conhecê-la ou organizá-la. Diferentemente da doutrina, teoria e empiria orientam-se por conceitos, métodos e raciocínios formalizados fora das faculdades de direito – conceitos, métodos e raciocínios desenvolvidos na filosofia e nas ciências sociais, especialmente. Correspondentemente, seus destinatários privilegiados são acadêmicos, e não juristas práticos ou profissionais da prática jurídica.

2. Interdisciplinaridade na Empiria

A pesquisa empírica em direito se distingue pela apreensão quantitativa ou qualitativa da realidade a partir de regras de inferência descritiva ou causal. Como métodos que incorporam essas regras foram originalmente desenvolvidos nas ciências sociais, o recurso ao seu acervo metodológico torna-se parada obrigatória da empiria,[8] e particularmente da empiria metódica, vale dizer, da empiria que se apresenta, em contraste com uma empiria incidental ou pervasiva, como um segmento emancipado da pesquisa em direito.[9]

A história da pesquisa empírica em direito se confunde com os desdobramentos do movimento "direito e sociedade", que, já na década de 1960, surge como alternativa a modelos de pesquisa identificados como hegemônicos nas faculdades de direito dos Estados Unidos.[10] No Brasil, ideias similares passam a ser articuladas a partir da década seguinte em trabalhos pioneiros de sociologia jurídica, reunidos, no mais das vezes, em torno da crítica a um "formalismo" reproduzido pela pesquisa doutrinária.[11] Isso ajuda a entender por que a promoção da empiria tende a ser

[8] Isso não significa que disciplinas como a sociologia, a antropologia ou a estatística sejam exclusivamente empíricas. Consideradas suas respectivas particularidades, e assim como o direito, essas disciplinas também podem ser objeto de pesquisa teórica. Ver Alexy e Dreier, 1990, p. 5 (em relação à sociologia).

[9] Epstein e King, 2002, p. 1-133 (denunciando a carência de trabalhos empíricos efetivamente orientados por regras de inferência na academia jurídica norte-americana); contra, Lopucki, 2015, p. 5-6 (criticando duramente a rigidez de uma "empiria metódica", cujas regras de inferência seriam "completamente impraticáveis na empiria pervasiva que o direito demanda.")

[10] Posner, 1987, p. 761-780 (associação entre a origem dos estudos empíricos em direito e uma alegada dissolução interdisciplinar dos estudos jurídicos, que, para o autor, dificilmente retomariam sua autonomia).

[11] Balanço em Faria, e Campilongo, 1991.

acompanhada pela rejeição de modelos "tradicionais" de pesquisa – modelos que tomam a biblioteca como o "laboratório" do direito, se quisermos retomar a analogia de Langdell.[12] "A investigação empírica", lemos, por exemplo, na introdução aos anais do I Encontro de Pesquisa Empírica em Direito, realizado em 2011, "é essencialmente coletiva e interdisciplinar, bem distinta da pesquisa bibliográfica individual de gabinete" (SILVA e CUNHA, 2013, p. 11).

A associação entre empiria e interdisciplinaridade não é, contudo, necessária.[13] Nada impede que o domínio de conceitos, métodos e raciocínios hoje estabelecidos nas ciências sociais seja transplantado para o campo jurídico.[14] E a pesquisa empírica poderia perfeitamente se concentrar fora das faculdades de direito. Foi, aliás, o que ocorreu no Brasil até meados do século 20, quando os juristas não apenas toleravam a produção exógena de estudos empíricos sobre seu campo, mas julgavam que essa espécie de trabalho não estava incluída entre suas tarefas.[15] Em alguns casos, esse entendimento descarrilhava para a defesa de modelos de pesquisa "puramente jurídicos", e por isso, assim seguia o argumento, "científicos".[16] Essa retórica foi aplacada nos últimos anos, mas não desapareceu por completo: qualificada, ela ainda encontra eco nas críticas ao emprego incidental ou pervasivo da empiria.[17]

[12] Landgell dedicou-se menos à articulação dessa ideia (referida de passagem em dois discursos e dois artigos) que ao seu emprego (levado a cabo, por exemplo, em seu paradigmático manual de direito dos contratos de 1870) e à sua institucionalização (consolidada ao longo de seus 25 anos na diretoria da Faculdade de Direito de Harvard). Discussão em WELLS, 2010, p. 551-618.

[13] Por exemplo XAVIER, 2015.

[14] Ver ARNAUD, 1991.

[15] Por exemplo REALE, 1986 (1953), p. 152: "Pensamos que a Ciência Jurídica não pode aplicar o método indutivo, partindo da observação de 'condições de vida e desenvolvimento do homem na sociedade.' Este trabalho é de sociólogo e não de jurista enquanto jurista."

[16] Ver FARIA e CAMPILONGO, 1991, p. 33 (citando uma passagem do tributarista Geraldo Ataliba, antigo professor titular de filosofia do direito da Faculdade de Direito da Universidade de São Paulo, para quem o jurista não poderia "sair do seu campo científico para invadir o dos economistas, dos financistas e outros.")

[17] As sugestões contemporâneas são mais sofisticadas que a passagem de Ataliba reproduzida acima. Exemplo qualificado em RODRIGUES JUNIOR, 2013 [s.p.]: "essa busca pela [pesquisa] empírica nos estudos jurídicos é extremamente bem-vinda. O diálogo do Direito com a Sociologia, a Antropologia, a Estatística ou a Economia é necessário e enriquecedor. [O que n]ão é admissível, porém, é a apropriação do adjetivo 'empírico' para caracterizar algo que não possui essa qualidade." Ver nota 12 acima.

Descontados os ensaios de inclinação sociológica realizados entre o final do século 19 e as primeiras décadas do século 20, pode-se dizer que a pesquisa empírica começa a ser praticada nas faculdades de direito brasileiras com alguma consistência (e muita resistência)[18] apenas a partir da década de 1970 (Lopes e Freitas Filho, 2014, p. 92). Em torno desse período, um conjunto de inovações e importações intelectuais contribuiria para a abertura dos estudos jurídicos brasileiros à empiria. É a partir daqui que leituras insuladas de teorias da norma e do ordenamento, até então hegemônicas, cedem espaço a orientações ligadas ao culturalismo,[19] à teoria da comunicação,[20] à sociologia jurídica – nossa primeira sociologia jurídica, antes crítica que empírica –,[21] à teoria da ação,[22] e finalmente a releituras pragmáticas das antigas teorias da norma e do ordenamento.[23] Esse movimento, que ainda está em curso,[24] desafiaria o dogma epistêmico da clivagem entre ser e dever ser,[25] permitindo que temas até então exclu-

18 Exemplos nas três notas anteriores.

19 Por exemplo Reale, 1968; e Machado Neto, 1975. A contribuição dos representantes do culturalismo, no entanto, é ambígua. Ver nota 19 acima.

20 Por exemplo Ferraz Junior, 1973; e mais tarde, já sob a influência de Ferraz Junior, Adeodato, 2002.

21 Por exemplo Faria, 1988; e depois, a partir de referenciais luhmanianos, Campilongo, 2000.

22 Por exemplo Lopes, 2009, p. 43-80; e por último, do mesmo autor, 2016, p. 203-226.

23 Por exemplo Michelon Junior, 2004, p. 92-113; e especialmente Schuartz, 2005, p. 15. Leituras pragmáticas de teorias da norma procuram ressaltar as relações entre o sentido objetivo veiculado pelas disposições jurídicas e a intencionalidade dos agentes a que essas disposições se dirigem. "Um acto, na medida em que se expresse em palavras faladas ou escritas," escrevia Kelsen, "pode ele próprio até dizer algo sobre sua significação jurídica. Nisto reside uma particularidade do material oferecido ao conhecimento jurídico. Uma planta nada pode comunicar sobre si própria ao investigador da natureza que a procura classificar cientificamente. Ela não faz qualquer tentativa para cientificamente se explicar a si própria. Um acto da conduta humana, porém, pode muito bem levar consigo uma auto-explicação jurídica, isto é, uma declaração sobre aquilo que juridicamente significa." Kelsen, 1984 (**Reine Rechtslehre**, 1934; 2. ed., 1960), p. 19.

24 Ver Pargendler e Salama, 2013, p. 97.

25 A permeabilidade dessas dimensões é objeto do clássico texto de Searle, 1964, p. 43-58. Essa ideia chegaria ao direito na década seguinte. Ver MacCormick, 1972, p. 59-102; e Carcaterra, 1974. A possibilidade de extrair prescrições de juízos de fato tornou-se um lugar-comum filosófico, mas sua rejeição ainda persiste em certos segmentos do pensamento jurídico. Ver Shecaira e Struchiner, 2016, p. 129: "Hoje existe uma literatura ampla sobre a possibilidade de argumentos práticos baseados em premissas fatuais. O termo 'falácia

ídos dos currículos jurídicos, porque pertinentes ao "mundo dos fatos", invadissem o "mundo do direito".

A normalização da pesquisa empírica em direito pode, ao cabo, reduzir a "desvantagem comparativa"[26] de professoras e professores de direito em relação a cientistas sociais treinados desde cedo em metodologias empíricas. Mas não é certo que o enclausuramento da empiria no campo jurídico possa ser mais benéfico a atual fertilização interdisciplinar.

3. Interdisciplinaridade na Teoria

Tal qual a empiria, a teoria do direito (considerada aqui no sentido mais amplo do termo)[27] tem origem marcadamente interdisciplinar, e ainda como ela, segue orientada por referências que, em certos segmentos ao menos, escapam aos limites impostos pelas disciplinas reconhecidamente jurídicas.

A emancipação da pesquisa teórica em relação à pesquisa que hoje distinguimos como doutrinária foi, contudo, fragmentária. Para além das teorias gerais do direito desenvolvidas a partir da metade do século 19, segmentos específicos do campo jurídico experimentariam o surgimento de teorias locais em momentos distintos, nem sempre anteriores. Ainda incompletamente mapeado, esse movimento parece ter ocorrido a reboque da particularização epistemológica e institucional desses segmentos – pense, por exemplo, na autonomização do direito penal a partir do final do século 18, do direito do trabalho ao longo do século 19 ou do direito antitruste no início do século 20.

Se o florescimento da teoria não foi uniforme, sua germinação pode ser reconduzida a um movimento abrangente, situado na Europa entre séculos 15 e 16. Nesse período, juristas influenciados por ideais de matriz

naturalística', usado sem maiores explicações, não passa de uma arma retórica que só deve assustar os desavisados." [Citações omitidas].

26 Pargendler e Salama, 2013, p. 130: "Por conta da sua formação, os juristas não possuem, em princípio, vantagem comparativa ao realizarem trabalho empírico."

27 A pesquisa teórica "sentido amplo" incorpora, aqui, a "filosofia do direito", mas sua distinção pode ser relevante. Alexy e Dreier, por exemplo, procuram distingui-las pela "perspectiva" dominante: na teoria do direito, prevaleceria uma "perspectiva jurídica"; na filosofia do direito (pós-hegeliana), uma "perspectiva filosófica". Nesses termos, a distinção poderia sugerir que a filosofia do direito (dos "juristas filósofos", em particular – ver nota 47 adiante) é mais aberta a influxos de matriz propriamente interdisciplinar do que a teoria do direito (Alexy, 1990, p. 3-4).

ciceroniana procurariam compor as bases de um modelo de educação voltado para a formação intelectual de "homens públicos", afastando-se, assim, da orientação prática que marcara a reflexão acadêmica sobre o direito até então.[28] De fato, para Cícero (106-43 a.C.), o pensamento jurídico não poderia ser reduzido a uma técnica ou uma forma de organização social orientada pela lei. Mais do que isso, ele seria uma *ars* (Fassò, 1966, p. 134), noção literalmente traduzida como arte ou, como preferem alguns romanistas, ciência (Gallo, 1987, p. 7-8). Assim conformado, o direito estaria apto a integrar um percurso formativo que não se haveria de limitar à conformação sistemática de regras jurídicas e à solução de problemas mundanos.

Partindo de fundamentos metodológicos originalmente figurados fora do campo do direito – a referência remota, aqui, é o poeta Petrarca (1304-1374) –, um grupo bastante heterogêneo de autores constituiria o que a partir do século 19 se convencionou chamar de humanismo jurídico (Silva, 1964, p. 25).[29] Como boa parte deles residia na França, seus trabalhos passaram a ser reunidos sob a rubrica do *mos gallicus*, em franco contraste com o *mos italicus* de Bártolo e seus discípulos.[30] Variações desse olhar permanecerão vivas em uma série de movimentos de emancipação da teoria desencadeados nos séculos seguintes, e no nosso inclusive.[31]

[28] Ver Gordley, 2013, p. 120.

[29] No Brasil, a expressão "humanismo jurídico" é às vezes empregada em sentido bem mais amplo. Por exemplo Wolkmer, 2005, p. XII (reconduzido ao "ideário filosófico do humanismo jurídico" autores como Platão, Santo Agostinho, Grócio, Montesquieu, Hegel, Jhering, Del Vecchio e Alceu Amoroso Lima).

[30] O contraste às vezes escorregava para a repulsa. Paul Koschaker lembra, aqui, uma inusitada alegoria do escritor renascentista Rabelais (1494-1553). Segundo ele – que, como quase todo intelectual de seu tempo, fora estudante de direito romano –, a obra de Justiniano seria um tecido rico e precioso, coberto, todavia, por imundices. E essas imundices seriam as glosas de Acúrsio. Koschaker, 1955 (**Europa und das Römische Recht**, 1947), p. 172. A passagem lembrada por Koschaker (cujos termos são um pouco menos delicados do que sugere o historiador) está na metade do quinto capítulo do **Pantagruel** (1532): "Ainsi vint à Bourges, où estudia bien longtemps, et proffita beaucoup en la faculté des loix, et disoit aulcunesfois que les livres des loix luy sembloyent une belle robbe d'or, triumphante et precieuse à merveilles, qui feust brodée de merde: 'Car, disoit-il, au monde n'y a livres tant beaulx, tant aornés, tant elegans comme sont les textes des Pandectes; mais la brodure d'iceulx, c'est assavoir la Close de Accurse, est tant salle, tant infame et punaise, que ce n'est que ordure et villenie'.".

[31] Por exemplo Vranken, 2006, p. 125 (em favor do aprofundamento da literatura teórica): "legal scholarship can and should divorce itself from current law."

O humanismo jurídico contribuirá não apenas para o alheamento prático de uma parte importante do pensamento jurídico,[32] mas também, e especialmente, para a conformação interdisciplinar que, de modo mais abrangente, ainda marca a pesquisa teórica em direito.

A primeira tarefa levada a cabo pelos representantes do *mos gallicus* foi depurar os fragmentos romanos de equívocos de transcrição ou explicação dos juristas medievais. Antes que a utilidade prática, a relevância concreta dos textos, nortes da educação jurídica até aqui, o que passa a importar é sua verdade. Através de métodos filológicos – e já neste ponto encontramos um expediente interdisciplinar –, os humanistas foram capazes de detectar uma série de erros e imprecisões nas propostas de reconstrução textual de seus antecessores da Baixa Idade Média. No lugar de intermináveis sequências de opiniões, esses autores lançavam mão da chamada *explication de texte*, uma espécie de decomposição linguística orientada não apenas pelos materiais do **Corpus iuris civilis**, mas também, e especialmente, por fontes históricas e literárias até então pouco exploradas pelos juristas (Gordley, 2013, p. 119). A interdisciplinaridade também alcançava, assim, os conceitos e padrões de raciocínio mobilizados pelos humanistas.

A propensão interdisciplinar ensaiada pelo humanismo jurídico a partir do século 15 e colocada em ação nas teorias locais emersas a partir do século 18 não seria eliminada pelas transformações que têm marcado a teoria do direito em momentos bem mais recentes.[33] Hoje, tanto investigações a respeito da validade do direito quanto reflexões em torno da sua normatividade – os domínios centrais da teoria do direito no sentido mais

[32] Em última análise, aos profissionais do direito restaria, como sugere Dan-Cohen, bisbilhotar os debates teóricos travados no contexto acadêmico, assim como a plateia bisbilhota os atores do teatro (em certos modelos de representação teatral ao menos). Dan-Cohen, 1992, p. 590-591: "As the theater example suggests, assigning to decisionmakers the discursive role of eavesdroppers rather than listeners to substantive legal theory by no means demotes them to a secondary or inferior status relative to that enterprise. After all, the primary goal of the actors' play acting is the edification and entertainment of the audience. If it were not for the audience the theatrical enterprise would lose most of its point. Still, the theater's mission is best served when the actors ignore the audience and concentrate instead on creating and inhabiting the make-believe world within which their fictional discourse is conducted. So also in the case of law."

[33] Ver Macedo Junior, 2005 (conferência, 2002), p. 89 (identificando a ocorrência de um "aprofundamento filosófico" na teoria do direito contemporânea).

estrito que essa expressão comporta,[34] a acartarmos esse modo de organizar o debate –,[35] reportam-se, em diferentes medidas, a referenciais de matriz interdisciplinar, e sobretudo à filosofia moral. Se essa abertura pode ser atenuada no caso da validade – pense nos defensores do insulamento epistemológico do direito –, ela dificilmente pode ser contida no caso da normatividade. Os pontos contato entre as reflexões teórico-jurídica e filosófico-moral a respeito desta última tendem, de fato, a ser tão mais numerosos quanto mais ampla for a abertura – ou a assimilação, como propôs o último Dworkin,[36] – do direito à moralidade.

4. Interdisciplinaridade na Doutrina

As principais controvérsias em torno do papel da interdisciplinaridade no direito dizem respeito à doutrina. Neste caso, o que está em jogo não é apenas apreensão da prática jurídica, tampouco seu esclarecimento desinteressado, mas a oferta de razões jurídicas a partir de fontes socialmente reconhecidas (ou de méritos, segundo não positivistas).[37] É na doutrina que

[34] A literatura teórica não se limita, nos termos usados aqui, a reflexões sobre a validade e a normatividade do direito, embora esses sejam seus principais temas. Um trabalho de história do direito, por exemplo, e a depender de sua conformação, pode ser coberto pela rubrica da teoria, assim como um texto de sociologia jurídica. Por outro lado, a validade e a normatividade não se limitam ao direito em geral. Teorias locais também podem ser reconduzidas a esses domínios. Por exemplo SMITH, 2000, p. 107-108: "A complete theory of contract law should answer two questions. The first is an analytic question about the nature of contractual obligation. What sorts of events give rise to acontractual obligation and what is the content of the obligations thus created? In particular, how are those events and obligations similar or dissimilar to the events and obligations that are the focus of tort law, unjust enrichment law or equity? Where, in other words, should contract be situated in the map of private law? The other question is a normative or justificatory question: How, if at all, can contract law be justified? What is the moral basis, if any, for enforcing contractual obligations? Do rights, utility, or something else–or nothing else–underpin contract law? The analytic and normative questions are related.The justification for contractual obligation turns in part on what sort of a thing a contractual obligation is. And–though the point is more complex and controversial–our understanding of the nature of contractual obligations is determined in part by our views as to what sorts of obligations are, or at least might conceivably be, legitimately enforced."

[35] Rejeitando-o, SIMMONDS, 2007, p. 1-6; endossando-o, MARMOR, 2011, p. 1-11.

[36] DWORKIN, 2011, p. 400-401 (síntese da ideia de direito como província da moralidade). A mais conhecida formulação da abertura do direito à moral também se deve a Dworkin, 1977 (1967), p. 14-45 (rejeição da tese da discricionariedade judicial a partir da distinção entre princípios e regras).

[37] Discussão em GARDNER, 2012.

o direito se revela de maneira mais nítida como uma disciplina da ação de caráter justificatório, seja qual for o segmento do saber jurídico em questão.[38] E é também na doutrina que se desenvolvem os discursos que distinguem o direito na universidade.

Isso fica claro quando procuramos identificar quem são os formuladores da doutrina. Diferentemente do que acontece com a pesquisa empírica em direito (também empreendida por cientistas sociais) e com a pesquisa teórico-jurídica (explorada não apenas por juristas de formação e profissão, mas também pelos "filósofos juristas" de que falava Bobbio),[39] a produção doutrinária é tarefa reservada a pessoas formadas em direito.[40-41] Isso ajuda a entender por que a doutrina, ao contrário da empiria e da teoria, tende – embora equivocadamente, diga-se desde logo – a legitimar-se pela rejeição da interdisciplinaridade.[42]

[38] Ver LOPES, 2016, p. 203-226. A importância justificatória do direito é apresentada como uma exigência política em FORST, 2010.

[39] BOBBIO, 1972, p. 44 (contraste entre "filósofos juristas" e "juristas filósofos").

[40] Não surpreende, portanto, que a produção doutrinária seja a estrela de um movimento norte-americano em prol da reabilitação da autonomia dos estudos jurídicos: GOLDBERG, 2012, p. 1640-1663 (apresentação do seminário New Private Law e fundação do movimento homônimo). As razões mobilizadas por Goldberg para sustentar a novidade de sua proposta, todavia, não são novas. GOLDBERG, 2012, p. 1663: "Viewed from the perspective of inclusive pragmatism, law is distinct from politics and morality, but not disconnected from them. [Este é o ponto de partida de diferentes vertentes do positivismo jurídico contemporâneo, e por isso não é novo] Inclusive pragmatism also makes room for conceptual legal analysis without equating the study of law with logic or botany. [Apenas adeptos novecentistas do naturalismo jurídico e alguns poucos legatários legalistas do positivismo lógico parecem ter sustentado o contrário. Nada de novo de novo.] It takes law seriously while drawing on other disciplines, including philosophy, economics, history, and cognitive science. [Ainda nada de novo, embora "levar a sério" seja uma expressão suficientemente vaga para comportar alguma novidade.] It recognizes that legal concepts and rules operate in a context-dependent manner, and that law is a human creation administered by fallible persons who approach their jobs from various perspectives. [Combinação de noções positivistas {o direito é uma criação das pessoas} e realistas {essas mesmas pessoas praticam o direito empregando recursos que o direito não oferece}. Esse ponto parece correto, mas outra vez não é novo.] The New Private Law is in all of these respects inclusively pragmatic."

[41] Importantes doutrinadores e doutrinadoras, contudo, não seguiram carreira universitária. No Brasil, o melhor exemplo segue sendo o de Pontes de Miranda, mas também é possível apontar importantes autoras e autores contemporâneos como Maria Berenice Dias e Eduardo Salomão Neto. Há vários outros exemplos fora do Brasil, como Oliver Wendell Holmes, Jr. (que lecionou apenas alguns meses em Harvard) e André-Jean Arnaud.

[42] Ilustrações em SMITS, 2014, p. 75-86.

Este último ponto é importante e precisa ser bem compreendido.

É verdade que toda proposição doutrinária deve veicular algum critério jurídico de justificação – em geral, premissas maiores extraídas de fontes formais do direito (no Brasil e em países institucionalmente aparentados, a primeira dessas fontes é lei, seguida pela analogia, pelos costumes e pelos "princípios gerais de direito", nos termos do art. 4º da Lei de Introdução de 1942). Trata-se do que poderíamos chamar de "vinculação metodológica" da doutrina ao direito positivo. Um número crescente de textos doutrinários, contudo, não se limita à formulação de juízos de juridicidade (ou de legalidade, licitude, tipicidade, validade, eficácia), mas também procura articular juízos de conveniência (ou de estratégia, planejamento, melhores práticas, arquitetura institucional, *contract design* e assim por diante). Ao formular juízos de conveniência, a doutrina antecipa (mas também avalia e sugere) diferentes cursos de ação juridicamente possíveis a partir de razões que podem não ser *prima facie* jurídicas.

Um texto doutrinário pode tratar, por exemplo, da melhor forma de salvaguardar os interesses da companhia em uma operação de usufruto de ações, da melhor estrutura logística para reduzir os desembolsos com dado imposto, ou ainda das melhores práticas na condução de parcerias público-privadas em projetos de infraestrutura.[43] Em todos esses casos, o foco da doutrina não recairá sobre juízos binários de juridicidade (que em alguns casos não chegam nem mesmo a ser explicitados), mas sim sobre juízos de conveniência, ou seja, juízos a respeito das vantagens e desvantagens de comportamentos juridicamente indiferentes e, por isso, e ao menos à primeira vista, incomensuráveis em um texto que se pretenda jurídico.[44] Como boa parte dos critérios que compõem juízos práticos de conveniência não costuma ser discutida nos cursos de direito – pense em critérios financeiros, comportamentais ou tecnológicos –, a composição da doutrina se abre, aqui, a conceitos, métodos e padrões de raciocínio de matriz interdisciplinar. Nesses casos (embora não apenas neles),[45] a

[43] Outros exemplos em Scott e Triantis, 2006, p. 815-879; Greco, 2011; e Ribeiro, 2011.

[44] Juízos de conveniência também podem envolver comportamentos juridicamente reprováveis. Um texto doutrinário pode sugerir, por exemplo, que causar danos e arcar com eventuais condenações à sua reparação é mais vantajoso (porque menos custoso) que realizar investimentos para evitar sua ocorrência. Felizmente esse tipo de sugestão é incomum, embora tal prática não o seja. Ver Silva Filho, 2015, p. 183-207.

[45] Ver Shecaira, 2013, p. 39.

literatura doutrinária assume caráter juridicamente constitutivo, pois determinante para a definição do horizonte de sentidos jurídicos das condutas possíveis.[46]

O fato de boa parte dos critérios que compõem juízos de conveniência não ser ensinada nos cursos de direito tem um efeito potencialmente perverso: ele pode fazer com que estudantes interessados em dilemas concretos abandonem os estudos jurídicos prematuramente para mergulhar na prática, ou para empreender estudos independentes de outras disciplinas, como a economia e a ciência política. O problema, aqui, não é o contato precoce com as profissões jurídicas ou com temas situados fora do campo do direito. O problema é o risco de desvalorização do direito como mecanismo de controle da violência, e antes dela, do exercício de poderes econômicos e políticos.

Diagnósticos de uma emergente "desimportância" ou "perda da autoridade"[47] da doutrina refletem esse estado de coisas: quem permanece na academia pode, de fato, não vislumbrar problemas que transcendam a juridicidade (ou legalidade etc.) desta ou daquela conduta, e quem está fora dela pode pensar que, ao cabo, o direito não importa. Isso explica, também, por que textos doutrinários que cuidam de interações sociais sofisticadas tendem a ser elaborados por pessoas que têm alguma familiaridade com a prática, seja porque estão imersas nela, como costuma ocorrer no Brasil,[48] seja porque procuraram apreendê-la e sintetizá-la a partir de técnicas oferecidas pela empiria metódica.

Para encerrar este ponto: textos doutrinários dificilmente escapam da formulação de juízos de conveniência; esses juízos, todavia, quase sempre envolvem escolhas orientadas por categorias forjadas fora do campo do direito; por conta disso, e sob pena de atender a uma parte apenas dos desafios impostos pela prática jurídica, fragilizando assim o papel desem-

[46] Refiro-me ao caráter "constitutivo" da doutrina nos termos de Searle, 2010, p. 10: "Some rules [...] do not just regulate, but they also create the possibility of the very behavior that they regulate."

[47] Martins-Costa, 2014, p. 18: "A *desimportância* da doutrina convive com a *produção expansiva de opinião publicada*, irrelevante em termos de solidez construtiva, relevante por seus reflexos na formação de uma jurisprudência baseada em chavões, de modo que ambas as características acabam por se mesclar." Destaques no original.

[48] Acredito que esse seja o argumento mais robusto em favor da adoção de modelos de pesquisa doutrinários em programas de pós-graduação *stricto sensu* profissional (Pinto Junior, 2015).

penhado pelo direito no controle da coerção, a doutrina deve incorporar conceitos de origem interdisciplinar às suas proposições, mesmo quando essa incorporação envolver passos complexos como o sopesamento de estruturas extrajurídicas (em contraste, no caso, com a importação de repertórios extrajurídicos).[49] Legitimar os textos doutrinários pela rejeição da interdisciplinaridade representa, nesse sentido, um grave erro: a relevância da doutrina não será garantida pela reprodução de discursos ensimesmados e autorreferentes, mas sim pela sua capacidade de manuseio dos influxos interdisciplinares a partir de razões disputáveis – em uma palavra, pela sua capacidade de "domesticação" da interdisciplinaridade.[50]

Se o presente explica por que referências interdisciplinares não devem ser rejeitadas pela doutrina, o passado nos ajuda a entender a renitência dessa rejeição. Até meados do século 18, as fronteiras entre trabalhos que

[49] Valho-me aqui da distinção entre "estrutura" e "repertório" proposta em Ferraz Junior, 2011 (1988).

[50] De modo similar, Schuartz, 2008, p. 145-146 e 152 (empregando o termo "domesticação" para se referir à mediação doutrinária de referências de matriz propriamente interdisciplinar); Lopes, 2004, p. 168 (reconhecendo que "o raciocínio jurídico e a boa dogmática jurídica não são surdos aos saberes alheios e se dão conta de que vários objetos constituídos por outras disciplinas são a matéria prima sobre a qual decidem"); Nobre, 2003, p. 151 (sugerindo que "pontos de vista da sociologia, da história, da antropologia, da filosofia ou da ciência política não sejam exteriores, tampouco 'auxiliares', mas se incorporem à investigação dogmática como momentos constitutivos"); Dagan, 2015, p. 53 (rejeitando a dissolução interdisciplinar pela singularidade das questões teóricas persistentes da teoria do direito, e reconhecendo sua "atenção dada ao direito como um conjunto de instituições normativas coercitivas e seu esforço incansável de incorporar e sintetizar os discursos sobre a lei."); e antes, Wilhelmson, 1992, p. 6: "Common to the adherents of all the forms of legal dogmatics that can be termed alternative [...] [is a] greater reliance than in traditional forms of dogmatics on the fruitfulness of the interdisciplinary project of infiltrating theories and results of social science into legal dogmatics." A dogmática "crítica" ou "alternativa" proposta por Wilhelmson parece mais próxima da ideia de doutrina articulada neste texto que das noções tradicionais de dogmática jurídica. Por outro lado, há quem encare a possibilidade de domesticação de referências extrajurídicas com ceticismo. Por exemplo Ramos, 2017, p. 154: "Dada a sua permeabilidade à complexidade social, as formas marginais de produção da validade jurídica, como os contratos e a legislação, estariam nesse caso isentas da referência à justiça. Uma dogmática "periférica" como a aventada na seção anterior teria de se conformar em ser uma dogmática sem justiça, ou então assumir o encargo de compatibilizar consistência e complexidade na periferia do sistema jurídico. O desafio seria enorme: produzir redundância em uma conceitualidade jurídica consistente e responder à altura a exigências econômicas e políticas ainda não filtradas. Além de lidar com a consistência das categorias jurídicas, teria de estar mais permeável à racionalidade de outros sistemas."

hoje chamaríamos de jurídicos e textos primariamente filosóficos ou teológicos ainda não eram nítidas. O *Decretum* de Graciano, documento do século 12, talvez seja o exemplo mais conhecido dessa indistinção, mas mesmo em textos mais próximos – pense na obra de um autor inclinadamente moderno como Jean Domat (1625-1695), por exemplo (Todescan, 1987, p. 3-19) –,[51] os limites entre a pesquisa jurídica, a argumentação filosófica e a revelação teológica ainda se encontram indefinidos.

A partir de Savigny (1779-1861), em um movimento cuja modalidade legalista já vinha sendo ensaiada na França pela Escola da Exegese,[52] e que encontrará seu correspondente insular nas ideias de John Austin (1790-1859), a metodologia jurídica, então entendida tanto como procedimento de pesquisa quanto como teoria da interpretação, aos poucos se torna uma metodologia do direito positivo.[53] No lugar do direito revelado ou racionalmente articulado, do direito que se define pelos seus méritos, os textos jurídicos passam a cuidar de um artefato, de um direito criado pelos seres humanos e por eles reproduzido, um direito cuja validade não depende de nada além de suas fontes (Shapiro, 2007; Gardner, 2012).

Essa transformação não é insignificante. Se antes o jusnaturalismo – primeiro o jusnaturalismo de matriz teológica, depois o jusnaturalismo de matriz racionalista – havia servido de ponte entre a pesquisa em direito e a reflexão religiosa ou filosófica, a partir de agora a metodologia do direito demandará um estatuto próprio. Esse movimento, geralmente associado à rubrica do positivismo jurídico,[54] conduziu a resultados ambíguos. Ao mesmo tempo que contribuiu para a laicização do Estado, para a demo-

[51] Mas ver Gordley, 2013, p. 141 (o ponto de chegada figurado por Domat não seria a preparação de elites eruditas, como no caso dos humanistas, mas a formação de profissionais do direito).

[52] Não seria correto, entretanto, sugerir que todos os professores hoje associados à Escola da Exegese tenham sido legalistas implacáveis, tampouco que seus trabalhos se reduzam a um conjunto de leituras estreitas e ensimesmadas do Código Civil de 1804. Embora ainda muito recorrente, essa sugestão foi paradigmaticamente rejeitada em Remy, 1982, p. 115-123.

[53] Não por acaso, a escola de Savigny é o ponto de partida da história da metodologia de Larenz, 2012 (**Methodenlehre der Rechtswissenschaft**, 1960), p. 2 e ss.

[54] Ao longo do século 20, o positivismo jurídico ganharia contornos ainda mais sólidos no âmbito da teoria do direito, tornando-se seu centro de gravidade. Isso, contudo, não impediria que suas premissas viessem a ser revistas e refutadas. Na tradição anglo-americana, as mais importantes revisões caberiam a Herbert Hart, e as mais significativas refutações, a Ronald Dworkin (ver nota 44 acima). Para um itinerário das refutações dworkinianas, ver Macedo Junior, 2013.

cratização do pensamento jurídico e para a formulação de algumas das melhores proposições doutrinárias do direito privado moderno (um dos méritos dos legistas da Pandectística, como lembram seus prosélitos),[55] o insulamento da metodologia jurídica ao longo do século 19 também foi o responsável pelas tensões intelectuais que conduziram à emancipação da teoria e da empiria no campo jurídico.

Fato é que a abertura interdisciplinar dos textos doutrinários não representa uma ruptura com a sua vocação histórica. Ao invés, ela recobra e atualiza o propósito que marca a doutrina desde as suas primeiras manifestações: a justificação do emprego institucionalizado de mecanismos voltados para a garantia da liberdade através do controle da violência. Isso ocorria quando o pretor era questionado sobre a admissibilidade de uma hipótese de *capitis deminutio*, e segue ocorrendo quando inovações conceituais são mobilizadas para conter argumentos de caráter extrajurídico desprovidos de razões isonômicas (Schuartz, 2009), ou então quando o que está em jogo é a rejeição de decisões que veiculam argumentos alegadamente técnicos ou científicos para camuflar sua arbitrariedade.

Conclusões

A interdisciplinaridade assume diferentes papéis na pesquisa em direito. O objetivo deste texto foi distinguir esses papéis no interior de três modelos de pesquisa: a doutrina, a teoria e a empiria. Por particularizar o direito no quadro das disciplinas universitárias, a doutrina seria, para alguns, alérgica ao emprego de conceitos, métodos e raciocínios interdisciplinares. A última parte deste artigo procurou demonstrar a fragilidade desse entendimento. A articulação doutrinária de referências interdisciplinares, aqui chamada de "domesticação", pode contribuir não apenas para a reversão do desprestígio angariado pela pesquisa jurídica, mas também, e especialmente, para a reabilitação do direito como mecanismo privilegiado de controle dos poderes econômico e político.

Referências

Adeodato, João Maurício Leitão. **Ética e retórica**: para uma teoria da dogmática jurídica. São Paulo: Saraiva, 2002.

Aldrich, John H. **Interdisciplinarity**: Its Role in a Discipline-Based Academy. Oxford: Oxford University Press, 2014.

[55] Por exemplo Zimmermann, 2010 (1994), p. 27-53.

ALEXY, Robert; DREIER, Ralf. The Concept of Jurisprudence. **Ratio Juris**, v. 3, 1990, p. 1-13.

ARNAUD, André-Jean. **O direito traído pela filosofia**. Tradução de Wanda de Lemos Capeller e Luciano Oliveira. Porto Alegre: Sergio Antônio Fabris, 1991.

BALKIN, Jack M. Interdisciplinarity as Colonization. **Washington & Lee Law Review**, v. 53, 1996, p. 949-970.

BOBBIO, Norberto. **Giusnaturalismo e positivismo giuridico**. 2. ed. Milano: Edizioni di Comunità, 1972.

CAMPILONGO, Celso Fernandes. **O Direito na sociedade complexa**. São Paulo: Max Limonad, 2000.

CARCATERRA, Gaetano. **Le norme costitutive**. Milano: Giuffrè, 1974.

DAGAN, Hanoch. Law as an Academic Discipline. *In:* DEDECK, Helge; PRAAGH, Shauna Van (org.). **Stateless Law**: Envolving Boundaries of a Discipline, London: Routledge, 2015.

DAN-COHEN, Meir. Listeners and Eavesdroppers: Substantive Legal Theory and Its Audience. **University of Colorado Law Review**, v. 63, 1992, p. 569-594.

DWORKIN, Ronald M. **Justice for Hedgehogs**. Cambridge: Belknap, 2011.

DWORKIN, Ronald M. The Model of Rules I. *In:* DWORKIN, Ronald M. **Taking Rights Seriously**. Cambridge: Harvard University Press, 1977 (1967).

EDWARDS, Harry T. The Growing Disjunction Between Legal Education and the Legal Profession. **Michigan Law Review**, v. 91, 1992, p. 2191-2219.

EPSTEIN, Lee; KING, Gary. The Rules of Inference. **The University of Chicago Law Review**, v. 69, 2002, p. 1-133.

FARIA, José Eduardo Campos de Oliveira; CAMPILONGO, Celso Fernandes. **A sociologia jurídica no Brasil**. Porto Alegre: Sergio Antonio Fabris, 1991.

FARIA, José Eduardo Campos de Oliveira. **Eficácia jurídica e violência simbólica**: o direito como instrumento de mudança social. São Paulo: Edusp, 1988.

FASSÒ, Guido. **Storia della filosofia del diritto**. Vol. I. Bologna: Il Mulino, 1966.

FERRAZ JUNIOR, Tercio Sampaio. **Direito, retórica e comunicação**. São Paulo: Saraiva, 1973.

FERRAZ JUNIOR, Tercio Sampaio. **Função social da dogmática jurídica**. São Paulo: Revista dos Tribunais, 1980.

FERRAZ JUNIOR, Tercio Sampaio. **Introdução ao estudo do direito**: técnica, decisão, dominação. 6. ed. São Paulo, Atlas, 2011 (1988).

FORST, Rainer. **Contextos da justiça**: filosofia política para além de liberalismo e comunitarismo. Tradução de Denilson Luís Werle. São Paulo: Boitempo, 2010.

GALLO, Filippo. Sulla definizione celsina del diritto. **Studia et documenta historiae et iuris [SDHI]**, v. 53, 1987, p. 7-60.

GARDNER, John. "Legal Positivism: 5 ½ Myths". *In:* GARDNER, John. **Law as a Leap of Faith**. Oxford: Oxford University Press, 2012.

GEERTZ, Clifford. **Local Knowledge**: Further Essays in Interpretive Anthropology. New York: Basic Books, 1985.

GOLDBERG, John C. P. Introduction: Pragmatism and Private Law. **Harvard Law Review**, v. 125, 2012, p. 1640-1663.

GORDLEY, James. **The Jurists**: A Critical History. Oxford: Oxford University Press, 2013.

GRECO, Marco Aurélio. **Planejamento tributário**. 3. Ed. São Paulo: Dialética, 2011.

HOECKE, Mark van (org.). **Methodologies of Legal Research**: Which Kind of Method for What Kind of Discipline? Oxford: Hart, 2011, p. 1-18.

HOLMES, Jr., Oliver Wendell. The Path of Law. **Harvard Law Review**, v. 10 (1897), p. 457-478;

HYLAND, Ken. **Disciplinary Discourses**: Social Interactions in Academic Writing. Ann Harbor: The University of Michigan Press, 2004.

JESTAZ, Philippe; JAMIN, Christophe. **La doctrine**. Paris: Dalloz, 2004.

KELSEN, Hans. **Teoria Pura do Direito**. Tradução de João Baptista Machado. 6. ed. Coimbra: Coimbra Editora, 1984 (**Reine Rechtslehre**, 1934; 2. ed., 1960).

KOSCHAKER, Paul. **Europa y el Derecho Romano**. Tradução de José Santa Cruz Teijeiro. Madrid: Editorial Revista de Derecho Privado, 1955 (**Europa und das Römische Recht**, 1947).

KUHN, Thomas. **The Structure of Scientific Revolutions**. 3. ed. Chicago: University of Chicago Press, 1996 (1962).

LARENZ, Karl. **Metodologia da ciência do direito**. Tradução de José Lamego. 6. Ed. Lisboa: Calouste, 2012 (**Methodenlehre der Rechtswissenschaft**, 1960).

LOPES, José Reinaldo de Lima; FREITAS FILHO, Roberto. Law and Society in Brazil at the Crossroads: A Review. **Annual Review of Law and Social Science**, v. 10, 2014, p. 91-103.

LOPES, José Reinaldo de Lima. Entre a teoria da norma e a teoria da ação. *In:* STORCK, Alfredo Carlos; LISBOA, Wladimir Barreto (org.). **Norma, moralidade e interpretação**: temas de filosofia política e direito. Porto Alegre: Linus, 2009, p. 43-80.

LOPES, José Reinaldo de Lima. Filosofia analítica e hermenêutica. Preliminares a uma teoria do Direito como prática. **Revista de informação legislativa**, n. 112, 2016, p. 203-226.

LOPES, José Reinaldo de Lima. O direito coletivo acima do individual: será mesmo? **Estado da arte** [Estadão, online], 9.4.2022. Disponível em https://estadodaarte.estadao.com.br/bem-comum-direitos-individuais-jrll/.

LOPES, José Reinaldo de Lima. Raciocínio jurídico e economia. **Revista de direito público da economia**, n. 8, 2004, p. 137-170.

LOPUCKI, Lynn M. Disciplining Legal Scholarship. **Tulane Law Review**, v. 90, 2015, p. 1-35.

MACCORMICK, D. Neil. Voluntary Obligations and Normative Powers. **Aristotelian Society supplementary volume**, n. 46, 1972, p. 59-102.

MACEDO JUNIOR, Ronaldo Porto. A relação entre dogmática jurídica e pesquisa. *In:* VVAA. **O que é pesquisa em direito?** São Paulo: Quartier Latin, 2005 (conferência, 2002), p. 86-92.

MACEDO JUNIOR, Ronaldo Porto. **Do xadrez à cortesia**: Dworkin e a teoria do direito contemporânea. São Paulo: Saraiva, 2013.

MACHADO NETO, Antônio Luís. **Teoria da ciência jurídica**. São Paulo: Saraiva, 1975.

MARMOR, Andrei. **Philosophy of Law**. Princeton: Princeton University Press, 2011.

MARTINS-COSTA, Judith Hofmeister. Autoridade e utilidade da doutrina: a construção dos modelos doutrinários. *In:* MARTINS-COSTA, Judith Hofmeister (org.). **Modelos de direito privado**. São Paulo: Marcial Pons, 2014, p. 9-40.

MICHELON JUNIOR, Cláudio Fortunato. **Aceitação e objetividade**: uma comparação entre as teses de Hart e do positivismo precedente sobre a linguagem e o conhecimento do direito. São Paulo: Revista dos Tribunais, 2004.

NEVES, Marcelo da Costa Pinto. Pesquisa interdisciplinar no Brasil: o paradoxo da interdisciplinaridade. **Revista do Instituto de Hermenêutica Jurídica**, v. 1, 2005, p. 207-214.

NOBRE, Marcos S. Apontamentos sobre a pesquisa em direito no Brasil. **Novos estudos CEBRAP**, v. 66, 2003, p. 145-154.

OLIVEIRA, Luciano. «No me venga con el Código de Hammurabi...». La investigación socio-juridica en los estudios de posgrado en derecho (2004). *In:* Christian Courtis. **Observar la ley**: ensayos sobre metodología de la investigación juridica. Madrid: Trotta, 2006.

PARGENDLER, Mariana Souza; SALAMA, Bruno Meyerhof. Direito e consequência no Brasil: em busca de um discurso sobre o método. **Revista de direito administrativo**, v. 262, 2013, p. 95-144.

PINTO JUNIOR, Mario Engler; SILVA FILHO, Osny da. Ensino, pesquisa e prática jurídica no Brasil. **Jota** [online], 08.05.2015, disponível em http://jota.info/ensino-pesquisa-e-pratica-juridica-no-brasil, acesso em 17.03.2017.

POSNER, Richard A. The Decline of Law as an Autonomous Discipline: 1962-1987. **Harvard Law Review**, v. 100, 1987, p. 761-780.

PRIEST, George L. The Growth of Interdisciplinary Research and the Industrial Structure of the Production of Legal Ideas: A Reply to Judge Edwards. **Michigan Law Review**, v. 91, 1992, p. 1929-1944.

RAMOS, Luiz Felipe Rosa. **Por trás dos casos difíceis**: dogmática jurídica e a proibição da denegação de justiça. Curitiba: Juruá, 2017.

REALE, Miguel. **Filosofia do direito**. 11. Ed. São Paulo: Saraiva, 1986 (1953).

REALE, Miguel. **Teoria tridimensional do direito**. São Paulo: Saraiva, 1968.

REMY, Philippe. Éloge de l'Éxegèse. **Revue de la recherche juridique**, v. 7, 1982, p. 115-123.

RIBEIRO, Maurício Portugal. **Concessões e PPPs**: melhores práticas em licitações e contratos. São Paulo: Atlas, 2011.

RODRIGUES JUNIOR, Otavio Luiz. Riscos de uma pesquisa empírica em Direito no Brasil. **Conjur** [online], 07.08.2013, disponível em http://www.conjur.com.br/2013-ago-07/direito-comparado-riscos-certa-pesquisa-empirica-direito-brasil.

SCHUARTZ, Luis Fernando. A práxis recalcada na teoria da norma de Kelsen. *In:* SCHUARTZ, Luis Fernando. **Norma, contingência e racionalidade**: estudos preparatórios para uma teoria da decisão jurídica. Rio de Janeiro: Renovar, 2005, p. 1-61.

SCHUARTZ, Luis Fernando. Consequencialismo jurídico, racionalidade decisória e malandragem. **Revista de direito administrativo**, v. 248, 2008, p. 130-158.

SCHUARTZ, Luis Fernando. Interdisciplinaridade e adjudicação: caminhos e descaminhos da ciência no direito. **Revista brasileira de filosofia**, v. 58, 2009.

SCOTT, Robert E.; TRIANTIS, George G. Anticipating Litigation in Contract Design. **Yale Law Journal**, v. 115, 2006, p. 815-879.

SHAPIRO, Scott. "The 'Hart-Dworkin' Debate: a Short Guide for the Perplexed." *In:* Arthur Ripstein (ed.). **Ronald Dworkin**. Cambridge: Cambridge University Press, 2007.

SEARLE, John R. How to Derive 'Ought' from 'Is'. **The Philosophical Review**, v. 73, 1964, p. 43-58;

SEARLE, John R. **Making the Social World**: The Structure of Human Civilization. Oxford: Oxford University Press, 2010.

SHECAIRA, Fabio P. **Legal Scholarship as a Source of Law**. Dordrecht: Springer, 2013.

SHECAIRA, Fábio P.; STRUCHINER, Noel. Peculiaridades da argumentação sobre fatos no campo do direito. **Teoria jurídica contemporânea**, v. 1, 2016, p. 126-143.

SILVA FILHO, Osny da. **Fundamentos do direito contratual**: doutrina, teoria e empiria. São Paulo: Almedina, 2022.

SILVA FILHO, Osny da. Punitive (and) Pain-and-Suffering Damages in Brazil. *In:* WHITE, Mark D. (org.). **Law and Social Economics**: Essays in Ethical Values for Theory, Practice, and Policy. New York: Palgrave, 2015, p. 183-207.

SILVA, Nuno J. Espinosa Gomes da. **Humanismo e direito em Portugal no século XVI**. Dissertação de doutoramento em Ciências Histórico-Jurídicas. Faculdade de Direito da Universidade de Lisboa, 1964.

SILVA, Paulo Eduardo Alves da; CUNHA, Alexandre dos Santos. Introdução. *In:* VVAA. **Pesquisa empírica em direito**: Anais do I Encontro de Pesquisa Empírica em Direito, Ribeirão Preto, 29 e 30 de setembro de 2011. Rio de Janeiro: Ipea, 2013, p. 11-14.

SIMMONDS, Nigel. **Law as a Moral Idea**. Oxford: Oxford University Press, 2007.

SMITH, Stephen A. Towards a Theory of Contract. *In:* Jeremy Horder (ed.). **Oxford Essays in Jurisprudence**: 4th series. Oxford: Oxford University Press, 2000, p. 107-129.

SMITS, Jan M. Law and Interdisciplinarity: On the Inevitable Normativity of Legal Studies. **Critical Analysis of Law**, v. 1, 2014, p. 75-86.

TODESCAN, Franco. **Le radici teologiche del giusnaturalismo laico**: II. Il problema della secolarizzazione nel pensiero giuridico di Jean Domat. Milano: Giuffrè, 1987.

TOULMIN, Stephen. **Human Understanding**: The Collective Use and Evolution of Concepts. Vol. 1. Oxford: Clarendon, 1962.

VRANKEN, Jan B. M. **Exploring the Jurist's Frame of Mind**. Deventer: Kluwer, 2006.

WELLS, Catherine P. Langdell and the Invention of Legal Doctrine. **Buffalo Law Review**, v. 58, 2010, p. 551-618.

WILHELMSON, Thomas. **Critical Studies in Private Law**: A Treatise on Need-Rational Principles in Modern Law. Dordrecht: Kluwer, 1992.

WOLKMER, Antonio Carlos. **Fundamentos do humanismo jurídico no Ocidente**. Barueri: Manole, 2005.

WOOD, Diane P. Legal Scholarship for Judges. **Yale Law Journal**, v. 124, 2015, p. 2592-2625.

ZIMMERMANN, Reinhard. Roman Law and the Harmonization of Private Law in Europe. *In:* HARTKAMP, Arthur S.; *et alii* (org.). **Towards a European Civil Code**. 4. ed. Alphen: Kluwer, 2010 (1994), p. 27-53.

21
DESAFIOS E OPORTUNIDADES DO ENSINO JURÍDICO NO PÓS-PANDEMIA: POR UM REFORÇO A UMA FORMAÇÃO HUMANISTA EM DIREITO

Claudia Lima Marques
Guilherme Mucelin

Introdução

Gostaríamos de homenagear, com este artigo, o querido amigo José Reinaldo de Lima Lopes, grande historiador[1] e filósofo[2] do Direito, pioneiro do consumerismo[3] e do combate ao superendividamento,[4] com o qual pudemos coorganizar duas obras sobre 'Saúde e Responsabilidade" com pesquisas empíricas do PPGD-UFRGS[5], que aqui representamos, e do PPGD USP.

O professor José Reinaldo de Lima Lopes é um pesquisador brilhante e renovador,[6] pioneiro em pesquisas empíricas no Brasil e peça chave do Programa de Pós-Graduação da Faculdade de Direito da Universidade de São Paulo – o mais antigo em funcionamento desde a reformulação consagrada pelo Parecer 977/65, conhecido como Parecer Sucupira em homenagem ao seu relator (BRASIL, 1965) –, que celebrou há pouco 50 anos.[7] Assim, queríamos refletir sobre o futuro do ensino jurídico e do

[1] Veja, por todos, Lopes, 2009.
[2] Neste tema, sua belíssima obra, Lopes, 2004.
[3] Veja, por todos, Lopes, 1992.
[4] Veja, por todos, Lopes, 1996.
[5] Veja Marques; Pfeiffer; Lopes, 1999; e Marques; Schmidt; Pfeiffer; Lopes, 2008.
[6] Veja, por todos, Lopes, 1997.
[7] Veja a Revista da USP, em especial: SCAFF, 2021, p. 277-298.

humanismo, que tão bem caracteriza nosso homenageado. Realmente, o valoroso PPGD da USP reúne um grupo de pesquisadores de excelência, com o qual nos honra muito colaborar e cuja história se mistura e domina a evolução da Pós-Graduação em Direito no Brasil.

Neste artigo queremos nos concentrar no porvir, considerando os desenvolvimentos que poderão se estabelecer no período pós-pandêmico, especialmente no ensino jurídico. Dado o expressivo aumento quantitativo nos cursos de Direito nos últimos anos em um país que já se situava em um contexto de grandes polarizações políticas, transformações econômicas, de mercantilização da educação, de ativismos sociais, do aviltamento da globalização, da consequente internacionalização das relações sociojurídicas e da sedimentação da sociedade da informação, é relevante verificar os impactos possíveis que a pandemia do novo coronavírus, considerada como catalisadora de processos em curso e criadora de tantos outros, potencialmente trará imediata e mediatamente ao *mindset* da formação de profissionais e docentes do Direito, considerando ainda as pressões do mercado em nível de Pós-Graduação (Lopes, 2021). É com uma reflexão sobre as conquistas e os avanços que ocorreram no que toca ao ensino jurídico superior, no ensino de mestrado e doutorado no país, que homenageamos José Reinaldo Lima Lopes.

Boaventura de Sousa Santos inicia seu debate acerca da pandemia e de seus desdobramentos, sobre a 'luz' que lançou a algumas verdades antes escondidas, questionando-se "se a verdade e a qualidade das instituições de uma dada sociedade se conhecem melhor em situações de normalidade, de situação corrente, ou em situações excepcionais, de crise" e quais "potenciais conhecimentos decorrem da pandemia do Coronavírus" (Santos, 2020. p. 5). Sem dúvida, a Universidade, *locus* por excelência dos Programas de Pós-Graduação e as Faculdades de Direito, são instituições dessa sociedade pós-pandêmica e, por isso, queremos nos perguntar quais os desafios e oportunidades poderão ser identificados a partir da pandemia de COVID-19 e quais as suas linhas de futuro que poderemos de estabelecer.

Dividiremos nosso ensaio em duas partes, cada uma subdividida em dois capítulos. A primeira dedicar-se-á aos (1) efeitos da pandemia na educação, levando-se em consideração as mudanças imediatas e a paralisação por determinação das aulas presenciais em 2020 e 2021, bem como a utilização das tecnologias de comunicação e informação; e a segunda tratará de (2) um possível retorno ao objetivo constitucional de uma formação humanista, tendo por base a complexidade imposta pelo momento pandêmico e a consequente necessidade de transdisciplinaridade focada nos direitos fundamentais, que tão bem nosso homenageado defende. Vejamos.

1. Pandemia na Educação: Ensino Remoto Emergencial em 2020 e 2021 e a Contribuição Tecnológica

Mesmo antes de ser reportado o primeiro caso de coronavírus em nosso país, o Ministério da Saúde, em atenção aos desdobramentos internacionais, expediu a Portaria n. 188, de 3 de fevereiro de 2020, a qual declarava emergência de saúde pública de importância nacional (BRASIL. MINISTÉRIO DA SAÚDE, 2021). Em 6 de março de 2020, o Decreto Legislativo n. 6 do Senado Federal reconheceu o estado de calamidade pública em todo o território nacional (BRASIL, 2020). Por conta dessa nova realidade e a fim de conter o vírus, seguindo o exemplo de outros países, determinou-se no Brasil a restrição, em 2020 e 2021, em caráter excepcional e temporário, da entrada e da saída do país por rodovias, portos ou aeroportos, ao mesmo tempo em que as autoridades de saúde nacionais, junto a prefeitos e governadores, orientaram o distanciamento social entre as pessoas, de modo que se tomaram medidas como a restrição de circulação de pessoas nas ruas, em estabelecimentos comerciais, no uso do transporte público e nas instituições de ensino, o que passaremos a analisar.

1.1. Desafio: adaptação ao ambiente de ensino online

No Brasil,[8] mediante o projeto elaborado por Visconde de Cachoeira, em 1825, os cursos jurídicos foram criados pela Lei de 11 de agosto de

[8] Ao tempo em que os cursos jurídicos eram criados no Brasil, o contexto histórico da época marcava-se pela recente morte de D. João VI, que abria espaço para D. Pedro I assumir o trono de Portugal. Entretanto, pressionado pela opinião pública brasileira, abdica ao trono português em nome de sua filha D. Maria da Glória. Por ser ainda uma menina, o trono de Portugal fica sob a regência de D. Miguel, irmão de D. Pedro I. No ano de 1828, D. Miguel destitui a sobrinha e anula a Constituição editada por D. Pedro I, proclamando-se rei e restaurando o absolutismo em Portugal. Muitos constitucionalistas portugueses refugiaram-se no Brasil, que se tornou o principal centro de oposição ao reinado de D. Miguel. D. Pedro financia incansavelmente a luta contra o irmão, ficando claro que estava mais preocupado com a sucessão do trono português do que com o futuro do Brasil. Nesse contexto, o Banco do Brasil requer falência no ano de 1829. No ano de 1831, no dia 7 de abril, D. Pedro I abdica do trono em nome de seu filho, D. Pedro de Alcântara, um menino de cinco anos de idade. A abdicação simbolizou a vitória do Partido Brasileiro, consolidando, historicamente, o poder dos grandes proprietários de terra e escravos (Silva, 1992, p. 132-133).

1827.[9] Denominados de Academias de Direito, foram fundados dois cursos, o primeiro em março de 1828, com sede em São Paulo, instalado no Convento de São Francisco, e o segundo localizado em Olinda, com sede no Mosteiro de São Bento. Na obra de Aurélio Wander Bastos[10], o autor expõe que o Estatuto de Visconde de Cachoeira estava baseado nos estatutos "luminosos" da Universidade de Coimbra.

Em estudo sobre a evolução histórica do ensino jurídico no Brasil[11], constata-se que, no ano de 1854, os cursos foram denominados de Faculdades de Direito e o curso de Olinda foi transferido para a cidade de Recife. (Rodrigues, 1995, p. 09-10) A maioria dos autores que tratam do tema traz a ideia de que os cursos jurídicos nasceram ditados pela necessidade de estruturação de uma elite política. Quanto à concepção inicial implantada pelos cursos jurídicos no Brasil, pode-se dizer que, aos poucos, a devoção às razões do Estado foi sendo substituída pela preocupação de se formarem juristas voltados à ideologia jurídico-política do Estado Nacional emergente (Adorno, 1988, p. 6).

Como explica Aurélio Wander Bastos, a criação e a formação dos cursos jurídicos no Brasil estavam estritamente ligadas à consolidação do Estado Imperial, refletindo as contradições e as expectativas das elites brasileiras. Mais tarde, frente ao processo de independência, o ensino do Direito toma novas formas, a fim de compor os quadros jurídicos em desenvolvimento (Bastos, 2000, p. 01-02). A formação do bacharel revestia-se de grande importância, acompanhado do processo de independência do Brasil[12],

[9] A criação dos primeiros Cursos de Direito, através da Lei de 11 de agosto de 1827, trazia as seguintes disciplinas: no primeiro ano, Direito Natural, Público, Análise da Constituição do Império, Direito das Gentes e Diplomacia, que tinham sequência no segundo ano, incluindo, ainda, a disciplina de Direito Público Eclesiástico; faziam parte do currículo do terceiro ano Direito Pátrio Civil e Direito Pátrio Criminal com a Teoria do Processo Criminal; no ano seguinte, novamente, Direito Pátrio Civil, acrescentado de Direito Mercantil e Marítimo; Teoria e Prática do Processo adotado pelas Leis do Império, no quinto e último ano (Bastos, 2000, p. 45).

[10] "O Estatuto do Visconde de Cachoeira era bastante minucioso no que se refere ao método, ao programa, à bibliografia e ao roteiro para o ensino das diferentes disciplinas, deixando ao professor pequena margem de autonomia" (Bastos, 2000, p. 45).

[11] Sobre o tema, contribui ao estudo, o trabalho A transformação do ensino jurídico no Brasil: os caminhos percorridos do Império à contemporaneidade, de autoria de Ferreira, 2004.

[12] A Academia de Direito de São Paulo, assim como a de Olinda, tem suas raízes na independência política. Com a emergência do Estado Nacional, suscitou-se o delicado problema da

de tal modo que se investia, no Direito, uma forma de legitimação da própria independência, visando assegurar garantias e direitos do Estado (Adorno, 1988, p. 68). Da época do império, como se ressaltou, aos dias de hoje, é evidente que a multiplicação das instituições de ensino jurídico no Brasil pauta uma diversidade de (novas) discussões. A formação humanista, certamente, caracteriza um dos grandes desafios ao ensino jurídico, em especial diante da realidade inaugurada pela pandemia da Covid-19.

No cenário de tomadas de medidas mais severas na tentativa de conter a disseminação do vírus, merecem destaque, para nós, as determinações legais, de origens estadual ou municipal, no que tange ao fechamento das instituições de ensino superior, em especial as de Pós-Graduação, as quais tiveram de suspender as aulas e as demais atividades presenciais no ano letivo de 2020, com a possibilidade de a suspensão se estender por 2021. Com base nisso e diante das incertezas do "novo normal"[13], a Associação Brasileira de Mantenedoras de Ensino Superior (ABMES) realizou consulta ao Ministério da Educação, especificamente o Conselho Nacional de Educação (CNE), a respeito das orientações do Parecer CNE/CEB n. 19/2009 serem aplicáveis na pandemia de coronavírus ou não. Isso se deu porque, no início do século, houve a pandemia de Influenza, do vírus H1N1, popularmente referida como "Gripe A" ou "Gripe Suína", a qual levou ao fechamento de escolas e universidades, sendo considerada uma situação similar à atual. À época, questionou-se sobre a reposição das aulas não ministradas durante a situação de saúde pública, sobre o calendário escolar e o cumprimento dos dias e das horas letivas previstas em lei, o que foi respondido por meio do referido Parecer, devidamente homologado pelo Ministério da Educação (BRASIL. MINISTÉRIO DA EDUCAÇÃO, 2009).

No caso da pandemia de COVID-19, a resposta veio por meio do Ofício Nº 212/2020/SE/CNE/CNE-MEC, que considerou os termos do Parecer adequados e aderentes à pandemia contemporânea, sendo a eficácia de suas recomendações persistente. O Ofício salientou, ainda, "alternativas para suprir o processo de ensino e aprendizagem em contextos caracterizados pela ausência de contato entre discente e docente no mesmo ambiente

autonomização cultural da sociedade brasileira, além da necessidade de formar quadros para o aparelho estatal (Adorno, 1988, p. 79).

[13] "Independente das expressões usadas é mais relevante que tudo isto seja compreendido como referências a experiências que tendem a mudar e interpretar mudanças na condição de vivência humana" (Saldanha, 2020. p. 24).

físico, elemento próprio do ensino presencial" (BRASIL. MINISTÉRIO DA EDUCAÇÃO, 2020a).

Neste diapasão, o Ministério da Educação editou a Portaria n. 343, de 17 de março de 2020 (BRASIL. MINISTÉRIO DA EDUCAÇÃO, 2020b), alterada não substancialmente pela Portaria n. 345, de 19 de março do mesmo ano (BRASIL. MINISTÉRIO DA EDUCAÇÃO, 2020c), que dispunha sobre a substituição das aulas presenciais por meios digitais no período em que a pandemia de Covid-19 persistisse. Pelo seu art. 1º, restou resolvido que se autorizava a substituição das disciplinas presenciais em andamento por aulas que utilizassem meios e tecnologias de informação e comunicação; e, pelo §2º desse artigo, que caberia às instituições a definição acerca de disciplinas que poderiam ser substituídas e da disponibilização de ferramentas aos alunos que permitissem acompanhar o conteúdo e realizar avaliação (BRASIL. MINISTÉRIO DA EDUCAÇÃO, 2020b). Foi especificamente dirigida à Pós-Graduação a Portaria nº 36, de 19 de Março de 2020, da CAPES (Coordenação de Aperfeiçoamento de Pessoal de Nível Superior), que dispõe sobre a suspensão excepcional dos prazos para defesa de dissertação ou tese no âmbito dos programas de concessão de bolsas do órgão (BRASIL. CAPES, 2020).

E é nessa ambiência que as Universidades, especialmente as públicas[14], sentiram a dificuldade na transposição do ensino presencial ao Ensino Remoto Emergencial – que não é a mesma coisa que a modalidade de ensino à distância (EaD). O ensino remoto acontece porque docentes e discentes, bem como demais funcionários, encontram-se impedidos de estarem no mesmo espaço físico; é emergencial/transitório, o que levou à reflexão acerca da adaptação do plano pedagógico para fazer frente às necessidades de ensino durante a pandemia e uma infinidade de questões relativas às tecnologias utilizadas, da mesma forma no que concerne ao modo pelo qual as aulas se realizariam, se síncronas, assíncronas ou uma mistura de ambas (REZENDE, 2020, p. 3).

Devido ao curto período para transpor o ensino presencial ao ambiente *online*, os desafios para todos os envolvidos foram e continuam sendo enormes. Esse trabalho adaptativo envolveu, invariavelmente, pesquisas, elaboração de manuais e materiais, oferecimento de cursos de capacitação,

[14] Dentre os diversos problemas, comumente aparece o fator problemático da falta de acesso à Internet (CARVALHO, 2020).

treinamentos de docentes e funcionários ante a pouca experiência com o ensino à distância e com as infraestruturas digitais, contratações emergenciais de soluções tecnológicas, dentre outros. O que antes era um diferencial às instituições, tornou-se recurso de primeira necessidade (Feferbaum; Klafke, 2020).

Por outro prisma, a pandemia veio a ressaltar as desigualdades enfrentadas na educação – as quais já existiam, mas foram escancaradas – mormente nas instituições públicas (Covac, 2020). Isto porque, para que se tenha acesso às tecnologias que viabilizam o ensino remoto, o acesso aos conteúdos, às atividades e às avaliações, é necessário aportes estruturais, de aptidão e econômicos. Colocado de outra maneira, para que os alunos consigam efetivamente retirar proveito das aulas à distância, é necessário, em primeiro lugar, que tenham um dispositivo eletrônico apto a se conectar à rede; segundo, que haja acesso à Internet que dê conta de pesados vídeos, *streamings* e demais materiais, como livros, apostilas e artigos, e, terceiro, que o aluno consiga lidar de forma satisfatória com a tecnologia – o que parece fácil, mas muda rapidamente de cenário ao considerarmos pessoas com deficiência ou de mais idade, por exemplo. Desafios também tomam outras formas, já que as condições de trabalho dos docentes e de estudo e pesquisa dos discentes mudaram radicalmente – até mesmo levando-se em consideração as situações econômicas[15], sociais, de saúde física e mental[16] dos envolvidos no ensino que toma lugar, primordialmente, em âmbito doméstico e não institucional.

Essas questões têm o condão de influenciar os processos de aprendizado, na produção acadêmica[17] – especialmente com relação a mulheres e mães[18], demonstrando com mais clareza a discrepância de gênero no

[15] "Além disso, considera-se que a defasagem escolar deva igualmente crescer, pois a diferença entre os alunos e o pouco apoio familiar deverão aumentar as discrepâncias, principalmente por consequência da crise financeira. Assim, às escolas caberá a missão de se aproximar de seus alunos com os meios disponíveis e possíveis" (BERG, *et al.*, 2020.

[16] "Os resultados confirmam um aumento significativo de perturbação psicológica (ansiedade, depressão e estresse) entre os estudantes universitários no período pandêmico comparativamente a períodos normais. Esses resultados vão ao encontro de outros estudos internacionais que analisaram o efeito psicológico da COVID-19 e de outras pandemias" (Maia; Dias, 2020, p. 6).

[17] Ou reduz ou faz com que haja produção massiva na temática da pandemia (Ferigato; Teixeira; Fragelli, 2020. p. 9).

[18] Sobre o tema, veja Falcão; Machado, 2020.

ambiente universitário[19] – e até mesmo culminar na evasão universitária (Fior; Martins, 2020), ainda mais quando se tem em conta os que ingressaram e ingressam no ensino superior e na Pós-Graduação já em tempos pandêmicos e não possuem os conhecimentos prévios e necessários sobre as tecnologias empregadas ou sobre as burocracias das instituições, dentre outros **n** fatores. Foram tempos de crise no ensino. E todo o momento de crise é também um momento de oportunidades: pela utilização da tecnologia nos processos de aprendizagem e pela união de esforços dos envolvidos na arte do 'saber' e do 'ensinar', poderemos oxigenar também o ensino jurídico, adaptando-o às demandas da sociedade da informação – eis o próximo ponto de análise.

1.2. Oportunidade: melhor exploração da tecnologia para aprimorar o ensino

Mesmo que se viva na era da hiperconectividade, com o incontestável avanço tecnológico em todas as searas, o ensino jurídico, de certo modo, permanece obsoleto e padronizado (Lins; Leite, 2020). As aulas de Direito, na graduação, costumavam ser ministradas de forma expositiva, onde o aluno era, no mais das vezes, simples receptor dos conhecimentos e das informações meramente repassadas, focando-se no papel central do professor e na utilização de lousas; o docente, por sua vez, era comum que ficasse em púlpitos ou parlatórios para passar os conteúdos, aludindo à influência das estruturas das Faculdades no ensino – isto é, a arquitetura do ambiente universitário revela muito sobre a concepção de educação de cada época (Souza, 2020). Contudo, já vinha sendo cada vez mais frequente a utilização de aparatos tecnológicos em sala de aula: *notebooks*, *wi-fi*, *tablets*, Datashow, quadros interativos e demais ferramentas multimídias – até mesmo porque estão chegando às Universidades os nativos digitais, também conhecidos como "geração Z" (Dos Santos Soares, 2014), que cresceram já rodeados por aparelhos eletrônicos e pelo mundo da Internet para fins de lazer, comunicação, estudo e demais tarefas do cotidiano, de modo que lhes extirpar as boas oportunidades oferecidas pelo ambiente virtual não parece ser uma realidade duradoura que se sustentará.

[19] Sobre o tema, concluiu Vacas sobre uma discriminação estrutural no que tange ao corpo docente feminino nas Universidades, tendo por base a Universidade Federal do Rio Grande do Sul (Vacas, 2019).

O mundo mudou e o ensino jurídico deve acompanhar as mudanças sem que se perca de suas sólidas tradições, especialmente na diferente dimensão espaço-temporal (Souza, 2020) proporcionada pelas Tecnologias da Informação e Comunicação (TICs), em um ambiente virtual rico e ao mesmo tempo temeroso. E, para extrair o máximo possível dessa nova tendência, deve haver preparação e planejamento das atividades, bem como dos recursos tecnológicos que as mediarão, que devem oportunizar tanto ao alunado quanto aos docentes, de uma maneira mais ativa, a construção conjunta de significado para o ensino digitalizado (Souza, 2020) e de uma relação crítica e colaborativa em torno do objeto do saber.

Posto de outra forma, deve haver um processo – em compasso com as necessidades atuais e vindouras – que ressignifique a forma de pensar sobre o que é **ser professor** e de **como formá-lo**, bem como sobre os espaços de aprendizagem, as relações entre professores e alunos e as metodologias empregadas, o que atrai atenção especial aos Programas de Pós-Graduação. "Desta feita, cabe às escolas de Direito observarem que uma nova dimensão de lugar está sendo construída, implicando a criação de um novo espaço de construção e partilha do conhecimento" (Souza, 2020).

Afirma-se, nesse sentido, que as novas ferramentas tecnológicas e as mídias, ainda desprezadas, não podem ser encaradas como uma ameaça, mas como um novo desafio ao ensino no Brasil, o qual está deixando o ostracismo tecnológico para se incluir entre os protagonistas no tema no cenário mundial. E tal alteração não vem só do alunado, mas do corpo docente que incorpora, vagarosamente e, em decorrência da pandemia, de modo emergencial, os ambientes e as ferramentas *online* para aperfeiçoar o aprendizado (Marques, 2010) em cooperação e interatividade mútua com os discentes.

Nesse contexto, mencione-se que a educação à distância – que era tema bastante controvertido, especialmente no meio jurídico (Feferbaum; Klafke, 2020) – tornou-se uma realidade para todos os níveis e áreas do conhecimento (Souza, 2020). No país, está prevista a oferta de cursos nesse meio pelo art. 80, da Lei de Diretrizes e Bases da Educação, de 1996, atualizada pelo Decreto n. 5.622/2005, mas não é bem-vista em alguns cursos, como o direito, na modalidade totalmente à distância, por se ponderarem problemas relativos à qualidade e à mercantilização do ensino jurídico, considerando a "crise no ensino jurídico". No pós-pandemia, ou no momento atual de transição, é esta a realidade. O momento é de interação, de interatividade, de conexão, de facilitar internacionalização e formação de redes (pelo meio virtual e tecnológico), mas sem menosprezar os meios tradicionais de mobilidade e cooperação. Uma sociedade que se diz da informação, que se reconhece pelo signo do conhecimento, não pode simplesmente dispensar as tecnologias no ensino, pois o Direito é fruto dessa mesma sociedade, cada vez mais digitalizada, e que necessitará de profissionais – juristas, operadores, intérpretes, aplicadores, professores – aptos a lidar com a 've*loci*dade' e a 'ubiquidade típicas da pós-modernidade'.[20]

Para o pós-pandemia, escolhas devem ser feitas. No que toca ao ensino, duas possibilidades se abrem: ou voltar-se-á às velhas dinâmicas de sala de aula ou adotar-se-á um sistema de educação cada vez mais híbrido, presencial e virtual ao mesmo tempo, com combinação de mecanismos (Azorín, 2020). Assim, mais do que uma mudança somente tecnológica, vivenciamos uma mutação dos conteúdos e das formas como as ciências se relacionam entre si e com a sociedade (Ferigato; Teixeira; Fragelli, 2020). De outra maneira, necessitaremos de alavancar um outro modo de **pensar** e **agir** que consiga fazer frente a situações extremamente complexas e essenciais[21], como a crise sanitária internacional, hoje, e as mudanças climáticas, por exemplo, em um futuro próximo e a própria dificuldade de diálogo e radicalização de posições na sociedade.

2. Transdisciplinaridade e Transversalidade dos Direitos Humanos no Ensino Jurídico

As tecnologias da informação e da comunicação, de modo geral, são os principais instrumentos de entrelaçamento entre as diversas dimensões sociais (Silva; Rosa, 2014). Tendo por pano de fundo a globalização e os desenvolvimentos pandêmicos, muitos temas, antes visualizados separadamente, demonstraram a interdependência existente entre os variados ramos do conhecimento – o que, de antemão, já revela que o ensino jurídico deve preparar o indivíduo com uma visão holística para que possa enfrentar uma realidade multicultural, plural, dinâmica e, atualmente, impactada pela COVID-19. Uma questão eminentemente biológica – o vírus –,

[20] Veja os ensinamentos de Jayme, 2003, p. 133 e seg.

[21] Edgar Morin ensina que a educação deve promover a "inteligência geral", de modo multidimensional e dentro da concepção global. Acrescenta, ainda, que a educação deve favorecer a aptidão natural da mente em formular e resolver problemas essenciais (Morin, 2002, p. 39).

afeta prioritariamente às ciências da saúde (na tradicional categorização do saber disciplinar fragmentado), veio a demonstrar a complexidade, a força e a necessidade de conexão entre as mais variadas ciências, como a economia, a sociologia, a veterinária, a arquitetura, a psicologia, a enfermagem, a medicina e a química – apenas para citar algumas – incluindo o Direito e a educação.

É nesse sentido que se destaca o papel da universidade, das Faculdades de Direito, mas em especial dos programas de Pós-Graduação, que formam os professores do futuro. Tomando-os como entidades que integram, conservam, memorizam e ritualizam uma herança cultural dos saberes, eles precisam reexaminar-se, regenerar-se e atualizar-se para que consigam atingir o seu objetivo de (re)formar pensamentos, de modo a viabilizar e permitir o emprego total da inteligência (Berg, *et al.*, 2020) – também coletiva – para formulações concernentes ao bem comum. Assim, afirma-se a necessidade de operadores do Direito e juristas estarem integrados à crescente complexidade do mundo, considerarem a pluralidade de ideias, de crenças, de percepções, de teorias, de temáticas, de métodos com o **agir** e o **pensar** transdisciplinar, calcados na valorização dos direitos humanos como elo de ligação entre as diferentes disciplinas, de modo que lhes permitam refletir, de maneira crítica e atenta à realidade, sobre as melhores soluções jurídicas que atendam aos objetivos fundamentais da Constituição Federal com uma leitura adequada a cada época.

2.1. Desafio: transdisciplinaridade – uma necessidade a ser alcançada

A necessidade de uma abordagem holística e contemplativa dos problemas provenientes da pandemia do novo coronavírus revelou uma espécie de "dominó científico", em que diferentes áreas do conhecimento foram e são evocadas a contribuir para solucioná-los. Uma questão de saúde pública logo virou uma questão sociológica, que logo virou psicológica, que logo virou econômica, que logo virou logística, que logo virou política, que logo virou uma questão jurídica, que logo... – não necessariamente nesta ordem de fatores.

Somente isso já desvela a complexidade do período pandêmico e a imperatividade de uma visão e de um agir integrado e transdisciplinar. A pandemia requereu trabalho de enfermeiros, assistentes sociais, psicólogos, médicos, biólogos, veterinários, líderes comunitários, políticos, juristas e operadores do direito, professores e vários outros agentes de setores da vida tanto acadêmica como social. É um problema intricado que requer pontos de vistas não reducionistas[22], mas cooperativos das várias partes interessadas na sua resolução, tendo a transdisciplinaridade um importante papel neste processo devido à coaprendizagem mútua que decorre do envolvimento das muitas partes/ciências interessadas (El-Hani; Machado, 2020), em que se pretende compreender o mundo presente a partir da unidade do conhecimento (Wiviurka, 2010).

A complexidade, assim como a incrementada pelo coronavírus, é um dos pilares da transdisciplinaridade. A ideia focal é analisar a organização estabelecida em dado fenômeno, a descrição das partes de um objeto, sua organização e interação com a totalidade daquele, bem como a sua relação com elementos de outras ciências em um contexto que abarca todos os fenômenos; em outras palavras, os "objetos" do mundo, todos, têm relações e encadeamentos uns com os outros, sendo considerado impossível compreender um de forma apartada do outro e sem a consideração no que tange a sua relação ao todo (Wiviurka, 2010).

Para que se chegue a tais considerações, deve-se ter em mente a importância do contexto (ambiente que afeta e é afetado pelo objeto); do global[23] (relação de parte com o todo e do todo com a parte, em interdependência) em contraposição à hiperespecialização, que impede a percepção completa e até mesmo do essencial, que só pode ser pensado considerando o todo, e do multidimensional (relação das partes com outras partes) (Wiviurka, 2010). São as várias interações entre partes, totalidade e ambiência que definem o complexo. Transdisciplinaridade não se trata de unificar as ciências ou ter pretensões de ser a "ciência das ciências". Ao contrário, preserva-se a abordagem disciplinar por seus benefícios verticalizantes no ensino, porém defende-se a comunicação articulada entre a pluralidade de campos de pesquisa, estabelecendo uma teia conectada que admite aproximações entre as áreas do saber correlatas, pertencentes a grandes áreas do conhecimento que, por sua vez, comunicam-se com as demais,

[22] "Artigo 1. Toda e qualquer tentativa de reduzir o ser humano a uma definição e de dissolvê-lo em estruturas formais, sejam quais forem, é incompatível com a visão transdisciplinar" (Freitas; Morin; Nicolescu, 1994).

[23] "Artigo 11. Uma educação autêntica não pode privilegiar abstração no conhecimento. Ela deve ensinar a contextualizar, concretizar e globalizar. A educação transdisciplinar reavalia o papel da intuição, do imaginário, da sensibilidade e do corpo na transmissão do conhecimento" (Freitas; Morin, Nicolescu, 1994).

ultrapassando o reducionismo que, ao enfrentar a complexidade, pode se mostrar insuficiente.

Com efeito, o prefixo "trans" refere-se àquilo que está **entre** as disciplinas, **através** de diferentes disciplinas e **além** das disciplinas, concomitantemente. A transdisciplinaridade, dessa maneira, "promove ampla comunicação para que as disciplinas possam servir como instrumentos para a compreensão do mundo, [...] construindo o elo entre todos os saberes" (Wiviurka, 2010), o que passa, paradoxalmente e necessariamente, por um ensino disciplinar que é justaposto, rompendo com a linearidade e a fragmentação do conhecimento – o que transborda a ciência, afetando a educação, o agir em sociedade e o futuro da vida de modo geral.

No campo do ensino do Direito, a Resolução CNE/CES n. 5, de 17 de dezembro de 2018, que institui as Diretrizes Curriculares Nacionais do curso de graduação em Direito, trata da interdisciplinaridade como um elemento estrutural do curso (art. 2º, §1º, V) (BRASIL. CONSELHO NACIONAL DE EDUCAÇÃO, 2004). E o seu art. 5º, *caput*, dá indícios de um processo transdisciplinante, ao estabelecer que se deve priorizar a interdisciplinaridade e a articulação dos saberes, de modo que se atenda, nas perspectivas formativas, a um "em diálogo com as demais expressões do conhecimento filosófico e humanístico, das ciências sociais e das novas tecnologias da informação [...], tais como Antropologia, Ciência Política, Economia, Ética, Filosofia, História, Psicologia e Sociologia" (BRASIL. CONSELHO NACIONAL DE EDUCAÇÃO 2018), devendo ser considerados os "domínios estruturantes necessários à formação jurídica, aos problemas emergentes e transdisciplinares e aos novos desafios de ensino e pesquisa que se estabeleçam" (art. 5º, § 2º) (BRASIL. CONSELHO NACIONAL DE EDUCAÇÃO 2018), também com relação às atividades complementares (art. 8º) (BRASIL. CONSELHO NACIONAL DE EDUCAÇÃO 2018). Dessa forma, os componentes curriculares (ou disciplinas), "ao dialogarem com a vida e o mundo dos fenômenos e fatos, criam o que se chama interdisciplinaridade, transdisciplinaridade" (BRASIL. MINISTÉRIO DA EDUCAÇÃO. CÂMARA DA EDUCAÇÃO BÁSICA, s.d), isto é, "conexões de saberes científico-tecnológicos [...], tudo a favor de convergências de alegria, crescimento, aprendizagem, autonomia, vocações para o trabalho, diferenciação social e mudança" (BRASIL. MINISTÉRIO DA EDUCAÇÃO. CÂMARA DA EDUCAÇÃO BÁSICA, s.d.).

A transdisciplinaridade é um fenômeno que se impõe e que deve ser buscado para que, efetivamente, o ensino e, em especial, o ensino jurídico, consiga cumprir o seu papel de transformar a sociedade e de alertar e de buscar soluções jurídicas para aqueles que são vulnerabilizados. Trata-se de fundamento, em verdade, para o avanço do conhecimento, tanto pelo prisma individual quanto da coletividade, ao se distanciar da hiperespecialização fragmentadora de saberes.

2.2. Oportunidade: revalorização dos direitos humanos no ensino jurídico

Se a especialização é uma marca típica da modernidade no que tange às ciências, a transdisciplinaridade é uma marca inegável da pós-modernidade, a qual pressupõe um diálogo constante entre os saberes para que, no caso do Direito, o aplicador e intérprete tenham uma visão integrada das situações da vida, tornando-os mais aptos a resolver as demandas sem precedentes e sem soluções jurídicas equivalentes que emergem na atualidade (Boaventura; Almeida, 2017). Pós-modernidade, a par das diversas posições[24] e das mais variadas críticas, serve para designar um processo de ruptura (*Umbruch*)[25] – especialmente no que toca paradigmas erigidos na modernidade – e de transição para o novo, ainda desconhecido.

Mesmo que não totalmente identificadas, haja vistas a ve*loci*dade das transformações sociais, econômicas e políticas das últimas décadas, já se podem observar mudanças que daí surgem em relação a valores sobre diversas dimensões da experiência contemporânea de mundo, como estilos de vida, hábitos, costumes, instituições (Bittar, 2008), muitas das quais ainda estão impregnadas por conservadorismo[26] e pela euforia do individualismo e do utilitarismo econômico (Ghersi, 1995), especialmente ainda cultivados – mas com novas tonalidades – pela globalização e pelo neoliberalismo agressivo.

Tal aliado às incertezas típicas deste período determina o *Zeitgeist*[27] de nossa era, o que chama ao debate um revisionismo crítico dos erros do passado para a preparação de novas condições de vida no contexto das relações humanas e, consequentemente, das relações sociojurídicas

[24] Veja, por todos, Lyotard, 2015.

[25] Veja Marques, 2001.

[26] Sobre a crise da pós-modernidade e seu aprofundamento na ciência jurídica, veja Marques, 2019.

[27] *Zeitgeist*, palavra do idioma alemão, serve para tentar visualizar e definir a peculiaridade de determinada época (Hiery, s.d.).

(Bittar, 2008), e o que reflete (ou deveria refletir) nas formas como o ensino jurídico é manejado. A pós-modernidade, ao par de representar uma crise das ciências e, para nós, uma crise da suficiência do Direito[28] em dar respostas aos problemas sociais e de servir de paradigma às sociedades democráticas (Marques, 2019), também pode representar uma oportunidade pela sua capacidade de indicar novos elementos culturais e pela valorização dos direitos humanos, reassentando uma base humanista à ciência jurídica. É o que propõe Erik Jayme, em sua análise sobre o Direito Internacional Pós-Moderno, para quem tais elementos se traduzem à ciência jurídica como parte integrante da cultura, no pluralismo, na narração, na comunicação e no "retorno aos sentimentos" (Jayme, 1995). Interessa-nos, para os fins deste ensaio, contudo, a posição defendida de centralidade da pessoa natural no Direito, considerando o *Leitmotiv* da cultura jurídica contemporânea os direitos humanos (Jayme, 1995).

No cenário internacional, no que toca especificamente à educação, a Declaração Universal dos Direitos Humanos, de 1948, determina, por intermédio do art. 26, que a "instrução será orientada no sentido do pleno desenvolvimento da personalidade humana e do fortalecimento do respeito pelos direitos do ser humano e pelas liberdades fundamentais" (ONU. ASSEMBLEIA GERAL, 1948). Também, a Recomendação da Organização das Nações Unidas para a Educação, a Ciência e a Cultura (UNESCO) sobre a Educação para a Compreensão, Cooperação e Paz Internacionais e a Educação Relativa aos Direitos Humanos e Liberdades Fundamentais averba, para todos os níveis de formação, o estudo dos principais problemas da humanidade que afetam a sobrevivência e o bem-estar da espécie humana de forma interdisciplinar, devendo abordar, entre outras questões, o exercício e o respeito aos direitos humanos (UNESCO, 1974).

Já no cenário brasileiro, com a redemocratização (BRASIL. MINISTÉRIO DA EDUCAÇÃO, 2012), marcada prioritariamente pela promulgação da Constituição Federal de 1988, temos a dignidade humana como um dos fundamentos do Estado Democrático, consagrando uma série de direitos

[28] "Esta crise da pós-modernidade é, em verdade, uma mudança na maneira de pensar o Direito a resultar um certa apatia e imobilismo em relação às novidades por parte da maioria, combinado com um certo radicalismo por parte de minorias, face aos novos desafios da sociedade pós-moderna. É uma desconcertante crise de ideais e de valores, entre pluralismo e radicalismo de verdades, que tem grande influência no Direito e na pesquisa deste final de século" (Marques, 2001. p. 73).

fundamentais e sociais aos indivíduos – expressões nacionais positivadas dos direitos humanos (Abrantes, 2014).

No que tange à educação[29], seu objetivo programático constitucional (art. 225, CF) é, em primeiro lugar, o pleno desenvolvimento da pessoa e seu preparo para o exercício da cidadania, para, após, pela exegese do texto, a sua qualificação para o trabalho. A Constituição vai além e decreta como dever legal fundamental a condução da educação a uma formação humanística[30] (art. 214, V, CF), o que já contrasta com o ensino jurídico preponderantemente formal-tecnicista, o qual não assume a amplitude que lhe cabe, considerando o texto constitucional. Sublinhe-se, nesse ínterim, o Plano Nacional de Educação em Direitos Humanos, promovido por iniciativas da Secretaria Especial dos Direitos Humanos, Ministério da Educação, Ministério da Justiça e da UNESCO. Trata este documento da educação em direitos humanos como um processo sistemático e multidimensional que orienta a formação do sujeito de direitos, considerando a formação, nestes termos, como um meio privilegiado da promoção dos direitos humanos e de uma cultura democrática nos contextos nacional e internacional, calcada nos valores da tolerância, solidariedade, justiça social, sustentabilidade, inclusão e pluralidade (BRASIL. COMITÊ NACIONAL DE EDUCAÇÃO EM DIREITOS HUMANOS, 2007).

De um modo geral, o Plano objetiva destacar o papel estratégico da educação em direitos humanos para o fortalecimento do Estado Democrático de Direito e para a construção de uma sociedade justa e equitativa e, para o ensino, objetiva propor a transversalidade da educação em direitos humanos com os mais diversos setores, bem como "incentivar a interdisciplinaridade e a transdisciplinaridade na educação em direitos humanos"; em destaque à Pós-Graduação, determina-se o "reconhecimento dos

[29] O ensino exige a compreensão de que a educação é uma forma de intervenção no mundo. Assim, a mudança do mundo implica a dialética entre "a denúncia da situação desumanizante e o anúncio de sua superação." A partir desse raciocínio, Paulo Freire expõe que o caminho para a inserção implica em uma decisão, uma escolha, e por consequência, há a intervenção na realidade. Assim, "Recusa acomodar-se, mobiliza-se, organiza-se para mudar o mundo" (Freire, 2003, p. 76 e 79).

[30] "O caráter humanista não quer ser o indutor de viés único nem desviar o ensino do objeto do Direito puro; pretende-se, em primeiro lugar, lembrar que, como criação humana, é o humano que dá sentido à sua criação, não o contrário; por outro lado, planeja trazer ao âmbito do ensino a possibilidade de contraposição de ideias, de tendências, de possibilidades" (Berwig, 2020, p. 170).

direitos humanos como área de conhecimento interdisciplinar" (BRASIL. COMITÊ NACIONAL DE EDUCAÇÃO EM DIREITOS HUMANOS, 2007, p. 27). Um dos princípios que regem o ensino superior, segundo este documento, é a prática constante, permanente e global da educação em direitos humanos, sempre voltada para a transformação positiva da sociedade (BRASIL. COMITÊ NACIONAL DE EDUCAÇÃO EM DIREITOS HUMANOS, 2007). Nesse sentido, as atividades acadêmicas devem estar atentas à formação de uma cultura baseada na "universalidade, indivisibilidade e interdependência dos direitos humanos, como tema transversal e transdisciplinar, de modo a inspirar a elaboração de programas específicos e metodologias adequadas nos cursos de Graduação e Pós-Graduação" (BRASIL. COMITÊ NACIONAL DE EDUCAÇÃO EM DIREITOS HUMANOS, 2007, p. 39).

Assim, a ideia de educação em direitos humanos está diretamente ligada à de diálogo entre os vários saberes existentes que permitam a compreensão do mundo, objetivando a consecução dos ideais de igualdade e justiça, já que a educação, lembrando Freire, não é neutra. Logo, a transformação requerida só será possível mediante a percepção da realidade, com abordagens no que toca aos contextos social e político em que se está inserido. Desse modo, a educação em direitos humanos transpassa o mero aspecto instrutivo, pois não é somente o estudo e a pesquisa dos direitos humanos enquanto conjunto normativo, mas também se dar pelo aspecto formativo, gerador da autonomia do pensar (Lima; Lima, 2018. p. 167 e 168), um agir, uma prática reiterada, uma experiência contínua que fomente uma cultura que os promova (Petry, 2017) por meio da transdisciplinaridade, já que "do lado oposto a esta finalidade, uma abordagem unidisciplinar, fragmentada e meramente formal [...] acaba por negligenciar a análise da dinâmica da realidade social onde esses direitos são concretizados" (Lima; Lima, 2018. p. 168).

Ao detalhe do ensino jurídico, a citada Resolução n. 5, de 2018, dispõe no art. 2º, § 4º, a inserção da educação em direitos humanos nos planos pedagógicos, bem como, por meio do seu art. 3º, o dever do curso de Direito de assegurar, no perfil do alunado, sólida formação humanística, por meio de transversalidade em todos os ramos jurídicos e os correlatos de outras ciências, justificando-se, assim, a transdisciplinaridade (Moreira, 2020). Consideramos que o ensino jurídico deve contemplar essa visão humanista, focado nos direitos humanos/fundamentais, com a função social que lhe cumpre realizar em detrimento da mercantilização e das exigências do mercado e do capital.

Alguns denominam esta crise do ensino precarização da ética ou como efeito neoliberal do ensino jurídico. Em 11 de março de 2022, o Ministério da Educação e a Ordem dos Advogados do Brasil assinaram um acordo para elaborar novas regras para os cursos de Graduação e Pós-Graduação em Direito no Brasil. Considerando o afastamento desta ciência (ao mesmo tempo jurídica e social) ensinada nas aulas e a pluralidade das demandas sociais existentes, parece haver necessidade efetiva de mudar o ensino jurídico. Sem a premência dos direitos humanos, o ensino jurídico não conseguirá emancipar o jurista (Petry, 2017) e contribuir para a melhoria social e o bem-estar comum (Lima; Lima, 2018).

Conclusões

É mister reafirmar a importância dos direitos humanos, ao mesmo tempo combater as violações que se multiplicaram (Petry, 2017), especialmente diante da pandemia (Asano *et al.*, 2021). É com o ensino jurídico que tudo inicia. É ali que profissionais são formados, onde os *mindsets* são criados – o que revela o papel crucial do professor e da universidade no que tange ao ordenamento jurídico como um todo e a seu funcionamento, que deve ser próximo e atento às demandas da realidade, cada vez mais complexas.

O cenário político no Brasil marca de forma clara discursos discriminatórios, e práticas e políticas de exclusão – e não de inclusão. Tudo isso sinaliza que o pós-pandemia é uma oportunidade de se estimular novas posturas no ensinar e no aprender também o Direito e suas interconexões com outras ciências: que se utilizem tecnologias da informação e da comunicação, que se abram as cortinas para transdisciplinaridade, que se fortaleçam e se realoquem os direitos humanos no centro da educação – onde já deveriam estar. E que se cumpram os textos normativos.

Já defendemos (Marques, 2019) que, se vamos ser pós-modernos, que sejamos "pós-modernistas afirmativos", conscientes de nosso papel na evolução da ciência do Direito e do ensino jurídico. É momento de *revival* dos direitos humanos, em um "pós-moderno" plural e tolerante. O respeito aos direitos humanos deve se refletir na própria academia e na liberdade científica, como uma maneira de construção de teorias e de práticas não discriminatórias e de efetiva harmonia social. Parece-nos que o desafio deste século é o desenvolvimento do Direito, de profissionais e pesquisadores, de alunos e professores que consigam reaproximar a ciência jurídica, por meio do ensino, à sociedade, que consigam realmente contribuir à atenuação das mazelas sociais, à redução de vulnerabilidade e à Justiça, como faz nosso homenageado.

Referências

ABRANTES, Laís Marcelle Nicolau. Educação em Direitos Humanos e Direitos Sociais no Brasil: A Prática Educativo-Crítica e a Transformação da Realidade Social. *In:* Encontro Nacional do CONPEDI, 23, 2014. **Anais**. Florianópolis: Fundação Boiteux, 2014. p. 462-479.

ADORNO, Sérgio. **Os Aprendizes do poder**: bacharelismo liberal na política brasileira. Rio de Janeiro: Paz e Terra. 1988.

ASANO, Camila Lissa *et al* (ed). Direitos na Pandemia: Mapeamento E Análise Das Normas Jurídicas De Resposta À Covid-19 No Brasil. **Conectas & CEPEDISA**, São Paulo, n. 10, 20 jan. 2021. Disponível em: https://static.poder360.com.br/2021/01/boletim-direitos-na-pandemia.pdf. Acesso em: 30 jan. 2021.

AZORÍN, Cecilia. Beyond COVID-19 supernova. Is another education coming? **Journal Of Professional Capital And Community**, [S.L.], v. 5, n. 3/4, p. 381-390, 26 jun. 2020. Emerald. http://dx.doi.org/10.1108/jpcc-05-2020-0019.

BASTOS, Aurélio Wander. **O Ensino Jurídico no Brasil**. Rio de Janeiro: Lumen Juris, 2000.

BERG, Juliana *et al.* Pandemia 2020 e Educação. **Revista Brasileira de Educação Ambiental**, São Paulo, v. 15, n. 4, p. 470-487, 2020.

BERWIG, Aldemir. O Ensino Jurídico E A Perspectiva Universitária Humanística. **Revista Direitos Humanos e Democracia**, v. 8, n. 16, p. 164-176.

BITTAR, Eduardo Carlos Bianca. O direito na pós-modernidade. **Revista Seqüência**, n. 57, 2008, p. 131-152.

BOAVENTURA, Edivaldo; ALMEIDA, Marcella Pinto de. O Ensino Jurídico Brasileiro e a Sua Necessidade de Ressignificação na Pós-Modernidade. **Revista Direito UNIFACS**, n. 209, 2017, p. 5-38.

BRASIL. Comitê Nacional de Educação em Direitos Humanos. **Plano Nacional de Educação em Direitos Humanos:** 2007. Brasília: Secretaria Especial dos Direitos Humanos, 2007. Disponível em: http://portal.mec.gov.br/docman/2191-plano-nacional-pdf/file. Acesso em: 22 ago. 2022, p. 24-25.

BRASIL. Conselho Federal da Educação. **Parecer CFE n. 977/65, aprovado em 3 dez. 1965**. Disponível em: https://www.scielo.br/pdf/rbedu/n30/a14n30.pdf.

BRASIL. Conselho Nacional de Educação. **Resolução CNE/CES N° 9, de 29 de setembro de 2004**. Institui as Diretrizes Curriculares Nacionais do Curso de Graduação em Direito e dá outras providências. Disponível em: https://bit.ly/3j1IuJM. Acesso em: 22 ago. 2022.

BRASIL. Conselho Nacional de Educação. **Resolução nº 5, de 17 de dezembro de 2018**. Institui as diretrizes curriculares nacionais do curso de Graduação em Direito e dá outras providências. Disponível em: http://portal.mec.gov.br/docman/dezembro-2018-pdf/104111-rces005-18/file. Acesso em: 22 ago. 2022.

BRASIL. Coordenação de Aperfeiçoamento de Pessoal do Ensino Superior (CAPES). **Portaria nº 36, de 19 de março de 2020**. Dispõe sobre a suspensão excepcional dos prazos para defesa de dissertação ou tese no âmbito dos programas de concessão de bolsas da Capes. Disponível em: http://cad.capes.gov.br/ato-administrativo-detalhar?idAtoAdmElastic=3482. Acesso em: 30 jan. 2021.

BRASIL. **Decreto Legislativo n. 6**, de 20 de março de 2020. Planalto. Disponível em: http://www.planalto.gov.br/ccivil_03/portaria/DLG6-2020.htm. Acesso em: 30 jan. 2021.

BRASIL. Ministério da Educação. Câmara da Educação Básica. **Síntese Das Diretrizes Curriculares Nacionais Para a Educação Básica**. Disponível em:v https://bit.ly/2P3GTU7. Acesso em: 22 ago. 2022.

BRASIL. Ministério da Educação. **Ofício nº 212/2020/SE/CNE/CNE-MEC, de 13 de março de 2020**. Assunto: Resposta ao Of. Pres. nº 008/2020, de 12 de março de 2020(a) Referência: COVID-19 – Aplicabilidade do Parecer CNE/CEB º 19/2009. Disponível em: https://abmes.org.br/arquivos/documentos/resposta-oficiocne13032020.pdf. Acesso em: 30 jan. 2021.

BRASIL. Ministério da Educação. **Parecer CNE/CEB nº: 19/2009 homologado**. Disponível em: http://portal.mec.gov.br/dmdocuments/pceb019_09.pdf. Acesso em: 30 jan. 2021.

BRASIL. Ministério da Educação. **Parecer CNE/CP nº. 08/2012 homologado**. Disponível em: https://www.gov.br/mdh/pt-br/navegue-por-temas/educacao-em-direitos-humanos/DiretrizesNacionaisEDH.pdf. Acesso em: 22 ago. 2022. p. 5.

BRASIL. Ministério da Educação. **Portaria nº 343, de 17 de março de 2020**. Dispõe sobre a substituição das aulas presenciais por aulas em meios digitais enquanto durar a situação de pandemia do Novo Coronavírus – COVID-19. 2020(b). Disponível em: https://www.in.gov.br/en/web/dou/-/portaria-n-343-de-17-de-marco-de-2020-248564376. Acesso em: 30 jan. 2021.

BRASIL. Ministério da Educação. **Portaria nº 345, de 19 de março de 2020**. Altera a Portaria MEC nº 343, de 17 de março de 2020(c). Disponível em: https://bit.ly/3r8gC9P. Acesso em: 30 jan. 2021.

CARVALHO, Julia. O enfrentamento da pandemia pelas universidades federais. **Jornal do Campus – USP**. 28 set. 2020. Disponível em: http://www.jornaldocampus.usp.br/index.php/2020/09/o-enfrentamento-da-pandemia-pelas-universidades-federais/. Acesso em: 30 jan. 2020.

COVAC, José Roberto. 2020 escancarou a desigualdade que a educação enfrenta no país. **Revista Consultor Jurídico**, 2020. Disponível em: https://www.conjur.com.br/2021-jan-21/direito-educacional-2020-escancarou-desigualdade-pais. Acesso em: 22 ago. 2022.

DOS SANTOS SOARES, Antonio Augusto. A gestão da qualidade do ensino superior e as expectativas da geração digital. **Revista Pesquisa e Debate em Educação**, v. 3, n. 2, p. 60-73, 2014.

EL-HANI, Charbel; MACHADO, Virgílio. **Covid-19**: a necessidade de um olhar transdisciplinar. A necessidade de um olhar transdisciplinar. 2020. Disponível em: https://darwinianas.com/2020/04/21/covid-19-a-necessidade-de-um-olhar-transdisciplinar/. Acesso em: 22 ago. 2022.

FALCÃO, Letícia Prazeres; MACHADO, Camila Fechine. Produção Acadêmica Feminina em Tempos de Pandemia Do Covid-19. **Revista de Pesquisa e Educação Jurídica**, [S.L.], v. 6, n. 2, p. 55-74, 23 dez. 2020. Conselho Nacional de Pesquisa e Pós-Graduação em Direito – CONPEDI. Disponível em: https://indexlaw.org/index.php/rpej/article/view/7033. Acesso em: 22 ago. 2022.

FEFERBAUM, Marina; KLAFKE, Guilherme. Ensino jurídico na quarentena – parte I: o tsunami do ensino à distancia. **Revista Consultor Jurídico**, 2020. Disponível em: https://www.conjur.com.br/2020-mai-20/feferbaum-klafke-ensino-juridico-quarentena-parte. Acesso em: 30 jan. 2021.

FERIGATO, Sabrina Helena; TEIXEIRA, Ricardo Rodrigues; FRAGELLI, Maria Claudia Bullio. A universidade e a atividade docente: desafios em uma experiência pandêmica. **Revista Docência do Ensino Superior**, Belo Horizonte, v. 10, p. 1-17, 2020.

FERREIRA, Vitor Hugo do Amaral. A transformação do ensino jurídico no Brasil: os caminhos percorridos do Império à contemporaneidade. 2004. Disponível em: https://jus.com.br/artigos/6089/a-transformacao-do-ensino-juridico-no-brasil.

FIOR, Camila Alves; MARTINS, Maria José. A docência universitária no contexto de pandemia e o ingresso no ensino superior. **Revista Docência do Ensino Superior**, [S.L.], v. 10, p. 1-20, 16 dez. 2020. Universidade Federal de Minas Gerais – Pro-Reitoria de Pesquisa. Disponível em: https://periodicos.ufmg.br/index.php/rdes/article/view/24742/20394. Acesso em: 22 ago. 2022.

FREIRE, Paulo. **Pedagogia da Autonomia**: saberes necessários à prática educativa. 28 ed. São Paulo: Paz e Terra, 2003.

FREITAS, Lima de; MORIN, Edgar; NICOLESCU, Basarab – CETRANS. Centro de Educação Transdisciplinar. **Carta da Transdisciplinaridade.** 1994. Disponível em: http://cetrans.com.br/assets/docs/CARTA-DA-TRANSDISCIPLINARIDADE1.pdf. Acesso em: 30 jan. 2021.

GHERSI, Carlos Alberto. **La posmodernidad jurídica**. Argentina: Gowa, 1995.

HIERY, Hermann Joseph. **Der Historiker und der Zeitgeist**. Disponível em: http://www.neueste.uni-bayreuth.de/ZeitgeistEinleitung.htm. Acesso em: 22 ago. 2022.

JAYME, Erik. Identité Culturelle et Intégration: Le Droit International Privé Postmoderne. **Recueil des Cours de l'Académie de Droit International de la Haye**. T. 251. The Hague/Boston/London: Martinus Nijhoff Publishers, 1995.

JAYME, Erik. O direito internacional privado no novo milênio: A proteção da pessoa humana face à globalização, in **Cadernos do Programa de Pós-Graduação em Direito PPGD UFRGS**, ano 2003, vol. 1, nr. 1.

LIMA, José Edmilson de Souza; LIMA, Milena Moraes. Educação Em Direitos Humanos E Ensino Jurídico: Um Diálogo Necessário. **Revista DIREITO UFMS**, Campo Grande, MS, v.4, n.2, p. 160 – 174, jul./dez., 2018.

LINS, Mateus Rodrigues; LEITE, Lívia Chaves. Impactos da Pandemia de Covid-19 para a Educação Jurídica do Estado do Ceará. *In:* VII Jornada de Direitos Fundamentais. v.1, 2020. **Anais**. Fortaleza, CE. Rede Interamericana de Direitos Fundamentais e Democracia (RED-IDD).

LOPES, José Reinaldo de Lima. A Pós-Graduação em Direito da Universidade de São Paulo: interpretando seu cinquentenário. **Revista da Faculdade de Direito da USP**, v. 116, n. 1, p. 71-88, 2021.

LOPES, José Reinaldo de Lima. **As palavras e a lei.** São Paulo: 34, 2004.

LOPES, José Reinaldo de Lima. Crédito ao consumidor e superendividamento – Uma problemática geral. **Revista de Informação Legislativa**, v. 129, p. 109-115, 1996; **Revista de Direito do Consumidor,** v. 17, p. 57-64, 1996.

LOPES, José Reinaldo de Lima. **Direito e transformação social – Ensaio interdisciplinar das mudanças no direito**. Belo Horizonte: Ciência Jurídica/Nova Alvorada, 1997.

LOPES, José Reinaldo de Lima. O aspecto distributivo do direito do consumidor, in **Revista de Direito do Consumidor**, vol. 41/2002, p. 140 – 150, Jan – Mar / 2002.

LOPES, José Reinaldo de Lima. **O direito na história.** Lições introdutórias. 3. ed. São Paulo: Atlas, 2009.

LOPES, José Reinaldo de Lima. **Responsabilidade civil do fabricante e a defesa do consumidor**. São Paulo: Ed. RT, 1992.

LYOTARD, Jean-François. **A condição pós-moderna**. Trad: Ricardo Corrêa Barbosa. Rio de Janeiro: José Olympio, 2015.

MAIA, Berta Rodrigues; DIAS, Paulo César. Ansiedade, depressão e estresse em estudantes universitários: o impacto da COVID-19. **Estudos de Psicologia**, Campinas, v. 37, 2020.

MARQUES, Carlos Alexandre Michaello. O Ensino Jurídico e as Novas Tecnologias de Informação e Comunicação**. Revista de Educação**, v. 13, n. 16, 2010, p. 199-214.

MARQUES, Claudia Lima; PFEIFFER, Roberto A. Castellanos; LOPES, José Reinaldo de Lima (org.). **Saúde e responsabilidade**: seguros e planos de assistência privada à saúde. São Paulo: Ed. RT, 1999.

MARQUES, Claudia Lima; SCHMIDT, Cristiano H.; PFEIFFER, Roberto A. Castellanos; LOPES, José Reinaldo de Lima (org.). **Saúde e responsabilidade 2:** a nova assistência privada à saúde. São Paulo: Ed. RT, 2008.

MARQUES, Claudia Lima. A pesquisa em Direito: um testemunho sobre a pesquisa em grupo, o método"Sprechstunde"e a iniciação científica na pós-modernidade. **Revista da Faculdade de Direito da UFRGS**, v. 1, n. 20, p. 63-89, 2001.

MARQUES, Claudia Lima. **Contratos no Código de Defesa do Consumidor**: o novo regime das relações contratuais. 8 ed. São Paulo: Revista dos Tribunais, 2019.

MARQUES, Claudia Lima. Um testemunho sobre a pesquisa em Direito: 25 anos de pesquisa do Grupo CNPq "MERCOSUL, Direito do Consumidor e Globalização" e o método "Sprechstunde". In _____ (org.). **25+ anos de pesquisa em Direito:** Mercosul, Direito do Consumidor e Globalização. Porto Alegre, Sapiens, 2019. p. 13-40.

MINISTÉRIO DA SAÚDE. **Portaria n. 188**, de 3 de fevereiro de 2020. Planalto. Disponível em: http://www.planalto.gov.br/ccivil_03/portaria/prt188-20-ms.htm. Acesso em: 30 jan. 2021.

MOREIRA, Alexandre Magno Augusto. A Liberdade Acadêmica na Educação Em Direitos Humanos no Ensino Jurídico: Uma Proposta a partir da Transversalidade. **Rev. de Pesquisa e Educação Jurídica**, v. 6, n. 1, p. 83-104, Jan/Jun. 2020.

MORIN, Edgar. **Os Sete saberes necessários à educação do futuro.** 6. ed. Tradução: Catarina Eleonora F. da Silva e Jeanne Sawaya. São Paulo: Cortez; UNESCO, 2002.

ONU Assembleia Geral. **Declaração Universal dos Direitos Humanos**. Paris, 1948. Disponível em: https://www.unicef.org/brazil/declaracao-universal-dos-direitos-humanos. Acesso em: 30 jan. 2021.

PETRY, Alexandre Torres. A (Não) Cultura Dos Direitos Humanos No Ensino Jurídico. *In:* Reuniões Nacionais da ANPED, 38, 2017. **Anais.** Rio de Janeiro, RJ: Anped – Associação Nacional de Pós-Graduação e Pesquisa em Educação, 2017.

PETRY, Alexandre Torres. O Ensino Jurídico Como Importante Ferramenta De Efetivação Dos Direitos Fundamentais. **Justiça & Sociedade – Revista do Curso de Direito do Ipa**, Porto Alegre, v. 1, n. 1, p. 169-187, 6 mar. 2017.

REZENDE, Izabela Maurício de. Os reflexos de um mundo que (quase) parou por causa de um vírus e a reinvenção das instituições de ensino para (con)viver com ele. [Editorial]. **Revista Docência do Ensino Superior,** Belo Horizonte, v. 10, p. 1-4, 2020. Disponível em: https://periodicos.ufmg.br/index.php/rdes/article/view/25195/19705. Acesso em: 23 ago. 2022.

RODRIGUES, Horácio Wanderlei. **Novo Currículo Mínimo dos Cursos Jurídicos**. São Paulo: Editora Revista dos Tribunais. 1995.

SALDANHA, Alexandra. Direitos autorais e valor de uso da cultura na crise social do coronavírus. *In:* TEIXEIRA, João Paulo Allain (org.). **Pensar a Pandemia**: perspectivas críticas para o enfrentamento da crise. São Paulo: Tirant lo Blanch, 2020. p. 19-28.

SANTOS, Boaventura de Sousa. **A cruel pedagogia do vírus**. Coimbra: Almedina, 2020.

SCAFF, F. F. 50 anos de pós-graduação em Direito no Brasil: ponto de partida e um olhar para o futuro. **Revista da Faculdade de Direito, Universidade de São Paulo**, v. 116, n. 1, 2021, p. 277-298.

SILVA, Carla Ribeiro Volpini; ROSA, Patricia Rodrigues. Os Desafios do Ensino Jurídico Brasileiro: Currículos Transdisciplinares para se adequarem ao Mundo Contemporâneo. *In:* Borges, Maria Creusa de Araújo; Dal Farra, Samyra Haydêe; Sanches, Naspolini (coord). **Direito, educação, ensino e metodologia jurídicos I**. Florianópolis: CONPEDI, 2014.

SILVA, Francisco de Assis. **História do Brasil**: Colônia, Império, República. São Paulo: Moderna, 1992.

SOUZA, Roberta Araújo de. Ensino Jurídico Superior e a Covid-19: Transformações Atuais e Pós-Pandemia. *In:* VII Jornada de Direitos Fundamentais. v.1, 2020. Anais. Fortaleza, CE. Rede Interamericana de Direitos Fundamentais e Democracia (RED-IDD).

UNESCO. **Recomendação da Unesco Sobre a Educação Para a Compreensão, Cooperação e Paz Internacionais e a Educação Relativa aos Direitos Humanos e Liberdades Fundamentais**. Paris, 1974. Disponível em: https://gddc.ministeriopublico.pt/sites/default/files/recomunesco-educacao.pdf. Acesso em: 22 ago. 2022.

VACAS, Ades Sanchez y. **Trajetória profissional das professoras da Faculdade de Direito da UFRGS**: 1974-2017. Porto Alegre: La Salle, 2019.

WIVIURKA, Eduardo Seino. A Transdisciplinarização Do Direito. *In:* Encontro Nacional do CONPEDI, 19, 2010. **Anais**. Florianópolis: Fundação Boiteux, 2010. p. 5099-5128..

PARTE III
DIREITO E JUSTIÇA

22
DIREITOS SOCIAIS: ALGUMAS REFLEXÕES

Carolina Martins Marinho

Introdução

Este artigo se propõe a analisar alguns casos práticos sobre a judicialização dos direitos sociais, seus limites, possibilidades e os desafios que o poder judiciário encontra ao lidar com este tema. Para tanto, propõe-se em um primeiro momento esclarecer a concepção de direito que aqui será utilizada e, neste entendimento, como o conceito de direitos sociais deve ser compreendido para que o operador do direito tenha ciência e clareza em sua aplicabilidade.

Em um segundo tópico, pretende-se fazer uma breve recuperação histórica dos óbices e avanços da judicialização do acesso ao ensino infantil na cidade de São Paulo. Este delineamento prático das críticas ao conceito de um direito social possibilita observar como as definições estipulativas do direito podem ir se alterando ao longo do tempo, permitindo que a compreensão do que é direito, do que é ou não é devido, possam também se alterar a partir da internalização de uma determinada definição em seus operadores.

Por fim, o texto se encerra com reflexões sobre os desafios do operador do direito ao lidar com a judicialização dos direitos sociais.

1. Direito como Fato Institucional e a Natureza dos Direitos Sociais

Recuperar a história do pensamento jurídico, como seus termos se desenvolvem, de onde partiram e como hoje se encontram não é uma tarefa simples (e nem o que se pretende fazer no enxuto espaço desse artigo). No entanto, para lidarmos com os direitos sociais e compreendermos as dificuldades de sua operacionalização no sistema de justiça, faz-se necessário recuperar minimamente alguns sentidos históricos sobre o conceito de direito no intuito de aclarar as concepções que norteiam o nosso ponto de partida.

Para tanto, faremos uso da concepção histórica do conceito de direito desenvolvida por Lopes (2004), mostrando que, assim como a língua, o direito é um fato institucional: a partir dos discursos jurídicos, da prática social compartilhada em cada época, as definições sobre o direito e seus termos vão sendo constituídas e transformadas.

Segundo Lopes, os conceitos jurídicos são dados por meio da linguagem entre os sujeitos que a praticam e fazem sentido a partir de um campo de significados estabelecidos, compreendidos e utilizados intersubjetivamente. Em que pese abstratos, os conceitos jurídicos não são arbitrários, mas formados por definições estipulativas que criam o seu próprio campo do saber (Lopes, 2004, p. 33-46. E é justamente a forma de pensar um determinado campo teórico o que determina as ações humanas (dando-lhes condições de inteligibilidade ou sentido) (Lopes, 2004, p. 33-46).

A partir dos termos *lex* (lei) e *ius* (direito), Lopes demonstra como os conceitos eram organizados e operados nas diferentes épocas. Desse modo, se antes do século XVI, o direito natural concebia a *lex* como medidas dos atos, regras de ação e o *ius* como o justo para o bem comum à luz de um ponto de partida organicista e coletivo, a concepção moderna desvinculou-se da ideia de bem comum e da justiça distributiva. Seu princípio informador parte do sujeito individual: a *lex* é concebida como faculdade de agir e o *ius* como o justo de acordo com essa lei. Na concepção moderna de direito, a justiça comum opera na lógica da troca, da justiça comutativa (Lopes, 2004, p. 88-189). No entanto, as questões relativas aos bens públicos e indivisíveis foram deslocadas para o campo da política e do direito administrativo (Lopes, 2004, p. 197-266).

Herdeiros diretos do pensamento moderno, o sistema jurídico contemporâneo ainda se utiliza de várias molduras modernas (instituições, seus discursos, a sua forma de exercer e garantir o direito) para resolver os seus problemas jurídicos. Por hábito, estamos muito vinculados a uma estrutura individualista de raciocinar o direito. Operar a justiça distributiva como a "virtude das medidas e das regras" é um grande desafio ao jurista contemporâneo (Lopes, 2004, p. 274).

Nessa compreensão, a positivação de direitos sociais nas constituições contemporâneas gerou um grande desafio ao operador do direito: reintroduziu questões distributivas na esfera do direito. E o problema disto, como esclarece Lopes (2003, p. 92-93), é que perdemos o hábito de discutir sobre o interesse público, de refletir sobre o bem comum. Além da falta de hábito de seus operadores, as cortes brasileiras não estão aparelhadas com ferramentas adequadas para lidar com conflitos distributivos: há um baixo grau de familiaridade com os remédios equitativos e pouca liberdade para que os juízes se utilizem de ferramentas mais adequadas à natureza dos conflitos distributivos em suas decisões, o que faz com que estes optem por uma solução tradicional para responder aos conflitos distributivos que lhes chegam (Marinho, 2009, p. 108-111).

Sob uma perspectiva deontológica-procedimental, a justiça distributiva é aquela que trata do bem comum, cuja regra e virtude é a distribuição igual (proporcional) de acervos comuns, de coisas que não são produzidas por ninguém (como a natureza); de produtos coletivos da ação humana (como a linguagem); de finalidades comuns ou compartilhadas (como a educação); ou de bens coletivos de suprimento indivisível e consumo não exclusivo (como a paz) (Lopes, 2006, p. 142-143). Ou seja, liga-se à ideia de bem comum para além da vontade geral (enquanto soma do interesse ou a vontade de cada um), mas como a capacidade de "compreender – e agir conformemente – o mínimo denominador comum que torna possível uma vida social entre cidadãos livres" (Lopes, 2006, p. 126).

Por natureza, os direitos sociais tratam de questões de distribuição – o que se deve a cada um. São, pois, direitos prestacionais implementados por meio de políticas públicas, pensados para a coletividade. Fazer ou prover uma política pública exige recursos (financeiros para custeio; recursos humanos e materiais para a execução). Ao longo do processo de implementação de uma política pública pela via político-administrativa há espaço para que distintos interesses sejam ponderados e prioridades sejam definidas para sua realização.

A concessão de um direito social de forma individual (via judiciário) tem caráter plurilateral, ou seja, o que se concedeu a um afeta o todo, comprometendo a lógica de distribuições mais universais. Como coloca Lopes (2003, p. 98-99), uma ação coletiva que trata de interesses públicos enfrenta obstáculos institucionais de diferentes ordens: ideológicos (juízes não costumam ser progressistas, mas respondem ao censo comum);

costumeiros (dificuldade para superar a tradição de lidar com direitos adquiridos) e técnicos (faltam meios, recursos e agenda). Em geral, este tipo de ação tem como um de seus efeitos a apropriação de benefícios que dizem respeito "à alocação ou apropriação individual de recursos comuns" (Lopes, 2006, p. 122). É, pois, preciso ter consciência de como o problema se coloca, para que seja possível criar iniciativas aptas e adequadas para lidar com estes direitos.

Assim, se houve uma mudança na definição do conceito de direito em decorrência do reingresso de questões distributivas neste campo, é preciso reaprender a lidar com elas.

2. Breve Compreensão Prática Sobre as Alterações no Conceito de Direito Social por meio do Direito à Educação Infantil na Cidade de São Paulo

Um olhar para a práxis da judicialização do acesso à educação infantil na cidade de São Paulo auxiliará a compreender não apenas o conceito de direitos sociais e seus termos correlacionados, mas também as reflexões propostas neste artigo.

Há pouco mais de duas décadas, a apreciação judicial de direitos sociais não era algo pacificamente aceito. O acesso à educação infantil não era expressamente previsto como um direito público subjetivo no parágrafo 1° do artigo 208 da Constituição Federal[31], de modo que estes direitos eram compreendidos pela literatura jurídica como normas programáticas (Silva, 2000), de caráter genérico e indeterminado (Ferreira Filho, 1990) e, portanto, incapazes de produzir efeitos até que a administração pública os regulamentassem. Argumentos como "impossibilidade jurídica do pedido" (por ser o pedido futuro e incerto), "discricionariedade do administrador público" (a conveniência e oportunidade de realizar as normas programáticas cabem ao administrador, não devendo o poder judiciário intervir) ou "reserva do possível" (os impactos financeiros da decisão podem comprometer o orçamento municipal) eram mobilizados pelos magistrados para afastarem pleitos do Ministério Público que solicitavam vagas em creches e pré-escolas (Marinho, 2009, p. 22-36).

[31] O ensino infantil é a primeira etapa da educação básica, formado por creches e pré-escolas. Com a Emenda Constitucional nº 59, de 2009, as pré-escolas se tornaram direito público subjetivo.

Até 2005, havia muita divergência entre os magistrados sobre o caráter jurídico exigível do acesso ao ensino infantil (Marinho, 2009), quando então o Supremo Tribunal Federal[32] pacificou o entendimento de que o acesso ao ensino infantil é um direito público subjetivo. A partir desta compreensão, houve intensa judicialização pleiteando acesso à educação infantil na cidade de São Paulo (Gotti; Ximenes, 2012; Souza, 2013).

É interessante observar que o acesso às creches como um direito propriamente dito (dotado de exigibilidade jurídica) foi um constructo jurisprudencial que se tornou possível ao longo do tempo ao dialogar com a estrutura individualista de raciocinar o direito: a violação de um direito subjetivo.

Ao ser compreendido como um direito público subjetivo, o direito à educação infantil passou a ser admitido como exigível no judiciário (Marinho, 2009, p. 106). No entanto, ao tratar os direitos sociais sob a ótica comutativa, bilateral, o judiciário analisava o direito social de forma individual e fragmentada, sem levar em conta os impactos sociais ou econômicos da decisão ou mesmo as distorções geradas na política pública (Lopes, 1998; Marinho, 2009, p. 106).

Tal como aponta Lopes (2006) por meio da literatura norte-americana sobre capacidade institucional, falta-nos não apenas o hábito (a cultura), mas também ferramentas técnicas para responder aos conflitos distributivos: não temos ferramentas para lidar com direitos prospectivos, que exigem planejamento de ações seriadas e de custos. Mecanismos mais flexíveis que permitam ao magistrado fazer uma intervenção estrutural e negociar a implementação da decisão ainda são pouco conhecidos na literatura brasileira. Falta conhecimento técnico sobre as nuances e funcionamento de uma política pública, bem como a previsão de procedimentos institucionais (como um *special master*, por exemplo) que permitam compreender de forma mais ampla o problema jurídico colocado ao se lidar com um direito social, o que levava os magistrados a tomarem suas decisões na base do "tudo ou nada" (Marinho, 2009, p. 106-111).

Nesse sentido, as ações que pleiteavam acesso à educação infantil como um direito público subjetivo eram analisadas de forma fragmentada, como se fossem um direito individual violado, o que maquiava o problema dis-

[32] Conferir Recurso Extraordinário n° 436.996-6, de São Paulo, de relatoria do ministro Celso de Mello.

tributivo presente na política pública, impossibilitando discussões mais amplas sobre o déficit de vagas na política de educação infantil fornecida ou um planejamento adequado (capacidade de agenda) da demanda apresentada ao judiciário (Marinho, 2009, p. 106-111).

A intensa judicialização expôs com mais clareza os problemas de se tratar de forma fragmentada um direito de caráter distributivo: superlotação de salas; matrícula em estabelecimentos particulares, comprometendo o orçamento público da educação municipal; déficit na qualidade do ensino; não observância de critérios de vulnerabilidade social e, por fim, a criação de filas para a efetivação das sentenças judiciais que concediam as vagas (Rizzi; Ximenes, 2010; Gotti; Ximenes, 2012; Correa, 2014).

Mas, ainda assim o judiciário mantinha-se muito resistente à tomada de decisões de cunho distributivo, afastando o pleito de acesso ao ensino infantil quando colocado como uma questão distributiva (um problema de política pública), com argumentos como a "reserva do possível" ou a "discricionariedade da administração pública" (Rizzi; Ximenes, 2014; Marinho, 2018).

Em 2013, no entanto, uma inovadora postura foi tomada pelo Tribunal de Justiça de São Paulo (TJSP) em uma ação coletiva de acesso ao ensino infantil[33]: foi determinada a elaboração de um plano de expansão para a criação de, no mínimo, 150 mil vagas em creches e pré-escolas, visando à eliminação da fila de espera por vagas, observando-se a qualidade da educação. Impôs-se, também, à prefeitura a obrigação de inserir verbas em sua proposta orçamentária para assegurar a ampliação da rede de ensino infantil (SÃO PAULO, 2013).

Necessário se faz observar que a elaboração desta decisão foi um grande desafio ao judiciário. Afinal, não se pediu uma compensação por um dano pretérito, mas uma ação futura a ser implementada de acordo com um planejamento e verbas disponíveis: como superar os limites de conceitos operacionais voltados à lógica comutativa (inércia da demanda, participação das partes, congruência, imparcialidade, limites da coisa julgada) para proferir uma decisão distributiva que exigirá a flexibilização de conceitos tão centrais em nosso ordenamento jurídico? Como superar a questão da legitimidade política para uma intervenção na política pública? Como

[33] Conforme a Apelação nº 0150735-64.2008.8.26.0002, disponível em https://pgppij.files.wordpress.com/2015/09/decisc3a3o-tjsp-educacao-infantil.pdf, em 08 de março de 2022.

superar a cultura pouco preparada e o aparelhamento insuficiente dos tribunais de justiça para uma decisão distributiva?

Essa decisão inovadora deu-se após intenso trabalho de membros organizados da sociedade civil, representantes do poder público e especialistas, que, informalmente, organizaram-se em um Grupo de trabalho interinstitucional de educação infantil (GTIEI[34]) e construíram estratégias e diálogos com o TJSP para demonstrar tanto o caráter normativo como a possibilidade jurídica de que o conflito fosse operado em sede judicial (Marinho, 2018, p. 141-149).

Neste sentido, um primeiro trabalho foi sustentar a legitimidade da intervenção judicial em uma política pública, tendo em vista que, em primeira instância, a ação civil pública já havia sido julgada improcedente por se entender que o pedido era matéria de discricionariedade do poder executivo.

Assim, em diálogo junto à Câmara Especial do TJSP, membros do GTIEI salientaram tanto a base legal para o pedido distributivo solicitado (pois o artigo 214 da Constituição Federal e o Plano Nacional de Educação preveem a instituição de um plano de expansão do ensino em todas as instâncias, incluindo o nível municipal, o que não estava sendo observado), como a ineficácia do tratamento individual de uma questão coletiva, sensibilizando os julgadores sobre a extensão da questão distributiva colocada. Com isto, o julgamento foi convertido em diligência, para a realização de uma audiência pública sobre o tema, com a participação de especialistas, poder público e demais interessados (Marinho, 2018, p. 147-148), o que ampliou a discussão do caso (possibilitando que outros atores da sociedade civil participassem do debate), bem como a cognição dos julgadores sobre o conflito colocado.

Após esta audiência pública, houve tentativas de conciliação com a municipalidade, que, no entanto, restaram infrutíferas, pois, em juízo, a

[34] Esse grupo, formado por especialistas, membros do poder público e associações da sociedade civil era composto por representantes da ONG Ação Educativa (advogados Salomão Ximenes e Ester Rizzi); dos escritórios Rubens Naves, Santos Júnior (advogado Rubens Naves) e Hesketh Escritórios Associados de Advocacia (advogada Alessandra Gotti); do Grupo de Educação do Ministério Público Estadual de São Paulo (promotor público João Paulo Faustinoni e Silva); da Defensoria Pública Estadual de São Paulo (defensores públicos Luis Raskovski, Peter Schweikert e Alvimar de Almeida); e do Grupo de Trabalho de Educação da Rede Nossa São Paulo (educadora e psicóloga Cisele Ortiz) (Rizzi; Ximenes, 2014).

gestão política não quis se comprometer com a expansão do ensino infantil nos mesmos moldes de seu compromisso político (em 2013, Fernando Haddad havia assumido a prefeitura de São Paulo com um Programa de Metas que propunha uma expansão de 150 mil vagas no ensino infantil) e nem com os parâmetros de qualidade nacionais, previstos no Conselho Nacional de Educação (Marinho, 2018, p. 146).

Diante deste impasse, os desembargadores deram parcial provimento à solicitação dos autores da ação para condenar a municipalidade a expandir o acesso ao ensino infantil, nos termos do plano político proposto pela gestão atual (ao menos 150 mil vagas). Fazendo uso de princípios gerais do direito, foram previstas ferramentas para que o problema de acesso ao ensino infantil na cidade de São Paulo pudesse ser compreendido de forma mais ampla, bem como foram admitidos mecanismos mais flexíveis para a implementação da decisão. Neste sentido, o planejamento de expansão de vagas foi atrelado a prazos diferidos, abrindo espaço para que as contingências do planejamento pudessem ser acompanhadas e dialogadas com um comitê de monitoramento (composto por representantes do sistema de justiça e do tribunal de contas do município, da sociedade civil organizada e de especialistas), supervisionado pela Coordenadoria da Infância e Juventude do TJSP (Marinho, 2018, p. 146-147). Enquanto aguardava as decisões recursais, a prefeitura foi cumprindo o seu planejamento de expansão de vagas em diálogo com o comitê de monitoramento. Em setembro de 2017, foi celebrado um acordo com a nova gestão da prefeitura, de modo que novos compromissos foram pactuados e passaram a ser monitorados pela comissão, supervisionados pela Coordenadoria da Infância e Juventude do TJSP (Marinho, 2018, p. 157).

Para além das discussões e desafios que a implementação desta inovadora decisão impõe, é interessante observar neste sucinto histórico sobre a judicialização do acesso à educação infantil como o direito e suas definições têm um caráter dinâmico: vão assumindo contornos e criando possibilidades a partir de seus usos, disputas e internalizações daqueles que o operam (Lopes, 2004, p. 44-46). A barreira cultural tornava as cortes um *locus* pouco favorável para lidar com conflitos distributivos. Aos poucos, foi se construindo uma possibilidade jurídica para que a questão distributiva pudesse ser reconhecida pelo judiciário.

3. Desafios

As nossas estruturas e o pensamento jurídico contemporâneo ainda estão profundamente enraizados em concepções modernas sobre o direito, mostrando-se incapazes de dar respostas satisfatórias aos problemas colocados pelos direitos sociais. Como esclarece Lopes,

> (...) O que está em jogo é o conjunto de instituições básicas da sociedade: leva-se ao Judiciário o conflito entre projetos distintos de instituição social, uns conservando as discriminações sociais e pessoais, outro propondo uma sociedade menos excludente e opressiva. Em outras palavras, o processo de judicialização dos conflitos no Brasil está atravessado por demandas de justiça dinâmica (alteração de regras), algo que só pode ser realizado judicialmente na esfera da constitucionalidade de leis, atos e programas. Além disso, está em questão a justiça distributiva (realocação de riqueza e autoridade) (Lopes, 2006, p. 125).

A judicialização de direitos sociais coloca-se como um desafio relevante ao direito: continuar negando-lhes justiciabilidade, afastando-as do direito é, pois, uma opção excludente, tendo em vista que a concepção contemporânea de direito brasileiro abarca as questões distributivas de forma expressa em sua Constituição Federal. Ainda temos muita pouca clareza sobre o papel do direito e de suas instituições quando o objeto da lide é uma disputa sobre o bem comum. Eis que a alteração do objeto processual impactou diretamente o contencioso de demandas coletivas (Salles, 1999) e, em que pese a existência de normas materiais e processuais voltadas aos bens coletivos e difusos há mais de 20 anos no ordenamento brasileiro, estes direitos partilham do drama das constituições contemporâneas: irem além de uma mera declaração jurídica e conseguirem dar corpo e concretização para que suas normas se façam cumprir (Barroso, 2006; Bonavides, 1980).

Em um cenário em que os operadores do direito ainda têm muito pouco hábito e poucas ferramentas para lidar com questões que tratam sobre o quanto é devido a cada um, o acionamento das cortes para decidir sobre questões distributivas parece muito complexo e desafiador: o litígio estrutural viabiliza um tratamento adequado das questões distributivas pelas cortes? É possível às cortes superar as constrições institucionais (falta de hábito, legitimidade e ferramentas) que limitam sua atuação neste tipo de conflito?

O direito é uma prática social e, como tal, sua inteligibilidade e sentido é realizada pelos operadores do direito que dela participam (LOPES, 2015, p. 908-913). Fato é que, aos poucos, muitas mudanças estão ocorrendo, possibilitando às questões distributivas uma reaproximação das discussões e reflexões no campo jurídico.

Neste contexto, a descrição de casos práticos sobre o direito à educação possibilitou observar como as decisões jurídicas individuais sobre os direitos sociais foram, ao longo do tempo, mostrando-se problemáticas sob a perspectiva coletiva. E, após um extenso caminho jurisprudencial, alguns operadores do direito foram se reaproximando da natureza distributiva destes direitos, viabilizando uma resposta inovadora no TJSP.

O direito brasileiro contemporâneo coloca a seus operadores o desafio de buscar ferramentas para atender de forma justa às questões de seu tempo. Nesse sentido, esforços para refletir sobre os meios, limites e possibilidades dos direitos sociais é tarefa urgente e necessária tanto nas faculdades de direito como nos tribunais. O quanto se irá caminhar na judicialização destes direitos ainda é um grande desafio. No entanto, reconhecer que as estruturas do judiciário são limitadas não é motivo para não se fazer reflexões necessárias sobre os direitos prestacionais.

"Como se vê, o jurista bem poderia ser como o homem da parábola, que do seu baú tira coisas novas e velhas, e com elas vai compondo um direito que venha a servir à justiça das relações sociais do futuro" (LOPES, 2003, p. 99). Faz-se, pois, necessário restaurar no direito noções antigas, como a ideia de bem comum ou justiça distributiva, para que se possa dialogar com a concepção jurídica abarcada pelo direito contemporâneo.

Referências

BARROSO, Luís Roberto. **O direito constitucional e a efetividade de suas normas**: Limites e possibilidades da Constituição brasileira. 8. ed. São Paulo: Renovar, 2006.

BONAVIDES, Paulo. Curso de **Direito Constitucional**. 12. ed. São Paulo: Malheiros, 2002.

CORRÊA, Luiza Andrade. **A judicialização da política pública de educação infantil no Tribunal de Justiça de São Paulo**. 2014. 220 f. Dissertação (Mestrado) – Faculdade de Direito, Universidade de São Paulo, São Paulo, 2014.

FERREIRA FILHO, Manoel Gonçalves. **Comentários à Constituição brasileira de 1988**. V. 4. São Paulo: Saraiva, 1990.

GOTTI, Alessandra; XIMENES, Salomão. **Litígio Estrutural, Déficit de Vagas em Creches e Pré-Escolas no Município de São Paulo, Multiplicidade de Ações Judiciais,**

Estratégia de Exigibilidade Alternativa. Opinião legal extraída dos autos da Apelação nº 0150735-64.2008.8.26.0002, da Comarca de São Paulo. São Paulo: TJSP, 2012.

LOPES, José Reinaldo de Lima. Justiça e poder judiciário ou a virtude confronta a instituição. **Revista USP**, São Paulo, n. 21, p. 22-33, 1994.

LOPES, José Reinaldo de Lima. Direitos subjetivos e direitos sociais: o dilema do judiciário no Estado Social de Direito. *In:* FARIA, José Eduardo (Org.). **Direitos humanos, direitos sociais e justiça**. São Paulo: Malheiros, 1998, p. 113-143.

LOPES, José Reinaldo de Lima. Social rights and the courts. *In:* WILHELMSSON, Thomas; HURRI, Samuli (Org). **From Dissonance to Sense**: welfare state expectations, privatisation and private law. Vermont, EUA: Ashgate Publishing Company, 1999, p. 567-592.

LOPES, José Reinaldo de Lima. A definição do interesse público. *In:* SALLES, Carlos Alberto de (Org.). **Processo civil e interesse público**: o processo como instrumento de defesa social. São Paulo: Revista dos Tribunais, 2003, p. 91-99.

LOPES, José Reinaldo de Lima. **As palavras e a lei**. São Paulo: Editora 34, 2004.

LOPES, José Reinaldo de Lima. **Direitos Sociais**: teoria e prática. São Paulo: Método, 2006.

MARINHO, Carolina Martins. **Justiciabilidade dos direitos sociais**: análise de julgados do direito à educação sob o enfoque da capacidade institucional. 2009. 120 f. Dissertação (Mestrado) – Faculdade de Direito, Universidade de São Paulo, São Paulo, 2009.

MARINHO, Carolina Martins. **Judicialização de direitos sociais e processos estruturais**: reflexões para a jurisdição brasileira à luz da experiência norte-americana. 2018. 187 f. Tese (Doutorado) – Faculdade de Direito, Universidade de São Paulo, São Paulo, 2018.

RIZZI, Ester; XIMENES, Salomão. Ações em defesa do direito à educação infantil em São Paulo: litigância estratégica para a promoção de políticas públicas. *In:* FRIGO, Darci; PRIOESTE, Fernando; ESCRIVÃO FILHO, Sérgio Escrivão Filho (Org.). **Justiça e direitos humanos**: experiências de assessoria jurídica popular. Curitiba: Terra de Direitos, 2010. p. 105-127.

SALLES, Carlos Alberto de. **Execução judicial em matéria ambiental**. São Paulo: Revista dos Tribunais, 1999.

SÃO PAULO. Câmara Especial do Tribunal de Justiça de São Paulo. Apelação nº 0150735-64.2008.8.26.0002. **Apelação de sentença que julgou improcedente ação civil pública proposta com o objetivo de obrigar a Municipalidade de São Paulo a propiciar educação infantil a 736 crianças [...]**. Ação Educativa Assessoria Pesquisa e Informação e outros versus Município de São Paulo. Relator: Walter de Almeida Guilherme. São Paulo, 19/12/2013. Disponível em: https://pgppij.files.wordpress.com/2015/09/decisc3a3o-tjsp-educacao-infantil.pdf. Acesso em: 08/03/2022.

SILVA, José Afonso. **Aplicabilidade das normas constitucionais**. 6. ed. São Paulo: Malheiros, 2002.

SOUZA, Marcelle. **Em SP, 12 mil conseguiram vaga em creche por ordem judicial em 2013**. UOL, São Paulo, 29 ago. 2013. Disponível em: <https://educacao.uol.com.br/noticias/2013/08/29/em-sp-12-mil-vagas-em-creches-foram-preenchidasforampreenchidas-por-ordem-judicial.htm?cmpid=copiaecola>. Acesso em: 5 set. 2014.

23
A JUDICIALIZAÇÃO DA SAÚDE: ENTRE BENS COLETIVOS E INDIVIDUAIS

Wilson Souto Maior Barroso
Martin Magnus Petiz

Introdução

A ficção da completude do ordenamento jurídico, indispensável à correta aplicação do direito, levou os juristas a crerem, indevidamente, na completude da dogmática jurídica.[1] Estruturada com predominância de bases

[1] A completude do ordenamento jurídico corresponde à compreensão de que o ordenamento jurídico possui um conjunto de normas capaz de regular quaisquer casos concretos, mesmo que, em um primeiro momento, não seja aparente ao intérprete. Na hipótese de as normas disponíveis não se aplicarem diretamente aos casos concretos, o julgador não considerará que há uma lacuna real no ordenamento jurídico, impossibilitando o julgamento, mas que é necessário encontrar o sentido do sistema direcionado ao caso concreto a fim de produzir uma conclusão coerente e razoável sobre como aplicar o direito à questão. Nesse sentido, o uso de princípios ou formas de interpretação são exemplos de mecanismos utilizados pelos operadores jurídicos para colmatar eventuais lacunas no ordenamento jurídico (Cf. Bobbio, 2011). Assim, a completude do ordenamento jurídico é um pressuposto sempre presente na construção do raciocínio jurídico direcionado ao caso concreto, razão pela qual se considera condição indispensável à aplicação do direito. Contudo, acentua-se que a completude do ordenamento jurídico é um elemento e pressuposto do **juízo jurídico**. Melhor dizendo, a necessidade da completude do ordenamento jurídico surge no ato de decidir, de julgar um caso concreto. Não obstante, é comum que a doutrina confunda completude do ordenamento jurídico como elemento do **juízo jurídico** (aplicação concreta das normas) com a completude da dogmática jurídica enquanto a organização das normas jurídicas em um sistema coeso e integrado (ordem abstrata das normas). Quando não há em vista essas distinções, possibilita-se o equívoco de considerar que as categorias e conceitos jurídicos atuais são capazes de regular com correção qualquer situação concreta.

liberais e individualistas, a dogmática jurídica possui limites não bem compreendidos pela doutrina e operadores do direito, os quais acriticamente a ela submetem todas as questões colocadas diante do Judiciário.

A judicialização da saúde é, nesse sentido, espécie de fenômeno que questiona a capacidade da dogmática jurídica em oferecer respostas adequadas e razoáveis a problemas sociais complexos. Assim, há quase duas décadas inúmeros estudos foram realizados a respeito da judicialização da saúde, percebendo-se as dificuldades que o fenômeno apresentava ao direito. No entanto, compreendeu-se, especialmente, que este tema é um problema mais ocasionado pelo comportamento dos juízes ao aplicarem o direito e pelo papel do Judiciário para enfrentar questões de políticas públicas do que, propriamente, pelas deficiências da dogmática jurídica que os juízes aplicam.[2]

A fim de estruturar respostas à Judicialização da Saúde, parte da doutrina adotou determinados critérios para conformar os casos de direito à saúde que se apresentam ao Judiciário. São, especialmente, os conceitos de reserva do possível e mínimo existencial, os quais são apresentados como elementos indispensáveis ao juízo judicial ao decidir em matéria de saúde. Nessa perspectiva, os juízes devem ponderar se a prestação de saúde é devida ao cidadão desde que não ofenda a reserva do possível (espécie de teto prestacional em que o bem de saúde ofertado não pode comprometer demasiadamente os recursos do Estado) ou o mínimo existencial (espécie de piso prestacional em que o bem de saúde deve ser garantido sempre que seja indispensável às condições de existência humana digna) (Cf. Sarlet e Figueiredo, 2008). É possível objetar, contudo, que os critérios da reserva do possível e do mínimo existencial são demasiada-

[2] Nesse sentido, Wang resume os principais argumentos contrários à Judicialização da Saúde em três grandes grupos, a saber: (i) falta aos juízes informação e conhecimento para alocarem recursos escassos, vez que eles sabem pouco ou quase nada sobre as políticas públicas discutidas, as finanças públicas e a capacidade de gasto do poder público e, logo, não são aptos para decidir nesse campo; (ii) falta-lhes legitimidade aos juízes para alocarem recursos escassos, vez que em uma democracia as decisões de alocação de recursos devem ser reservadas ao Poder Executivo e ao Poder Legislativo, pois somente os agentes políticos foram democraticamente eleitos pelo povo e são sujeitos à *accountability* por meio da eleição periódica, o que não acontece com os membros do Poder Judiciário; e, por fim, (iii) a Judicialização da Saúde causa iniquidade na distribuição dos recursos ao não beneficiar os mais pobres, favorecendo somente a população que dispõe de meios para acessar o Poder Judiciário. Cf. Wang, 2009, p. 11-23.

mente casuísticos e não obedecem a um conceito claro sobre em que, de fato, consistem. Há situações em que determinados medicamentos pertencem ao mínimo existencial, enquanto em outros momentos não pertencem a ele por ofenderem a reserva do possível. Nesses casos, existem ofensas a critérios de consistência, coerência e consequências na aplicação das normas (MACCORMICK, 2011, p. 31-43). Corre-se o risco, com isso, de recair em uma forma de ceticismo que não admite critério público para definir a distribuição de bens (cf. MICHELON, 2011, p. 265-266). Essas ofensas ocorrem quando situações fáticas idênticas ou análogas diante da mesma norma jurídica (seja princípio, seja regra) produzem soluções divergentes ou antagônicas. Em matéria de saúde, tal fenômeno se produz quando os pretensos critérios universais (mínimo existencial e reserva do possível) a que os casos são submetidos se alteram conforme os próprios casos, desnaturando a universalizabilidade dos parâmetros de julgamento. Em consequência, se não há critérios universalizáveis de julgamento, também não há decisões universalizáveis, impossibilitando a construção de uma jurisprudência uniforme, íntegra, estável e coerente nos termos do artigo 926 do Código de Processo Civil (CPC).

No entanto, é importante mostrar que diversas confusões e dificuldades no âmbito da Judicialização da Saúde ocorrem em virtude dos termos em que os debates são realizados. Parte da doutrina enfoca demasiadamente na análise judicial do direito à saúde em prestações individuais e esmiuça critérios e situações a partir da perspectiva do julgador diante do caso concreto, embora faça a ressalva de que questões de saúde seriam melhor solucionadas em ações coletivas. Há de se ponderar o direito à saúde de outro modo, isto é, a partir do direito à saúde em si e sobre quais bens recaem a proteção estatal em matéria de saúde. Apenas assim será possível pensar na saúde judicializada ou judicializável.

Os estudos do Professor José Reinaldo de Lima Lopes, nesse sentido, trazem grandes contribuições à compreensão do direito a partir de uma teoria dos bens. Sua produção científica nos permite melhor esclarecer questões difíceis aos operadores do direito a partir da análise filosófica da dogmática jurídica. O presente artigo, desta forma, intenta analisar o caso da Judicialização da Saúde segundo as contribuições teóricas de Lima Lopes, a fim de apresentar referido fenômeno com maior clareza e compreensão conceitual.

Para tanto, o bem da saúde, inicialmente, será analisado em seus aspectos individuais e coletivos. Em seguida, a saúde será compreendida em termos de justiça distributiva e comutativa presente tanto na tradição filosófica clássica de Aristóteles e Tomás de Aquino, quanto no liberalismo igualitário contemporâneo de John Rawls. A partir dessas considerações, serão apontadas as implicações de se compreender no Judiciário a saúde enquanto um bem individual ou coletivo, ou enquanto sujeito a critérios de justiça distributiva ou comutativa. Destacar-se-á a correlação entre direito à vida e direito à saúde e como o primeiro é o elemento substancial para implicar a judicialização da saúde nos termos em que se põe.

A seguir, serão apresentadas reflexões de Lima Lopes a respeito do Direito enquanto uma prática institucionalizada cujo sentido é a justiça e a necessidade de os juristas não cindirem os campos da política e do Direito no tocante aos elementos da justiça (comutação e distribuição), a fim de melhor compreenderem fenômenos da realidade social. Por fim, expor-se-á que o raciocínio jurídico se funda em razões – pois pertence a um campo normativo e argumentativo – e não em causas – isto é, relações de causalidade tipicamente objeto das ciências duras, necessitando-se que o pensamento jurídico note as dimensões da saúde e vida em um sentido propriamente jurídico e não em sentidos fisiológicos, biológicos ou médicos.

1. A Natureza do Direito à Saúde: o Bem da Saúde e sua (In)Compreensão no Judiciário

A saúde é um bem de natureza complexa. É um bem coletivo no sentido de que a sua produção e distribuição sempre se opera por organizações coletivas, públicas ou privadas (hospitais, unidades básicas de saúde, clínicas médicas, universidades, centros de pesquisa). Salienta-se, ainda, que na ideia de produção da saúde inclui-se tanto a produção no sentido intelectual (saber médico), quanto a produção no sentido material (prestação de saúde). Contudo, o consumo ou a apropriação em saúde ocorre de forma individual, porquanto são indivíduos determinados que se beneficiam de cada ação em saúde (atendimento médico, cirurgia, uso de medicamentos). Dessa forma, a saúde é coletiva e individual em certo sentido, mas não possui simultaneamente esse caráter, pois é, em grande parte, coletiva e, em uma fase final, torna-se individualizável.

Essa natureza complexa da saúde, em verdade, não é particular apenas da saúde, mas de diversos bens que se submetem à racionalidade da justiça distributiva. Por sua vez, esta corresponde às questões concernentes à alocação ou apropriação individual de recursos comuns (Lopes, 2006, p. 121-122). Embora reduzida na tradição jurídica durante os últimos séculos, a justiça distributiva toca situações em que é necessário partilhar algo em comum – via de regra, um objeto inicialmente indiviso, um todo comum, que deve ser submetido a uma regra de divisão proporcional. São exemplos usuais de justiça distributiva no direito as distribuições de lucros e dividendos em sociedades, as falências e as partilhas de herança. De forma geral, são objetos da justiça distributiva: (a) as coisas comuns (não produzidas por ninguém); (b) coisas produzidas em comum; (c) autoridade e poder – liberdade (sociais por definição), com as respectivas responsabilidades e recompensas; (d) incentivos a talentos individuais socialmente relevantes e desejados (Lopes, 2006, p. 127-128 e p. 142-143).

A saúde, nesses termos, é objeto da justiça distributiva, pois é uma coisa produzida em comum e que deve ser repartida proporcionalmente. Diz-se proporcionalmente, já que a saúde não deve ser repartida, a princípio, igualmente. Não é razoável dar a todos simultaneamente medicamentos contra hipertensão por uma medida de igualdade. Deve-se ofertá-los somente aos hipertensos que os necessitem e, quando assim se faz, não se considera que há um privilégio a esse grupo, vez que a concepção de proporcionalidade em saúde é vinculada com a de necessidade. Em outras palavras, presta-se saúde a quem precisa, ou melhor, a quem é devido. Apresenta-se essa questão desde logo para mostrar-se que a ideia de mínimo existencial pode ocultar determinados pressupostos controversos sobre a compreensão do bem "saúde" pelos juristas. Quando se discute sobre o mínimo existencial, há a tendência de pensar em um patamar mínimo de bens de saúde que devem ser ofertados a todos simultaneamente, isto é, um desejo de uniformização da prestação estatal em matéria de saúde, concebendo um cidadão em abstrato a que se atribui um conjunto de bens de saúde mínimos. Há, contudo, um equívoco nesse pensamento, pois se desconsidera o elemento de **necessidade**, indispensável para a formulação de uma medida proporcional de distribuição em saúde. Quando se pensa em termos abstratos, é difícil afirmar o que pertence a um mínimo humano, pois as doenças não se manifestam previsível e uniformemente entre os indivíduos.[3] Todavia, embora a saúde em geral seja um bem sujeito aos

[3] As doenças particulares não são um fato da existência inata dos seres humanos. Quando se pensa em termos ideais e hipotéticos, o máximo a se conceber é que qualquer indiví-

parâmetros da justiça distributiva, a espécie de judicialização que ocorre no Brasil se dá em moldes de outro paradigma de referência: de justiça comutativa. É previsível que assim seja, tendo em vista que, nos últimos duzentos anos, o direito tentou reduzir todas as questões a ele submetidas à estrutura de comutação (Lopes, 2006, p. 141).[4]

A justiça comutativa é a justiça das trocas, entre as quais se inclui também a retributiva (devolução) e a corretiva (restaurar a uma situação anterior e certa). As trocas são, via de regra, bilaterais, em que as partes se colocam em lados opostos com interesses antagônicos. Na teoria dos jogos, a comutação ou retribuição é colocada nos jogos de soma zero em que o resultado pertence integralmente ao vencedor[5]. Dessa forma, há no conflito um caráter binário cuja soma dos interesses envolvidos corresponde a zero, pois anulam-se entre si (certo-errado, lícito-ilícito, culpado-inocente, credor-devedor, agressor-vítima) (Lopes, 2006, p. 145).

O direito à saúde tem sido apresentado nesses termos diante do Judiciário, uma vez que a estrutura do processo individual é de justiça comutativa. Por meio dela, pressupõe-se que as partes (autor e réu) são antagônicas e a decisão judicial produzirá um efeito de anular o dano e restaurar as condi-

duo possuirá alguma espécie de enfermidade durante a vida. Contudo, não se pode afirmar, *a priori*, que a doença será grave ou que necessitará de muitos recursos para ser sanada. O equívoco em pensar em termos de mínimo existencial é focalizar o raciocínio sobre um ser humano hipotético (enfoque do sujeito), o qual não sabemos quais doenças particulares poderá possuir e logo quais deverão ter proteção estatal, quando, na verdade, o que importa são os recursos de saúde a serem distribuídos (enfoque do objeto) segundo as necessidades em medidas proporcionais. Se assim não for, pode ocorrer a situação de se concluir que determinada doença deve ser protegida pelo mínimo existencial, mas concretamente não há recursos suficientes, mesmo que se esgotem os recursos da Fazenda Pública, para ofertar as prestações de saúde a todos.

[4] Tradicionalmente, faz-se uma distinção entre justiça comutativa-retributiva como matéria de direito, e justiça distributiva como matéria de política. A diferença consiste, especificamente, na compreensão de que a justiça distributiva (política) diz respeito às regras que serão aplicadas (medida da distribuição) e a justiça comutativa (direito) de aplicar regras já feitas ao passado.

Contudo, a distinção se enfraquece na atualidade, pois há cada vez mais situações em que o Judiciário é demandado a enfrentar questões pertinentes à justiça distributiva, em especial, nas Cortes superiores cuja atuação é, em grande medida, constitutiva do direito (Cf. Lopes, 2006, p. 144).

[5] A expressão "jogo de soma zero" justifica-se às relações de justiça comutativa, pois ela indica que as posições antagônicas se anulam ao final do processo. Assim, na soma dos binômios vencedor-perdedor, lícito-ilícito, válido-inválido há um resultado útil sempre igual a zero.

ções originárias das partes. É o que ocorre quando se compreende a saúde enquanto valor biológico lesado por uma doença em virtude de omissão estatal e a decisão judicial como mecanismo que restaurará a saúde do indivíduo após o provimento do medicamento, da cirurgia ou da ação de saúde necessária.

Contudo, ao dar tratamento de justiça comutativa para uma questão de justiça distributiva, diversas dificuldades surgem. A mais importante é a possibilidade judicial de permitir a figura do "carona" ou do comportamento predatório. Na economia política, o comportamento predatório ocorre quando um indivíduo usufrui do bem coletivo provido de forma indivisa sem arcar com o ônus social de sua produção (Lopes, 2006, p. 144). Na judicialização da saúde, o carona se manifesta por conseguir obter bens de saúde pelo Judiciário que não estão disponíveis a todos os cidadãos, uma vez que o ingresso judicial não é recurso à disposição de todos, embora o acesso à justiça gratuita tenha crescido consideravelmente nas últimas décadas. Nesse sentido estão as críticas à captura do discurso de direitos sociais por grupos econômicos privilegiados, deixando a tarefa de redução da desigualdade social consideravelmente esvaziada (Gouvea, 2013).

As confusões causadas ao se tratar os bens de saúde enquanto matéria de justiça comutativa são visíveis no Tema Repetitivo 766, julgado pelo Superior Tribunal de Justiça. A Corte superior fixou entendimento de que

> [o] Ministério Público é parte legítima para pleitear tratamento médico ou entrega de medicamentos nas demandas de saúde propostas contra os entes federativos, mesmo quando se tratar de feitos contendo beneficiários individualizados, porque se refere a direitos individuais indispensáveis, na forma do artigo 1º da Lei n. 8625/93 (BRASIL, STJ, Primeira Seção, Tema Repetitivo 766, julgado em 25/04/2018).

Ou, ainda, de forma mais explícita, no julgamento do REsp 1162946 MG, no qual se concluiu que

> [o] Ministério Público detém legitimidade ativa ad causam para propor ação civil pública, objetivando a proteção do direito à saúde de pessoa hipossuficiente, porquanto se trata de direito fundamental e indisponível cuja relevância interesse à toda sociedade (BRASIL, STJ, Primeira Turma, Ag Rg no REsp 1162946/MG, Relator Ministro Sérgio Kukina, julgado em 04/06/2013).

Nota-se que o STJ compreende o uso da ação civil pública e o papel institucional do Ministério Público atrelados a uma função retributiva e corretiva em matéria de saúde, consideradas pressupostas as ideias de que (i) há pessoas determinadas que sofrem de determinada doença e que devem ser restituídas de um estado originário sem enfermidades; (ii) o padecimento ocorreu em virtude de omissão estatal ao não fornecer prestações de saúde; e (iii) a ação judicial coletiva é mecanismo idôneo para corrigir a omissão estatal e, logo, restaurar a saúde dos pacientes individualizados ou individualizáveis. Há, nesse modelo, uma ação judicial que se coloca para remediar o passado. Assim, não é comum nas cortes superiores uma judicialização da saúde estabelecida em termos de justiça distributiva na qual se busca efetuar medidas judiciais para que os bens de saúde sejam melhor produzidos e distribuídos, isto é, uma racionalidade jurídica que se volta para futuras distribuições de prestações sociais.

Percebe-se, porém, que essa espécie de judicialização dos direitos sociais ocorre, particularmente, com o direito à saúde, porque é direito social diretamente vinculado ao direito civil e individual à vida. Na judicialização da saúde, a vinculação do direito social à saúde ao direito civil à vida é marcante. Há em diversas decisões judiciais, em especial nos tribunais superiores, a correlação entre o direito à vida e o direito à saúde. É exemplo disso a consolidada jurisprudência do STF sobre o tema, aqui representada pelo voto do Ministro Celso de Mello em diversas ações judiciais, em que ele tece as seguintes considerações sobre o direito à saúde e o direito à vida:

> Tal como pude enfatizar em decisão por mim proferida no exercício da Presidência do Supremo Tribunal Federal, em contexto assemelhado ao da presente causa (Pet 1.246/SC), entre proteger a inviolabilidade do direito à vida e à saúde – que se qualifica como direito subjetivo inalienável a todos assegurado pela própria Constituição da República (art. 5º, "caput", e art. 196) – ou fazer prevalecer, contra essa prerrogativa fundamental, um interesse financeiro e secundário do Estado, entendo, uma vez configurado esse dilema, que razões de ordem ético-jurídica impõem, ao julgador, uma só e possível opção: aquela que privilegia o respeito indeclinável à vida e à saúde humanas[6].

[6] São exemplos de julgados com tal posicionamento os seguintes: RE 557548/MG, Relator Ministro Celso de Mello, julgado em 8/11/2007; RE 568073/RN, Relator Ministro Celso de Mello, julgado de 26/10/2007; AI 647296/SC, Relator Ministro Celso de Mello, julgado de

É particularmente importante essa conexão entre o direito à vida e o direito à saúde para se produzir a judicialização nos termos que se põe a questão, porquanto o direito à vida qualifica o direito à saúde na jurisprudência dos tribunais superiores brasileiros. O argumento fica claro quando se atenta que não é qualquer questão de direito à saúde que se conduz ao Judiciário e que produz controvérsias. É, via de regra, a questão de direito à saúde em que há o elemento **risco de vida**, necessitando, assim, agilidade no provimento judicial. Por tal razão, havendo o componente de urgência, permite-se nas demandas de saúde o emprego das tutelas provisórias. Pela sua própria natureza, tais tutelas demandam uma cognição sumária dos casos em discussão. Assim, fornece-se, em caráter antecipado e satisfativo, o bem de saúde requerido judicialmente. Embora a reversibilidade dos efeitos da decisão seja requisito da tutela de urgência de natureza antecipada (art. 300, §3º do CPC), nos casos de direito à saúde para fornecimentos de medicamentos as Cortes superiores não identificam óbices à efetivação da medida cautelar, tendo em vista que sanear o **risco de vida** é considerado um interesse superior a ser consagrado.[7] Autores da doutrina processualista assim compreendem quando há indícios suficientes a ensejar a plausibilidade da afirmação de **risco de vida** em casos de pedidos de antecipação da tutela, pela importância do bem (Mitidiero, 2019, p. 150-152). Contudo, após a efetiva prestação estatal do bem de saúde, não há mais o que ser discutido em cognição exauriente, pois a compreensão judicial já foi firmada nos seguintes termos: (i) o autor possui doença que o coloca em **risco de vida**; (ii) a saúde e a vida são direitos fundamentais a que o Estado brasileiro dá proteção; (iii) é dever do Estado assegurar a proteção à vida e à saúde; e (iv), logo, os bens de saúde necessários devem ser fornecidos ao autor para preservar seu direito individual e indisponível à vida. Assim, haverá, de todo modo, a procedência da ação após a efetivação da tutela provisória em saúde.

Há de se refletir, no entanto, sobre a natureza do direito civil à vida a que o Estado brasileiro garante proteção, sob um ponto de vista filosófico,

3/10/2007; AI 583067/RS, Relator Ministro Celso de Mello, julgado em 01/10/2007; e AI 667205/PE, Relator Ministro Celso de Mello, julgado de 01/10/2007.

[7] Nesse sentido os julgados do STJ (AgInt no REsp 1654716 / RN – RIO GRANDE DO NORTE Relator Sérgio Kukina Julgamento 28/08/2018; TP 3818 / PR – PARANÁ Relator Francisco Falcão Julgamento 22/03/2022; TP 438 / CE – CEARÁ Relator: Benedito Gonçalves Julgamento: 09/05/2017) e do STF (STP 738 AgR Relator Luiz Fux Julgamento 29/03/2021).

o que exige uma análise da relação entre o Direito e o que se convencionou chamar de "Política" como sendo a atividade de distribuição de bens pela Administração. Somente após esse exercício filosófico e conceitual, será possível verificar se é procedente a vinculação imediata do direito individual à vida com o direito social à saúde no ordenamento jurídico. Uma correlação entre os elementos vida e saúde é evidente e explícita.[8] Contudo, não se pode transpor diretamente, sem qualquer ponderação a respeito, a correlação entre vida e saúde ao direito à vida e ao direito à saúde[9]. Naquele caso, há uma conexão de elementos pertencentes ao campo da biologia e medicina (ciências da natureza, da ordem do ser). Nesta última, os objetos são pertinentes ao campo jurídico (ciência normativa, da ordem do dever-ser). Assim, por pertencerem a diferentes áreas do saber, a racionalidade dos sistemas é diversa e, logo, a conexão dos elementos vida e saúde não precisa ser correspondente em ambos os campos. No mesmo sentido, não precisam possuir o mesmo significado no âmbito jurídico e nas ciências naturais.

2. O Direito à Saúde: Bens Comuns e a Justificação da sua Distribuição

A problemática da judicialização da saúde pode ser introduzida a partir de uma interpretação histórica sobre a relação entre Justiça e Direito, como nos mostra Lima Lopes (1994; 2021a). As questões envolvendo a judicialização da política são tidas, em geral, como produto de um fato social, com a transferência de questões politicamente controversas ao Poder Judiciário. Com isso, surge a avaliação de que há um déficit de legitimidade política deste em relação às demais instituições políticas para tomar decisões sobre como se deve efetivar os direitos sociais constitucionalizados, ou sobre como devem ser distribuídos os custos econômicos e financeiros

[8] Entende-se vida como a condição inerente do organismo que o anima e o permite existir enquanto núcleo autônomo e autoconstitutivo durante o período entre o nascimento e a morte. Saúde, por outro lado, é o estado do organismo que está em equilíbrio com o ambiente, mantendo as condições necessárias para dar continuidade à vida.

[9] Deve-se notar que há uma diferença lógica entre o direito a um bem e o próprio bem. Por exemplo, a liberdade e o direito à liberdade. Embora sejam elementos imateriais, são conceitualmente distintos. Outra é o bem sobre o qual recai o direito. Não se pode, pois, confundir o conceito de vida com o de direito à vida. Nem de saúde com direito à saúde. Assim, as relações entre os bens vida e saúde não são, necessariamente, as mesmas que o direito à vida e o direito à saúde devem possuir, já que no primeiro caso são relações entre bens biológicos, enquanto, no segundo, são relações entre elementos jurídicos.

da vida em comum (Lopes, 2021a, p. 229-230). Esses problemas têm em comum o fato de versarem sobre bens coletivos (Lopes, 2021a, p. 230), isto é, a eles se aplica a racionalidade da justiça distributiva. Evidencia-se para muitos, então, uma aparente incapacidade do Direito em lidar com problemas distributivos, por o Direito ter sido moldado com base na noção individualista de direito subjetivo.

Para os fins deste capítulo, buscar-se-á mostrar que o Direito possui o aparato conceitual para lidar com problemas distributivos quando se relaciona o conceito de Direito com o de Justiça.

Os tribunais superiores brasileiros tendem a ser constituídos por operadores formados sob uma tradição jurídica privatista (Lopes, 2005, p. 171-172). Sob tal base conceitual, os direitos só podem ser "trunfos" que se opõem ao Estado em caso de violação de liberdades negativas. Eis o porquê do Judiciário ser visto como um ator institucional fundamental para a garantia do direito à saúde. No entanto, em função da natureza do bem envolvido, não fica claro como um bem comum como a saúde pode ser exigível, nem de quem é a responsabilidade pela sua efetivação (Lopes, 1994, p. 127). A interpretação proposta é a de que os tribunais superiores brasileiros relacionam o direito à saúde com o direito à vida como bem natural, biológico, para, então, poderem "encaixá-lo" na categoria individualista de direito subjetivo. Há, portanto, uma confusão gramatical e filosófica a ser desfeita.

2.1. Justiça e justificação no Direito

A primeira dificuldade a ser desembaraçada por meio da análise filosófica, sobre a relação entre Justiça e Direito é justamente retomar a ideia de que a Justiça constitui o **sentido** do Direito, propõe Lima Lopes nos seus principais textos. O Direito deve ser visto, em primeiro lugar, como uma prática social dotada de sentido. Os atos que o Direito toma como relevantes, desse modo, são ações humanas que se inserem no sentido da prática – trata-se da ideia de "imputação" (Hart, 1949, p. 171-194; Ricoeur, 1995, p. 41-69). É uma relação como aquela que se dá entre jogo e lance/jogada, ou entre língua e discurso: os primeiros (jogo e língua) são condições para os segundos (jogadas e discursos), conferindo-lhe sentidos possíveis. "A prática é estrutural e estruturante, é institucional por natureza", afirma Lima Lopes (2021b p. 129), indicando que o Direito dá razões jurídicas para a ação, dotadas de autoridade. É preciso justificar a ação em relação à prática

– que abrange e confere o contexto sob o qual a ação se realizará – para aquela soar inteligível, com uma resposta possível à pergunta "por que?" (ANSCOMBE, 1958, p. 36) que se relaciona às regras juridicamente válidas.

A autoridade, portanto, é um elemento fundamental no Direito para definir como as ações podem fazer sentido juridicamente. Não é que o Direito se confunda com o exercício fático do poder, mas, sim, que o ponto de vista jurídico sobre as ações se dá pela apresentação de razões juridicamente válidas (LOPES, 2005, p. 175) ou "dotadas de autoridade", quando se excluem certas razões da consideração do agente no raciocínio prático (RAZ, [1975]1990, p. 63-64). Para que essa autoridade não seja simplesmente fática, contudo, é preciso que ela tenha um sentido **lógico**. A proposta de Lima Lopes é de que a **Justiça** é esse sentido para o Direito. Afinal, o Direito é um subcampo da filosofia prática, que lida com as ações humanas dotadas de sentido (LOPES, 2005, p. 171-172). Em um primeiro momento, esse sentido é formal – a Justiça significa tratar a todos igualmente, conforme regras (LOPES, 2021a, p. 322).[10] Mas essa ideia de igualdade possui ela mesma diferentes expressões lógicas – que, como visto, se expressam nas relações em que há a definição dos agentes envolvidos, por meio da distinção entre justiça comutativa e justiça distributiva.

A concessão de prestações por meio da judicialização da saúde, desse modo, precisa encontrar justificação em regras válidas. Opiniões em sentido contrário possuem o ônus argumentativo de indicar como o Judiciário pode tomar decisões que não podem ser reenviadas às decisões políticas da comunidade (MICHELON, 2011, p. 277). Uma estratégia proposta por parcela da doutrina jurídica foi recorrer aos princípios jurídicos como solução para garantir a efetividade dos direitos sociais. Sob essa perspectiva, a ponderação de princípios é o método de solução de antinomias entre diferentes normas constitucionais (BARROSO, 2006, p. 28). Entretanto, quando entramos na seara dos bens comuns, percebe-se que o que importa

[10] Lima Lopes recebeu também uma importante influência da obra de Ludwig Wittgenstein em seus escritos. Veja-se, por exemplo, a seguinte hipótese de Wittgenstein ([1953]2009, p. 94) no § 237 das suas **Investigações Filosóficas**: imaginemos alguém usando uma linha como regra por meio de um compasso, com o qual ele segue a linha, que é a regra, dada por um primeiro compasso. Se a pessoa que controla o primeiro compasso o abre e o fecha sem nenhuma regularidade. Então, diríamos: "*the original seems to intimate to him which way he is to go. But it is not a rule.*" Sem uma aplicação igualitária de um padrão como medida da ação, não temos uma regra no seu sentido lógico.

é atentar para o critério de distribuição aplicável ao bem. O modelo contemporâneo de constituição, erigido sob o paradigma do Estado Social de Direito, é um grande repositório de regras de distribuição, criando diversas esferas de justiça. Isto é, a Constituição é a regra máxima sobre como deve ser realizada a distribuição dos bens, conforme defende Lima Lopes (2003, p. 61-62), com base na teoria de Michael Walzer (2004). As regras de distribuição são **regras jurídicas**, motivo pelo qual se aplicam logicamente do mesmo modo como as regras de comutação. No entanto, sendo o conflito sobre distribuição, o que importa para verificar a incidência da regra é levar em conta a classe inteira dentro da qual se opera a distribuição (Lopes, 2003, p. 62).[11]

A igualdade se aplica como critério lógico conferindo sentido ao Direito inclusive em questões de justiça distributiva. Com isso, afasta-se a ideia de que o Direito só lida com relações intersubjetivas bilaterais, à moda da justiça comutativa. A justiça distributiva não pode se resignar à vontade do Administrador Público, mas deve respeitar critérios racionais na aplicação do Direito (Lopes, 2021a, p. 232). De fato, Lima Lopes é influenciado em seus escritos sobre a Justiça por autores que negaram essa cisão entre os tipos de racionalidade e seu escopo – ou entre o Direito e Política, em outra forma de colocar a questão. Nesse ponto, há a predominância das ideias de autores clássicos, como Aristóteles e Tomás de Aquino, mas também uma importante recepção das ideias contidas no liberalismo político ou igualitário de John Rawls, demonstrando a capacidade analítica do autor em articular diferentes tradições sem perder o rigor conceitual.

A ideia de que a justiça é o sentido do Direito[12] pode ser remetida a Aristóteles, assim como a distinção clássica entre justiça comutativa e distributiva. Tomás de Aquino é outro autor importante para a obra de Lima Lopes, sobretudo pelo destaque que ele confere ao **sentido** das ações (Lopes, 2021a, p. 239). Com isso, o autor é capaz de desenvolver a ideia de que a justiça tem a ver com a aquilo que aproveita a toda a comunidade, em um

[11] Por isso é que, na esfera tributária, a capacidade econômica do contribuinte é que determina a tributação; na esfera previdenciária, de outro lado, a regra é contrária, quanto menor a capacidade econômica, maior o benefício. Essas regras não são contraditórias se virmos elas como lidando/criando diferentes esferas de justiça (LOPES, 2003, p. 62).

[12] Aristóteles (2009, 1129b14-15 e 1129a35, p. 104-105) afirma, no Tratado sobre a Justiça (Livro V), que "toda a legalidade é de algum modo justa" e que "será justo quem observa a lei e respeita a igualdade."

sentido lógico, que pode ser captado intelectualmente (Lopes, 2021a, p. 239-240; cf. Aquino, 2005, I-IIae, q. 58, art. 5, p. 137-138). A justiça legal, interpreta Lima Lopes (2021a, p. 241) a partir do cotejo da obra desses filósofos, preocupa-se com o bem comum e deixa de ser a soma das virtudes morais, como em Aristóteles, para ser a virtude do ser social. Nesse ponto reside a conexão entre os clássicos e John Rawls na obra de Lima Lopes: para Rawls ([1971]1999, p. 3), a justiça é a primeira virtude das instituições sociais.

O objeto da justiça em Rawls é a distribuição de direitos e deveres em um esquema de cooperação social na estrutura básica da sociedade. Ou seja, a sua teoria da justiça não se aplica às ações e situações individuais (Rawls, [1971]1999, p. 47), mas às instituições sociais primárias que definem a distribuição de direitos e deveres no esquema social de cooperação (Rawls, [1971]1999, p. 6 e 50). A justiça é a virtude que se aplica àquilo que envolve o bem comum, ordenando as relações humanas com vistas à sua realização. E essa ordenação pressupõe o conceito de regra: precisamos de regras de justiça que permitam uma "medida comum" (cf. Barzotto, 2010, p. 122-123) para as ações conforme o Direito, as quais podem ser, inclusive, criticadas e revistas (Lopes, 2021a, p. 234). De outro modo, Lima Lopes mostra, com essa perspectiva, que a Justiça lida com o bem do indivíduo de modo **indireto** ou **mediato**; e com o bem da comunidade política de modo **direto**, ou **imediato** (Lopes, 2021a, p. 241).

2.2. A concepção política do Direito à saúde como um bem comum

Argumentou-se que o Direito possui um sentido a partir da ideia de justiça enquanto sentido lógico, estreitamente vinculado à noção de igualdade. Esta noção de igualdade se subdivide em diferentes formas de efetivação, conforme a relação entre três termos – as partes e os bens envolvidos (Lopes, 1994, p. 116). É preciso observar, todavia, que esse sentido da justiça não se dá de modo concreto, verificável na natureza como uma coisa. Ele precisa ser apreendido pela razão e intelecção (Aquino, 2012, IIa-IIae, q. 58, a. 4, p. 61-62). A própria noção de igualdade contida na justiça se dá em um sentido lógico: "[a] justiça é a única das excelências que parece ser também um bem que pertence a outrem, porque, efetivamente, envolve uma relação com outrem" (Aristóteles, 2009, 1130a3-6, p. 106). A justiça enquanto princípio realça o aspecto racional das regras jurídicas. Sem ela, o arbítrio tende a imperar nas relações humanas, pela ausência de uma medida comum, pois não há a determinação do que seja obrigatório ou permitido.

A aplicação das regras de justiça deve ser avaliada, justificada e criticada com base em razões, e não por meio de causas. O Direito lida com ações e critérios de avaliação dessas ações. As ações, para serem voluntárias, devem poder ser justificadas como tendo algum sentido, o que se dá por meio de razões. Assim, opõem-se a outras atividades que explicam fatos ou eventos externos por meio do conceito de **causa** (ANSCOMBE, 1958, p. 23-24). As ações estão no jogo de linguagem[13] da motivação, não no da causalidade, onde **explicamos** eventos por meio de noções como causa, lei, fato, explicação, etc. (RICOEUR, 1986, p. 169-170).

A garantia da vida corresponde à manutenção das condições que sustentam a continuidade da vida humana. As razões que a sustentam, sob o ponto de vista individual, são, consequentemente, de ordem biológica. É preciso ter o aporte da medicina, da biologia e de áreas afins para formular uma "teoria da manutenção da vida", a qual, naturalmente, vai compreender explicações sobre a constituição do corpo humano, a função dos órgãos, os nutrientes que eles necessitam, etc. Ocorre que essa perspectiva, por si só, não é decisiva para a definição completa da estrutura básica da sociedade.

É claro que certos bens se mostram essenciais para garantir um "direito à vida" a partir dos termos das ciências naturais. John Rawls tinha consciência disso quando afirmou que há certos "bens primários" que pode se presumir que todo homem racional necessita, independentemente de qual venha a ser o seu plano de vida. Dentre esses bens primários, há os bens primários sociais – como direitos, liberdades, etc. – e os bens primários naturais – onde entra a saúde, o vigor físico, as capacidades humanas. A estrutura básica da sociedade não possui um grande controle sobre estes últimos, pois Rawls reconhecia que eles são determinados em grande medida pela natureza (RAWLS, [1971]1999, p. 54). Ora, Aristóteles já havia afirmado que a felicidade depende de bens exteriores à pessoa ou relacionados ao corpo, e não à alma, e que nem sempre dependem de nós mesmos (ARISTÓTELES, 2009, 1099b1-9, p. 31). Mas, mesmo que saibamos extensivamente quais são esses bens naturais, ainda precisamos de um esquema de distribuição e proteção desses bens.

[13] Para a famosa definição de Wittgenstein ([1953]2009, p. 14-15) dos "jogos de linguagem", ver § 23.

Quando nos direcionamos do campo da definição dos bens primários naturais para a discussão sobre como distribuí-los, entramos no campo da justiça distributiva. Dizer o contrário seria ignorar que há diferentes formas de acessar diferentes tipos de crenças ou fatos. Uma explicação causal sobre uma crença baseada na descrição do estado de coisas serve para testar crenças sobre o mundo físico, mas não para testar crenças morais, estéticas ou políticas (DWORKIN, 1996, p. 118-119). Precisamos, dessa forma, trazer a discussão sobre o direito à saúde para o campo da justiça distributiva, onde o que determina as respostas "adequadas" ou "aceitáveis" são **razões**, isto é, a justificação da distribuição. Estas razões, reforça-se, é que permitem a aceitação intersubjetiva de padrões ou medidas de igualdade, mas também as críticas ao modelo que vier a ser adotado.

Sendo a saúde um bem coletivo e primário, partimos do pressuposto de que ela é necessária para todos. Sem ela, as pessoas não podem racionalmente definir planos de vida com liberdade, e nem exercer as suas liberdades políticas (RAWLS, [1971]1999, p. 54). Muitas vezes, inclusive, esses planos individuais vão gerar conflitos sobre como devem ser distribuídos os bens em geral para possibilitar a realização daqueles (RAWLS, [1971]1999, p. 110). Nada gera mais controvérsia senão a definição dos critérios de distribuição dos bens comuns (ARISTÓTELES, 2009, 1131a27-30, p. 109). As regras de distribuição permitem a passagem do caráter universal do bem comum para a sua fruição individual. A partir delas, pela sua definição na deliberação política, passamos a ter uma medida comum para avaliar como distribuir os bens. Sobretudo, passamos a ter uma medida comum sobre **como efetivar** esses bens e permitir que diferentes pessoas possam fruir deles, com diferentes necessidades e urgências. Trata-se de uma concepção política de bens comuns, como é o caso da saúde. Por isso é que há uma divisão na prioridade de atendimento em qualquer instituição hospitalar, cujo bem precípuo - o atendimento por um(a) profissional de saúde – não pode ser concedido a todos ao mesmo tempo.

O Direito não pode se tornar, também, refém da Economia. Como afirma Rawls, a racionalidade instrumental, típica da definição de meios e fins pelo ser humano para alcançar seus próprios objetivos, só pode ocorrer dentro da moldura dada pelas instituições sociais (RAWLS, [1971]1999, p. 49). Lima Lopes (2005, p. 177-178) identifica nesse argumento uma distinção fundamental entre os raciocínios jurídico e econômico: enquanto a Economia trabalha com previsões sobre o que provavelmente ocorrerá no futuro, o Direito define o que é certo e errado nas ações passadas. O direito à saúde, nesse sentido, não pode ser analisado a partir de um cálculo de custo-benefício, com base em previsões econômicas. Na verdade, ele deve ser visto como alcançando um bem que é comum a todos, além de ser um bem primário, em um sentido especial, constitutivo da autonomia humana. Por isso, sua distribuição deve se dar conforme às regras de distribuição, seguindo os critérios e padrões de interpretação jurídica[14], sob pena de ingerência injustificada – e ilógica – segundo o Direito por uma certa autoridade, deslegitimada a fazê-lo. Nesse caso, teremos o "governo dos homens", e não das leis.

Conclusões

A judicialização da saúde é um problema político e jurídico que inspirou muitas produções acadêmicas no campo do Direito nas últimas décadas. Cada vez mais, o Poder Judiciário é chamado a resolver questões envolvendo pedidos de distribuição de medicamentos, tratamentos de saúde e prestações de serviços médicos em geral pelo sistema público de saúde, na modalidade típica de processo judicial, em que as partes compõem uma relação bilateral, no estilo "jogo de soma zero."

Mostrou-se, na primeira seção do artigo, que uma estratégia comum dos trabalhos que analisam esse fenômeno foi buscar propor parâmetros de julgamento a partir dos princípios jurídicos da reserva do possível e do mínimo existencial. Esses princípios definiriam as balizas para os julgadores definirem a conveniência dos pedidos formulados no Judiciário em matéria de saúde. Ocorre que, além de não respeitarem o requisito da universalizabilidade dos juízos jurídicos, o qual é essencial para garantir consistência e coerência ao ordenamento jurídico, a resolução do fenômeno no Judiciário por meio desses princípios não leva em conta a natureza do bem em questão. A saúde é um bem coletivo que não se submete racionalmente à lógica da justiça comutativa. A saúde é objeto da justiça distributiva, pois é uma coisa produzida em comum e que deve ser repartida proporcionalmente.

Conforme exposto ao final desta primeira seção, os juízes dos tribunais superiores e a doutrina processualista justificam a intervenção daquele na distribuição do bem "saúde" atrelando-o ao direito à vida, em seu sentido biológico. Por isso, o vínculo é estabelecido quando há risco concreto

[14] Para esse tema na obra de Lima Lopes: Lopes, 2016; Lopes, 2018; Lopes, 2021b.

à vida do(a) autor(a) da ação. Com isso, ao ser constatado o risco de vida, chega-se à conclusão que o bem requisitado – que é um bem advindo da estrutura institucional pública de saúde – deve ser garantido ao(à) autor(a).

Na segunda seção do artigo, dois argumentos foram apresentados, a partir de uma revisão da obra de José Reinaldo de Lima Lopes, em cotejo com as suas principais influências no tema da relação entre Direito e Justiça (Aristóteles, Tomás de Aquino e John Rawls). Na primeira subseção, formulou-se a tese de que o Direito só pode ser compreendido logicamente e ter as suas regras justificadas a partir da ideia de Justiça, estreitamente conectada aos conceitos de igualdade e regra. Nesse sentido, a justiça distributiva, como modo de expressão lógica da igualdade, confere padrões lógicos para a aplicação de regras de aplicação da distribuição de bens comuns. Na segunda subseção, o argumento avançou a ponto de identificar que o Direito é justificado por meio de razões, não de causas, uma vez que lida com a atribuição de sentido (imputação) às ações e com a sua avaliação. Somente quando avaliamos as regras jurídicas com base em razões é que podemos ter critérios intersubjetivos de definição de padrões de igualdade na distribuição dos bens comuns, inclusive para podermos criticar a estrutura institucional vigente.

Desse modo, conclui-se que o direito à saúde não pode ser atrelado a uma concepção exclusivamente biologizante de direito à vida, sob pena de desconstituir a estrutura institucional de distribuição da saúde enquanto bem coletivo. Sendo a saúde um bem coletivo primário, essa confusão conceitual se mostra como um problema grave, uma vez que a saúde está relacionada à ideia da comunidade política de como garantir a todos um grau adequado desse bem para a constituição da autonomia humana de cada um, inclusive possibilitando o exercício das liberdades políticas de cada um. Esse problema só é inteligível, contudo, quando se percebe a relação lógica entre o Direito e a racionalidade própria da justiça distributiva e da teoria dos bens em geral. A obra de José Reinaldo de Lima Lopes promove uma importante contribuição para esse tema com o resgate da relação entre o Direito e a Justiça, o que vinha sendo esquecido pelos(as) juristas.

Referências

ANSCOMBE, G. E. M. **Intention**. 2nd ed. Cambridge/London: Harvard University Press, 1963.

AQUINO, Tomás de. **Suma teológica**. Vol. 4. São Paulo: Edições Loyola, 2005.

AQUINO, Tomás de. **Suma teológica**. Vol. 6. 2ª ed. São Paulo: Edições Loyola, 2012.

ARISTÓTELES. **Ética a Nicômaco**. São Paulo: Editora Atlas S.A., 2009.

BARROSO, Luís Roberto. Neoconstitucionalismo e constitucionalização do Direito (o triunfo tardio do Direito Constitucional no Brasil). **THEMIS – Revista da Escola Superior da Magistratura do Estado do Ceará**, v. 4, n. 2, jul./dez.2006, p. 13-100.

BARZOTTO, Luis Fernando. **Filosofia do direito**: os conceitos fundamentais e a tradição jusnaturalista. Livraria do Advogado Editora: Porto Alegre, 2010.

BOBBIO, Norberto. **Teoria do ordenamento jurídico**. Bauru: Edipro, 2011.

DWORKIN, Ronald. Objectivity and truth: you'd better believe it. **Philosophy and Public Affairs**, Vol. 25, No. 2. (Spring, 1996), p. 87-139.

LOPES, José Reinaldo de Lima. **As palavras e a lei**: direito, ordem e justiça na história do pensamento jurídico moderno. 2ª ed. rev. e ampl. São Paulo: Editora Madamu, 2021a.

LOPES, José Reinaldo de Lima. **Curso de Filosofia do Direito**: o Direito como prática. São Paulo: Atlas, 2021b.

LOPES, José Reinaldo de Lima. Da *interpretatio* à interpretação: um percurso histórico e teórico. **Revista da Faculdade de Direito da UFRGS**, Porto Alegre, n. 39, p. 3-25, dez. 2018.

LOPES, José Reinaldo de Lima. Filosofia analítica e hermenêutica: preliminares a uma teoria do Direito como prática. **Revista de Informação Legislativa**, Brasília, ano 53, n. 212, out./dez. 2016, p. 203-226.

LOPES, José Reinaldo de Lima. **Direitos Sociais**: Teoria e Prática. São Paulo: Método, 2006.

LOPES, José Reinaldo de Lima. The traditional dialogue between law and economics. **Revista Direito GV**, Especial 1, p. 173-193, 2005.

LOPES, José Reinaldo de Lima. Juízo jurídico e a falsa solução dos princípios e das regras. **Revista de Informação Legislativa**, Brasília, ano 40, n. 160, out./dez. 2003, p. 49-64.

LOPES, José Reinaldo de Lima. Direito subjetivos e direitos sociais: o dilema do Judiciário no Estado Social de Direito. *In:* FARIA, José Eduardo (Org.). **Direitos humanos, direitos sociais e justiça**. São Paulo: Malheiros Editores, 1994.

HART, H. L. A. The ascription of responsibility and rights. **Proceedings of the Aristotelian Society**, New Series, Vol. 49, 1948, p. 171-194.

MACCORMICK, Neil. Direito, interpretação e razoabilidade. *In:* MACEDO JR., Ronaldo Porto; BARBIERI, Catarina Helena Cortada (Org.). **Direito e interpretação**: racionalidades e instituições. São Paulo: Editora Saraiva, 2011.

MICHELON, Cláudio. Princípios e coerência na argumentação jurídica *In:* MACEDO JR., Ronaldo Porto; BARBIERI, Catarina Helena Cortada (Org.). **Direito e interpretação**: racionalidades e instituições. São Paulo: Editora Saraiva, 2011.

MITIDIERO, Daniel. **Antecipação da tutela**: da tutela cautelar à técnica antecipatória. 4ª ed. São Paulo: Revista dos Tribunais, 2019.

PORTUGAL GOUVÊA, Carlos. Social Rights Against the Poor. **Vienna Journal on International Constitutional Law**, v. 7, n. 4, 2013, p. 454-475.

RAWLS, John. **A theory of justice**. Revised edition. Cambridge: The Belknap Press of Harvard University Press, [1971]1999.

RAZ, Joseph. **Practical reason and norms**. Oxford: Oxford University Press, [1975]1990.

RICOEUR, Paul. **Du texte à l'action**. Essais d'herméneutique, II. Paris: Éditions du Seuil, 1986.

RICOEUR, Paul. **Le juste**. Paris: Éditions Esprit, 1995.

SARLET, Ingo Wolfgang; FIGUEIREDO, Mariana Filchtiner. Reserva do possível, mínimo existencial e direito à saúde: algumas aproximações. **Revista de Doutrina da 4ª Região**, Porto Alegre, n. 24, jul. 2008.

WANG, Daniel Wei Liang. **Poder Judiciário e participação democrática nas políticas públicas de saúde.** Dissertação (Mestrado) – Curso de Direito, Departamento do Direito do Estado, Universidade de São Paulo, São Paulo, 2009, p. 11-23.

WITTGENSTEIN, Ludwig. **Philosophical Investigations**. Revised fourth edition by P. M. S. Hacker and Joachim Schulte. Chichester: Wiley-Blackwell, [1953]2009.

24
A JUSTIÇA DISTRIBUTIVA NAS AÇÕES MULTITUDINÁRIAS

Maria Fernanda de Toledo Rodovalho

O professor José Reinaldo de Lima Lopes foi meu orientador no mestrado que iniciei em 1990. Na realidade, tive a sorte de ter tido dois orientadores, os Professores José Eduardo Faria e o Professor José Reinaldo.

Falar do papel do orientador é uma tarefa muito difícil (e enfatizo aqui a palavra "muito") porque os efeitos das conversas com o orientador vão repercutir para além do trabalho, vão informar toda a maneira de pensar o Direito.

Das conversas com o professor José Reinaldo, muito me marcou a preocupação com a questão da justiça, não apenas como um atributo do ordenamento, mas como norte para a atuação do operador do direito.

O ponto que pretendo trazer neste texto é fazer uma pequena reflexão a respeito da possibilidade de justiça distributiva nas ações multitudinárias.

1. As Ações Multitudinárias

O tema da minha dissertação foi Ação Popular e, ainda que o trabalho tivesse um tom marcadamente processual, a dissertação era motivada – e, devo confessar que a questão me instiga até hoje – pela alteração do papel do Judiciário ao longo do tempo.

Em 1990, a Ação Popular poderia ser definida como tudo, exceto como um instituto novo, já que, embora regulamentada pela Lei 4.717/65, aparecia nas Constituições brasileiras mesmo antes de 1946.

A legislação de 1965 regulamentou os requisitos e o procedimento e, pelo desenho normativo da ação popular imaginada pelo legislador, não é possível uma decisão judicial que determine uma conduta, mas é possível uma decisão que coíba um ato ilegal[1]. Na prática, o Judiciário poderia analisar o mérito do ato administrativo (ou seja, adentrar na esfera do político que há no ato do Executivo) e apresentar uma resposta jurídica para a situação, resposta que seria, caso acolhido o pedido, a supressão de um ato. Ou melhor dizendo: o Judiciário poderia dar uma resposta jurídica (porque proferida em um processo), mas que, em tudo, era política, no sentido de escolha de condutas a **não** serem seguidas pela Administração. Aqui vale lembrar que, na ação popular, ainda que se analise o mérito do ato, não se pode impor à Administração uma conduta ativa, de vir a fazer algo ou a adotar determinada conduta.

Na época, tendo terminado há pouco a graduação, me parecia espantoso como já não se pudesse pensar em tripartição de poderes, mas, ainda assim, era essa a doutrina ensinada. Na clássica visão de divisão de poderes, apesar de ao Judiciário não se reservar mais do que a análise da incidência da lei no caso concreto, a ação popular não era compatível com esse sistema de tripartição de funções estanques.

O que poderia ser tomado no instituto da ação popular como incompatibilidade encoberta – talvez ligeiramente disfarçada – torna-se inquestionável ainda um pouco antes da Constituição de 88.

Isso porque, em 1985, foi promulgada a Lei de Ação Civil Pública.

Essa lei – a Lei 7.347/85 –, ao prever a ação para responsabilidade por danos ao meio ambiente, ao consumidor, a bens e direitos de valor artístico, estético, histórico, turístico e paisagístico, tornou possível ao Ministério Público, que embora não fosse o único legitimado a ajuizar demandas coletivas, assumir o protagonismo na defesa de direitos constitucionais coletivos e difusos[2].

[1] **Ação popular** é o meio constitucional posto à disposição de **qualquer** cidadão para obter a invalidação de atos ou contratos administrativos – ou a estes equiparados – **ilegais** e **lesivos** do patrimônio federal estadual e municipal, ou de suas autarquias, entidades parestatais e pessoas jurídicas subvencionadas com dinheiro público (MEIRELES, 1989, p. 87).

[2] A interpretação das normas da Lei de Ação Civil Pública em conjunto com dispositivos da Constituição que definiam a atuação do Ministério Público tornou possível que o MP ampliasse cada vez mais sua atuação no âmbito dos direitos coletivos e difusos: "(...) inclinamo-nos pela interpretação mais ampliativa do disposto no art. 129, III, da CF: primeiro, ela é favorecida pelo critério gramatical; o constituinte não condicionou a tutela de 'outros interesses difusos e coletivos' ao *discríminen legal*; logo, não pode o intérprete estabelecer restrições; segundo, é certo que algumas leis vieram cuidar especificamente da tutela judicial de certos interesses difusos – dos deficientes; dos investidores nos mercados de capitais; dos consumidores; da

A defesa desses direitos, com possibilidade legal e processual de requerer a adoção de condutas determinadas, trouxe para o âmbito judicial questões envolvendo distribuição de recursos.

É assim, com essa lei de 1985 que se inaugurou o caminho para que demandas relacionadas a interesses coletivos e metaindividuais fossem levadas ao Judiciário. Em última análise, a característica da decisão judicial proferida nessas ações era poder dispor sobre políticas públicas (com efetiva descrição da conduta a ser adotada). Essa possibilidade escancarava que o local para a discussão das escolhas do Estado já não estava limitado ao Parlamento ou a algumas agências do Executivo. A política se transportava para o âmbito judicial.

Se a Lei de Ação Civil Pública abriu o caminho, a Constituição de 1988, ao elencar os direitos fundamentais para além do rol conhecido, com ênfase de que outros mais poderiam vir a ser agregados[3], pavimentou de forma definitiva uma nova e larga estrada para uma corrente migratória de discussão de direitos que levou ao que comumente se denomina judicialização da política.

2. As Gerações de Direitos Fundamentais

A judicialização da política é o resultado da combinação de vários fatores. Do ponto de vista processual, as demandas em que se discute implementação de direitos, campo por excelência das escolhas políticas, só se tornaram viáveis quando se congrega a previsão de demandas coletivas – da Lei de Ação Civil Pública –, com direitos fundamentais cada vez mais ligados à proteção de interesses que vão além do indivíduo.

Por definição, direitos fundamentais são aqueles reconhecidos a todo e qualquer ser humano, independentemente de origem, sexo, nacionalidade, cor, crença ou convicção política.

criança e do adolescente – mas daí não se extrai (...) a conclusão necessária de que o disposto no art. 129, III, da CF não seja autoaplicável. (...) A ideia é deixar à legislação ordinária a regulamentação (...) de certos aspectos processuais/procedimentais (...); por fim esse mesmo Código [Código de Defesa do Consumidor] (...) cuidou de inserir no art. 1º da Lei 7.347/85 o inciso IV. Onde se dá ação civil pública para a tutela de 'qualquer outro interesse difuso ou coletivo', reforçando os indícios de que a *mens legis* sinaliza no sentido de uma interpretação ampliativa e não restritiva da parte final do inc. III do art. 129 da CF" (Macuso, 1994, 83).

[3] Art. 5º, § 2º Os direitos e garantias expressos nesta Constituição não excluem outros decorrentes do regime e dos princípios por ela adotados, ou dos tratados internacionais em que a República Federativa do Brasil seja parte.

A princípio, esses direitos foram instituídos como forma de resguardo do indivíduo frente ao Estado. São esses os direitos chamados de primeira geração e compreendem, sobretudo, o direito à vida, à liberdade, à religião e à propriedade.

Se a característica da primeira geração de direitos é a não intervenção do Estado, na segunda geração o que se espera é intervenção ativa do ente público para que a vida em sociedade se torne mais digna. Na segunda geração aparecem os direitos sociais, relacionados à moradia, alimentação e saúde.

Depois da Segunda Guerra Mundial, uma nova geração de direitos se apresenta. São direitos derivados da necessidade de bem conviver em sociedade, direitos caracteristicamente coletivos e difusos, que vão suplantar o interesse individual e cuja garantia beneficia a todos. O mais exemplificativo dessa geração de direitos é o direito à proteção ao meio ambiente.

Os direitos de quarta geração aparecem relacionados à democracia, à informação, e ao pluralismo.

O conceito de geração de direito se determina em razão do objeto da proteção, que, a princípio, aparece como uma garantia do indivíduo contra o Estado, para, progressivamente, se descolar do conceito de sujeito individualizado e abarcar grupos e interesses metaindividuais de sujeitos que não são identificáveis e nem necessariamente existentes ao tempo da ação (como, por exemplo, o pedido de proteção ao meio ambiente como garantia para as futuras gerações).

Esse tipo de demanda vai encontrar na Constituição duas bases importantes: um amplo espectro de direitos fundamentais e a garantia de poder submeter ao Judiciário todo tipo de pedido, e na Lei de Ação Civil Pública, o regramento processual para viabilizar a formulação do pedido.

3. Ações Multitudinárias e um Novo Paradigma de Justiça Judicial

Quando se apresenta ao Judiciário uma demanda individual, a discussão se desenvolve em torno da violação a direitos especificamente delimitados, de maneira que a decisão que reconhecer a violação vai dispor também sobre a forma de restabelecimento do equilíbrio. E equilíbrio, não só a palavra em si, mas o próprio significado de situações balanceadas, é um conceito que se remete diretamente à ideia de justiça. A imagem popularizada da deusa Thêmis com a balança é bastante eloquente para demonstrar o quão associadas às ideias de justiça e equilíbrio estão. Por isso, quando se menciona que a decisão judicial que restabelece o reequilíbrio de situações o que se está a dizer é que o sistema judicial é um sistema voltado à consecução da justiça.

O sistema jurídico é um sistema de garantia de justiça. Para o Professor José Reinaldo, a justiça é critério de inteligibilidade do direito:

> Em outras palavras, se o direito é **inteligível**, não apenas **observável** ou **memorizável**, sugiro que a justiça é o elemento inteligível do direito positivo. Desse ponto de vista, a lei é um critério para agir e para comparar (ou **medir**) as ações humanas entre si, e pressupõe que o agente pode apreender uma unidade sensata para os diversos critérios. (...) Minha reflexão vai, portanto, na linha daquelas para quem falar de direito implica **logicamente** falar de justiça (Lopes, 2021, p. 285, grifos no original).

A ligação entre direito positivo e justiça como equilíbrio de situações torna claro que equilíbrio é passível de avaliação objetiva. É possível, assim, estabelecer-se um critério para avaliação do que é uma decisão justa, critério esse que é dado pela proporção da resposta em relação ao dano que motiva a ação judicial.

> A justiça, portanto, tem um aspecto intelectual muito especial. Ela é a virtude das medidas e das regras. Para fazer justiça, preciso ser capaz de aplicar medidas e regras. Trata-se.de coisas que só podem ser feitas objetivamente. Não se pode fazer uma conta sem que haja uma medida, um número, uma quantidade, um padrão. Não se pode aplicar uma regra sem que haja um padrão. Tanto o número quanto o padrão não podem estar apenas "na cabeça" de uma pessoa. A justiça, portanto, tem esse elemento objetivo. Ela permite e exige cálculo, coisa que outras virtudes não permitem (Lopes, 2021, p. 297 e 298).

O que se quer dizer é que a justiça da decisão é apurada a partir do restabelecimento do equilíbrio das relações humanas envolvidas. Restabelecimento de situações, equilíbrio, justiça da resposta são todos conceitos relacionados um aspecto específico da justiça, que a é a justiça comutativa. Esse tipo de justiça, de restauração do equilíbrio, é obtido em razão de comparação com o passado. Restabelecer ou recuperar um dano tem por premissa o reconhecimento de que, no passado, havia um equilíbrio que, em dado momento, foi rompido.

> A justiça do juiz diz respeito ao passado, seu olhar é retrospectivo. As provas que se colhem no processo devem ser evidências do que aconteceu, não especulações sobre o que acontecerá (Lopes, 2021, p. 321).

Enquanto a justiça comutativa é a justiça que se espera do Judiciário, há outro tipo de justiça, que também se refere a relações humanas particularizadas (e não se trata, assim, de uma virtude geral), que é a justiça na distribuição dos bens. A justiça distributiva está no campo da lei, porque é pela lei que se disciplinam as relações para o futuro. Portanto, cabe ao legislador, ao elaborar as normas, projetar para o futuro as relações, os efeitos possíveis e estabelecer a distribuição justa dos bens na sociedade.

> Considerando-se que o legislador determina para o futuro, estabelece as medidas pelas quais se julgarão casos futuros, sua atividade é marcada por um olhar prospectivo tanto a respeito das **implicações** quanto às **consequências**. Ele pode e deve valer-se do que se sabe probabilisticamente sobre o futuro, mas está constrangido, para manter a racionalidade do sistema, a incorporar entre os bens visados pela legislação aqueles que não se medem nem quantificam como mercadorias. Assim, deve legislar para permitir a convivência das liberdades, o tratamento igualitário entre os cidadãos, o não extermínio dos dissidentes ou diferentes etc. (...) (Lopes, 2021, p. 339, grifos no original).

Quando se traz para o campo da demanda judicial a questão dos direitos coletivos, também se altera o tipo de justiça que o juiz terá de exercer.

Já se mencionou no início que a Constituição de 88, ao trazer um rol não taxativo de direitos fundamentais, abriu a possibilidade para que as demandas judiciais se convertessem em formas de questionamento da distribuição de bens.

Antes de se abordar a justiça distributiva em um sentido mais restrito, é preciso dizer que situações de distribuição não são desconhecidas para o direito. Pode-se pensar, por exemplo, na organização das classes de credores na falência[4]. O que vai diferenciar esse tipo de distribuição é o fato de que há uma situação inicial de desequilíbrio, representada pela inadimplência da empresa. A justiça distributiva na organização dos credores é, assim, uma forma de viabilizar a justiça comutativa.

[4] Cf. Lopes, 2021, p. 318.

Justiça distributiva, em sentido mais puro, vai ser exigida quando se apresentam ao Judiciário demandas por escolhas políticas. Essas escolhas podem não ficar claras em ações de reparação ambiental, porque o pedido dessas demandas será o de aplicação de parâmetros de proteção pré-definidos em lei – ou seja, o pedido ainda é tipicamente de aplicação de justiça comutativa. O resultado da decisão será de uma escolha política, que é a de alocar recursos em proteção ao meio ambiente, e não em outra atividade. De toda maneira, a decisão judicial ainda não é para o juiz uma decisão típica e evidente de escolha de uso de recursos.

Um dos exemplos mais típicos de ações em que se espera justiça distributiva é a demanda por medicamentos. Ações dessa natureza tornaram-se comuns a partir de 1999, quando surgiram novos remédios de combate ao HIV. Os autores dessas demandas postulavam a entrega de determinados medicamentos e, à medida que evoluíram as pesquisas, passaram a requerer que, antes da entrega, o paciente fosse submetido a testes para avaliar o remédio mais adequado[5]. O pedido dessas demandas deixou de ser o de fornecer determinado remédio e passou a ser o de aplicar um teste para, em seguida, determinar-se o medicamento adequado. Há, assim, mesmo que de forma não evidente, a pretensão de formulação de política pública relativa à forma como deve ser conduzido o tratamento de saúde.

Observe-se que a judicialização do direito à saúde implicou que o Judiciário fosse além do mero equilíbrio e dispusesse a respeito de como deveria ser a política de tratamento da AIDS.

O resultado dessas demandas sobrepujou a garantia de direitos específicos dos pacientes. As decisões judiciais conduziram a forma pela qual a política de saúde foi delineada e implementada. O processo judicial foi um eficiente meio de mobilização social que resultou na formulação de programas de políticas públicas de reconhecido sucesso.

Também é verdade que o mesmo meio judicial foi usado, em outras ocasiões, para pedidos dos mais diferentes remédios. Nem sempre o resultado foi a formulação de uma política pública[6] e tampouco se garantiu a redução de desigualdades sociais. Observe-se, nesse sentido, que muitas

[5] Sobre o "boom" de ações judiciais acerca de medicamentos, cf. SCHEFFER, M; SALAZAR, AL; GROU, KB, 2005.

[6] "O mandado judicial numa primeira fase do tratamento da aids visava garantir a implantação da política, o acesso universal. Num segundo momento foi um instrumento para agilizar, tornar mais rápida a incorporação e garantir o direito individual. Depois passou a ser

ações foram usadas para compra de medicamentos que favorecem apenas a poucos, o que se distancia da ideia de política de saúde[7].

Pode-se apontar duas causas básicas para que as demandas posteriores relativas a medicamentos não tivessem alcançado o mesmo efeito positivo que as demandas de tratamento para a AIDS. Em primeiro lugar, as ações em que se pleiteiam remédios específicos para determinados pacientes não têm a mesma característica de universalidade que se podia perceber nas demandas por remédios para controle da AIDS. Ações relativas a remédios específicos muitas vezes não têm por base nem carência de políticas públicas no tratamento das doenças para as quais se pretendem os medicamentos e nem a falta de padronização de remédios. O que fundamenta muitas dessas demandas é justamente a intenção de garantir um tratamento diferenciado, específico para determinado paciente (e não determinada doença), e que, por ser específico, não deverá (no sentido de não ser eficaz para todos os casos) ser de acesso universal. Nesse tipo de ação o que se observa é a apropriação de recursos públicos por parte de pacientes com mais acesso à informação[8].

banalizado, a virar panaceia. Por isso tem que ser fiscalizado e regulado até ser, se possível, eliminado" (Scheffer, 2008, p. 172).

[7] Coelho, Vera Schattan P., Marcondes, Luís Marcelo e Barbosa, Marina "ACCOUNTABILITY" E REDUÇÃO DAS DESIGUALDADES EM SAÚDE: A experiência de São Paulo. Este trabalho apresenta resultados das pesquisas "The Accountability Politics of Reducing Health Inequalities in Brazil and Moçambique", coordenada pelo Cebrap, IDS e N'Weti e que recebe apoio do ESRC/DFID; "Enfrentando as desigualdades em saúde", que conta com o apoio do CEM-Fapesp, processo n. 2013/07616-7; "Regionalização e contratação de serviços no SUS", que recebe apoio UFABC/CNPq. . Novos estudos CEBRAP [online]. 2019, v. 38, n. 2 [Acessado 4 Abril 2022], p. 323-349. Disponível em: <https://doi.org/10.25091/S01013300201900020003>. Epub 05 Set 2019. ISSN 1980-5403. https://doi.org/10.25091/S01013300201900020003.

[8] A análise dos processos referentes à dispensação de medicamentos mediante demandas judiciais permitiu evidenciar os efeitos que essas decisões têm sobre a formulação e a execução da política de saúde. Os dados mostram que a parcela da população atendida por demandas judiciais tem em média melhores condições socioeconômicas, residindo em áreas com baixa ou sem nenhuma vulnerabilidade social.

A despeito das intenções de arbitragem de problemas sociais e de defesa dos interesses dos indivíduos diante do poder do Estado, a interferência do Judiciário acaba por atender aos indivíduos que por sua inclusão social já se encontram em posição privilegiada, reforçando ainda mais as desigualdades sociais no campo da saúde.

A interpretação dos direitos sociais apenas na dimensão individual, desconsiderando a dimensão coletiva, não permite considerar o problema em todas as suas dimensões e em toda

Em segundo lugar, o Judiciário, no mais das vezes, não tem acesso aos motivos que determinaram a decisão da Administração em padronizar determinado remédio em lugar de outro. Com isso, a decisão judicial que fornecimento de remédio não será garantia e nem exercício de justiça distributiva[9].

Por tudo o que aqui se expôs chega-se a duas conclusões que se mostram contraditórias. Primeiro: o Judiciário já se mostrou capaz de fazer justiça distributiva – ou seja, é possível que o aparato judicial se preste a servir como efetivo e eficiente local de discussão para formulação de política pública[10]. Segundo: o bom resultado para uma situação pode não se repetir em outra. Ou seja, é possível que o aparato judicial se mostre como local inefetivo e ineficiente para formulação de política pública. Dessa ineficiência resultam dois efeitos bastante nocivos: dificuldade para apurar a regularidade dos gastos (*accontability*)[11] e uso dos recursos públicos em

a sua complexidade, o que resulta em medidas que em vez de promoverem a justiça social acabam prolongando indefinidamente a imensa dívida social com a parcela mais vulnerável da população (Coelho, Vera et ali, 2019).

9 "(...) Em um cenário de escassez de recursos, quem deve decidir entre aumentar os cuidados de saúde para evitar a morte prematura de pacientes portadores de doenças como diabetes e fornecer o tratamento para doenças raras com remédios de alto custo que igualmente podem comprometer a vida dos pacientes? Ainda, será possível universalizar a prestação de saúde, concedendo-a para todos os necessitados, litigantes ou não? Trata-se de temas que envolvem considerações de justiça distributiva que não têm seu locus próprio no Judiciário.
Sob esta ótica, a proposta do critério procedimental da accountability para a razoabilidade configura uma estratégia pragmática que pretende munir os juízes dos meios para o enfrentamento dos problemas decorrentes da judicialização excessiva, com a adoção de uma postura contextual, empiricista e atenta aos resultados práticos.
Com isso não se pretende, é bom que se esclareça, uma abstenção do Judiciário na concretização do direito à saúde – o controle procedimental estudado não o reduz a este papel. Em comparação com o modelo prevalente, a proposta tem a virtude de exigir que a administração pública preste contas de sua atuação e demonstre as razões das decisões alocativas na assistência farmacêutica. Desta forma, o controle jurisdicional se mostraria cooperativo e tendente a desjudicializar o debate.
Como se supõe, a proposta não é uma panaceia para a redução da judicialização da saúde; é apenas mais uma alternativa que merece ser discutida. Não existe solução fácil para um problema difícil, e não se chegará a resultados diferentes – quiçá melhores – se não forem testadas hipóteses alternativas. Estava certo quem afirmou que "insanidade é continuar fazendo sempre a mesma coisa e esperar resultados diferentes" (Tauk, 2020, p. 135).

10 Para uma análise mais aprofundada a respeito das demandas judiciais e novas formas de participação política vide Werneck Vianna, L e Burgos, M, 2002.

11 Nesse sentido, o percentual da despesa liquidada com medicamentos dos Programas Oficiais de Assistência Farmacêutica –aqueles para os quais há programação de fornecimento pelo

favor dos que estão em condições econômicas mais favoráveis e com mais acesso à informação.

A partir dessas conclusões e retomando o título do tópico (novo paradigma de justiça judicial), pode-se dizer que o deslocamento para âmbito jurídico da discussão política não é, por certo, absorvível pela teoria clássica da tripartição dos poderes, mas nem por isso pode ser negado. Também não se pode negar que há efeitos positivos, ainda que também sejam inegáveis as distorções. E aqui se chega ao impasse do novo paradigma de justiça ou, mais precisamente, o novo paradigma de justiça pelo Judiciário.

4. A Justiça Judicial nas Ações Coletivas

Seria muito pretensioso dizer que é possível, desde já, definir uma fórmula para uma decisão judicial justa. Deixando de lado essa pretensão e retomando a proposta inicial de uma pequena reflexão a respeito da possibilidade de justiça distributiva, o que aqui se pretende é apenas enfatizar as responsabilidades.

Estado de São Paulo –e para o atendimento das ações judiciais, ano a ano, também foi representado, considerando-se a disponibilidade da informação. Verificou-se que, das despesas totais liquidadas com medicamentos no valor de R$ 4.032.328.810,94 no período de 2016 a 2018, 17% foram destinadas aos medicamentos adquiridos em decorrência de decisão judicial (R$ 679.935.967,31), sendo a tendência crescente. Cabe ressaltar que a mudança recente no formato de execução orçamentária em âmbito estadual, com a utilização do subelemento de despesa 33903035 – medicamentos fornecidos por decisão judicial a partir de 2016 –, pode ter levado a valores subestimados referentes à aquisição de medicamentos por decisão judicial. É importante destacar que, nas demandas por medicamentos, estão incluídas tecnologias com a devida comprovação de eficácia e segurança, registradas junto à Agência Nacional de Vigilância Sanitária (Anvisa), incorporados ou não no SUS, mas também medicamentos novos, com ou sem registro sanitário no país. São medicamentos recentemente introduzidos na prática clínica e para os quais ainda não foi devidamente comprovada a superioridade em efetividade e/ou a segurança, comparando-se com as alternativas terapêuticas disponíveis e/ou que estão sendo usadas fora das indicações para as quais foram registradas, chamado de uso off-label (10,11,13,19,24). Portanto, não é apenas uma questão de custo, mas também de segurança do paciente e de sustentabilidade das políticas públicas de saúde. Em um estudo semelhante realizado no Estado de Alagoas, foi avaliada a participação dos medicamentos nas despesas totais em saúde e a aquisição de medicamentos judicializados frente ao total gasto com medicamentos entre 2010 e 2017 (15). Enquanto o atendimento às demandas judiciais resultou em participação percentual nas despesas totais liquidadas com medicamentos de 10,3%, em 2017, em Alagoas (15); no Estado de São Paulo chegou a 20%, em 2017, e 24%, em 2018, o que sugere maior impacto da judicialização para obtenção de medicamentos no Estado de São Paulo (Simone, ALM e ou., 2019, p. 65, 66).

De imediato, já se sabe que o Judiciário ainda é responsável pela justiça comutativa. Dizer isso não significa apenas retomar o papel clássico do juiz que decide a respeito de demandas com sujeitos determinados. Quando se enfatiza que o juiz é agente da justiça, o que se pretende dizer é que o juiz deve estar voltado a perceber o papel das decisões. Como a justiça é critério de inteligibilidade do sistema, o equilíbrio das respostas judiciais só pode ser assegurado quando se tem operadores do direito realmente envolvidos com o compromisso de que a resposta judicial tenha efetividade e sentido para aquela sociedade.

Com relação às demandas coletivas, quando o que está em disputa não é o reequilíbrio de situações, mas a construção de soluções, o que se pode esperar é que o processo venha a se converter oportunidade de diálogo e composição.

> (...) tem-se uma forte indicação de que a sociedade já começa a perceber nessas novas instituições da democracia brasileira possibilidades e participação na vida pública e de aquisição de direitos. Não são pequenos, contudo, os desafios aí presentes. Um deles está em que aqueles que ocupam posições do comando nas instituições da democracia representativa saibam compreender os caminhos da convergência e de ação complementar com os atores e instituições de representação funcional e vice-versa; outro, não menos importante, está em que as instituições do direito e seus operadores se ergam à altura das responsabilidades que essa modelagem de democracia lhes confere (...).
>
> De qualquer modo, se são os homens que fazem as instituições, eles também são o resultado delas, e há algo intrinsecamente heroico nesse sistema aberto aos interesses coletivos e às pretensões de justiça do homem ordinário que, com a pedagogia do tempo, pode vir a traduzir o princípio democrático da autocomposição do social, latente na revolução processual das ações coletivas, em um novo senso comum (Werneck Vianna, L e Burgos, M, 2002, p. 484 e 485).

Assim, com o diálogo, a justiça distributiva reassume sua posição de criação de acordos, parcerias e ajustes; não uma volta a uma situação passada, mas um pacto para o futuro.

E, aqui, para retomar uma ideia inicial a respeito do papel do orientador e, sobretudo, da dificuldade de se falar sobre esse papel, gosto de pensar que a marca que me ficou das conversas com o Professor José Reinaldo foi a preocupação com uma atuação voltada à justiça, uma atuação se aperfeiçoa a cada dia, uma construção que não se finda enquanto não nos findarmos nós. Todos nós.

Referências

Barroso, Luís Roberto. **Curso de Direito Constitucional Contemporâneo:** Os Conceitos Fundamentais e a Construção do Novo Modelo. 5. ed., São Paulo: Saraiva, 2015.

Chieffi, Ana Luiza e Barata, Rita Barradas, Judicialização da política pública de assistência farmacêutica e eqüidade. **Cadernos de Saúde Pública** [online]. 2009, v. 25, n. 8 [Acessado 4 Abril 2022], p. 1839-1849. Disponível em: <https://doi.org/10.1590/S0102-311X2009000800020>. Epub 27 Jul 2009. ISSN 1678-4464. https://doi.org/10.1590/S0102-311X2009000800020.

Coelho, Vera Schattan P., Marcondes, Luís Marcelo e Barbosa, Marina "ACCOUNTABILITY" E REDUÇÃO DAS DESIGUALDADES EM SAÚDE: A experiência de São Paulo. Este trabalho apresenta resultados das pesquisas "The Accountability Politics of Reducing Health Inequalities in Brazil and Moçambique", coordenada pelo Cebrap, IDS e N'Weti e que recebe apoio do ESRC/DFID; "Enfrentando as desigualdades em saúde", que conta com o apoio do CEM-Fapesp, processo n. 2013/07616-7; "Regionalização e contratação de serviços no SUS", que recebe apoio UFABC/CNPq. **Novos estudos CEBRAP** [online]. 2019, v. 38, n. 2 [Acessado 4 Abril 2022], p. 323-349. Disponível em: <https://doi.org/10.25091/S01013300201900020003>. Epub 05 Set 2019. ISSN 1980-5403. https://doi.org/10.25091/S01013300201900020003.

Faria, José Eduardo. **Corrupção, Justiça e Moralidade Administrativa**. São Paulo: Perspectiva, 2019.

Figueiredo, Tatiana Aragão, PEPE, Vera Lúcia Edais e OSORIO-DE-CASTRO, Claudia Garcia Serpa Um enfoque sanitário sobre a demanda judicial de medicamentos. **Physis: Revista de Saúde Coletiva** [online]. 2010, v. 20, n. 1 [Acessado 4 Abril 2022], p. 101-118. Disponível em: <https://doi.org/10.1590/S0103-73312010000100007>. Epub 21 Maio 2010. ISSN 1809-4481. https://doi.org/10.1590/S0103-73312010000100007.

Gomes Canotilho, J. J. **Direito Constitucional e Teoria da Constituição**. Coimbra: Livraria Almedina, 1998.

Hunt, Paul e Khosla, Rajat, Acesso a medicamentos como um direito humano. **Sur. Revista Internacional de Direitos Humanos** [online]. 2008, v. 5, n. 8 [Acessado 10 Abril 2022], p. 100-121. Disponível em: <https://doi.org/10.1590/S1806-64452008000100006>. Epub 07 Jul 2010. ISSN 1983-3342. https://doi.org/10.1590/S1806-64452008000100006.

Lopes, José Reinaldo de Lima. **Direito e Transformação Social:** ensaio interdisciplinar das mudanças no direito. Belo Horizonte: Nova Alvorada, 1997.

Lopes, José Reinaldo de Lima. **O oráculo de Delfos**: O Conselho de Estado no Brasil-Império. São Paulo: Saraiva, 2010.

Lopes, José Reinaldo de Lima. **O Direito na História**: Lições Introdutórias, 2. Ed. revista, São Paulo: Max Limonad, 2002.

Lopes, José Reinaldo de Lima. **Curso de Filosofia do Direito**: o direito como prática. São Paulo: Atlas, 2021.

MANCUSO, Rodolfo de Camargo. **Ação Civil Pública**: em defesa do meio ambiente, patrimônio cultural e dos consumidores: Lei 7.347/85 e legislação complementar – 4. Ed. ver. atual. e ampl. São Paulo: Editora Revista dos Tribunais, 1996.

MEIRELLES, Hely Lopes. **Mandado de segurança, ação popular, ação civil pública, mandado de injunção, "habeas data"**. 13. ed. atual. pela Constituição de 1988. São Paulo: Editora Revista dos Tribunais, 1989.

MIRANDA, Jorge. **Manual dc Direito Constitucional**. 6. ed. Coimbra: Coimbra Editora, 1997.

PEPE, Vera Lúcia Edais *et al.* A judicialização da saúde e os novos desafios da gestão da assistência farmacêutica. **Ciência & Saúde Coletiva** [online]. 2010, v. 15, n. 5 [Acessado 4 Abril 2022], p. 2405-2414. Disponível em: <https://doi.org/10.1590/S1413-81232010000500015>. Epub 20 Ago 2010. ISSN 1678-4561. https://doi.org/10.1590/S1413-81232010000500015.

RODOVALHO, Maria Fernanda de Toledo. **A Reforma do Poder Judiciário**: Análise do Papel do STF e do CNJ. São Paulo: Editora Atlas, 2014.

SANTOS, L. F. D. Quarta Geração/Dimensão dos Direitos Fundamentais: Pluralismo, Democracia e o Direito de Ser Diferente. **Direito Público**, [S. l.], v. 8, n. 35, 2012. Disponível em: https://www.portaldeperiodicos.idp.edu.br/direitopublico/article/view/1826. Acesso em: 17 mar. 2022.

SCHEFFER, Mário César. **Aids, tecnologia e acesso sustentável a medicamentos**: a incorporação dos anti-retrovirais no Sistema Único de Saúde. 2008. Tese (Doutorado em Medicina Preventiva) – Faculdade de Medicina, Universidade de São Paulo, São Paulo, 2008. doi:10.11606/T.5.2008.tde-08072008-133201. Acesso em: 2022-04-26.

SCHEFFER, M; SALAZAR, AL; GROU, KB. **O remédio via Justiça**. Brasília: Ministério da Saúde, 2005.

SIMONE, ALM, MELO DO de. Impacto econômico das ações judiciais para o fornecimento de medicamentos no Estado de São Paulo. **Cad. Ibero Am. Direito Sanit.** [Internet]. 24º de setembro de 2019 [citado 10º de abril de 2022];8(3):60-9. Disponível em: https://www.cadernos.prodisa.fiocruz.br/index.php/cadernos/article/view/565.

TAUK, Caroline Samesom, Accountability para a Razoabilidade nos Litígios de Saúde: Uma Proposta de Controle Procedimental. **Revista de Direito Sanitário**, São Paulo v.20 n.3, p. 114-138, nov. 2019/fev. 2020. Disponível em: https://doi.org/10.11606/issn.2316-9044.v20i3p114-138. Acesso em 10.abril. 2022.

TEUBNER, Gunther. **O Direito como sistema autopoiético**. Lisboa: Fundação Calouste Gulbenkian, 1989.

VIEIRA FS. Assistência farmacêutica no sistema público de saúde no Brasil. **Rev. Panam Salud Publica**, 2010, 27(2), p. 149-56.

WERNECK VIANNA, L. (Org). **A Democracia e os Três Poderes no Brasil**. Belo Horizonte: Editora UFMG; Rio de Janeiro: IUPERJ/PAPERJ, 2002.

25
LITIGÂNCIA CLIMÁTICA E JUSTIÇA: O DIFÍCIL CONFRONTO ENTRE A VIRTUDE E AS INSTITUIÇÕES

Ana Maria Nusdeo
Carlos Alberto de Salles

Introdução

Para os autores, alunos e amigos do Professor José Reinaldo Lima Lopes há muitos anos, não há tema melhor para homenageá-lo que o da **justiça**. De forma mais ou menos explícita, esse tema parece perpassar toda a obra do querido mestre de todos nós. Zé Reinaldo, como o conhecemos desde os tempos de PET-CAPES – em momentos diferentes para cada um dos autores deste texto – longe está de ser um frio analista. Desde o primeiro momento que um aluno se senta em uma de suas aulas, sabe que aquele é professor que acredita, que busca horizontes à frente. Para os autores, o que melhor expressa esses anseios de mudança e transformação é o tema da justiça.

Para concretizar esta homenagem, os autores buscaram estabelecer um diálogo com um texto bastante inspirador e importante para eles: "Justiça e Poder Judiciário ou a virtude confronta a Instituição", artigo originalmente escrito para a Revista da USP e posteriormente publicado no seu livro **Direitos sociais**: Teoria e Prática, de 2006.

Esse artigo mostra como alguns problemas contemporâneos exacerbam crises já percebidas desde a passagem de um Estado Liberal a um Estado de bem-estar social. Nessa virada de paradigma, um dos aspectos de tensão foram as limitações de um sistema jurídico liberal baseado em regras de justiça comutativa e as demandas por uma justiça distributiva.

Na obra destacada, o Professor José Reinaldo refere-se à justiça distributiva como relacionada à divisão ou apropriação individual do fundo social comum, pressupondo o bem comum, entendido não como a soma da vontade de todos, "mas como o mínimo denominador comum que torna possível uma vida social entre cidadão livres" (Lopes, 2006, p. 126). Esse bem comum é apresentado de modo dinâmico, vale dizer, é necessário que os membros da comunidade possam recolocar os seus aspectos, fazendo a alteração desejada na distribuição dos fundos comuns que propiciam sua fruição. Nas palavras do autor, o bem comum tem um caráter deontológico-procedimental (Lopes, 2006, p. 127).

A partir dessa elaboração conceitual, ele discute os problemas práticos da administração da Justiça na sua capacidade (ou incapacidade?) de realizar seja a justiça comutativa, seja a distributiva.

No caso da justiça comutativa, relativa à capacidade do Poder Judiciário de impor o cumprimento de obrigações contratuais e legais, bem como de assegurar a punição às infrações penais e administrativas, essa instituição enfrenta basicamente dois problemas: em primeiro lugar, casos que tem aparência individual, porém essência coletiva e, em segundo lugar, a impunidade (Lopes, 2006, p. 129-132).

Assim, devido a um desigual acesso aos serviços da Justiça, algumas classes sociais serão atendidas pela instituição, ao passo que outras terão que resolver seus conflitos à margem do serviço judiciário. Ou, ainda, há problemas que desaguam em massas de casos iguais (problemas de consumo, por exemplo) e que poderiam ter um tratamento geral, e, não obstante, são pulverizados em discussões individuais, abrindo espaço para soluções possivelmente diferentes para casos análogos.

No caso da impunidade, José Reinaldo aponta a capacidade de grupos específicos esquivarem-se do aparelho estatal e escaparem das punições de suas infrações, da reparação de seus danos e do cumprimento de suas obrigações.

Tratando-se da justiça distributiva, o problema central reside no fato de que conflitos distributivos são mais amplos que os limites de uma ação judicial, o que leva a decisão judicial a estabelecer uma diferenciação de um indivíduo em comparação a outros em situação similar, que não são partes no processo. Daí a consideração de José Reinaldo a alguns limites do Judiciário no enfrentamento dos desafios da justiça distributiva. Dentre esses, particularmente interessantes para o presente trabalho são **a**

legitimação política para decidir e o **processo contraditório bilateral** (Lopes, 2006, p. 132-138).

A legitimidade política do julgador, que decorre de sua capacidade de decidir conforme a lei, vê-se fragilizada pelo fato de que a legalidade está baseada na interpretação, pela qual o juiz tem a capacidade de dizer o que a norma quer dizer. Por outro lado, o processo em contraditório bilateral leva ao risco de se utilizarem critérios de justiça comutativa em conflitos e questões de caráter distributivo, conduzindo a uma impossibilidade de se fazer justiça distributiva em esquemas bilaterais.

O autor pondera, ao final da reflexão (Lopes, 2006, p. 138), existir um potencial de atuação do Judiciário como arena de discussão em que as partes podem racionalizar seus interesses e sua concepção política, dando visibilidade a diferentes reivindicações em disputas organizadas sob o manto da legalidade.

O tema da legitimação política para decidir ganhou nuances específicas a partir da grande ampliação do escopo de ação do Judiciário para a defesa de direitos constitucionais, cada vez mais amplos, e da dificuldade de julgar casos de repercussão política, mantendo sempre a coerência técnica e um *ethos* de imparcialidade. Os problemas e demandas sociais da sociedade brasileira se alteraram, renovando a atualidade do debate quanto às possibilidades de fazer justiça, dentro ou fora do Poder Judiciário.

Dentre os problemas que se agravaram desde que o texto em referência foi escrito, destacam-se os ambientais. Se estes já exemplificavam situações de conflitos distributivos – um bem comum a ser preservado contra o agregado de ações em sentido contrário, a crise ecológica e a emergência climática atual expandem os dilemas distributivos não mais entre grupos sociais de uma região ou país, mas, agora, em perspectivas transnacionais. Apesar desse fato e do caráter nacional das jurisdições, o Poder Judiciário vem sendo chamado a manifestar-se e decidir sobre ações e seus resultados relacionados a esse fenômeno multicausal e transnacional – que são as mudanças climáticas.

O presente trabalho pretende colocar em perspectiva as possibilidades de justiça diante da ascensão do fenômeno da chamada litigância climática, seus potenciais e desafios no contexto das diferentes dimensões de justiça implicadas nas questões ambientais: justiça corretiva, distributiva, procedimental, **intra-inter** geracional e interespécies, destacando, finalmente, como elas se colocam no debate sobre a justiça climática.

1. Justiça e Meio Ambiente: as Diferentes Dimensões

A relação entre meio ambiente e justiça começou a ser evidenciada e problematizada a partir do movimento chamado de **Justiça Ambiental,** que surgiu nos Estados Unidos, na década de 80 do século XX, quando movimentos de minorias raciais passaram a identificar situações de desigual distribuição dos benefícios da preservação, ou dos gravames ambientais, entre os grupos sociais. Desse modo, parques e áreas verdes, rios e praias limpos situam-se nas proximidades de áreas residenciais de alta renda, ao passo que os riscos ambientais – decorrentes de fábricas ou infraestruturas nocivas, como incineradores – nas proximidades de bairros pobres, com maior presença das minoras raciais (Lazarus, 1995, p. 49). Nesse contexto, o problema também tem sido referido como **racismo ambiental.**

A ampliação da discussão ao contexto dos outros países identifica também a tendência de que grupos desfavorecidos vivam nas proximidades de indústrias poluentes, em solos contaminados ou locais sem coleta de esgoto, ou com menor acesso a parques e áreas preservadas de lazer. Porém, nos países pobres esses grupos serão maioria.

A preocupação com a justiça ambiental ampliou-se e se apresenta em diferentes cenários, tais como os dos grupos deslocados na implantação de empreendimentos e, mais recentemente, de povos tradicionais e indígenas vitimados por políticas públicas que favorecem interesses conflitantes com seus direitos territoriais e culturais.

O tema da justiça ambiental relaciona-se fortemente com o aspecto distributivo da justiça e traz, dessa forma, o desafio de sua incorporação pelo direito em diferentes momentos: na elaboração das normas jurídicas; na sua aplicação no âmbito de efetivação dessas normas – seja no espectro de atos administrativos autorizativos, como o licenciamento ambiental, seja na formulação e implementação de políticas públicas, como as de combate ao desmatamento; e finalmente, na sua interpretação e aplicação pelo Poder Judiciário.

Se é verdade que na concepção de justiça que tem servido de base ao direito na tradição ocidental ela é concebida sob a forma **distributiva** e **comutativa**, numa perspectiva tradicional, a ação do Poder Judiciário adequa-se melhor a essa segunda.

Esses conceitos de **justiça comutativa** ou **retributiva,** referida ainda como **corretiva – forma pela qual** será tratada daqui em diante –, foram formulados pela primeira vez por Aristóteles (Weinrib, 1992, p. 403-425), sendo certo que "o termo 'justiça corretiva' ainda figura proeminentemente na moderna literatura jurídica, dando uma clara exposição da estrutura dos relacionamentos privados" (Weinrib, 1992, p. 404).

Isso porque a justiça corretiva é uma igualdade de quantidades, cuidando do problema de restituir aquilo que corretamente pertence a alguém, mas está por erro em posse de outra pessoa. Com isso, ela propicia às partes terem nem mais nem menos do que lhes cabe, fazendo com que exista uma identidade entre o que uma parte perde e a outra ganha (Weinrib, 1992, p. 404-409).

O justo, assim, sob essa perspectiva, consiste em dar a cada um o que é seu. Essa formulação básica do conceito, portanto, pressupõe terem os direitos em questão sido previamente outorgados a seus titulares, de acordo com os valores predominantes em uma dada sociedade. Dessa forma, verifica-se que a justiça corretiva pressupõe a existência de titulações previamente estabelecidas. De onde não se pode inferir, entretanto, que as partes, sob o ponto de vista da justiça corretiva, estejam em um igual ponto de partida, sob o prisma da justiça distributiva (Weinrib, 1992, p. 421).

Com efeito, "a justiça corretiva tem a função de restaurar, na medida do possível, a ordem justa que foi parcialmente destruída por alguma ação ou ações injustas. A justiça distributiva consiste na obediência ao princípio de distribuição que define a ordem protegida pela justiça corretiva" (Macintyre, 1991, p. 118). Essa espécie de justiça (corretiva) é a base do modelo liberal predominante no discurso jurídico até meados do século XX: "o modelo novecentista pressupunha que a simples existência de regras de justiça comutativa ou retributiva levaria a uma sociedade em que se faria, automaticamente, justiça distributiva" (Lopes, 2006, p. 123). A presença de regras claras de contratos, propriedade e família, seria suficiente, nesse modelo, para assegurar a justiça social, pela simples interação dos sujeitos individuais.

A justiça distributiva, por seu turno, diz respeito às regras de apropriação individual de recursos comuns (Lopes, 2006, p. 125), respondendo ao problema da maneira pela qual se realiza a alocação dos benefícios e dos ônus entre as pessoas. O justo, sob essa perspectiva, é alguma coisa proporcionada, correspondente à igualdade de razões. Envolvendo, assim, no mínimo quatro termos, isto é, a razão (entre os termos de um par) é igual (entre os termos do outro par) para pessoas e coisas que são similarmente distribuídas (Weinrib, 1992, p. 409). Na clássica formulação de Aristóteles "a razão entre um par de elementos é igual à razão existente entre o outro par, pois há uma distinção equivalente entre as pessoas e as coisas", ou em outras palavras, "o elemento A está para o elemento B assim como o elemento C está para o elemento D e, portanto, por alternação, A está para C assim como B está para D" (Aristóteles, 1992, p. 96).

Como os seres humanos não são iguais em suas aptidões e necessidades, a justiça distributiva não pode ser verificada com base na igualdade entre os termos. Na justiça corretiva ou retributiva tal situação é possível, na medida em que o ganho de uma parte é igual à perda da outra. Diversamente, "a justiça distributiva consiste na aplicação de um princípio de merecimento a uma variedade de situações" (Macintyre, 1991, p. 121), de forma a atingir a proporcionalidade que a caracteriza. Nesse caso, portanto, existe uma igualdade de razões que pode ser representada pelo conceito de equidade. Daí ser possível a afirmação de que "a justiça e a equidade são portanto a mesma coisa, embora a equidade seja melhor" (Aristóteles, 1992, p. 109).

O conceito de equidade, portanto, tem uma importância central na discussão da justiça, mormente de sua dimensão social. Equidade, nesse contexto, quer significar o critério pelo qual a sociedade distribui seus valores (recursos naturais, dinheiro, honras, *status* etc.) entre seus membros nas várias situações. Muito embora uma situação somente possa verificar-se equitativa em sua dimensão concreta, a equidade é tomada como um **objetivo social multidimensional** (Weisbrod, 1978, p. 5-6), a ser alcançado em todas as relações sociais, expressando assim uma variada gama de objetivos sociais relacionados a problemas específicos, pelos quais uma dada sociedade se organiza.

Com o alargamento das funções jurisdicionais para adjudicação de bens coletivos, deixando de tratar somente de interesses individuais, as funções judiciais ganharam um caráter amplamente distributivo (Lopes, 2006, p. 128), passando a intervir em mecanismos fundamentais da alocação social de ônus e benefícios entre os sujeitos. Em matéria ambiental, especialmente, essa caraterística é bastante evidente. Interferindo na utilização e apropriação de recursos naturais (como a água, o ar, o solo, madeiras, minerais etc.), o poder jurisdicional gera consequências em termos de equidade, influindo na maneira como a sociedade realiza a alocação de seus recursos entre os interessados (Salles, 1998, p. 110). No entanto, apesar desse caráter, as situações de maior injustiça podem permanecer invisíveis na tramitação dos conflitos nos limites de um processo.

Retornando à relação mais ampla entre direito e justiça ambiental, Robert Bullard dedica-se à descrição de aspectos mais específicos para sua garantia: i.) proteção de todas as pessoas contra a degradação ambiental; ii.) adoção de abordagens preventivas quanto à saúde pública; iii.) atribuição do ônus da prova àqueles que buscam poluir; iv.) antecipação do requerimento para provar intenção discriminatória; e v.) compensação das iniquidades por meio de ações e emprego de recursos específicos (BULLARD, 1995, p. 319 e ROCHA-FRASSON, 2018, p. 26).

Percebe-se, nos elementos elencados, uma nova dimensão, ao lado dos aspectos da justiça corretiva e distributiva, que aponta no sentido de procedimentos aptos a assegurar a justiça ambiental.

Aprofundando essa classificação, Robert Kuhen (2000, p. 10681-10699) propõe analisar a justiça ambiental a partir de uma separação analítica entre quatro dimensões da justiça: a distributiva; a corretiva; a procedimental e a social.

A primeira dimensão se aproxima da proposição geral de justiça ambiental como distribuição equitativa dos ônus das atividades impactantes ao meio ambiente e dos benefícios ambientais de programas governamentais ou privados. O autor aponta, ainda, um outro aspecto dessa proposição: igual proteção a todos e redução e eliminação dos riscos ambientais. Esse aspecto mostra a perspectiva da proteção ambiental e de se assegurar um meio ambiente saudável como bem comum.

A dimensão corretiva, por sua vez, se relaciona à adequada aplicação de punições pelas infrações legais e como é a efetivação da reparação de danos. Nesse sentido, sua aplicação implica na capacidade do direito de dar respostas punitivas e reparatórias quando populações vulneráveis (tais como as de baixa renda e /ou negras, indígenas, etc.) são afetadas. Importante evidenciar, aqui, o desafio da impunidade, apontado por José Reinaldo Lopes, apresentado acima[1].

Quanto à dimensão procedimental, o autor aponta ser ela uma função da maneira pela qual a decisão é tomada, vale dizer, na justiça do processo de decisão. Importante observar que a participação, embora importante, não esgota essa dimensão da justiça, pois o processo precisa ser "desenhado de um modo que leve a um resultado justo". Desse modo, um processo no qual a participação seja formal e ineficaz não satisfaz os requisitos de justiça.

[1] Vide a Introdução, acima.

Finalmente, a dimensão social da justiça é bastante abrangente e volta-se à compreensão de como fatores sociológicos como classe, raça, etnia, poder político, entre outros, influenciam a tomada de decisão ambiental. Desse modo as causas geradoras da injustiça ambiental podem ser percebidas, bem como a interrelação entre diversos componentes de injustiça da qual a ambiental é um aspecto. Essa dimensão vem sendo bastante destacada nas discussões sobre justiça climática, que apontam sua dimensão interseccional, vale dizer, de interpenetração entre todos os aspectos de vulnerabilidade.

Dentro da proposta de sumarizar – do modo mais amplo possível – as dimensões da justiça ambiental, é importante destacar também os aspectos da justiça intergeracional e interespécies, uma vez que os vários aspectos acima voltam-se às relações entre os seres humanos contemporâneos em sua existência com relação aos bens da natureza e aos demais seres viventes no planeta.

No primeiro caso, o tema da justiça intergeracional se apresenta como um problema ético evidente, pois o esgotamento dos bens ambientais tende a diminuir a potencial qualidade de vida das gerações futuras. Tal preocupação com as gerações futuras e com o esgotamento dos recursos naturais esteve na base das discussões sobre meio ambiente e desenvolvimento, que resultaram na definição de desenvolvimento sustentável adotada no relatório Brundtland de 1986 como "o desenvolvimento que garante as necessidades do presente, sem comprometer a capacidade de as gerações futuras atenderem também às suas" (COMISSÃO MUNDIAL SOBRE MEIO AMBIENTE E DESENVOLVIMENTO, 1991, p. 9).

Em decorrência dessa definição conceitual, associa-se a ideia de sustentabilidade à de manutenção e conservação de estoques de recursos naturais, ou da capacidade de carga dos ecossistemas no longo prazo, a fim de manter às gerações futuras sua disponibilidade.

No segundo caso, o da justiça interespécies, é digno de nota o movimento que questiona a primazia de direitos dos seres humanos sobre a natureza. Vêm surgindo vários questionamentos e formulações no sentido de uma crítica à perspectiva cartesiana de separação entre os seres humanos e a natureza, com a afirmação de sua unidade. Isso porque todas as formas de vida são interdependentes e dependem do suporte do meio físico. Essa concepção também passa pela atribuição de valores não instrumentais à natureza, o que vem resultando em atribuir-lhe direitos, como no caso de algumas constituições latino-americanas. Nesse movimento, defende-se passar de uma **justiça ambiental** – relacionada ao direito ao meio ambiente sadio ou à qualidade de vida – a uma **justiça ecológica,** que aborda a relação entre seres humanos e o resto do mundo natural (Gudynas, 2020, p. 196-197).

Finalmente, o cenário da emergência climática, composto pela intensificação de diferentes tipos de desastres ambientais, sejam os de intensidade repentina, sejam aqueles cumulativos (como as secas), tem levado a um desdobramento do conceito de **justiça ambiental** ao de **justiça climática**, no qual a injustiça dos impactos baseia-se na noção de vulnerabilidade.

A vulnerabilidade é ligada à suscetibilidade e capacidade de resposta a efeitos adversos. Dentre as várias definições e os elementos que enfatizam pode destacar-se a noção de vulnerabilidade socioambiental, entendida como "coexistência, cumulatividade ou sobreposição espacial de situações de pobreza e privação social e de situações de exposição a risco ambiental" (Alves, 2013, p. 354).

Desse modo, as discussões sobre justiça climática incorporam a evolução dos debates sobre a justiça ambiental e sua interface com outros aspectos de justiça social e distributiva, aos quais se soma o aspecto intergeracional. Ilustrativa, nesse sentido, a afirmação de Mary Robinson:

> Se existe um problema de mudança climática, ela é em grande parte um problema de justiça. Nossa contínua existência neste planeta compartilhado demanda que concordemos com um modo mais justo de dividir os fardos e os benefícios de viver aqui, e que nas escolhas que fazemos devemos nos lembrar dos direitos tanto dos pobres de hoje quanto das crianças de amanhã (...). A sensibilização da justiça climática requer que unifiquemos os fundamentos dos direitos humanos com os problemas de desenvolvimento sustentável e a responsabilidade pela mudança climática (Robinson, 2021, p. 41-42).

As formulações sobre uma justiça climática destacam diversos componentes de injustiça, seja na causa do fenômeno, seja nas suas consequências. No primeiro caso, ressalta o fato de as emissões de gases de efeito estufa terem sido, até o momento, realizada majoritariamente pelos países desenvolvidos que deixaram pouco espaço para o uso da atmosfera pelos demais. Essa injustiça foi chamada por movimentos ambientalistas como "débito do clima". E, no tocante às consequências, o fato de que países em desenvolvimento e suas populações estão sofrendo impactos das mudanças climáticas, o que gera um "débito de adaptação" (FRIENDS OF EARTH INTERNATIONAL, 2007).

Além da visão acima, que destaca as relações injustas quanto ao clima entre os países, os elementos sociais, de participação e mesmo de visões de mundo, trazidos por movimentos sociais diversos, vem sendo colocados no centro das discussões sobre justiça climática. Isso inclui a percepção quanto às relações com os seres não humanos, que produz tanto injustiças sociais, quanto danos ambientais, reclamando nova relação com a natureza, o que inclui abordagens diferentes quanto à relação entre seres viventes.

2. A Ascensão da Litigância Climática

A chamada litigância climática é um fenômeno recente e em grande expansão, inclusive quanto à sua abrangência territorial, uma vez que, iniciada nos países do Norte Global, vem se estendendo aos do Sul. Trata-se de ações judiciais e administrativas, cujo objeto se relaciona às políticas ou ações de mitigação ou adaptação às mudanças climáticas, ou ainda de reparação de danos relacionados às mudanças e à gestão de risco climático (Setzer, Cunha e Fabri, 2019, p. 23)[2].

Fenômeno novo que é, tem estimulado muita discussão sobre seus próprios limites, contornos e classificações.

Nesse sentido, a pergunta sobre o que caracteriza uma ação judicial "climática" é respondida a partir de 2 vieses. Uma visão mais ampla, cujas expoentes são Jaqueline Peel e Hari Osofsky, propõe uma abordagem representada por círculos concêntricos, que incluem, em primeiro lugar, as ações nas quais os argumentos das partes e as decisões abordam diretamente a questão das mudanças climáticas como fundamentos centrais utilizados nas razões da demanda ou na motivação da decisão.

No segundo círculo, entram aquelas demandas nas quais o tema climático aparece indiretamente relacionado aos fundamentos do processo. No terceiro, enquadram-se os litígios em que as mudanças climáticas são,

[2] Para os fins deste trabalho adota-se a definição de litigância climática das autoras referidas como "o conjunto de ações judiciais e administrativas envolvendo questões relacionadas à redução das emissões de gases de efeito estufa (GEE) (mitigação), à redução da vulnerabilidade aos efeitos das mudanças climáticas (adaptação), à reparação de danos sofridos em razão das mudanças climáticas (perdas e danos) e à gestão dos riscos climáticos (riscos)" (Setzer, Cunha e Fabri, 2019).

de alguma forma, motivadoras da ação, mas não levantadas como causa de pedir (fundamento da demanda), exemplificadas no caso de tentativa de impedir a construção de usinas movidas a carvão. Isso porque a estratégia dos proponentes da ação pode ser a discussão de uma questão a partir de outras alegações, mas sua motivação última tem a ver com preocupações relacionadas às mudanças climáticas.

Finalmente, os autores incluem, num quarto círculo de litigância sem motivação na questão climática, mas em assuntos que com ela têm implicações, como a exploração de gás por explosão de rochas para obtenção de combustíveis (*fracking*) (Peel e Osofsky, 2015, p. 6).

Os aspectos positivos dessa visão mais ampla da litigância climática é permitir dar visibilidade a processos em curso nos países em desenvolvimento, onde a questão climática não aparece dissociada de discussões sobre outros gravames ambientais, tais como secas, enchentes e violações de direitos humanos no seu contexto.

Outros trabalhos definem como casos considerados de litigância climática apenas aqueles nos quais a decisão judicial ou administrativa abordou expressamente uma questão de fato ou de direito relativa às causas e impactos de problemas relacionados ao clima (Wilensky, 2015, p. 134 e Setzer e Bangalore, 2017, p. 186).

Adotado o conceito – mais amplo ou mais restrito – há outros elementos e classificações para nortear a observação e análises sobre o fenômeno da litigância climática. Em primeiro lugar, quais são as partes envolvidas. Percebe-se, no polo passivo, a presença de dois grupos principais: governos – quando se questiona suas políticas e, portanto, atos e omissões do Poder Executivo e seus órgãos e, mesmo, as leis climáticas – e empresas.

A análise do polo ativo, por sua vez, mostra o dinamismo do fenômeno, bem como a perspectiva ampla e interseccional sob a qual a justiça climática vem sendo compreendida[3]. Com muito destaque às organizações não governamentais, há também a presença de grupos de cidadãos, notoriamente crianças, jovens e idosos. Os primeiros fundamentam sua legitimidade de agir no fato de que viverão seu futuro sob condições climáticas desfavoráveis, e os segundos em sua vulnerabilidade presente aos efeitos das mudanças climáticas. Também povos tradicionais, devido à sua dependência dos recursos ambientais, têm figurado como autores.

[3] Vide o item 2, acima.

Quanto aos pedidos nas ações de litigância climática pode-se referir à classificação feita Joana Setzer e Mook Bangalore, desdobrada em quatro categorias conforme seu direcionamento: a) Administração: questionamentos que envolvem determinados projetos ou atividades que emitam gases de efeito estufa, incluindo demandas que digam respeito à consideração das emissões em estudos de impacto ambiental; b) Informação: demanda aos entes governamentais e privados por informação sobre emissões ou medidas de adaptação; c) Legislação/políticas: pedidos de criação, intensificação ou anulação de regras, leis ou políticas climáticas, ou o detalhamento das leis existentes; e d) Proteção/perdas e danos: ações que buscam a responsabilização por danos decorrentes das mudanças climáticas (Setzer e Bangalore, 2017, p. 182-183).

Essas diferentes classificações podem e devem ser recalibradas pela experiência da litigância climática, que vem crescendo exponencialmente nos últimos anos. Assim, a principal base de dados sobre os litígios climáticos, organizada pelo *Sabin Center for Climate Change Law*[4] catalogou, até outubro de 2021, 529 litígios climáticos em jurisdições de diversos países, incluindo sistemas internacionais de justiça, regionais e multilaterais (como a Corte Interamericana de Direitos Humanos e a Corte Internacional de Justiça) e excluindo os Estados Unidos da América (EUA), em cujas jurisdições estaduais e federal tramitam quase um terço dos casos globais (Nusdeo, Broetto e Stoppe, 2021, p. 193).

Toda essa gama de litígios e sua classificação servem de mapa para entender o fenômeno da litigância climática. Mas como é próprio dos mapas, não permite o quadro completo de argumentos e doutrinas utilizadas, enraizados nos ordenamentos das jurisdições nas quais as ações são propostas e julgadas, nem da sua eficácia quanto à consecução das finalidades que levaram à sua propositura. O aprofundamento nessas questões exige recortes de pesquisa – sobretudo de casos julgados e análises mais específicos.

Para os fins deste trabalho importa considerar se e como as ações climáticas buscam interferir nas aspirações de promoção da justiça ambiental e climática, dentro dos limites possíveis de atuação do Poder Judiciário e, mais ainda, quais desafios esses litígios trazem ao direito.

A apresentação desses desafios se torna mais clara a partir da compreensão de alguns casos que vem sendo decididos ou mesmo propostos pois,

[4] Disponível em: http://climatecasechart.com/climate-change-litigation/.

em diversos aspectos e elementos, propõem inovações aos parâmetros tradicionais dos processos judiciais.

Nesse sentido, destacam-se dois casos que angariaram grande evidência: o caso Urgenda, proposto na jurisdição da Holanda e já encerrado, e o caso Llyulia, ajuizado na Alemanha e ainda em tramitação.

O caso *Fundação Urgenda c. Governo dos Países Baixos*[5], foi proposto em 2013. O pedido da fundação holandesa autora demandava um aumento de ambição da política climática do país, a partir de metas maiores de redução de GEE, condizente com os acordos climáticos internacionais e com os relatórios do Painel Intergovernamental sobre mudanças do Clima (IPCC), pedido que foi deferido pela Corte e mantido pela Suprema Corte do país. Entendeu-se que há um dever de cuidado por parte do Estado e ordenou-se que este diminuísse suas emissões em 25% (a política estabelecida pelo Poder Executivo previa a redução de 17% das emissões).

A decisão, nas várias instâncias, superou alegações como a de inexistência de cometimento de fato ilícito pelo governo, o qual foi entendido como omissão no seu dever de cuidado. Também enfrentou a alegação de desrespeito à separação dos poderes, superada pela conclusão de que é competência do executivo definir os contornos da política climática, desde que ela seja adequada aos direitos protegidos. Por fim, mas não menos importante, superou a questão acerca do nexo de causalidade entre a conduta do governo holandês e os danos relacionados às mudanças climáticas (Nusdeo, Broetto e Stoppe, 2021, p. 197-198).

O caso *Lliuya c. Rheinisch-Westfalisches-RWE*[6], por sua vez, consiste numa ação proposta por um agricultor peruano, Saul Lliuya contra a empresa alemã RWE, perante uma corte alemã (a Corte Distrital de Essen). O autor foi assessorado por uma organização não governamental alemã chamada Germanwatch. O pedido consiste na responsabilização do réu pelos custos das medidas a serem adotadas em decorrência do aumento do volume do lago Palcacocla, localizado nas proximidades da propriedade rural do autor, proporcionalmente às emissões históricas da ré, o que corresponderia a 0,47% do valor total das obras de adaptação ou, alternativamente, o pagamento direito ao autor dos custos de tais obras para adaptar sua propriedade ao derretimento das geleiras próximas e à expansão do lago. O caso não foi admitido em primeira instância, mas, em recurso, a corte

[5] Fundação Urgenda c. Governo dos Países Baixos (Corte Distrital de Haia, 2013), decidido.

[6] Lliuya c. Rheinisch-Westfalisches -RWE (Corte Distrital de Essen, 2013), em curso.

regional de apelação determinou o prosseguimento do processo e realização de perícias para aferir se o derretimento do lago se relacionava às mudanças climáticas.

Trata-se do primeiro caso opondo uma vítima das mudanças climáticas a uma empresa privada emissora de gases de efeito estufa. Ainda que não decidido, o fato de estar em andamento e aguardando decisão de mérito aponta para inovações quanto ao estabelecimento de um nexo de causalidade entre as atividades de uma empresa sediada na Alemanha e danos ocorridos no interior do Peru.

Há ainda a peculiaridade de a pretensão voltar-se a uma reparação proporcional à atuação da empresa ré, não de reparação integral, e com vínculo de solidariedade dos coautores, como é assente no âmbito da responsabilidade por danos ao meio ambiente e mesmo da responsabilidade civil em geral[7].

3. Desafios de uma Justiça Climática

As respostas às mudanças climáticas e aos eventos catastróficos que elas podem trazer, no âmbito local e mesmo global, envolvem problemas de tal complexidade e novidade, que impõe aos estudiosos, formuladores de políticas públicas e operadores do direito a consideração e reformulação das premissas que servem de base à sua atuação nas respectivas áreas. A esses últimos – os chamados **juristas**, de modo geral – impõe-se buscar soluções distantes de seus parâmetros tradicionais. Como visto acima, o conceito de **justiça**, que em alguma medida se mostra presente em toda interpretação e aplicação do direito, é diretamente afetado pelos dilemas trazidos pela crise do clima.

Nesse sentido, sem o objetivo de sermos exaustivos, alguns desafios colocados à **justiça climática**, merecem ser destacados, ainda que sua resposta fuja em muito do restrito âmbito deste artigo e das possibilidades de seus autores.

Em primeiro lugar, apesar dos avanços dos estudos do IPCC, ainda há elementos de incerteza quanto à dimensão e ocorrência de alguns problemas, dentro de diferentes cenários possíveis.

A esse propósito, vem aumentando o consenso quanto à intensificação dos chamados **eventos extremos**. Mais do que mudanças lineares nos padrões climáticos ao redor do mundo, tudo parece indicar para ocorrência

[7] Nesse sentido o § único, do art. 942, do Código Civil Brasileiro.

de episódios de grande gravidade ligados ao clima, tais como secas extremas, enchentes incontroláveis, temperaturas extremamente baixas ou altas em determinadas localidades e assim por diante. É verdade que a humanidade tem convivido, ao longo de sua história, com desastres naturais, quase sempre imprevisíveis. A novidade agora é a frequência e a intensidade desses eventos, bem como a existência de uma causa cientificamente palpável, o aquecimento global.

Para efeitos de justiça, a questão dos elementos de incerteza existentes neste tema é, sobretudo, ligada a problemas de **atribuição**, tanto de responsabilidade quanto de determinação das vítimas que devem ser reparadas. Um dado evento pode ser atribuído às mudanças climáticas? Se sim, quais os responsáveis por ele? Os emissores de gases de efeito estufa ou os desmatadores de uma região? Em termos de identificação de vítimas, os dilemas envolvidos não são menores. Entre pessoas direta e indiretamente afetadas, a quem escolher? Aqueles que sofreram danos pessoais diretos ou também aqueles indiretamente afetados? Ou ainda, seria possível pensar em uma reparação coletiva? No caso, a favor de quem?

Por outro lado, para além da simples atribuição da responsabilidade, seria possível a justiça, enquanto conceito, abandonar critérios absolutos – digamos, aritméticos – para adotar critérios estatísticos? De alguma forma, é o que ocorre no caso Llyulia, discutido acima, no qual se busca atribuir responsabilidade a uma empresa com base no percentual de sua colaboração na emissão de gases de efeito estufa. Sob outro aspecto, seria possível quantificar o dano sofrido por uma pessoa em termos estatísticos, sem efetiva correspondência com a realidade do dano?

Todos esses problemas nos desafiam a pensar em novas dimensões de justiça. Para além daquela interpessoal, é necessário pensar na justiça entre grupos diferentemente impactados, considerar a diferente vulnerabilidade de cada um deles, a distribuição de danos e eventuais reparações entre países dentro de determinado contexto geográfico e, também, em escala global. Por outro lado, como antes indicado, a possibilidade de uma catástrofe planetária impõe a consideração de critérios de justiça entre o ser humano e as demais espécies viventes. Por fim, mas não menos importante, como advém da literalidade do *caput* do artigo 225, de nossa Constituição Federal, é necessário indagar sobre os aspectos **intergeracionais** da justiça em termos climáticos.

Como se verifica, são muitos os desafios ligados a uma justiça ambiental e, em especial, relacionadas às mudanças climáticas. No entanto, tais desafios devem ser enfrentados para que a busca de medidas para a solução de problemas não seja destituída de um direcionamento para o **justo**, sob penas de apenas estar-se trocando problemas presentes por outros que emergirão no futuro.

Conclusões

Como há muito já alertava o Professor José Reinaldo, a judicialização de demandas coletivas traz a necessidade de considerar questões de **justiça distributiva** envolvidas nas decisões judiciais nessa área. Os parâmetros de uma **justiça corretiva** não são suficientes para equacionar e entender todos os problemas envolvidos em litígios envolvendo interesses de grupos e/ou de largas parcelas da população.

As questões ambientais já eram um exemplo paradigmático para colocar em evidência esse tipo de problema. O presente artigo buscou demonstrar como a chamada litigância climática renova e multiplica os desafios dos processos coletivos relacionados ao meio ambiente.

Se estabelecer juízos de equidade em processos coletivos não é uma coisa fácil, litígios climáticos, como os que se buscou descrever acima, trazem problemas ainda mais complexos. Em primeiro lugar, porque não se trata apenas de dividir benefícios e vantagens componente do tal **fundo social comum**. Ao contrário, trata-se de distribuir também, de maneira direta ou indireta, gravames, riscos e atividades negativamente impactantes, de saber quem e em que condições terá de suportá-los.

Segundo, porque, para tanto, será preciso trabalhar com elevados graus de incerteza, levando a severas dificuldades de **atribuição**, seja de responsabilidade, seja de possível reparação, medida protetiva ou de adaptação.

Em terceiro, pela dificuldade de se encontrar medidas de justiça entre grupos que se destacam não apenas por suas características intrínsecas (de raça, etnia, origem, gênero, etc.), mas por variáveis graus de vulnerabilidade ditados, muitas vezes, por fatores ocasionais.

Por fim, na dificuldade de estabelecer critérios substanciais de justiça, pela tendência de buscar-se apenas soluções processuais, isto é, baseadas exclusivamente em critérios de justiça procedimental, que sempre serão falhos, se aqueles primeiros estiverem insuficientemente definidos.

Referências

ALVES, Humberto P.F. Análise da vulnerabilidade socioambiental em Cubatão-SP por meio da integração de dados sociodemográficos e ambientais em escala intraurbana. **Revista Brasileira de Estudos de População**, v. 30, p. 349-366, 2013.

ARISTÓTELES **Ética a Nicômacos**. V, 3, 1.131b, da edição brasileira. Brasília: Editora da Universidade de Brasília, 1992 (trad. de Mário da Gama Cury).

BULLARD, Robert. Overcoming Racism in Environmental Decisionmaking. **Environment: Science and Policy for Sustainable Development**, v.36, n. 4, 1994

COMISSÃO MUNDIAL SOBRE MEIO AMBIENTE E DESENVOLVIMENTO. **Nosso futuro Comum.** 2. ed. Rio de Janeiro: Editora da Fundação Getúlio Vargas, 1991.

FRIENDS OF EARTH INTERNATIONAL. **Climate Justice Now! What's missing from the climate talks? Justice! 2007**. Disponível em: https://www.foei.org/whats-missing--from-the-climate-talks-justice/. Acesso em: 05 abr. 2023.

GUDYNAS, Eduardo. **Direitos da natureza. Ética biocêntrica e políticas ambientais.** São Paulo: Editora Elefante, 2020, p. 196-197.

KUEHN, R. (2000). A Taxonomy of Environmental Justice. **Environmental Law Reporter**, vol. 30, p. 10681-10703.

LAZARUS, Richard. Pursuing environmental Justice: The distribution effects of environmental protection. In: FINDLEY, Roger and FARBER, Daniel. **Cases and Materials on Environmental Law**. Saint Paul: West Publishing Co, 1995, p. 48-55.

LOPES, José Reinaldo de Lima. *Direitos sociais: Teoria e Prática*. São Paulo: Método, 2006.

MACINTYRE, Alasdair. **Justiça de quem? Qual racionalidade?** São Paulo: Loyola, 1991 (trad. de Marcelo Pimenta Marques).

NUSDEO, Ana Maria, BROETTO, Valeriana A. e STOPPE, Thaís. Litigância Climática e Políticas para o Clima: possibilidades no cenário brasileiro. In: LEITE, José Rubens M.; CAVEDON-CAPDEVILLE, Fernanda e DUTRA, Tônia. **Geodireito, Justiça Climática e Ecológica: perspectiva para a América Latina**. São Paulo: Instituto o Direito por um Planeta Verde, 2021, p. 190-213.

PEEL, Jacqueline; OSOFSKY, Hari. M. Climate Change Litigation. **Annual Review of Law and Social Science**, [S.L.], v. 16, n. 1, p. 21-38, 13 out. 2020. Annual Reviews. http://dx.doi.org/10.1146/annurev-lawsocsci-022420-122936.

ROBINSON, Mary. **Justiça Climática. Esperança, resiliência e a luta por um future sustentável**. Rio de Janeiro: Civilização brasileira, 2021.

ROCHA-FRASSON, Caroline M. **Justiça ambiental e crise hídrica**. Rio de Janeiro: Lumen juris, 2018.

SALLES, Carlos Alberto de. **Execução judicial em matéria ambiental**. São Paulo: RT, 1998.

SETZER, J.; BANGALORE, M. Regulating climate change in the courts. In: AVERCHENKOVA, A.; S. FANKHAUSER, S.; NACHMANY, M. (Eds.). **Trends in climate change legislation.** Cheltenham, England; Northampton, Massachusetts: 2017, p. 175-192.

SETZER, J.; CUNHA, K. e FABRI, A. B. Panorama da Litigância climática no Brasil e no Mundo. In: SETZER, J.; CUNHA, K. e FABRI, A. B. (Orgs.) **Litigância climática**: novas fronteiras para o direito ambiental no Brasil. São Paulo: Revista dos Tribunais, 2019, p. 23-41.

WEINRIB, Ernest J. Corrective justice and formalism: the care one owns one's neighbors. **Iowa Law Review**, n. 77, Issue 2 (January 1992), p. 403-425.

WEISBROD, Burton A. Conceptual perspective on the public interest: an economic analysis. *In:* WEISBROD, Burton A *et al.* (org.). **Public interest law**: An economic and institutional analysis. Berkeley: University of California Press, 1978. p. 04-29.

WILENSKY, Meridith. Climate change in the court: An assessment of non-US Climate litigation. **Duke Environmental Law and Policy Forum**, 26, 2015, p. 131-179.

26
CIÊNCIA SOCIAL A UMA HORA DESSAS?

Elisa Pereira Reis

"The ideas of economists and political philosophers, both when they are right and when they are wrong, are more powerful than is commonly understood. Indeed, the world is ruled by little else... I am sure that the vested power of interests is vastly exaggerated compared with the gradual encroachment of ideas." (Keynes, J.M. **The General Theory of Employment, Interests, and Money**, 1936)

Introdução

As expectativas otimistas presentes no final do século vinte têm cedido lugar à incerteza e ao medo. As perspectivas positivas sobre conquistas democráticas presentes nos anos 90 se desvanecem ante a evidência de agravamento da desigualdade econômica, dos crescentes riscos ambientais e das disputas de poder polarizadas. Mesmo em algumas democracias maduras, os efeitos duradouros da crise financeira de 2008, a ascensão de neopopulismos e de movimentos xenófobos já colocam em dúvida as perspectivas de continuidade da liberdade e do progresso. No período mais recente, a longa pandemia e a guerra na Ucrânia aprofundaram o pessimismo e o forte sentimento de desesperança quanto ao futuro da sociedade.

Malgrado os reveses observados, responsabilidade e liberdade permanecem como valores fundamentais para a justificação moral da ciência. As ciências sociais, como disciplinas históricas, não podem se render acriticamente ao pessimismo do presente. Olhando para os últimos 50 anos, é incontestável que a humanidade experimentou enormes progressos em suas condições de vida. Também é verdade que ainda há muito a ser feito, pois são muitos os que permanecem privados de direitos básicos. Além disso, os riscos estão aumentando e as ameaças de desastres nos assombram. Como se afirma no Relatório do Painel Internacional sobre o Progresso Social (2018), a humanidade vê crescer mais e mais suas possibilidades transformadoras, mas é como se estivesse antevendo, desde o cume, o abismo a seus pés. As reações a esta situação paradoxal muitas vezes levam as pessoas a se refugiarem no fatalismo, a apostarem em filosofias cíclicas da história, ou simplesmente a aceitarem passivamente a desesperança.

Entretanto, como atores históricos, não podemos ignorar que nossas escolhas contingentes são parte importante da explicação de como as coisas ocorreram desta ou daquela forma em circunstâncias dadas. Em outras palavras, nossos parâmetros seguem sendo os limites e oportunidades concretas que delimitam os contornos da liberdade e da responsabilidade que nos confere nossa condição humana. Tais considerações levaram um grupo de cientistas sociais, do qual sou parte, a publicar "Um Manifesto para o Progresso Social, Ideias para uma Sociedade Melhor" (Fleurbaye *et al.*, 2018). Inspirada pelo que escrevemos ali, e também por alguns achados de minha própria pesquisa sobre percepções de pobreza e desigualdade, comento nas páginas seguintes algumas tendências contrapostas ao quadro sombrio do presente. Farei uso dos conceitos de mercado, Estado e solidariedade para realçar essas alternativas, sejam elas expressas em dinâmicas sociais, políticas ou culturais, mas, de qualquer forma, manifestações que merecem atenção cuidadosa por parte das ciências sociais.

Minha reflexão parte da constatação de que, se a história dos movimentos sociais, das disputas de poder e das políticas sociais implementadas é relativamente bem coberta pela pesquisa sociológica, muito menos atenção é dada à transformação de ideias e crenças que foram tanto causas quanto efeitos de tais movimentos, disputas e políticas públicas. Tendo isso em vista, proponho aqui uma breve reflexão sobre mudanças culturais significativas que testemunhamos na história recente. Tais mudanças, argumento, não expressam uma evolução natural, mas sim o resultado de iniciativas humanas que, mesmo se claramente orientadas para resultados, quase sempre não anteciparam suas implicações de longo alcance. A exploração das consequências efetivas e potenciais da mudança cultural não é feita aqui para afirmar setas causais rígidas, mas sim para refletir sobre amplos processos sociais em andamento, buscando identificar tendências que podem contribuir para fomentar padrões sociais mais justos.

No que se segue, discuto primeiro o lugar da noção de progresso na ciência social contemporânea, sugerindo que a preferência generalizada de hoje pela análise e reflexão sobre o presente quase sempre ignora sua natureza histórica constitutiva e, portanto, limita significativamente sua relevância. Em seguida, concentro-me na mudança da percepção de como as sociedades se organizam como uma transformação em curso que pode nos ajudar a conceber alternativas mais satisfatórias na arte de viver juntos. Finalmente, comento a distinção entre análise e prescrição normativa, e entre ciência e ativismo, argumentando que ainda mais problemático do que traçar as fronteiras entre estas duas práticas é ignorar as questões que elas colocam.

1. Repensando o Progresso

A noção de progresso, que foi central na história das ciências sociais, há muito perdeu o status de que gozava. A história intelectual nos revela que era uma espécie de base comum a várias teorias sociais a suposição de que as sociedades evoluem em ritmos variáveis, mas, de toda forma, todas elas se movimentariam ao longo de uma trajetória progressiva, mesmo que em muitos casos este movimento tenha sofrido distorções. Com o tempo, "modernização" se tornou a palavra para expressar este suposto de que o progresso é um movimento teleológico Por sua vez, a ideia de modernização como uma espécie de destino comum acabou cedendo espaço à ideia de modernidades múltiplas. Hoje, tanto a fé cega no progresso quanto as teorias da modernização são objeto de intensas críticas e debates.

De fato, a ideia do progresso social como produto cultural do Iluminismo tornou-se em nossos dias uma noção contestada. É fácil ver por que seu componente metafísico é rejeitado pela ciência, mesmo que a fé no poder da razão ainda justifique amplamente a confiança na possibilidade de desenvolvimento ou de contínuo avanço social, econômico e político. Muito já foi dito para desacreditar as teorias sobre a modernização e, de fato, suas falhas têm sido objeto de amplo escrutínio. O viés etnocêntrico ocidental e a fé ingênua no progresso como processo imanente, apesar dos traumas coletivos experimentados, são os problemas mais frequentemente mencionados. No entanto, apesar do amplo reconhecimento das falhas, o fato de que a própria ciência social é um dos frutos do processo de modernização dificulta a superação de sua marca de nascimento. É sintomático observar que, para superar a suposição de um progresso sem fim, a palavra modernização deu lugar à modernidade indicando que a fé na dinâmica de melhoria constante havia desaparecido. Isto é, a opção pela palavra "modernidade" sinaliza um estado estacionário de coisas, talvez o culminar de um processo e, de qualquer forma, a suposição de uma descontinuidade entre um antes e um depois (Giddens, 1999; Lash, 1990; Bauman, 2007).

Mas será justo sustentar que a ciência social clássica estava cega aos muitos sinais de tendências contrárias ao progresso que se faziam presentes desde as primeiras transformações modernas? Esta parece ser a visão daqueles que compartilham uma noção de pós-modernidade como algo que desvelaria o caráter das ciências sociais como uma forma de conhecimento de mesmo status epistemológico que conhecimentos e narrativas de outra natureza. No entanto, contamos também com outras avaliações do presente que contestam essas abordagens. Em defesa da distintividade do conhecimento científico, aqueles que reagem aos argumentos desses pós-modernistas chamam a atenção para o fato de que já entre os pioneiros das ciências sociais a percepção da ambivalência do progresso – ou modernização, nos termos aqui discutidos – implicava uma abordagem crítica e não a pura negação da impossibilidade de progresso (Alexander, 2013).

É verdade que, na percepção dos primeiros cientistas sociais, a busca de melhores formas de organizar a sociedade era muitas vezes confundida com a ideia de que as sociedades estavam predestinadas a atingir estágios progressivos, mesmo que as trajetórias para essa meta pudessem variar significativamente. Mas não esqueçamos que, refletindo sobre as mudanças societais abrangentes de seu presente, nossos clássicos não apenas ofereceram críticas sobre o *status quo*, mas também ressaltaram a necessidade de apontar como a agência humana poderia neutralizar desenvolvimentos perniciosos e contribuir para um futuro mais promissor. Assim, enquanto apontava que tudo o que é sólido se desmancha no ar, Marx viu progressos nos próprios deslocamentos sociais e se propôs a produzir tanto conhecimentos quanto um programa de ação para promover mudanças virtuosas. De Tocqueville, embora nostálgico em relação à antiga ordem, acreditava que era possível agir sobre aquela que ele via emergir de forma a tornar viáveis instituições democráticas. Mais tarde, observamos Durkheim diagnosticando problemas sociais em andamento como resultado de uma anomia social inerente à transição e prescrevendo medidas para superá-la. Ele acreditava que a solução surgiria com base na capacidade da agência humana de gerar solidariedade. Até certo ponto, os três autores concordavam que a ação conjunta dos seres humanos poderia neutralizar tendências sociais perturbadoras e buscar formas de tornar a sociedade mais justa. Mesmo Max Weber, embora esboçasse uma visão sombria do futuro da sociedade, conferia ênfase à responsabilidade humana para enfrentar tendências opressivas. Comum a todos esses clássicos era a crença de que um conhecimento científico sobre a sociedade era possível, assim como um claro compromisso em identificar possíveis formas de melhorar os arranjos sociais.

Atualmente, observamos que as expectativas positivas sobre o futuro da sociedade estão dando lugar à incerteza e ao medo face a ameaças colocadas por problemas ambientais, aumento da desigualdade e crescente intolerância. Sob estas circunstâncias, o que está ou deveria estar na agenda das ciências sociais? Parece-me que, nestes tempos sombrios, quando movimentos regressivos estão ocorrendo em tantos cantos do mundo, é importante trazer de volta as preocupações que enquadraram o trabalho dos clássicos das ciências sociais, combinando raciocínio crítico e empenho em contribuir para melhorar a vida em sociedade.

Também é crucial resgatar a noção de progresso social tomando-a não como o produto de uma fé no curso imanente da história, mas sim como o ideal normativo que segue presidindo a justificação do conhecimento científico. Interpretações e descobertas científicas, sejam elas relacionada a questões materiais ou culturais, podem inspirar novas possibilidades de iniciativas humanas. De qualquer forma, estas últimas serão sempre confrontadas com a necessidade de escolha entre alternativas que, por sua vez, demandam avaliação objetiva de limites e oportunidades concretas. De fato, não apenas escolhas, mas também sequências informam os movimentos e caminhos progressivos ou regressivos que as sociedades experimentam. Nem a fé ingênua na evolução, nem a aposta igualmente ingênua no voluntarismo podem explicar as melhorias nas condições de vida observadas, por exemplo, nos últimos duzentos anos. O desafio enfrentado pelas ciências sociais é cuidadosamente desvendar o jogo das estruturas, processos e ações que levaram a avanços ou retrocessos.

Preocupações como as acima mencionadas levaram à iniciativa conhecida como Painel Internacional sobre Progresso Social. Inspirado pelo Painel Internacional sobre Mudança Climática, um grupo de quase 300 estudiosos de todos os continentes se reuniu para proceder a uma avaliação do progresso e seus fatores contrários nos últimos cerca de cinquenta anos. Os resultados estão resumidos em um Relatório de três volumes (IPSP, 2018) que fornece uma análise detalhada dos grandes avanços alcançados, bem como dos principais riscos que ameaçam sua continuidade. Como o Relatório aponta, é fácil concordar que a média de vida aumentou drasticamente, os avanços médicos contribuíram para curar doenças e minimizar sofrimentos, as invenções tecnológicas tornaram possível proporcionar um conforto considerável em termos materiais e imateriais. Também é evidente que houve avanços na educação, no saneamento e em muitas outras dimensões da vida. Entretanto, também é verdade que a pobreza e o sofrimento agudos seguem afligindo milhões em todo o mundo, a desigualdade está aumentando, a intolerância social persiste e cresce mesmo em muitos contextos. Além disso, o progresso também gerou a possibilidade de sua destruição. Ele criou espaço para danos ambientais que ameaçam a sobrevivência da humanidade, a tecnologia tem proporcionado recursos utilizados para objetivos destrutivos, e a inovação científica corre o risco de violações éticas.

Olhando o quadro inteiro, pode parecer missão impossível responder aos desafios que o progresso enfrenta hoje. Mas, considerando-se que a ciência é um grande empreendimento coletivo, que um sólido trabalho disciplinar e a colaboração transdisciplinar fazem parte de nosso *métier*, as tarefas envolvidas podem e devem ser enfrentadas. Precisamos impulsionar os recursos de nossas respectivas disciplinas e, ao mesmo tempo, estabelecer padrões de interação mais sólidos entre nossas províncias científicas. Hoje é mais claro que para enfrentar os problemas ambientais, precisamos das ciências naturais e sociais. A saúde, a produção de alimentos e tantas outras questões exigem claramente uma estreita colaboração entre as diversas disciplinas para avançar significativamente. Mesmo considerando-se apenas o domínio das ciências sociais, é necessária uma colaboração muito mais estreita. Desafios tão críticos como o que diz respeito ao futuro do trabalho face à revolução tecnológica em processo, as ameaças atuais à democracia liberal, os riscos sociais decorrentes do neoliberalismo, e outras questões urgentes que exigem colaborações transdisciplinares, crítica, e busca contínua de soluções. Centrando a atenção principalmente no campo cultural, é possível identificar como a colaboração útil entre as diversas ciências sociais pode contribuir para nossa compreensão da crise do presente e das alternativas de progresso. No que se segue, apontando para uma mudança cultural significativa que emergiu no final do século XX, meu objetivo é chamar a atenção para as possibilidades que ela oferece às ciências sociais para identificar limites e oportunidades abertas para reestruturar, ou reinventar, o progresso a fim de contribuir para uma sociedade mais justa.

2. Transformações na Forma de Perceber a Solidariedade

Enquanto a teoria da modernização e os modelos de desenvolvimento dela derivados galvanizavam grande parte da sociologia política e da economia política, o cânone era tomar a autoridade e o mercado como os princípios básicos para a estruturação das sociedades. Normalmente, as tipologias e os modelos tratavam de combinações variáveis destes dois princípios básicos de organização. Via de regra, a autoridade era usada como sinônimo de Estado, e o mercado como sinônimo de interesses (BENDIX, 1996). Mas, no último quarto do século passado, uma visão diferente começa a emergir. Dois sinais da mudança foram o ressurgimento do conceito de sociedade civil, até então longamente posto de lado, e a noção de movimento social que se difundiu a partir daquele período.

Vale a pena observar o retorno do conceito de sociedade civil ao discurso acadêmico, ele que tinha sido rejeitado por tantos por sua associação ao idealismo hegeliano (COHEN e ARATO, 1992; ALEXANDER, 2006; KEANE, 1988; KEANE, 1999). Também é significativa a atenção dedicada à ideia de movimentos sociais, para dar conta de processos de mobilização que não se conformam ao modelo baseado em classes. Com o tempo, ambos os conceitos, sociedade civil e movimentos sociais (às vezes chamados de novos movimentos sociais), tornaram-se triviais não apenas no âmbito das ciências sociais, mas também na linguagem comum. Poder-se-ia dizer que, na tradição Gramsciana do marxismo, o conceito de sociedade civil nunca tinha sido abandonado, mas o que chama a atenção aqui é que uma noção distinta ganhou circulação muito mais ampla, tornando-se também usual além dos círculos acadêmicos. Estes desenvolvimentos conceituais poderiam passar como fortuitos, mas eles nos ajudam a compreender processos significativos de mudança cultural, processos que são muito relevantes para capturar tendências sociais e para identificar estratégias transformadoras.

Se por um lado, conforme atestam tantos *surveys* internacionais, por toda parte vem caindo a confiança interpessoal e a confiança nas instituições, por outro lado, também temos indicações de que as pessoas se reúnem cada vez mais para propósitos comuns, compondo corpos solidários, ainda que com propósitos específicos. A ideia de uma sociedade civil que interage com aqueles que detêm o poder político ou econômico para assegurar interesses variáveis é uma visão nova e, mais ainda, uma perspectiva que não circunscreve a noção de interesses exclusivamente ao universo dos ganhos materiais. As organizações da sociedade civil são associações solidárias variáveis que não reivindicam uma adesão exclusiva e que podem mobilizar as pessoas para interesses ideais ou materiais.

O significado contemporâneo do conceito de sociedade civil emerge dentro de um quadro que implica uma visão dos recursos organizacionais como compreendendo uma tríade e não mais um duo. Essa é uma mudança cultural que tem implicações significativas. A mais imediata delas é a ideia de que nem todos os interesses podem ser subsumidos à noção de interesses econômicos. Sim, o mercado pode ser concebido como um espaço para ações solidárias, mas interesses entre vendedores e compradores não abrangem todas as formas de solidariedade. Por sua vez, a noção de movimento social vem à tona precisamente para dar conta de formas de solidariedade que emergem fora do espaço do mercado, formas que podem estar baseadas em outros tipos de questões, incluindo questões de identidade e reivindicações de reconhecimento social.

Embora mantendo a centralidade das noções já cristalizadas de autoridade e mercado como princípios organizadores da vida em sociedade, a consideração da sociedade civil como uma terceira categoria organizacional sinaliza que há algo mais no mundo real além dos interesses materiais e do Estado. Apresentada agora como distinta da autoridade e não restrita aos interesses de mercado, a sociedade civil faz da solidariedade um terceiro recurso de organização social. É importante ter em mente, entretanto, que, fazendo da solidariedade seu recurso específico, a noção atual de sociedade civil não pressupõe uma totalidade harmoniosa, mas sim múltiplas constelações de interesses combináveis ou não, que podem ser materiais e/ou ideais, práticos e/ou simbólicos. É, portanto, uma noção dinâmica que acomoda múltiplas lealdades, e compromissos simultâneos envolvendo cooperação e competição.

Muito depois das revoluções silenciosas da Europa Oriental e após a queda dos regimes militares na América Latina, as referências às iniciativas da sociedade civil e aos movimentos sociais permaneceram relevantes, espalhando-se não apenas para contestar sistemas autoritários, mas também para expressar o descontentamento dentro de democracias maduras. As manifestações da sociedade civil frequentemente revelam forte insatisfação com as formas tradicionais de representação e reivindicações por novas formas de relacionamento com a autoridade. Movimentos sociais como o *Occupy Wall Street* nos Estados Unidos e movimentos similares na Europa ilustram algumas das diversas manifestações contra a orientação neoliberal dominante do mercado. A experiência do orçamento participativo, iniciada no Brasil e replicada em outros países, ilustra outras tentativas de combinar solidariedade e recursos de autoridade de novas formas. Mas talvez seja nas iniciativas solidárias em prol da proteção ambiental que observamos nos anos recentes as experiências mais inovadoras.

Também enquanto categorias de análise, sociedade civil e movimentos sociais permanecem centrais tanto nas discussões teóricas quanto na pesquisa empírica das ciências sociais. De fato, a ideia segundo a qual o conceito de solidariedade deve ser entendido como um princípio organizacional básico, tanto quanto autoridade e interesses de mercado, conforme mencionado acima, corresponde a uma mudança cultural significativa ilustrada pela difusão das expressões Terceiro Setor e ONGs. É claro que organizações que não pertenciam ao Estado ou ao mercado existiam antes, mas o fato de agora usarmos palavras distintas para classificá-las atesta a mudança na percepção dos recursos disponíveis para as sociedades se organizarem (Reis, 2009 e 2012; Koslinski & Reis, 2009). Esta nova forma de pensar funciona como um kit de ferramentas culturais (Swidler, 1986) distinto daquele anteriormente estabelecido, com profundas implicações para a forma como entendemos não apenas nosso presente, mas também nosso futuro.

Estas modificações de percepção refletem mudanças significativas na forma como vemos nosso mundo. Ao mesmo tempo, elas afetam profundamente a própria vida social. Como Polanyi (1957) argumentou convincentemente discorrendo sobre **A Grande Transformação**, o caráter simultâneo de reflexão/efeito das ideias, percepções e dimensões da cultura ajuda a entender o desenvolvimento do capitalismo. Como ele mostra, a mudança de percepção quanto à terra, ao trabalho, e ao dinheiro convertido em mercadorias mudou o mundo. E se não tivessem sido adotadas medidas de proteção contra a mercantilização generalizada, o tecido social que une a sociedade teria se esgarçado irremediavelmente.

Olhando para as grandes transformações de nosso presente, vale a pena seguir a lição de Polanyi discutindo que tipos de mecanismos de proteção podem ser mobilizados para preservar o tecido social. No entanto, há um entendimento possível da argumentação de Polanyi que devemos cuidadosamente descartar. Este é o pressuposto funcional de que a sociedade desenvolve espontaneamente movimentos de contrapeso para preservar o tecido social contra as consequências deletérias do capitalismo. Embora o argumento possa parecer convincente, não há razão lógica para supor a operação de uma mão oculta da sociedade que contrabalançaria a mão oculta do mercado. Não há ajuste funcional sistêmico automaticamente garantido.

Em outras palavras, nem a mão do mercado nem a da sociedade opera sem deliberação humana. As medidas sociais emergentes para as quais Polanyi chama a atenção, destinadas a preservar o tecido social, foram o resultado de ações humanas, de envolvimento ativo e deliberado, de interesses disputados e propostas políticas competitivas. Ou seja, não são processos automáticos ocultos, mas sim escolhas políticas explícitas, envolvendo volições e ações humanas que estão por trás de inovações para preservar o tecido social. Para fazer justiça, o próprio Polanyi não endossa explicitamente uma interpretação funcional. Seu relato das diferentes medidas políticas implementadas mais ou menos ao mesmo tempo em contextos variáveis pode simplesmente indicar que estratégias deliberadas foram adotadas para preservar a solidariedade.

De qualquer forma, como a tese funcionalista sobre o ajuste sistêmico da sociedade é frequentemente ressuscitada, é importante esclarecer esse aspecto e salientar a grande importância das escolhas de ação. Mais ainda, é crucial ter em mente que o resultado de escolhas políticas equivocadas e, mais ainda, de escolhas que deliberadamente excluem parte da coletividade podem contribuir para aprofundar déficits de solidariedade e coesão social.

Reconhecer que as mudanças protetoras dependem do engajamento ativo dos seres humanos não significa subscrever o puro voluntarismo. Iniciativas humanas bem-sucedidas dependem da criteriosa avaliação das oportunidades contextuais e dos obstáculos a serem enfrentados. O progresso social deve ser entendido como a consequência agregada de um grande número de iniciativas para as quais concorrem circunstâncias e oportunidades adequadamente exploradas. A mobilização coletiva certamente expressa algum objetivo compartilhado, embora em muitas circunstâncias as motivações individuais para agir tenham resultados coletivos imprevistos.

Ainda que com as ressalvas acima mencionadas, é preciso reconhecer que a expansão do associativismo é um fenômeno que não pode ser ignorado. Os movimentos sociais que agregam interesses específicos cresceram exponencialmente nas últimas décadas, como refletido na literatura sobre o assunto (Alvarez e Escobar, 1992; Barthélémy, 2000; Dela Porta e Diani, 2006; Della Porta, 2014; Eckstein, 2001; Tarrow, 1994). Uma ilustração do fenômeno pode ser vista no Gráfico abaixo, que mostra o crescimento das ONGs ativas no Conselho Econômico e Social da ONU.

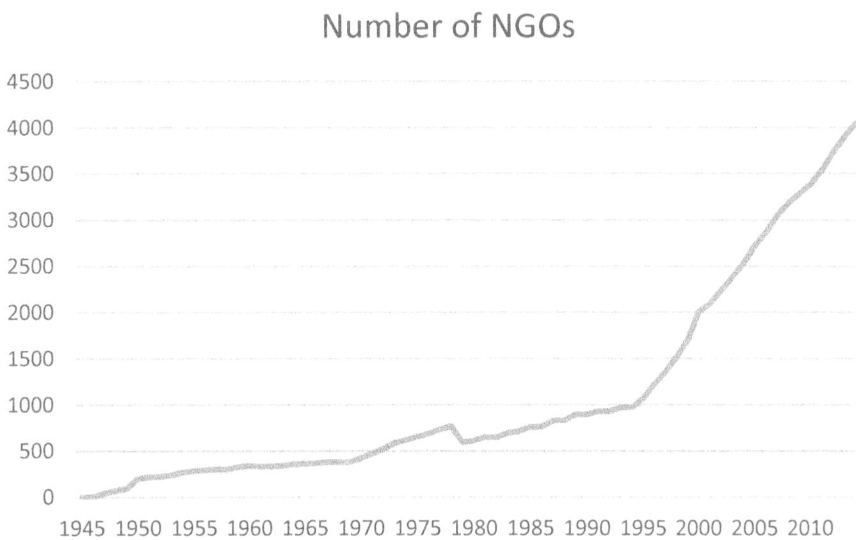

Fonte: CITY. The Growth in the Number of NGOs in Consultative Status with the Economic and Social Council of the United Nations. Disponível em: http://www.staff.city.ac.uk/p.willetts/NGOS/NGO-GRPH.HTM. Acesso em 14 out. 2022.
Amostra: ONGs com Status Consultivo no Conselho Econômico e Social da ONU
Reproduzido de (Fleurbaye *et al.*, 2018, p. 72).

Muitos desses movimentos têm obtido sucesso em diversos contextos nacionais. As lutas pelos direitos de gênero, raça, religião e outros grupos minoritários mobilizados experimentaram avanços significativos. Tais avanços se refletem, por exemplo, em pesquisas mundiais que mostram pouco, mas algum crescimento da tolerância em relação à homossexualidade, assim como uma crescente rejeição aos papéis de gênero tradicionais tanto nos EUA quanto em vários países europeus (Fleurbaye et. al., 2018). Esses e outros exemplos sinalizam uma tendência progressista no arco da solidariedade, contribuindo assim para avanços na arte de viver juntos. Novas maneiras alternativas de articular autoridade, mercado e sociedade civil podem ser concebidas na busca de melhores formas de organizar a vida em sociedade.

Entretanto, apesar de muitos sucessos, é impossível ignorar que forças poderosas contrárias às acima mencionadas também se fazem presente no mundo atual. Exemplos abundam de questões étnicas e religiosas que continuam a fomentar estigma, discriminação, perseguição e deslocamento social. A homossexualidade ainda é severamente punida pela lei em alguns países da África e do mundo Árabe, enquanto em outros contextos nacionais são grupos homofóbicos de caráter privado os responsáveis pelo uso de recursos repressivos contra a liberdade de gênero. Em muitas sociedades, as mulheres são privadas de educação e de autonomia nas escolhas de vida elementares. Além disso, outros progressos na ampliação da solidariedade têm enfrentado graves reveses. Assim, contrastando com o otimismo que marcou a ascensão dos movimentos sociais, observamos hoje desenvolvimentos regressivos que promovem a intolerância, o ódio, a polarização ideológica e a violação dos direitos humanos. A desconfiança em relação à ciência dá lugar à contestação preconceituosa de resultados comprovados, e a demonização da política abre espaço para o neopopulismo. A crescente desigualdade econômica dentro e entre países atinge níveis moralmente inaceitáveis e efetivamente deletérios para a preservação do tecido social. Atitudes negativas em relação à globalização estimulam a xenofobia de que se valem líderes oportunistas para acenar com falsos apelos nacionalistas o caminho para a paz e a prosperidade.

Certamente, as tendências sombrias acima mencionadas colocam ameaças reais ao progresso social. No momento atual, quando a democracia enfrenta riscos mesmo onde sua institucionalização parecia assegurada, quando a crise mundial provocada pela pandemia da Covid-19 se aprofunda, e o terror da guerra se faz tão presente, as perspectivas de expansão ou mesmo de simples manutenção da coesão social podem soar simplesmente utópicas. Mas abraçar o pessimismo e a passividade só agrava a ameaça de desastres. A despeito de sua gravidade, os riscos sociais não são fatalidades e podem ser mitigados, se não afastados. Os avanços progressistas sempre ocorreram com o concurso ativo dos atores sociais.

É verdade que as sociedades muitas vezes criam seus próprios bloqueios e geram seus próprios delitos. Assim, por exemplo, sociedades prósperas, que no passado experimentaram grande progresso material extraindo riqueza de suas colônias e do trabalho escravo, mesmo que muitas vezes continuem se beneficiando da exploração de mão de obra mais barata, enfrentam hoje sérios desafios à coesão social em suas próprias fronteiras. Além dos custos duradouros infligidos às ex-colônias e aos descendentes dos escravos, os beneficiários originais dessas instituições coloniais enfrentam hoje custos sociais e culturais crescentes, impostos pelos enormes fluxos migratórios do Sul global. Tais problemas, como observado acima, fomentam conflitos e estimulam líderes oportunistas, pondo em risco a ordem democrático-liberal.

Mesmo que a maior parte da literatura disponível se concentre nos resultados positivos dos movimentos sociais, naturalmente não há razão para supor que eles sejam sempre bem-sucedidos, conforme observado (Purdue, 2007). Mesmo no período de otimismo generalizado de ascensão inicial dos movimentos da sociedade civil, quando muitos previam processos globais conducentes a solidariedades cosmopolitas (Ekins, 1992; Keane, 2003; Princen e Finger, 1994), também havia aqueles que nos alertaram sobre possíveis fracassos. Em meio a tensões, contradições e conflitos, o apelo à solidariedade como um recurso organizacional que, junto com a autoridade e os interesses, compõem o material de que as sociedades são feitas não é uma panaceia (Taylor-Gooby, 2012). Mas o recurso à solidariedade cria, sim, espaço para a elaboração de estratégias que podem contribuir quer para evitar ou limitar desastres, quer para a elaboração de melhorias pontuais. Temos muitos exemplos de desenvolvimentos positivos nesse sentido. A expansão da consciência sobre os problemas ambientais e a crescente mobilização social clamando por ações para proteger a natureza é um bom exemplo de um sentimento reforçado de comunidade (Caniglia, 2010; Caniglia, Brulle e Szasz, 2015; Wapner, 1996). À medida que um número crescente de pessoas percebe que devemos agir em conjunto, que compartilhamos este problema global, a solidariedade se expande, exigindo soluções políticas e econômicas.

Os sinais atuais de retrocesso, sejam eles negações de problemas globais, nacionalismos xenófobos, ataques aos direitos humanos, e outros, não deixaram de existir, mas as oportunidades para combatê-los e para levar a luta à frente também permanecem vivas. Como Alexander (2019) chama a atenção, a sociedade civil sempre envolve dualismos, orientações progressistas e regressistas em nome das quais interesses opostos se confrontam, um lado buscando avançar o progresso social, e o outro tentando impedir isso, porque aqueles que se beneficiam do *status quo* resistem à mudança. Ele destaca, então, a importância da estrutura institucional para o funcionamento da sociedade civil. As controvérsias são possibilitadas e modeladas pelas instituições. Desde que estas últimas sejam preservadas, há garantia de que a sociedade civil estará ancorada em um fundamento compartilhado pelas partes opostas. Assim, mesmo que persistam fortes diferenças, se os confrontos de interesse não se polarizarem a ponto de afetar a continuidade das instituições, há boas razões para apostar no vigor dos atores sociais progressistas que continuam confrontando a defesa dos privilégios e buscando um mundo mais justo (ALEXANDER, 2019; e ALEXANDER, 2013).

Se a discussão sobre a solidariedade destaca principalmente a esfera cultural, permanece central considerar sua interação dinâmica com a esfera política e a econômica. Conceber a solidariedade como um recurso organizacional certamente não afeta apenas a percepção que a sociedade tem do mercado e da autoridade, mas também acarreta implicações para o funcionamento das três esferas. Iniciativas coletivas como *Fair Trade, Buen Vivir* e várias outras, bem como movimentos nacionais e transnacionais contestam diretamente práticas de mercado deletérias. Isso é válido também para os múltiplos movimentos solidários mobilizados para demandar políticas específicas, ou para confrontar práticas abusivas da autoridade.

Mesmo que muito da esperança de uma identidade cosmopolita tenha desaparecido nos últimos anos, conforme acima sugerido, a notável expansão da mobilização para a proteção ambiental sinaliza a lenta emergência de alguma forma de solidariedade global. A recusa explícita de impor políticas de proteção pelas autoridades aqui e ali, juntamente com o descrédito irracional da ciência, aumentaram os riscos envolvidos. No entanto, isto também reforça o movimento de solidariedade para a preservação da natureza. Confrontando o *backlash* nas decisões governamentais, o ativismo político dos protecionistas ambientais ganha força. Como resposta à negação de sólidas descobertas científicas sobre a contribuição humana às mudanças climáticas, renovam-se e ampliam-se as provas cientificamente comprovadas da necessidade urgente de medidas protetivas. Não se trata de fazer tábula rasa do dilema da ação coletiva, dos comportamentos oportunistas, ou das dificuldades de estabelecer critérios para assignar responsabilidades. Contudo, o esforço para convencer a opinião pública do papel central da ciência, não apenas para enfrentar os riscos, mas também para assegurar o avanço social, não pode ser descartado, embora seja certo que o recurso da prática rigorosa da ciência não esgota a tarefa em pauta. Essa observação traz à tona o tema da interação entre a prática científica e o ativismo público, assunto que, abordado a seguir, encerra minha discussão.

3. Ciência e Ativismo

A Declaração Universal dos Direitos Humanos declara, em seu artigo 27, parágrafo 1º, que "Todos têm o direito de participar livremente da vida cultural da comunidade, de desfrutar das artes e de compartilhar o progresso científico e seus benefícios". Outros movimentos como, por exemplo, o tratado conhecido como Pacto Internacional de Direitos Econômicos, Sociais e Culturais, assinado por 169 países em 1966, mantiveram vivo o princípio segundo o qual o conhecimento científico é um direito humano. Entretanto, diferentemente de outros direitos humanos na Declaração da ONU, o direito à ciência não teve uma definição legal. Nos anos recentes, temos observado esforços renovados, tanto de parte da ONU quanto de diversas instituições científicas para avançar nessa pauta, que constitui pré-condição para ampliar o impacto da ciência na agenda política mundial.

Uma definição jurídica por parte da ONU do que constitui o direito dos próprios cientistas e o de qualquer indivíduo no sentido de se beneficiar do conhecimento científico constitui certamente um avanço crucial. Mas, também é crucial a contribuição dos próprios praticantes da ciência para esclarecer essa questão em termos teóricos e práticos. O princípio de que o valor da ciência é sua responsabilidade social coloca desafios renovados. Cientistas de todas as disciplinas muitas vezes defendem causas específicas em fóruns não científicos. Mas, no momento, há a necessidade premente de defender a própria confiança na ciência, questão que planteia o desafio de uma forma de ativismo muito além da defesa de interesses da comunidade científica. O que se coloca, no momento, é a defesa da relevância social do conhecimento científico contra aqueles que argumentam contra as vacinas, que negam a contribuição humana à mudança climática, em resumo, contra aqueles que contestam a natureza específica do conhecimento que confere à ciência seu valor.

Argumentar que a relevância da ciência é a busca de melhorias sociais não significa diminuir a importância da ciência básica. Embora esta ideia caracterize muitas vezes as exigências colocadas à comunidade científica, a verdade é que não existe uma parede entre as ciências básicas e aplicadas. Ao contrário do que sugere às vezes o senso comum, a pesquisa básica é crucial em todos os ramos da ciência. Todo o conhecimento científico é fundamentado na curiosidade genuína, na persistência da dúvida, e essas características são tão fundamentais como a justificação ética na contribuição potencial que ela pode proporcionar para a sociedade. Se a pesquisa sobre resistência de material acaba contribuindo para melhorar os utensílios de cozinha, a pesquisa sobre os fundamentos do comportamento coletivo, por exemplo, pode lançar luzes para nossa compreensão dos processos políticos, reações à inovação tecnológica e tantas outras dimensões da vida social. Outro aspecto a ser considerado é que, se decompusermos analiticamente dimensões materiais e imateriais da vida social, intensificamos nosso foco, mas não podemos ignorar que ambas as dimensões se interpenetram, afetando uma à outra, contribuindo assim seja para a continuidade ou para a mudança social.

Sabemos que, ao enfrentar questões relacionadas ao valor da ciência, os cientistas sociais se expõem a desafios, e não apenas porque frequentemente são criticados por serem incapazes de produzir conhecimento instrumental para o progresso material tangível. Os cientistas sociais também devem lidar com a chamada dupla hermenêutica, pois eles são parte de seu objeto (Giddens, 1984). É o entendimento tácito de que a sua inserção no mundo pode afetar suas descobertas que proporciona aos cientistas sociais algum tipo de fronteira normativa entre explicação e interpretação, de um lado, e ativismo cidadão, de outro.

Raramente reconhecemos plenamente que o conhecimento que as ciências sociais proporcionam também é relevante para conferir sentido à vida social. Muitas das ideias, conceitos e interpretações que elas desenvolvem fornecem recursos para conformar a forma como as pessoas veem o mundo e como se relacionam com o que acontece em sua experiência diária. Conferir sentido aos fenômenos sociais é também relevante para estruturar as percepções e crenças das pessoas. Ou seja, os cientistas sociais têm um papel implícito que vai muito além das fronteiras de seus escritórios, laboratórios e salas de aula. Se esse papel falha, isto é, se a pós-verdade se insinua como alternativa à ciência, é urgente entender por que o conhecimento científico está sendo desacreditado e desenhar estratégias para legitimá-lo socialmente.

Procurando interpretar ou explicar, a ciência social pode desenvolver estratégias para agir em defesa não apenas de sua própria disciplina, mas em defesa de qualquer outra ciência. Lidando com significados, bem como com fatos empíricos, a ciência social é capaz de buscar os fatores e motivos que moldam as crenças, atitudes e comportamentos das pessoas. Ainda pensando no valor do conhecimento científico, a ciência social pode ser relevante tanto exercendo a crítica, quanto oferecendo alternativas propositivas. Esta última é prática comum em economia, mas muito menos exercida por sociólogos e outras cientistas sociais (Streeck, 2016). No entanto, como bem observa Hernes (2017), as ciências sociais e naturais têm, ambas, impactado significativamente a sociedade. Ele lembra que

> as instituições que caracterizam as sociedades modernas são, em grande parte, construções baseadas em ideias das ciências sociais, sejam elas os princípios de lei natural, a divisão de poderes incorporada a constituições, a gestão macroeconômica dos mercados, ou os métodos de cuidados psiquiátricos. As teorias sociais exerceram enorme impacto na construção do mundo moderno – na forma como nações foram construídas, instituições desenhadas, cidadãos empoderados, alianças construídas, moedas lastreadas, comércio organizado, educação oferecida, e identidades forjadas (hernes, 2017, minha tradução).

Mais ainda, as ciências sociais podem oferecer contribuições mais efetivas para a melhoria social explorando com determinação seus recursos propositivos. Como é dito no Relatório do Painel Internacional sobre Progresso Social, "Os cientistas sociais não têm todas as respostas. Mas a única maneira de encontrá-las é indo além da crítica às instituições existentes, em direção a um processo mais focalizado e inventivo para explorar novas possibilidades institucionais" (IPSP, v. 3, 2018, p. 817).

A observação feita mais acima quanto a substituição da dupla concepção de recursos para a organização social por uma tríade, incorporando a solidariedade à autoridade e aos interesses de mercado, é apenas um exemplo das muitas possibilidades a serem exploradas na busca das oportunidades que permanecem abertas para reinventar o progresso promovendo a equidade, a sustentabilidade e a liberdade.

Referências

ALEXANDER, J. **The Civil Sphere**. Nova York: Oxford University Press, 2006.

ALEXANDER, J. **The Dark Side of Modernity**. Cambridge: Polity Press, 2013.

ALEXANDER, J. Frontlash/Backlash: The Crisis of Solidarity and the Threat to Civil Institutions. **Contemporary Sociology**, jan. 2019. Disponível em: http://doi.org/10.1177/0094306118815497. Acesso 24 out. 2022.

ALVAREZ, S.; ESCOBAR A. (Eds.). **The Making of Social Movements in Latin America**: Identity, Strategy and Democracy. Boulder Colorado: Westview Press, 1992.

BARTHÉLÉMY, M. **Les associations**: un nouvel age de la participation? Paris: Presses de Sciences Po, 2000.

BAUMAN, Z. **Liquid Times**: Living in an Age of Uncertainty. Cambridge: Polity Press, 2007.

BENDIX, R. **Construção Nacional e Cidadania**. São Paulo: EDUSP, 1996.

CANIGLIA, B. Global Environmental Governance and Pathways for the Achievement of Environmental Justice. *In:* AGYEMAN, J. e CARMIN, J. (Eds.) **Environmental Injustice Beyond Borders**: Local Perspectives on Global Inequalities. Cambridge: MIT Press, 2010, p. 129-155.

CANIGLIA, B., BRULLE, J. e SZASZ, A. Civil Society, Social Movements, and Climate Change. In RILEY, D e BRULLE, R. (Eds.). **Climate Change and Society, Sociological Perspectives**. Oxford: Oxford University Press, 2016, p. 235-268.

CITY. **The Growth in the Number of NGOs in Consultative Status with the Economic and Social Council of the United Nations**. Disponível em: http://www.staff.city.ac.uk/p.willetts/NGOS/NGO-GRPH.HTM. Acesso em 14 out. 2022.

CHEN, J. e ARATO, A. **Civil Society and Political Theory**. Cambridge, MA: MIT Press, 1992.

DELLA PORTA, D., and DIANI, M. **Social movements**: An introduction. 2. ed. Malden, MA: Blackwell, 2006.

DELLA PORTA, D. **Mobilizing for Democracy**: Comparing 1989 and 2011. Oxford: Oxford University Press, 2014.

ECKSTEIN, S. (Ed.). **Power and Popular Protest, Latin American Social Movements**. Berkeley: California University Press, 2001.

EKINS, P. **A New World Order**: Grassroots Movements for Global Change. London: Routledge, 1992.

FLEURBAYE *et al.* **A Manifesto for Social Progress, Ideas for a Better Society**. Cambridge: Cambridge University Press, 2018.

GIDDENS, A. **The Constitution of Society**. Cambridge: Polity Press, 1984.

GIDDENS, A. **The Consequences of Modernity**. Redwood: Stanford University Press, 1999.

HERNES, G. Re-Enlightenment. **Mimeo**: The Fafo Foundation and the Department of Law, The Norwegian Business School, 2017.

IPSP. **Report of the International Panel on Social Progress**, v. 1, 2 e 3. Nova York: Cambridge University Press, 2018.

KEANE, J. **Democracy and Civil Society**. London: Verso, 1988.

KEANE, J. **Civil Society**: Old Images, New Visions. Redwood City, California: Stanford University Press, 1999.

KEANE, J. **Global Civil Society?** Cambridge: Cambridge University Press, 2003.

KONAK, N. and DÖNMEZ, R. O. (Eds). **Waves of Social Movement**: Mobilizations in the Twenty-First Century. Lanham, Maryland: Rowman Littlefield, 2017.

KOSLINSKI, M. e REIS, E. Transnational and Domestic Relations of NGOs in Brazil. **Word Development**, v. 37, n. 3, p. 714-725, 2009.

LASH, S. **The Sociology of Postmodernism**. Routledge, 1990.

MCCORMICJ, J. **Reclaiming Paradise**: The Global Environmental Movement. Bloomington: Indiana University Press, 1989.

POLANYI, K. **The Great Transformation**. Boston: Beacon Press, 1957.

PRINCEN, T. FINGER, M. (Eds.). **Environmental NGOs in World Politics**: Linking the Global and the Local. London: Routledge, 1994.

PURDUE, D. (Ed.) **Civil Society and Social Movements**: Potentials, and problems. New York: Routledge/ECPR Studies in European Political Science, 2007.

REIS, E. New Ways of Relating Authority and Solidarity: Theoretical and Empirical Explorations. *In:* KALEKIN-FISHMAN, D. and DENIS, A. (Eds.). **The ISA Handbook of Contemporary Sociology**. London: Sage, 2009, p. 74-90.

REIS, E. The Shape of Sociology: Looking at the History of Our Present. *In:* KALEKIN-FISHMAN, D. and DENIS, A. (Eds.). **The Shape of Sociology for the 21st Century**. London: Sage, 2012, p. 100-112.

STREECK, W. The Public Mission of Sociology. *In:* STREECK, W. **How Will Capitalism End?** London: Verso, 2016, p. 237-252.

SWIDLER, A. Culture in Action: symbols and strategies. **American Sociological Review**, v. 51, n. 2, p. 273-286, 1986.

TARROW, S. Contentious Politics and Social Movements. *In:* **Power in Movement, Social Movements, Collective Action and Politics**. Cambridge: Cambridge University Press, 1994, (chapter 1).

TAYLOR-GOOBY, P. The civil society route to social cohesion. **International Journal of Sociology and Social Policy**, v. 32, n. 7/8, p. 368-385, 2012.

WAPNER, P. **Environmental Activism and World Civic Politics.** New York: University of New York Press, 1996.

27
DIREITO, POLÍTICA E JUSTIÇA: UM EXERCÍCIO ESPECULATIVO EM HOMENAGEM AO PROFESSOR JOSÉ REINALDO DE LIMA LOPES[1]

MARIA PAULA DALLARI BUCCI

1. A Racionalidade Jurídica que nos Espera

O tempo presente vem desafiando as bases sobre as quais minha geração se formou. Tomar a Constituição de 1988 como uma construção relativamente bem-sucedida do período democrático implicou várias edificações dentro desta principal, entre as quais merece destaque o papel do Poder Judiciário na efetivação de direitos fundamentais. No entanto, sob a ordem que vem se desenhando – se não autocrática, de uma democracia desafiada, numa sociedade mais explicitamente dividida –, é de se esperar que esse sentido da atuação judicial venha a sofrer alterações, especialmente em relação a seus mecanismos jurídicos de legitimação.

[1] Homenagear um professor que se admira, como José Reinaldo de Lima Lopes, é motivo de honra e satisfação. No meu caso, é também uma forma de agradecer. José Reinaldo foi membro de minha banca de doutorado, em que a ousadia de criticar o Direito Administrativo estabelecido rendeu uma arguição bastante dura de minha orientadora – à época, fim dos anos 1990, isso não era incomum. Generosamente, o professor me salvou, jogando uma luz favorável sobre a tese, apontada como uma perspectiva de renovação do Direito Público. Com a bela apresentação do livro **Direito Administrativo e Políticas Públicas** (Saraiva, 2002) fiquei para sempre devedora dessa grandeza acadêmica. Já professora da Faculdade de Direito da USP, em várias oportunidades, como nas discussões sobre a reforma do Projeto Pedagógico, em 2018, e nos embates conjuntos pela defesa da liberdade acadêmica, só aumentou o aprendizado com esse mestre erudito e suave.

Se nos primeiros anos que se seguiram à promulgação da Constituição houve um trabalho intenso no campo das ideias a instar que o Judiciário assumisse a função mais ativa nas garantias da cidadania – naquela época o discurso da defesa dos direitos fundamentais não estava consolidado como hoje –, não é claro o que ocorrerá se esse mote democrático arrefecer. Com a mudança da visão política que estrutura a Constituição, que mesmo sem ser dominante exerceu hegemonia no meio jurídico durante o período democrático de 1993 a 2016, qual a visão que passará a subsidiar a leitura da Constituição e suas medidas de efetivação?

Retornaremos a alguma forma de valorização do formalismo jurídico, correspondendo ao preenchimento, pelo Poder Legislativo, de vazios até agora ocupados pelo Supremo Tribunal Federal? Qual o alcance da reassunção de espaço político pelo Congresso, que vem sendo sinalizada no campo das decisões orçamentárias pelo menos desde a criação do "orçamento impositivo", com as Emendas Constitucionais ns. 86/2015 e 100/2019? Podemos esperar que disso decorra novo protagonismo do Congresso como fonte da legalidade? Serão Câmara e Senado – hoje em grande parte descolados dos compromissos democráticos da Constituição de 1988, dominado pelas barganhas do orçamento paroquial – capazes de reaver parte da iniciativa perdida em favor do Executivo, origem da maioria dos projetos de leis aprovados nas últimas décadas?

E do lado do Judiciário? É razoável esperar que seja reforçada a deferência ou autocontenção do Poder Judiciário diante dos outros Poderes? Ou veremos o ativismo judicial com sinal trocado, substituindo a fundamentação dos artigos 5º e 6º da Constituição por referências de índole menos igualitária, como, por exemplo, a "Declaração de Direitos da Liberdade Econômica", encartada na Lei da Liberdade Econômica, Lei n. 13.874/2019, a ensejar atividade interpretativa ampla, agora em favor da liberdade de iniciativa e da redução da intervenção do Estado?

O exercício especulativo sobre o futuro é necessário para que a imaginação institucional renove as balizas de ação. Compreender os movimentos do passado recente, em especial como se deu a "virada cidadã" no funcionamento da Justiça logo após a edição de nossa "Constituição transformadora" (Bercovici, 2013, p. 285-305), entrelaçando a dinâmica dos poderes políticos com a produção de uma forma específica de legitimação jurídica, ressoa neste momento em que uma outra visão de mundo, conservadora, com apelo religioso e tradicional, também assume pretensões transformadoras, projetando sua sombra sobre o futuro.

2. A Transição da Racionalidade Formal à Racionalidade Material Depois da Constituição de 1988

O início da década de 1990 foi marcado pelo questionamento dos limites da legalidade racional-formal, que deveria passar a ser permeada por uma racionalidade material, sensível às aspirações políticas e sociais que fundaram o projeto constitucional. À bandeira da superação da cultura jurídica formalista se conjugavam os temas do acesso à justiça, da reforma do ensino jurídico e do enfrentamento da barreira de classe na composição do Judiciário, debatidos nas escolas de magistratura (Faria, 1994). Explicitava-se uma nova compreensão política do papel da Justiça, que fosse além da suposta neutralidade do direito liberal, o qual na prática ocultava a conflitividade e as diferenças sociais profundas, como observou José Eduardo Faria.

> Para (...) uma atomização, autonomização e individualização dos conflitos de interesses, exige-se um conjunto de categorias abstratas capaz de permitir à dogmática jurídica situar-se de maneira distanciada – e, portanto, "**despolitizada**" – dos antagonismos reais. Graças a essa estratégia, expressa pelas principais categorias normativas forjadas pelo Estado liberal, como as noções clássicas de contrato, legalidade, constitucionalidade, hierarquia das leis etc., e operacionalizada, nos casos de conflito concreto, por tribunais centralizados pelo Estado, esta concepção de direito atribui às regras jurídicas a responsabilidade de articular relações formalmente "igualitárias" entre os "sujeitos de direito", garantindo o valor da segurança jurídica e, ao mesmo tempo, tornando-se tão previsíveis quão controláveis os atos de autoridade emanados dos diferentes órgãos decisórios do sistema legal. **Em nome de uma concepção legal-racional de legitimidade, que despreza as determinações genético-políticas de suas categorias e preceitos, esse sistema é auto-limitado para resolver os conflitos jurídicos a partir de decisões estritamente legais** – o que faz com que a ordem institucional seja encarada como uma estrutura formalmente homogênea, exclusive e disciplinadora tanto do comportamento dos cidadãos quanto do próprio funcionamento dos órgãos estatais (Faria, 1994, p. 21-22).

O novo paradigma que então se desenhava para a integração de componentes "genético-políticos" da norma à racionalidade jurídica atuante implicava a revisão da postura do Poder Judiciário, inclusive em relação aos temas clássicos da autonomia e independência. José Reinaldo de Lima

Lopes propugnava, em 1995, premonitoriamente, por um delicado equilíbrio entre atuação formal e legitimação social, que, se por um lado não cede à "voz das ruas", por outro não ignora seu sentido mais profundo, ao internalizar as diretivas da Constituição voltadas à igualdade e à responsabilidade social e econômica.

> Independência de quê? Autonomia para quê? A independência do Judiciário tem que ser dos outros poderes, e dos interesses mais poderosos da sociedade. Sua autonomia tem que ser para aplicar a lei, e fazer valer os direitos dos cidadãos conquistados na Constituição e nas leis, e para manter a paz e a segurança entre os iguais. Deste ponto de vista, **o Judiciário tem também de ser autônomo em relação à voz das ruas, no sentido de que não pode julgar levado pela emoção.** Lembrando uma velha tradição ocidental, expressa com maestria por S. Tomás de Aquino na Suma Teológica: a justiça é uma virtude intelectiva, pois leva-nos não a controlar os apetites mas a discernir o certo e o errado em cada caso nas ações exteriores relativas a outrem. Ora, o julgamento deve ser uma atividade, quanto possível, isenta da cegueira das emoções. Isto, porém, não significa que o Judiciário, como órgão estatal de uma sociedade historicamente dada, não seja constituído justamente para fazer valer as regras e o sentido das regras aceitas em tal sociedade. Ou seja, **se o sentido da vida social encaminha-se para uma democratização crescente, se a constituição e as leis indicam diretivamente a direção da igualdade e da responsabilidade social e econômica**, o esforço da eliminação das discriminações injustificadas de cor, credo, sexo, da supressão ou diminuição das desigualdades sociais, econômicas e regionais, **ao Judiciário não pode ser dada autonomia (nem política nem jurídica) de proceder contra tal direção, que para além de positivada no ordenamento jurídico é perfeitamente compreensível e justificável do ponto de vista racional e desejável do ponto de vista ético** (Lopes, 1994a, p. 77, grifo meu).

A valorização da racionalidade substantiva no âmbito do Judiciário se deu em meio a tensões entre a legalidade da cultura liberal e a democracia social no direito. Essa transição era parte de um movimento mais amplo, que envolveu outros juristas, como Paulo Bonavides, Fábio Comparato e Dalmo Dallari.

Em **O poder dos juízes**, Dallari propôs expressamente que os juízes assumissem a politicidade do Judiciário. Alertando para a necessária distinção entre a consciência política e a atividade político-partidária – a qual deveria seguir vedada aos magistrados – ele convida os juízes à ação.

> (...) nos sistemas constitucionais modernos, os tribunais são independentes do Parlamento ou do Executivo e as decisões judiciais são ordens, não pareceres ou sugestões. Mas o juiz não decide nem ordena como indivíduo e sim na condição de agente público, que tem uma parcela de poder discricionário, bem como de responsabilidade e de poder de coação, para a consecução de certos objetivos sociais. Daí vem sua força. Além de tudo é o povo, de quem ele é delegado, quem remunera o trabalho do juiz, o que acentua sua condição de agente do povo. Esse conjunto de elementos já seria suficiente para o reconhecimento do caráter político da magistratura. (...)
>
> O reconhecimento da politicidade do direito nada tem a ver com opções partidárias nem tira, por si só, a autenticidade e a legitimidade das decisões judiciais. Bem ao contrário disso, o juiz consciente dessa politicidade fará um esforço a mais para conhecer e interpretar o direito, considerando sua inserção necessária num contexto social, procurando distingui-lo do direito abstrato ou do que é criado artificialmente para garantir privilégios, proporcionar vantagens injustas ou impor sofrimentos a outros com base exclusivamente numa discriminação social.[2] (DALLARI,1996, p. 88 e 94).

Já Comparato defendia a superação da cidadania liberal-individualista, em favor de uma "nova cidadania no Estado social", própria à sociedade de massas, em que os mecanismos tradicionais de representação política e de garantia das liberdades individuais são "falseados por relações impessoais e simbólicas"[3] (COMPARATO, 1996, p. 12-13), além de interesses difusos. A ideia-mestra dessa nova cidadania é a participação, que não se limita a uma função procedimental, mas também implica uma concepção substantiva,

[2] Reforçando a tese, o autor transcreve a seguinte passagem de José Reinaldo: "A letra da lei, a publicidade, é pervertida pela materialidade dos edifícios e das práticas. É preciso alterar o império do cartório sobre a jurisdição: atualmente o essencial do processo está em seu andamento cartorial, e isso não é apenas um desvio administrativo, **mas também político**, pois retira do juiz, órgão independente e autônomo, o grosso da condução do caso, para concentrá-lo numa repartição arquivística por natureza." (DALLARI, 1996, p. 156, grifei)

[3] A participação desdobra-se em cinco níveis: a) na distribuição dos bens, materiais e imateriais, indispensáveis a uma existência socialmente digna; b) na proteção dos direitos difusos ou transindividuais; c) no controle do poder político; d) na administração da coisa pública; e) na proteção dos interesses transnacionais.

consistindo em fazer com que "o povo se torne parte principal do processo de seu desenvolvimento e promoção social" (Comparato, 1996, p. 10). A permanência de sentido dessa concepção participativa, em vista da erosão democrática no contexto das relações digitais – e suas distorções–, é algo que ainda está por ser avaliado.

No plano material, a noção de cidadania ampliada incorpora os direitos sociais como base de legitimação. Surgida na passagem do séc. XIX para o séc. XX com a regulamentação dos acidentes do trabalho e a proteção contra o desemprego e a velhice, por meio do seguro social, essa nova categoria de direitos é de difícil operacionalização: o objeto nem sempre é definido e o sujeito passivo das obrigações que lhes correspondem muitas vezes é indeterminado. Além disso, depende da atuação ativa do Estado, tanto na organização quanto na provisão de recursos, o que depende da equação financeira definida pelo balanço de forças políticas no processo orçamentário. No plano jurídico os direitos sociais não se reduzem a declarações, combinando-se com garantias e disposições vinculantes, o que deságua em demandas ao Poder Judiciário, tensionando concepções tradicionais no direito, como a separação de poderes e o processamento de conflitos entre indivíduos.

A complexidade desse feixe de tarefas explica por que a transição para a admissão da intervenção judicial ampla não ocorreu de imediato, mas foi sendo produzida nos anos iniciais de vigência da Constituição, sob influência de juristas comprometidos com a diretriz de promoção social da Constituição.

> A eventual intervenção do Judiciário, no sentido de tornar efetivo um direito social, não significa que teria havido uma transferência inconstitucional de competência, mas sim que o Judiciário está sancionando uma omissão inconstitucional por parte dos demais Poderes. (...) a concretização de direitos sociais, justamente porque se trata de atender à reivindicação de grupos e não de indivíduos isolados, exige algo de mais complexo: a implementação de políticas públicas, isto é, programas de ação governamental, compreendendo uma série organizada de atos – preparatórios ou executivos – escalonada no tempo. (...) o Judiciário não pode – até mesmo por razões de ordem prática – substituir-se ao Governo na realização de políticas públicas (Comparato, 1996, p. 12-13).

Sobre esse ponto específico, reconhecendo os mesmos limites, a leitura de José Reinaldo em 1996 era de franco encorajamento a uma nova postura do Judiciário em matéria de direitos sociais e políticas públicas.

> Se a democracia tem algo a ver com justiça, e todos estão convencidos que têm, por que não há quem defenda a democracia dizendo que ela é boa porque produz injustiça ou porque é incapaz de desfazer injustiça, então um dos temas importantes do Judiciário é atuar, a despeito de suas limitações, promovendo a justiça distributiva (...). Ao Judiciário incumbe, pois, para desempenhar hoje seu papel histórico num Estado democrático (...), escapar da ilusão liberal mais simples de que sua missão se reduz à proteção da propriedade privada e que as reformas sociais de que necessitamos virão por si, sem a sua participação (Lopes, 1994b, p. 143).

Mas os desafios subjacentes a essa forma de atuação eram conhecidos; o julgamento de políticas públicas é o ápice da tensão entre os dois modelos de legalidade, formal e material, e do confronto de justiça comutativa e distributiva.

> Como as diferenças estruturais de classe são enormes, naturalmente as duas espécies de conflitos se misturam, visto que a comutatividade das trocas individuais só é avaliável dentro de um quadro geral de equilíbrio definido pelas trocas globais. Em poucos lugares isto é tão claro quanto naqueles casos em que são discutidas em juízo as políticas públicas em geral (Lopes, 1994a, p. 83).

Houve algumas decisões emblemáticas em matéria de controle judicial de políticas públicas, como em matéria de creches, na ADPF 45, de 2004, relatada pelo Min. Celso de Mello, e RE 1008166, de 2022 pela Min. Rosa Weber[4], ambas a afirmar o dever do Estado de prover os meios e condições

[4] Recurso Extraordinário (RE) 1008166, Tema 548 da repercussão geral: "A tese de repercussão geral fixada foi a seguinte: 1 – A educação básica em todas as suas fases, educação infantil, ensino fundamental e ensino médio, constitui direito fundamental de todas as crianças e jovens, assegurado por normas constitucionais de eficácia plena e aplicabilidade direta e imediata. 2 – A educação infantil compreende creche, de 0 a 3 anos, e a pré-escola, de 4 a 5 anos. **Sua oferta pelo poder público pode ser exigida individualmente, como no caso examinado neste processo. 3 – O poder público tem o dever jurídico de dar efetividade integral às normas constitucionais sobre acesso à educação básica.**" (grifei)

para a efetivação do direito à educação infantil. Mas em geral não se pode dizer que a jurisprudência do STF tenha sido transgressora de limites tradicionais. Em matéria de políticas públicas, a corte segue em geral sendo bastante deferente às decisões dos outros poderes, às vezes até tímida, inclusive quanto a diretrizes que se depreendem do texto constitucional. Esse é o caso da vedação do retrocesso em matéria do (des)financiamento da saúde pública, debatida ao longo dos vários anos em que tramitou a ADI 5595, cuja decisão em 2022, rejeita essa diretriz interpretativa por apertada maioria de 6 a 5, com voto contrário do Min. Barroso[5].

Não foi do campo das políticas públicas que provieram abalos à legalidade formal. Contra o esperado e enunciado, esses vieram de seara mais tradicional, como a interpretação de institutos da legislação eleitoral, a exemplo da cláusula de barreira, da fidelidade partidária e do financiamento empresarial de campanhas políticas. Mas em matéria de rompimento com o formalismo nada se igualou às oscilações da jurisprudência do STF sobre a interpretação do art. 5º, LVII, em relação à presunção da inocência. Insta examinar como se chegou a esse ponto, em termos de justificação coletiva da ação, passando pelo duplo caminho da política e da racionalidade jurídica.

3. Os Transbordamentos da Racionalidade Material nos Anos 2000

Nos vinte anos da Constituição de 1988, a tônica do balanço indicava que a transição para um modelo que admitia a racionalidade jurídica material já

[5] "Preocupante que esse estado de tensão orçamentária, desde os anos 90, possa se agravar pela tese esposada pelo ministro Roberto Barroso, em seu voto na ADI, de que o piso constitucional da saúde (recursos mínimos) pode ser alterado 'por não haver cláusula pétrea que preserve um modelo específico de financiamento da saúde'. O Ministro entende que violação da cláusula pétrea do inciso IV do § 4° do artigo 60 seria proposta tendente a abolir o direito, aquela medida 'que uma vez aprovada atingiria o seu núcleo essencial, esvaziando ou minimizando em excesso a proteção conferida pelo direito'. Isso pode gerar insegurança jurídica quanto aos recursos mínimos da saúde, uma vez que negar financiamento suficiente ou conceder financiamento sempre insuficiente (por mais de 30 anos) à garantia de um direito fundamental de elevado e crescente custo, não significaria minimizar, esvaziar, mitigar, asfixiar a proteção conferida pelo direito. Importante pois transcrever parte do voto da ministra Rosa Weber: 'Para os fins de observância do disposto no artigo 60, § 4°, IV, da CF, redução substancial do montante direcionado ao financiamento da saúde, ainda que transitória, somente se justificaria, a teor dos arts. 6º e 196 da Carta, diante de uma eventual redução do custo de assegurar esse direito (... Um exemplo seria uma revolução tecnológica que viesse a reduzir significativamente o custo de medicamentos ou equipamentos de saúde)'." (Santos, 2022).

havia sido completada nos anos 2000. Independentemente de críticas sobre excessos ou inconsistências ao longo de todo o período, a legitimidade da participação do Poder Judiciário nesse processo em geral foi reconhecida, (Souza Neto; Sarmento; Binembojm, 2009) consagrando o neoconstitucionalismo entre nós. Examinar como se deu a justificação dessa trajetória (e seus limites) pode ajudar no exercício especulativo aqui proposto.

Para isso, analiso argumentos produzidos por Luís Roberto Barroso, que em 1990 defendia uma postura, então nova, de exigibilidade das disposições constitucionais ("cabe aos Tribunais o papel maior de resgatar a efetividade do constitucionalismo brasileiro") (Barroso, 1993, p. 4) e em 2013 chega ao Supremo Tribunal Federal, nomeado por Dilma Rousseff, tornando-se um dos Ministros-acadêmicos da Corte, bastante ativo. O argumento relevante para este artigo é desenvolvido por ele em **A razão sem voto**: o Supremo Tribunal Federal e o governo da maioria (Barroso, 2017a). Nele se expõe o mergulho na racionalidade material do direito e a diluição das fronteiras entre o jurídico e o político desdobrada em três papéis da Suprema Corte brasileira.

De um lado, o papel **contramajoritário**, seguindo o modelo das cortes constitucionais para evitar a tirania das maiorias, examinando possíveis abusos decisórios ou omissões do Legislativo. Exemplos brasileiros são a decisão sobre a constitucionalidade das ações afirmativas em favor de negros para o acesso à universidade ou a autorização de pesquisas com células-tronco embrionárias, devendo-se observar que em ambos a decisão do STF foi autocontida, preservando-se a norma questionada.

De outro lado, o papel **iluminista**, que corresponderia à criação constitucional para a proteção de direitos empreendida pela Corte Warren, nos EUA da década de 1950, cuja decisão mais emblemática é *Brown vs Board of Education* (1954), que põe fim à jurisprudência da segregação racial vigente naquele país desde 1896, com a decisão do caso *Plessy vs Ferguson*, resumida no mote "separados, mas iguais" (Padover, 1996, p. 282-292). Essa vertente, no caso brasileiro, poderia ser ilustrada pela decisão sobre as uniões homoafetivas, que as equiparou às uniões estáveis, suprindo omissão recorrente do Congresso brasileiro para assegurar o gozo de direitos da dignidade humana às pessoas naquela situação.

O terceiro papel, chamado de **"representativo"**, é o mais polêmico, descrito como "a transferência de poder político – aí incluído certo grau de criação judicial do direito – para órgãos como o Supremo Tribunal Federal"

(Barroso, 2017a, p. 54). Isso, rigorosamente, caracteriza o ativismo judicial, com a invasão da esfera da criação do direito, atribuição típica do Poder Legislativo, pelos tribunais. Essas decisões se justificam, segundo Barroso, em função da crise do modelo tradicional da separação de poderes[6], do déficit democrático resultante das falhas do sistema eleitoral e partidário, e do comportamento das minorias parlamentares, que frustram as maiorias ao realizarem obstruções. O autor vai mais longe ao apoiar sua justificativa na tradicional desconfiança da política e numa suposta condição superior dos juízes para suprir essa deficiência.

> parlamentos em todo o mundo estão sujeitos à captura eventual por interesses especiais (...) em conflito com o interesse coletivo. Por outro lado, não é incomum nem surpreendente que o Judiciário, em certos contextos, seja melhor intérprete do sentimento majoritário (Barroso, 2017a, p. 55)[7].

Os exemplos indicados sobre a "função representativa" do STF incluem a proibição do nepotismo nos três Poderes (ADC n. 12 e Súmula Vinculante n. 13), a constitucionalidade da atuação do Conselho Nacional de Justiça como órgão de controle do Judiciário, com competência concorrente para a instauração de processos disciplinares contra magistrados, e a fidelidade partidária, em que, segundo Barroso, a posição do STF "foi ainda mais arrojada", ao determinar a perda de mandato em decorrência da troca de partido pelo parlamentar (Barroso, 2017a, p. 59).

Esse "arrojo" no caso da fidelidade partidária é bastante criticado sob o ponto de vista jurídico, em vista da falta de base constitucional ou legal, conforme aponta Virgílio Afonso da Silva[8], além da baixa consistência e

[6] "(...) muitas questões têm sua decisão final transferida ao juízo valorativo do julgador. Como consequência inevitável, tornou-se menos definida a fronteira entre legislação e jurisdição, entre política e direito (...) e a decisão judicial não se sustentará mais na fórmula tradicional da separação de poderes" (Barroso, 2017a, p. 39-40).

[7] "(...) em muitas situações juízes e tribunais se tornaram mais representativos dos anseios e demandas sociais do que as instâncias políticas tradicionais (...) a sociedade se identifica mais com seus juízes que com seus parlamentares" (Barroso, 2017a, p. 53).

[8] "Até 2007, o parlamentar que se desfiliasse do partido pelo qual havia sido eleito não perderia seu mandato. (...) Em 2007, contudo, o STF mudou seu entendimento, seguindo decisão do TSE do mesmo ano. O STF partiu indevidamente do pressuposto de que a fidelidade partidária é característica inerente à representação proporcional (...) embora não haja qualquer regra constitucional ou legal nesse sentido, o mandato pertence ao partido, não ao parlamentar. Ainda mais heterodoxa foi a aceitação das regras definidas pelo Tribunal Superior Eleitoral,

da instabilidade das regras do jogo, segundo Adriana Ancona de Faria e Roberto Dias (Faria; Dias, 2017, p. 280-308). Sob a perspectiva política, a crítica é ainda mais severa, pois a decisão, conjugada com a que autorizou partidos novos a levarem o tempo de TV de seus filiados[9], favoreceu à época o recém-criado PDS, de Gilberto Kassab, e acentuou a desastrosa proliferação de partidos políticos, o que só começou a ser revertido com a edição da Emenda Constitucional 97/2017, cujos efeitos se completarão apenas em 2030, quase trinta e cinco anos depois da primeira decisão do Congresso sobre a matéria. O cientista político Fernando Limongi tributa diretamente ao STF os casuísmos que afetaram o regramento eleitoral no Brasil:

> As decisões emanadas do Poder Judiciário têm sido tão ou mais "casuísticas" do que as do Congresso Nacional; todas, sem exceção, prenhes de efeitos imediatos para a disputa político-partidária. Não há isenção possível neste tipo de questão. Tampouco é possível argumentar em nome do fortalecimento da democracia ou coisa do gênero. Qualquer decisão tomada favorecerá alguns partidos e prejudicará outros. (...) O Supremo alterou as regras do jogo. Difícil sustentar que a intervenção do Judiciário tenha contribuído para fortalecer os partidos e aperfeiçoar a democracia. (...) As intervenções do Supremo no terreno da legislação eleitoral e partidária – é tempo de afirmá-lo com todas as letras – carecem de coerência. O Supremo, por paradoxal que possa parecer, tem sido fonte de instabilidade. **Ao pretender legislar no campo eleitoral, não tem como evitar atrelar suas decisões à disputa político-partidária**. Perde assim a isenção para reclamar a capacidade de arbitrar uma luta em que se envolve (Limongi, 2013, grifei).

O cotejo dessa observação com a adjetivação de Barroso a respeito da decisão sobre a fidelidade partidária sugere a falta de noção do Tribunal sobre o real alcance político de seus julgados. Isso se coaduna com a crítica de Christian Lynch e José Vicente Mendonça, que consideram um

segundo as quais em alguns casos a mudança de partido não implicaria perda do mandato, como por exemplo, quando houvesse 'mudanças de ideologia do partido'. (...) É um disparate defender que juízes deveriam avaliar todas as trocas de partido para decidir, com base em algum critério não definido, se é o parlamentar ou o partido o legítimo representante de uma suposta ideologia sufragada na eleição anterior. Apesar de não fazer nenhum sentido, essa foi a tese vitoriosa" (Silva, 2021, p. 416).

[9] ADIs 4430 e 4795, propostas por PHS e DEM, PMDB, PSDB, PPS, PR, PP e PTB.

problema da doutrina da efetividade a negação da história constitucional brasileira, (Lynch; Mendonça, 2017) o que na prática é a negação do sentido próprio da política, que passa a ser substituída por soluções *ad hoc*.

Essa tese ganha sentido diante da visão tecnocrática defendida por Barroso, que considera os juízes em regra mais preparados que os políticos, em vista da admissão dos primeiros via concurso público, o que se reproduz no STF, pois embora o recrutamento siga regras distintas, na prática "a quase totalidade dos ministros integrantes da Corte é composta por egressos das carreiras jurídicas cujo ingresso se faz por disputados concursos públicos" (Barroso, 2017a, p. 56).

> Isso significa que pessoas vindas de diferentes origens sociais, desde que tenham cursado uma faculdade de direito e tenham feito um estudo sistemático aplicado, podem ingressar na magistratura. Essa ordem de coisas produziu, ao longo dos anos, um drástico efeito democratizador do Judiciário. Por outro lado, o acesso a uma vaga no Congresso envolve um custo financeiro elevado, que obriga o candidato, com frequência, a buscar financiamentos e parcerias com diferentes atores econômicos e empresariais. (...) Por essa razão, em algumas circunstâncias, juízes são capazes de representar melhor – ou com mais independência – a vontade da sociedade (BARROSO, 2017a, p. 56).

Mas a democratização da composição do Judiciário é falaciosa e ainda distante de uma seleção realmente meritocrática, pois, como exemplifica Marcelo Semer, a carreira para mulheres no Tribunal de Justiça de São Paulo só se destravou quando foi determinada a supressão da identificação dos candidatos nas fases iniciais dos concursos para a magistratura estadual paulista.[10] (Semer, 2021) Outros entraves, além da enorme distância entre a primeira instância e os órgãos da cúpula judiciária, pintam um quadro muito distinto da idealizada composição democrática da carreira (Dallari, 1996; Semer, 2021).

Nesse quadro, é instigante observar o tipo de argumentação jurídica que seguia sustentando a pertinência de se ultrapassar a dimensão formal (que não se confunde com o formalismo), mesmo depois de todas as críticas.

Barroso se vale do argumento da legitimação discursiva, baseado em Alexy, segundo o qual a corte constitucional seria o "representante argu-

[10] Isso ocorreu a partir de 1998, graças a uma medida da Assembleia Legislativa do Estado sugerida pela Associação Juízes para a Democracia.

mentativo da sociedade". A "única maneira de reconciliar a jurisdição constitucional com a democracia é concebê-la, também, como representação popular; pessoas racionais são capazes de aceitar argumentos sólidos e corretos" (Barroso, 2017a, p. 56).

> a) o direito é frequentemente, não a expressão de uma justiça imanente, mas de interesses que se tornam dominantes em um dado momento e lugar; e b) em uma grande quantidade de situações, a solução para os problemas jurídicos não se encontrará pré-pronta no ordenamento jurídico. Ela terá que ser construída argumentativamente pelo intérprete. (...) Se a solução não está toda na norma, é preciso procurá-la em outro lugar. E, assim, supera-se a separação profunda que o positivismo jurídico havia imposto entre o direito e a moral, entre o direito e outros domínios do conhecimento. Para construir a solução que não está pronta na norma, o direito precisa se aproximar da filosofia moral – em busca da justiça e de outros valores –, da filosofia política – em busca da legitimidade democrática e da realização de fins públicos que promovam o bem comum e, de certa forma, também das ciências sociais aplicadas, como a economia e a psicologia. A doutrina pós-positivista se inspira na revalorização da razão prática, na teoria da justiça e na legitimação democrática (Barroso, 2017a, p. 34-35).

José Reinaldo dedicou extensa reflexão a respeito da questão da interpretação. A partir das limitações do positivismo jurídico, a filosofia jurídica da segunda metade do séc. XX teria retomado o tema do exercício prático da razão; "a objetividade não consiste em descobrir, achar ou inventar decisões, mas em justificá-las." (LOPES, 2016, p. 204) "Práticas não podem ser conhecidas senão por suas regras. Regras não podem ser adequadamente conhecidas senão por suas práticas. As práticas constituem o todo de sentido" (Lopes, 2016, p. 220).

> Ganhamos outros meios de combater o arbítrio, o capricho e o irracionalismo legislativo e judiciário ao aumentar nosso entendimento da argumentação e da justificação controlada de nossas ações e decisões. Recuperamos também o diálogo com outras disciplinas da ação, como a filosofia, a ética, as teorias e filosofias do discurso e do sentido. Não é pouca coisa: isso permitiria à doutrina retomar o papel de orientadora da elaboração de figuras, institutos, de crítica da atividade legislativa e judicial, de sistematizadora das novas práticas. Permitiria ainda (...) restaurar o papel da racionalidade

no campo do Direito, eliminando equívocos que o logicismo de baixa qualidade espalhou entre nós e reconquistando espaço ao irracionalismo fácil (Lopes, 2016, p. 223).

Em outras palavras, a prática jurídica não se legitima por critérios exógenos das esferas da política ou da sociedade, mas pelas construções de sentido resultantes da sucessão de decisões ao longo do tempo. A aceitação dessas não decorre de corresponderem às expectativas populares em relação aos resultados dos casos concretos, mas da consistência das referências de justiça produzidas segundo uma racionalidade jurídica coerente e compreensível.

4. A Racionalidade Jurídica em Aberto: o Brasil Pós Lava Jato, Pandemia e Onda Autoritária

À guisa de fecho e de maneira muito simplificada, a lição a extrair é que o espaço da racionalidade jurídica não se confunde com o dos embates políticos que moldam a área de ação e as armas de juízes e tribunais.

A especificidade dessas camadas de atuação já havia sido assinalada por José Reinaldo quando problematizou leituras sociológicas que criticavam a debilidade da produção jurídico-intelectual do bacharelismo brasileiro, para quem "a produção brasileira foi essencialmente política, não propriamente dogmática ou técnico-jurídica" (Lopes, 2010, p. 100). Não deixa de ser paradoxal acusar o bacharelismo por certos vícios na formação do país, ao mesmo tempo em que se reputa sua produção como secundária. José Reinaldo Lopes aprofunda a reflexão, em primeiro lugar refutando, com base em pesquisa empírica, o caráter desqualificado dos documentos e análises jurídicas da época; havia "um grau sofisticado de argumentação" em muito dessa produção (Lopes, 2010, p. 101). Além disso, desdobra as pontas do paradoxo nas duas tarefas de erguimento e fundamentação jurídica do Estado-nação.

> Não houve falta de cultura jurídica de grande erudição entre nós, nem a luta pela liberdade foi totalmente fracassada (embora também não tenha sido totalmente bem sucedida). É preciso tentar compreender melhor o que se passava em dois níveis diferentes. (...) Havia duas tarefas simultâneas e igualmente importantes. Uma era a de constituir um **Estado nacional** e, por implicação, um direito nacional, o quanto possível autônomo do direito português e do direito colonial (...). A outra era a de erguer um **Estado constitucional liberal**

> no qual formas antigas de representação e participação política, como o velho municipalismo das câmaras, fossem substituídas pelo novo ideário do Estado-nação, organizado segundo os princípios constitucionais (Lopes, 2010, p. 107, grifos no original).

Grosso modo, podemos dizer que essa dualidade de perspectivas persiste, não se confundindo a questão política do protagonismo legislativo contraposto ao judicial com o desafio jurídico de produzir critérios de decisão aceitáveis e capazes de nortear a convivência social. Em momentos de transformação como o que vivemos, seja motivado pela degradação das formas vigentes ou pela busca consciente de novos padrões, cada um desses fatores atuará segundo suas próprias forças. A política pode inspirar o aprimoramento das formas democráticas e o direito reforçar, com base na sua racionalidade específica, a linguagem que lhe corresponde. Mas o inverso também pode ocorrer.

Voltando ao artigo de Barroso, percebe-se um outro paradoxo para quem defendia a superioridade das missões do Tribunal – contramajoritária, representativa e iluminista – em face da política, uma vez que as salvaguardas apresentadas contra o risco de degradação de seu papel parecem mais condicionadas à política do que à confiança nas razões jurídicas.

> Assim, se o Tribunal for contramajoritário quando deveria ter sido deferente, sua linha de conduta não será defensável. Se ele se arvorar em ser representativo quando não haja omissão do Congresso em atender determinada demanda social, sua ingerência será imprópria. Ou se ele agir como vanguarda iluminista fora das situações excepcionais em que deva, por exceção, se imbuir do papel de agente da história, não haverá como validar seu comportamento. (...) se embaralhar seus papéis ou se os exercer atrabiliariamente, o Tribunal viverá seu ocaso político. Quem quiser se debruçar sobre um *case* de prestígio mal exercido, de capital político malbaratado, basta olhar o que se passou com as Forças Armadas no Brasil de 1964 a 1985. E quantos anos no sereno com comportamento exemplar têm sido necessários para a recuperação da própria imagem (Barroso, 2017b, p. 567).

Os problemas quanto à "imagem" do STF talvez não estivessem no radar de Barroso por ter escolhido funções menos controvertidas para análise. Quando se olha para a função de jurisdição penal do STF, especialmente os processos da Operação Lava Jato, a mescla entre política e direito assume outros contornos, ainda hoje mal compreendidos sob o ponto de vista da racionalidade jurídica. As regras processuais foram distorcidas? Foram interpretadas de modo flexível com base numa legitimação finalística?

> O Brasil nunca mais foi o mesmo depois de 2013. A tempestade institucional que se viu após aquelas jornadas de junho teve na bandeira do enfrentamento da corrupção o seu principal motor. A sociedade aplaudia investidas robespierrianas contra políticos e o sistema judicial chancelava incursões nos domínios da política, com atuação decisiva do Supremo Tribunal Federal (...)
>
> No vale-tudo da cruzada anticorrupção, o Ministério Público Federal, em iniciativa institucional pouco ortodoxa, chegou a propor ao Congresso dez medidas contra a corrupção –algumas de conteúdo hoje reconhecidamente tido como questionável–, na mesma crença de milhões de brasileiros de que contribuiriam para a construção de um Brasil mais justo e solidário.
>
> Após a tempestade, no entanto, não veio a bonança. Nos escombros da terra arrasada que se tornou a disputa política no país, sobreveio, nos últimos quatro anos, um desmonte de órgãos de controle. Instituições como o MPF, a Controladoria-Geral da União e a Polícia Federal sofreram grandes impactos decorrentes de medidas que atacaram por dentro seu funcionamento. Paralelamente, medidas administrativas e legislativas concorreram para a opacidade governamental e para o desmonte de políticas públicas em variadas áreas, com efeitos devastadores no enfrentamento da corrupção. (...) (Pereira; Pinto; Araujo Junior; Netto Junior, 2022).

É provável que o desgaste da Corte tenha sido compensado por sua reconhecida atuação em defesa do estado democrático de direito diante do agravamento da escalada autoritária em 2022. Não obstante, o revigoramento das instituições de justiça demandará desenovelar o direito e a política.

Referências

Barroso, Luís Roberto. A razão sem voto: o Supremo Tribunal Federal e o governo da maioria. *In:* Vieira, Oscar Vilhena; Glezer, Rubens (Orgs.). **A razão e o voto. Diálogos constitucionais com Luís Roberto Barroso.** São Paulo: FGV Editora, 2017a, p. 25-79.

Barroso, Luís Roberto. Contramajoritário, representativo e iluminista: o Supremo, seus papéis e seus críticos. *In:* Vieira, Oscar Vilhena; Glezer, Rubens (Orgs.). **A razão e o voto. Diálogos constitucionais com Luís Roberto Barroso.** São Paulo: FGV Editora, 2017b, p. 25-78.

Barroso, Luís Roberto. **O Direito Constitucional e a efetividade de suas normas.** Limites e possibilidades da Constituição brasileira. 2ª edição. Rio de Janeiro: Renovar, 1993.

BERCOVICI, Gilberto. A Constituição de 1988, as constituições transformadoras e o novo constitucionalismo latino-americano. **Revista Brasileira de Estudos Constitucionais**, Belo Horizonte, ano 7, n. 26, p. 285-305 mai/ago 2013.

COMPARATO, Fábio Konder. A nova cidadania. *In:* **Direito Público. Estudos e Pareceres.** São Paulo: Saraiva, 1996.

DALLARI, Dalmo de Abreu. **O poder dos juízes**. São Paulo: Saraiva, 1996.

FARIA, Adriana Ancona de; DIAS, Roberto. O direito, a política e a vanguarda do STF: riscos democráticos. *In:* VIEIRA, Oscar Vilhena; GLEZER, Rubens (Orgs.). **A razão e o voto. Diálogos constitucionais com Luís Roberto Barroso**. São Paulo: FGV Editora, 2017, p. 280-308.

FARIA, José Eduardo. Judiciário e desenvolvimento sócio-econômico. *In:* FARIA, José Eduardo (Org.). **Direitos humanos, direitos sociais e justiça**. São Paulo: Malheiros Editores, 1994, p. 11-29.

LIMONGI, Fernando. Em defesa do Congresso. **Valor Econômico**, 30 abr. 2013. Disponível em: https://valor.globo.com/politica/coluna/em-defesa-do-congresso.ghtml. Acesso em: 02 nov. 2022.

LOPES. José Reinaldo de Lima. Crise da norma jurídica e a reforma do Judiciário. *In:* FARIA, José Eduardo (Org.). **Direitos humanos, direitos sociais e justiça**. São Paulo: Malheiros Editores, 1994a, p. 68-93.

LOPES, José Reinaldo de Lima. Direito subjetivo e direitos sociais: o dilema do Judiciário no Estado social de Direito. *In:* **Direitos humanos, direitos sociais e justiça**. José Eduardo Faria (org.). São Paulo: Malheiros Editores, 1994b.

LOPES. José Reinaldo de Lima. Filosofia analítica e hermenêutica. Preliminares a uma teoria do Direito como prática. **Revista de Informação Legislativa**. Brasília, a. 53, n. 212, p. 203-226, out/dez 2016.

LOPES, José Reinaldo de Lima. **O oráculo de Delfos: Conselho de Estado e direito no Brasil oitocentista.** São Paulo: Saraiva, 2010.

LYNCH, Christian Edward Cyril; MENDONÇA, José Vicente Santos de. Por uma história constitucional brasileira: uma crítica pontual à doutrina da efetividade. **Revista Direito e Práxis**, Rio de Janeiro, v. 8, n. 2, p. 974-1007 2017.

PADOVER, Saul. **The living U.S. Constitution**. 3. ed. USA: Meridian, 1996.

PEREIRA, Francisco de Paula Vitor Santos; PINTO, Felipe Carvalho; ARAUJO JUNIOR, Julio José; NETTO JUNIOR, Edmundo Antonio Dias. Enfrentamento da corrupção: o ocaso não é por acaso. **Folha de S. Paulo**, 26 out. 2022. Disponível em: https://www1.folha.uol.com.br/opiniao/2022/10/enfrentamento-da-corrupcao-o-ocaso-nao-e-por-acaso.shtml. Acesso em 4 nov. 2022.

SANTOS, Lenir. As pedras no caminho do SUS: ADI 5.595 e o desfinanciamento da saúde. **Consultor Jurídico**, 22 set. 2022. Disponível em: https://www.conjur.com.br/2022-set-22/lenir-santos-adi-5595-desfinanciamento-saude. Acesso em: 2 nov. 2022.

SEMER, Marcelo. **Os paradoxos da justiça**. Judiciário e política no Brasil. São Paulo: Contracorrente. 2021.

SILVA, Virgílio Afonso da. **Direito Constitucional Brasileiro**. São Paulo: Edusp, 2021.

SOUZA NETO, Claudio Pereira de; SARMENTO, Daniel; BINENBOJM, Gustavo (Coords.). **Vinte anos da Constituição Federal de 1988**. Rio de Janeiro: Lumen Juris, 2009.

28
DONALD, A RAINHA E A FRAGILIDADE DA DEMOCRACIA

Roberto Freitas Filho

Introdução

No presente artigo, proponho que os recentes atos e manifestações de autoridades brasileiras, ao extrapolarem os limites das práticas socialmente aceitas como próprias de um regime democrático, colocam em risco a democracia e, portanto, o próprio Estado Democrático de Direito, sobretudo se forem tolerados e se tornarem corriqueiros. Nesse sentido são, em si, atos juridicamente ilícitos, inconstitucionais, além de politicamente indesejáveis, pois frustram o pacto político civilizacional consagrado na Constituição Federal de 1988 e a forma como nos organizamos, na condição de uma comunidade política.

Procuro apontar a natureza institucional do Direito e da Democracia, apresentando a distinção entre os fatos institucionais e os fatos brutos, bem como a postulação da perspectiva interna da norma jurídica como constituinte de sua identidade. Exploro a discussão sobre a natureza histórica e interpretativa do Direito, como conceitos extensivos à democracia como instituição, além de adotar a ideia de que o direito, assim como a democracia, é uma prática social com sentido inteligível a partir da sua natureza institucional.

Apresento dois exemplos de quebras de padrões institucionais que colocam em risco a democracia e geram crises constitucionais. Sobre estes exemplos formulo a hipótese da ilicitude radical de atos antidemocráticos, decorrente de um tipo de conduta política.

1. Dois Exemplos

1.1. Exemplo 1: crise constitucional sem constituição

Em um episódio de **The Crown**, série de sucesso da Netflix, conta-se a história da desavença entre a primeira-ministra Margareth Tatcher e a rainha Elizabeth, nos anos 1980.[1] Há uma sucessão de eventos entre as duas personagens históricas que leva, em determinado ponto, à crítica pública da rainha à primeira-ministra. Os detalhes não vêm ao caso, mas em resumo a rainha acaba por deixar claro, ainda que de maneira implícita e não assumida, que a forma como a política econômica e, principalmente, a política externa estavam sendo conduzidas por Tatcher não lhe agradavam.

O importante no nosso exemplo é que essa "intromissão" (se é que se pode dizer que isso seria, de fato, uma intromissão) da Chefe de Estado no trabalho da Chefe de Governo nunca havia acontecido. Nunca a rainha Elizabeth havia expressado ou deixado transparecer publicamente seu descontentamento com as decisões dos primeiros-ministros britânicos. De maneira bastante natural, no seriado, a questão é tratada como uma "crise constitucional" e a quebra de padrão de comportamento é referida como um erro de julgamento. Afinal, o que exatamente significa falar em "crise constitucional", naquele contexto?

1.2. Exemplo 2: Donald, eleições e a turba

O último presidente norte-americano, Donald Trump, dentre muitas outras reações e comportamentos inusitados, considerando-se o cargo que ocupava: (i) após eleito, colocou sistemática e reiteradamente em dúvida a segurança do método de votação nos estados da federação norte-americana e (ii) não acolheu o resultado das eleições de 2020, não se comunicou com o vencedor após a divulgação dos resultados e não compareceu à cerimônia de transmissão do cargo para o vitorioso Joe Biden. Além dessas atitudes, Trump ainda conclamou apoiadores a se manifestarem de maneira "selvagem" no dia do anúncio oficial do resultado das eleições norte-americanas, o que pode ter incentivado a invasão do Congresso, com a consequente morte de manifestantes e de um policial.[2] Por conta dessas atitudes, Trump foi submetido a um processo de impeachment.[3]

[1] Trata-se do episódio 8, da quarta temporada, intitulado "48 contra um".

[2] RESTON, Maeve; LIPTAK, Kevin. The day America realized how dangerous Donald Trump is. **CNN politics**, 9 jan. 2021. Disponível em: https://edition.cnn.com/2021/01/09/politics/donald-trump-dangerous-capitol-riot/index.html. Acesso em: 29 mar. 2022.

O que está em jogo quando um presidente eleito decide não respeitar regras históricas de transmissão de cargo? O que significa, política e juridicamente, um presidente conclamar a população a invadir o parlamento?

2. Democracia: Breve Nota

Por definição, a democracia moderna se conforma como um regime de governo em que as decisões são tomadas por todo o povo, de maneira representativa. Dentre as alternativas à democracia como forma organizada de tomada de decisões políticas, a anarquia e a guardiania são, talvez, as mais relevantes teórica e empiricamente (Dahl, 2012, p. 78).

Além da dimensão formal da definição da democracia, há uma outra, mais importante para os fins da presente reflexão, que diz respeito à existência de um conjunto de certos valores que acompanham o processo de tomada de decisões. Há uma camada da democracia que compõe seu sentido substantivo, o respeito à diversidade, à pluralidade, à existência de recursos não somente de participação política, mas de acesso a bens materiais, culturais, educacionais, de possibilidade de afirmação identitária, enfim de fruição justa e de maneira igual daquilo que o Estado proporciona para que o cidadão possa florescer, da forma como lhe pareça melhor viver (Dahl, 2012, p. 276). Por todas essas características, colocar em risco a democracia é, em grande medida, arriscar a própria forma de vida escolhida pela comunidade política.

3. Instituição[4] como Parte da Realidade Social

Instituição é o conjunto de ações interpessoais que só podem ser praticadas por quem desempenha um papel ou função específicos, unificadas por um sentido, uma finalidade e um propósito. Não são, portanto, sim-

[3] Manzano, Fabio; Vidigal, Lucas. Impeachment de Trump: senadores aprovam constitucionalidade do processo. **G1 mundo**, 09 fev. 2021. Disponível em [https://g1.globo.com/mundo/noticia/2021/02/09/comeca-o-julgamento-do-impeachment-de-trump-no-senado.ghtml] Acesso em: 29 mar. 2022

[4] É importante esclarecer o uso da palavra "instituição" como referida a uma prática institucional, vale dizer, uma prática reflexiva, com sentido culturalmente atribuído, para além da mera regularidade ou reiteração. Essa prática institucionalizada pode se dar em uma instância de ação, como um tribunal ou a polícia, por exemplo. O termo "instituição", portanto, pode ser compreendido como uma organização criada para a realização de um fim determinado, ou se referindo, como é o caso aqui, a práticas sociais. Veja-se, por exemplo, o uso da palavra no segundo significado, na Lei 9870/99: a referência às "instituições de ensino".

ples repetições de condutas de sujeitos, mas são interações regradas e com sentido próprio (Lopes, 2021, p. 148).

Em um livro da década de 90, John R. Searle abordou o relevante questionamento sobre a existência de um "mundo objetivo" no qual há dinheiro, propriedade, casamento, governos, eleições, tribunais (todas "coisas" imateriais).[5] Apoiado na teoria dos atos de fala de Austin, Searle se propõe a explicar a ontologia do que chamou de **fatos institucionais**, em oposição aos chamados **fatos brutos** do mundo.[6]

Uma síntese da ideia de Searle ajuda a compreender os fatos institucionais.[7] Em primeiro lugar, deve-se reconhecer que um elemento central da nossa condição de agentes capazes de consciência é a possibilidade de criar fatos sociais, assim como a atribuição de funções a objetos e a outros fenômenos, funções essas que são sempre relativas aos interesses dos sujeitos (Searle, 1995, p. 19). Ao permitir a atribuição de funções, a linguagem constitui o sentido do objeto ou do fenômeno, na medida em que estabelecemos, por meio de uma intencionalidade coletiva, certos consensos possíveis sobre o que são as coisas, como elas devem funcionar, e quais finalidades devem cumprir. O elemento crucial da intencionalidade coletiva é o sentido de realizar algo em conjunto, que pode ser uma crença, um desejo, um jogo etc. As instituições sociais não são fatos naturais ou, como diz Searle, "fatos brutos"[8] que existem independentemente de nós. Fatos institucionais somente podem existir a partir de instituições humanas.

Ao explicar o que seriam as instituições, Searle define a diferença entre **regras reguladoras** e **regras constitutivas**, sendo estas as que criam a possibilidade de certas atividades (Searle, 1995, p. 34); os proferimentos performativos fazem parte da criação do fato institucional. Declarações de guerra, casamentos, a abertura de uma sessão pública em um tribu-

[5] Trata-se de Searle, 1995.

[6] Apesar dos fatos brutos serem expressos por meio da linguagem, não é a sua expressão linguística que garante sua existência. O vulcão Etna existe, independentemente de que se profira a frase: "o Etna existe". Nesse sentido, a expressão linguística dos fatos brutos não se confunde com a existência objetiva do fenômeno. O autor se assume como um realista e adota, na perspectiva semântica, uma versão da teoria da verdade como correspondência (Searle, 1995, p. 2).

[7] O problema é tratado especialmente nos capítulos 2 a 5, embora esteja presente em toda a reflexão do autor.

[8] A expressão "brute facts" foi criada por Elizabeth Anscombe, em artigo de 1958, mas popularizada por Searle. Ver Anscombe, 1958.

nal, são exemplos de criação de fatos institucionais; os fatos institucionais dependem de fatos brutos, pois se dão no âmbito da experiência factual; os fatos institucionais são relacionados a outros fatos institucionais em relação sistemática; na realidade institucional há uma precedência de atos sobre objetos sociais; e o componente linguístico é fundamental para os fatos institucionais (Searle, 1995, p. 51). Como um fato institucional não é definido como a reiteração de uma série de movimentos físicos[9], a dimensão reflexiva, própria da linguagem, é fundamental para a sua constituição (Searle, 1995, p. 37). Como deve haver aquiescência e reconhecimento contínuos da validade da função atribuída à democracia, para que ela se mantenha legitimada, há limites ao que se pode e como se pode fazer, ainda que um dos princípios que a presida seja o da liberdade individual (Searle, 1995, p. 45).

Evidencia-se, assim, a complexidade do fenômeno institucional e é possível perceber a importância e os efeitos potenciais de falas sobre a Democracia e atos contra ela (ou sobre o Estado Democrático de Direito, poderíamos dizer), na medida em que sua existência e manutenção dependem de práticas regradas, a serem observadas por todos e, especialmente, por quem esteja em posição de desempenhar a função de autoridade nesse arranjo institucional.

4. Sobre a Natureza Institucional do Direito e da Democracia

Em seu **Curso de Filosofia do Direito**: o Direito como prática[10], José Reinaldo de Lima Lopes postula que o direito é uma prática[11] institucional,

[9] Searle estipula diferença entre fatos sociais e fatos institucionais. "I have already stipulated that any fact involving collective intentionality is a social fact. Thus, for example, hyenas hunting a lion and Congress passing legislation are both cases of social facts. Institutional facts, it will turn out, are a special subclass of social facts. Congress passing legislation is an institutional fact; hyenas hunting is not." (Searle, 1995, p. 38) Pensemos nas sociedades de abelhas e na posição de "rainha", como metaforicamente nós costumamos designar esse tipo de abelha.

[10] Embora o título possa ser próximo ao de um manual, o livro apresenta uma postulação teórica forte e, nesse sentido, uma teoria, segundo a qual o Direito é explicado adequadamente a partir da ideia de "prática social", com a qual concordo integralmente. Nesse sentido, em oposição ao positivismo e ao ceticismo, é preciso compreender o Direito a partir do seu sentido específico, o qual tem a ver com a justiça e com a racionalidade.

[11] "Prática sociais fundam-se em padrões, Standards, princípios refletidos e conscientes, não em fatos puros e simples. A regra que permite a 'identificação dos padrões' é a regra

uma ordem normativa institucional dependente de costumes humanos, ações e decisões. Alinhando-se a autores como Hart e MacCormick, no Direito, e Ricoeur e Wittgenstein, na Filosofia, discorre, especialmente no capítulo 3, sobre o direito como ação, prática e instituição. A ideia de instituição, em oposição à de natureza permite compreender o sentido daquilo que é o "jurídico" como um jogo de linguagem em que sujeitos têm expectativas normativas de conduta reciprocamente vinculantes. Sendo compartilhada, a prática jurídica é executada segundo um sentido conhecido e consciente pelos que dela participam, havendo, assim, um sentido global da prática e um sentido específico de ações realizadas no seu âmbito. Em analogia com a linguagem, é possível dizer que no Direito, assim como em qualquer prática institucionalizada, os falantes, participantes da prática, se submetem a regras que limitam o que pode ser dito (no sentido de que há um limite de possibilidade para a linguagem)[12] e tornam possível o próprio ato de dizer (Lopes, 2021, p. 104).

Dizer que o direito é uma realidade institucional marca a sua distinção do campo da moralidade, no sentido de que neste o agente autônomo ocupa um lugar central na determinação das obrigações morais (MacCormick, 2007, prefácio). Um exemplo bastante didático e que expressa talvez o aspecto constitutivo mais elementar da ideia de "institucionalidade" é a prática de formarmos uma fila.[13]

Em seu aspecto mais radical, portanto, o fenômeno jurídico está diretamente relacionado às práticas sociais que o legitimam (Maccormick, 2007, p. 2). Assim como no exemplo da fila, obviamente com diferenças em termos de complexidade, ocorre o mesmo com relação ao Estado de Direito (*Rule of law, Rechtsstaat*) enquanto realidade social institucional, que

constitutiva. Quem está dentro da prática (de um certo **jogo de linguagem**) ou quem deseja entrar nela precisa **captá-la**, ou seja, compreendê-la, concebê-la, ter ou formar um conceito da **natureza** dessa prática. Precisa desenvolver o **ponto de vista interno**, isto é, o ponto de vista de um agente que sabe o que está fazendo e conhece aquela esfera de vida (Lopes, 2021, p. 71).

[12] Nesse sentido, o famoso aforismo 7 de Wittgenstein: "O que não se pode falar, deve-se calar" (Wittgenstein, 2001, p. 129).

[13] "Using reflections about the queue as a basis for generalization, we may suggest with reasonable confidence that there is a possibility of orderliness in human affairs some of the time in some places about some matters. There is order wherever people conduct themselves in relation to others on the basis of an opinion concerning the right thing to do which they suppose to be a mutual opinion, provided that there turns out to be sufficient community (not perfect identity) of opinions held and acted on." (Maccormick, 2007, p. 18),

pressupõe o exercício do poder sob limites constitucionais, em um tipo de institucionalidade que privilegia o governo por meio de regras legitimadas, escritas e não escritas, como os costumes e as práticas sociais significativas, historicamente reconhecidas, que permitem ao cimento social produzir seu efeito de permanência e garantia contra arroubos arbitrários que coloquem em risco a estrutura na qual a comunidade política exista, e da forma como esperamos que exista. A realidade normativa institucional precede a norma posta e dela não depende para existir como tal (MacCormick, 2007, p. 17).

Da mesma forma, a realidade democrática é, nesse sentido, sustentada pela crença institucionalizada de que esse é o jogo a ser jogado e de que a aceitação das regras desse jogo é o núcleo institucional do fenômeno democrático. A democracia não se sustenta porque uma norma escrita qualquer diz que devemos ser, como comunidade política, uma democracia. Em certo sentido, ela simplesmente é, em um movimento de autoreferencialidade, de autofudamentação e autolegitimação. [14]

É importante notar, portanto, que a institucionalidade da democracia não está fundada em uma "lei" (um texto normativo) promulgada. Ao contrário, a norma posta é a resultante da institucionalidade democrática. Não há necessidade da articulação explícita de uma norma ou um conjunto de normas para que se reconheça a prática social que constitui a democracia, já que o consenso sobre o reconhecimento recíproco e difuso das crenças normativas é, para esses fins, suficiente (MacCormick, 2007, p. 18).

A norma democrática de possibilidade de abertura discursivo-comunicativa que, na política, se traduz no princípio da liberdade de expres-

[14] A proposta de compreensão do fundamento da legitimidade democrática e estatal pós-convencional de Habermas pode caber na reflexão que se faz sobre a natureza institucional da democracia e, como é ínsito ao seu argumento, o reconhecimento da dependência de determinadas condições de comunicabilidade e mesmo da sua fragilidade. Ao apoiar-se na teoria dos atos de fala, supondo a força pragmática da comunicação, a própria existência da democracia está contida na possibilidade de um certo consenso interpretativo e narrativo sobre alguns pontos centrais, ou "princípios", que permitem sua estruturação. A passagem a seguir ilustra o ponto: "Tão logo, porém, as forças ilocucionárias das ações de fala assumem um papel coordenador na ação, a própria linguagem passa a ser explorada como fonte primária da integração social. É nisso que consiste o "agir comunicativo". Neste caso, os atores, na qualidade de falantes e ouvintes, tentam negociar interpretações comuns da situação e harmonizar entre si os seus respectivos planos através de processos de entendimento, portanto pelo caminho de uma busca incondicionada de fins ilocucionários." (destaquei) (Habermas, 1997. p. 36, grifo nosso).

são é um bom exemplo dessa característica polissêmica desses conceitos. Caberia, em relação ao nosso segundo exemplo, a pergunta sobre se um presidente da república incitar apoiadores a se manifestarem de forma "selvagem", contra a proclamação do resultado das eleições nas quais fora derrotado, estaria no campo permissivo do princípio da liberdade de expressão. Essa pergunta coloca em questão o problema do limite da capacidade da democracia como regime de tolerância à diferença e à pluralidade, problema expresso no paradoxo popperiano da tolerância democrática: devemos, em uma sociedade aberta e pluralista, tolerar os que agem para destruir a possibilidade da pluralidade, da abertura e da tolerância?[15]

A despeito da possibilidade de reação contra condutas ameaçadoras da democracia, nos importa voltar ao ponto central do argumento: o problema da capacidade de erosão democrática por meio de atos de desinstitucionalização. Há algo de intrigante no fundamento do direito (e, transpondo o conceito para nosso objetivo presente, da democracia), algo que tem chamado atenção de autores como Kelsen (1991, *passim*) e Hart (1995, *passim*). Cada um tratou, em suas obras mais conhecidas, da unidade do direito e de sua relativa autonomia, como fenômeno, em relação aos demais campos da experiência humana. O ponto que aqui me importa é o fato de que a ordem jurídica precisa ser legitimada (aliás, "validada", nos termos de Kelsen) de alguma forma. Para Kelsen, a explicação toma a forma de uma norma fundamental pressuposta, com conteúdo provável de uma regra de legitimação, uma regra de obediência ao legislador constitucional. Para Hart, há uma regra de reconhecimento e, ainda, a perspectiva interna da conduta. Hart, quem nos interessa mais nesse ponto, postula que a normatividade jurídica é explicada pela reflexividade que os agentes possuem

[15] É certo que Popper não pretende, com essa questão colocada, defender a censura ou o impedimento da manifestação daqueles que expressam opiniões contrárias à própria democracia ou seus fundamentos, mas sim estabelecer um limite crítico ao princípio democrático de que, em uma sociedade aberta à pluralidade, todos são livres para se manifestar da forma como lhes convenha. A avaliação sobre a possibilidade de reação deve ser feita a partir do risco fático iminente de ameaça à institucionalidade democrática. Nesse sentido, não há que se censurar ou impedir previamente os antidemocráticos, fascistas, racistas, misóginos, negacionistas ou apoiadores de ditaduras, mas sim, a partir da verificação empírica sobre a necessidade da reação democrática coercitiva, impedir as condutas que ameacem concretamente a estrutura e o funcionamento do regime democrático. Sobre as ideias de Karl Popper acerca do tema: [https://observador.pt/opiniao/o-paradoxo-da-tolerancia/], disponível em 07 de fevereiro de 2021.

em relação ao dever. Como sabido, ele combate a ideia de Austin[16] de que a regra jurídica é definida pela sanção, bem como de que o agente cumpre o dever jurídico por receio da aplicação da sanção. De qualquer maneira, apesar das complexidades e da possibilidade de debatermos essa postulação, o que interessa ressaltar é o fato de que a característica da obrigatoriedade das normas e a imperatividade do ordenamento jurídico não são algo que simplesmente se imponha ao agente "de fora para dentro", mas depende de que haja, como dito acima, uma convenção difusa e disseminada sobre a juridicidade (e, portanto, a obrigatoriedade) de uma dada conduta. Assim como no fenômeno da fila, o direito e a democracia não dependem somente (ou mesmo, principalmente) de uma norma escrita, ainda que seja de hierarquia constitucional fundamental. A instituição "democracia" existe por causa da crença difusa, recíproca e compartilhada em seu valor e em sua importância.

Hart identifica na natureza do direito a dimensão interna da norma e a regra de reconhecimento. Em **O Conceito de Direito**, Hart desenvolve seu mais conhecido argumento sobre a distinção entre o Direito e a Moral. Na introdução a **Essays in Jurisprudence and Philosophy**, resume os principais pontos do projeto que conduz a reflexão em **O Conceito de Direito**:

> Minha principal objeção a essa redução das proposições do direito, [aqui se refere à teoria do direito escandinava] suprimindo seu aspecto normativo, é que ela deixa de observar e de explicar a distinção crucial que há entre a simples regularidade de comportamentos humanos e o comportamento regulado por regras. Ela descarta, assim, algo vital para o entendimento não só do Direito, mas de qualquer forma de estrutura social normativa. Para entender esse fenômeno, a metodologia das ciências empíricas é inútil; **o que é necessário é um método "hermenêutico" que envolva a descrição do comportamento regulado por regras como ele se apresenta a seus participantes, que avaliam se ele se conforma ou não a certos padrões compartilhados**. Minha explicação para essa distinção, que chamo aqui de crucial, se dá em termos da ideia de 'aceitação' de padrões de conduta preferidos como orientações e padrões para a crítica e, desta forma, de uma **atitude** que desenvolve um "**ponto de vista interno**" (Hart, 1983, p. 15, grifo nosso).[17]

[16] Trata-se do conhecido argumento desenvolvido em Austin, 2017.

[17] Adotei a tradução da versão brasileira da obra, constante da página 15 (Hart, 2010).

O importante dessa passagem está na indicação explícita da dimensão interna da regra, expressa pela referência à atitude para com o direito, além da menção ao reconhecimento de que a regra jurídica deve ser identificada a padrões compartilhados que são submetidos à forma como o sujeito a interpreta. O ponto de vista interno é, portanto, uma atitude de reflexão sobre a obrigação jurídica. O Estado Democrático de Direito é, também, objeto dessa atitude, na sua perspectiva coletiva compartilhada.

Há uma sutileza explicativa sobre o que, de fato, vincula, já que "sentir-se obrigado" e "ter uma obrigação" são coisas diferentes, embora frequentemente concomitantes. A regra obriga por conta de uma dimensão interna de consciência de pertencimento, um sentido interno de dever.

Hart se refere ao que chama de estrutura normativa da sociedade, o aspecto interno das regras: "O contraste seguinte em termos de aspecto 'interno' e 'externo' das regras de novo pode servir para marcar o que dá a esta distinção a sua grande importância para a compreensão, não só do direito, mas da estrutura de qualquer sociedade..." (Hart, 1995, p. 98).

Outro autor que nos auxilia a compreender a realidade institucional do Direito é Ronald Dworkin, ao explicá-lo como uma prática social interpretativa. Embora possa haver algum questionamento sobre a abordagem institucional do direito[18] em Dworkin, sua insistente defesa do direito

[18] Um exemplo das várias críticas ao trabalho de Dworkin está em Schauer, 2009. Nesse artigo Schauer critica o ataque feito por Dworkin à proposta de distinguir institucionalmente o sistema jurídico de outros sistemas normativos como a moralidade ou a religião, ou dos sistemas controle de comportamentos como a força e o terror, em **A Justiça de Toga**, capítulo 8, e no artigo Hart and the Concepts of Law (Schauer, 2009, p. 1). Essa discussão não tem conexão com o que aqui se problematiza, pois o que Dworkin e Schauer chamam de "questão institucional" não diz respeito ao direito como prática social institucionalizada. O tema do dissenso entre ambos diz respeito à identificação do direito como um tipo de instituição social, na medida em que, segundo a crítica do primeiro, o conceito teria pouca importância prática ou filosófica por ser vago. No presente texto não se trata de definir o direito, mas reconhecer uma sua característica própria e essencial: a sua expressão como prática social institucionalizada.
Um segundo ponto relativo ao artigo é que Schauer faz referência, de forma inadvertida, aos dois sentidos da palavra "instituição", ora como prática, ora como instância de ação, ou organização com determinada finalidade, conforme referido em nota anterior. Nessa passagem a referência é ao segundo significado: "And thus the **behaviour of an institution** turns out to be highly relevant do the doctrinal question, the question that Dworkin describes as being both deep and important (Schauer, 2009, p. 9) (negritei). A menção à distinção feita por MacCormick entre instituições como utentes de normas (norm users) e emissores de normas

como um fenômeno interpretativo revela algo que ajuda nossa reflexão. Trata-se da afirmação, feita recorrentemente, especialmente em **O império do Direito**, de que o fenômeno jurídico deve ser compreendido a partir "de dentro", ou seja, a teoria jurídica promove a compreensão reflexiva das argumentações práticas que são constitutivas da atitude sobre a qual o direito se funda.

Nesse sentido, Dworkin elabora o conceito de comunidade em termos de fraternidade (FINNIS, 1987, p. 357). Em várias passagens de **O império do Direito**, Dworkin faz referência ao direito como uma construção coletiva, um fenômeno cultural produto de convicções, concepções e crenças. Esse é o ponto de partida de John Finnis, ao qual será dedicada uma crítica aguda da forma como Dworkin apresenta o direito como interpretação. Em síntese, sustenta que mesmo que Dworkin seja bem-sucedido em demonstrar que sua explicação da atitude interpretativa e da interpretação, no âmbito da prática jurídica, seja a melhor explicação, ele não teria mostrado que o direito e a prática jurídica são adequadamente descritas dessa maneira: "The exercise in hand is...: discovering which view of the sovereign matters we discuss sorts best with the convictions we each, together or severally, have and retain about the best account of our common practices." (FINNIS, 1987, p. 86); "Justice is a matter of the correct or best theory of moral and political rights, and anyone's conception of justice is his theory, imposed by his own personal convictions, of what these rights actually are." (FINNIS, 1987, p. 97); "Hercules is not trying to reach what he believes is the best substantive result, but to find the best justification he can of a past legislative event" (FINNIS, 1987, p. 338).

Tomo essa relação de exemplos de Finnis, em adição ao próprio conceito ao qual já havia me referido (FINNIS, 1987, p. 365). Esses trechos revelam a importância de elementos de prática social, na forma de compartilhamento de convicções, valores, crenças e concepções enraizadas historicamente. A moralidade, portanto, para Dworkin, como constitutiva do direito, supõe a negação do ceticismo e da abertura para a discricionariedade, seu ponto de dissenso em relação a Hart. Desconsidera, assim, a possibilidade de um ponto de vista externo ao direito (DWORKIN, 2013), o ceticismo moral externo e a abertura para qualquer decisão justificada

(norm issuers) não me parece suficiente para elucidar a diferença entre os dois sentidos do uso da palavra "instituição" (SCHAUER, 2009, p. 15).

no critério de autoridade. Apesar de seu estilo peculiar, ao atribuir sentidos próprios a palavras e expressões, e frequentemente não fazer muitas referências a fontes de debates teóricos e seus interlocutores, é interessante destacar a dimensão comunitária, compartilhada e histórica do fenômeno jurídico, essa última bem refletida no conceito de romance em cadeia (Dworkin, 2000, *passim*).

É para essa dimensão que interessa chamar a atenção. O dever ser, o dever ser jurídico democrático, supõe uma atitude crítica reflexiva, institucionalizada, sobre o papel de cada peça no tabuleiro, na política, no direito (no sistema de justiça), na academia ou nas artes, por exemplo. Concitar cidadãos, na condição de presidente da República, a invadir o parlamento é, nesses termos, ilícito, assim como também defender a instalação de um regime ditatorial, ou fazer sua apologia. [19]

Não pretendo entrar, como disse na introdução, no espaço dessa reflexão, no campo das discussões dogmáticas sobre se pode ser invocada alguma norma posta que indique a ilicitude de comportamentos que colocam em xeque a democracia. Basta reconhecer que, subjaz e antecede a qualquer norma escrita a convicção institucional compartilhada de que a democracia supõe o compromisso com certas condutas e atitudes que, se frustrado, pode colocar em risco de desconstituição (em oposição à constituição, aquilo que é constituído) a própria estrutura sobre a qual decidimos viver politicamente. Isso tem, pelo menos, duas consequências. A primeira é de ordem política e nos impõe a responsabilidade pela guarda da legitimação do regime que escolhemos. A segunda é de ordem jurídica e, assim como o direito, devemos compreender a democracia de acordo com sua natureza jurídico-institucional, com seus limites normativos inerentes, o que interdita certas falas e condutas. A democracia não é um regime no qual a liberdade é um vale-tudo. Ao contrário, liberdade democrática é manifesta por meio da expressão política, identitária, econômica, de opinião, de organização, de manifestação, mas sempre de forma regrada. Não

[19] Assim também em relação aos membros do Legislativo, como revela a notícia de que recentemente o Supremo Tribunal Federal determinou a prisão de um deputado federal em exercício de mandato, em flagrante, por crime previsto na Lei de Segurança Nacional. Por unanimidade, Plenário mantém prisão em flagrante do deputado federal Daniel Silveira (PSL-RJ) 17/02/2021. Supremo Tribunal Federal. Disponível em https://portal.stf.jus.br/noticias/verNoticiaDetalhe.asp?idConteudo=460657&ori=1 Acesso em 23 fev. 2021.

se trata de uma noção de liberdade selvagem, onde cada indivíduo pode tudo que quiser ou se apropriar de tudo o que conseguir.[20]

No Brasil, tomando como objeto de análise a forma como o Governo Bolsonaro se conduz politicamente, vários trabalhos têm enfrentado o problema da potencial erosão democrática decorrente de um método político que se utiliza do fomento ao conflito como estratégia.

5. Resgatando os Dois Exemplos

É hora de retornarmos aos dois exemplos que motivaram a presente reflexão. O que o exemplo da crise constitucional sem constituição escrita nos revela é a dimensão radicalmente institucional da constituição e, por extensão, da democracia. Como nos mostram Searle, Lopes, Hart e Dworkin, não é a manifestação positivada da norma que confere à constituição sua condição como tal. É a dimensão de reconhecimento do valor daquela prática social normativa que a garante, como essência constituinte de uma dada comunidade política. No caso da Inglaterra e do próprio Reino Unido[21], apesar da inexistência de qualquer norma constitucional escrita dispondo que não cabe à rainha se imiscuir em questões político-administrativas, essa é uma regra tão arraigada historicamente naquela comunidade política que seu desrespeito leva a uma crise constitucional. Há muitas complexidades e nuances comparativas que estamos deixando de lado ao nos remetermos à realidade inglesa, mas, no ponto que nos interessa aqui, o exemplo é bastante útil para evidenciar a natureza institucional de um Estado Democrático de Direito. Note-se, por evidente, que estamos a falar de uma monarquia democrática, portanto não de uma República, o que não invalida de nenhuma forma nosso exemplo; ao contrário, o reforça. Hart, ao explicar a sua famosa regra de reconhecimento, discorre sobre o fenômeno da "Rainha no Parlamento", para mostrar como a prática social é o elemento legitimador da ordem jurídica.[22] A regra de reconhecimento é, portanto, significativamente factual.

[20] Essa discussão tem raiz mais profunda na nossa cultura, na nossa herança histórica, sobre a qual não há como avançar nesse espaço. Discuti esse tema em FREITAS FILHO; SILVA, 2017).

[21] Sobre o movimento para a adoção de uma constituição escrita e autônoma para a Escócia. Cf. [https://constitutionforscotland.scot/constitution/] e [https://www.thenational.scot/news/18939523.scottish-constitution-matter-us-say/]

[22] Há alguma controvérsia sobre o que seria a regra de reconhecimento. "Some confusion has been caused by Hart's use of the expression 'rule of recognition' sometimes in the singular

O Estado Democrático de Direito é um fenômeno institucional factual, prático. É um construto histórico, uma prática social regrada, resultado do consenso reflexivo sobre valores, formas de ver o mundo, forma de organizar o poder e de tomar decisões coletivas (DAHL, 2012, *passim*). As falas, os proferimentos, os discursos têm efeitos persuasivos e performáticos. Falar é fazer, como Searle evidencia. Quando a rainha fala, jamais é a pessoa natural que o faz. Ao falar qualquer coisa, ela é a Constituição do Reino Unido. Romper com uma prática social gera, no mínimo, perplexidade e prontidão em relação às consequências que desse comportamento podem advir. Nesse caso, a crise constitucional foi superada pelo ajuste da rainha ao que se esperava, ou seja, que ela não se imiscuísse mais na política partidária e na gestão do dia-a-dia inglês, a cargo da Chefe de Governo. Nitidamente houve um erro, mas não houve uma intenção evidente de minar a Democracia, como instituição.

O exemplo do comportamento atrapalhado e de aparente ma-fé de Donald nos revela algo mais perigoso e ameaçador para a Democracia, tanto na dimensão formal da tomada de decisões coletivas, quanto na dimensão do valor fundante de uma comunidade política, o que designamos por Estado Democrático de Direito. Ao contrário do exemplo da Rainha, no qual houve um erro de julgamento sobre um determinado movimento político da Chefe de Estado, corrigido pela subsequente retração, o exemplo de Donald nos coloca frente ao problema dos limites substantivos da democracia. Donald tentou sistematicamente desacreditar o sistema democrático de escolha, assim como seus valores fundamentais, proferindo falas de radicalização de comportamentos de grupos sociais[23] que poderiam levar, no limite, a movimentos de secessão.

and sometimes in the plural. So far as the positivist theses is concerned, it seems that it is one rule for each legal system. Like Kelsen's basic norm it enables the products of law-creating acts to be described as a system. However, as Hart claims, the rule of recognition exists 'as a social practice', and is not a mere 'presupposition'. A further difference is that, while Kelsen formulates his basic norm in terms of the historically first constitution, Hart formulates his rule of recognition in terms of listed criteria. He does not spell out the rule for any system. He indicates that the rule of recognition in the United Kingdom is 'Whatever the Queen in Parliament enacts is law'" (HARRIS, 2004. p. 121).

[23] Oportuno lembrar, como Madison indica no Federalista, número 10, que a União (em maiúscula, como ele coloca) dos estados norte-americanos foi fundada na ideia de evitar o poder destrutivo das facções. Ele discorre sobre o que chama de "democracia pura", como um regime de participação direta dos cidadãos na tomada de decisões, e sobre a "república",

Ao mobilizar a turba que invadiu o Congresso norte-americano, Donald desconsiderou o valor democrático de respeito às regras de transição de poder, algo definidor dessa forma de organização social. Ao se apegar ao poder em desconsideração à regra não escrita de que quem perde a eleição deve reconhecer esse fato publicamente e em relação ao seu oponente (inclusive tendo a gentileza de fazer a famosa ligação telefônica e reconhecendo a derrota), confunde quem, mesmo sabendo da regra, não tem consciência das suas complexidades, ou seja, a enorme maioria dos cidadãos norte-americanos. Ao agir assim, coloca em risco a estabilidade tanto política como jurídica, pois cabe ao poder instituído reagir contra-ataques efetivamente mobilizados, evitando atos violentos, como a invasão de um prédio público, no caso o Congresso norte-americano, colocando concidadãos em batalha, com possível efeito multiplicador do evento em larga escala.

Conclusões

Os dois exemplos tratados no presente artigo mostram essa fragilidade em dois eventos da história política do Ocidente, um mais remoto e outro mais recente. O aporte de Searle nos permite identificar os elementos institucionais constitutivos desse tipo de realidade, fundada na convergência de sentido de uma prática social. Práticas são ações reiteradas, em um determinado contexto e em uma determinada estrutura, concorrendo para formar uma realidade social na qual se alinham consensos sobre determinados valores, princípios, conceitos, os quais enfeixam campos específicos da experiência social, como nos mostra José Reinaldo de Lima Lopes. A Democracia, ou melhor, o Estado Democrático de Direito, é um desses fatos institucionais, um polo de convergência de certos sentidos compartilhados e, ao mesmo tempo, doador de sentido a um modo de organização política, fruto das escolhas coletivas. A democracia é tanto um modo de organizar a forma da tomada de decisões coletivas, quanto tem um significado substantivo desse modo de vida política.

como um regime de representação, defendendo o segundo: "Among the numerous advantages promised by a well-constructed Union, none deserves to be more accurately developed than its tendency to break and control the violence of faction." Define o que, então, chamava de facção: "By a faction, I understand a number of citizens, whether amounting to a majority or minority of the whole, who are united and actuated by some impulse of passion, or of interest, adverse to the rights of other citizens, or to the permanent and aggregate interests of the community" (Madison, 1952).

A crise constitucional, referida no exemplo do embate entre Margareth Tatcher e a Rainha Elizabeth, é uma crise político-jurídica decorrente de uma violação a uma regra não escrita sobre o papel político dessas figuras. Não se trata de uma crise por violação a qualquer norma escrita, mas a uma prática histórica com sentido específico, naquela realidade social. A Rainha não deve falar sobre política, não deve dar opiniões sobre a condução das políticas públicas e deve guardar distância das questões de governo. Esse é o conteúdo da regra que constitui um valor fundamental de civilidade daquela sociedade. A regra é, de uma maneira fundamental, constitutiva da estabilidade político-democrática. Sua violação é, portanto, uma forma de destruir (ou desconstituir, talvez) a democracia como é entendida e praticada pelos ingleses.

O exemplo norte-americano, em muito similar à situação do Brasil no momento em que escrevo esse artigo, é diferente em intensidade e sentido. As atitudes do então governante foram deliberadas, reiteradas e enfáticas. Sua intenção evidente foi a de enfraquecimento das instituições, por meio da mobilização de facções políticas de apoiadores que colocaram, com atos de fala e atos concretos, sob estresse, o ambiente institucional democrático. Nesse caso o risco é incrementado em relação ao primeiro exemplo, pois não houve sequer o reconhecimento, da parte de Donald, de que assim agindo, ele incitou a violência e provocou uma convulsão social, colocando o país em risco grave e iminente. Manteve sua conduta de desrespeito às regras da Democracia, mesmo após os eventos envolvendo ameaças, invasões e confrontos com perda de vidas.

A analogia entre o Direito, como prática social, e a Democracia, é útil para se compreender essa dinâmica de construção da realidade social, segundo a qual o que se faz e fala é importante para o seu funcionamento e para a sua própria identidade institucional. Democracia, Direito e Estado Democrático de Direito são realidades institucionais e são afetados pela forma como nós os tratamos.

Uma última observação. O presente texto é uma reflexão teórico-filosófica sobre o sentido da ação e suas consequências normativas. Não sendo um texto dogmático, no sentido de que não pretende apresentar alguma proposta normativo-sancionatória, não me ocupo com a adequação específica da conduta de Donald – fosse ele brasileiro e presidente da República – a uma norma jurídica qualquer de nosso ordenamento. Não é, assim, esse o objetivo do presente artigo.

Especulando, entretanto, sobre essa possibilidade, parece-me bastante plausível que a conduta de Donald pudesse ser qualificada como crime de responsabilidade, previsto no art. 85 da Constituição Federal do Brasil (também previsto na Lei 1.079/50).[24] Há um nítido espaço de interpretação, apto a caracterizar a conduta como crime de responsabilidade, o que levaria à abertura de processo de impeachment. Considerando a natureza jurídico-política do julgamento de impedimento, o reconhecimento da ilicitude radical dessas condutas, ou seja, sua inconstitucionalidade, levaria ao reconhecimento não só de justa causa para a abertura de processo, mas para a sua condenação.

Certos atos de fala são interditados no Direito e na Política, seja por meio de normas que dizem isso expressamente, seja por meio de normas institucionais, históricas, práticas sociais, e reconhecimento, por convergência, de modelos de ação típicos. Quando um Presidente ou uma Rainha falam, há limites normativos para isso. Portanto, ao falar reiteradamente contra a Democracia, o agente político deve ser responsabilizado pela conduta, de forma consequente ao reconhecimento da sua ilicitude.

Referências

ANSCOMBE, G. E. M. "On Brute Facts." **Analysis**, vol. 18, no. 3, 1958, p. 69–72. Disponível em: www.jstor.org/stable/3326788. Acesso em: 6 abr. 2021.

A Scottish constitution is a matter for all of us, here's how to have your say. **The National**. 12/12/20. Comment. Disponível em https://www.thenational.scot/news/18939523.scottish-constitution-matter-us-say/ Acesso em 30 mar. 2022.

AUSTIN, John. **The Province of Jurisprudence Determined**. Miami: Hardpress, 2017.

BOURDIEU, Pierre. **O poder simbólico**. Trad. Fernando Tomaz. Lisboa: Difel, 1989.

[24] Art. 85. São crimes de responsabilidade os atos do Presidente da República que atentem contra a Constituição Federal e, especialmente, contra:
I – a existência da União;
II – o livre exercício do Poder Legislativo, do Poder Judiciário, do Ministério Público e dos Poderes constitucionais das unidades da Federação;
III – o exercício dos direitos políticos, individuais e sociais;
IV – a segurança interna do País;
V – a probidade na administração;
VI – a lei orçamentária;
VII – o cumprimento das leis e das decisões judiciais.
Parágrafo único. Esses crimes serão definidos em lei especial, que estabelecerá as normas de processo e julgamento.

Constitution for Scotland. **The interactive consultation**. Disponível em https://constitutionforscotland.scot/constitution/ Acesso em 30 mar. 2022.

CORREIA, Pedro. **O paradoxo da tolerância**. 14/06/2020. Disponível em https://observador.pt/opiniao/o-paradoxo-da-tolerancia/ Acesso em 30 mar. 2022.

DAHL, Robert. **A democracia e seus críticos**. Trad. Patrícia de Freitas Ribeiro. São Paulo: Martins Fontes, 2012.

DWORKIN, Ronald. **Objetividade e verdade**: melhor você acreditar. Trad. Roberto Freitas Filho; Ana Cláudia Lago Costa, Universitas jus. V. 24, n. 3 – 2013. Disponível em: https://www.publicacoes.uniceub.br/jus/article/view/2613/2107 Acesso em: 10 abr. 2021.

DWORKIN, Ronald. Hart and the Concepts of Law. **Harvard Law Review Forum**. Vol. 119, 2006, p. 95-104.

DWORKIN, Ronald. **Uma questão de princípio**. Trad. Luís Carlos Borges. São Paulo: Martins Fontes, 2000.

DWORKIN, Ronald. **O império do direito**. Trad. Jefferson Luis Camargo. São Paulo: Martins Fontes, 1999.

FERRAZ JUNIOR, Tércio Sampaio. **Teoria da norma jurídica**. Rio de Janeiro: Forense, 2000.

FERRAZ JUNIOR, Tércio Sampaio. **Introdução ao estudo do direito**: técnica, decisão, dominação. São Paulo: Atlas, 1994.

FINNIS, John. **On Reason and Authority in Law's Empire**, 6 L. & Phil. 357, 1987). Disponível em http://scholarship.law.nd.edu/law_faculty_scholarship/677 Acesso em 10 abr. 2021.

FREITAS FILHO, Roberto; SILVA, Frederico Barbosa da. O Judiciário cordial, a violência e a corrupção na América Latina. **REPATS**, Brasília, v. 4, n. 1, p. 342-368, Jan-Jun 2017, dispnível em: https://portalrevistas.ucb.br/index.php/REPATS/article/view/8210. Acesso em 10 abr. 2021.

HABERMAS, Jürgen. **Direito e democracia**: entre facticidade e validade. V. I. Trad. Flávio Beno Siebeneichler. Rio de Janeiro: Tempo Brasileiro, 1997.

HARRIS, J. W. **Legal Philosophies**. Oxford: oxford University Press, 2004.

HART, Herbert. L. A. **Ensaios sobre Teoria do Direito e Filosofia**. Tradução José Garcez Ghirardi, Lenita Maria Rimoli Esteves; revisão técnica Ronaldo Porto Macedo Júnior, Leonardo Gomes Penteado Rosa. – Rio de Janeiro: Elsevier, 2010.

HART, Herbert L. A. **O conceito de Direito**. Trad. A. Ribeiro Mendes. Lisboa: Fundação Calouste Gulbenkian, 1994.

HART, Herbert L. A. **Essays in Jurisprudence and Philosophy**. Oxford: Clarendon Press, 1983.

KELSEN, Hans. **Teoria Pura do Direito**. Trad. João Baptista Carvalho. São Paulo: Martins Fontes, 1991.

LOPES, José Reinaldo de Lima. **Curso de Filosofia do Direito**: o direito como prática. São Paulo: Atlas, 2021.

LOPES, José Reinaldo de Lima. "Todo cretense é um mentiroso" e outros paradoxos na democracia. **Estadão**. 01/032021 Estado da Arte. Disponível em https://estadodaarte.estadao.com.br/paradoxos-democracia-mentira-jrll/ Acesso em 01 mar. 2021.

MACCORMICK, Neil. **Institutions of law**: an essay on legal theory. Oxford: Oxford University Press, 2007.

MADISON, James. The Federalist Number 10, [22 November] 1787, **Founders Online**, National Archives. Disponível em https://founders.archives.gov/documents/Madison/01-10-02-0178. Acesso em 30 mar. 2022.

MANZANO, Fabio; VIDIGAL, Lucas. Impeachment de Trump: senadores aprovam constitucionalidade do processo. **G1 mundo**, 09 fev. 2021. Disponível em https://g1.globo.com/mundo/noticia/2021/02/09/comeca-o-julgamento-do-impeachment-de-trump-no-senado.ghtml Acesso em: 29 mar. 2022.

Por unanimidade, Plenário mantém prisão em flagrante do deputado federal Daniel Silveira (PSL-RJ) 17/02/2021. **Supremo Tribunal Federal**. Disponível em https://portal.stf.jus.br/noticias/verNoticiaDetalhe.asp?idConteudo=460657&ori=1 Acesso em 23 fev. 2021.

Presidente da Fundação Palmares chama o movimento negro de 'escória maldita', **G1 Jornal Nacional**. 02/06/2020 Disponível em https://g1.globo.com/jornal-nacional/noticia/2020/06/02/presidente-da-fundacao-palmares-chama-o-movimento-negro-de-escoria-maldita.ghtml Acesso em 10 abr 2021.

RESTON, Maeve; LIPTAK, Kevin. The day America realized how dangerous Donald Trump is. **CNN politics**, 9 jan. 2021. Disponível em: https://edition.cnn.com/2021/01/09/politics/donald-trump-dangerous-capitol-riot/index.html. Acesso em: 29 mar. 2022.

SCHAUER Frederick. **Institutions and the Concept of Law**: A Reply to Ronald Dworkin (With Some Help From Neil MacCormick). Law as Institutional Normative Order: Essays in Honor of Sir Neil MacCormick. **M. Del Mar: Ashgate**, 2009. Disponível em https://papers.ssrn.com/sol3/cf_dev/AbsByAuth.cfm?per_id=119225 Acesso em 30 mar. 2022.

SEARLE, John R. **The construction of social reality**. New York: The Free Press, 1995.

SILVA, Frederico Barbosa da; CARDOSO JR, José Celso. Assédio institucional no setor público e o processo de desconstrução da democracia e do republicanismo no Brasil. **Cadernos da Reforma Administrativa**, Caderno 12, Brasília: Fonacate, set 2020.

WITTGENSTEIN, Ludwig. **Tractatus Logico-Philosophicus**. Trad. Luis Henrique Lopes dos Santos. São Paulo: Editora da Universidade de São Paulo, 2001.

29
O CONSTITUCIONALISMO DE EXCEÇÃO E A PERVERSÃO DO DIREITO DE CRÍTICA

José Eduardo Campos de Oliveira Faria

Se no campo da saúde pública o combate à pandemia vem obrigando os cidadãos tolerarem algumas restrições de liberdades fundamentais, como é o caso do direito de ir e vir, no âmbito da vida política do país o governo Bolsonaro não vem medindo esforços para afrontar garantias fundamentais, como os direitos de opinião e crítica.

Nos dois casos, os efeitos são os mesmos. Por um lado, vai ficando claro que nada garante que as medidas adotadas a título emergência não venham a ser perenizadas, minando assim a segurança do direito em decorrência da banalização da ideia de urgência. Por outro lado, o desprezo cada vez mais acintoso aos direitos de opinião e crítica, por parte do presidente da República e de seu entorno familiar e militar, ameaça a liberdade de imprensa, que é um dos pilares do Estado democrático de Direito.

No caso específico da pandemia, as medidas adotadas para enfrentá-la podem acabar sendo consideradas eficazes demais para serem abandonadas, quando a crise de saúde pública for superada. O risco é que o excepcional se afirme perante o normal. Um exemplo desse risco é o projeto de lei apresentado em março deste ano por um ex-líder do governo, com o objetivo de ampliar os poderes do presidente da República. A ideia era conferir a ele poderes para intervir nas unidades da Federação e derrubar restrições impostas por governadores, como as políticas de isolamento social e de *lockdown*. O projeto também instituía a figura jurídica da Mobilização Nacional, prevista em casos de o País entrar em guerra, permitindo a

Bolsonaro usar o coronavírus como pretexto para intervir nos processos produtivos, requisitar bens e serviços e convocar civis e militares para atuar no combate à pandemia. O risco que se entreabre é a possibilidade de consolidação de um "constitucionalismo de exceção", em que a força normativa dos fatos, nestes tempos de pandemia, se sobreponha à força da Constituição.

Com relação à afronta à liberdade de expressão, o crescente número de processos criminais abertos contra jornalistas pelo governo Bolsonaro, com base na Lei de Segurança Nacional editada nos estertores da ditadura militar, dá a medida exata desse risco. A escalada contra os direitos fundamentais acaba de ficar evidenciada com a recente decisão do governo de tentar fazer com que as críticas de civis contra instituições militares que forem por elas próprias consideradas ofensivas serão julgadas pela Justiça Militar da União. "Nessas situações, não há como se falar em ofensa ao princípio do juiz natural, uma vez que a Justiça Militar é a seara constitucionalmente prevista para processar e julgar os crimes militares definidos em lei", diz o parecer da Advocacia-Geral da União (AGU) enviado ao Supremo Tribunal Federal (STF), contestando uma Arguição de Descumprimento de Preceito Fundamental (ADPF) impetrada pela Associação Brasileira de Imprensa (ABI).

Mais do que ilógico, o argumento da AGU – que no atual governo deixou de ser um órgão de Estado para se tornar de um escritório de causídicos pagos com dinheiro público a serviço dos projetos autocráticos de Bolsonaro – é rasteiro e patético. Numa democracia, faz sentido classificar como "crime militar" opiniões políticas emitidas por civis com base em direitos assegurados pela Constituição? Por exemplo, poderei ser acusado de cometer crime militar se disser que a formação da atual geração de generais parece lhes prejudicar o entendimento de que uma Constituição é um documento normativo com os predicados da democracia e que ela que somente será eficaz se a política democrática respeitar as limitações constitucionais que lhe são impostas? Ou, então, seu eu vier a afirmar que os atuais militares não conseguem entender como é possível que uma das premissas da democracia afirme que todo poder emana do povo e ao mesmo tempo reconheça a restrição desse poder popular, que só tem condições de ser exercido de maneira indireta, por meio de instituições que atuam sob as regras previstas pela própria Constituição? Ou, ainda, se eu classificar como inadmissível, uma vez que onde há democracia o direito de crítica é uma garantia fundamental, a fala recorrente de alguns generais no sentido de que "a oposição está esticando a corda quando critica o governo"?

Nesse cenário, a indagação é óbvia: o que esperar do sistema político-democrático brasileiro, que envolve instituições, governos, agências de regulação, mercados, partidos, sindicatos e movimentos sociais – sistema político sempre marcado por altos graus de tensão e altas doses de imprevisibilidade? Ao responder a essa pergunta, sociólogos e juristas inspirados pela teoria dos sistemas afirmam que a inteligência política pressupõe capacidade de aprendizagem e inovação, conjugada com uma adequada gestão de riscos. Também dizem que, no regime democrático, as decisões coletivas costumam ser tomadas em condições mutantes e descontínuas e em ambientes marcados pela diferenciação funcional entre sistemas, por pluralismo de valores e por conflitos de interesses. Como decorrência, a democracia acaba deflagrando processos com resultados que muitas vezes são fortuitos, inesperados e incertos – concluem.

Historicamente, para tentar dar conta das contingências e incertezas em meio à competição política, a democracia liberal forjou instituições jurídicas. Demarcou as fronteiras entre as esferas pública e privada advindas com o Estado moderno. Adotou o modelo de tripartição do poder. Criou mecanismos de neutralização e dispersão dos conflitos. Impôs o respeito às leis e garantiu a segurança do direito. Abriu caminho para que os cidadãos possam exercer sua cidadania nos espaços públicos da palavra e da ação. Disseminou a tolerância às diferenças legítimas e às críticas como valor básico. E, vinculada ao racionalismo, dada a estrutura burocrática da administração moderna, assegurou ainda o respeito ao conhecimento técnico e às ciências.

Na primeira metade do século 20, contudo, o fascismo e o nazismo deixaram claro que a efetividade e a durabilidade do sistema político-democrático têm pontos vulneráveis, principalmente em tempos de escassez e de crise econômica, levando com isso à erosão da disputa política entre adversários e a substituindo pela ideia de uma batalha entre o bem e o mal. Já a segunda metade do século 20 revelou que, mesmo após a derrota do sectarismo fascista e da barbárie nazista, o sistema político-democrático – sob a forma do Estado de Direito – não está imune a várias estratégias e processos de corrosão. Dentre eles, aquele que é provocado por governantes autocratas, que se valem da ordem legal e dos procedimentos democráticos com a finalidade esvaziar mediações institucionais, garantias fundamentais, liberdades públicas e direitos das minorias. São iniciativas que respeitam a lei, do ponto vista técnico-jurídico, mas que atropelam ou profanam seu espírito.

Essa é, justamente, a situação em que o País hoje se encontra, com a presença, no Palácio do Planalto, de um presidente que vem degradando progressivamente a ordem constitucional. Ele faz campanha eleitoral proibida pela legislação e, se os órgãos de controle agirem para impedi-lo, serão acusados pelo entorno militar de fazer "interferências indevidas". Além de intimidar a imprensa por meio de xingamentos e ações criminais, afronta diuturnamente a autoridade do STF e agride moralmente seus ministros, muitas vezes com linguagem de sarjeta. Seu governo patrocina expurgos de livros de bibliotecas de uma fundação cultural pública, sob o argumento de que são "comunistas", ao mesmo tempo em que os dirigentes da área educacional desmontam o ensino público, asfixiam agências de fomento à pesquisa e adotam medidas que tentam unificar sob um rol de valores obscurantistas o sistema escolar e a cultura. E agora quer que as críticas formuladas por políticos, intelectuais e jornalistas às Forças Armadas sejam classificadas como "crime militar" e, como tais, julgadas por um tribunal corporativo, a Justiça Militar da União, esvaziando desse modo a jurisdição do Poder Judiciário e atingindo com isso o coração do Estado de Direito.

Considerando que a democracia é uma construção política que passa por avanços e retrocessos e que a sociedade brasileira é fragmentada e desigual, com a pandemia agravando suas iniquidades históricas, por quanto tempo mais teremos um Estado democrático de Direito? Pensando não com o otimismo da vontade, mas com o ceticismo da razão, para onde, realmente, o sistema político brasileiro está se dirigindo? Terá a democracia brasileira mais vigor e estabilidade do que aparenta, neste período de sucessivas tensões políticas e institucionais provocadas por um presidente despreparado, inconsequente e irresponsável?

São indagações difíceis de serem respondidas. Entre outros motivos, por causa da estreita relação entre a política e o futuro, por um lado, e do medo que vai tomando conta de vários setores da sociedade, por outro. No primeiro caso, a política democrática é um modo de se tentar civilizar o futuro, de impedir sua colonização por um passado determinante ou, então, por inércia e incompetência administrativas, como afirmam alguns cientistas políticos inspirados na teoria dos sistemas. No segundo caso, a hora é de lembrar que sentir a emoção do medo é uma coisa e permitir que o medo se apodere das pessoas é outra bem diferente.

30
O DIREITO DA ANTIDISCRIMINAÇÃO COMO PRÁTICA DE JUSTIÇA

Roger Raupp Rios

A breve contribuição que tenho o privilégio de oferecer nesta coletânea, mais que um reconhecimento, é um agradecimento. É tributo a quem, por seu magistério, ensina pelo exemplo, na vida e nos livros, que o direito pode e deve ser uma prática de justiça. Nesses acasos felizes com que a vida nos brinda, o encontro com o Professor José Reinaldo de Lima Lopes, envolto em compartilhadas aspirações de justiça, tem propiciado a gerações de estudantes e profissionais do direito aperfeiçoamento acadêmico, inspiração intelectual e encorajamento.

Contagiado pelo estímulo e pela ensinança de nosso homenageado, não poderia deixar de me valer do direito da antidiscriminação como oportunidade de diálogo. Desde os conselhos no estágio doutoral e os estudos de direitos sexuais, até a inquietude nestes tempos sombrios para o direito e a democracia, caminhamos lado a lado na procura por justiça e igualdade, para o que confluem a experiência do direito como prática de justiça e o direito da antidiscriminação.

1. Direito como Prática de Justiça e de Igualdade

Ao arrematar seu **Curso de Filosofia do Direito**, nosso autor fornece, com a generosidade da clareza e do didatismo que lhe é característica, não só conclusões calcadas em ampla, rigorosa e original leitura dos clássicos do passado e do presente; ele também faz um alerta e uma convocação para a tarefa inescapável dos juristas: que o direito, como prática social que é, seja um agir conforme à justiça e, portanto, um agir conforme à igualdade (Lopes, 2021, p. 378).

Muito mais que intuições emotivistas ou apenas obediência a comandos, que perscrutação subjetivista ou submissão a uma autoridade arbitrária e voluntarista, só tem sentido se falar em viver conforme e no direito se o agir se dê de acordo com a igualdade, que é o critério que o torna inteligível como prática de justiça. Como prática mais ampla da convivência social e política, o direito é criador de igualdades, uma vez que é por seu intermédio que se pode aferir se um caso é igual ao outro. Tal igualdade entre os participantes da sociedade humana, que diz respeito à justa distribuição e troca de bens socialmente produzidos, é o que permite a tomada de decisões de modo sensato, é o que possibilita a compreensão do sentido da prática, sem o que não há razões para se seguir o direito (Lopes, 2021, p. 382).

A justiça não é, portanto, tema restrito à filosofia moral; a justiça também é, ao mesmo tempo, o pressuposto do direito e a condição de sua existência; sem essa "virtude fria, calculista, social e política, cujo exercício depende de medidas" (Lopes, 2021, p. 382), não se pode usar o próprio ordenamento, sob pena de convertê-lo numa prática aleatória, desordenada, sem sentido. Daí porque a prática do direito pretender sempre realizar uma forma de igualdade e ter como objetivo mantê-la, possibilitando que seus participantes tenham razões para aceitá-la.

2. Direito da Antidiscriminação e Injustiças Discriminatórias

Se o direito é uma prática humana que se dá na convivência social e política, cujo sentido é a justiça, e se à justiça é essencialmente um critério de igualdade, o direito da antidiscriminação é o "*locus*" em que, por excelência, de modo direto e frontal, o ordenamento jurídico é convocado a responder às injustiças. É, dentre as diversas disciplinas e campos do conhecimento e da prática jurídica, por assim dizer, a bússola para a justiça do legislador e para atividade do juiz sempre que a injustiça das discriminações requer correção e pede mudança de rumos.

Enquanto prática da igualdade, o direito da antidiscriminação é, para o legislador, catálogo de princípios a orientá-lo na feitura da lei (Lopes, 2021, p. 334), em que estão encartados os conteúdos fundamentais que o vinculam à igualdade de tratamento, à proibição de discriminação e ao respeito às diferenças. Para quem julga, o direito da antidiscriminação fornece e explicita o quadro de referência em que se encontram os fundamentos normativos que orientam uma aplicação do direito que não tolera as discriminações e promova a igualdade (Lopes, 2021, p. 320).

Assim, o direito da antidiscriminação, cujo âmago é o conteúdo jurídico do direito de igualdade como mandamento antidiscriminatório, dota o ordenamento jurídico de categorias, princípios e institutos que possibilitam o enfrentamento das injustiças por meio da prática do direito. Eis a arena em que o conceito jurídico de discriminação, os critérios proibidos de discriminação, a reprovação às modalidades direta e indireta de discriminação e as ações afirmativas, dentre outras respostas, se apresentam.

Ao insurgir-se contra a injustiça das discriminações, o direito da antidiscriminação agrega orientação antissubordinante às dimensões formal e material do direito de igualdade; a ele importa, conforme expressão consagrada no direito estadunidense, "dar dentes" ao direito de igualdade (Gunther, 1972, p. 18) –, espírito também presente no artigo 5º da Constituição de 1988, ao proclamar a inviolabilidade do direito **à igualdade**. Como preceito de justiça e igualdade, o direito da antidiscriminação conduz a uma prática legislativa, administrativa e judicial que vai além de uma regra vazia de tratamento indiferenciado perante a lei (igualdade formal) e de asséptica coerência lógica despregada da realidade, pois requer que o direito seja prática que garanta igualdade aos grupos em desvantagem (Fiss, 1976).

Com efeito, enquanto prática do direito e disciplina específica, o direito da antidiscriminação começa a se afirmar no pós-Segunda Guerra Mundial não só como resposta formulada, no plano internacional, diante da barbárie dos regimes nazifascistas, como também no interior de ordenamentos jurídicos nacionais (Beitz, 2011). Nutrido pelas lutas dos movimentos sociais, dos direitos civis da população negra, dos direitos das mulheres, das pessoas com deficiência, dos povos indígenas, das pessoas LGBTQIA+ e das lutas anticoloniais mundo afora, o direito da antidiscriminação vem sendo desenvolvido, se espraiando e se robustecendo.

Ao direito da antidiscriminação arrepiam desigualdades injustas e diferenças degradantes, instituidoras de desvantagens inferiorizantes, cuja origem e dinâmica alimentam intenso debate em variados campos do conhecimento (político, social, filosófico, histórico, etc.). Diante de tais injustiças, tem sido levado a cabo um esforço de compreensão e de efetivação do princípio jurídico da igualdade enquanto mandamento antidiscriminatório, resultando conhecimento teórico especializado e a formulação de legislação e jurisprudência específicas. A litigância, a sistematização e a pesquisa acadêmica nestes campos acabaram por demarcar estes domínios da prática e do conhecimento jurídicos, conhecidos como "direito da antidiscriminação". Assim batizado, ele surge a partir da experiência jurídica estadunidense (McCrudden, 1991), com os avanços do movimento de direitos civis pós- Segunda Guerra Mundial (Pole, 1993, p. 311), tendo como marco jurisprudencial a decisão da Suprema Corte dos Estados Unidos no célebre caso *Brown vs. Board of Education*, de 1954 (Schwartz, 1993, p. 286; Rutherglen, 2001), passando a exercer uma influência seminal também no continente europeu, tanto nos direitos nacionais (Burca, 2011), como no direito comunitário (COUNCIL OF EUROPE, 2011).

Nesse processo, a denúncia e o enfrentamento de atos de discriminação, individuais e coletivos, institucionais e estruturais, passam a desvelar que, na essência da reivindicação por direitos humanos, o que se encontra é a reivindicação por igualdade, mesmo porque, para os discriminados, a restrição da igualdade significa privação de direitos fundamentais. Neste cenário, desigualdades injustas e diferenças discriminatórias convocam respostas do direito da antidiscriminação tanto no âmbito público estatal, quanto no âmbito social e privado. Disputas envolvendo direitos políticos, como o direito ao voto de grupos discriminados em virtude de identidade étnico-racial e como restrições ao reconhecimento jurídico de comunidades familiares por motivo de sexo, exemplificam bem a vasta gama de situações a que a prática do direito é convocada. Respostas antidiscriminatórias cuja formulação é requerida em face de desigualdades de respeito, poder e de riqueza, bem como diante de opressões voltadas contra identidades radicadas em diferenças socialmente produzidas.

3. Elementos do Direito da Antidiscriminação para a Prática Justa do Direito: Conceito Jurídico, Modalidades e Critérios Proibidos de Discriminação

Examinado em seu corpo, o direito da antidiscriminação propicia elementos decisivos para a prática do direito conforme a justiça e a igualdade. Em especial, por intermédio do conceito, das modalidades e dos critérios proibidos de discriminação.

A partir da leitura conjunta da Convenção Internacional sobre a Eliminação de todas as Formas de Discriminação Racial, da Convenção sobre a Eliminação de todas as formas de Discriminação contra a Mulher e da Convenção Interamericana contra toda forma de Discriminação e Intolerância, consolida-se a compreensão jurídica da discriminação, como **qualquer distinção, exclusão, restrição ou preferência que tenha o propósito ou o efeito de anular ou prejudicar o reconhecimento, gozo ou exercício em pé de igualdade de direitos humanos e liberdades fundamentais nos campos econômico, social, cultural ou qualquer campo da vida pública**, conceito que acabou por ser incorporado, com estatura constitucional, no direito interno brasileiro, em virtude da recepção da Convenção Internacional sobre os Direitos da Pessoa com Deficiência.

A reprovação da discriminação não se confunde com a adoção de medidas de diferenciação positiva, pois estas, em vez de prejudicar quem esteja em situação de subordinação, objetivam a proteção dos direitos de grupos discriminados. Nesse conjunto, encontram-se não somente as ações afirmativas, mas também a adoção de medidas de tratamentos especiais requeridos por situações e contextos particulares de um indivíduo ou grupo, como se dá nas medidas de adaptação razoável (RIOS, 2008, p. 22).

No direito da antidiscriminação, discriminação direta e indireta são as categorias jurídicas que designam as modalidades de discriminação juridicamente reprovadas (Schiek; Waddington; Bell, 2007; Bamforth; Malik; O'cinneide, 2008; Fredman, 2002; Rios, 2008; Moreira, 2017). Com efeito, a partir do conceito jurídico de discriminação, apresentam-se de imediato pelo menos duas modalidades de discriminação, cuja distinção terminológica se expressa pela menção ao "propósito" (discriminação direta) e ao "efeito" (discriminação indireta) das distinções, exclusões, restrições e preferências danosas ao reconhecimento, gozo e exercício, em pé de igualdade, de direitos (RIOS, 2008, p. 89-153).

A discriminação direta se manifesta de modo variado, podendo estar (a) explícita em determinada medida (discriminação direta explícita; por exemplo, o racismo em discurso neonazista), (b) decorrer da aplicação intencional mais gravosa, de medida originalmente sem intenção discriminatória, contra determinado grupo (discriminação direta na aplicação da medida; por exemplo, aplicação intencionalmente mais rigorosa de regulamento de trânsito contra jovens negros), ou, (c) decorrer de intenção discriminatória presente desde a origem, da concepção e da formulação de determinada medida (discriminação direta na concepção ou no desenho), como se verifica no desenho de certo regulamento com o fim de tornar inviável a participação de mulheres ou de pessoas com deficiência.

A discriminação indireta, a seu turno, ocorre quando determinadas medidas, ainda que desprovidas de intenção, impactam, por seus resultados injustos, de modo diferenciado e prejudicial, indivíduos e grupos discriminados, requerendo, portanto, que o julgar tenha sempre presente os efeitos discriminatórios da lei. Ela pode (a) enraizar-se a uma motivação inconsciente (discriminação indireta inconsciente; por exemplo, a perpetuação desapercebida de mentalidade discriminatória por indivíduos, grupos ou instituições), (b) resultar de negligência diante de efeitos discriminatórios de medidas sem propósito discriminatório (discriminação indireta por negligência; por exemplo, a omissão não-intencional na adoção de medidas de conscientização diante do sexismo), (c) estar arraigada em práticas formais e informais reproduzidas institucionalmente (discriminação indireta institucional; por exemplo, a perpetuação de critérios de promoção aparentemente neutros que tem impacto prejudicial para grupos historicamente discriminados em determinada instituição) e (d) decorrer da invisibilidade de vantagens e de privilégios em favor de certos indivíduos e grupos com prejuízo aos demais outros (discriminação indireta por invisibilidade de privilégios; por exemplo, em países com passado escravocrata, os efeitos presentes da escravidão).

A reprovação da discriminação direta e indireta busca enfrentar dinâmicas produtoras de desigualdades e diferenças, cujos prejuízos recaem sobre identidades e escolhas fundamentais, previstas nos critérios proibidos de discriminação. Com efeito, dentre os elementos centrais do direito da antidiscriminação, a enumeração dos critérios proibidos de discriminação merece lugar preeminente, como testemunham os diversos instrumentos internacionais de direitos humanos e os ordenamentos jurídicos nacionais.

De fato, a mera interdição abstrata de arbitrariedade nas distinções, assente na formulação das dimensões formal e material do direito de igualdade, tem se mostrado insuficiente para responder às discriminações desferidas contra grupos subordinados (Rios, 2008; Moreira, 2017). A percepção e superação das diversas formas de discriminação exige, a cada momento histórico, a definição e a compreensão ao longo do tempo dos critérios protegidos de diferenciações prejudiciais no reconhecimento, gozo e exercício de direitos, em pé de igualdade, entre indivíduos e grupos.

Mais que simples procedimento técnico-jurídico, a definição dos destinatários da proteção antidiscriminatória, que serão explicitados no ordenamento jurídico por meio da lista de critérios proibidos de discriminação, reflete a repercussão jurídico-institucional de lutas sociais, nas quais grupos marginalizados lutam por proteção antidiscriminatória (Gerstmann, 1999, p. 34). Os critérios proibidos de discriminação funcionam como mandamentos negativos que ordenam que, com base em certo critério, alguém não seja discriminado e receba igual proteção da lei. Ao reprovarem condutas e efeitos discriminatórios, protegem de tratamento prejudicial indivíduos e grupos a que se destine o critério protegido, seja em virtude de sua condição identitária (como raça ou sexo, por exemplo), seja por escolhas fundamentais juridicamente protegidas (como convicções políticas e filosóficas ou afiliação religiosa, por exemplo).

Os ordenamentos jurídicos adotam técnicas diversas na enumeração dos critérios proibidos de discriminação. Alguns elaboram listas taxativas por meio de legislação específica, enquanto outros se valem de previsões amplas e genéricas; outros ainda adotam técnica mista, enumerando de forma exemplificativa os critérios proibidos de discriminação. No primeiro grupo, a decisão sobre os critérios proibidos de discriminação é restrita ao poder legislativo, ao passo que nos demais esta tarefa cabe também a outros ramos do Estado, o que ocorre por meio do trabalho de agências e comitês executivos de combate à discriminação, como também aos tribunais.

Neste contexto, o acréscimo de novos critérios ou a extensão da proteção antidiscriminatória a grupos antes desamparados por meio da aplicação de critérios já estabelecidos se dá mediante a atualização da compreensão dos critérios existentes ou pela explícita adição de um critério antes não--previsto. Para tanto, são levados em conta parâmetros como: (a) se o grupo é historicamente perseguido; (b) se é estigmatizado; (c) se recebe tratamento desigual prejudicial; (c) se sofre preconceito, estereótipos negativos e hostilidades; (d) se constitui minoria politicamente em desvantagem; (e) se a característica distintiva do grupo, constitutiva de sua identidade, é imutável ou modificável somente a alto e inexigível custo e (f) se tal característica desencadeadora da discriminação em nada impede a participação positiva do grupo na sociedade (Wintemute, 1995).

Um sem-número de questões se coloca na aplicação dos critérios de proibição, como demonstra o direito brasileiro. A primeira dessas questões, que toma a atenção de imediato, diz respeito ao caráter exemplificativo da enumeração contida no artigo 3º, inciso IV, da Constituição de 1988, que possibilita a inclusão de novos critérios proibidos de discriminação; outra, muito relevante, concerne à interpretação de cada um dos critérios enumerados. No campo do gênero e da sexualidade, por exemplo, as disputas hermenêuticas são particularmente polêmicas, dada a extensão que se verifica na compreensão da enumeração do "sexo" como critério proibido de discriminação, bem com o influxo das dinâmicas sociais de gênero e sexualidade nesses processos.

No direito internacional dos direitos humanos, este processo de interpretação e ampliação concretizadora do mandamento antidiscriminatório ocorre de modo exemplar no direito interamericano dos direitos humanos, como ilustra a enumeração da Convenção Interamericana contra toda forma de Discriminação e Intolerância, registrando os critérios nacionalidade, idade, sexo, orientação sexual, identidade e expressão de gênero, idioma, religião, identidade cultural, opinião política ou de outra natureza, origem social, posição socioeconômica, nível educacional, condição de migrante, refugiado, repatriado, apátrida ou deslocado interno, deficiência, característica genética, estado de saúde física ou mental, inclusive infectocontagioso, e condição psíquica incapacitante – lista inequivocamente exemplificativa, pois arrematada com abertura a "(...) qualquer outra condição".

Ainda neste panorama dos critérios proibidos de discriminação, é relevante salientar a consciência da interseccionalidade das discriminações, capturada pela previsão normativa da discriminação múltipla. Os diferentes contextos, redes relacionais, fatores intercorrentes e motivações cruzadas que emergem quando, no trato social, indivíduos e grupos são discriminados, não se deixam reduzir a um ou outro critério isolado. Não basta reprovar a discriminação racial e a discriminação sexual, pois a injustiça sofrida por mulheres brancas é diversa daquela vivida por mulheres negras, assim como a discriminação experimentada por homens negros e por mulheres negras não é a mesma. É preciso ir além de uma soma aritmética dos critérios proibidos de discriminação, ainda que haja cuidado e esmero na enumeração de todos os possíveis fatores de diferenciação injustificadamente incidentes em tratos diferenciados (Crenshaw, 2020). Perceber a discriminação interseccional, decorrente da articulação de diversas dimensões da existência humana e dos múltiplos eixos de subordinação na vida social, é ao mesmo tempo um desafio e uma necessidade, tanto para as ciências sociais, quanto para a ciência jurídica.

A perspectiva interseccional revela-se necessária para o conhecimento e a prática jurídica. Ao tornar visíveis situações discriminatórias não percebidas, há a possibilidade de visibilidade de indivíduos e de grupos até então ignorados, conduzindo a maiores chances de sucesso por parte das políticas públicas contra a discriminação (Dorlin, 2012, p. 10). Como afirma Mara Viveros Vigoya, com a interseccionalidade possibilita-se a compreensão teórica e política das relações sociais de poder e de como se dá o seu real funcionamento, muito além da enumeração formal de critérios proibidos de discriminação, indo além de concepção matemática das desigualdades (Vigoya, 2008). Daí a compreensão da interseccionalidade como "(...) uma conceituação do problema que busca capturar as consequências estruturais e dinâmicas da interação entre dois ou mais eixos da subordinação. Ela trata especificamente da forma pela qual o racismo, o patriarcalismo, a opressão de classe e outros sistemas discriminatórios criam desigualdades básicas que estruturam as posições relativas de mulheres, raças, etnias, classes (...)" (Crenshaw, 2002, p. 177).

4. A Prática da Justiça e as "Premissas Implícitas": Antidiferenciação e Antissubordinação

A aplicação destes elementos fundamentais (conceito jurídico, modalidades e critérios proibidos de discriminação) requerem, para sua aplicação, atenção às "premissas implícitas" do sistema jurídico antidiscriminatório (Lopes, 2021, p. 212), sem o que o enfrentamento das discriminações corre o risco de se esvaziar. Tais premissas podem ser identificadas nas duas compreensões fundamentais presentes diante do direito de igualdade na construção do direito da antidiscriminação: as perspectivas da antidiferenciação e da antissubordinação. Sua conjugação possibilita o enfrentamento das desigualdades injustas e das discriminações como ocorrem no mundo.

A perspectiva da antidiferenciação, como o próprio nome revela, reprova tratamentos diferenciados (prejudiciais ou benéficos) em favor de quem quer que seja. Ao almejar que indivíduos e instituições sejam neutros na adoção de suas medidas, ela acaba por examinar atitudes e medidas tomando como referência o agente de eventual discriminação, preocupada com a correção de condutas discriminatórias. Daí que, primordialmente, oriente-se para a proteção de indivíduos vítimas de discriminação intencional.

A perspectiva da antidiferenciação pode ser entendida como uma manifestação radical da igualdade formal enquanto proibição da instituição de qualquer distinção fundada nos critérios proibidos de diferenciação, gerando um "direito à indiferença" (Lochack, 1998, p. 60). Tal perspectiva é eficaz e suficiente no enfrentamento da discriminação direta, onde indivíduos e grupos têm seus direitos restringidos, não importando se de modo explícito ou dissimulado.

A perspectiva da antidiferenciação costuma ser associada aos valores de imparcialidade, objetividade e universalidade e vincular-se a visões de mundo individualistas e meritocráticas (Sandel, 2020), resultando em uma aplicação simétrica do princípio da igualdade (Fiss, 1991). Nessa lógica, a perspectiva da antidiferenciação mostra-se hostil a ações afirmativas, tendo-as discriminatórias em relação aos grupos que não se destinam, assim como refuta medidas específicas, assimilando-as a uma espécie de "direito especial", como privilégios incompatíveis com o direito de igualdade, compreendido como mandamento de igual e indistinto tratamento, seja diante de quem for.

Na dogmática do direito de igualdade, a perspectiva da antidiferenciação revela-se primordialmente de dois modos. Primeiro, pela postulação de que o princípio da igualdade atuaria somente de modo negativo, proibindo diferenciações e ordenando uma postura neutra diante da realidade. Segundo, pela compreensão da igualdade material como mero dever de racionalidade, esvaziada de conteúdo antidiscriminatório.

Dentre as críticas que lhes são endereçadas, destacam-se o esvaziamento e a descontextualização que acaba por imprimir ao princípio da igualdade e aos ideais de universalidade, imparcialidade e objetividade; em seu horizonte, a rigor, não haveria diferença entre manter um regime oficial de segregação entre brancos e negros em piscinas públicas e simplesmente fechar todas as piscinas públicas para evitar a integração, com a perpetuação do racismo; ou entre tolerar um regime de seguridade social discriminatório contra homossexuais e privar toda a população de tais benefícios sociais, ao argumento de que a supressão para todos seria igualitária.

Outra dificuldade da perspectiva da antidiferenciação é a definição dos parâmetros de comparação nos juízos de igualdade. Dado que discriminar é distinguir, e que a tarefa do direito da antidiscriminação é evitar distinções injustas, coloca-se em todos os momentos a pergunta sobre o referencial levado em consideração na decisão sobre a justiça ou não de determinado tratamento, o que remete diretamente ao caráter relacional das desigualdades e das diferenças, como visto na seção antecedente.

A perspectiva da antidiferenciação considera os indivíduos de modo abstrato, apartados das realidades raciais, sexuais, religiosas, sociais, econômicas, etc. Tal abstração e universalidade plasmam um igualitarismo individualista, resultando, concretamente, na assunção das características e preferências dos grupos dominantes como parâmetro de comparação (raça branca, sexo masculino, religião cristã, orientação sexual heterossexual, etc.). Ademais, a relação da perspectiva da antidiferenciação com tal individualismo acaba restringindo o direito da antidiscriminação apenas aos casos de discriminação intencional, limitando a possibilidade de respostas diante da discriminação não-intencional, de cunho institucional.

Por conseguinte, a perspectiva da antidiferenciação tem dificuldades ao deparar-se com o tratamento das diferenças. Forjada por ideais de neutralidade e abstração, ela não está apta, nem disposta, a reconhecer diferenças que justifiquem medidas positivas específicas, como pode ser verificado em face de diferenças religiosas e culturais que reclamem acomodações apropriadas como exigências de igualdade. Na lógica antidiferenciadora merece censura, por exemplo, a demanda, por parte de um fiel adventista, de realizar teste físico em concurso público marcado para às vésperas de domingo, por configurar um "direito especial", privilégio ofensor do direito de igualdade.

A perspectiva da antissubordinação, por sua vez, centra-se não na uniformidade de tratamento, mas requer o enfrentamento e a superação de tratamentos que criem ou perpetuem situações de subordinação e de desvantagem. Desse modo, são admitidos tratamentos diferenciados, que visem à superação de situações de discriminação, como também são rechaçados tratamentos aparentemente neutros que, na prática, perpetuem ou reforcem subordinações. Por voltar-se aos efeitos experimentados por indivíduos e grupos subordinados, resultantes de atos, práticas, instituições e estruturas discriminatórias, com ou sem intencionalidade, a antissubordinação é associada à perspectiva do discriminado.

Antidiferenciação e antissubordinação, examinadas em conjunto, formulam exigências do princípio da igualdade, respectivamente, como o direito a igual tratamento e como o direito a ser tratado como igual (TRIBE, 1999). O direito a igual tratamento proíbe medidas diferenciadas em face dos critérios proibidos de discriminação e restringe a aplicação do direito de igualdade, invocando os requisitos de neutralidade e universalidade e por meio da consideração dos indivíduos de modo abstrato. Já o direito a ser tratado como igual aponta para a consideração das diferenças concretamente experimentadas por indivíduos e grupos, reclamando proteção jurídica específica apta a afastar desvantagens e subordinações no reconhecimento, gozo e exercício de direitos.

A perspectiva da antissubordinação, a seu turno, pugna por ações afirmativas, sempre que estas se revelarem necessárias e eficazes no combate às discriminações, sem nelas ver qualquer violação a direitos de grupos privilegiados. Adotada a perspectiva da antissubordinação, é a superação das discriminações, não a neutralidade, a mola propulsora da atuação antidiscriminatória, amoldando o ponto de vista do discriminado em vez daquele do perpetrador da discriminação, como se dá na abordagem da antidiferenciação.

Daí que medidas específicas, necessárias em virtude da situação de grupos subordinados, tais como a proscrição de atos de ódio contra minorias e a obrigatoriedade de deveres de adaptação, longe de serem privilégios ou direitos especiais, discriminações "invertidas" ou "benignas", são consideradas exigências antidiscriminatórias, cuja ausência ou omissão deliberada configura violação do direito de igualdade. Em vez da polêmica antidiferencialista entre "direitos gerais" e "direitos especiais" (eventualmente tolerados como exceções indesejáveis ao princípio da igualdade), a antissubordinação indaga-se sobre a injustiça das desigualdades e os efeitos deletérios de determinadas diferenciações. A disputa entre a simetria e neutralidade, de um lado, e, de outro, a necessidade de assimetria e contextualização, em face do reconhecimento, gozo e exercício dos direitos, move-se para a suspeita diante da abstração e da indiferença às desigualdades presentes na vida social.

Nessa lógica, a perspectiva da antissubordinação interpreta o princípio da igualdade como um mandamento constitucional de igual proteção, por meio do direito, aos membros de grupos em situação de desvantagem social, econômica, religiosa, cultural, sexual, racial, etc. É o que está presente em Tussman e tenBroek, em artigo clássico no direito estadunidense que, ancorado na literalidade da XIV Emenda, destaca a literalidade mesma de sua redação: "the equal protection of the laws", em vez de "the protection of equal laws" (Tussman & tenBroek, 1949).

Contrastada à perspectiva da antidiferenciação, a tarefa da igual proteção aos membros de grupos subjugados empresta conteúdo substantivo ao direito de igualdade, a ser concretizado em cada momento histórico tendo presente quais são estes grupos e as formas pelas quais a discriminação ocorre. A perspectiva da antissubordinação proporciona substância e dinamismo ao princípio da igualdade, emprestando-lhe historicidade e o comprometendo com respostas concretas em face de desvantagem e subordinação, desveladas pela injustiça das desigualdades e pela produção social de diferenças degradantes. Como consequências da postura antissubordinante, podem-se elencar, no exame da discriminação indireta, a atenção aos "efeitos presentes da discriminação passada" ou a distinção da discriminação segundo as modalidades *de facto* e *de jure discrimination*, temas representativos do debate havido com quem busca salvaguardar uma aplicação pretensamente neutra e abstrata do princípio da igualdade.

No direito constitucional brasileiro, a perspectiva da antissubordinação apresenta-se não só pela previsão de deveres de proteção a grupos subordinados e minoritários (como expressamente faz o texto constitucional, ao reconhecer a situação dos indígenas ou de idosos, por exemplo) e de mandamentos expressos de promoção da igualdade (como faz o artigo 5º, ao elencar em seu caput o direito **à igualdade**, ou as previsões de cotas eleitorais para mulheres nos partidos políticos ou de reserva de vagas para deficientes físicos em concursos públicos), bem como do reforço ao reconhecimento constitucional de direitos fundamentais sociais, cuja implementação tem efeito decisivo para a manutenção ou enfrentamento de desigualdades e para o convívio das diferenças.

Os desdobramentos da perspectiva da antissubordinação conduzem à concretização de uma das funções mais caras aos direitos fundamentais nas democracias contemporâneas, qual seja, a proteção das minorias. Com efeito, a função protetiva de minorias é mais adequadamente desempenhada por um princípio da igualdade atento à situação dos grupos subordinados, na medida em que se atribui ao direito da antidiscriminação algo mais que um mero teste de racionalidade na eleição de critérios de diferenciação tendo em vista certas finalidades. Como demonstram as experiências históricas de diversos grupos sociais discriminados, trata-se de desmantelar instituições e estruturais e de transformar dinâmicas hierarquizantes, cujo enlace a critérios proibidos de discriminação opera distribuindo respeito e imagem social de modo desigual e inferiorizante, como ocorre na LGBTQIA+fobia (Lopes, 2005).

5. Direito da Antidiscriminação, Filosofia e Prática do Direito

Se a compreensão precede a interpretação, como ensinam a hermenêutica filosófica e a filosofia analítica; se a compreensão diz respeito a uma determinada ideia sobre o campo diante do qual se debruça, e, portanto, lhe é necessariamente anterior ao uso, à aplicação ou à interpretação de algo que se apresente como ambíguo ou obscuro (Lopes, 2021, p. 216), então a correta interpretação e aplicação do direito da antidiscriminação há que se valer do conhecimento sobre a história e a dinâmica da discriminação enquanto fenômeno social, bem como das normas jurídicas antidiscriminatórias no contexto histórico em que plasmadas (do passado para o presente, Lopes, 2021, p. 208) e da aplicação de seus conceitos nos casos singulares (Lopes, 2021, p. 211).

O direito da antidiscriminação é, desse modo, campo do direito positivo que fornece dados normativos que dizem respeito às exigências de justiça geral e que possibilitam a concretização da justiça particular. Quanto à justiça geral, na medida em que seus institutos, princípios e categorias jurídicas se revelam necessários para a constituição de uma sociedade justa e decente, instituindo as condições requeridas pela vida na república. Quanto à justiça particular, ao comandar a distribuição justa dos bens entre os cidadãos, na medida em que a observância de suas normas e conceitos jurídicos requer tratamento igualitário nos diversos campos do ordenamento jurídico, como, por exemplo, ao proibir a oferta pública discriminatória de serviços privados, ao demandar tratamento isonômico entre os cidadãos no acesso aos cargos públicos e ao exigir igual distribuição de respeito recíproco e universal. Como em outros domínios do direito positivo de um Estado que se quer democrático, mas de modo privilegiado, intenso e urgente, no conteúdo e na perspectiva antissubordinante do direito da antidiscriminação concretizam-se os "sentidos de valores básicos de um dado ordenamento" (Lopes, 2010, p. 88), lugar de encontro de aspirações de justiça com a prática do direito por seus profissionais e instituições.

Para a vida no direito e para a prática da justiça, a obra do Professor José Reinaldo de Lima Lopes, por sua reflexão, magistério e participação no debate público, seja na história e na filosofia do direito, seja no direito público e no direito privado, revelam-se ímpares e imprescindíveis. Felizes daqueles que tem se nutrido de seu ensinamento e exemplo, a ser mais e mais vivificado e disseminado. Que continue nos convocando a uma vida segundo as regras que, por ser conforme à justiça, seja uma forma de igualdade, um viver antidiscriminatório.

Referências

BAMFORTH, Nicholas; MALIK, Maleiha; O'CINNEIDE, Colm. **Discrimination Law**: theory and context. Londres: Sweet & Maxwell, 2008.

BEITZ, Charles Beitz. **The Idea of Human Rights**. New York: Oxford University Press, 2011.

BURCA, Grainne De. The Trajectories of European and American Antidiscrimination Law. **NEW YORK UNIVERSITY SCHOOL OF LAW PUBLIC LAW & LEGAL THEORY RESEARCH PAPER SERIES**. WORKING PAPER NO. 11-80. 2011. Disponível em: <http://ssrn.com/abstract=1950697>. Acesso em: 10 abr. 2020.

COUNCIL OF EUROPE – European Union Agency for Fundamental Rights. **Handbook on European Non-Discrimination Law**. Luxembourg: Publications Office of the European Union, 2011. Disponível em: <https://fra.europa.eu/en/publication/2011/handbook-european-non-discrimination-law-2011-edition>. Acesso em: 10 abr. 2020.

CRENSHAW, Kimberlè. Documento para o encontro de especialistas em aspectos da discriminação racial relativos ao gênero. **Revista de Estudos Feministas**, v.7, n. 12, 2002, p. 171-188.

CRENSHAW, Kimberle. A intersecionalidade na discriminação de raça e gênero. *In:* VV.AA. **Cruzamento**: raça e gênero. Brasília: Unifem, 2004. Disponível em: <http://www.acaoeducativa.org.br/fdh/wp-content/uploads/2012/09/Kimberle-Crenshaw.pdf>. Acesso em: 13 abril 2020.

DORLIN, Elsa. L'Atlantique feministe. L'intersectionnalité en débat. **Papeles del CEIC**, v. 2012/2, n. 83, p. 1-16.

FISS, Owen Fiss. Groups and the Equal Protection Clause. **Philosophy and Public Affair**, v. 5, p. 107 et seq., 1976.

FREDMAN, Sandra. **Discrimination Law**. Oxford: Oxford University Press, 2002.

GERSTMANN, Evan. **The Constitutional Underclass**. Gays, Lesbians, and the Failure of Class-Based Equal Protection. Chicago: The University of Chicago Press, 1999.

GUNTHER, Gerald. The Supreme Court, 1971 Term – Foreword: In Search of Evolving Doctrine on a Changing Court: A Model for a Newer Equal Protection, 86 **HARV. L. REV.** 1, 18–19 (1972).

LOCHAK, Danièle. **Égalité et différence**. Reflexions sur l'universalité de la règle de droit, in Homosexualités et droit – da la tolerance sociale à la reconnaissance juridique, org. Daniel Borrilo, Paris: Presses Universitaires de France, 1998

LOPES, José Reinaldo de Lima. O direito ao reconhecimento para gays e lésbicas. **Sur. Revista Internacional de Direitos Humanos** [online]. 2005, v. 2, n. 2 [Acessado 23 Agosto 2022], p. 64-95. Disponível em: <https://doi.org/10.1590/S1806-

64452005000100004>. Epub 23 Set 2008. ISSN 1983-3342. https://doi.org/10.1590/S1806-64452005000100004., p. 93).

Lopes, José Reinaldo de Lima. **O oráculo de Delfos**: Conselho de Estado e direito no Brasil oitocentista. São Paulo: Saraiva, 2010.

Lopes, José Reinaldo de Lima. **Curso de Filosofia do Direito**: o direito como prática. São Paulo: Atlas, 2021.

McCrudden, Christopher. **Anti-Discrimination Law**. New York: New York University Press, 1991.

Moreira, Adilson José. **O que é discriminação?** Belo Horizonte: Letramento: Casa do Direito: Justificando. 2017.

Pole, J. R. **The pursuit of Equality in American History**. Berkeley: University of California Press, 2. Ed, 1993.

Rios, Roger Raupp. **Direito da Antidiscriminação**: discriminação direta, indireta e ações afirmativas. Porto Alegre: Livraria do Advogado, 2008.

Rutherglen, George. **Employment Discrimination Law**. New York: Foundation Press, 2001.

Sandel, Michael. **A tirania do mérito**: o que aconteceu com o bem comum? Rio de Janeiro: Civilização Brasileira, 2020.

Schiek, Dagmar; Waddington, Lisa e Bell, Mark. **Non-Discrimination Law**. Oxford: Hart Publishing, 2007.

Schwartz, Bernard. **A history of the Supreme Court**. New York: Oxford University Press, 1993.

Tribe, Lawrence. **American Constitutional Law**. N.Y.: West Academic, 1999, p. 1437.

Tussman e Tenbroek, The Equal Protection of the Laws. **California Law Review**, 1949, p. 342.

Vigoya, Mara Viveros. **La sexualizacións de la raza y la racialización de la sexualidad en el contexto latinoamericano actual**. 2008. Disponível em: http://interculturalidad.org/attachments/article/145/viveros_sexualizacion-de-la-raza-y-la-racializacion-de-la-sexualidad-en-el-contexto-latinoamericano.pdf > Último acesso em 27 de março de 2013.

Wintemute, Robert. **Sexual Orientation and Human Rights**: the United States Constitution, the European Convention and the Canadian Charter. Oxford: Claredon Press, 1995.

31
CONSTRUINDO O PLURALISMO ATRAVÉS DA AÇÃO AFIRMATIVA NO BRASIL: O CASO DA EDUCAÇÃO[1-2]

Daniela Ribeiro Ikawa

Introdução

Quem somos nós enquanto indivíduos, grupos e nação? A resposta a essa pergunta é relevante porque as maneiras de abordar o pluralismo tornam-se mais eficazes à medida que se adaptam melhor às demandas e aspirações de indivíduos reais – não às aspirações de indivíduos abstratos de uma sociedade liberal utópica, não às de indivíduos simplificados definidos por um único marcador de raça, gênero, sexualidade, deficiência ou classe, mas às de indivíduos complexos e multifacetados, capazes de construir uma ideia de nação que também seja complexa e pluralista.

No caso do Brasil, duas narrativas buscaram definir o conceito de nação em termos de raça no século XX: a narrativa de uma democracia racial e a narrativa de uma sociedade racializada e desigual. Aqueles que aderem a

[1] Este artigo foi originalmente escrito em inglês. Foi traduzido ao português por Luís Misiara, e revisado e atualizado pela autora em 2022.

[2] Este artigo decorre de minha tese de doutorado, orientada pelo professor José Reinaldo de Lima Lopes, a quem agradeço por aulas e conversas extremamente inspiradoras. Uma versao mais ampla deste artigo foi inicialmente publicada em março de 2017 pelo Global Centre for Pluralism, como parte de uma série intitulada Accounting for Change in Diverse Societies (Explicando a Mudança em Sociedades Diversas). Focada em seis regiões do planeta, cada "caso de mudança" examinou um momento específico em que um país alterou sua abordagem diante da diversidade, seja expandindo ou erodindo as bases da cidadania inclusiva. O objetivo da série – que também apresentou visões gerais temáticas elaboradas por acadêmicos de nível mundial – foi fomentar uma compreensão global das fontes da inclusão e da exclusão em sociedades diversas e os caminhos para o pluralismo.

segunda narrativa criticam o mito da democracia racial e buscam superá-lo. Este trabalho apresenta ambas as narrativas, no intuito de analisar os programas de ação afirmativa defendidos pelos apoiadores da segunda narrativa e indicar como esses programas fomentaram uma mudança na discussão sobre raça no Brasil. Em certa medida, os termos dessa nova discussão abalaram o mito da democracia racial e permitiram a formação de uma ideia de nação que é mais aberta ao pluralismo.

1. Uma Primeira Narrativa: Escravidão Cordial, Mistura de Raças e Democracia Racial

Segundo a primeira narrativa, que foi popular por décadas, o Brasil teve uma forma mais leve de escravidão do que outras economias escravagistas devido a um tipo específico de catolicismo adotado no país e ao contato dos portugueses com outras culturas. O tipo de cristianismo adotado no Brasil teria sido "lírico" e "festivo", repleto de "banquetes, batismos, casamentos, faixas, santos, crismas e novenas" e teria estabelecido laços entre os negros, a "família brasileira" e sua cultura[3]. Esse tratamento menos cruel dedicado aos escravos teria sido atribuído à influência moura na cultura portuguesa e ao fato de que os "escravos [frequentemente] eram parte do lar" (Freyre, 1986, p. 222–23). Como resultado, escreveu Gilberto Freyre em Sobrados e Mucambos em 1936: "Não é de admirar que (...) – se passasse no Brasil dos fins do século XVIII – onde a escravidão parece ter sido desde o século XVI mais benigna para o escravo do que na América inglesa – (...) haveria quem considerasse o sistema patriarcal (...) sob o nome de escravidão (...) um sistema cooperativo de sociedade" (Freyre, 1936, p. 679)[3].

De acordo com essa primeira narrativa, uma forma mais branda de escravidão teria dado lugar, no século XX, a uma democracia racial, baseada nas ideias de uma única raça mista e de uma unidade nacional (PUTNAM, 1943, p. 325 e 335). A partir dessa narrativa, a sociedade brasileira consolidava, em outras palavras, uma ideia de nação baseada na miscigenação. O antropólogo Gilberto Freyre (1933, 1936), bem como Sérgio Buarque de Holanda (1936) e Caio Prado Jr. (1937) estruturaram essa teoria,

[3] 1. A família brasileira é patriarcal, estendendo-se para parentes e "agregados" e para os escravos. Ela é específica aos trópicos e é racialmente e culturalmente mista, englobando a união do colonizador português "flexível" e "cordial" com a mulher indígena. Ademais, Gilberto Freyre percebeu essa família como a base da sociedade brasileira. (Freyre, 1963, p. 81-184, 372; Itaborai, 2005, p. 171; e Souza, 2000, p. 70-73, 75-76).

que foi em seguida amplamente aceita a ponto da expressão "miscigenação" perder sua conotação negativa (GUIMARÃES. 2002, p. 117-18, 152-54 e 2006-7, p. 63).

O mito da democracia racial se baseia na crença em uma relação harmoniosa e igualitária entre grupos raciais. Algumas críticas à narrativa da democracia racial foram produzidas nos anos 50 e 60, mas o regime militar (1964-85) reforçou o mito, ao menos no âmbito político. No relatório de 1970 para o Comitê das Nações Unidas sobre a Eliminação de Todas as Formas de Discriminação Racial, o Ministro das Relações Exteriores afirmou que "como não há discriminação racial no Brasil, não há necessidade de adotar quaisquer medidas legislativas, judiciais ou administrativas para garantir a igualdade racial no Brasil". No relatório de seis páginas, o governo descreveu as relações raciais amistosas no Brasil e o crescimento da miscigenação. Além disso, aqueles que conduziram estudos sobre racismo ou que questionaram a ideologia da democracia racial no âmbito político foram exilados, como ocorreu com Abdias do Nascimento, Florestan Fernandes, Guerreiro Ramos, Fernando Henrique Cardoso e Octavo Ianni (TELLES, 2003, p. 57-61; GUIMARÃES 2002, P. 98, 155.). De fato, o movimento negro apresentou uma abordagem culturalista e assimilacionista até o final dos anos 70[4]. Como, dentro deste mito, nenhuma diferença baseada em raça era reconhecida entre indivíduos e grupos, não havia necessidade de se falar sobre raça ou racismo.

A narrativa da democracia racial ainda prevalecia no Brasil no início dos anos 90.

2. Uma Narrativa Alternativa: Práticas Cruéis de Escravidão, Racismo Estrutural e o Mito da Democracia Racial

A segunda narrativa, alternativa à primeira, parte de uma análise das bases da desigualdade racial no Brasil, ou seja, "a desigualdade inicial que deu início às interações que levaram à persistência de desigualdades horizontais" e, mais especificamente, desigualdades entre grupos raciais (STEWART e LANGER, 2007, p. 12.). O choque fundador dessas desigualdades foi a escravidão. A primeira remessa de escravos da África para o Brasil foi registrada

[4] Este foi um grupo de movimentos sociais que surgiu no Brasil no século XX visando contestar estereótipos baseados em raça e encerrar a discriminação racial. Para mais sobre o movimento negro, ler DOMINGUES, 2007, p. 100–22; TELLES, 2002), p. 69 e ss.

em 1538 e um comércio escravista massivo começou em 1548, durando mais de 300 anos (ROUT, 1976, p. 73, 76, 78–81). Em 1888, o Brasil foi a última nação independente no mundo ocidental a abolir a escravidão.

Pessoas escravizadas assumiram diversas ocupações no país, mas o comércio escravista visava, em especial: os engenhos de cana de açúcar no Nordeste, com pico no século XVII; as regiões mineradoras no estado de Minas Gerais, com pico no século XVIII; e as plantações de algodão no estado do Maranhão entre meados do século XVIII e meados do século XIX. Meio milhão de escravos foram vendidos apenas para a mineração, vindos sobretudo do golfo da Guiné (ROUT, 1976, p. 76, 78–81). Ao contrário da noção que sustentava a primeira narrativa, de que a escravidão fora mais humanizada no Brasil do que em outros países, aqui os escravos eram forçados a trabalhar até o limite de sua capacidade e eram substituídos por novos escravos, geralmente da Angola ou do golfo da Guiné, caso se ferissem ou morressem (SIQUEIRA, 2007, p. 177-78). Nas minas, a mortalidade anual chegava a sete mil escravizados. Embora alguns escravos tenham conseguido comprar sua liberdade ou tenham sido emancipados, eles enfrentaram grandes dificuldades para encontrar uma ocupação devido à estigmatização: "os brancos não reconheciam a mudança de status de uma pessoa de cor". As nomeações clericais, civis e administrativas dependiam da comprovação de "sangue limpo" (ROUT, p. 79-82, 86-87). Vinte anos antes da abolição, a imigração da Europa era discutida como ferramenta política para garantir a prevalência da raça branca (SIQUEIRA, 2007, p. 169-171).

Nessa segunda narrativa, alternativa à primeira, a democracia racial é entendida como um mito que contribuiu fortemente para a discriminação de fato no Brasil. Há ao menos três níveis de negação contidos nesse mito: negação da raça, negação do racismo e negação de formas estruturais de racismo.

A negação da raça é possível devido a uma confusão conceitual envolvendo o significado de raça. Essa confusão é causada pela crença de que não há maneiras suficientemente objetivas de definir raça em um país onde ocorreu tanta miscigenação e onde não houve políticas de segregação racial oficiais e institucionalizadas (IKAWA, 2008, capítulo 3). Embora tenha sido frequentemente estimada de maneira exagerada, a miscigenação de fato existe no Brasil e a um nível muito mais elevado do que nos Estados Unidos, por exemplo. Nos Estados Unidos dos anos 60, a taxa de casamentos endogâmicos era de 99,9% para casamentos entre brancos e 99,2% para casamentos entre negros. Em 1992, as taxas eram de 99,8% entre brancos e 96,6% entre negros (TELLES, 2003, p. 138–52). Em comparação, as taxas de casamentos endogâmicos no Brasil eram mais baixas em 1960 (92%) e caíram a 69% em 2010[5]. Tendo em vista essas práticas sociais, os brasileiros frequentemente negaram a existência da raça. Os brasileiros não foram juridicamente segregados desde a abolição da escravidão e, como a sociedade brasileira é miscigenada, argumentou-se que ninguém seria capaz de identificar "raças" no Brasil. Esse argumento, no entanto, é falho, uma vez que ignora tudo o que sabemos sobre raça como construção social, uma construção que varia de uma sociedade à outra e que carrega definições e processos de identificação complexos.

No Brasil, a ideia de raça se baseia principalmente no fenótipo (ou aparência) e não na ascendência, então tanto a identificação externa (por terceiros) quanto a autoidentificação seguem em grande medida classificações baseadas em cor. Dados confiáveis sobre raça começaram a ser coletados no Brasil em 1872, embora essa coleta tenha sido suspensa entre 1900 e 1930 (ZAID, 2006, p. 45-47, 52-58). No censo de 1872, quatro termos foram usados: branco, negro, pardo e caboclo. Hoje, o censo brasileiro usa cinco categorias: preto, branco, amarelo, pardo e indígena. A fluidez racial também não impediu que se compartilhasse em uma medida considerável uma classificação racial única. A título de exemplo, enquanto nos levantamentos de 1976 e 1995 os brasileiros tenham mencionado 135 cores e raças para se identificar, "94 por cento dos entrevistados de ambos os estudos se classificaram dentro de seis categorias principais" (SANTOS e ANYA, 2006, p. 41 e ss).

A segunda fonte de negação, intimamente ligada à primeira, deriva de uma confusão conceitual entre racismo e racialismo, a crença de que o racismo seria automaticamente superado por uma ideologia anti-racialista. A mera eliminação do termo raça, no entanto, não basta para superar o racismo (GUIMARÃES, 1999, p. 66.). Pelo contrário, a completa eliminação desse termo, em um contexto no qual a discriminação existe, impede a possibilidade de construir políticas para combater a discriminação racial. Uma pesquisa conduzida em 2003 pela Fundação Perseu Abramo e a Fundação

[5] Essas taxas consideram casamentos não endogâmicos como sendo casamentos entre brancos e negros, brancos e pardos, e entre pardos e negros. (GOIS e DUARTE, 2013).

Rosa Luxemburgo (com mais de 5.000 entrevistados em 266 municípios) delineou algumas das consequências dessa segunda forma de negação. Segundo o levantamento, embora 96% dos brasileiros negassem ser racistas, 89% dos brasileiros reconheceram que o racismo existe no país e 74% deles expressaram ideias de discriminação racial em alguma medida ao discutir estas afirmações: "negro bom é negro de alma branca", "negro, quando não faz besteira na entrada, faz na saída" ou "o que você faria se tivesse um chefe negro?". Além disso, 81% dos pardos e 57% dos pretos relataram não terem sofrido nenhuma forma de discriminação racial (Santos e Silva, orgs., 2005, p. 117, 130, 141, 145-48.). Em suma, embora os brasileiros tenham sido propensos a reconhecer que existe discriminação racial no país, eles negaram serem o perpetrador ou a vítima. Eles negaram a culpa; negaram a responsabilidade pela discriminação racial; e tentaram escapar do manto opressivo da discriminação ao não admitir sua existência.

Uma terceira fonte de negação é o não reconhecimento do racismo estrutural. Apesar das evidências de desigualdades raciais profundas, a percepção geral dos brasileiros até o início dos anos 2000 era de que o racismo era um fenômeno não estrutural, envolvendo apenas interações individuais isoladas. A percepção de racismo dos brasileiros no século XX e atualmente se baseou sobretudo nas ideias de culpa individual e de responsabilidade individual (Ikawa, 2008, p. 106-119, 139-205). O levantamento supracitado da Fundação Perseu Abramo identificou que 49% dos brasileiros acreditavam que o combate à discriminação racial deveria ser responsabilidade dos indivíduos e não do governo; apenas 36% deles concordaram que essa fosse uma responsabilidade governamental[6].

No entanto, a exclusão estrutural reforça uma narrativa de exclusão. E essa narrativa reforça, por sua vez, a estigmatização, justificando aquela estrutura. A exclusão tem várias camadas e se reflete em diversas estruturas hierárquicas. Há evidências do caráter estrutural do racismo na exclusão generalizada dos negros no acesso a recursos e no reconhecimento de uma situação de igualdade em relação aos brancos. Nos anos 90, a exclusão era profundamente refletida na distribuição de renda, na saúde e na educação. Em 1992, os negros tinham uma renda equivalente a apenas 44% da renda dos brancos. Em 1999, a desigualdade de renda havia aumentado e

[6] Essa percepção pode ter mudado recentemente, com o maior apoio a programas de ação afirmativa, como mencionado nas seções seguintes. (Telles e Paixao, 2013, p. 51, 158).

essa porcentagem havia caído a 42% (Henriques, 2005, tabela 31). Também em 1999, os dez por cento mais pobres da população eram 70% negros e 30% brancos; enquanto isso, os dez por cento mais ricos eram aproximadamente 85% brancos e 15% negros (Henriques, 2001). Segundo o censo de 2000, enquanto os brancos brasileiros tinham uma expectativa de vida ao nascimento de 74 anos, os negros tinham uma expectativa de vida de 68 anos.

Quanto à educação, enquanto 51,1% da população negra com mais de 25 anos de idade era analfabeta em 1999, apenas 10,4% da população branca era analfabeta nessa faixa etária (Henriques, 2005, tabela 22). Segundo dados produzidos pelo Instituto de Pesquisa Econômica Aplicada (IPEA), no período entre 1929 e 1974, um aumento nos anos de escolaridade foi atingido sem uma redução significativa na desigualdade entre brancos negros, mesmo com a implementação de políticas de ensino universal. A escolaridade para jovens brancos aumentou de 2,9 anos em 1960 para 8,3 anos em 1999, e de 1,3 para 6,1 para jovens negros no mesmo período. Portanto, a desigualdade aumentou de 1,6 para 2,2 anos de ensino entre brancos e negros (Henriques, 2001, p. 30). Em 1991, havia 1,1 milhão de estudantes brancos com 18 anos de idade ou mais matriculados em universidades, comparados a apenas 277.000 de estudantes negros e pardos – como resultado, os alunos brancos representavam 78,3% da população universitária e os negros representavam apenas 19,7%.

3. Duas Narrativas e Duas Respostas Diferentes em Termos de Direitos e Políticas

Diferentes respostas devem ser dadas, em termos de direitos e políticas públicas, para diferentes narrativas sobre identidades nacionais, de grupo e individuais. De um lado, se alguém adota a primeira narrativa descrita acima – a da escravidão cordial, da raça mista única e da democracia racial – a resposta será de direitos neutros e políticas públicas neutras, o que perpetuaria a negação em relação à raça e ao racismo. Uma abordagem neutra quanto a direitos e políticas é uma abordagem descontextualizada que não leva em consideração as barreiras específicas enfrentadas por grupos raciais (ou quaisquer outros grupos) ao exercer seus direitos, como a falta de acesso a recursos financeiros e a discriminação histórica. Trata-se de uma abordagem que visa políticas universais que aparentam ser neutras, mas que têm um impacto desigual sobre diferentes grupos sociais justamente por não levarem aquelas barreiras específicas em consideração. Uma abordagem neutra em relação a direitos e políticas não dá espaço algum à ação afirmativa, concentrando-se mais na redação da norma jurídica e no quão igualitária essa redação aparenta ser (por exemplo, "todos têm o direito à educação") do que na aplicação dessa norma por meio de políticas que garantam de fato, por exemplo, o acesso de todos à educação de qualidade. Na área do ensino superior no Brasil, a neutralidade seria atingida ao estabelecer uma prova padronizada para o ingresso em universidades públicas, sem levar em consideração que aqueles que frequentam o ensino público fundamental no Brasil costumam receber uma educação de pior qualidade do que aqueles que frequentam escolas de ensino fundamental particulares. Essa abordagem também não leva em consideração os números significativamente mais baixos de alunos negros frequentando universidades públicas no país por volta do ano 2000 (isto é, no período que antecede a adoção de ações afirmativas).

A pretensa neutralidade dos direitos e das políticas públicas prejudica o acesso efetivo a recursos por grupos em situações distintas em outras áreas para além do ensino (e para além dos direitos sociais, mais amplamente), englobando todos os direitos: civis, políticos, sociais, econômicos e culturais. Um exemplo de como uma abordagem aparentemente neutra prejudica a proteção efetiva de direitos civis pode ser encontrada na configuração do direito à vida. Tradicionalmente, o direito à vida tem sido interpretado de modo a gerar somente obrigações negativas para os Estados, por exemplo, a obrigação de não matar. No entanto, diferentes grupos têm seu direito à vida ameaçado de diferentes maneiras. Leilani Fahra, quando Relatora Especial da ONU sobre Direito à Moradia, lançou um relatório sobre o elo entre o direito à vida e o direito à moradia, enfatizando que os Estados têm a obrigação de proteger o direito à vida dos sem-teto e daqueles que vivem em condições de moradia inadequadas (Fahra, 2016). Para aqueles sem uma moradia adequada, incluindo aqui um número desproporcionalmente alto de minorias raciais, o direito à vida pode estar ainda mais comprometido devido à exposição às intempéries do que a qualquer outro problema, demandando do Estado a implementação de obrigações positivas (e não apenas negativas), como a adoção de políticas públicas de moradia. Não levar isso em consideração significa não apenas negar a proteção do direito à vida a certos grupos como também fazê-lo com a desculpa da neutralidade em termos de direitos e políticas públicas (Ikawa, 2016).

De outro lado, quando se adota a segunda narrativa – uma narrativa de práticas escravistas cruéis, de racismo estrutural e de rejeição do mito da democracia racial –, a resposta tem de envolver direitos contextualizados e políticas públicas contextualizadas. Em outras palavras, os direitos e políticas são analisados, nessa segunda narrativa, sob o prisma das necessidades derivadas de experiências plurais, sob o prisma da vida real, situada em diferentes contextos. Aqui, o contexto é relevante tanto para avaliar o problema quanto para testar os resultados de diferentes políticas e ideias.

A ação afirmativa é um exemplo de abordagem contextualizada dos direitos e das políticas públicas. O papel dos programas de ação afirmativa no Brasil tem sido duplo. Embora não sejam uma solução definitiva para a desigualdade, os programas de ação afirmativa catalisaram uma discussão sobre inclusão em um contexto de raça e racismo e ofereceram um modelo para políticas futuras que podem ir além da ação afirmativa, um modelo baseado em contexto, diálogo e testagem de resultados (veja a seção sobre ação afirmativa abaixo).

Para promover a igualdade de direitos e políticas públicas na prática, a busca pela unidade nacional não deve se basear na existência de uma única raça miscigenada, mas sim na efetiva igualdade no que toca ao acesso a direitos e políticas, ou seja, no acesso a recursos sociais, da educação à saúde, da moradia à participação política. A busca pela unidade nacional baseada na igualdade material nessa segunda narrativa é uma busca balizada pelo pluralismo.

Nas últimas duas décadas, os brasileiros passaram gradualmente de uma busca pela unidade nacional baseada na primeira narrativa para uma busca mais pluralista baseada na segunda narrativa, uma busca que define sujeitos de direitos não como sujeitos completamente abstratos, isolados de qualquer contexto racial, de gênero ou de classe, ou tampouco como sujeitos falsamente homogeneizados (uma narrativa pretensamente neutra), e sim como indivíduos imersos em diversos contextos (uma narrativa pluralista). Embora essa transição esteja longe de se completar, os brasileiros estão muito mais abertos hoje do que eram duas décadas atrás para perceber a unidade nacional baseada na diversidade ao invés de uma unidade baseada em uma única raça miscigenada.

Embora as duas narrativas influenciem a caracterização de todos os direitos, dá-se aqui o exemplo do impacto dessas narrativas sobre um direito social específico: o direito à educação. Três motores do pluralismo serão analisados: espaços de diálogo, identidade, e direito. Antes de mergulhar nessa análise, descreverei brevemente os programas de ação afirmativa adotados no Brasil entre o final da década de 1990 e 2015.

4. Programas de Ação Afirmativa Adotados no Brasil

As políticas de ação afirmativa seguiram distintos modelos entre o final da década de 90 e 2015, testando a opinião pública não apenas em relação a como o direito à educação deveria ser caracterizado, mas também em relação ao reconhecimento do conceito de raça na definição de uma identidade nacional mais pluralista. Entre 2001 e 2012, 70 universidades públicas adotaram programas de ação afirmativa, 44% dos quais eram universidades estaduais e 56% universidades federais. Ações afirmativas foram adotadas nesse período por leis estaduais (23%) ou regulamentos universitários (77%). Os principais beneficiários dessas políticas foram alunos de escolas públicas (em 60 das 70 universidades públicas) e alunos negros (em 41 das 70 universidades). A autoidentificação foi o método usado para identificação racial por 80% dessas universidades públicas (Daflon, Feres, Jr., e Campos, 2013, p. 307–312).

O principal desafio para os programas de ação afirmativa, isto é, aquele que fomentou mais discussões na área de educação, foi o caso da Universidade de Brasília (ADPF 186-DF) julgado pelo Supremo Tribunal Federal em 2012. A ADPF Nº 186 foi levada ao Supremo Tribunal Federal pelo partido político Democratas (DEM) com o objetivo de que os estatutos da Universidade de Brasília, que estabeleceram cotas raciais de 20% para o ingresso de alunos, fossem declarados inconstitucionais. A Universidade de Brasília identificou então 3.980 alunos que haviam ingressado na universidade através de cotas desde 2004 e destacou que a porcentagem daqueles que já haviam se formado era semelhante para aqueles que ingressaram por meio de cotas (7.1%) e para aqueles que ingressaram pelo sistema convencional (7.9%). Além disso, em uma escala de 0 a 5, aqueles que haviam ingressado por meio de ambos os sistemas obtiveram notas bastante semelhantes (3,6 para aqueles que haviam ingressado por meio de cotas e 3,7 para aqueles que haviam ingressado pelo sistema convencional). Em geral, o número de negros em universidades dobrou entre 2003 e 2013 (de 19% para 38%) (GOIS e DUARTE, 2013).

O Supremo Tribunal Federal decidiu em 2012 que o programa da Universidade de Brasília era constitucional. A decisão do Supremo levou à aprovação de uma nova lei federal (Lei Nº 12.711/2012) que estabeleceu o uso de programas de ação afirmativa para o ingresso de alunos em universidades públicas federais e escolas técnicas federais. De acordo com a lei, as universidades deveriam reservar 50% das vagas disponíveis para alunos que frequentaram o ensino público. Dentro desse grupo, 50% das vagas seriam reservadas para aqueles com renda familiar de até 1.5 salários-mínimos per capita e as vagas teriam de ser reservadas ao menos na mesma proporção da representação de negros, pardos, indígenas e pessoas com deficiência no estado onde a instituição de ensino se localizava (revisão estabelecida pela Lei Nº 13.409/2016). A mesma regra se aplicava ao ingresso a escolas técnicas federais. Os estabelecimentos de ensino tiveram quatro anos para implementar completamente a lei e o poder executivo revisaria as cotas raciais 10 anos após a publicação da lei (Lei Nº 12.711/2012) (O Projeto de Lei 1788/21 propôs, contudo, transferir de 2022 para 2042 a revisão do programa especial para o acesso às instituições federais de educação superior.) Ao final de 2012, todas as universidades ou usaram cotas de classe (concentrando-se sobretudo em alunos que frequentaram escolas públicas) ou uma combinação de cotas de classe e de raça, no lugar de cotas exclusivamente raciais (Telles e Paixao, 2013, p. 28).

Nas próximas seções, o impacto dos programas de ação afirmativa nas universidades brasileiras será analisado tendo em vista a transição da primeira narrativa para a segunda, com foco em três motores do pluralismo: espaços de diálogo, identidade nacional, e direito.

5. A Expansão dos Espaços de Diálogo e Caracterização de uma Nova Identidade Nacional Pluralista

A implementação de programas de ação afirmativa provocou um diálogo a nível nacional sobre raça, não somente dentro do movimento negro, mas na sociedade como um todo, enfraquecendo o mito da democracia racial (e o tabu que existia em relação a qualquer discussão sobre raça no Brasil) e fomentando uma discussão mais inclusiva sobre as causas da exclusão racial e as possíveis respostas ao problema.

A expansão do diálogo foi ensejada primeiro pela habilidade do movimento negro em transformar o discurso a respeito de raça e ações afirmativas em um compromisso oficial para a adoção dessas ações (Htun, 2004, p. 61-62). Esse processo de transformação se iniciou com a criação do Comitê Preparatório Nacional para a Conferência de Durban, que conectou a Secretaria Nacional de Direitos Humanos (SNDH) ao movimento negro. O Comitê organizou diversas conferências preparatórias regionais em diferentes cidades brasileiras e conseguiu trazer uma pluralidade de posições do movimento negro para uma conferência preparatória nacional realizada em julho de 2001 no Rio de Janeiro. O preparo para a conferência de Durban ressaltou, nesse sentido, a pluralidade do movimento negro brasileiro[7].

O diálogo catalisado por Durban continuou nos últimos anos (Heringer, 2002, p. 59.). Segundo Mala Htun, a transição "de um discurso de democracia para o diálogo sobre raça e racismo", ou ainda o início do diálogo sobre raça e racismo, foi provocado no governo mais pelo compromisso político de superar desigualdades raciais do que por incentivos materiais ou a busca por votos. A transição no discurso foi precedida por uma transição na mobilização social de um foco na identidade para um foco em uma "rede temática" envolvendo acadêmicos, movimentos sociais, jornalistas, funcionários do governo, grupos de interesse ou lobistas, economistas, ONGs de direitos humanos e políticos. O diálogo oficial gerado em Durban, os programas iniciais de ação afirmativas adotados logo após a conferência e a inclusão de novos atores no debate legitimaram a discussão sobre racismo de uma maneira jamais vista (Htun, 2004; Domingues, 2005, p. 174; Telles e Paixão, 2013, p. 10–11).

As sementes de uma nova ideia de identidade nacional foram plantadas e, com elas, a possibilidade de direitos mais efetivos. Como mencionado na seção anterior, ocorreram mudanças institucionais no ensino: aproximadamente metade das universidades públicas brasileiras implementou programas de ação afirmativa até 2010 e esse número continuou a crescer, chegando a 70 universidades públicas em 2012. A decisão do Supremo Tribunal Federal mencionada acima afirmou a constitucionalidade dos programas de ação afirmativa em abril de 2012; a nova lei (Lei Nº 12.711, de agosto de 2012) estabeleceu cotas para universidades federais e técnicas (Globo, 2010; Daflon et al, p. 307–8.). Por sua vez, essas mudanças institucionais fomentaram o diálogo com um considerável envolvimento da sociedade como um todo.

[7] Essa mobilização só foi possível, segundo alguns, graças ao apoio financeiro de fundações estadunidenses, como a Kellog Foundation e a Ford Foundation, que financiaram a participação nessas conferências preparatórias. Silva e Trapp, 2012, p. 41–43).

As discussões incluíram uma produção cada vez maior de dados sobre desigualdade racial e uma consciência crescente, embora às vezes a um ritmo lento, sobre as desigualdades raciais. Elas também incluíram, de 2001 em diante, a participação da mídia brasileira na investigação da discriminação racial no país (Mikulak, 2011, p. 68, 83, 91). Os dados sobre a opinião pública ao longo dos anos também atestam o quão vivo se tornou o debate. Entre o início dos anos 2000 e 2008, a opinião pública passou a apoiar mais os programas de ação afirmativa. Em 2003, 49% dos brasileiros ainda consideravam que cabia aos indivíduos lidar com a discriminação racial, não ao governo, e apenas 59% aprovavam o uso das cotas (Santos e Silva, 2005, p. 51, 158; Domingues, 2005, p. 172). Poucos anos depois, em 2008, 62% dos brasileiros concordavam ao menos em parte com as cotas para pardos e negros na área da educação, segundo levantamento conduzido pelo Instituto Datafolha (Telles e Paixao, 2013, p. 11).

Além do mais, o diálogo sobre raça e racismo permitiu que demandas específicas fossem declaradas mais claramente e criou espaço para a adoção de programas de ação afirmativa mais complexos que poderiam responder a essas demandas. Há exemplos disso na decisão de 2012 do Supremo sobre programas de ação afirmativa ao citar casos de universidades que não apenas adotaram cotas como também forneceram apoio material, pedagógico e psicológico para alunos que ingressaram por meio de cotas, no intuito de criar melhores condições de permanência na universidade (STF, ADPF 186-DF, 2012).

A discussão sobre raça e racismo também incluiu um debate sobre os resultados de políticas públicas, a tal ponto que a lei de 2012 foi explícita ao convocar o poder executivo a avaliar os resultados dos programas de ação afirmativa em 2022 (essa avaliação poderá ser transferida para 2042). A mesma ênfase na avaliação estava presente no julgamento do Supremo Tribunal Federal de 2012 sobre o programa de ação afirmativa da Universidade de Brasília; a decisão também indicou que programas de ação afirmativa deveriam ser "transitórias" e permitir a "revisão periódica de seus resultados" (STF, ADPF 186-DF, 2012).

Em suma, o debate provocado pela implementação de programas de ação afirmativa no Brasil rompeu, ao menos em parte, com a estrutura negacionista e fomentou a criação de novos espaços de diálogo, não apenas em universidades como também na sociedade como um todo. Esse debate, por sua vez, criou a possibilidade de uma visão mais contextualizada de direitos. Essa questão será discutida na próxima seção.

6. Espaços Pluralistas e Visibilidade: Reconhecimento de Novas Possibilidades de Existência

Esse diálogo crescente sobre raça e racismo levou à adoção de um conceito mais pluralista de identidade nacional, permitindo possibilidades mais variadas de existência ou "fronteiras" de existência expandidas, aceitando diversas maneiras de existir no mundo em relação a raça, gênero, sexualidade e outros quesitos[8]. Embora o movimento negro brasileiro tenha rejeitado a narrativa da democracia racial por décadas e promovido o reconhecimento de que o racismo, a discriminação e a exclusão existem, a expansão nas últimas duas décadas de uma narrativa alternativa pela sociedade como um todo lançou as bases para um novo conceito de identidade nacional, baseado menos na noção de uma raça única e miscigenada e mais na ideia de que diferentes raças pertencem, todas, à mesma nação.

Mais concretamente, o mito da democracia racial criou um silêncio a respeito de raça e racismo que, em grande medida, suprimiu o reconhecimento do conceito de raça como algo relevante, ainda que as desigualdades raciais estivessem presentes. O silêncio jogou um véu de invisibilidade sobre as identidades raciais; criou a impossibilidade de uma existência valorizada, ao negar o reconhecimento de raças diferentes como igualmente válidas. A adoção da narrativa alternativa (ou da segunda narrativa) levantou esse véu de invisibilidade, revelando uma grande pluralidade em termos de possibilidades valorizadas de existência, ao menos no que se refere a raça. Além disso, criou um espaço para noções raciais mais pluralistas de existência e para uma identidade nacional também mais pluralista.

A invisibilidade da raça enquanto componente da identidade nacional, que decorre da primeira narrativa, pode ser comparada à invisibilidade em termos de sexualidade. Judith Butler e Vasu Reddy descreveram assim o caso do luto, ou da falta dele, durante a crise da AIDS nos Estados Unidos:

> No contexto norte-americano, o luto se tornou um assunto político com o início da crise da AIDS nos anos 1980 e no início dos anos 1990, continuando de fato até o presente. Um dos motivos da dificuldade em viver o luto por vidas perdidas pela AIDS nos Estados Unidos, e o motivo de haver um ativismo tão importante voltado para o luto público, como o Names Project, o Quilt, é que

[8] Adoto o termo fronteiras ("boundaries") de Judith Butler e a ideia de visibilidade e maneiras aceitas de viver e estar no mundo em relação a raça, gênero e sexualidade (Butler, 1986, p. 41, 48; Reddy e Butler, 2004, p. 115–23; Lopez, 1994, p. 1–53; Honneth, 1995; e Miller e Vance, 2004, p. 5–15).

> parecia que a homossexualidade não continha um amor de verdade, e que as vidas gays não eram tão visíveis e reais quanto as outras, e assim suas mortes, especialmente suas mortes por uma doença estigmatizada, permaneceram, de início, impronunciáveis e sem direito a luto. Membros da cultura dominante olhavam para as pessoas gays e concluíam, silenciosa ou abertamente: 'bom, as vidas deles não são vidas verdadeiras de todo modo' e 'seus amores não são amores verdadeiros de todo modo' e 'suas perdas não são perdas verdadeiras de todo modo' (...) A cultura dominante (...) realiza esse ato de des-realização das vidas gays (Reddy e Butler, 1986, p. 119-120).

Uma estrutura semelhante de oposição ao apagamento pode ser observada no movimento "Black Lives Matter" ("Vidas Negras Importam", em tradução livre) dos Estados Unidos, um movimento que não nasce de um silêncio direto a respeito de raça ou da ausência de possibilidades de existência e sim da ausência de possibilidades de existência igualmente valorizadas. No Brasil, sob o mito da democracia racial, a estrutura de apagamento em relação à raça era de puro silêncio, pura ausência de possibilidades de existência.

Nesse sentido, as identidades nacionais são, em grande medida, uma norma moral reguladora ou conjunto de valores compartilhados que define quem leva vidas válidas e quem não leva; que define quem contribui para a caracterização da identidade nacional e quem não contribui. A norma torna certas formas de existência visíveis ou invisíveis, reais ou falsas. Levando em consideração que o conceito de raça sempre foi considerado relevante no Brasil para os fins de exclusão, esse véu de invisibilidade foi deletério para a construção de uma percepção positiva ou válida de raças diferentes. Uma identidade nacional mais pluralista, no entanto, reconhece e permite tais conceitualizações de valor. A Fundação Nacional do Índio (FUNAI), uma das organizações que interveio junto ao Supremo Tribunal Federal no caso de 2012 sobre programas de ação afirmativa, destacou que: "A afirmação feita pelo arguente de que 'não existe racismo' desqualifica a experiência de vida da pessoa discriminada, negando a sua realidade (fl. 1.279)" (STF, ADPF 186-DF, 2012). Outra organização a intervir no caso do Supremo de 2012, a Coordenação Nacional de Entidades Negras (CONEN), ressaltou que os programas de ação afirmativa tiveram "um efeito muito mais agregador sobre a nacionalidade" por meio da reconceitualização da identidade nacional de maneira mais pluralista (e, no entanto, unificadora) (STF,

ADPF 186-DF, 2012). De fato, o parecer do Supremo Tribunal Federal de 2012 citou Zygmunt Bauman, enfatizando a construção de significados compartilhados a partir de uma agregação diversa de vozes colocadas em um "espaço comum", nesse caso o das universidades (Bauman, 2005, p. 44, citado em STF, ADPF 186, 2012.). Nesse sentido, o Brasil das realidades segregadas, protegido pelo mito da democracia racial, começa a se reconstruir em espaços compartilhados que unificam sem perder a pluralidade de experiências baseadas em raça.

Uma indicação de mudança no conceito de identidade nacional no Brasil pós-ação afirmativa se deu no censo de 2010, que já mostrava um nível mais elevado de autoidentificação dos cidadãos como negros. Pela primeira vez na história, mais de 50% dos brasileiros se reconheceram como negros (IBGE, 2016; Telles e Paixao, 2013, p. 11; Azevedo, 2011).

7. Reforma Jurídica e o Reconhecimento de Direitos Contextualizados

Expandir as possibilidades de existência é, entre outras coisas, revelar necessidades específicas de grupos raciais e, portanto, apoiar direitos e políticas que são contextualizados, isto é, direitos e políticas que respondem efetivamente a essas necessidades específicas. Há um elo, portanto, entre uma compreensão pluralista de identidade nacional e direitos contextualizados. Os direitos serão mais efetivos à medida que responderem às necessidades reais de pessoas reais e tais necessidades só serão reconhecidas quando as diferentes formas de existência de pessoas diversas, incluindo suas diferentes batalhas contra estigmas e discriminação, forem plenamente reconhecidas.

De fato, a Constituição Federal Brasileira de 1988 expressou implicitamente a ideia de indivíduos autônomos e contextualizados como ponto de partida para a construção de sua estrutura normativa. Ela inclui os seguintes elementos: (a) autonomia humana, conforme reconhecida, por exemplo, na proteção constitucional de integridade física e liberdade de pensamento e religião (Artigo 5º); e (b) o caráter contextualizado dos seres humanos reconhecido, ilustrativamente, nos Artigos 3º, 7º, 37º, 215º e 216º, que incluem programas de ação afirmativa, o objetivo de eliminar a pobreza e o princípio da diversidade. Essa noção de um indivíduo contextualizado, reconhecida pela Constituição, tem implicações muito concretas em termos de direitos e políticas. Quanto à educação, uma percepção contextualizada do direito estabelece a possibilidade de interpretar um direito geral em resposta a realidades específicas. Nesse sentido, um direito geral à educação pode ser interpretado de modo a incluir programas de ação afirmativa, e a ação afirmativa para negros nas universidades pode ser vista não apenas como política pública, mas também como elemento do direito geral à educação. Essa contextualização é necessária sobretudo porque as pessoas precisam de direitos que alterem as realidades de suas vidas na prática. Isso é exatamente o que a ação afirmativa busca fazer, ao em primeiro lugar, criar um diálogo expandido quanto a raça e racismo e expor a ideia de democracia racial enquanto mito; em segundo lugar, colocar em destaque as várias vozes e necessidades dos indivíduos e, portanto, permitir a elaboração de direitos mais efetivos; e, em terceiro lugar, abordar os direitos de uma perspectiva orientada para resultados, com mudanças quantitativas e qualitativas (Ikawa, 2008).

Embora ainda não tenha se consolidado plenamente no direito brasileiro, essa conexão entre direitos, políticas públicas e resultados é um modelo que transcende a ação afirmativa em si e pode ser usado para analisar a eficácia de outras políticas públicas.

Conclusões

Duas narrativas moldaram o discurso no Brasil e refletiram, de maneira geral, as bases de diferentes identidades nacionais: uma primeira narrativa reflete a ideia de uma única raça miscigenada e o mito da democracia racial, e a segunda narrativa, alternativa à primeira, reconhece a existência de uma sociedade racialmente desigual. Este artigo descreveu como a primeira narrativa reforçou, no século XX, as sementes da exclusão social, enquanto a narrativa alternativa trouxe, sobretudo nas últimas duas décadas, as sementes da inclusão social. A segunda narrativa foi analisada, portanto, em relação a três motores do pluralismo que promoveram a inclusão no Brasil nos últimos 15 anos: a expansão de espaços de diálogo, identidades nacionais, e a reforma jurídica.

Os programas de ação afirmativa foram analisados como sendo uma solução (embora não a única) para a exclusão racial. Os programas de ação afirmativa no Brasil têm feito parte das discussões nacionais sobre raça e promoveram um novo paradigma de direitos que agora pode levar em consideração o contexto e os resultados, transcendendo assim a abordagem neutra em relação a direitos. Promoveram também um novo paradigma de identidade nacional mais fortemente pluralista.

Referências

AZEVEDO, Reinaldo. Censo 2010: população do Brasil deixa de ser predominantemente branca, *Veja*, 30 de abril de 2011.

BAUMAN, Zygmunt. *Identidade, entrevista com Benedetto Vecchi*, Rio de Janeiro: Zahar, 2005.

BUTLER, Judith. Sex and Gender in Simone de Beauvoir's Second Sex. *Yale French Studies*, Simone de Beauvoir: Witness to a Century, n. 72, p. 35-49, 1986.

DAFLON, Veronica, FERES, Joao, Jr., e CAMPOS, Luiz. Race-based Affirmative Action in Brazilian Public Higher Education: An Analytical Overview. *Caderno de Pesquisa*, v. 43, n. 148, p. 302-327, jan./abr. 2013.

DOMINGUES, Petrônio. Movimento Negro Brasileiro: alguns apontamentos históricos. *Tempo*, vol. 12, no. 23, p. 100-122, 2007.

FAHRA, Leilani. *Relatório da Relatora Especial sobre moradia adequada como componente do direito a um padrão de vida adequado e sobre o direito à não discriminação nesse contexto, A/71/310*, Agosto de 2016.

FREYRE, Gilberto. *Sobrados e Mucambos*: decadência do patriarcado rural e desenvolvimento urbano. São Paulo: Lê Livros, 2013 [1936].

FREYRE, Gilberto. *The Masters and the Slaves*: A Study in the Development of Brazilian Civilization. Trad. Samuel Putnam. New York: Alfred A. Knopf, 1963.

FREYRE, Gilberto. *The Masters and the Slaves*: A Study in the Development of Brazilian Civilization. Trad. Samuel Putnam. Berkeley: University of California Press, 1986.

GLOBO. "Ações afirmativas estão em 71,4% das universidades públicas, diz estudo: Pesquisa considera 98 universidades federais e estaduais. 87% dos programas são direcionados a estudantes de escolas públicas," 30 de agosto de 2010, *G1* (acesso em 4 de janeiro de 2017, http://g1.globo.com/educacao/noticia/2010/08/acoes-afirmativas-estao-em-714--das-universidades-publicas-diz-estudo.html; Daflon et al, 307–8).

GOIS, Antonio e DUARTE, Alessandra. "125 anos de abolição e a maioria dos negros já é de classe média," *O Globo*, 2013 (acesso em 4 de janeiro de 2017, http://oglobo.globo.com/brasil/125-anos-de-abolicao-maioria-dos-negros-ja-de-classemedia-8347095).

HENRIQUES, Ricardo. *Desigualdade racial no Brasil:* Evolução das condições de vida na década de 90. *Texto para discussão Nº 807*. Rio de Janeiro: IPEA – Instituto de Pesquisa Econômica Aplicada), 17–18 de julho de 2017. Disponível em: https://repositorio.ipea.gov.br/handle/11058/1968. Acesso em: 01 fev. 2023.

HENRIQUES, Ricardo. *Desigualdades raciais no Brasil, estudo em desenvolvimento*, 2005 (pesquisado em 21 de julho, tabela 31, acesso em 4 de janeiro de 2017, http://www.ipea.gov.br).

HERINGER, Rosana. *Ação afirmativa, estratégias pós-Durban*. Rio de Janeiro: Observatório da Cidadania-Brasil: Ibase, 2002. Disponível em: https://www.socialwatch.org/sites/default/files/pdf/en/panorbrasileirob2002_bra.pdf. Acesso em: 29 mar. 2022.

HONNETH, Axel. *The Struggle for Recognition*: The Moral Grammar of Social Conflicts. UK: Polity Press, 1995.

HTUN, Mala. "From Racial Democracy to Affirmative Action: Changing State Policy on Race in Brazil," *Latin American Research Review*, v. 39, issue 1, p. 60-89, 2004.

IBGE. *Vamos conhecer o Brasil 2016*, 2016 (acesso em 4 de janeiro de 2017, http://7a12.ibge.gov.br/vamos-conhecer-o-brasil/nosso-povo/caracteristicas-da-populacao.html).

IKAWA, Daniela. *Ações Afirmativas em Universidades*. Rio de Janeiro: Lumen Juris, 2008.

GUIMARAES, Antonio Sérgio Alfredo. *Racismo e anti-racismo no Brasil*. São Paulo: Fundação de Apoio à Universidade de São Paulo, Editora 34, 1999.

IKAWA, Daniela. Asking Whose Lives Matter in the Battle for Social, Cultural and Economic Rights. *OpenDemocracy*, 19 de novembro de 2016. Disponível em: https://www.opendemocracy.net/en/whose-lives-matter/. Acesso em: 4 jan. 2023.

ITABORAÍ, Nathalie Reis . A família colonial e a construção do Brasil: vida doméstica e identidade nacional em Gilberto Freyre, Sérgio Buarque de Holanda e Nestor Duarte. *Revista Anthropológicas*, Recife, v. 16, n. 1, p. 171-196, 2005.

LOPEZ, Ian F. Haney. The Social Construction of Race: Some Observations on Illusion, Fabrication and Choice. *Harvard Civil Rights-Civil Liberties Review*, v. 29, p. 1-62, 1994.

MIKULAK, Marcia. The Symbolic Power of Color: Constructions of Race, Skin-Color and Identity in Brazil. *Humanity & Society*, vol. 35, no. 1-2, 2011, p. 62-99, 2011.

MILLER, Alice e VANCE, Carole. Sexuality, Human Rights and Health. *Health and Human Rights*, vol. 7, no. 2, p. 5-15, 2004.

PUTNAM, Samuel. Race and Nation in Brazil. *Science and Society*, vol. 7, no. 4, p. 321-337, 1943.

REDDY, Vasu e BUTLER, Judith. Troubling Genders, Subverting Identities: Interview with Judith Butler. *Agenda*: Empowering Women for Gender Equity, vol. 18, issue 62: Sexuality in Africa, p. 115-123, 2004.

ROUT Jr., Leslie. "Race and Slavery in Brazil," *The Wilson Quarterly*, vol. 1, no. 1, p. 73-89, 1976.

SANTOS, Gevanilda e SILVA, Maria Palmira (org.). *Racismo no Brasil*: percepções da discriminação e do preconceito racial no século XXI. São Paulo: Fundação Perseu Abramo, 2005.

SANTOS, Sales Augusto dos e ANYA, C. Obianuju. Who is Black in Brazil? A Timely or a False Question in Brazilian Race Relations in the Era of Affirmative Action?. *Latin American Perspectives*, vol. 33, no. 4, Race and Equality in Brazil: Cultural and Political Dimensions, p. 30-48, 2006.

TRAPP, Rafael Petry; SILVA, Mozart Linhares da. Para além do Atlântico Negro: problematizações sobre antirracismo e transnacionalismo no Brasil (1978-2010). *Oficina do Historiador*, [*S. l.*], v. 5, n. 1, p. 35–54, 2012. Disponível em: https://revistaseletronicas.pucrs.br/ojs/index.php/oficinadohistoriador/article/view/11916. Acesso em: 8 maio. 2022.

SIQUEIRA, Carlos Henrique Romão de. *A alegoria patriarcal: escravidão, raça e nação nos Estados Unidos e Brasil*. 2007. 280 f. Tese (Doutorado em Ciêcias Sociais)-Universidade de Brasília, Brasília, 2007

SOUZA, Jessé. Gilberto Freyre e a singularidade cultural brasileira. Tempo Social, v. 12, n. 1, p. 69-100, maio 2000. Disponível em: https://www.scielo.br/j/ts/a/tDx8Rq3b6Y8H9qMpzZkgR7C/?lang=pt#. Acesso em: 19 mar. 2021.

STEWART, Frances Stewart e LANGER, Arnim. Horizontal Inequalities: Explaining Persistence and Change. *CRISE Working Paper no. 39*, University of Oxford, 2007.

Supremo Tribunal Federal (STF). *Arguição de Descumprimento de Preceito Fundamental (ADPF) nº 186-DF*. Brasília, DF, 26 de abril de 2012.

TELLES, Edward. Racial Ambiguity among the Brazilian Population. *Ethnic and Racial Studies*, vol. 25, Issue 3, p. 415-441, 2002.

TELLES, Edward. *Racismo à Brasileira*: uma nova perspectiva sociológica. Rio de Janeiro: Relume Dumará, Fundação Ford, 2003.

TELLES, Edward e PAIXAO, Marcelo. Affirmative Action in Brazil. *LASAForum*, vol. 44, issue 2 (spring), p. 10-12, 2013.

ZAID, A. Zaid. Continually Creating Races: The Census in the United States and Brazil. *National Black Law Journal*, v. 20, p. 42-74, 2006-2007.

32
O RECONHECIMENTO E O DIREITO

Carlos Frederico Ramos de Jesus

Introdução

O direito ao reconhecimento é o direito ao "respeito recíproco e universal, que é o produto comum (social) da vida em sociedade" (Lopes, 2005, p. 93). Sua compreensão adequada apresenta relevantes desafios conceituais. Diferentemente de direitos patrimoniais, ele não é o direito a uma coisa ou a um bem material. Em contraste com outros direitos fundamentais, ele não se realiza apenas por meio de uma abstenção de terceiros ou através de uma prestação estatal, que vem garantir o direito desrespeitado ou oferecer um serviço para a concretização de um direito. Por exemplo: o direito que temos à integridade física implica que outros não nos agridam (abstenção de terceiros). Caso a agressão ocorra, o Estado deve agir, punindo quem viola o direito à integridade física. E o Estado efetiva muitos direitos através do oferecimento de serviços (por exemplo, iluminação pública para garantir o direito à segurança, matrícula em escola para garantir o direito à educação, organização do SUS para oferecer o direito à saúde, etc.).

A abstenção de terceiros e a prestação estatal de garantia de direitos ou de oferecimento de serviços não esgotam o direito ao reconhecimento. Quando o outro não é visto como igual em virtude da sua raça, gênero, orientação sexual ou qualquer outro fator, este é um problema de reconhecimento, que pode ser compatível com abstenções difíceis de serem caracterizadas como omissões injustas, ao menos na moldura tradicional do direito antidiscriminatório. Por exemplo: a inexistência de negros ou LGBTQIA+ no conselho diretor de uma multinacional ou no órgão especial de um tribunal de justiça é resultado de uma abstenção, pois ninguém indicou ou votou em pessoas com tais condições para os postos. Mas para essa inexistência ser considerada discriminatória, é necessário provar que uma pessoa negra ou LGBTQIA+ teve seu acesso barrado em virtude dessa característica, nos termos dos arts. 3º e 4º da Lei nº 7716/89 (e da interpretação que o STF lhe conferiu, na ADO 26, quanto à extensão para a população LBGTQIA+). Todavia, a abstenção pode não ser resultado de uma discriminação individual, mas do desvalor socialmente atribuído a negros ou LGBTQIA+, que dificulta o acesso desses grupos a posições de poder, através de diversos mecanismos indiretos que concretizam esse desvalor (menor acesso a estudos, desconfiança alheia quanto a habilidades ou assunção de responsabilidades etc.). Em outros termos, a situação pode ser resultado da ausência do "respeito recíproco e universal, produto comum da vida em sociedade", ou seja, da ausência de reconhecimento.

Nem sempre a negativa de reconhecimento será traduzida em um ato discriminatório contra um indivíduo ou um grupo. Muitas vezes, ela resulta em estigma, que é "a situação social do indivíduo que está inabilitado para a aceitação social plena" (Goffman, 1988, p. 7). Os estigmas podem reger a distribuição desigual e injusta de liberdades, oportunidades e posições de poder, ao serem compartilhados socialmente.

Assim, o direito ao reconhecimento envolve a construção de um bem comum peculiar, pois ele deve ser elaborado conjuntamente e é necessário para que a sociedade realize outros objetivos (como a distribuição equitativa de oportunidades). Tal bem comum é indivisível, pois uma pessoa só pode ter acesso a ele se outra pessoa do mesmo grupo também tiver. Por exemplo: estigmas racistas influenciam a negativa de reconhecimento a todas as pessoas negras, indistintamente. Em um grupo no qual tais estigmas estão socialmente disponíveis, a falta de reconhecimento atinge todas as pessoas negras – que podem, evidentemente, ter outros estigmas sobre si, sofrendo todos ao mesmo tempo, ou ser alvo exclusivamente dos estereótipos racistas. Em outros termos: não é possível garantir o reconhecimento apenas a um indivíduo negro, em uma sociedade racista. As discriminações podem ser tratadas em ações judiciais individuais, mas a falta de reconhecimento, não.

É necessário construir o bem comum do "respeito recíproco e universal", independentemente de raça ou cor de pele (ou de qualquer outro fator discriminatório, se tratarmos de outros grupos estigmatizados), para que se concretize o direito ao reconhecimento. Fica claro que a ideia do Estado como garantidor das abstenções alheias (através da punição às violações) ou prestador de serviços essenciais, tão frequente na realização dos direitos humanos, não basta para efetivar o reconhecimento.

O artigo terá três partes. Na primeira, exponho a peculiaridade conceitual do direito ao reconhecimento, a partir da obra de Honneth. Na segunda, mostro a peculiaridade conceitual do direito ao reconhecimento como fruto de um bem comum socialmente construído, a partir da obra de Lopes. Na breve terceira parte, à guisa de conclusão, exponho as dificuldades para implementação do direito ao reconhecimento, como situação de justiça distributiva.

Por fim, observo que o direito ao reconhecimento é questão duplamente importante para o autor homenageado por esta obra coletiva: por um lado, atesta seu pioneirismo em mostrar que o tema tem relevância para a justiça e os estudos jurídicos, e não apenas para outras ciências sociais; por outro, é um exemplo claro da original união dos elementos kantianos e aristotélicos na matriz teórica do homenageado, que articula a moral do respeito igual e universal à preocupação com os bens comuns que propiciam a realização dessa ideia.

1. O que é Reconhecimento?

Como nos tornamos seres capazes de tomar decisões, responder por nossos atos, escolher nossos valores e conduzir nossas vidas? Uma resposta possível é: pela autonomia, que é a capacidade de dar-se as próprias regras. O indivíduo autônomo não se deixa conduzir por outrem, mas é capaz de se perguntar o que deve fazer, buscando razões para agir, que serão consideradas boas se ele mesmo, após a devida reflexão, aceitá-las como tais. A autonomia deflui da razão. Somos autônomos porque nossa racionalidade nos permite dar um passo atrás quanto a nossas inclinações, desejos, preferências e circunstâncias. Esse passo atrás nos permite perguntar: diante de tudo isso, o que deve ser feito? Por que deve ser tomado um curso de ação e não outro? Cada ser racional pode ser a causa de sua própria ação, selecionando quais influências do desejo, das circunstâncias e das inclinações serão aceitas e quais não.

A ideia de reconhecimento não refuta esse desenho bastante kantiano da ação humana, que liga racionalidade à autonomia, que é vista como "o único princípio da moral" (KANT, 2002, p. 85). Mas questiona se esse percurso da racionalidade à autonomia pode ser feito somente através do exercício desta habilidade, ou se depende de algum fator social relevante. Aprendemos a ser autônomos da mesma forma que aprendemos a dominar a matemática, repetindo equações e fazendo com que nossa razão perceba a lógica das operações? Sem dúvida o exercício também é fundamental para a constituição de seres autônomos: aprendo a reger bem minha vida a partir de decisões que tomo. Se raciocino e avalio que errei, tento agir melhor quando uma situação análoga se apresenta. Sob esse aspecto, há alguma semelhança com a prática das equações para dominar operações matemáticas: o erro que cometo em um exercício serve-me de aprendizado para acertar os próximos.

Contudo, existe um fator social relevante entre a racionalidade e a autonomia: o reconhecimento. O indivíduo apenas constitui-se como autônomo quando se percebe visto como tal pelos seus pares. A autonomia não é uma conquista advinda do exercício solipsista da razão, mas um produto das relações intersubjetivas de reconhecimento. Honneth (2003) propõe que a formação do sujeito autônomo depende de três esferas de reconhecimento: o amor, o direito e a solidariedade (ou estima).

O amor desenvolve-se no âmbito íntimo da família e das relações pessoais mais próximas (como a amizade), em que o indivíduo vê supridas suas necessidades físicas e afetivas mais básicas:

> [P]or relações amorosas devem ser entendidas aqui todas as relações primárias, na medida em que elas consistam em ligações emotivas fortes entre poucas pessoas, segundo o padrão de relações eróticas entre dois parceiros, de amizades e de relações pais/filhos (HONNETH, 2003, p. 159).

Tais relações amorosas, se bem-sucedidas, desenvolvem nos indivíduos a autoconfiança, já que eles passam a se ver como aptos a buscar e receber a satisfação de suas necessidades primárias (cuidado, alimentação, proteção, afeto etc). Por serem vistos (pelos pais, amigos ou parceiros) como habilitados a receber tais satisfações, eles passam a confiar em si mesmos como sujeitos capazes de buscar esses bens em todas as suas outras relações interpessoais.

O direito é a esfera das relações impessoais no âmbito do Estado, em que o indivíduo é visto como um sujeito de direito igual aos outros:

> apenas da perspectiva normativa de um 'outro generalizado', que já nos ensina a reconhecer os outros membros da coletividade como portadores de direitos, nós podemos nos entender também como pessoa de direito, no sentido de que podemos estar seguros do cumprimento social de algumas de nossas pretensões (Honneth, 2003, p. 179).

No âmbito do direito, o indivíduo sai de seu núcleo familiar, passando a se relacionar com outras pessoas, com as quais as interações não serão íntimas. Se ele for visto como um titular de direitos pelos outros (que não o conhecem) e também os tratar dessa forma, cumpre-se a dinâmica do reconhecimento nesta esfera. Quando a criança é ensinada a cumprimentar educadamente o vizinho que não conhece, ou a dizer "por favor" e "obrigado", ou quando o adolescente sai para fazer pequenas compras no mercado para a família, esses indivíduos entram nas relações sociais com o "outro generalizado". Se forem vistos como tais também por esses outros, desenvolvem o que Honneth chama de autorrespeito: a compreensão de si mesmos como sujeitos de direito iguais aos outros.

Na esfera da solidariedade (ou da estima), o indivíduo passa a ser visto não apenas de forma impessoal, mas como alguém estimado em virtude de suas habilidades e capacidades específicas. Pois, para serem reconhecidos, "os sujeitos humanos precisam ainda, além da experiência da dedicação afetiva e do reconhecimento jurídico, de uma estima social que lhes permita referir-se positivamente a suas propriedades e capacidades concretas" (Honneth, 2003, p. 198). Enquanto a esfera anterior focava-se no indivíduo generalizado, esta centra-se no sujeito particular, que deve ser valorizado na sociedade por suas especificidades:

> [D]iferentemente do reconhecimento jurídico em sua forma moderna, a estima social se aplica às propriedades particulares que caracterizam os seres humanos em suas diferenças pessoais: por isso, enquanto o direito moderno representa um *medium* de reconhecimento que expressa propriedades universais de sujeitos humanos de maneira diferenciadora, aquela segunda forma de reconhecimento requer um *medium* social que deve expressar as diferenças de propriedades entre sujeitos humanos de maneira universal, isto é, intersubjetivamente vinculante (Honneth, 2003, p. 199).

Neste trecho, Honneth esclarece que o reconhecimento do indivíduo específico na esfera da solidariedade tem também pretensão universalizante: o indivíduo deve ser valorizado não apenas como um sujeito de direito entre outros, mas também como alguém apto a contribuir para a vida social com as habilidades e os dons que ele possui e que o realizam enquanto sujeito particular. Por isso, o reconhecimento nesta esfera desenvolve a autoestima: a visão que o indivíduo tem de suas capacidades como valiosas, para si mesmo e para a comunidade.

O reconhecimento, assim, possibilita a autonomia do indivíduo, já que contribui para que ele veja seus planos de vida como valiosos. Longe de ser apenas o resultado do exercício individual da capacidade racional de se dar as próprias regras, a autonomia resulta desse contexto favorável de validação do indivíduo e de suas capacidades:

> São as três formas de reconhecimento do amor, do direito e da estima que criam primeiramente, tomadas em conjunto, as condições sociais sob as quais os sujeitos humanos podem chegar a uma atitude positiva para com eles mesmos; pois só graças à aquisição cumulativa de autoconfiança, autorrespeito e autoestima, como garante sucessivamente a experiência das três formas de reconhecimento, uma pessoa é capaz de se conhecer de modo irrestrito como um ser autônomo e individuado e de se identificar com seus objetivos e seus desejos." (Honneth, 2003, p. 266).

Honneth explicita que sua teoria é social e normativa: social, porque busca articular de que maneira as relações sociais concretas favorecem a autorrealização humana; normativa, porque defende a autorrealização como valor a ser buscado, não se limitando a descrever as dinâmicas sociais. Se fosse uma teoria ideal e normativa, não se ocuparia das condições concretas de realização da autonomia humana. Se fosse uma teoria social descritiva, não proporia um parâmetro moral crítico do que efetivamente ocorre. Essa aliança entre o propósito normativo (de herança kantiana e liberal) e social (de extração hegeliana e comunitarista) marca a originalidade da contribuição do autor:

> A abordagem da teoria do reconhecimento, na medida em que a desenvolvemos até agora na qualidade de uma concepção normativa, encontra-se no ponto mediano entre uma teoria moral que remonta a Kant e as éticas comunitaristas: ela partilha com aquela o interesse por normas as mais uni-

versais possíveis, compreendidas como condições para determinadas possibilidades, mas partilha com estas a orientação pelo fim da autorrealização humana (Honneth, 2003, p. 271).

2. O Reconhecimento no Direito

Como fomentar o reconhecimento no âmbito jurídico? Há algo como um direito ao reconhecimento? A teoria de Honneth explicita quais as condições para o reconhecimento na seara das relações sociais. É possível traduzir essas condições para o direito positivo ou as leis nada podem fazer quanto às dinâmicas sociais que auxiliam ou atrapalham o reconhecimento?

Lopes indica os seguintes pontos de partida do direito ao reconhecimento:

> (a) que existem na sociedade grupos estigmatizados; (b) que os estigmas são produtos institucionais e históricos, e não cósmicos; (c) que os estigmas podem não ter fundamentos científicos, racionais ou funcionais para a sociedade; (d) que as pessoas pertencentes a grupos estigmatizados sofrem a usurpação ou a negativa de um bem imaterial (não mercantil, nem mercantilizável), mas básico: o respeito e o autorrespeito; (e) que a manutenção social dos estigmas é, portanto, uma injustiça, provocando desnecessária dor, sofrimento, violência e desrespeito; (f) que os membros de uma sociedade, para continuarem pertencendo a ela, têm direito a que lhes sejam retirados os estigmas aviltantes." (Lopes, 2005, p. 72-73).

Cada um desses itens mereceria uma extensa discussão. Lopes argumenta com relação a cada um deles em seu texto, centrando-se nos hoje chamados direitos dos LGBTQIA+, atinentes à diversidade sexual e de gênero. Com adaptações a cada forma concreta de discriminação, as observações do autor amoldam-se a todos os tipos de estigma. De fato, o desvalor socialmente atribuído a alguém em razão de sua orientação sexual, identidade de gênero, raça, origem, classe social, gênero, etnia ou qualquer outro discrímen desse tipo configura um desrespeito a diversos incisos do art. 5º da Constituição: a proibição de tratamento degradante (inciso III), a liberdade de consciência e crença (VI), o direito à honra e à intimidade (X), a obrigação de o Estado punir "qualquer discriminação atentatória aos direitos e liberdades fundamentais" (XLI). Em suma, trata-se de clara violação à dignidade da pessoa humana, princípio fundante da ordem jurídica brasileira, no art. 1º, III, da Constituição (Lopes, 2005, p. 77-8). A ausência de reconhecimento, portanto, além de ser um problema reconhecido pela filosofia política, também é uma questão jurídica, já que se revela uma injustiça.

Neste ponto, discutirei três peculiaridades conceituais do direito ao reconhecimento que, juntas, traduzem-se em dificuldades para sua exigência no âmbito jurídico. O reconhecimento é um bem: a) imaterial; b) comum; e, portanto, c) objeto de distribuição.

Em primeiro lugar, a reivindicação por reconhecimento é a pretensão a um bem imaterial. Os indivíduos que sofrem preconceito em virtude dos estigmas, que sobre eles recaem, não pleiteiam apenas acesso a bens precificáveis (como renda, riqueza, salário etc) ou a algum serviço prestado pelo Estado – que pode ser imaterial, mas se traduz em utilidades tangíveis (educação, saúde, políticas de moradia etc.). Querem, sobretudo, respeito. Querem que o estigma lhes seja retirado, para serem vistos como tão dignos quanto os outros e igualmente aptos, quanto às habilidades e capacidades. A retirada do estigma é um bem imaterial: trata-se de uma mudança nos sentidos socialmente compartilhados quanto a determinados grupos de pessoas. As indenizações individuais ou coletivas decorrentes da violação do reconhecimento não tornam esse bem material, mas apenas buscam compensar os grupos ou indivíduos pela degradação ou humilhação sofrida. O dano decorrente do não reconhecimento é um dano moral, com todas as peculiaridades já discutidas pela doutrina civilista. A dor moral não tem preço, pela sua própria natureza de agressão à honra e ao autorrespeito do indivíduo; mas a indenização em dinheiro (*pretium doloris*) busca, de alguma forma, amainar o dano sofrido, ainda que não o repare completamente. O bem jurídico em questão é sempre imaterial.

Se fosse apenas essa a peculiaridade do reconhecimento, já estaria adequadamente tratada pelo dano moral: caso alguém discrimine outrem, será obrigado a indenizar o ofendido – e pode até mesmo sofrer ação penal, a depender do grau de ofensa. Mas há outra peculiaridade: além de imaterial, o reconhecimento é um bem comum, produzido e distribuído socialmente. Lopes (2005, p. 84) sintetiza tais atributos:

> Creio que, de início, os direitos ao reconhecimento precisam ser colocados nessa esfera. A luta por direitos ao reconhecimento é luta por distribuição, a distribuição de um bem que só existe e só se produz socialmente: o respeito. Não se trata, aqui, de um respeito comutativo, mas de um respeito distributivo

e, portanto, universal. Quando uma sociedade se organiza de maneira hierárquica e desigual, não se pode distribuir o respeito de forma igual e universal.

Abordam-se aqui, conjuntamente, a segunda e a terceira características do direito ao reconhecimento – quais sejam: é um bem comum, passível de distribuição. Uma ofensa à etnia, ao gênero ou à orientação sexual de alguém pode ser vista apenas sob o aspecto comutativo. Certamente esse enfoque é importante: se A ofendeu B, deve responder pelo ilícito, para equalizar a relação e tornar A indene (sem dano). Mas a ofensa fundada, por exemplo, na etnia, no gênero ou na orientação sexual de alguém tem também um aspecto distributivo irrefutável: o ofensor utiliza um **desvalor atribuído socialmente** àquele grupo de pessoas. Trata-se de um sentido socialmente compartilhado (um estigma, na definição de Goffman vista na introdução), que coloca pessoas como menos valiosas do que outras, em virtude de determinadas características. Descritivamente, esse sentido socialmente compartilhado é um bem comum, já que partilhado entre diversos indivíduos de maneira proporcional a fatores socialmente relevantes. Prescritivamente, claro que é um "mal comum", porque fonte de subjugação, desrespeito e afronta à dignidade de grupos e indivíduos. Todavia, pretende-se ressaltar aqui que, analiticamente, é enganoso compreender esse desvalor apenas sob o ponto de vista comutativo, pois ele só existe porque é um sentido socialmente compartilhado.

Da mesma forma que o estigma e o desvalor têm esse aspecto compartilhado, o reconhecimento também o possui: é um bem comum. Neste ponto, a didática tipologia oferecida por Lopes (2020, p. 361-363) sobre o tema permite-nos entender que tipo de bem comum é o reconhecimento. Há quatro tipos de bem comum, segundo o autor. O primeiro é "o bem produzido coletivamente, que não se pode produzir por ninguém em particular: a língua e a moeda, por exemplo". Tais bens só existem coletivamente: não há língua se ela for de apenas um falante, nem moeda se ela for aceita somente por um indivíduo. O segundo tipo é "o bem que serve para todos, mas que não é produzido por ninguém: a natureza." Essa é a visão mais rotineira de bem comum: um recurso coletivo, que ninguém fabrica, mas que é utilizado por todos, trazendo todos os problemas distributivos tratados pelo direito ambiental e pela economia. O terceiro é o bem comum enquanto fim comum. Assim, o objeto social de uma sociedade é a finalidade comum dos sócios: por exemplo, oferecer um serviço ou produto ao mercado e distribuir lucros, se for uma sociedade empresarial; realizar melhorias em determinada região, se for uma associação de bairro (associação civil, sem fins lucrativos). Numa orquestra, em outro exemplo, o fim comum é apresentar obras musicais. O quarto tipo é "aquilo de que necessitamos como condição para realizar outras ações coletivas ou comuns e pode não ser visto como um fim comum". Segue o autor com exemplos, especialmente importantes para nosso estudo: "A Constituição Federal, art. 1º, III, IV e V, refere-se a eles, pois nem o respeito à dignidade humana, nem o pluralismo político 'dão em árvores', e embora cada um de nós precise deles, não pode criá-los sozinho."

O reconhecimento (e seu inverso) é um bem comum desse quarto tipo. Ver o outro como um igual, como alguém cuja existência e cujos planos de vida merecem o mesmo respeito do que os meus, não depende apenas da boa vontade do indivíduo, mas da existência de um sentido intersubjetivamente compartilhado e disponível (ou seja, um bem comum) que considere as pessoas como igualmente dignas. Por isso que o machismo, a LGBTfobia, o racismo e outras formas de discriminação são corretamente classificadas como estruturais: são criações coletivas, partilhadas pela sociedade e reiteradas de maneira acrítica nas relações interpessoais. Para que elas sejam substituídas pelo reconhecimento, é necessário que sejam progressivamente desacreditadas, dando lugar a outra criação coletiva. Ninguém cria sozinho o reconhecimento, e ele é necessário para a realização dos direitos fundamentais dos grupos discriminados e estigmatizados. Por isso que o reconhecimento é um bem comum do quarto tipo exposto por Lopes (2020, p. 363): ele é condição para a realização de ações coletivas, não depende apenas do indivíduo para ser criado e não é necessariamente um fim comum (pois a sociedade pode não o ter dentre seus objetivos). A luta pelo reconhecimento é, portanto, também uma disputa de sentidos, uma luta cultural, por mudança de imagem de determinado grupo:

> O problema jurídico novo é a disputa pela imagem pública. A reparação da injustiça, nesse caso, não é de caráter apenas individual, mas social. A luta pelo reconhecimento é uma disputa pelo reconhecimento da dignidade da pessoa aviltada ou ofendida pela maioria; e é também uma luta contra a injustiça, que consiste em aviltar um grupo inteiro. Dessa forma, não é uma luta pelo convencimento da maioria quanto ao valor de uma minoria, mas uma luta pelo pluralismo (Lopes, 2005, p. 85).

Conclusões e Agenda

Dessa forma, o direito ao reconhecimento tem uma dimensão coletiva inescapável, derivada da própria natureza do bem jurídico em questão: como se trata de um bem comum, seu tratamento como um bem individual fica incompleto.

Essa é a primeira dificuldade sobre a reparação das lesões ao reconhecimento, derivada da natureza distributiva do bem jurídico em tela. Por isso, quando um conflito sobre reconhecimento é judicializado, resta sempre a questão de como reparar a ofensa: a punição (criminal e/ou civil) ao ofensor restaura a relação comutativa, mas pouco afeta a dimensão distributiva do problema. Nem sempre será possível tratar da dimensão distributiva em Juízo, restando ao poder público o dever de formular políticas públicas de reconhecimento. Mas pode haver situações em que o tratamento do aspecto distributivo nas lides judiciais seja possível: uma ofensa pública a um grupo discriminado de pessoas (ou mesmo a uma pessoa determinada, representativa deste grupo) deve ser tratada distributivamente pelo Judiciário. O bem comum violado precisa ser restaurado. Danos morais coletivos, por exemplo, são um instrumento para que isso se concretize.

Uma segunda dificuldade advém de um obstáculo comum a todas as demandas distributivas. Conforme Lopes apontou em diversos trabalhos (por exemplo: 2004, cap. 04 e 2006, cap. 10), as questões jurídicas passaram a ser identificadas exclusivamente com a justiça comutativa, sendo que as questões distributivas ficaram restritas ao domínio da política. O problema disso é que juristas são chamados a decidir tanto questões comutativas quanto distributivas, que são "estruturas contrastantes de justificação, que subjazem à coerência de relações externas" (Weinrib, 1992, p. 418). Não devem decidir questões distributivas como se fossem comutativas. A confusão conceitual entre essas duas questões, todavia, é frequente até mesmo para bens comuns materiais objeto de distribuição, como Lopes (2006, p. 291-298) exemplifica, na discussão desenvolvida pelo STF na Ação Declaratória de Constitucionalidade nº 9 (ADC 9), a respeito da sobretarifa à época da crise energética de 2001 ("Apagão"). Quando se trata de bens comuns imateriais, como o direito ao reconhecimento, à primeira dificuldade acima narrada soma-se o problema inerente a todos os dilemas distributivos, já que a formação dos juristas é focada nas questões comutativas.

Note-se, de passagem, que há outros bens comuns da mesma natureza do reconhecimento. A democracia é um bom e atual exemplo. Ela é uma criação coletiva, sustentada se (e enquanto) for um sentido intersubjetivo disponível para a sociedade. Esses sentidos estão sempre em disputa e muitas vezes são ameaçados, como se tem notado nas atuais contestações ao regime democrático, no Brasil (a depredação dos prédios dos Três Poderes em 08/01/2023) e no exterior (o ataque ao Capitólio nos EUA em 06/01/2021). Democracia, reconhecimento, pluralismo político e paz são bens comuns frutos de uma "intencionalidade coletiva", na acepção empregada por Searle (2000, p. 111-113): um sentido compartilhado com relação a algum objeto, elevando à esfera social a intencionalidade individual, que é "característica da mente que a faz dirigir-se a coisas no mundo ou tê-las por seu objeto" (Searle, 2010, p. 93). Esses bens comuns são realidades institucionais que, portanto, não estão na natureza, no mundo do ser, mas são constituídas pelo seu contínuo reforço (ou, ao menos, endosso) dos membros de um grupo social. Podem ser construídos, modificados e destruídos, conforme se modifique a aceitação social a seu respeito.

Em um período como o presente, no qual bens comuns como reconhecimento, democracia e paz estão especialmente em risco, o direito deve questionar qual o seu papel na garantia destes elementos – ou, ao menos, na luta por eles. O direito ao reconhecimento é um capítulo essencial dessa jornada, pois é o pressuposto não apenas da inclusão de grupos discriminados, mas também de uma sociedade em que todos possam ser vistos como moralmente iguais. Não é, portanto, apenas uma pauta identitária, mas universalizante.

Referências

Honneth, Axel. **Luta pelo Reconhecimento:** A Gramática Moral dos Conflitos Sociais. São Paulo: 34, 2003.

Kant, Immanuel. **Fundamentação da Metafísica dos Costumes**. Trad. Paulo Quintela. Lisboa: Ed. 70, 2002.

Lopes, José Reinaldo de Lima. **As Palavras e a Lei**. São Paulo: GV/34, 2004.

Lopes, José Reinaldo de Lima. **Direitos Sociais**. Teoria e Prática. São Paulo: Método, 2006.

Lopes, José Reinaldo de Lima. **Curso de Filosofia do Direito:** O Direito como Prática. São Paulo: Atlas, 2020.

Lopes, José Reinaldo de Lima. "O Direito ao Reconhecimento para Gays e Lésbicas". **Sur: Revista Internacional de Direitos Humanos**, a.2, n.2, 2005.

Goffman, Erving. **Estigma:** Notas Sobre a Manipulação da Identidade Deteriorada. 4 ed. Rio de Janeiro: Guanabara, 1988.

Searle, John. **Consciência e Linguagem**. São Paulo: Martins Fontes, 2010.

Searle, John. **Mente, Linguagem e Sociedade**. Rio de Janeiro: Rocco, 2000.

Weinrib, Ernst. "Corrective Justice". **Iowa Law Review**, n. 77, 1992.

33
A CRIMINALIZAÇÃO DA HOMOTRANSFOBIA E O PRINCÍPIO DA DIGNIDADE DA PESSOA HUMANA

André Luiz Faisting

Introdução

O Supremo Tribunal Federal decidiu, em 13 de junho de 2019, pela criminalização da homotransfobia, equiparando a discriminação de pessoas LGBTQIA+ à discriminação por racismo, já prevista em legislação federal. Por ampla maioria, o STF julgou procedentes as ações que pediam a proteção penal para as pessoas integrantes desse grupo, com eficácia geral e efeito vinculante, reconhecendo a omissão do Legislativo acerca do art. 5º da Constituição Federal, mais precisamente o inciso XLI que diz que "a lei punirá qualquer discriminação atentatória dos direitos e liberdades fundamentais", e o inciso XLII que afirma que "a prática do racismo constitui crime inafiançável e imprescritível, sujeito à pena de reclusão, nos termos da lei."

A Ação Direta de Inconstitucionalidade por Omissão nº 26 e o Mandado de Injunção nº 4.733 foram julgados em conjunto e tiveram como alegação a omissão do Congresso Nacional em legislar sobre a matéria. Nas linhas iniciais de seu voto, o ministro e relator Celso de Melo apresenta o contexto no qual o julgamento se daria:

> Sei que, em razão de meu voto e de minha conhecida posição em defesa dos direitos das minorias (que compõem os denominados "grupos vulneráveis"), serei inevitavelmente incluído no "Index" mantido pelos cultores da intolerância cujas mentes sombrias – que rejeitam o pensamento crítico, que

> repudiam o direito ao dissenso, que ignoram o sentido democrático da alteridade e do pluralismo de ideias, que se apresentam como corifeus e epígonos de sectárias doutrinas fundamentalistas – desconhecem a importância do convívio harmonioso e respeitoso entre visões de mundo antagônicas. Muito mais importante, no entanto, do que atitudes preconceituosas e discriminatórias, tão lesivas quão atentatórias aos direitos e liberdades fundamentais de qualquer pessoa, independentemente de suas convicções, orientação sexual e percepção em torno de sua identidade de gênero, é a função contramajoritária do Supremo Tribunal Federal, a quem incumbe fazer prevalecer, sempre, no exercício irrenunciável da jurisdição constitucional, a autoridade e a supremacia da Constituição e das leis da República (MELLO, 2019, p. 1).

Ainda que a questão da liberdade religiosa tenha se destacado no início do julgamento,[1] do ponto de vista jurídico a controvérsia se concentrou mais nas questões relacionadas à reserva legal e à competência da Corte Suprema para tratar da matéria, tendo como base dois argumentos principais: o de que o STF estaria, nesse caso, legislando e criando um novo tipo penal, função essa de competência exclusiva do Poder Legislativo, e a desconsideração de um importante princípio constitucional de garantia individual, qual seja, a vedação da analogia *in malam partem*.

É com base nessa controvérsia, e inspirado pelas reflexões do professor e jurista José Reinaldo de Lima Lopes sobre o direto ao reconhecimento de pessoas LGBTQIA+, que buscamos refletir nesse texto sobre as bases jurídicas e políticas das teses apresentadas por ocasião do referido julgamento, partindo, sobretudo, do contraste entre os princípios da dignidade da pessoa humana e da não discriminação, por um lado, e os princípios da reserva legal e da vedação da analogia *in malam partem*, por outro, bem como da acusação de ativismo judicial por parte do STF nesse caso. Antes, porém,

[1] Destacaram-se, no início do julgamento, as sustentações orais dos advogados, do Procurador Geral da República e dos *amici curiae*. A favor da ação sustentaram advogados e advogadas LGBTQIA+, representantes de várias entidades (ABGLT, GADvS, Grupo Gay da Bahia, Aliança Nacional LGBTI, ANTRA), além do Instituto Brasileiro de Direito de Família (IBDFAM), do Conselho Federal de Psicologia (CFP) e a Defensoria Pública do Distrito Federal. Contra as ações sustentaram a Associação Nacional dos Juristas Evangélicos (ANAJURE), a Frente Parlamentar pela Família e outras igrejas cristãs. Na fase das sustentações orais destacaram-se, de um lado, as manifestações sobre a situação de vulnerabilidade das pessoas LGBTQIA+ e, por outro, a preocupação no sentido de que a criminalização da homotransfobia pudesse violar o direito à liberdade religiosa.

é necessário apresentar uma breve reflexão sobre a trajetória e as dificuldades do reconhecimento de direitos às pessoas LGBTQIA+ no Brasil.

1. O Reconhecimento de Direitos às Pessoas LGBTQIA+

Entre as conquistas de direitos às pessoas LGBTQIA+ nos últimos anos, duas merecem destaque pela importância no campo do direito civil e do direito penal, respectivamente. Tratam-se das decisões que reconheceram, em 2011, o direito à união estável homoafetiva[2] e, em 2019, a homotransfobia como crime, ambas resultado de julgamento do Supremo Tribunal Federal em ações constitucionais de sua competência.

Há quase duas décadas, quando as principais garantias de direitos às pessoas LGBTQIA+ ainda estavam longe de serem efetivadas, o professor José Reinaldo de Lima Lopes já destacava a importância do debate qualificado sobre essas garantias no âmbito jurídico. No artigo intitulado "O direito ao reconhecimento para gays e lésbicas", publicado na **Revista Internacional de Direitos Humanos** (2005), ele parte de declarações de juristas à época para questionar as razões pelas quais pessoas cultas e formadas em direito são contrárias à concessão de direitos aos homossexuais. Para tanto, critica o que considera uma compreensão irracionalista ou tradicionalista dos fundamentos da vida moral por parte de muitos juristas brasileiros. Além disso, segundo o professor, essas manifestações se apresentam de forma equivocada também do ponto de vista da filosofia e da ciência contemporâneas. Ao se referir às declarações de dois juristas contrários à união civil de pessoas do mesmo sexo, afirma:

> As duas declarações confundem coisas que em sociedades liberais, democráticas e modernas (ou pelo menos pós-tradicionais) já não se poderiam confundir. Em primeiro lugar, confundem a ordem jurídica com a ordem aceitável para a maioria, o que deixa de lado o aspecto fundamental da democracia: a proteção aos direitos das minorias. Em segundo lugar, confundem o direito com uma ordem moral tradicional: dizer que algo não é aceitável porque vai contra a índole tradicional de um grupo é ignorar o caráter prescritivo e con-

[2] A decisão se refere ao julgamento da Ação Direta de Inconstitucionalidade (ADI) 4277 e da Arguição de Descumprimento de Preceito Fundamental (ADPF) 132, ajuizadas, respectivamente, pela Procuradoria-Geral da República e pelo governo do Rio de Janeiro. O julgamento foi realizado nos dias 4 e 5 de maio de 2011, e teve como relator o ministro Ayres Britto. Apenas o ministro Dias Toffoli não participou do julgamento porque atuou em uma das ações enquanto era advogado-geral da União.

> trafático de qualquer ordem normativa. Em terceiro lugar, confundem religião e Estado: a ordem jurídica de um Estado democrático não se funda em razões religiosas de nenhum dos grupos que compõem a cidadania daquele Estado. Em quarto lugar, apelam para conceitos de direito natural e de natureza no mínimo equívocos. Como deveriam saber os juristas, o direito natural não é um conjunto de comandos ou ordens, mas uma condição de possível organização social da vida (Lopes, 2005, p. 65-66).

Ressalte-se que, apesar das conquistas, essas confusões apresentadas pelo Prof. José Reinaldo ainda permaneceram presentes na mentalidade de muitos juristas e operadores do Direito. Recentemente, em um julgamento no Tribunal de Justiça de Goiás, um desembargador se referiu a uma emissora de TV da seguinte forma: "os senhores e senhoras já viram a coisa mais perniciosa e vulgar que é a Globo? De mostrar, propagar e enaltecer o 'homossexualismo'? Mulher com mulher se beijando, homem com homem se beijando. Perniciosa.". E complementa afirmando: "A perversão era até maior antigamente. O homem homossexual não saia do guarda-roupa".[3] Como podemos observar nas manifestações desse desembargador, a ausência de reconhecimento aos direitos às pessoas LGBTQIA+ no âmbito do Judiciário não apenas permanece nos dias atuais, mas se apresenta de forma preconceituosa e agressiva. Nesse sentido, é bastante atual a reflexão do professor José Reinaldo quando argumenta:

> O fato de juristas se expressarem publicamente com essa naturalidade mostra o quanto é preciso ainda discutir e como se colocam, com ares de seriedade, afirmações que apenas reproduzem o senso comum ou a moral pré-crítica. É uma surpresa decepcionante ver um jurista escudar-se na resposta "a sociedade não está preparada". Para muita coisa a sociedade não está preparada: não está preparada para abolir a tortura e para repartir a riqueza. Mas não esperamos que ela esteja preparada para condenar a tortura e criar impostos e contribuições sociais. É também decepcionante ouvir alguém dizer que a natureza é prescritiva: operações cirúrgicas, casamentos de pessoas sem capacidade reprodutiva e outros fatos semelhantes nos permitiriam dizer que são coisas proscritas pelo "direito natural" (Lopes, 2005, p. 66).

[3] Globo é atacada por desembargador: 'É vulgar e enaltece homossexuais'. Disponível em: https://www.uol.com.br/splash/noticias/2022/03/09/desembargador-ataca-tv-globo.htm. Acesso em: 25 abr. 2022.

Na contramão dessa mentalidade que historicamente se recusou a reconhecer direitos às pessoas LGBTQIA+, portanto, o STF assegurou o direito à união estável homoafetiva. Após esse julgamento, ao comentar a decisão, o Prof. José Reinaldo reafirma seus escritos anteriores sobre a importância desse reconhecimento:

> A proteção aos direitos sexuais, especificamente ao direito de exercer sua sexualidade, faz parte dos direitos elementares da vida democrática, pois se constituiu no direito elementar da liberdade individual. A não ser nos casos em que tal direito cause especial prejuízo a outra pessoa, ou seja, interfira no igual direito de outra pessoa exercer livremente sua sexualidade, o regime democrático implica necessariamente proteção às minorias sexuais. (...) Maiorias religiosas ou morais não têm, portanto, direito a impedir que homossexuais se manifestem nem têm o direito de exigir que o Estado exclua homossexuais da proteção de suas leis (Lopes, 2012, p. 59).

Retomando o pensamento de juristas como Pontes de Miranda, o Prof. José Reinaldo lembra o quanto, historicamente, o direito civil brasileiro é caracterizado por um "reduto de moralismo religioso de variada origem, combinado com um forte apelo à tradição" (Lopes, 2012, p. 60). Assim, segundo o professor, o que caracteriza o direito civil brasileiro seria a ausência de crítica social e jurídica que levasse a novas abordagens conceituais. É nessa perspectiva que o Prof. José Reinado analisa três votos que, embora diferentes, têm em comum o foco na necessidade de refletir sobre o significado do conceito de família previsto no artigo 226 da Constituição Federal.

> Em resumo, vemos em comum nos três votos uma nova concepção de família a ser defendida – de maneira mais tímida no voto de Lewandowski, pois ele não desenvolve uma crítica à tradicional noção de família. (...) De maneira mais clara nos votos de Fux e Ayres Brito há uma tentativa de abandonar o conceito de família herdado do século XIX. Os dois propõem que a interpretação do *caput* do artigo 226 detém a chave do mistério. E essa interpretação nos dois casos é feita considerando que a família é uma forma de associação de caráter afetivo, de amor e de compartilhamento (Lopes, 2012, p. 64-65).

Ao finalizar seus comentários à decisão do STF de reconhecer a união estável entre pessoas do mesmo sexo, e após retomar ainda alguns temas e argumentos levantados por ele quase uma década antes do julgamento, o Prof. José Reinaldo conclui afirmando que, embora a decisão seja importante e significativa simbolicamente, ainda restaria muito por se fazer. Ou seja,

> A decisão do Supremo Tribunal, se bem elaborada em seus fundamentos, afasta um campo de preconceito importante, especialmente dirigido aos juristas, esses guardiões da ordem e dos bons costumes, sempre nostálgicos do conformismo perdido. Mas não dispensa da luta e do pensamento constantes em direção aos direitos sexuais de modo geral. Lida com esses grãos de sal, a decisão teve um papel relevante, tão relevante que já se nota a fúria com que intolerantes que vicejam no Brasil promovem, pela barganha legislativa e pela timidez executiva, para dizer o mínimo, o retrocesso, o discurso de ódio, a homofobia enfim (Lopes, 2012, p. 68).

É nesse contexto de lacunas ainda existentes quanto ao reconhecimento de direitos às pessoas LGBTQIA+, bem como de um Poder Judiciário ainda atravessado por uma "moral" excludente e eivada de preconceitos, que o professor José Reinaldo propõe a necessidade de uma moral crítica para o direito. Defender os fundamentos de um Estado Democrático e Constitucional de Direito não significa defender um direito sem moral, mas um direito e uma moral de caráter crítico. Importa ressaltar que essa "agenda moral crítica" está nos fundamentos de nosso sistema constitucional. Ou seja, "as práticas sociais podem ser autoritárias, mas o direito é – ou deve ser – um antídoto contra tais práticas" (Lopes, 2005, p. 70).

É nessa trilha em que os princípios da dignidade da pessoa humana e do pluralismo político se revelam como fundamentais para combater todas as formas de discriminação que refletimos nesse texto sobre as bases jurídicas e políticas que fundamentaram a decisão do STF para criminalizar a homotransfobia. Afinal, ainda segundo o professor José Reinaldo,

> A dignidade da pessoa pode ser bem expressa pela fórmula kantiana: o valor de cada ser humano, que não pode ser trocado por nada, não pode ser comprado por nada e não pode ser instrumento de nada. Nenhum ser humano pode ser usado por outro ou pela coletividade e não pode ser usado nem mesmo como um exemplo, como um bode expiatório. O pluralismo, por seu turno, diz que o fundamento da convivência política no Brasil é a tolerância recíproca. Estas são indicações básicas (até elementares) de que a democracia

> brasileira, vale dizer, o sistema jurídico público no Brasil, adota as precauções necessárias para que não seja permitida entre grupos sociais a intolerância ou a opressão social. Nosso sistema jurídico garante e valoriza a pluralidade de formas de vida e de pensamento, e não legitima que o Estado patrocine a uniformização, o conformismo e a submissão (Lopes, 2005, p. 78).

Foi com base nessa concepção de dignidade humana que o STF julgou procedentes as ações para proteção penal de pessoas LGBTQIA+. Para tanto, a tese aprovada foi formulada em três partes para dar conta das várias dimensões envolvidas. Na primeira parte buscou-se "ajustar" os crimes de homotransfobia aos crimes de racismo definidos na Lei nº 7.716/1989.[4] Advertiu, contudo, que tal ajuste terá validade "até que sobrevenha lei emanada do Congresso Nacional destinada a implementar os mandados de criminalização definidos nos incisos XLI e XLII do art. 5º da Constituição da República" (BRASIL, 2019, p. 11). Ou seja, fica evidenciado que se tratou de decisão temporária diante do reconhecimento de omissão legislativa sobre a matéria.

A segunda parte do acórdão ressaltou o fato de que reprimir penalmente a prática da homotransfobia não significa restringir a liberdade religiosa. Ou seja, diante das críticas no sentido de que a criminalização poderia violar esse direito, a preocupação nesse caso evidencia que a garantia dos direitos do segmento LGBTQIA+ não implica violação dos direitos de crença e de expressão religiosa, desde que tais manifestações não configurem discurso de ódio, ou seja, "exteriorizações que incitem a discriminação, a hostilidade ou a violência contra pessoas em razão de sua orientação sexual ou de sua identidade de gênero" (BRASIL, 2019, p. 11).

Finalmente, a terceira parte do acórdão diz respeito à ampliação do conceito de "racismo" para "racismo social", ou seja, para além de aspectos estritamente biológicos. Por ser resultante de processos históricos e culturais marcados por relações assimétricas de poder, o racismo social atinge grupos como os LGBTQIA+ que, por sua condição de vulnerabili-

[4] Lei nº 7.716, de 5 de janeiro de 1989, define os crimes resultantes de preconceito de raça ou de cor. A referida lei foi modificada pela Lei 9.459/1997, alterando seus artigos 1º e 20, que passaram a vigorar com a seguinte redação: art. 1º. Serão punidos, na forma desta Lei, os crimes resultantes de discriminação ou preconceito de raça, cor, etnia, religião ou procedência nacional; art. 20. Praticar, induzir ou incitar a discriminação ou preconceito de raça, cor, etnia, religião ou procedência nacional.

dade e estigmatização, também estão sujeitos à "injusta e lesiva situação de exclusão do sistema geral de proteção do direito" (BRASIL, 2019, p. 12).

Em seu voto, o ministro e relator Celso de Melo conceitua racismo social como "atos de discriminação e de ofensa a direitos e liberdades fundamentais daqueles que compõem o grupo vulnerável" (MELLO, 2019, p. 157), e caracteriza pessoas LGBTQIA+ como integrantes desse grupo justamente pela sua condição de vulnerabilidade. Contudo, a crítica ao enquadramento da homotransfobia como crime de racismo fundamenta-se no princípio da reserva legal, de acordo com o que estabelece o artigo 5º, XXXIX, da Constituição de 1988, ou seja, "não há crime sem lei anterior que o defina, nem pena sem prévia cominação legal", o que também está literalmente reproduzido no art. 1º do Código Penal Brasileiro.

Parte-se, portanto, do princípio da reserva legal e de seus fundamentos jurídico e político para afirmar que só deve ser considerado crime o que estiver taxativamente previsto na lei. Assim, a crítica à criminalização da homotransfobia se sustenta no fato de que o conceito de racismo social seria muito amplo e, por isso, não permitiria incluir o crime de homotransfobia como crime de racismo, nos termos da Lei 7.716/1989, o que poderia gerar instabilidade e insegurança jurídicas. Somado à discussão em torno do princípio da reserva legal e da taxatividade, destaca-se, também, a proibição da analogia *in malam partem*, ou seja, aquela pela qual se aplica ao caso omisso uma lei maléfica ao réu que disciplina casos semelhantes.

Diante do exposto, constata-se a importância e a rigidez dos princípios da reserva legal e da proibição da analogia *in malam partem*. Por outro lado, acreditamos ser possível e necessário considerar, também, outros princípios constitucionais sem os quais não se pode falar em democracia e dignidade humana. Se tal afirmação faz sentido, então é preciso empreender um esforço para pensar essa controvérsia não para além do Direito Penal, mas nas interseções possíveis entre os princípios do Direito Penal e outros direitos e garantias fundamentais previstos na Constituição Federal. Daí a importância em se considerar o princípio basilar da dignidade da pessoa humana, previsto no artigo 1º, inciso III da Constituição Federal, bem como o princípio da não discriminação, previsto no artigo 3º, inciso IV, da mesma Constituição, ou seja, "promover o bem de todos, sem preconceitos de origem, raça, sexo, cor, idade e quaisquer outras formas de discriminação". É, também, sob a ótica desses princípios constitucionais, que possuem força normativa, que se refletirá a seguir.

2. Princípios da Dignidade da Pessoa Humana e da Não Discriminação

Considerado o contexto de retrocessos no campo dos direitos humanos e sociais nos últimos anos, é importante resgatar a importância da Constituição de 1988 que, em 2018, completou 30 anos. Para Almeida Neto e Siqueira (2017, p. 9),

> Em tempos de ameaça aos direitos sociais e trabalhistas, de intolerância e violência contra a mulher, de homofobia e de racismo, de ondas de conservadorismo e de ameaças a direitos indígenas, de conclamas à ditadura militar, de fragmentação das demandas e das lutas sociais, falar em Direitos Humanos tornou-se um desatino. Tidos por inevitáveis e hegemônicos, os discursos do desarranjo nos poucos direitos sociais e das concepções privatistas fazem as vozes contrárias a esses modelos soarem anacrônicas.

Ao considerarmos, ainda, as tentativas de implantação da chamada "Escola sem Partido", que proíbe a discussão sobre gênero e sexualidade nas Escolas, bem como o discurso de ódio que se ampliou desde as eleições de 2018, constata-se que para além dos avanços jurídicos já conquistados há ainda muito para se avançar na proteção da população LGBTQIA+. Daí a importância das decisões jurídicas contramajoritárias quando o que está em questão é a necessidade de proteger populações mais vulneráveis. Para o ministro Marco Aurélio Mello, o modelo constitucional que predomina nas democracias ocidentais possui os direitos fundamentais como centro de gravidade.

> Após os horrores do nazismo, passou-se a apostar na capacidade de a Constituição conformar o social, considerada a ordem e a realidade. A Constituição, tendo os direitos fundamentais no centro, seria dotada de vontade e força normativas, isso porque passou a ser, sem idealismos nem pessimismos realistas, mas combinando forma e matéria, a ordem fundamental e jurídica da coletividade. (...) Ao lado da estruturação do poder e da limitação diante da soberania popular, o constituinte deu especial ênfase à disciplina dos direitos fundamentais, todos gravitando em torno da dignidade da pessoa humana (Mello, 2018, p. 4).

Diante desse quadro, apontamos para a insuficiência da tese de que o STF estaria legislando ao criminalizar a homotransfobia. Além do já citado princípio da dignidade da pessoa humana, tal decisão fundamenta-se no art. 5º, XLI da Constituição Federal, ou seja, "a lei punirá qualquer discriminação atentatória dos direitos e liberdades fundamentais". Há, ainda, base convencional para a decisão do STF, o que pode ser constatado nas premissas do voto do ministro Edson Fachin.

> Primeira: É atentatório ao Estado Democrático de Direito qualquer tipo de discriminação, inclusive a que se fundamenta na orientação sexual das pessoas ou em sua identidade de gênero. Segunda: O direito à igualdade sem discriminações abrange a identidade ou expressão de gênero e a orientação sexual. Terceira: À luz dos tratados internacionais de que a República Federativa do Brasil é parte, dessume-se da leitura do texto da Carta de 1988 um mandado constitucional de criminalização no que pertine a toda e qualquer discriminação atentatória dos direitos e liberdades fundamentais. Quarta: A omissão legislativa em tipificar a discriminação por orientação sexual ou identidade de gênero ofende um sentido mínimo de justiça ao sinalizar que o sofrimento e a violência dirigida a pessoa gay, lésbica, bissexual, transgênera ou intersex é tolerada, como se uma pessoa não fosse digna de viver em igualdade. A Constituição não autoriza tolerar o sofrimento que a discriminação impõe. Quinta: A discriminação por orientação sexual ou identidade de gênero, tal como qualquer forma de discriminação, é nefasta, porque retira das pessoas a justa expectativa de que tenham igual valor (Fachin, 2019, p. 1).

Sustenta-se, dessa forma, que a decisão do STF em favor da criminalização da homotransfobia, além de embasada em preceitos constitucionais e convencionais, bem como em omissão legislativa, justifica-se pela urgência de proteção de pessoas LGBTQIA+, já que a dignidade humana, nesse caso, se refere ao mais elementar dos direitos humanos, que é o direito à vida.

Com efeito, o Brasil tem ocupado há vários anos o primeiro lugar no *ranking* dos países onde mais se matam pessoas transexuais no mundo. De acordo com o **Dossiê assassinatos e violências contra travestis e transexuais brasileiras em 2021,** da Associação Nacional de Travestis e Transexuais (ANTRA, 2022), a cada 10 assassinatos de pessoas trans no mundo, quatro ocorreram no Brasil. [5] Objetivamente, portanto, deve-se considerar

[5] O projeto de pesquisa *Trans Murder Monitoring* (TMM) monitora, coleta e analisa sistematicamente os relatórios de homicídios de pessoas trans e com diversidade de gênero em todo o mundo. Desde o início do levantamento, o Brasil tem sido o país que mais reporta assassinatos de pessoas trans no mundo. Do total de 4.042 assassinatos catalogados pela

que essas pessoas são cotidianamente vítimas de homicídios e de outras formas de violência, com indícios suficientes para caracterizar a motivação homotransfóbica, ou seja, são crimes motivados justamente pela não aceitação das características que as constituem como pessoas humanas.

Assim, embora legítimos os argumentos em defesa dos princípios da reserva legal e da proibição da analogia *in malam partem*, verifica-se a necessidade de se levantar o debate sobre a violação de outros princípios fundamentais e como isso poderia ser solucionado ante a ausência de proteção legislativa. Ademais, esse foi o sentido que o legislador constituinte pensou ao estabelecer, no art. 103, § 2°, a Ação Direta de Inconstitucionalidade por Omissão, que tem por objetivo justamente provocar o Judiciário para que seja reconhecida a omissão. Ou, ainda, do Mandato de Injunção, previsto no art. 5º, inciso LXXI da Constituição, que deve ser utilizado "sempre que a falta de norma regulamentadora torne inviável o exercício dos direitos e liberdades constitucionais e das prerrogativas inerentes à nacionalidade, à soberania e à cidadania".

Por fim, considerando que o Legislativo já produziu leis para proteção de outros grupos vulneráveis, e respeitada a separação de competência entre os poderes, é compreensível a crítica que sustenta que esse também deveria ser o caminho para a criminalização da homotransfobia, ou seja, pela via do processo legislativo. O contrário disso, segundo essa crítica, seria uma forma de ativismo judicial. Aqui, portanto, cabe uma última reflexão sobre um ponto fundamental nesse debate, qual seja, a necessidade de distinção entre ativismo judicial e jurisdição constitucional.

3. A Diferença entre Ativismo Judicial e Jurisdição Constitucional

Para quem observa com interesse as controvérsias envolvendo o Poder Judiciário no Brasil nas últimas décadas, é possível reconhecer a existência do debate em torno do chamado "ativismo judicial". Em um contexto marcado por forte polarização política, o julgamento da criminalização da homotransfobia acabou se constituindo em um evento privilegiado para fomentar ainda mais essa discussão. Longe de pretender esgotar esse debate, até porque ele envolve aspectos que extrapolam a análise de um

TGEU, 1.549 foram no Brasil. Ou seja, sozinho, o país acumula 38,2% de todas as mortes de pessoas trans do mundo. O Brasil permanece como o país que mais assassinou pessoas trans do mundo neste período, com 125 mortes, seguido do México (65) e Estados Unidos (53) (ANTRA, 2021, p. 71-73).

evento em particular, o objetivo aqui é apenas chamar a atenção para o fato de que nem sempre, nem necessariamente, se está diante de ativismo judicial, ainda que seja preciso reconhecer a relevância e a atualidade das teses que denunciam os riscos à separação dos poderes e que associam o ativismo judicial a movimentos teóricos mais amplos.

É nesse sentido que, para desconstruir as teses do pós-positivismo, Torrano (2015) defende a tese da primazia do Legislativo sobre o Judiciário e da lei sobre as demais fontes do direito, sustentado pelo fato de que o primado do Legislativo é o único possível na democracia, já que é o único que garante a convivência tolerante entre visões de mundo diferentes. Ao caracterizar o pós-positivismo brasileiro o autor identifica um "pós-positivismo fraco", responsável pela crítica moral necessária e, por isso, aceitável, e um "pós-positivismo forte" ao qual se opõe, pois esse pretende superar o positivismo jurídico (Torrano, 2015, p. 12).

Em defesa do positivismo jurídico, portanto, o autor apresenta o roteiro que levaria muitos juristas brasileiros a utilizarem concepções fortes sobre justiça para justificar suas teses: após se filiarem a alguma corrente de pensamento e convictos de que ela é superior, partem de uma concepção pessoal do que é o "bem" para voltarem sua atenção não para o Legislativo, mas para a correção moral pela via do Judiciário. Tal atitude, segundo o autor, é ainda mais tolerável quando se tem uma Constituição exaustiva como a nossa. E embora reconheça a relevância da legitimidade moral do Direito à luz de teorias específicas da justiça, o autor adverte para a necessidade de considerar, também, o conceito de democracia que, segundo ele, "carrega, em si mesmo, pressupostos morais inegociáveis, (...) dentre os quais inclui a proteção dos direitos individuais como a liberdade de expressão, a igualdade política e a propriedade privada" (Torrano, 2015, p. 20).

Aqui se coloca a primeira observação com relação à criminalização da homotransfobia pelo STF, ou seja, por que o direito à vida não estaria no rol de direitos que configuram a "moralidade interna da democracia"? Como seria possível falar em liberdade de expressão, igualdade política ou propriedade privada quando o direito à própria existência material não é protegido? Pelos dados amplamente conhecidos no Brasil, resta evidente que o objetivo da violência homotransfóbica é, muitas vezes, ceifar a vida ou atingir a integridade física de pessoas por conta de sua orientação sexual ou identidade de gênero. Portanto, pelas características essenciais que elas carregam enquanto pessoas humanas.

Levando em conta, sobretudo, os paradigmas moral e jurídico, o autor critica uma das vertentes do "pós-positivismo forte" no Brasil que ele chama de "pós-positivismo romântico ou idealista", que ignora a "tese do fato social" do positivismo jurídico segundo a qual o mérito moral de uma norma não é relevante para inferir sua validade ou invalidade jurídica. Essa espécie de pós-positivismo permite observar, com mais clareza, o ativismo judicial e, segundo o autor, "em qualquer caso, o ativismo judicial é encarado, ao menos por vezes, como benéfico à democracia, sobretudo nas hipóteses de demora ou deficiência legislativa em questões moralmente sensíveis" (Torrano, 2015, p. 99).

Partindo dessa afirmação, volta-se à criminalização da homotransfobia, uma vez que a decisão da Corte Suprema se deu, conforme já registrado, não apenas em função da demora legislativa, mas também pela gravidade e urgência dos casos de violência contra pessoas LGBTQIA+, o que poderia ser considerado como uma "questão moralmente sensível". A hipótese que se coloca, portanto, é que ao levar em conta a presença desses dois critérios – demora legislativa e questão moralmente sensível – o STF não estaria praticando ativismo judicial. Ademais, como já enfatizado, a decisão do STF se deu até que o Congresso Nacional legisle sobre a matéria. Se não o fizesse, provavelmente se estaria prolongando, pela inércia do Legislativo, a existência de um conflito interminável. Nas palavras do ministro relator Celso de Mello:

> Trata-se, na realidade, de tema que, intimamente associado ao debate constitucional suscitado nesta causa, concerne ao relevantíssimo papel que compete a esta Suprema Corte exercer no plano da jurisdição das liberdades: o de órgão investido do poder e da responsabilidade institucional de proteger as minorias contra eventuais excessos da maioria ou, ainda, contra omissões que, imputáveis aos grupos majoritários, tornem-se lesivas, em face da inércia do Estado, aos direitos daqueles que sofrem os efeitos perversos do preconceito, da discriminação e da exclusão jurídica. Esse particular aspecto da questão põe em relevo a função contramajoritária do Poder Judiciário no Estado Democrático de Direito, considerada a circunstância de que as pessoas transgêneros representam parcela minoritária da população (Mello, 2019, p. 141-142).

Em síntese, talvez seja preciso admitir que o conceito de ativismo judicial varie de acordo com a posição teórica ou política adotada, quase sempre podendo ser alegado nas controvérsias existentes. E ainda que haja consenso sobre o dano que ele pode causar à democracia e à separação entre os poderes, é preciso reconhecer que nem sempre, e nem tudo, se resume a ativismo judicial. No caso da defesa de direitos fundamentais, em especial quando se trata do direito à vida, o problema, talvez, seja menos de ativismo e mais de responsabilidade judicial, sobretudo se pensado a partir dos preceitos constitucionais.

Nesses termos, coloca-se em questão o axioma segundo o qual o princípio da legalidade anda de mãos dadas com o princípio da adequação social, ou seja, não se deve incriminar aquilo que a sociedade não vê como crime. Sem desconsiderar a importância desse axioma, o fato é que a simples vontade da maioria não explica nem justifica a existência da democracia, pois se assim fosse não se estaria levando em conta o direito das minorias, concepção jurídica já bastante consolidada no constitucionalismo contemporâneo.

Eis, portanto, os fundamentos do Estado de Direito, que além de democrático deve ser constitucional. Se admitirmos que tais fundamentos tiveram origem para limitar o poder do Estado, por um lado, e para garantir os direitos fundamentais, por outro, mesmo que contra a vontade da maioria, é possível reconhecer outros princípios nessa controvérsia além daqueles muito bem assegurados pelo Direito Penal.

Conclusões

É necessário reconhecer, de imediato, que os que se colocam contrários à tese da criminalização da homotransfobia não o fazem, necessariamente, por desconsiderarem a condição de vulnerabilidade à violência a que estão sujeitas pessoas LGBTQIA+, mas pelo respeito a princípios constitucionais do Direito, especialmente no âmbito do Direito Penal. Além disso, o problema apontado por muitos juristas está, basicamente, na questão sobre a quem cabe produzir um direito, se ao legislador ou ao STF. A resposta, por certo, é óbvia, mas diante de outra constatação, a de omissão do Legislativo com relação a essa matéria, bem como pela existência de instrumentos de provocação do Judiciário quando essa omissão ocorre, parece legítima a atuação do Judiciário no sentido da garantia e proteção de direitos fundamentais.

Se o Judiciário se limitasse a informar o Legislativo sobre essa omissão sem a possibilidade de estabelecer prazo para que esse legislasse sobre a matéria, isso não seria suficiente para proteger as pessoas LGBTQIA+, já que a resistência à criminalização da homotransfobia parece apontar para um não reconhecimento de que essas pessoas sejam merecedoras de proteção. Tal hipótese, se sustentável, parece ser mais evidente no âmbito do Legislativo, uma vez que esse Poder representa, legitimamente, os eleitores que se caracterizam por filiações religiosas que, em regra, condenam a homossexualidade. Contudo, por parte do Judiciário se espera exatamente o contrário, ou seja, por se constituir em um Poder cujos membros não são eleitos, ele deve estar imune às pressões sociais, principalmente quando essas afetam, direta ou indiretamente, as liberdades individuais e os direitos fundamentais de toda e qualquer pessoa humana, sejam elas pertencentes ou não a quaisquer religiões ou agrupamentos sociais.

Por fim, se essa controvérsia pode ser reduzida ao nível da responsabilidade dos poderes constituídos, então há que se questionar sobre quem seria o maior irresponsável: o Judiciário que, quando provocado, se utiliza dos remédios constitucionais para proteger direitos fundamentais, ou o Congresso Nacional que se furta à sua função de legislar, ainda que o faça em nome de crenças e valores tradicionais, pois crenças e tradições não deveriam ser legitimadas quando contribuem para violação de outros direitos fundamentais.

Admitindo, portanto, que não se trata de uma questão de solução simples ou definitiva, o que se espera é que o Legislativo cumpra o seu papel de propor e aprovar leis que coíbam todo e qualquer tipo de violência e discriminação, conforme previsto pela Constituição. Com base nessa expectativa, e no âmbito das controvérsias desse tipo, talvez se deva considerar mais os "sujeitos de direitos" do que os "direitos dos sujeitos". Em outras palavras, antes de se indagar ao legislador que criará a lei, ou ao julgador que a aplicará, talvez fosse necessário consultar as pessoas LGBTQIA+ sobre como elas se sentem diante dessa controvérsia jurídica. Do ponto de vista jurídico, contudo, pois é disso que tratou esse texto, é possível afirmar que, mais do que ativismo judicial, o julgamento da criminalização da homotransfobia resultou, única e exclusivamente, do legítimo exercício de jurisdição constitucional em defesa de direitos fundamentais.

Referências

ALMEIDA NETO, Antônio; SIQUEIRA, Lucila (orgs). **Direitos Humanos e Cultura Escolar**. [digital]. São Paulo: Editora Alameda, 2017.

ANTRA – Associação Nacional de Travestis e Transexuais. **Dossiê assassinatos e violências contra travestis e transexuais brasileiras em 2021**. Bruna G. Benevides (Org). – Brasília: Distrito Drag, ANTRA, 2022.

BRASIL. Supremo Tribunal Federal. **Ação Direta de Inconstitucionalidade por Omissão número n. 26.** Relator: Ministro Celso de Mello. Brasília, 13 de junho de 2019. Disponível em <http://www.stf.jus.br/>. Acesso em 15 de junho de 2019.

BRASIL. Supremo Tribunal Federal. **Mandado de Injunção n. 4733**. Relator: Ministro Edson Fachin.Brasília-DF, 13 de junho de 2019.Disponível em<http://www.stf.jus.br/>. Acesso em 15 de junho de 2020.

CASARA, Rubens. **Estado Pós-Democrático**: neo-obscurantismo e gestão dos indesejáveis. Rio de Janeiro: Civilização Brasileira, 2018.

FACHIN, Edson. Supremo Tribunal Federal. **Mandado de Injunção n. 4733**. Brasília, 13 de junho de 2019. Disponível em:<http://www.stf.jus.br/arquivo/cms/noticiaNoticiaStf/anexo/MI4733mEF.pdf>. Acesso em 15 de junho de 2020.

LOPES, José Reinaldo de Lima. Comentando a decisão do STF. *In:* Rios, Roger Raupp; Golin, Célio; Leivas, Paulo Gilberto Cogo (Org.). **Homossexualidade e direitos sexuais**: reflexões a partir da decisão do STF. Porto Alegre: Sulina, 2012, p. 59-68.

LOPES, José Reinaldo de Lima. Da dissidência à diferença: direitos dos homossexuais no Brasil da ditadura à democracia. *In:* James N. Green; Renan Quinalha. (Org.). **Ditadura e homossexualidades**: repressão, resistência e a busca da verdade. São Carlos, SP: Editora da Universidade Federal de São Carlos, 2014, v. 1, p. 273-299.

LOPES, José Reinaldo de Lima. O Direito ao Reconhecimento para gays e lésbicas. **Revista Internacional de Direitos Humanos: SUR**, v. 2, n. 2, 2005

MELLO, Celso. Supremo Tribunal Federal. **Ação Direta de Inconstitucionalidade por Omissão número n. 26.** Distrito Federal. Relator Ministro Celso de Mello. Brasília-DF, 13 de junho de 2019. Disponível em http://www.stf.jus.br/arquivo/cms/noticiaNoticiaStf/anexo/ADO26VotoRelatorMCM.pdfAcesso em 15 de junho de 2020.

MELLO, Marco Aurélio. **30 anos da Constituição Federal de 1988:** uma história de sucesso. Disponível em http://www.stf.jus.br/arquivo/cms/noticiaNoticiaStf/anexo/30anosMMA.pdf. Acesso em 15 de junho de 2020.

TORRANO, Bruno. **Democracia e Respeito à Lei**: entre o positivismo jurídico e o pós-positivismo. Rio de Janeiro: Editora Lumen Juris, 2015.

POSFÁCIO

Inúmeras são as razões para se homenagear o Professor José Reinaldo de Lima Lopes. Várias delas já estão descritas nesta tão bem cuidada obra, que reconhece a riqueza de sua trajetória acadêmica: na Filosofia, na História, na Teoria do Direito.

Diante da minha absoluta impossibilidade de elaborar tempestivamente um texto à altura para a obra (há tempos em que a vida se assemelha a um mar revolto, e somente nos cabe navegar), devo agradecer aos organizadores pela inestimável oportunidade de registrar nesta obra minhas palavras e assim tornar minha homenagem pública e perene.

Sempre admirei o Professor José Reinaldo por ser alguém capaz de nos ensinar a pensar. E a compreender o mundo. Desafiando-nos a olhar para a realidade sem perder a conexão com a melhor tradição do pensamento ocidental, nos forma. E nos transforma.

Raros são os professores que têm esse dom e que deixam essa marca. Obrigada, Professor José Reinaldo.

Mas, eu, particularmente, devo agradecer mais.

Primeiro, pelas fascinantes incursões de sua obra pelo Direito Comercial. São fontes de inspiração e aprendizado permanentes, para mim e para gerações de estudiosos dessa área.

Segundo, por sua generosidade em dividir comigo e com nossos colegas de Faculdade de Direito da USP suas reflexões sobre o ensino do Direito. Uma boa aula expositiva se estrutura em perguntas, não em respostas, disse-nos o Professor José Reinaldo em sua magistral aula sobre a atividade docente.

Certa vez, angustiada por não encontrar um fio condutor para meu curso de Fundamentos do Direito Empresarial, pedi ajuda ao Mestre. Ele me recebeu com paciência e atenção e reconstruiu o programa da disciplina comigo. Ao me explicar seu raciocínio e as escolhas pedagógicas, me presenteou com seu "novelo de Ariadne", que espero jamais perder.

Neste mesmo curso, ofereceu-se para dar uma das aulas: aquela sobre história do Direito Comercial brasileiro. Foi um daqueles momentos em que o tempo para e passamos a habitar uma outra dimensão. Ainda está gravada na minha memória.

Que venham outras aulas e projetos conjuntos, Professor José Reinaldo. Em mares revoltos ou calmos, o importante é estarmos em boa companhia.

JULIANA KRUEGER
Professora Doutora da Faculdade de Direito da USP.